U0946868

学术印迹

新时代学人自选集

刘建军自选集

刘建军 著

河北出版传媒集团
河北人民出版社
石家庄

图书在版编目（CIP）数据

刘建军自选集 / 刘建军著. -- 石家庄 : 河北人民出版社，2023.6
（学术印迹 : 新时代学人自选集）
ISBN 978-7-202-16353-5

Ⅰ. ①刘… Ⅱ. ①刘… Ⅲ. ①高等学校－思想政治教育－中国－文集 Ⅳ. ①G641-53

中国国家版本馆CIP数据核字(2023)第092619号

丛书名	学术印迹：新时代学人自选集 XUESHU YINJI XINSHIDAI XUEREN ZIXUANJI
书名	刘建军自选集 LIU JIANJUN ZIXUANJI
著者	刘建军
策划编辑	王斌贤　荆彦周
责任编辑	马慧芳
美术编辑	李　欣
责任校对	付敬华
出版发行	河北出版传媒集团　河北人民出版社 （石家庄市友谊北大街 330 号）
印刷	河北新华第一印刷有限责任公司
开本	787 毫米×1092 毫米　1/16
印张	35.5
字数	525 000
版次	2023 年 6 月第 1 版　2023 年 6 月第 1 次印刷
书号	ISBN 978-7-202-16353-5
定价	198.00 元

自序

编一本自选集，在我是一件新鲜事。以前虽然编过自己的论文集，但那通常只是把一些主题相近的论文汇集起来，使之形成一本不是专著的专著。而自选集则不同，它需要梳理和盘点以前的论文，需要挑选那些自以为代表性的篇目，甚至还要掂量一下它的分量。一句话，需要回顾学者的学术人生。

所以，当我来写这篇自序的时候，心里生出些感慨是很自然的。

从 2012 年到 2022 年，已经十年了。这是我国发展进入新时代的十年，也是理论工作者在新时代治学报国的十年。正是在这样的历史节点上，河北人民出版社策划一套《学术印迹：新时代学人自选集》来呈现新时代理论学术的一个侧面，是很好的创意，也为学者回顾和反思自己的十年学术生涯提供了契机。

十年时间固然不能算长，但对社会而言是一个新时代，而对学者个人来说更是一个重要的人生阶段。说得不客气一点，人的一生能有多少个十年呢？特别是对于学者来说，当其经过多年的刻苦学习和积累而终于成为学者的时候，还能有几个十年可以奉献给学术呢？尤其是学者年富力强、富有学术创造的黄金时代又有多少年时间呢？

对文科学者特别是理论学科的学者来说，从四十岁到五十岁，以及从五十岁到六十岁，应该说是两个黄金十年。四十岁之前是起步阶段，刚刚走上学术的正轨；而六十岁之后，则体力精力大不如前。说到这里，我突然吃惊地发现：我自己竟然正在结束自己学术生涯的黄金时期！真是“不说不知道，一说吓一跳”。我是 1963 年生人，按农村“虚岁”计数，则今年六十岁矣。现在尽管仍然保持以前的学术节奏，但也确已感到体力精力的不足，也许以后的学术活动节奏要放缓一些了吧。

对于刚刚过去的十年，我对自己感到满意。我没有虚度光阴，而是一直在努力精进。除了完成比较繁重的课程教学、研究生指导，以及社会服务方面的任务外，我撰写或主编了 20 多部著作或教材，独立或合作发表了大大小小 240 多篇学术论文或理论文章。我不敢说这些东西有多高的学术价值或创见，但也大致可以肯定地说：我总是有了想法才会去写，而且如果写得不高兴，我就不再硬着头皮去写。因此，我发表的那些文字，至少是我独立写作的那些文字，都是有所感、有所思，并心情愉快地写出来的。因此，我希望也在一定程度上相信，我写作的这些文章并不会给读者带来阅读的痛苦，甚至还会有一定的启发。

我从中选取 48 篇较有分量的学术论文，并加以篇章的分类。由此我才直观地看到我的学术精力的分布。本书共分为六个部分：第一编“马克思主义整体性研究”，计 7 篇；第二编“社会主义理论与实践研究”，计 7 篇；第三编“中国共产党人理想信念研究”，计 7 篇；第四编“思想政治教育基本理论研究”，计 9 篇；第五编“思想政治教育现实问题研究”，计 11 篇；第六编“高校思想政治教育研究”，计 7 篇。从上述内容排布可以看到，从上到下是一个由抽象到具体的过程，而我越是对于较为具体的现实的问题，研究得就更多些。

至于其中的学术观点，我在这里就不做归纳和介绍了。因为里面这些论文都是比较易读的，而且我的学术观点也并不复杂。

事先没有想到，2022 年春节刚过，我在写这篇自序的时候，竟然说了一些多少有些感伤的话，似乎是有谢幕的意思。其实不然，我并不服输，我只是感叹岁月流逝。现在社会在发展，人的寿命在延长，而新时代新征程的号角又响在耳边，我不想当旁观者，而是想像年轻学者一样酣畅淋漓地奋斗。我希望在自己六十岁以后，能够开辟出一个新的黄金十年。

2022 年元月于北京寓所

目录

第一编　马克思主义整体性研究

第二编　社会主义理论与实践研究

第三编　中国共产党人理想信念研究

第四编　思想政治教育基本理论研究

第五编 思想政治教育现实问题研究

第六编 高校思想政治教育研究

第一编

马克思主义整体性研究

论马克思主义的基本特征

论马克思主义的创新精神

论马克思主义的亲和力

论马克思主义指导思想在当代中国的多重文化身份

论马克思主义基本原理同中华优秀传统文化相结合

论研究马克思主义与信仰马克思主义的关系

论马克思主义理论研究及其基本特征

一

论马克思主义的基本特征

马克思主义是我们立党立国的根本指导思想，是全国各族人民团结奋斗的共同理论基础。广泛深入地开展马克思主义理论的研究、建设、宣传与教育，具有重大的战略意义和深远的历史意义。概括和凝练马克思主义的本质特征或基本特征，是进行马克思主义理论研究和建设的需要，是促进马克思主义理论学科建设与发展的需要，也是开展马克思主义理论宣传和教育的需要。马克思主义的文献浩如烟海，马克思主义的内容博大精深，为了便于广大干部群众特别是当代大学生更好地掌握马克思主义，我们应该对马克思主义的基本特征作出准确而简明的概括和凝练。

（一）如何凝练马克思主义的基本特征

事物的特征是其表现出来的特点和表征，把握事物的特征尤其是其基本特征是我们认识事物的重要一环。特征是事物本质的表现，它既不等同于事物的本质自身，也不等同于事物的现象呈现，而是介于二者之间。特征又称特性，属于事物的性质或属性系列，而不属于现象系列。大体上说，特征与属性应该是同一序列的范畴，只是表述角度或习惯不同。属性侧重于内在固有的一面，而特征侧重于外在表现的一面；对于属性而言需要的是发现，而对于特征（特别是基本特征）而言则需要作出概括和凝练。另外，属性概念多用于自然科学对物体的描述，而特征概念多用于社会科学对事物的把握。对马克思主义而言，我们通常不说它的“属性”如何，而是谈它的“特征”。

所谓马克思主义的基本特征，是指马克思主义所固有并在自身历史中体现出来的带有根本性的特点和标识，是马克思主义本质的带有概括性的体现，是马克思主义区别于其他理论体系的显著标志。马克思主义的特征是多方面、多层次的，它们或直接或间接、或具体或概括地体现着马克思主义的本质。其中更直接反映本质的特征是“本质特征”或“基本特征”，这种特征有很强的概括性，往往需要进行理论上的升华和字句上的凝练。

那么，应该怎样来概括和凝练马克思主义的基本特征呢？应该遵循什么依据和原则呢？

首先，要立足马克思主义本身的性质，特别是立足马克思主义的本质。特征是本质的体现和反映，不能离开马克思主义本身、离开马克思主义的本质，去概括和凝练马克思主义的基本特征。马克思主义的本质是固有的，但又是内在的，它需要通过自身的内容，特别是通过自身的功能和作用表现出来。因此，我们在概括和凝练马克思主义基本特征时，不仅要深刻把握马克思主义的本质，而且要系统考察马克思主义的内容，全面把握马克思主义的体系，并密切关注马克思主义社会功能的发挥。

其次，要依据经典作家和党的领袖的论述和指示。经典作家创立了马克思主义，并向工人阶级和人民群众传播马克思主义，在这个过程中，他们必然会对自己理论的特征有所概括和评论，这些概括和评论比其他任何人的看法都具有更大的权威性。我们党和国家领导人作为坚定的马克思主义者，对马克思主义有深厚的理论修养，特别是他们领导着中国的社会主义事业，推进了马克思主义中国化的发展，因而他们关于马克思主义基本特征的观点也具有政治上和理论上的权威性。总的来说，经典作家和党的领袖的相关论述是比较零散的。较成系统的意见主要有：列宁在《什么是“人民之友”以及他们如何攻击社会民主党人？》中对马克思主义科学性与革命性相统一的明确概括；毛泽东在《实践论》中关于马克思主义哲学两个“显著特点”即阶级性和实践性的论述；胡锦涛在《在“三个代表”重要思想理论研讨会上的讲话》中关于马克思主义“最根本的理论特征”“最崇高的社会理想”“最鲜明的政治立场”“最重要的理论品质”的概括。尽管比较系统的意见不多，但他们在不同情况下有许多零散的提法和指示，对此我们必须认真发掘和阐发。

再则，要借鉴理论界和学术界的相关研究成果。对马克思主义基本特征的概括是马克思主义研究中的重要课题。世界各国无产阶级政党及其理论工作者，特别是我国的理论工作者和学术界，关于马克思主义理论的研究取得了丰硕的成果，其中就包括对马克思主义基本特征的概括。这些概括散见于教材、著作以及论文中，其中较为系统的主要有：阶级性、实践性、科学性①；时代性、实践性、批判性、科学性、开放性②；科学性、整体性、革命性、阶级性、实践性、开放性、发展性③等。当然，与问题本身的重要性相比，学界的相关研究还不充分。

最后，要考虑人民群众学习马克思主义的时代要求和现实需要。我们现在之所以要凝练马克思主义的基本特征，主要不是出于抽象的学术兴趣，而是出于当今人民群众特别是大学生学习马克思主义的需要。因此，对马克思主义基本特征的概括和凝练，不仅要在精神内涵上符合马克思主义本身的实际，而且要在语句表述上符合当今社会的人们特别是大学生的认知特点。不可否认，时代已经发生了很大的变化，人们的思想观念和接受心理都有了新的特点。因此，对马克思主义基本特征的概括要适合他们的需要，便于拉近他们与马克思主义的距离，只有这样才有助于大学生对马克思主义的把握和接受。

综合经典作家和党的领袖的论述，以及理论工作者们的研究，可以看到有十几种表述，如科学性、阶级性、革命性、批判性、整体性、实践性、价值性、人民性、开放性、发展性、时代性、先进性、创造性、朴实性等。所有这些概括都有一定道理，可以说是从不同方面和层次上来描述马克思主义的重要特征，但我们不可能把这十几种都作为马克思主义的基本特征。一是因为太多，用这么多的特征来描述马克思主义是笨拙的；二是因为太杂，各种特征之间关系不清晰，有的重复，有的交叉，有的包含，也有的层次不同。因此，应该从中加以筛选、合并和归类，使之更加简明、准确和典型，同时也更加适应当前理论宣传和教育

① 张新:《论中国共产党马克思主义观的新进展》,《马克思主义研究》2010年第6期，第35—40页。

② 贾丽艳:《马克思主义本质特征与理论创新》,《沈阳师范大学学报（社会科学版)》2004年第3期，第36—38页。

③ 樊勇、王鑫:《从马克思主义的基本特征看“什么是马克思主义”》,《学术探索》2010年第5期，第13—17页。

的需要。基于此，本文拟将马克思主义基本特征概括为四个方面——科学性、人民性、实践性、开放性，并用一个命题即科学性与革命性的统一来实现归总。

（二）马克思主义的科学性

马克思主义的科学性，实际上指的是正确性，即它是对世界本质和规律的正确反映。一种理论是否正确，是衡量该理论的意义和价值的首要标准。马克思主义之所以具有巨大的指导作用，具有旺盛的生命力和强大的吸引力，就是因为它正确。当然，“正确”是结果，而“科学”才是过程和依据。如果不懂得马克思主义的科学性所在，就不能真正理解马克思主义的正确性。

经典作家和党的领袖对马克思主义的科学性有明确的论述。恩格斯指出：“我们党有个很大的优点，就是有一个新的科学的世界观作为理论的基础。”①列宁说：“马克思和恩格斯的具有世界历史意义的伟大功绩，在于他们用科学的分析证明了，资本主义必然崩溃，资本主义必然过渡到不再有人剥削人现象的共产主义。”②他还说：“马克思的历史唯物主义是科学思想中的最大成果。”③毛泽东指出：“我们的党从它一开始，就是一个以马克思列宁主义的理论为基础的党，这是因为这个主义是全世界无产阶级的最正确最革命的科学思想的结晶。”④邓小平指出：“我坚信，世界上赞成马克思主义的人会多起来的，因为马克思主义是科学。”⑤习近平也从科学性角度对马克思主义作了理论界定：“马克思主义是关于自然、社会和思维发展规律的科学，是关于工人阶级和人民大众解放与发展的科学，是关于社会主义、共产主义的科学。它为人类社会提供了最科学、最完整、最严谨的世界观和方法论。”⑥

①《马克思恩格斯选集》（第2卷），北京：人民出版社2012年版，第10页。
②《列宁专题文集·论马克思主义》，北京：人民出版社2009年版，第81页。
③ 同上书，第68页。
④《毛泽东选集》（第3卷），北京：人民出版社1991年版，第1093页。
⑤《邓小平文选》（第3卷），北京：人民出版社1993年版，第382页。
⑥ 习近平：《领导干部要树立正确的世界观权力观事业观》，《中国党政干部论坛》2010年第9期，第3—6页。

马克思主义的科学性主要表现在以下几个方面：

第一，理论内容的客观性。马克思主义作为一种理论学说，它的形式是主观的，但其内容是客观的，是对客观事物及其本质和规律的正确反映。马克思主义的客观性主要在于，它是以事实为依据、以规律为对象、以实践为检验标准的学说。[①] 马克思主义主张，一切从实际出发，从事实出发，反对从理论原则和主观愿望出发。恩格斯指出："原则不是研究的出发点，而是它的最终结果；这些原则不是被应用于自然界和人类历史，而是从它们中抽象出来的；不是自然界和人类去适应原则，而是原则只有在符合自然界和历史的情况下才是正确的。这是对事物的唯一唯物主义的观点。"[②] 列宁指出："马克思主义是以事实，而不是以可能性为依据的。"[③] 肯定客观事物的存在，肯定客观事物内在联系和规律性的存在，从事实出发去探求事物的客观规律，形成真理性认识并用以指导实践，这是马克思主义最基本的唯物主义立场，毛泽东将其概括为"实事求是"，邓小平进一步将"实事求是"称为"马克思主义的精髓"。找到了客观规律，形成了理论认识，还需要接受实践检验。马克思主义从客观存在的实际出发，致力于发现客观世界特别是人类社会发展的客观规律，并自觉接受人类社会实践的检验，便于自己的理论不断完善和发展。事实证明，马克思主义关于人类社会发展规律的观点是经得起历史和实践考验的。

第二，理论体系的严整性。任何科学理论，特别是比较成熟的科学理论，自身都应具有严密的逻辑和完整的体系。马克思主义不是对一事一物的认识，而是对整个世界，即自然、社会和思维一般规律的认识，是对推翻资本主义社会、建立社会主义社会和实现共产主义社会的全过程规律的科学认识，因此它必然具有体系性。马克思主义的思想观点之间具有严密的逻辑性，形成了一个完整的理论体系。列宁指出："马克思学说具有无限力量，就是因为它正确。它完备而严密，它给人们提供了决不同任何迷信、任何反动势力、任何为资产阶级压迫所作的辩护相妥

① 陈先达：《马克思与马克思主义》，北京：中国人民大学出版社 2006 年版，第 40 页。
②《马克思恩格斯选集》（第 3 卷），北京：人民出版社 2012 年版，第 410 页。
③《列宁全集》（第 47 卷），北京：人民出版社 1990 年版，第 477 页。

协的完整的世界观。”[①] 他甚至还说，马克思主义是一块整钢，不能去掉任何一个基本前提和基本观点。马克思主义的严整性要求我们把它作为一个整体来对待，不仅要看到马克思主义理论体系和逻辑联系上的整体性，而且要看到马克思主义历史发展中一脉相承的整体性。

第三，理论探索的可错性。科学性指的是性质，但这一性质是在过程中体现出来的。我们说马克思主义是科学，是客观真理，当然是要说明它的正确，但这并不是先验地作出断言，也不是一劳永逸地宣布马克思主义是永恒的真理。正像人类的科学事业是一个过程一样，马克思主义的科学性的形成也是一个过程。马克思主义的产生是一个探索的过程，马克思主义的发展和完善也是一个探索的过程。在这个过程中，马克思主义者的探索是可能而且甚至必然会出现某种失误的。马克思主义的科学性并不能担保马克思主义者的探索不会出现错误，而在于它能通过接受实践检验去不断地克服探索中的失误，形成更正确、更全面的认识。那种无论如何总是“正确”的“常有理”诡辩，那种“教皇永远不犯错误”的教条，与马克思主义的科学性毫无共同之处。

另外，值得注意的是，当我们谈马克思主义科学性时，指的是马克思主义作为一种世界观的科学性。这是一种比较特殊的也不易理解和把握的科学性。如果马克思主义是一种自然科学或工程科学的学说，那么没有人会怀疑其科学性，我们也没有必要论述马克思主义的科学性了。但是，马克思主义不是具体的实证的科学，而是一种理论形态的学说，是一个完整的世界观。那么，世界观性质的理论学说能否成为科学？如果能，那么它的科学性表现在什么地方？这还是一个有一定争论的问题。

这里涉及马克思主义的理论性与实证性的关系问题。在马克思主义创立的过程中，马克思和恩格斯批判和摒弃了以黑格尔为代表的德国唯心主义哲学的思辨传统，主张终结思辨而走向实证科学。他们说，思辨终止的地方，就是真正的实证科学开始的地方。这一点体现了马克思主义的实证精神和科学性。这说明，在马克思主义理论体系中包含实证研

①《列宁专题文集·论马克思主义》，北京：人民出版社2009年版，第67页。

究和实证科学的成分，特别是关于资本主义经济过程的研究，本身就带有实证性。但是，马克思主义不是一门具体的实证科学，而是一门世界观性质的科学，它的实证研究是包含在它的世界观框架和体系之中的。胡锦涛指出："辩证唯物主义和历史唯物主义的世界观和方法论，是马克思主义最根本的理论特征。"[①] 因此，不能把马克思主义的科学性归结为马克思主义是一种实证科学。

在马克思和恩格斯的语境中，实证研究并不是特指某种具体科学的研究，而是指按照实事求是的精神对真实世界的真实课题进行的客观研究。因此，他们批判德国唯心主义哲学脱离实际的思辨，但不是完全否定哲学抽象和哲学思辨方法本身。哲学作为世界观的学问，可以有实证精神，但并不是用具体的实证科学方法来代替理论研究。抽象的哲学思维，现在人们通常将其称为"哲学思辨"，它是必要的，也并不与科学性相矛盾。有人认为，哲学无所谓科学不科学，也不能用是否科学来衡量和要求。也有人认为，哲学根本不可能成为科学，它是非常抽象的、个人化的东西，只能提供给人们一些思想的启迪，但不能当作科学的结论。这样的观点虽然看到了哲学的特殊性，但由此否定哲学可能具有的科学性，特别是否定马克思主义哲学的科学性，是不正确的。凡是科学理论都有抽象性，只是程度不同罢了，即使是具体科学和实证科学，也有它的抽象性。因此，人类的知识是否科学，不在于其抽象的程度如何，而在于这一抽象是否反映了客观世界的真实情况。马克思主义哲学反映的是世界的一般规律，因而具有高度的抽象性，但由于它是对客观规律的反映，因而它也是科学的。

（三）马克思主义的人民性

马克思主义不是一种价值中立的学说，而是有自己的价值立场。这种价值立场表现在许多方面，比如表现在无产阶级的阶级性和共产党的党性，表现在为人民谋利益的鲜明政治立场，表现在面向人民大众的理论风格，等等。所有这些方面，可以用"人民性"来加以概括和标识。

①《十六大以来重要文献选编》(上)，北京：中央文献出版社2005年版，第362页。

马克思主义具有阶级性。这里的“阶级性”不是一般的“阶级性”或什么别的阶级的“阶级性”，而是无产阶级的阶级性。它是无产阶级的世界观，是关于无产阶级解放的学说。这种阶级性是马克思主义从产生起就具有的特性。经典作家之所以创立马克思主义，是为了为无产阶级的革命斗争提供理论指导，是服务于无产阶级的解放；而马克思主义之所以能够创立，社会主义之所以能够实现从空想到科学的飞跃，主要是因为阶级关系发展成熟，无产阶级作为自觉的力量登上政治斗争的舞台；而且从内容上说，马克思主义是关于无产阶级解放条件的学说，这一点直接规定着马克思主义的性质。毛泽东指出，马克思主义哲学的首要特点，就是它的阶级性，它公然申明是为无产阶级服务的。

无产阶级性的放大，就是人民性。毛泽东讲过，人民，只有人民，才是创造世界历史的动力。马克思主义认为，人民群众是历史的创造者，是社会进步的推动力量。如果说在阶级社会中，有的阶级是反人民的，是不属于人民范畴的；如果说有的阶级虽然属于人民之内，但不能代表人民；那么，无产阶级则不仅是人民的一员，而且是人民的主体部分，是人民的代表者和领导者。因此，无产阶级性与人民性是完全统一的。“人民性”不是抽象的超阶级的说法，而是包含“阶级性”在内的人民性。马克思和恩格斯在《共产党宣言》中指出：“过去的一切运动都是少数人的，或者为少数人谋利益的运动。无产阶级的运动是绝大多数人的，为绝大多数人谋利益的独立的运动。”① 毛泽东指出：“共产党人决不将自己观点束缚于一阶级与一时的利益上面，而是十分热忱地关心全国全民族的利害，并且关心其永久的利害。”②

改革开放以来，我们党在坚持马克思主义阶级性的同时，突出强调马克思主义的人民性，认为这是“马克思主义最鲜明的政治立场”。胡锦涛指出：“马克思主义政党的一切理论和奋斗都应致力于实现最广大人民的根本利益，这是马克思主义最鲜明的政治立场。”③ 习近平进一步明确指出：“始终站在人民大众立场上，一切为了人民、一切相信人民、一

①《马克思恩格斯选集》（第1卷），北京：人民出版社2012年版，第411页。
②《毛泽东文集》（第1卷），北京：人民出版社1993年版，第483页。
③《十六大以来重要文献选编》（上），北京：中央文献出版社2005年版，第364页。

切依靠人民，诚心诚意为人民谋利益。这是马克思列宁主义的根本出发点和落脚点，也是毛泽东思想、邓小平理论、‘三个代表’重要思想以及科学发展观等重大战略思想的根本出发点和落脚点。始终站在人民大众立场上，始终不脱离、不动摇这个立场，这是共产党人掌握马克思主义世界观的重大问题，因而也是我们广大党员干部学习贯彻中国特色社会主义理论体系要解决好的重大问题。”①

在论述马克思主义人民性时，不能不谈到马克思主义的人类性。马克思主义是关于无产阶级和人类解放的学说，它既具有阶级性，也具有人类性，而且二者是完全统一的。马克思主义谋求的并不只是改善无产阶级的生活处境，而是要推翻旧世界、建立新世界，实现共产主义最美好的社会制度，实现人类的彻底解放。人类解放是马克思始终不渝的最终目标，他正是从这个目标出发，看到资产阶级革命（政治解放）的局限性，看到无产阶级革命（人类解放）的崇高境界。因此，无产阶级解放与人类解放的统一，也是马克思主义的基本观点。无产阶级只有解放全人类，才能最后解放自己。这种致力于全人类彻底解放的最终目的，体现了马克思主义的博大胸怀和崇高的精神境界。我们不能因为马克思主义具有阶级性，而否认和取消马克思主义的人类性。但是，马克思主义的人类性是以阶级性和人民性为基础的，是依靠阶级性和人民性来实现的。不能脱离阶级性和人民性去抽象地谈论马克思主义的人类性，否则就是阉割马克思主义的灵魂，断送人类解放的事业。

马克思主义还具有朴实性和群众性，是朴实的道理，是普通大众都能理解和掌握的思想。正是由于马克思主义具有阶级性和人民性，是无产阶级和人民大众认识世界和改造世界的锐利武器，因此它必然具有朴实性和群众性。对这一点中国共产党人认识得非常清楚。毛泽东一再强调马克思主义的中国化和大众化，要求用人民大众熟悉的语言去表述和宣传马克思主义，要求把马克思主义哲学从哲学家的书斋里解放出来，成为人民群众手中的锐利武器。而他本人用“实事求是”这一中国人民熟悉的语言来表述马克思主义的唯物主义思想，为我们作出了表率。在

① 习近平:《深入学习中国特色社会主义理论体系　努力掌握马克思主义立场观点方法》,《求是》2010 年第 7 期，第 17—24 页。

改革开放新时期，邓小平明确提出和论述了马克思主义的朴实性。他指出：“我们讲了一辈子马克思主义，其实马克思主义并不玄奥。马克思主义是很朴实的东西，很朴实的道理。”[①] 朴实性是马克思主义的人民性的重要表现。

（四）马克思主义的实践性

经典作家十分强调他们的学说的实践性质和实践作用。马克思有句名言：“哲学家们只是用不同的方式解释世界，而问题在于改变世界。”[②] 他认为，“批判的武器当然不能代替武器的批判，物质力量只能用物质力量来摧毁；但是理论一经掌握群众，也会变成物质力量。”[③]“哲学把无产阶级当做自己的物质武器，同样，无产阶级也把哲学当做自己的精神武器。”[④] 马克思和恩格斯把自己称为“实践的唯物主义者”“实践的共产主义者”。列宁强调，没有革命的理论就没有革命的运动，强调马克思主义的革命属性，一再反对那种把马克思主义说成是一切人都可以接受的与革命行动无关的所谓“合法的”马克思主义。

中国共产党人也一再重申马克思主义的实践性。在革命战争年代，毛泽东明确概括出马克思主义哲学的实践性。他指出：“马克思主义的哲学辩证唯物论有两个最显著的特点：一个是它的阶级性，公然申明辩证唯物论是为无产阶级服务的；再一个是它的实践性，强调理论对于实践的依赖关系，理论的基础是实践，又转过来为实践服务。”[⑤] 改革开放新时期，胡锦涛同志强调：“马克思主义，理论源泉是实践，发展依据是实践，检验标准也是实践。任何固守本本、漠视实践、超越或落后于实际生活的做法都不会得到成功。”[⑥]

马克思主义的实践性主要表现在以下几个方面：

第一，从马克思主义的本质和使命来说，它不是一种纯粹致力于解

①《邓小平文选》(第3卷)，北京：人民出版社1993年版，第382页。
②《马克思恩格斯选集》(第1卷)，北京：人民出版社2012年版，第140页。
③ 同上书，第9页。
④ 同上书，第16页。
⑤《毛泽东选集》(第1卷)，北京：人民出版社1991年版，第284页。
⑥《十七大以来重要文献选编》(下)，北京：中央文献出版社2013年版，第438页。

释世界的学说，而是直接服务于无产阶级和人民大众改造世界的实践的理论。马克思主义是为改变世界而产生的，它具有自觉的实践性。历史上有各种各样的理论，有的理论只是在解释世界，对改变世界没有兴趣，而且也无助于改变世界；有的理论虽然在解释世界的基础上，也对改变世界产生了影响，但理论本身对此并没有明确而自觉的意识，而只是把这看作理论本身的外在遭遇，具有偶然性。相比之下，马克思主义从其产生时起就明确提出了改变世界的目标，并使理论服务于这一目标。

第二，从马克思主义的内容来讲，实践的观点是其首要的和基本的观点。科学实践观的形成在马克思主义产生过程中起了至关重要的作用，实践的精神贯彻和体现于马克思主义整个体系之中。马克思主义从世界观和社会历史观的高度来强调实践的作用，认为实践是使物质世界发生分化，形成物质与精神的区分、自然与社会的区分、自在自然与人化自然的区分的基础，也是使它们统一起来的基础。社会生活在本质上是实践的，一切重大的社会理论问题，都能在实践中以及对实践的正确理解中得到解决。马克思主义进而把实践引入认识论，强调认识对实践的依赖作用，认为实践是认识的产生来源、发展动力和检验标准。马克思主义对于资本主义经济的分析，着眼于资本主义的生产过程和工人的劳动过程，即着眼于对资本主义条件下生产实践的分析。马克思主义的科学社会主义，则是着力于无产阶级的革命实践以及社会主义建设的实践活动及其规律。

第三，从马克思主义的功能和作用来讲，它是无产阶级和人民大众的行动指南，具有指导革命、建设与改革实践的巨大作用。理论的性质是通过功能和作用表现出来的，马克思主义的实践性也是通过指导实践的作用表现出来的。恩格斯有句名言：马克思主义不是教条，而是行动的指南。这一命题具有两重含义：一是指马克思主义不是一种主观的理论观点，而是指导行动的实践准则；二是指马克思主义不是僵化不变的，而是随着实践的发展而发展。我们通常只是从后者来理解，是不尽全面的。

第四，从马克思主义的历史呈现来讲，可以将科学社会主义运动看作马克思主义自身展开的实践形态。从这个意义上讲，马克思主义不只是一种理论，而且是一种实践活动，即科学社会主义的实践活动。马克思主义一百七十年的历史，既是马克思主义学说的理论进展的过程，也是科学社会主义运动发展的历史。这两个方面是相辅相成的，是不可分割的。正因为如此，习近平于2015年1月23日在主持中央政治局第二十次集体学习时，要求“不断实现理论创新和实践创新良性互动，在这种统一和互动中发展21世纪中国的马克思主义”。因此，在看待马克思主义时，既要看到它的理论形态，也要看到它的实践形态。

（五）马克思主义的开放性

马克思主义具有严整性，但它不是封闭的体系；马克思主义有自己特定的历史使命，但它并没有脱离人类文明的大道；马克思主义是经过实践检验的客观真理，但它还要随着实践的发展而不断发展；等等。所有这些都可以用“开放性”来概括和表征。

马克思主义的开放性主要表现在以下几个方面：

第一，理论来源的多样性。马克思主义对人类以往创造的文明成果是开放的，它是在充分吸取人类历史上创造的成果的基础上而产生和发展的。马克思主义的创立过程，就是经典作家在吸取以往人类创造的一切文明成果的基础上实现的。列宁的著名论文《马克思主义的三个来源和三个组成部分》，就是通过考察马克思主义的多样化来源及其与马克思主义组成部分之间的联系，从理论上阐明马克思主义的开放性。针对有人指责马克思主义是“有害的宗派”，列宁尖锐指出：“哲学史和社会科学史都十分清楚地表明：马克思主义同‘宗派主义’毫无相似之处，它绝不是离开世界文明发展大道而产生的一种故步自封、僵化不变的学说。恰恰相反，马克思的全部天才正是在于他回答了人类先进思想已经提出的种种问题。他的学说的产生正是哲学、政治经济学和社会主义极伟大的代表人物的学说的直接继续。”①

第二，理论体系的非封闭性。马克思主义的理论体系虽然严密而完整，但是这一体系并不是封闭性的僵化体系，而是具有弹性的、与外界

①《列宁专题文集·论马克思主义》，北京：人民出版社2009年版，第66—67页。

进行思想信息交流的活的体系。历史上许多思想家在构建和完善自己的理论体系时，往往有意无意地追求一种完美而封闭的体系，这对于不懂得辩证法的人来说，是可以想象的。但是，即使是像黑格尔这样的辩证法大师，他虽然知道世界的发展是没有终点的，但在面对自己的哲学体系时，还是落入了形而上学的窠臼，追求了一种封闭的体系。马克思主义创始人揭露和批判了黑格尔的哲学原则（辩证法）与哲学体系的矛盾，批判了黑格尔主义者以及一些年轻的博士和大学生对体系的盲目崇拜。在马克思主义创始人看来，体系并不是最重要的东西，内容本身更为重要，内容和方法创新更为重要。马克思主义作为一个科学的理论体系，它是有机的体系，是活的具有开放性的体系。

第三，理论内容的发展性。马克思主义是发展的科学，它不仅向着过去和现在开放，而且向着未来开放。这种面向未来的开放，就是它的发展性。马克思主义是时代的产物，无疑具有自己的时代性，但它并不局限于某一特定的时代，而是能紧跟时代的发展，在新的时代和新的历史条件下不断得到丰富和发展。

经典作家始终强调马克思主义是发展着的学说。恩格斯写道："我们的理论不是教条，而是对包含着一连串互相衔接的阶段的发展过程的阐明。"[①]"我们的理论是发展着的理论，而不是必须背得烂熟并机械地加以重复的教条。"[②]"马克思的整个世界观不是教义，而是方法。它提供的不是现成的教条，而是进一步研究的出发点和供这种研究使用的方法。"[③]列宁指出："我们决不把马克思的理论看做某种一成不变的和神圣不可侵犯的东西；恰恰相反，我们深信：它只是给一种科学奠定了基础，社会党人如果不愿落后于实际生活，就应当在各方面把这门科学推向前进。"[④]

中国共产党人也一直强调马克思主义是发展的，强调马克思主义具有与时俱进的理论品格。毛泽东说过："马克思这些老祖宗的书，必须读，他们的基本原理必须遵守，这是第一。但是，任何国家的共产党，

①《马克思恩格斯文集》（第10卷），北京：人民出版社2009年版，第560页。
② 同上书，第562页。
③ 同上书，第691页。
④《列宁专题文集·论马克思主义》，北京：人民出版社2009年版，第96页。

任何国家的思想界，都要创造新的理论，写出新的著作，产生自己的理论家，来为当前的政治服务，单靠老祖宗是不行的。”[①] 邓小平指出：“马克思主义理论从来不是教条，而是行动的指南。它要求人们根据它的基本原则和基本方法，不断结合变化着的实际，探索解决新问题的答案，从而也发展马克思主义理论本身。”[②] 江泽民明确提出：“马克思主义具有与时俱进的理论品质。”[③]胡锦涛进一步指出：“这种与时俱进的理论品质，是一百五十多年来马克思主义始终保持蓬勃生命力的关键所在。”[④]

理论的发展包含着创新，没有创新就没有发展。可以说，创新是发展进步的灵魂。因此，马克思主义理论的发展性，也可以叫做马克思主义的创新性。

第四，理论运用的灵活性。马克思主义是必须得到运用的，在运用时不能生搬硬套，而必须与具体实际相结合，具体问题具体分析。马克思指出：“正确的理论必须结合具体情况并根据现存条件加以阐明和发挥。”[⑤] 马克思、恩格斯在《共产党宣言》的1872年德文版序言中说，这个《宣言》中所阐述的一般原理整个说来是完全正确的，“这些原理的实际应用，正如《宣言》中所说的，随时随地都要以当时的历史条件为转移”[⑥]。列宁更进一步明确指出：“马克思主义的精髓，马克思主义的活的灵魂：对具体情况作具体分析。”[⑦] 这种理论运用中的灵活性和弹性空间，也是马克思主义开放性的一种表现。

（六）马克思主义：科学性与革命性的统一

马克思主义的基本特征并不是各自孤立地存在的，而是相互联系、辩证统一的。因此，对马克思主义基本特征，我们不能仅仅从几个特征上单独地去考察，而是要看到它们之间的内在联系和辩证统一。

①《毛泽东文集》（第8卷），北京：人民出版社1999年版，第109页。
②《邓小平文选》（第3卷），北京：人民出版社1993年版，第146页。
③《江泽民文选》（第3卷），北京：人民出版社2006年版，第282页。
④《十六大以来重要文献选编》（上），北京：人民出版社2005年版，第364页。
⑤《马克思恩格斯全集》（第47卷），北京：人民出版社2004年版，第35页。
⑥《马克思恩格斯选集》（第1卷），北京：人民出版社2012年版，第376页。
⑦《列宁专题文集·论马克思主义》，北京：人民出版社2009年版，第293页。

如果从这一角度去考察马克思主义的基本特征，可以将这些特征归结为两个统一：一是科学性与革命性的统一，二是理论与实践的统一。抓住了这两个统一，也就把握了马克思主义最基本的特征，把握了马克思主义的本质。这两个统一都是经典作家、无产阶级革命家、党和国家领导人历来所强调的。可是，如果出于宣传教育的需要而加以简化，比如只用一个统一来代表，那么我建议用科学性与革命性的统一，同时也就意味着要对这个统一作更为宽泛而综合的理解。也就是说，把理论与实践的统一包含在马克思主义的科学性与革命性的统一之中。

列宁明确提出和阐述了马克思主义的科学性与革命性的统一。他写道："这一理论对世界各国社会主义者所具有的不可遏止的吸引力，就在于它把严格的和高度的科学性（它是社会科学的最新成就）同革命性结合起来，并且不仅仅是因为学说的创始人兼有学者和革命家的品质而偶然地结合起来，而是把二者内在地和不可分割地结合在这个理论本身中。"[①] 列宁的这一论述，成为马克思主义本质特征最经典的表述。对此，我们应该加以认真的研究，揭示它的丰富内涵。

在科学性与革命性的统一中，科学性的含义是比较明确而相对单一的，今天的人们比较容易把握，而革命性的含义则相对宽泛和模糊，不太容易把握。革命性是一个内涵十分丰富而多样的概念，它既有哲学上的含义，也有社会政治上的含义；既有本来的含义，也有后来添加进来的含义；既有直接的含义，也有引申的、比喻性的含义；既是事实性判断，又是价值性判断；如此等等。革命性概念的宽泛性是历史地形成的，它既可以说是一种缺点，也可以说是一种优点。从本文的视角来看，它是一个优点，因为正是由于革命性概念的含义比较宽泛，它才可以具有很大的综合性，能够把马克思主义科学性之外的其他所有的基本特征概括在内，从而使我们可以用科学性与革命性的统一来集中体现马克思主义的本质特征。

马克思主义的革命性主要表现在以下几个方面：

第一，哲学上的批判性和否定性，它是唯物辩证法的本质特性和

①《列宁专题文集·论辩证唯物主义和历史唯物主义》，北京：人民出版社2009年版，第213—214页。

价值取向。马克思在《资本论》第一卷第二版跋中写道:“辩证法,在其合理形态上,引起资产阶级及其空论主义的代言人的恼怒和恐怖,因为辩证法在对现存事物的肯定的理解中同时包含对现存事物的否定的理解,即对现存事物的必然灭亡的理解;辩证法对每一种既成的形式都是从不断的运动中,因而也是从它的暂时性方面去理解;辩证法不崇拜任何东西,按其本质来说,它是批判的和革命的。”① 唯物辩证法虽然讲究全面而没有片面性弊端,但是它作为关于发展的学说,还是有自己最突出的特征和价值取向,它不是一种平庸保守的中庸学说,而是能动的革命性的学说。

第二,对社会不合理性的批判,特别是对资本主义社会的批判和斗争。将哲学上的批判运用于社会政治领域中,就是对社会现实特别是对资本主义社会现实的批判。列宁正是从这个角度阐释革命性的:“马克思认为他的理论的全部价值在于这个理论‘按其本质来说,它是批判的和革命的’。后一性质的确完全地和无条件地是马克思主义所固有的,因为这个理论公开认为自己的任务就是揭露现代社会的一切对抗和剥削形式,考察它们的演变,证明它们的暂时性和转变为另一种形式的必然性,因而也就帮助无产阶级尽可能迅速地、尽可能容易地消灭任何剥削。”②

第三,阶级性,即表现为无产阶级性。马克思主义的阶级性在革命性上得到集中体现。虽然一般来说革命是非常广泛的,但是在阶级社会中,革命就是阶级斗争的最高表现。马克思主义的革命性一方面表现在为无产阶级解放斗争服务的性质和功能,另一方面也表现为它的理论品格与无产阶级的阶级品格的内在联系。对于前一方面,我们以往已经讲得很多,但对于后者的关注还不够。其实,文如其人,理论的品格也体现了理论创始者的性格,体现了这个理论所代表的那个社会群体的性格。马克思主义之所以具有革命性,不仅是由于马克思和恩格斯是革命者,更是由于无产阶级是彻底革命的阶级。由此可以理解,马克思主义不是一支抚慰受伤心灵的安魂曲,而是催人奋进的集结号。

第四,实践性。思想上的革命虽然也可以存在,但在马克思主义的

①《马克思恩格斯文集》(第5卷),北京:人民出版社2009年版,第22页。

②《列宁专题文集·论辩证唯物主义和历史唯物主义》,北京:人民出版社2009年版,第213页。

语境中，革命最主要指的是社会革命，是社会政治上推翻旧制度的革命斗争，它通常情况下表现为物质性的暴力革命。这样的革命，当然不只是一种思想理论革命，更是一种以物质力量摧毁物质力量的革命实践。因此，革命性也是一种实践特征，革命精神也是一种实践精神。

第五，革命性在一定意义上说，也是一种建设性。不能把革命性和建设性对立起来。在马克思主义的语境中，革命不只是破坏旧世界，更是建设新世界。建设新世界是目的，破坏旧世界是途径。马克思主义关于无产阶级历史使命的学说是全面的，它一方面讲无产阶级的彻底革命性，另一方面讲无产阶级是建设新世界的依靠力量。从经典作家到我们党的领袖，历来把无产阶级与流氓无产者区分开来，认为后者只是一种破坏性的力量。无产阶级革命内在地具有建设性，而且从革命过程来说，本身是一个包含着多方面建设任务的过程，比如党的建设、工会建设、军队建设、根据地建设，甚至文艺建设等。特别是随着无产阶级革命的胜利和社会主义制度的建立，社会主义事业从革命时期进入建设时期，建设越来越具有突出的意义。建设也越来越成为马克思主义理论中的重要概念。在这样的情况下，我们就应该把革命与建设统一起来，在革命性中突出强调建设性的内涵。在建设中国特色社会主义的过程中，我们要发挥历史上形成的革命传统和革命精神，使之成为在新的历史条件下推进社会主义事业的强大精神动力，而且要勇于自我革命，以改革创新的精神进行社会主义建设。

总之，科学性与革命性的统一，容纳了科学性与批判性的统一、科学性与价值性的统一、科学性与阶级性的统一、科学性与实践性的统一等，最集中地体现了马克思主义的本质特征，是马克思主义基本特征的集中概括。而马克思主义之所以能够实现科学性与革命性的统一，则是由无产阶级的先进性所决定的。由于无产阶级是先进生产力的代表者，又是受剥削压迫最深的不幸者，是彻底革命的阶级，其利益与社会发展方向和科学追求目标相一致，因而正如恩格斯所说："科学越是毫无顾忌和大公无私，它就越符合工人的利益和愿望。"①

（原文发表于《高校马克思主义理论研究》2015 年第 1 期）

①《马克思恩格斯文集》（第 4 卷），北京：人民出版社 2009 年版，第 313 页。

二

论马克思主义的创新精神

创新正成为当代世界，特别是当代中国经济社会发展的重要理念和实践，创新精神也成为当今时代精神的核心内容。为了更好地指导和引领创新，对创新进行理论研究十分必要。通过这种研究，我们可以正面地界定创新，列出创新的内容，揭示创新的本质，找出创新的主体与途径等。而关于创新的理论研究的一个前提性问题，是弄清马克思主义与创新的关系，挖掘马克思主义关于创新的观点，特别是阐发马克思主义的创新精神。大体说来，马克思主义与创新的关系主要表现在三个方面：一是马克思主义本身具有创新的品格和精神；二是马克思主义理论中包含有关于创新的论述和内容；三是马克思主义提供了科学地研究创新问题的立场和方法。本文主要探讨第一个方面的问题。

（一）创新精神的内涵界定

创新是标志人类在认识世界和改造世界过程中的主体性、能动性的概念，指的是人们遵循事物变化发展的规律，借助相应的客观条件，充分调动和发挥自身能动性，创造出新的观念、技术、产品和制度等，从而推动认识和实践的发展，推进社会进步的活动。所谓创新精神，就是崇尚创新的价值取向，特别是人们在创新过程中所体现出来并服务于创新活动的品格、特质、风格和精神面貌。

创新精神具有丰富的内涵，可以从不同的侧面去考察。大体说来，主要有以下六个方面：

其一，创新精神是一种主体精神。创新发生在人类社会中，发生在人们认识世界和改造世界的活动中。它不是一个无主体的过程，更不是一个非人化的过程。宇宙的创生，自然的演进，生物的进化，以及人类的诞生，虽然都包含着某种与创新相近的东西，甚至构成了人类创新活动的背景和条件，但严格说来，这些都不是我们所说的创新，因为我们今天所说的创新是以人为主体的。人是创新的主体，是创新活动的发动者和实施者。创新精神是人在创新活动中体现出来的精神，它是一种属人的精神，而不是属物的精神，它体现的是人的主体性，是人在客观世界面前的主动性和自觉能动性。

其二，创新精神是一种自由精神。自由是人摆脱束缚，获得解放和发展的状态，与创新有着内在的契合性和密切联系，因为创新也总是意味着突破旧状态和进入新状态，意味着人从旧的束缚中获得解放和自由。创新的过程中包含着自由选择的空间，如果一切处于既定状态而不可选择，那就谈不上创新。而且，创新通常是人在自由开放的状态下实现的，是在思想高度开放、想象力高度活跃的状态下实现的，而在压抑、束缚、僵化的状态下是很难有所创新的。因此，解放思想、崇尚自由是创新精神的应有之义。自由的身心状态是实现创新的重要条件，而人在观念、技术和制度等方面的创新又带给人类以更大的自由。

其三，创新精神是一种探索精神。求新创新的过程是一个探索的过程，创新的实现是探索的结果。而所谓探索，就是在一个新的领域中进行试探、尝试和摸索的过程，是一个接触和认识新事物并寻找其规律的过程。而探索的精神，就是敢于迈向新领域，敢于接触新事物，敢于采用新方法的精神，是通过不断的尝试而积累新经验的精神，是通过总结经验和教训而寻找正确道路的精神。探索精神中包含着好奇心，包含着人对于世界的好奇心和探索欲，这是科学家研究和创新的内在动力之一。探索过程是不确定的，可以说充满着困难和风险，它既可能成功也可能失败。成功是宝贵的，但失败作为成功之母，也是同样宝贵甚至更为宝贵的。因此，鼓励探索，包容失败，是创新精神的内在要求。

其四，创新精神是一种改革精神。创新必然要求主动地打破原有格局——不论是认知格局、实践格局，还是利益格局，而探求新的路子。这就是改革。改革不是小修小补，而是作出重大的战略调整甚至转变，在一定意义上是一种自我革命。当然，改革不是放弃原有价值立场和根本目标，而只是改变追求根本目标的道路和策略。但这种改革也必然会触动原有利益格局，引起保守力量的反抗，因而有时需要主动付出巨大的代价，需要有“壮士断腕的决心”。可见，这种面向自身、针对自我的革新，这种必然会导致创新者自身巨大创痛的革新，是一种更为深刻的创新精神。正因为如此，改革与创新经常联系在一起，甚至形成“改革创新”这一概念。而“改革创新精神”正是我们时代精神的核心。

其五，创新精神是一种理想精神。创新精神不是一种一味“喜新厌旧”的精神，而是一种追求卓越，精益求精的精神，是一种追求完美和实现更高价值的精神。可以说，创新精神是一种追求卓越的理想主义精神。创新之“新”，不仅仅是新旧之新，而且是一种包含着更加先进、更加进步的意义的“新”。我们倡导的创新，不是为创新而创新，不是漫无目的的创新，而是为了实现更高的理想目标而进行的实践活动。创新精神具有价值属性，是为了人的发展和社会进步而进行的创新，是人类进步事业的一部分。那种没有正面价值，甚至只有负面价值的所谓“创新”，比如犯罪分子作案使用新工具、恐怖分子发明新炸弹之类，不属于我们所说的创新，与我们所说的创新精神毫无共同之处。

其六，创新精神是一种求实精神。创新，无疑需要突破旧有的界限，需要改变以往的思维方式，需要充分发挥人的想象力，但是，创新不是胡来，不是违背客观规律的鲁莽行为。创新建立在尊重客观规律基础上，是以一定的科学知识为基础的，并且遵循着理论创新、科学研究和技术发明的内在规律。一句话，创新精神包含着实事求是的基本要求，可以说也是一种实事求是的精神。这种实事求是的精神是创新精神的压舱石，有了它，创新精神就能够始终坚守在科学的基础上，运用在正确的轨道上。有些人打着“创新”的旗号，兜售“永动机”“水变油”“长生药”之类，实际上是江湖骗子，与真正的创新也不相干。

（二）从马克思主义的使命看它的创新精神

马克思主义与创新有着内在的亲缘性和密切的联系，马克思主义本身具有浓郁的创新意蕴，体现着鲜明的创新精神。揭示和展现出这种精神，不仅有助于我们进一步把握马克思主义的本质和功能，而且有助于指导和鼓励我们当代的创新实践。马克思主义的创新精神，由其本质决定，并体现在理论的形成、内容、发展和指导实践的各个方面和环节中。本文主要从马克思主义的使命、创立和发展三个方面来对其创新精神做大致的考察。

从马克思主义的历史使命来看，它是一种致力于推翻旧世界、创造新世界的理论。旧世界就是存在着阶级剥削和压迫的私有制社会，特别是资本主义社会；新世界就是消灭了阶级剥削和压迫的社会主义和共产主义社会。马克思主义的这一历史使命，其实也就是马克思主义的本质和功能。这种推翻旧世界、创造新世界的理论本质和理论功能，决定了马克思主义理论具有创新精神。

首先，马克思主义是注重实践、致力改造世界的理论。人类生活在世界上，人的活动是多种多样的，归结起来主要有两类：一是认识世界，二是改造世界。前者主要揭示事物的真相，用理论来解释世界，而后者主要是用行动来改变世界，使世界更加适应人类生存发展的需要。相应地，人们所创立的理论也可以大体上分为两类：一是以解释世界为己任的理论；二是以改变世界为己任的理论。马克思在《关于费尔巴哈的提纲》中明确提出："哲学家们只是用不同的方式解释世界，而问题在于改变世界。"[①] 马克思的这一名言鲜明地宣示了马克思主义的理论性格和理论使命。由此决定了，马克思主义的创新精神，不仅包括了理论上的创新，也包括实践上的创新，把理论创新与实践创新统一起来，并且更加重视实践创新的意义。认识世界当然是非常重要的，而且认识世界也需要创新并包含着创新，但相比之下，那种改变世界的实践更强烈更突出地体现了创新的精神。创新如果仅限于思想理论领域，而不敢或不能进入实践的领域，不具有实践的精神，那么这种创新就是不完全的、不彻底的。

其次，马克思主义是致力推翻旧世界的革命理论。革命是由于不满于现状而起的根本性变革，具有鲜明的变革精神。革命比改革和改良更为猛烈，其影响也更为深刻和广泛。马克思主义一方面承认改革和改良的价值，另一方面又更强调革命在历史发展中的作用，并把彻底的社会

①《马克思恩格斯选集》（第1卷），北京：人民出版社2012年版，第140页。

革命作为自己的重大目标。社会革命是新旧社会制度的更替，具有巨大的制度创新价值。而且，革命也是一个探索过程，革命目标的确立，革命领导集体和核心的形成，革命道路的选择，革命依靠力量的寻找等，无不需要一种创新精神。

马克思主义作为一种革命理论，必然具有鲜明的革命精神。而在革命精神中，就包含有创新的内涵。革命精神，集中地表现在蔑视一切旧秩序和旧事物的气概，表现在打破旧事物而创造新事物的精神。革命者并不把自己的立场建立在旧有的价值上，而是从对旧价值的否定开始，遵循和倡导新的价值。因此，革命能够比较容易地打破旧世界，为创新扫清道路。破旧是立新的基础，破除旧的东西是建立新东西的前提，破与立是联系在一起的。从某种意义上说，“破旧”本身已经包含着“立新”的成分。马克思主义作为革命理论，并不只是打破旧世界，而且要建立新世界，建设新世界。社会主义革命不仅是破，更是立。如果说“破除旧世界”需要创新并包含着创新，那么“建立新世界”就更是如此了。

再次，马克思主义是指导社会主义建设和改革的理论。革命成功只是万里长征走完了第一步，后面的任务更加艰巨和困难，因而更需要创新。不论是社会主义改造的实施，还是社会主义建设的进展，以及社会主义的体制改革，都需要创新，都包含着创新精神。社会主义改造的过程是消除旧势力统治，确立起社会主义基本制度的过程，如果没有创新精神，就难以顺利实现。我国的社会主义改造之所以进行得这样平稳而又彻底，很重要的原因就是我们党从中国实际出发提出了许多创新性的政策和举措。社会主义建设事业也是前无古人的事业，没有现成的经验可以参考。在新问题层出不穷的建设过程中，也必须时时进行改革创新并不断总结和推广新鲜经验。社会主义改革事业，更是如此。改革是社会主义制度的自我完善和发展，同时也是一场艰难而深刻的革命性变革，这其中就包含着强烈的创新精神。中国的改革之所以这样成功，很重要的原因就是我们党在改革开放过程中不断地进行了理论、政策和实践上的创新。

最后，马克思主义是致力于最终实现共产主义新社会的理论。这种追求远大理想、创造美好未来的精神，也包含着创新精神在内。理想来源于现实，又高于现实，它不是现实在思想上的简单延伸，而是对现实的创造性升华和创新性建构。理想的产生，本身就是思想的创新。理想代表的是新的图景、新的方向和新的未来。对理想的坚守就是对创新价值的坚守。共产主义理想是人类历史上最崇高最伟大的社会理想，它的提出和论证，人们对它的坚守和追求，都体现了鲜明的创新性，体现了求新为新的价值取向。而对远大理想的追求，对前进道路上困难的克服，对远大理想与近期理想关系的正确处理，对理想实现的道路和条件的寻求等，更是一个创新的过程。

（三）从马克思主义的创立看它的创新精神

马克思主义是资本主义发展的产物，资本主义社会的变动不居精神和创新风尚是马克思主义创立的重要社会背景。资本主义与传统社会不同之处，就在于它变动不居的精神。“生产的不断变革，一切社会状况不停的动荡，永远的不安定和变动，这就是资产阶级时代不同于过去一切时代的地方。”[①] 而在这种变动不居的精神中，或者与这种变动不居的精神相伴随，就有着一定的创新精神。与传统社会相比，资本主义生产方式需要有更多的技术创新，因为这是资本家榨取相对剩余价值的重要途径，而这一点也影响到资本主义社会的体制和文化。马克思主义虽然是对资本主义的批判，但它不是站在传统社会的立场来批判，就像封建的或小资产阶级的社会主义思潮那样，而是充分肯定资本主义生产的成就，并在此基础上追求更高的理想。这说明，马克思主义是以资本主义为起点的，其产生的社会背景本来就有崇尚创新的成分。

马克思主义的产生，是马克思恩格斯继承人类文化特别是西欧三大先进思潮的创造性成果，并在此基础上开展理论创新的结果。德国古典哲学、英国古典政治经济学、英法两国的空想社会主义，在当时都是创造性的理论成果，是那个时代最具创新性的理论思潮。马克思恩格斯继承了这些理论的创新性成果，并以此为基础，通过创造性的劳动，彻底

①《马克思恩格斯选集》（第1卷），北京：人民出版社2012年版，第403页。

超越了这些理论成果。马克思和恩格斯都是极具创造性的天才思想家，他们的著作中的每一句话，都有非常深刻的含义。确实，他们的著作思想深刻，内涵丰富，博大精深。即使拿到今天来看，其思想力仍然令人惊叹，给人以深刻的启示。

以唯物辩证法的创立为例。以往我们经常讲，马克思恩格斯吸取了费尔巴哈哲学的唯物主义“基本内核”和黑格尔哲学的辩证法“合理内核”，把二者结合起来，创立了唯物辩证法。给人的印象似乎只是把二者简单地拼接起来就可以实现，这是非常肤浅的看法。其实，马克思和恩格斯长期研究和批判黑格尔哲学，并从黑格尔体系中走出来，将辩证法奠定在唯物主义基础上，并加以理论上建构和阐释，这是全新的工作。而且，唯物辩证法突出地体现着马克思主义理论的创新精神。事物运动变化的观点、发展是新事物产生和旧事物灭亡的观点、矛盾是事物发展内在动力的观点，以及矛盾的普遍性和特殊性的观点等，都突出体现着一种灵活性、能动性，体现着创造和创新的精神。

马克思创立的唯物主义历史观，具有极其鲜明的原创性，被列宁称之为人类思想史上最伟大的成果。表面看来，从自然唯物主义到历史唯物主义似乎只有一步之遥，但是却有无数人栽了跟头。“自然唯物主义和历史唯物主义相距很近，但又很遥远，用中国的成语‘咫尺天涯’来形容是颇为恰当的。……从自然唯物主义通向历史唯物主义的道路，荆棘丛生，崎岖坎坷，人类经历了两千多年的探索，这是多么艰巨遥远的途径！”[①]之所以如此，是因为人类社会具有与自然界极为不同的特点，它是由人组成的，而人的活动又受着主观因素的影响。正因为如此，许多思想家在探索社会规律时走向了唯心主义泥潭，而只有马克思和恩格斯才实现了这一跨越。可以说，唯物史观的创立是理论创新的典范。

劳动价值论和剩余价值学说的创立也是如此。马克思继承了英国古典政治经济学的成果，特别是亚当·斯密和大卫·李嘉图关于劳动创造价值的观点。但这不是简单的继承和发挥，而是通过创造性地提出劳动二重性学说，并创造性地将“劳动力”与“劳动”加以区分，才真正

① 陈先达:《走向历史的深处——马克思历史观研究》，见《陈先达文集》(第1卷)，北京:中国人民大学出版社2015年版，第1—2页。

克服了经济学上似乎根本无法解决的理论矛盾，而建立了科学的劳动价值论和剩余价值理论，从而揭示了资本主义剥削的秘密。马克思的创新当然还不止这两个方面，恩格斯说过："马克思在他所研究的每一个领域，甚至在数学领域，都有独到的发现，这样的领域是很多的，而且其中任何一个领域他都不是浅尝辄止。"①

科学社会主义的创立是建立在马克思主义哲学和政治经济学变革基础上的，同时也创造性地继承和发展了空想社会主义的闪光思想。社会主义思想从莫尔的《乌托邦》到马克思的《资本论》，有一脉相承的东西，特别是价值取向方面，但是空想与科学之间有着严格的区分。从空想到科学，不是简单的理论延伸，而是真正的理论飞跃。如果没有巨大的理论创新，这一飞跃是不可能实现的。恩格斯的《社会主义从空想到科学的发展》一书清楚地记述了这种思想理论飞跃发生的过程。在这一理论创新过程中，不仅有唯物史观和剩余价值学说，而且还是无产阶级历史使命的理论。历来的社会主义者只是把无产阶级看作一个受苦受难而值得同情的阶级，只有马克思和恩格斯才从理论上、从历史发展规律的高度，揭示了无产阶级推翻旧世界、建立新世界的历史使命，并进一步提出了无产阶级革命斗争的路线和策略。从这个意义上讲，我国著名学者许征帆教授将无产阶级历史使命学说作为马克思第三个伟大发现是有一定道理的。

（四）从马克思主义的发展看它的创新精神

马克思主义在诞生之后并没有停下自己探索和创新的脚步，而是经历了一个发展的过程。这个过程从马克思恩格斯的时代起，一直持续到现在。不论是从这个理论不断发展的全过程来看，还是从某些特定的历史阶段来看，我们都可以清楚地看到，在马克思主义发展过程中始终涌动着一股鲜活的创新精神。

首先，马克思恩格斯对自己思想体系的发展，体现了他们不懈求索和创新的精神。马克思和恩格斯是马克思主义的创立者，他们所有的理

①《马克思恩格斯选集》（第3卷），北京：人民出版社2012年版，第1003页。

论创造活动都可以用“创立”二字来概括。但是，“创立”不仅仅意味着他们提出一套自己的观点，而且也包括他们后来对自己观点的进一步检验和发展。因此，在“创立”中也包括着“发展”。因此，我们不仅可以从马克思恩格斯提出自己原创性观点的过程中去看马克思主义的创新精神，而且也可以从他们对自身观点的不断完善和发展中来看马克思主义的创新精神。马克思和恩格斯于 19 世纪中叶提出了自己的基本观点，特别是 1848 年 2 月《共产党宣言》的发表标志着马克思主义的诞生。剩余价值学说的形成略晚一些，但《资本论》第一卷在 1867 年公开发表，也标志着马克思经济学说基本观点的形成。但是，他们此后并没有停止理论探索和创新的步伐，而是不断地补充、完善和发展自己的理论。巴黎公社的实践，使马克思进一步发展了自己的国家学说和无产阶级专政学说。恩格斯通过对杜林的批判，全面阐述了马克思主义的基本理论。马克思恩格斯对俄国历史的研究，丰富了他们关于东方国家走向社会主义的学说。而 19 世纪末西方社会政治上的进步和直接革命形势的弱化，促使恩格斯阐述了无产阶级利用和平手段取得革命胜利的策略。马克思直到去世之前，仍在大量研究人类古代历史，写成篇幅浩大的“人类学笔记”，向着新的研究领域发起冲击；恩格斯对《资本论》后两卷的整理和出版，对自然科学的研究和对自然界辩证法的揭示，对军事的研究和创建无产阶级军事学说的努力，等等，所有这些都反映着马克思恩格斯及其理论的创新精神。

其次，列宁对马克思主义的创造性发展体现了创新精神。列宁对马克思主义的发展证明了这样一点：即马克思主义的发展并不是原有理论的简单延伸，也不是对原有理论的进一步阐发，甚至也不限于对已有观点的创造性阐发，而是更在于在新的历史条件下，根据马克思主义的基本立场、观点和方法，大胆提出新的观点和新的原理。列宁在资本主义发展到帝国主义时代的情况下，根据各国资本主义发展不平衡规律，提出了社会主义革命可以在一个或数个国家率先取得胜利的结论，并把这个结论落实到俄国这样经济文化相对不发达的国家。而且列宁不仅是从理论上去探索，更是从实践中去创造。他领导布尔什维克党取得了十月革命的胜利，建立了世界上第一个社会主义国家，开辟了人类历史的新纪元。他还在领导俄国社会主义建设的过程中，根据实际情况的需要大胆废止战时共产主义政策，提出新经济政策。正是这种大无畏的创新精神，使列宁创造性地发展了马克思主义，而列宁主义也成为马克思主义发展的新形态。

再次，毛泽东开创的马克思主义中国化进程体现了中国气派的创新精神。马克思主义产生于西欧，虽然马克思和恩格斯也曾关注东方国家的革命，支持中国人民反抗外来入侵的斗争。但他们毕竟不是中国人，他们提出的基本理论毕竟与中国有一定的距离。因此，马克思主义基本原理在中国的运用，不是直接照搬，而是要经过创造性探索和转化，要根据中国实际情况来创造性运用和发展马克思主义。毛泽东在中国革命的过程中大胆地提出了“马克思主义中国化”的口号，将马克思主义基本原理与中国革命的实际相结合，提出了一系列关于中国革命的崭新的理论观点，引导中国革命取得了胜利。新中国成立后，以毛泽东为代表的中国共产党人，创造性地走出了一条有中国特色的社会主义改造道路，为国际社会主义运动提供了新鲜的成功经验。随着社会主义经济和政治制度的确立，中国开始了大规模的社会主义建设。这是一个充满着探索的过程，既积累了新的经验，也发生了一些失误。这种新的经验和教训，都是在探索的过程中发生的，是探索和创新中的应有之义。包括像“人民公社化”运动和“文化大革命”这样的严重失误和错误，也是在艰难探索中出现的问题。这些都说明了创新的重要性，也说明了创新的不易。总之，毛泽东同志，以及以毛泽东同志为代表的那一代中国共产党人，是勇于探索和创新的马克思主义者。由此形成的毛泽东思想，是马克思主义在中国的创造性运用和发展。

最后，中国特色社会主义理论的创立和发展体现了创新精神。中国特色社会主义理论是与中国的改革开放紧密联系在一起的，是对改革开放的经验总结和理论指导。而中国的改革开放，可以说是当代世界上最为波澜壮阔的改革实践，是最伟大的社会探索和实验，是伟大的体制创新运动。在总结新中国成立 30 年历史经验的基础上，邓小平同志以马克思主义的巨大政治勇气和理论勇气，开启了改革开放的进程。这是一条前人没有走过的路，在这个过程中遇到过各种困难和考验，但都通过我们在马克思主义指导下的理论与实践创新而得到了成功解决，并最终走出了一条有中国特色的社会主义建设道路，创立了邓小平理论。这是全党集体智慧的结晶，也是改革实践的经验升华。从那时以来，改革开放继续深化，我们党的理论创新也不断推进，在新的历史条件下，江泽民同志提出了“三个代表”重要思想，胡锦涛同志提出了“科学发展观”，这都是我们党指导思想上的与时俱进，是当代共产党人集体智慧和创新精神的体现。特别是党的十八大以来，以习近平同志为核心的党中央，紧紧围绕“新时代坚持和发展什么样的中国特色社会主义、怎样坚持和发展中国特色社会主义”这一重大时代课题，以马克思主义为指导，以全新的视野深化对共产党执政规律、社会主义建设规律、人类社会发展规律的认识，进行艰辛理论探索，取得重大理论创新成果，形成了习近平新时代中国特色社会主义思想。这是21世纪中国马克思主义新形态，是马克思主义创新精神在当代中国的集中展现。

（原文发表于《华南师范大学学报（社会科学版）》2018年第3期）

三

论马克思主义的亲和力

在马克思主义理论教育中，特别是高校思政课教育教学中，马克思主义亲和力问题既是一个新提出的问题，也是一个十分重要的问题。我们通常只是说思想政治教育的亲和力，或思政课的亲和力，那么我们是否可以由此引出“马克思主义的亲和力”或者“马克思主义有没有亲和力”的问题？如果有，那么它体现在哪些方面？其实质又是什么？以及怎样在马克思主义理论教育中，特别是在思政课教育教学中，更好地体现和发挥马克思主义的亲和力，从而增强人们特别是大学生对马克思主义的接受性？这些问题都需要我们从学理上加以探讨和把握。

（一）“亲和力”之分析

“亲和力”是我们日常语言中一个常见的词语，虽然从字面上就可以大体知道它的意思，但还需要从词源和学理上加以把握。《现代汉语词典》中有“亲和力”一词，指“两种以上的物质结合成化合物的相互作用的力”，这表明它反映的是自然界的现象。“亲和力”对应的两个英文词 appetency 和 affinity，也都是自然科学特别是化学中的概念。具体地说，“亲和力”一词原系瑞典化学家白格曼在 1774 年创造的一个拉丁文术语 attractiones electivae（“选择的亲缘关系”），即两种或多种元素之间相互趋近和聚合的力量。意思是说，自然界中不同元素之间相互吸引和聚合的力量是各不相同的，当多种元素相遇时会发生相互“选择”，结果是亲和力更强的聚合在一起。

显然，“亲和力”概念最初来源于化学领域，解释的是自然界的化合现象，但随后被引入社会领域并用来解释人与人之间的关系，特别是情感关系。在这方面最突出的代表是德国大文豪歌德。他在 1809 年发表了一部长篇小说《亲和力》，书中讲述的是一对夫妇本来过着宁静和谐的生活，但随着一男一女的到来，这种和谐被打破了，由于亲和力的不同，他们进行了重新选择，结果二人分别爱上了别人，最终导致了家庭的悲剧。尽管并不是所有的人都对歌德用自然界的亲和力来解释人与人之间的爱情关系表示赞同，并且有些人还从道德立场上对此加以抨击，但也由此可见，“亲和力”一词具有相当的解释力和普适性。不论怎样，“亲和力”逐渐地从一个自然科学术语转变为一个社会生活用语，并进一步被引入社会科学特别是现代管理学。在管理学中，人的亲和力是人际关系和谐的重要方面，而培养和增强人的亲和力则是人力资源开发和有效管理的重要内容。近年来，“亲和力”一词在我国进一步越出人际关系和管理学范围，成为一个重要的思想理论概念，频繁出现于党和国家的主流话语特别是思想政治教育话语中。因而我们应该重视这个概念，并从学理上去把握它的内涵、特征和语用要求。

首先，亲和力既是一种事物本身具有的由内而外的力量，又是一种只有在与其他事物的关系中才能体现出来的力量。它是事物本身所具有的一种性质和力量，它表现于外，并因此为人们所感受到，但它又不仅仅是一种外部力量，更是一种由内而外生发出来的力量。它是事物本身所具有的，是事物内在性质的外化体现。“亲和性”“亲和力”是同等程度的概念，前者表征的是性质和状态，后者表征的是作用和影响。事物总是先具有亲和的内在品质，而后才在外部特征上体现为亲和力。外表上的亲和特征可以模仿或假装，但终归不具有真实性，而且也不能持久。需要注意的是，亲和力虽然是一定事物本身所具有的性质和力量，是一种自性和自力，但它不只是一个属性范畴，而且也是一个关系范畴。一事物的亲和力是在与其他事物的关系中体现出来的，离开了外在的其他事物，该事物就体现不出自身的亲和力。

其次，亲和力既可以是一种单向性的力量，也可以是一种双向性的力量。亲和力作为一种吸引力或影响力，既可以是一事物对他事物的单向的吸引和影响，也可以是事物双方的相互吸引和影响。但最典型的情况通常是彼此间的相互吸引和相互趋近。歌德的《亲和力》一书，德语原名为 Die Wahlverwandtschaften，用的是复数，指的是双方之间的亲和力，而不单指某一方面的“亲和力”。这表明“亲和力”通常是双向的。作为对象的一方，并不是消极被动地“被吸引”或“被亲和”，而是双方相互趋近。当然，在双方共同的亲和力中，可能有主有次，并不完全是对等的。这一点是与力学中完全对等的作用力和反作用力不同的。

再次，亲和力既是一种亲缘性力量，又是一种选择性力量。它作为一种双向相互亲近的趋向，并不是可以发生在任何两个物体或两个人之间，而是发生在两个特定的物体或主体之间。可以说，在多数事物之间并不具备这种相互的亲和性，而只有少数适配的双方之间才会发生这种亲和力，因而可以说是有选择性的。从德语来看，“亲和力”一词是由“选择”（wahl）和“亲缘”（verwandtschaft）两个概念合成的，也就是说，“亲和力”具有选择性和亲缘性，是基于亲缘关系的选择。这种吸引力之所以发生，深层原因在于二者具有一种互补性关系。在这种关系中，二者相差异甚至相对立，即在某个方面具有相反的性质，从而能够相互补充，形成一种完满性。正如物理学中所说的“同性相斥，异性相吸”。但这种差异或对立，又是建立在共同的基础之上的。正是由于双方有共同的基础和彼此贯通的性质，因而二者的差异或相反的属性才能够成为互补的建设性力量。如果双方没有共同基础，那么性质相反的双方之间就是势不两立的排斥关系了。

最后，亲和力既是一种拟人性表述，又是一种人文性力量。“亲和力”能够从自然科学概念转化为社会科学和思想理论概念并不是偶然的，不只是源于科学中常见的概念扩展，而是与“亲和力”本身的特征及其表述的拟人化相关。虽然它最初表达的是自然现象，但它采用的是一种拟人化表达。不论是“亲缘”还是“选择”，都是属于人的现象，至少是生命界的现象。特别是“亲和”这种汉语表述是极为人性化的。似乎这个概念天生就更适合于表达人与人之间的关系，而且不只是表达人与人之间的血缘关系和亲属关系，还具有更浓厚的社会性、人文性含义。它是人性与人性的相互吸引，社会属性与社会属性的一致共鸣，是一定社会中人文精神凝聚力的集中体现。

需要注意的是，我们在思想政治理论中所说的“亲和力”是具有价值属性的，从根本上说是一种基于正义立场的善性力量。自然界中的“亲和力”无所谓是非善恶，但在人类社会中“亲和力”还是有善恶之分和价值导向的。我们所说的亲和力总是与善良的人和事联系在一起的。坏人与坏人之间也会臭味相投，但这并不是我们所界定的亲和力。在马克思主义视野中，是在有利于社会进步和人民幸福相关事业的意义上讨论亲和力问题的。社会事业总是复杂的，正义的事业中也会混入坏人，非正义的事业中也可能会有误入的好人。就某一个人来说，他可能因为内心的善良和良好的教养而具有亲和力，但如果他是有意无意地为反动势力张目，那么他的亲和力就成了“毒药”，就是一种危害性的力量。

（二）马克思主义亲和力问题的提出

从抽象的意义上讲，马克思主义从其诞生之日起，就有一个亲和力问题。特别是在它对外传播和与工人运动相结合的过程中，会体现出自身的亲和力。马克思主义传入中国，受到中国先进分子和无产阶级的欢迎，也与其亲和力相关。但是长期以来，国内外学术界并没有明确提出和系统讨论过“马克思主义的亲和力”问题。

在当今中国的思想理论界，马克思主义的亲和力问题是从思想政治教育领域中，特别是从高校思政课教育教学中提出来的。它本身就内在地包含于思政课的亲和力中，并且在思政课教育教学中凸显出来，成为一个独立且重大的理论问题。

习近平曾在关于外交工作的论述中，就我国的国家形象而提出并强调过“亲和力”，后来又在高校思政课建设上突出强调了“亲和力”。2016 年 12 月 7 日，习近平在全国高校思想政治工作会议上强调：“思想政治理论课要坚持在改进中加强，提升思想政治教育亲和力和针对性。”① 2019 年 3 月 18 日，习近平在学校思想政治理论课教师座谈会上再次强调：“推动思想政治理论课改革创新，要不断增强思政课的思想性、理论性和亲和力、针对性。”②这“三性一力”就是新时代思政课改革创新的目标要求，其中唯一的“力”就是“亲和力”。由此可见习近平

①《习近平谈治国理政》（第 2 卷），北京：外文出版社 2017 年版，第 378 页。
②《习近平谈治国理政》（第 3 卷），北京：外文出版社 2020 年版，第 330 页。

对思政课“亲和力”的高度重视，以及这个问题的特殊重要性。

以往我们在谈论思政课教育教学的目标要求和效果时，常用的词语是“吸引力”“感染力”，后来才提出和使用“亲和力”。这个概念一经提出，就很快得到人们普遍认可和使用，成为一个十分常用的概念。之所以如此，一是因为这个词语更有新鲜感，因而人们也更乐于使用它；二是因为这个词语在字面上就给人以正面性和亲近感，而不是像“感染力”中“感染”一词具有病毒学和疾病学的来源；三是因为“亲和”一词具有中华优秀传统文化的印记，符合中国人深层的文化心理。因为不论是“亲”还是“和”，都是中华传统文化中最核心的要素和标识性字眼，是中国人历来所深刻认同的理念。

在思政课“三力”（亲和力、吸引力、感染力）中，“亲和力”处在首位并且是“吸引力”和“感染力”发挥作用的基础。从人们接受外来影响的心理过程来看，一件事情总是需要先体现出“亲和力”，使人不反感并易于接近，而后才能有机会发挥其对人的吸引力和感染力。如果开始时不能给人以亲切可近的印象，而是使人保持着心理上的距离和警惕，甚至一开口就把人吓住了，那就不会吸引听众驻足，也就无从发挥自己的吸引力和感染力。从思政课对学生的影响来说，亲和力是第一个环节，吸引力和感染力是后续的环节。“吸引力”“感染力”都是在“亲和力”的基础上产生和生效的。而且由于“亲和力”本身的涵容性，在某些情况下，它可以把“吸引力”“感染力”包含于自身之中，成为一个可以单独使用的大概念。

高校思政课教育教学的亲和力，首先体现为思政课教师本人的亲和力。思政课教师是一个多重身份相叠加的称呼。作为教师，他是人类文明的传递者和人类心灵的工程师，肩负着传道、授业、解惑的职责，直接面对学生开展工作，在师生关系中实现自身职责，因而本身就应该是有亲和力的。同时，我国是社会主义国家，我国的教师是“人民教师”，有着突出的人民性，在热爱人民、热爱学生、热爱教育上有更高的要求，因而更应具有亲和力。而且，思政课教师又是人民教师中更特殊的一个群体，肩负着用马克思主义中国化时代化最新理论成果铸魂育人的神圣职责，习近平总书记向他们提出了“政治要强、情怀要深、思维要新、视野要广、自律要严、人格要正”的更高要求，因而也更应该具有突出的亲和力。

思政课教育教学的亲和力，更直接体现为思政课教师实施教学的亲和力。思政课教师的亲和力集中体现于教学过程之中。习近平总书记也是从授课过程和效果的角度，从多个环节相配合的角度来谈亲和力和感染力的。习近平强调：“只有打好组合拳，才能讲好思政课，但无论组合拳怎么打，最终要落到把思政课讲得更有亲和力和感染力、更有针对性和实效性上来，实现知、情、意、行的统一，叫人口服心服。”[①]在教学准备阶段，要深入了解学生情况，把握他们的知识基础、认知特点、学习需求，了解学生在生活中遇到的问题，特别是了解他们的思想困惑。在教学设计阶段，要在吃透教学内容的基础上，结合学生的实际情况和需要来设计教学步骤，合理穿插和融入学生所关心的内容，使教学更符合学生需要。在课堂教学环节，不仅要实现好教学设计，而且要展现出思政课教师应有的政治理论素养和学术水平，展现出应有的精神气质、仪容仪态，以及发挥高超教学艺术。所有这些，都是教学亲和力的直接表现。

思政课教育教学的亲和力，不仅是教学形式的亲和力，更是教学内容的亲和力。在思政课教学中，内容是更重要的，因为形式是服务于内容的。在教学过程中，教学形式上的亲和力当然是重要的，但如果思政课教学的亲和力都集中在教学形式上，那同样也是不够的、无根的。因此，更要从思政课教学内容上去考察亲和力问题。只有教学内容本身具有亲和力，再加上教学形式和教师人格上的亲和力，才能体现出充分的教学亲和力。如果教学内容本身远离时代、远离社会和人生，远离学生的实际生活，那么它在教学过程中所展现的亲和力就会很有限。而教学内容的供给，首先取决于思政课的课程设置和课程体系，取决于国家通用思政课教材的编写，以及教学目标和要求的规定，同时也取决于思政课教师对内容的把握和处理。就前者来说，这是国家事权，体现着国家意志和主导意识形态需要，是不能随意改变的。所有这些课程及其内

① 习近平：《思政课是落实立德树人根本任务的关键课程》，北京：人民出版社2020年版，第23页。

容，都是围绕坚持和发展中国特色社会主义的总要求而设计的，具有很强的现实性，与每个人特别是每个大学生的未来发展息息相关，从根本上说是具有亲和力的。只要思政课教师能够根据教学要求，更好把握和处理教学内容的选择与安排，我们完全可以肯定思政课教学内容也是具有亲和力的。

在思政课教学内容的亲和力中，最根本的是马克思主义理论的亲和力。高校思政课的内容无疑是十分广泛的，而且也具有很强的现实性，但所有这些内容的理论基础和思想要义都是马克思主义。其中，既包括马克思主义基本原理，也包括马克思主义中国化时代化的理论成果，以及用马克思主义立场、观点、方法来认识和处理当代世界和中国问题的内容。习近平指出："马克思主义是我们立党立国、兴党兴国的根本指导思想。实践告诉我们，中国共产党为什么能，中国特色社会主义为什么好，归根到底是因为马克思主义行，是中国化时代化的马克思主义行。"[①] 因此，思政课教学内容的亲和力归根到底是马克思主义的亲和力，也就是说，思政课教育教学的亲和力归根到底也在于马克思主义的亲和力。这样，马克思主义亲和力问题就明确地提出来了，并显示出自身的重要性。

（三）马克思主义亲和力的内涵

我们能不能谈论马克思主义的亲和力？马克思主义是否具有亲和力？回答是肯定的。亲和力是各种各样的，有自然事物的亲和力，也有社会事物的亲和力；有人格的亲和力，也有人的活动及其产物的亲和力；有社会事业的亲和力，也有思想理论的亲和力。马克思主义作为一种科学理论，作为社会主义事业的理论表现，当然也可以有而且必然有自己的亲和力，我们也完全可以研究这种亲和力。

当然，我们不能孤立地谈论马克思主义的亲和力，而是要在马克思主义与人的关系上来谈论这个问题。因为亲和力是双向性的，它是一种

① 习近平：《高举中国特色社会主义伟大旗帜　为全面建设社会主义现代化国家而团结奋斗——在中国共产党第二十次全国代表大会上的报告》，北京：人民出版社 2022 年版，第 16 页。

关系范畴，它必然要关涉自己的对象。马克思主义的亲和力是相对于它的传播对象而言的，指的是它能够使人们感觉亲近而不排斥，并最终能够为人们所接受和掌握。而马克思主义的传播对象有群体与个体之分，因而它的亲和力也表现在不同的层面上。

首先，马克思主义具有人类层面的亲和力。马克思主义是科学的世界观和方法论，它继承和发展了有史以来人类文明的成果，是人类认识发展的最高成果。列宁指出："马克思主义同'宗派主义'毫无相似之处，它绝不是离开世界文明发展大道而产生的一种故步自封、僵化不变的学说。恰恰相反，马克思的全部天才正是在于他回答了人类先进思想已经提出的种种问题。他的学说的产生正是哲学、政治经济学和社会主义极伟大的代表人物的学说的直接继续。"[①] 马克思主义关心人类命运，致力于人类解放事业，并在现代社会引领人类文明向前发展。因而对于真正致力于人类进步事业的人来说，马克思主义是具有亲和力的。

马克思主义是价值性与科学性的统一，它不仅在价值性上具有人类属性和人类亲和性，而且在科学性上也具有真理的亲和性。马克思主义具有真理的力量，而这其中就包含着一种亲和力，包含着对追求真理的人类心灵的吸引力。人类的心灵世界固然复杂多变，并不总是服膺于真理，而常常陷入谬误之中。但从根本上来说，应该肯定人类心灵是更为趋向于真理的，随着人类的发展就更是如此。真、善、美是人类的共同追求，而"真"在第一位，它是"善"和"美"的基础。那么，既然马克思主义是关于世界发展一般规律的真理，特别是关于人类社会本质和规律的真理，那么它一定会对于那些热爱真理、寻求真理的人们具有亲和力。正如邓小平指出的："我坚信，世界上赞成马克思主义的人会多起来的，因为马克思主义是科学。"[②]

其次，马克思主义的亲和力更在于对无产阶级和人民群众的亲和力。马克思主义在人类层面的亲和力，由于阶级和利益集团的存在而受到了限制。在阶级社会中，人们往往是在一定的阶级地位中生活，其眼界和倾向受到阶级利益的影响。历史上占统治地位的剥削阶级虽然常常

①《列宁选集》(第2卷)，北京：人民出版社2012年版，第309页。
②《邓小平文选》(第3卷)，北京：人民出版社1993年版，第382页。

以全社会或全人类整体利益为标榜，实际上则是在维护自己的利益和特权。资产阶级虽然身处人类交往普遍发展和民族历史向世界历史转变的时期，因而具有一定的世界眼光，但他们并不能真正代表人类利益并接受马克思主义这样的真理。相反，他们对马克思主义恨之入骨，必欲除之而后快。因而，他们绝不会感受到马克思主义的亲和力。但这无损于马克思主义亲和力，因为这种亲和力在无产阶级和人民群众那里得到了充分的体现和把握。

马克思主义具有鲜明的人民性，是无产阶级和人民群众寻求自身解放的科学理论。它代表着人民的利益，体现着人民的愿望，把人民放在最高位置。正因为如此，它对无产阶级和人民群众具有根本的亲和力。这是由马克思主义的本质和使命所决定的。马克思主义不仅有着人民性立场，而且指导着人类的解放事业，即社会主义事业。社会主义是人民群众数百年来的愿望和追求，但长期处在空想阶段，只是因为马克思主义的诞生，才为社会主义奠定了科学基础，实现了社会主义从空想到科学的飞跃，并继而实现了从理论到实践、从理想到现实的飞跃。人民群众从事业发展和利益实现的切身感受中，体验到马克思主义的亲和力。

最后，马克思主义具有人生层面的亲和力。马克思主义是关于世界发展特别是人类社会发展规律的学说，但它并不是像以往有人说的那样，有什么“人学空场”，似乎对个人不感兴趣，对人生没有启迪作用。事实上，马克思主义不仅关注社会和集体，也关注个人和人生。社会是由个人组成的，只关注个人当然不能懂得社会，而如果不关注个人，也同样无法真正把握社会。马克思主义的社会历史理论没有停留于个体的人，但包含着个体的人，而且将社会的发展落脚于社会成员个人的发展。众所周知，人的自由全面发展是马克思主义的最高价值追求，而这里讲的就是个人的发展。马克思主义关于人的本质和人的发展的观点，关于人的需要和人的利益的观点，关于人生理想和价值追求的观点等，都具有突出的人生指导意义。凡是愿意过一种积极而有意义生活的人，凡是为美好生活而奋斗的人，都会感受到马克思主义的亲和力。

当然，人的生活不会总是一帆风顺的，有时甚至会遇到某种严重挫折和沉重打击。当一个人陷入某种不幸境界的时候，特别是失望、绝望而心灰意冷的时候，他会觉得老庄哲学和宗教安慰更有亲和力。从心理抚慰方面来说，这并非毫无意义，但从根本上说，人生应该是积极入世的，应该是为美好生活而奋斗的。挫折在所难免，消沉时有出现，但总是要尽快从中走出来，走向积极进取的生活。而在走上人生奋斗正途的时候，就更容易感受到马克思主义的亲和力。

（四）更好体现马克思主义亲和力

马克思主义本身具有亲和力，但这种亲和力还要在新的历史条件下特别是在新时代新征程思想理论教育中进一步体现和展现出来。增强马克思主义理论教育的亲和力，是新时代新征程思政课教育教学的重要任务。为此必须进一步推进马克思主义中国化、时代化、大众化，并推进新时代思政课教育教学的创新发展。

首先，推进马克思主义中国化，进一步展现马克思主义对中国人民的亲和力。马克思主义产生于欧洲，与东方的中国有较远的空间距离。同时从马克思恩格斯在创立科学理论时吸取的直接文化资源来说，当然也是更偏重于西方文化。因此，尽管马克思主义是普遍真理，但对中国来说还是打着外来文化的印记。也正因为如此，当马克思主义最初传入中国的时候，就有人认为马克思主义不适合中国国情。这当然是错误的，因为马克思主义作为放之四海而皆准的真理，其基本原理也是同样适用于中国的。但为了更快更好地为中国人民所接受并发挥指导作用，还需要把马克思主义与中国实际相结合，走马克思主义中国化的道路。马克思主义中国化，就是让马克思主义在中国本土化，让马克思主义在中国大地扎根。我们常说要把马克思主义基本原理与中国国情相结合，这就意味着不仅要与中国具体实际相结合，还要与中华优秀传统文化相结合，使马克思主义的呈现形态更加符合中国人的社会需要和文化心理。

其次，推进马克思主义时代化，进一步展现马克思主义对当代人的亲和力。从一定意义上讲，亲和力具有时间向度。人们通常对于同时代的和现实性强的事情更容易有亲近感。马克思主义的当代性和当代价值是它亲和力的重要方面，马克思主义的时代化，就是通过紧跟时代变化并与当今时代特征紧密结合，来拉近与人们的心理距离。马克思主义产生于19世纪中期，距今已有170多年的历史。它之所以能够在不同时代得到人们的认同，不仅是因为它的道理具有普遍性和恒久性，而且是因为马克思主义与时俱进，始终紧跟时代而不断发展。当马克思主义的道理直接与现实相关的时候，当人们遇到现实中的困难而直接向马克思主义求教的时候，他们就会觉得马克思主义近在眼前而不遥远，从而就感受到亲和力。

马克思主义中国化的过程，就是马克思主义在中国人民心中的亲和力不断增强的过程。党的十九届六中全会通过的《中共中央关于党的百年奋斗重大成就和历史经验的决议》，对我们党推进马克思主义中国化的历程进行了全面总结，特别是明确了马克思主义中国化的三次理论飞跃：毛泽东思想是马克思列宁主义在中国的创造性运用和发展，是被实践证明了的关于中国革命和建设的正确的理论原则和经验总结，是马克思主义中国化的第一次历史性飞跃；在改革开放和社会主义现代化建设新时期，我们党从新的实践和时代特征出发坚持和发展马克思主义，科学回答了建设中国特色社会主义的一系列基本问题，形成了包括邓小平理论、“三个代表”重要思想和科学发展观在内的中国特色社会主义理论体系，实现了马克思主义中国化新的飞跃；习近平新时代中国特色社会主义思想是当代中国马克思主义、21世纪马克思主义，是中华文化和中国精神的时代精华，实现了马克思主义中国化新的飞跃。这三次历史性飞跃使马克思主义在中国人民心中深深扎根，集中体现了马克思主义在中国的亲和力。

再次，推进马克思主义大众化，进一步展现马克思主义对普通群众的亲和力。马克思主义亲和力问题，在马克思主义大众化中尤为重要。因为所谓马克思主义大众化，就是在人民大众中传播马克思主义，使马克思主义为人民大众所接受。而在这个过程中，首先会遇到马克思主义亲和力问题。其亲和力的强弱直接影响普通民众接近和接受的程度，影响马克思主义大众化传播的效果。马克思主义在普通民众中的亲和力与其通俗化表达有直接关系，因为通俗易懂的道理自然更有亲和力。马克思主义经典作家都是大知识分子，他们的著作和理论具有深湛的学理和博大的体系，因而并不是普通民众容易理解和掌握的。为此就需要把马克思主义通俗化，用中国老百姓熟悉的语言来通俗地表述马克思主义的道理。

在马克思主义大众化过程中，不仅有通俗化的要求，而且在一定条件下和范围内也有学理化的要求。特别是对于注重学理的知识者来说，一味地通俗于他们未必满足，而更深的学理性和理论性，反而对他们而言是更大的亲和力。因而，在马克思主义大众化过程中，既需要有马克思主义经典著作的通俗化解读，也需要有对中国化马克思主义的文献和讲话的学理性解读。我们党和国家领导人的讲话通常是足够通俗的，因而并不需要一味地追求通俗化，而是要有适当的学理化。这与通俗化是不矛盾的。

最后，推进新时代思政课教育教学创新发展，更好更全面地体现马克思主义的亲和力。进一步增强思政课教育教学的“思想性、理论性和亲和力、针对性”，是新时代思政课守正创新的方向和目标。其中，“思想性、理论性”侧重体现守正的要求，即思政课教育教学必须坚持马克思主义固有的思想性和理论性，不能降低马克思主义的思想理论品格；而“亲和力、针对性”则侧重于守正基础上的创新，它要求思政课教育教学要通过多方面多环节的创新，不断提高思政课教学的亲和力。同时，要注意全面灵活地把握“亲和力”的内涵和要求，既要以亲切温馨的方式展现马克思主义，使人们如沐春风，也要注意不能一味地把马克思主义“柔性化”，而是要把“春风化雨”与“惊涛拍岸”结合起来，恰当展示马克思主义的阳刚气质。另外还要注意：亲和力并不是马克思主义唯一的特点和优点，它并未穷尽马克思主义的真理价值和指导意义。因此，我们要重视亲和力，又不唯亲和力，而是从更高站位、更大视野去全面认识、把握和发挥马克思主义的真理威力。

（原文发表于《马克思主义研究》2022 年第 10 期）

四

论马克思主义指导思想在当代中国的多重文化身份

党的十八大强调要“加强社会主义核心价值体系建设”，指出:“社会主义核心价值体系是兴国之魂，决定着中国特色社会主义发展方向。要深入开展社会主义核心价值体系学习教育，用社会主义核心价值体系引领社会思潮、凝聚社会共识。”这就为新形势下社会主义核心价值体系的学习、研究和教育指明了方向。马克思主义指导思想是社会主义核心价值体系的重要组成部分，在这一核心价值体系中占有特殊重要的地位，是这一核心价值体系的灵魂。深入研究和理解马克思主义指导思想，对于更好地把握和践行社会主义核心价值体系无疑是十分必要的。这个问题并不像人们通常认为的那样，是一个简单明白不用多说的问题。只要我们用更细微的眼光去考察“马克思主义指导思想”，就会发现:它在当代中国具有不同的文化身份，从而具有立体化的内容和存在形式。揭示出这些不同的文化身份之间的细微差别，将有助于我们加深对马克思主义指导思想的理解。

（一）从文化身份的视角来分析马克思主义指导思想的内涵

马克思主义指导思想从某种意义上说是一种新概念。它是在社会主义核心价值体系提出以来才形成的一个正式的理论概念。在此之前，有“马克思主义是我们的指导思想”这样的命题性表述，有“马克思主义”“指导思想”这样的概念，但尚未正式通用“马克思主义指导思想”这一概念。对此有必要进行理论的分析，而这种分析就涉及文化身份，涉及“马克思主义指导思想”在当代中国的思想文化系统中所处的地位和扮演的角色及其具体体现。

马克思主义指导思想作为一个独立的完整的理论概念，并不等同于一般的“马克思主义”，而是特指作为我们指导思想的马克思主义。也就是说，“马克思主义”作为一般性概念，它指的是全身份的马克思主义现象，包括世界范围内以不同的样态存在的马克思主义思潮，但作为中国党和国家指导思想的马克思主义，则是马克思主义的一个特定文化身份，即中国共产党和社会主义中国这一特定语境所赋予“马克思主义”的一种特定文化身份。

一种特定的文化身份，就意味着一种不同的观察角度，以及由此而来的不同的内容观照。在研究和界定马克思主义的时候，如果我们形成了文化身份的自觉意识，关注到特定语境下马克思主义的不同文化身份，那就十分有利于我们解决一些理论上的困惑和争议。比如，以前我国学界曾经发生过“西方马克思主义”算不算“马克思主义”的争论。如果说它“算”，那就面临着“难道我们要以西方马克思主义为指导思想吗”这样的诘难；如果说它“不算”，那就有着“唯我独革”“唯我独马”的指责，似乎是把世界上其他国家的马克思主义者一棍子打死了。在这样两难处境下，由于大家没有注意到马克思主义的文化身份问题，因而争论也未得出建设性的结果。但是，如果这个问题拿到今天来看，拿到文化身份的视野下看，就非常容易解决了。当我们从“指导思想”的角度去观察和界定“马克思主义”时，就应该把一些国外的马克思主义思潮和流派排除在外，并把马克思主义在中国的运用和发展的理论成果包括在内。尽管一些国外马克思主义思潮，比如我们常说的西方马克思主义等等也属于广义的马克思主义现象，但它无疑不是我们党和国家的指导思想。同样，马克思主义中国化的理论成果在国外学者或外国党看来，对其是否马克思主义可能会有不同的看法，但从我们自己指导思想的角度看问题，这些内容必然应包含于马克思主义的内涵之中。

对马克思主义进行文化身份上的分析，可以有不同的层次，并逐步深入。马克思主义指导思想是广义的马克思主义现象的一种文化身份，而马克思主义指导思想本身也可能包含着更具体的文化身份。对于马克思主义指导思想，我们也可以做进一步的文化身份的分析，以揭示出它在当代中国的更具体的文化身份和思想内涵。由此，我们发现：马克思主义指导思想在当代中国的文化身份并不是单一的，而是多维复合的。大体说来，它包括五种维度上的文化身份：一是作为中国共产党的指导思想的马克思主义；二是作为社会主义国家的指导思想的马克思主义；三是作为公民个人信仰的马克思主义；四是作为社会公众意识的马克思主义；五是作为主流学术思想的马克思主义。这五种文化身份又是相互联系的，它们共同构成“指导思想”的丰富内涵。

（二）党的指导思想的身份

马克思主义首先是中国共产党的指导思想。在中国共产党成立之前，马克思主义传入中国，是作为一种社会思潮而存在和流行的。马克思主义与中国工人运动的结合，产生了中国共产党，而党从诞生时就把马克思主义作为指导思想写在自己的旗帜上。这就使马克思主义思潮在中国获得了“指导思想”的第一重文化身份。

那么，究竟什么是一个政党的“指导思想”呢？大体说来，就是这个政党赖以存在、发展的理论依据和行动指南。它的这种地位和作用在党章中得到了规定。党的指导思想具有以下作用：首先，它为党的存在提供理论上的合法性论证。政党存在的依据当然首先存在于社会的现实需要之中，以及当时当地的政治形势之中，但是对于共产党这样具有很强稳定性的政党来说，它的立党还需要有更正式的理论上的依据，马克思主义理论提供了这一点。其次，它规定了党的性质、宗旨和目标。共产党的性质、宗旨和目标，以及组织原则等的制定，都是以马克思主义基本理论为依据的。再次，它为这个政党提供行动指南和政策导向。尽管政党在一定条件下所采取的行动和政策受当下现实需要的决定，但是党的基本的行动和政策的导向，则受制于自己的指导思想。最后，它还为这个党提供一个象征或旗帜，用以标志这个党，并区分于其他的党。这个象征或旗帜具有独一性，它是自足而完整的，并且不与其他完全不同的思想体系相混合，或共同担当“指导思想”的职责。

（三）国家指导思想的身份

在革命胜利之前，马克思主义只是中国共产党的指导思想，还不是整个国家的指导思想。尽管在一些革命根据地特别是在中央所在的根据地，党对社会的治理也在一定程度和范围内遵循了马克思主义的基本要求，但从全局来看，马克思主义还不是整个国家的指导思想。但中国革命的胜利，中华人民共和国的成立，特别是中国社会主义基本制度的建立，则使马克思主义从政党的指导思想上升为国家的指导思想，并在宪法中得到体现。

马克思主义指导思想在我国宪法中的体现有三个方面：

首先，宪法序言从总体上肯定和规定了马克思主义在中国革命、建设和改革中的指导作用。序言两个地方谈到马克思列宁主义：一是总结过去，认为“中国新民主主义革命的胜利和社会主义事业的成就，是中国共产党领导中国各族人民，在马克思列宁主义、毛泽东思想的指引下，坚持真理，修正错误，战胜许多艰难险阻而取得的”；二是展望未来，指出“中国各族人民将继续在中国共产党领导下，在马克思列宁主义、毛泽东思想、邓小平理论和‘三个代表’重要思想指引下……把我国建设成为富强、民主、文明的社会主义国家”。

其次，宪法中关于国家基本制度和大政方针的设计，遵循了马克思主义的基本理念和精神。党的领导、人民当家作主、人民民主专政、社会主义基本的经济政治制度以及社会主义精神文明建设等，都是马克思主义的内容，都以宪法条文的形式得到了体现。

再次，宪法第二十四条规定了马克思主义相关内容的教育。即：“国家通过普及理想教育、道德教育、文化教育、纪律和法制教育，通过在城乡不同范围的群众中制定和执行各种守则、公约，加强社会主义精神文明的建设。”“国家提倡爱祖国、爱人民、爱劳动、爱科学、爱社会主义的公德，在人民中进行爱国主义、集体主义和国际主义、共产主义的教育，进行辩证唯物主义和历史唯物主义的教育，反对资本主义的、封建主义的和其他的腐朽思想。”

从我国基本制度上看，公有制为主体、共产党的领导和马克思主义在意识形态领域的指导地位，这三者可以说是“三位一体”、紧密相联的。正像公有制主体地位不能否定、党的领导不能动摇一样，马克思主义指导思想的地位也是不能取消的，就是说不能搞指导思想的多元化。

坚持马克思主义指导思想，对于保持社会主义国家的性质，保持国家建设的社会主义道路和方向，至关重要。党领导和执政的理念和方式，党治理国家和社会的基本方略，以及党和国家制定的基本制度，制定和实施的重大的方针政策，都要遵循马克思主义的基本原则和精神。从这个意义上说，马克思主义指导思想并不是与我们国家的经济政治制度相并列的一个单独存在，而是渗透体现在我国基本的政治制度和经济制度以及文化制度之中。当我们揭示出作为国家指导思想的马克思主义含义时，其一个方面的重要意义就在于使我们明白马克思主义指导思想也是体现为制度形态的。如果国家的制度设计中没有体现马克思主义的原则和精神，那它就不是真正的社会主义制度，也就谈不到马克思主义在这个国家的指导地位。过去我们在这一方面关注不够，只把马克思主义指导地位限定于“意识形态领域”，只是讲“坚持马克思主义在意识形态领域的指导地位”，是不够全面的。

由于中国共产党是执政党，由于我国是党领导的社会主义国家，因而马克思主义作为党的指导思想和作为国家的指导思想具有一致性，它们在党和国家的性质、制度和大政方针的政治层面上是共同的，难分彼此的。正因为如此，在许多情况下，可以把二者合在一起加以论述。

（四）公民个人信仰的身份

马克思主义指导思想的第三重文化身份，就是它作为公民个人信仰的文化身份。马克思主义作为一个思想体系和价值体系，既可以是群体和组织的指导思想，也可以是个人的信仰，或个人的世界观、人生观和价值观。这是两个既有联系又有区别的方面和层次。从联系方面讲，群体和组织是由个人组成的，群体的指导思想和个人的指导思想有共同性。比如，就中国共产党来说，马克思主义既是这个政党组织的指导思想，也是党员个人的思想信仰。这两者是统一的。党员如果不懂得马克思主义，不相信马克思主义，不遵循社会主义的价值观，那就不是合格的共产党员。但是，组织和个人又是两个层面上的事情，在许多情况下是并不完全等同的。比如国家这个组织，它与政党组织有很大的不同。对国家来说，虽然马克思主义是我们国家的指导思想，但这主要是治国理政层面的政治准则和要求，却并不能要求每个公民或国民个人都信仰马克思主义。这是十分显然的。

对党员来说，或者更确实地说对真正的共产党员来说，马克思主义是他个人的信仰。尽管一些党员，比如文化层次较低的党员，特别是在革命战争年代的普通群众出身的党员，可能对马克思主义的学理并不真正了解，也没有机会学习和钻研马克思主义理论，但是他们坚定地信仰和追求社会主义和共产主义目标，坚定地相信党和毛泽东同志，并表现在实际行动上，那么这就是他们的马克思主义信仰。也许，称之为“共产主义信仰”更合适些。共产主义追求是马克思主义最根本的结论和要求，马克思主义信仰也就集中体现在共产主义信仰上。党员对马克思主义的信仰，一定意义上也就是公民个人对马克思主义的信仰，因为党员也是公民。

马克思主义作为一种思想体系和价值体系，当然也可以成为党外任何一个公民的个人信仰，只要他自己愿意。共产党员并没有垄断对马克思主义的信仰，如果有党外的人，他觉得马克思主义是真理，愿意相信和信仰马克思主义，那当然是非常值得欢迎的。但这是他个人的事情，是他的自愿，而不是国家的要求。我们国家宪法第三十六条规定，公民个人有信仰宗教的自由以及不信仰宗教的自由。信仰宗教当然与信仰马克思主义很不相同，但这是宪法规定的公民权利。宪法当然也规定国家应该宣传科学的世界观，但并不是允许强迫人们接受这种世界观。我们既不能因为马克思主义具有国家指导地位，就要求每个公民都信仰马克思主义；也不能因为有些公民并不信仰马克思主义，就来质疑甚至否定马克思主义在我国的指导地位。

（五）社会公众意识的身份

社会公众可以不信奉马克思主义，而且事实上大多数人也不把马克思主义当作个人信仰，但不可否认，他们的思想意识中还是包含着或多或少的马克思主义的成分或思想片断。比如，关于必须大力发展生产力的观点，关于科技是第一生产力的观点，关于坚持改革开放的思想，关于实事求是的思想，关于人民群众是历史的动力的思想，等等。这些思想都来自马克思主义，来自国家的宣传和教育，并与国家的制度和方针政策相联系，潜移默化地进入人们的思想意识，成为公众意识和公众话语的一部分。当然，在这个过程中，可能加进了他们个人的理解，并与个人的经验相结合，因而或多或少有些变形，而不再保持纯粹的马克思主义理论观点的形态。这不奇怪，作为众多观点交织融合而形成的社会公众意识，也不能不是这样。但这并不表明它们没有马克思主义的来源和属性。一个普通农民可能并不懂得马克思主义，更谈不到信仰马克思主义，但当他理直气壮地批评村干部说“你不实事求是”的时候，就是在坚持马克思主义，就是在表明马克思主义的指导地位。

揭示出马克思主义指导思想的公众意识和公众话语的文化身份，对于我们更好地理解和把握“马克思主义大众化”是有帮助的。我们党提出“马克思主义大众化”的要求，当然有普及马克思主义特别是中国化马克思主义的意思，但这并不是让普通大众都来“信仰”马克思主义，而且事实上这也是不可能的，而是让马克思主义特别是中国特色社会主义理论进入和成为公众的意识，成为大多数中国人的话语、知识、观念、信念和经验。所以，尽管在马克思主义大众化过程中，也不排斥部分民众信仰或信奉马克思主义，但是就多数人来说，它主要是让公众了解、知道和他们的社会生活相关的主流思想，从而有助于他们的社会行为和生活。当然，公众意识也可以上升为个人信仰，但这还是少数，而且必须经过上升转化的过程。

（六）主流学术思想的身份

在当代中国，马克思主义指导思想并不只是一种政治议题，事实上它还是一种学术思想，有自己的学术性存在和学术性身份。党和国家指导思想应该有自己的学术研究作为支撑，只有这样才能使党和国家的意识形态时时得到发展和更新，使理论对党和国家事务的指导更加科学有效。

当代中国思想文化和学术领域中，存在有多种思想和思潮，马克思主义是其中之一。但它又不是普通的一种思想，而是占主导地位的，对学术发展和社会思潮具有指导和引领作用的思想。不论是它的存在方式，还是它的影响力，都体现出主流思想学术的特点。

马克思主义理论有独立的学科“码头”和大批的学者，有较高的学术水平和大量的研究成果。马克思主义指导思想在我国的学科体系中得到体现，“马克思主义理论”作为一级学科而得以单独设立，马克思主义的三个组成部分分别作为二级学科而存在于哲学、经济学以及政治学等一级学科之中。这为马克思主义理论的成规模的学术研究奠定了基本平台。在此基础上，我国高校中有若干个相关的硕士点和博士点，可以招收硕士和博士研究生，从而为马克思主义理论研究的高层次人才培养提供了条件，并成为理论研究的学术重镇。我国有一大批从事马克思主义理论研究的学者，并取得了丰硕的研究成果，在学术界和社会上有很大的影响。而且，马克思主义的理论研究得到党和国家的高度重视和大力支持，比如党中央设立和组织实施的“马克思主义理论研究与建设工程”，对马克思主义的学术研究和社会影响具有巨大的推动力和辐射力。

在学术研究中，马克思主义的立场观点方法具有指导作用。马克思主义不只是一门独立的学问，而且它的立场、观点和方法在我国的学术思想发展中具有指导作用。特别是在哲学社会科学领域中，在许多事关国计民生的研究领域中，马克思主义的指导作用也是很明显的。这种指导作用当然不是代替各门学术的独立的研究，更不是为各门学术的研究设置障碍，而是使各门学术特别是哲学社会科学各门学术的研究更加自觉地符合科学进步的要求。科学的研究，特别是哲学社会科学的研究，需要一些基本理念和假设的指导和引领，马克思主义理论所提供的一些重要理念有助于使科学的研究和发展更加自觉。比如客观性原则，主张从实际出发，不以主观意愿为依据，而用事实来说话；实践性原则，不主张在脱离实际的纯主观概念的领域中兜圈子，而是理论联系实际，用社会实践和科学实验来推动理论和学术的进步；可知性原则，认为世界本身是有客观规律的，这些规律又是可以认识的，只存在未被认识的事物，不存在不可认识的事物；等等。所有这些原则，都是学术发展的理论指导。这些理论指导都具有一定的高度，而不是具体指挥，它不应也不能变成一种干扰，否则不仅不利于而且会有害于学术的发展。

（七）多重文化身份之间的关系

上述所谈马克思主义指导思想的五种文化身份，各有其特定的内涵，体现了这一指导思想的不同侧面。这些不同的方面，展现了马克思主义指导思想本身所具有的丰富内涵以及在当代中国社会中的多方面的指导作用。对于这些具有不同内涵和特点的方面，不能混为一谈。

揭示出这些不同的方面，具有一定的理论意义和现实意义。从理论上说，使我们对马克思主义指导思想的研究不再笼而统之、大而化之，而是深入到它内部，进入这个指导思想的大厦，看到它的内部结构。从而有利于推进对马克思主义、对马克思主义指导思想的理论研究，进而推进对社会主义核心价值体系的研究。从实践上讲，可以为我们更好地发挥马克思主义指导作用找到具体的落脚点，找到一个个“抓手”。以前，我们也一直讲坚持和加强马克思主义在意识形态领域中的指导等等，但在具体落实方面却有相当的困难，效果也不够理想。原因是多方面的，比如各级领导是否真正重视等等，但其中一个很重要而易于被人忽视的原因，就是对于这样一个宏大、神圣之物，恭敬有加，但无从下手，没有“抓手”，最后导致敬而远之、高高挂起了。

但是，又不能把这一些文化身份割裂开来，看作是互不相关的独立的东西，更不能把它们对立起来，否则就会把马克思主义指导思想搞得支离破碎，达不到统一的理解。为此，我们还要深入探讨这些不同文化身份之间的相互联系，揭示互相之间的内在统一性。

首先，它们是同一个主体事物即马克思主义指导思想的多重显现，是马克思主义在不同领域和方面发挥指导作用的体现。它们有着马克思主义指导思想这个共同的主体，是这个主体的不同呈现。离开了马克思主义本身，离开了马克思主义的指导地位，就谈不到这些不同的文化身份。

其次，这些文化身份之间存在着更为具体的紧密联系。比如，作为党的指导思想的马克思主义和作为国家指导思想的马克思主义之间，就有着一种前后相继和内在生成的关系。从历史上讲，马克思主义首先被确立为中国共产党的指导思想，并因此而在革命成功之后成为新中国的指导思想，成为社会主义中国的指导思想。离开了前者，也就没有后者。再比如，作为个人信仰的马克思主义身份，既与党的指导思想直接有关，又与国家的指导思想有关。在中国共产党成立之前，就有先进的中国知识分子接受和信仰马克思主义。正是这些最先信仰马克思主义的先进分子，进一步组织成立了中国共产党，并把马克思主义作为党的指导思想。而一旦把马克思主义确立为党的指导思想，就对已经入党和即将入党的个人的思想信仰产生巨大影响，要求他们树立起这种政治信仰。可以说，如果没有中国共产党把马克思主义作为指导思想，就不会有数量如此庞大（党员八千多万）的个人信仰马克思主义。同样，如果没有我国的社会主义制度，也不会有那样多在党外信奉马克思主义的人，不会有普通群众意识中那样多的马克思主义成分。此外，作为主流学术思想的马克思主义身份，我们以前关注和重视不够。其实，如果没有马克思主义的学术深化和发展，没有坚实的学理支撑，马克思主义作为政治指导思想就不会真正牢固。特别是在社会形势迅速变化的时代条件下，更需要保证马克思主义在我国哲学社会中的主流学术地位，推进马克思主义理论研究与建设，为马克思主义发挥政治指导作用提供坚实的学理支撑。

最后，在坚持和加强马克思主义指导地位的实际过程中，更要把这些不同的方面统一起来。不仅在思想认识上作统一的理解和把握，而且在实际工作措施上作统一的部署。使这些不同的方面相互配合，彼此兼顾，形成合力。在这方面，党中央高瞻远瞩，在八年之前就设立和实施了“马克思主义理论研究和建设工程”，对坚持和加强马克思主义指导地位作了全面的部署。八年来，这一工程取得了巨大的阶段性成就，产生了广泛的社会影响。党的十八大强调要“深入实施马克思主义理论研究和建设工程”，这对于我们坚持和加强马克思主义指导思想，具有重要指导意义。

（原文发表于《山东师范大学学报（人文社会科学版）》2013 年第 1 期）

五

论马克思主义基本原理同中华优秀传统文化相结合

习近平在庆祝中国共产党成立100周年大会上，明确提出“把马克思主义基本原理同中国具体实际相结合、同中华优秀传统文化相结合”的重要论断和思想，是一个重大理论创新，具有深远的指导意义和长久的研究价值。研究阐释这“两个结合”的科学内涵和重要意义，既可以着眼于“两个结合”的整体，全面揭示其思想内涵，特别是阐明“两个结合”间的关系；也可以着眼于对其中的每个“结合”进行单独研究，特别是对第二个“结合”进行单独而深入的研究。由于第二个“结合”是首次提出，又涉及比较复杂的理论关系，尤其需要从学理上加以阐述和说明，因而本文聚焦于此。自然，对第二个“结合”的研究，必然会涉及第一个“结合”，并需要有对“两个结合”的整体观照。

（一）“马克思主义基本原理同中华优秀传统文化相结合”提出的前提语境

马克思主义与中国传统文化的关系是思想文化领域中一对重大关系，长期以来受到国内外学者和社会政治人士的关注。之所以如此，这首先是由马克思主义和中华传统文化各自的重要性决定的。不论是从马克思主义的世界影响力和对中国的指导意义来说，还是从中华传统文化对中国人特别是中国共产党人的意义以及对现代世界的意义来说都是如此。同时，这也是由二者相遇相交的必然性所决定的。马克思主义产生于近代欧洲并首先在欧美国家产生影响，而中国传统文化产生于古代中国，其影响力主要在于亚洲特别是东亚，因而各自的存在时空特别是思想内容并不相同，但由于近代以来世界历史特别是中国历史的演进，马克思主义与中国传统文化共存于现代中国的社会时空中并必然发生了实际上的联系，从而向全世界的学者提出了二者的关系问题。

这一关系对于现代中国的历史发展特别是改革开放以来当代中国的历史发展具有特殊重要的意义，并成为新时代推进中国特色社会主义事业发展的关键性课题。中国共产党人在革命、建设和改革的各个时期始终关注着这一问题，并以某种方式在自觉不自觉地处理着这一问题，特别是在中国特色社会主义进入新时代以来，习近平将传承弘扬中华优秀传统文化提升到前所未有的高度，明确提出了“中华优秀传统文化的创造性转化和创新性发展”的文化建设重要原则，最重要的是在庆祝中国共产党成立100周年的重大历史节点上，明确而郑重地提出了“把马克思主义基本原理同中华优秀传统文化相结合”的崭新命题，代表着执政的中国共产党空前力度地将这一重大关系问题摆到人们面前，特别是摆到马克思主义理论工作者和文化研究者面前，这本身是非同寻常的。

从习近平在庆祝建党百年大会上讲话可以看到，他提出马克思主义基本原理同中华优秀传统文化相结合，并不是抽象地谈论两个思想文化体系之间的问题，而是基于新时代中国特色社会主义的历史方位，有其明确的基本前提、主要背景和具体语境。

首先，这一命题的提出是以强调坚持马克思主义指导地位为基本前提的。习近平在总结了党的百年历史的成就和经验之后，提出了“以史为鉴、开创未来”的九项基本要求，在论述第三项基本要求即“以史为鉴、开创未来，必须继续推进马克思主义中国化”部分，明确提出了“两个结合”特别是第二个“结合”的命题。在这一部分的开头，习近平重申了马克思主义的指导地位，指出：“马克思主义是我们立党立国的根本指导思想，是我们党的灵魂和旗帜。”[①] 他并进一步提出：“中国共产党为什么能，中国特色社会主义为什么好，归根到底是因为马克思主义行！”[②] 确实，对中国共产党人和社会主义中国来说，马克思主义不仅是一种最初来自域外的思想文化，而且是揭示人类社会发展规律的

① 习近平：《在庆祝中国共产党成立100周年大会上的讲话》，北京：人民出版社2021年版，第12页。

② 同上书，第13页。

科学真理，更是立党立国的指导思想，是社会主义制度的理论依据和社会主义建设的思想指导。马克思主义的指导地位是马克思主义中国化的前提，也是把马克思主义基本原理与中华优秀传统文化相结合的基本前提。

其次，这一命题的提出是以强调坚持马克思主义中国化方向为主要背景的。习近平在重申了马克思主义指导地位后紧接着指出："中国共产党坚持马克思主义基本原理，坚持实事求是，从中国实际出发，洞察时代大势，把握历史主动，进行艰辛探索，不断推进马克思主义中国化时代化，指导中国人民不断推进伟大社会革命。"①我们党从创立起就把马克思主义作为指导思想写在了自己的旗帜上，但在领导中国革命事业的过程中怎样实行和实现马克思主义的指导，还需要一个探索的过程。事实证明，以教条主义态度直接照搬马克思主义一般原理和经典作家个别结论来指导中国革命是行不通的，而必须结合中国实际来运用马克思主义，走马克思主义中国化之路。毛泽东早在《反对本本主义》中就明确提出了"相结合"的原则要求，指出："马克思主义的'本本'是要学习的，但是必须同我国的实际情况相结合。"②后来在延安时期特别是在整风运动中，进一步明确和强调了马克思主义基本原理和中国具体实际相结合的原则。如果没有"马克思主义中国化"的方向和"马克思主义基本原理同中国具体实际相结合"的原则，我们党就不可能在新时代进一步提出"马克思主义基本原理同中华优秀传统文化相结合"这一新命题。

最后，这一命题的提出是以新时代进一步推进马克思主义中国化为具体语境的。习近平提出："新的征程上，我们必须坚持马克思列宁主义、毛泽东思想、邓小平理论、'三个代表'重要思想、科学发展观，全面贯彻新时代中国特色社会主义思想，坚持把马克思主义基本原理同中国具体实际相结合、同中华优秀传统文化相结合，用马克思主义观察时代、把握时代、引领时代，继续发展当代中国马克思主义、21世纪马克

① 习近平：《在庆祝中国共产党成立100周年大会上的讲话》，北京：人民出版社2021年版，第12—13页。

②《毛泽东选集》（第1卷），北京：人民出版社1991年版，第111—112页。

思主义！”[①] 可见，这里不是着眼于对马克思主义中国化历史的得失审视，而是着眼于新时代推进马克思主义中国化的实践要求。因此，我们固然可以把“两个结合”作为马克思主义中国化的一般原则，并以此来重新梳理马克思主义中国化的历史过程，但重点还是着眼于未来，着眼于在新时代新征程中更加突出地提出和强调第二个“结合”的问题。

（二）“马克思主义基本原理同中华优秀传统文化相结合”提出的理论逻辑

习近平并不是孤立地提出“马克思主义基本原理同中华优秀传统文化相结合”这一命题的，而是在“马克思主义基本原理同中国具体实际相结合”的基础上提出来的，或更具体地说是从前一个相结合中，引申出后一个相结合的。这样，就有一个从“一个结合”发展成“两个结合”的问题。那么这其中的发展逻辑是什么呢？或者具体地说，“一个结合”与“两个结合”是什么关系？在“两个结合”中，第一个“结合”与第二个“结合”又是什么关系呢？

我们要注意，“一个结合”与“两个结合”的关系是两个整体之间的关系，是从“一个结合”的整体具体展开为“两个结合”的整体的过程。在习近平提出“两个结合”之前，我们党的原有表述是“一个结合”，即“马克思主义基本原理同中国具体实际相结合”，这一表述当然在具体行文中还有一些多样性呈现，但总体上都是用一句话来表达马克思主义基本原理和中国国情相结合的原则。尽管这一表述与现在“两个结合”中的第一个“结合”表述相同，但它并不是一个不完整的表述。事实上，这一表述所表达的仍然是一个整体性的原则，它内在地包含着马克思主义基本原理与中华优秀传统文化相结合的要求。随着历史的发展，当“一个结合”的表述在新时代条件下具体展开为“两个结合”表述的时候，是从一个抽象性整体走向了一个具体性总体。这是一个从抽象到具体的过程，而不是一个从片面到全面的过程。因而不能简单地认为，原来的“一个结合”只是后来“两个结合”的一半，因而我们党原

① 习近平:《在庆祝中国共产党成立100周年大会上的讲话》，北京：人民出版社2021年版，第13页。

来的表述是错误的或不全面的。

其实，理论的具体化和抽象化是一个双向的思维过程。从笼统的“一个结合”变为“两个结合”是一个抽象原则具体化的过程，有其理论上特别是实践上的重要意义，但同时不能排除还有另一个过程，即具体原则抽象化的过程。这同样也有其实践上特别是理论上的意义。当一个原理或原则因为包含着两层意思而需要用两句话来表达的时候，就说明它的概括性和抽象性还没有达到最高的程度。而从理论表述及其发展来说，一个原则如果能用一句话来精确地作出概括，那就是更经典性的表达。就“两个结合”来讲，虽然它作为一种简称可以表现为一句话甚至一个短语，但其正式表述则还是两句话，因而也可以和应该在理论上做进一步升华，重新用一句话来对其作出概括。这样我们就不必在每次谈到这个问题时都讲两句话了。

在“两个结合”中，第一个“结合”与第二个“结合”之间的关系具有相当的复杂性，可以从逻辑上区分为三个方面的关系，即从属关系、并列关系、递进关系。

首先，二者之间是从属关系。即第二个“结合”从属于第一个“结合”，它曾包含于第一个“结合”之中，后来才从中分化出来，并且此后在有的情况下仍可以回归到第一个“结合”中。可以从三个环节上把握这种从属关系：一是包含。第二个“结合”本来是包含于第一个“结合”之中的，是其中的应有之义。因为“马克思主义基本原理同中国具体实际相结合”本来是一个独立而完整的命题，本身就包含着第二个相结合的内容在内。因为这里的“具体实际”即指“实际国情”或“国情实际”，而“国情”本身就包含社会现实国情和历史文化国情两个基本方面。只是由于革命斗争时期和建设事业初期的现实需要，我们更多地把注意力放在社会现实国情方面，而未能将历史文化国情独立地加以表述和强调罢了。二是派生。随着中国特色社会主义事业的发展，特别是中国特色社会主义进入新时代，中华民族伟大复兴进入不可逆转的历史进程，迫切的现实任务要求我们把历史文化国情的方面独立出来并加以强调，于是第二个“结合”才从第一个“结合”中分化派生出来，并获得与原有的“结合”相并列的地位。三是归总。尽管第二个“结合”已经具有了自身的独立身份，但在两种特定的情况下，仍然有必要把它包含和归总到第一个“结合”之中。一种情况是：当我们回顾马克思主义中国化的历史时，特别是在表述我们党对马克思主义中国化的认识史时，没有必要把原来的“一个结合”表述都置换成“两个结合”的表述。比如，毛泽东是马克思主义中国化的开创者，是马克思主义基本原理和中国国情相结合原则的提出者，他的论述中历来都是讲“一个结合”，这在当时已经是充分而精确的表述，我们现在没有必要更没有权力更改他的论述，或批评他的论述不够全面。另一种情况是：当我们将目光投向世界社会主义运动，在涉及马克思主义普遍真理必须与各国国情相结合的时候，特别是与某一个其他国家的具体实际相结合的时候，也没有必要和权力去改动其他国家共产党人的表述，或强行套用我们最新的“两个结合”的表述。

其次，二者之间是并列关系。当第二个“结合”从第一个“结合”中分化独立出来并与原有的“结合”相提并论时，二者之间的从属关系就变成了并列关系。随之，原来的唯一的“结合”就变成了第一个“结合”，它与第二个“结合”处在并列关系中。于是，第一个“结合”在内涵外延上就从广义变成了狭义，它单指我国的社会现实国情。而我国的历史文化国情则由第二个“结合”独自表述。那么，这种并列关系是否必要或重要呢？回答应该是肯定的。我们固然可以在“一个结合”的框架内更加突出强调马克思主义基本原理与我国历史文化国情的结合，但是这总是不如把它单独提出来更能起到突出强调的作用。“中国具体实际”虽然可以在广义上理解为包括社会现实国情和历史文化国情两个方面，但由于长期以来我们关注的侧重点的原因，已经习惯于在狭义上使用“中国具体实际”的概念，用它特指我国的社会现实国情。在这样的情况下，我们完全可以也应该把历史文化国情独立出来，形成第二个“结合”。这样才有利于大家高度重视这个问题。而且从近年来的实际情况看，尽管习近平总书记一直强调继承弘扬中华优秀传统文化，强调实现中华优秀传统文化的创造性转化和创新性发展，但工作效果并不明显和令人满意，在这样的情况下为了更有力地推动弘扬中华优秀传统文化的工作，也需要把第二个“结合”单独提出来并加以强调。当第二个

"结合"提出来并与第一个"结合"形成并列关系的时候，也就是形成了一种"两个结合"的新格局，这将是当前和今后需要坚持和强调的一个整体性要求。

最后，二者之间是递进关系。从属关系和并列关系当然不是一回事，而且是两种很不相同的逻辑关系，但它们并不是两种静态的、毫不相关的关系，而是从前者到后者表现为一种演进过程。更具体地说，是一个递进的过程，并进一步凝结为递进关系。这两个并列的相结合有一种递进的关系，是从第一个相结合递进到第二个相结合。在马克思主义中国化的过程中，马克思主义基本原理与中国实际相结合是一个过程。在这个过程中，在不同时期的结合的着重点是不同的。在革命战争年代，以及社会主义革命和建设阶段，马克思主义基本原理着重与中国的社会现实国情相结合，而当改革开放以来特别是进入新时代以来的时候，结合的着重点就转向了历史文化国情，表现为同中华优秀传统文化相结合了。这是逐步递进的过程，也是相结合由浅入深的过程。可以说，"马克思主义基本原理同中华优秀传统文化相结合"是在马克思主义基本原理与中国具体实际相结合的一定发展阶段上才提出来的。这并不是说第一个"结合"就不重要了，而是说以往我们在第二个"结合"上做得不够，现在应该更加强调。

另外，在这里的多层次逻辑关系中，除了"一个结合"与"两个结合"的关系、"两个结合"中第一个"结合"与第二个"结合"的关系之外，还有一层关系是"一个结合"与"第一个结合"的关系。这一关系实际上是"马克思主义基本原理同中国具体实际相结合"的两层含义的关系，当这一表述作为"一个结合"时是广义表述，涵盖马克思主义基本原理与我国社会现实国情、历史文化国情的结合；而当这一表述作为"第一个结合"时则是狭义表述，仅指马克思主义基本原理同我国社会现实国情的结合。这种同一个命题表述兼具广狭两种不同语义的情况虽然在社会生活中难以避免甚至比较常见，但毕竟易于造成误解和混乱，特别是给马克思主义理论的宣传教育带来表达困难。鉴于此，如果我们在需要用一句话来概括"相结合"原则的情况下，不宜完全重复原来的表述，而可以改为"马克思主义基本原理同中国国情相结合"。这里的

“中国国情”当然把我国历史文化国情和社会现实国情都包括在内了。

(三)“马克思主义基本原理同中华优秀传统文化相结合”的语义分析

为了把握这个命题的含义和内容，需要对这个命题进行较详细的语义分析。从这个命题的表述方式和语句顺序可以看出，它并不是抽象地讲对等双方相结合的问题，并不是站在局外看待双方的关系，而是站在局内，站在双方之中的一方，来谈论问题的。这里的双方也不是平起平坐的关系，而是有主次之分（通过前后之分表现出来）的。就是说，有一个“谁相结合谁”的问题，谁是主动者，谁是被动者的问题。显然，在这个正式表述中，“马克思主义基本原理”在前，是主词，“中华优秀传统文化”在后，是宾词。这表明我们是站在马克思主义的立场上，去结合中华优秀传统文化，而不是站在中华传统文化的立场上去结合马克思主义。

如果对这一命题进行更具体的分析，可以看到它有四个环节:“马克思主义基本原理”——“同”——“中华优秀传统文化”——“相结合”。这些都需要分别进行考察。

首先，这个命题强调的是马克思主义“基本原理”，而不是一般地讲马克思主义或马克思主义理论，也不是强调马克思主义体系。这是值得注意的。无疑，在日常叙述特别是简明叙述中，我们可以省去“基本原理”四个字，径直称“马克思主义”。但这一命题的正式表述中强调的是“基本原理”，这是一种更为具体而精准的表述。之所以如此，是有历史传承和现实性针对性的。从党的历史上看，毛泽东在讲这一问题时通常的是马克思主义“普遍真理”。一是强调马克思主义作为客观真理的普遍适用性，二是为了避免把马克思主义经典作家个别论断绝对化。这两个方面都有其现实意义:一方面我们必须坚信马克思主义的真理性、坚持马克思主义的指导地位，另一方面又要反对以教条主义态度对待马克思主义。

现在讲的“基本原理”，就是相当于以往讲的“普遍真理”，都是指马克思主义中最基本、最具有普遍适用性的内容。由于马克思主义是一个博大精深的思想理论体系，而且马克思主义经典作家的著述浩如烟海，并不是其中的每一个论述或论断都属于“基本原理”。而且马克思主义作为一个理论体系包含着不同层次，除了基本原理的层次外，还有基本经验、个别结论的层次。马克思、恩格斯创立了马克思主义基本原理，但他们的论述中也有许多是关于某国（比如德国、法国）的经验性论述。列宁的论述中既有属于马克思主义基本原理的内容，也有关于俄国经验的论述。他国经验可以借鉴，但不能当作基本原理起指导作用。至于个别结论及提法就更是如此了。

其次，这个命题中另一个环节或重点项是“中华优秀传统文化”。这种表述也是有讲究的。关于我们的传统文化通常有多种称呼，比如“中国传统文化”“中华传统文化”“中华文化”“中华文明”等，虽然这些表述不尽相同，但大体是等值的，不必刻意区别。而习近平“中华优秀传统文化”的用法，由于突出了“优秀”二字，而与上面诸多用法不同。习近平继承了毛泽东关于“精华—糟粕”的分析框架和“取其精华，去其糟粕”的价值取向，并以此来分析和评价中华传统文化。当我们说“中华优秀传统文化”的时候，指的是其中“优秀”的部分即“精华”，而不包括“糟粕”。

由此可见，不论是强调马克思主义“基本原理”，还是强调中华“优秀”传统文化，都表明我们党不是笼统地抽象地谈论问题，而是以十分严谨的态度和方式来谈论问题的。同时也要注意，这里的“基本”与“优秀”有其特定语义，不能随意调换使用。正如我们在谈到马克思主义吸取了费尔巴哈唯物主义“基本内核”和黑格尔唯心主义辩证法“合理内核”的区别一样。这两个“内核”是有很大区别的。其实，这里包含有两种不同的分析框架：一种是“基本原理—个别结论”的分析框架，另一种是“精华—糟粕”的分析框架。前者是面向指导思想的，后者是面向思想资源的。对于指导思想，我们强调的是“坚持和指导”，当然也可以说“坚持和发展”，而对于思想资源则是“吸取与借鉴”，至多是“转化和发展”。因此，当我们用前者来分析考察马克思主义时，意味着马克思主义的“基本盘”是正确而不过时的，至于“个别结论”当然可以过时。因而，我们必须始终坚持马克思主义基本原理。当我们用后者来分析考察中国传统文化时，意味着我们所着眼的是吸取其中的“优秀”成分或“精华”部分。

再次，还要考察一下命题中作为连词的“同”的含义与特色。在现代汉语中，用来表达双方关系的连词有三个：与、和、同。这三个连词的功能都是一样的，但在感情色彩上有所不同。“与”体现一种纯粹的连接表述功能，它所联系起来的双方通常是疏远的，甚至是相互对立的，比如“战争与和平”、《雇佣劳动与资本》；“和”也是连接双方，但具有较强“亲和”色彩，因而通常是用在连接两个有一定亲和关系的事项中，比如“我和你”、“马克思主义理论研究和建设工程”；而“同”则比“和”又前进一步，体现着前后双方之间更加亲密性的关系，通常是用于双方具有相当共同性的事物之间。可见，从“与”到“和”再到“同”，是一个亲和色彩逐步加浓的过程。当习近平讲“马克思主义基本原理同中国具体实际相结合、同中华优秀传统文化相结合”的时候，体现出中国共产党人的一种情感倾向。

最后，“相结合”。什么是“相结合”呢？这并不是一个简单的问题。应该从党的历史上，从我们党在此问题上不断深化的认识中去把握。在党活动的初期，我们强调的是马克思主义对中国革命实际的指导。这当然是没有问题的，但这只是政治立场和基本原则，还需要具体化为操作性原则。毛泽东明确提出并强调了“马克思主义普遍真理和中国革命具体实际相结合”。“相结合”是比“指导”更具体而深入的概念，也更加凸显了中国的主体性，凸显了“中国革命实际”的地位。因为在以往对马克思主义指导地位的认识中，“中国革命具体实际”是没有资格与马克思主义相提并论从而能够相结合的，而马克思主义也没有必要在中国具体化。但是“相结合”的观念打破了这种思想束缚，体现了马克思主义从实际出发的原则。同样，当我们谈论“马克思主义基本原理同中华优秀传统文化相结合”的时候，也是提升了我国传统文化的地位。因为在以往的马克思主义叙述中，在以往对传统文化的观念中，中国传统文化是没有资格与马克思主义相提并论的，更谈不到与马克思主义基本原理相结合。从哲学上看，这里的“相结合”是双方的统一，但它是有差别的统一，它是有差别的双方间的接合关系，而不是等同的关系；同时，它们又不是作为一种“对立”的关系而存在，也不是停留在双方的差异上，而是求同存异，彼此接近，并逐步融合发展。“相结合”有多种具体方式和路径，是一个开放的过程。

总之，“马克思主义基本原理同中华优秀传统文化相结合”是我们党在推进马克思主义中国化的过程中，经过长期实践和理论积淀而提出来的命题，并采取了郑重而严谨的表达方式以确保这一命题在思想范围上的精准性，它体现着马克思主义中国化在新时代的进一步的扩展和深化，揭示出马克思主义基本原理同中国国情相结合的文化文明维度，预示着新时代马克思主义中国化理论进程的目标和任务。

（四）“马克思主义基本原理同中华优秀传统文化相结合”的必要性

首先，马克思主义基本原理与中华优秀传统文化相结合，是马克思主义中国化和中国特色社会主义的应有之义。马克思主义中国化是我们党提出“马克思主义基本原理同中华优秀传统文化相结合”的前提，在这一前提中内在地包含着这一新命题的要求。马克思主义基本原理是普遍真理，而把马克思主义普遍真理与各国具体国情相结合也是一个普遍真理。对于中国共产党人来说，就是要把马克思主义基本原理与中国国情相结合，走马克思主义中国化的道路。从一定意义上说，所谓“马克思主义中国化”或“马克思主义在中国具体化”，其实就是把马克思主义基本原理与中国国情相结合。而这里的国情既包括社会现实国情，也包括历史文化国情。所谓“中华优秀传统文化”就是中国历史文化国情的具体表达。只要我们坚持马克思主义中国化的方向，就必然要求把马克思主义基本原理同中华优秀传统文化相结合。

中国特色社会主义是马克思主义中国化在新中国成立以来特别是改革开放以来的集中体现。“中国特色社会主义”之所以具有“中国特色”，非常重要的原因就是它来源于中华文明五千年的历史发展，继承弘扬了中华优秀传统文化的营养。习近平指出：“我们走中国特色社会主义道路，一定要推进马克思主义中国化。如果没有中华五千年文明，哪里有什么中国特色？如果不是中国特色，哪有我们今天这么成功的中国特色社会主义道路？我们要特别重视挖掘中华五千年文明中的精华，把弘扬优秀传统文化同马克思主义立场观点方法结合起来，坚定不移走中国特色社会主义道路。”[①] 因此，“马克思主义基本原理同中华优秀传统文化相结合”也是中国特色社会主义的应有之义，特别是新时代中国特色社会主义的迫切要求。

其次，马克思主义基本原理同中华优秀传统文化相结合，是马克思主义在中国得到广泛传播并深入扎根中华大地的必然要求。理论在一个国家的实现程度，取决于理论满足这个国家需要的程度，也取决于理论与这个国家的国情相结合的程度。马克思主义基本原理必须与中国国情相结合，而且这种结合必然有一个由浅入深的过程。也就是说，不能仅仅停留于与中国社会现实的相结合上，还要进一步深入到与民族文化传统的结合上。从这个意义上说，马克思主义基本原理能否与中华优秀传统文化相结合，关系到马克思主义在中国能否生根、能否得到中国人民的心理认同。如果马克思主义基本原理不能与中华优秀传统文化相结合，脱离了中国人的文化传统和中国人的民族文化心理，就不可能使马克思主义扎根于中国文化土壤，也就不可能形成具有中国特色、中国气派的马克思主义。

从马克思主义在中国的传播和接受方式来说，也需要与中华优秀传统文化相结合。马克思主义大众化离不开民族语言这一载体，而中华民族的语言是我们民族历史文化发展的产物。马克思主义产生于欧洲，要想使之在中国广泛传播并发挥指导作用，就必须让马克思主义说中国话，运用中国人特别是普通群众的语言来表达。要让马克思主义说中国话，就必须研究和熟悉中国传统文化，借鉴传统文化中有生命力的表达方式。中华优秀传统文化是极为浓厚的文化积淀，其中有极为丰富而生动的语言，充满着富有智慧的表达方式。要使马克思主义真正为中国人民所喜闻乐见，中国的马克思主义者就必须认真学习和运用中华民族传统的表达方式。

最后，马克思主义基本原理同中华优秀传统文化相结合，还是中华

① 杜尚泽等:《“这里的山山水水、一草一木，我深有感情”——记“十四五”开局之际习近平总书记赴福建考察调研》,《人民日报》2021 年 3 月 27 日，第 1 版。

优秀传统文化实现自身现代化的需要。中华优秀传统文化形成于古代并在近现代传承下来，它是否应该现代化？能否实现和怎样实现自身的现代化？这是摆在现代中国人面前的重大问题。毫无疑问，中华优秀传统文化应该和必须现代化，而不能仅仅留在古代的发展阶段，或作为古董而保存下来。我们传承中华优秀传统文化，并不只是像保护和传承某件历史文物那样原封不动，而是要在时代和实践中激活它，让它焕发出新的生机活力。现在中华民族正在逐步实现伟大复兴，而这个过程也可以说是中华文明的复兴，其中就包含着中华优秀传统文化的现代化。习近平揭示了中华优秀传统文化实现现代化的根本途径，即创造性转化和创新性发展。实现中华优秀传统文化的创造性转化和创新性发展是一个系统工程，需要做多方面的工作。其中有一个根本性的工作，就是正确处理中华优秀传统文化与马克思主义基本原理的关系，实现二者的结合。这一结合体现着中华优秀传统文化创造性转化和创新性发展的基本方向。要跳出就传统文化来谈论传统文化的局限，而要站在马克思主义理论的制高点上，用科学性、人民性、实践性、发展性的要求，去审视中华传统文化，并在新时代中国特色社会主义的创造性新实践中，促成中华优秀传统文化的现代转化和未来发展。离开了马克思主义的思想引领和中国特色社会主义实践发展，传统文化的创造性转化和创新性发展就会失去正确的前进方向。

（五）“马克思主义基本原理同中华优秀传统文化相结合”的可能性

不可否认，无论从思想文化体系来说，还是从其时代性、阶级性及其社会功能来说，马克思主义与中国传统文化都是不相同的。但我们认为，马克思主义基本原理与中华优秀传统文化不仅必须相结合，而且是能够相结合的。这种结合的可能性，取决于马克思主义理论与中华优秀传统文化各自的特质，以及所处的社会条件。

首先，马克思主义基本原理的科学性和普遍性决定了它能够与中华优秀传统文化相结合。马克思主义是世界性的科学理论，它是在继承和改造人类优秀文化成果中产生的，并服务于全人类解放的使命和目标，是放之四海而皆准的普遍真理。马克思和恩格斯是德国人，但他们创立的马克思主义却并不仅仅属于德国，甚至也不仅仅属于欧洲，而是属于全世界和全人类。马克思主义经典作家无疑会使用本民族的语言以及思维方式，但他们所创立和发展的马克思主义理论在内容上则是超越民族界限的。当我们讲“马克思主义基本原理”或“马克思主义普遍真理”的时候，强调的不是马克思主义的表达形式方面，而是它的理论内容方面。正因为马克思主义基本原理具有普遍适用性，因而能够在不同国家和民族的文化土壤中生根并得到认同。也正因为如此，马克思主义在全世界得到了广泛传播。马克思主义基本原理既然可以用德国的或俄国的民族形式来呈现，那么同样也应该可以用中国的民族形式来呈现，只是需要中国马克思主义理论工作者的努力罢了。

其次，中华优秀传统文化的包容性决定了它能够与马克思主义相结合。中华民族之所以能够形成并不断发展壮大，很重要的原因是它具有极大的包容性。这种包容性在中华优秀传统文化中得到集中的体现，体现为我们民族文化和而不同的理念和海纳百川的气度。中华优秀传统文化从根本上说是人本文化，而不是宗教性文化，不具有宗教排他性的色彩。在中国文化史上，既有东学西渐，也有西学东渐，宗教从来没有在中国文化中处于完全主导和支配地位。作为一种崇尚理性和智慧的道德伦理型文化，中华优秀传统文化具有很大包容性，从而有助于实现与马克思主义新文化的结合。当然，这里并不是中华优秀传统文化单方面地包容马克思主义，而是一种相互的包容性。马克思主义是不断发展的开放的学说，它具有开放性，而开放性就是包容性，它能够包容不同民族在不同时期创造的文化成果，并从中吸取有益的滋养。

再次，马克思主义基本原理与中华优秀传统文化在视域、内容和方法上的契合性，决定了二者能够相结合。马克思主义和中国传统文化都是包罗万象的思想体系，但其思想聚焦领域是相同的，都是聚焦于人类社会历史领域。正因为如此，二者在内容和方法上有许多契合之处，比如都关注社会生活和追求社会目标，都反对自我中心和个人主义，都讲求辩证思维等。中国传统文化中的大同思想、民本思想、和谐思想、国家治理思想，以及朴素的唯物主义和辩证法等，都与马克思主义有某种程度的兼容性，可以说对马克思主义有亲和力。应该肯定，这些相契合的内容并不是个别的偶然的，而是丰富的多样的。正是由于有这些共性和契合之处，才使二者各自的差异性方面能够互补而不是完全排斥。中华优秀传统文化中许许多多内容都体现着中华民族的独有特色，能够为马克思主义所吸收并起滋养作用。

最后，生机勃勃的中国特色社会主义伟大实践为二者相结合的实现提供了基础和平台。马克思主义基本原理与中华优秀传统文化相结合的可能性，不仅在于这二者自身以及二者的相互关系，还在于它们并存和结合的共同基础。相结合当然是双方的事情，但也不只是双方的事情，因为这种结合需要相应的基本和条件。正是由于有了这种现实的条件和平台，再加上人们的共同努力，才能把相结合的可能性变为现实性。在当代中国，生机勃勃的中国特色社会主义伟大实践，为马克思主义基本原理同中华优秀传统文化的结合提供了基础和平台，并推进着二者的结合不断深化。

（六）“马克思主义基本原理同中华优秀传统文化相结合”的原则要求

实现马克思主义基本原理同中华优秀传统文化相结合，必须坚持正确的方向和原则，并探索多样化的实施途径。

首先，要自觉坚持马克思主义指导地位和马克思主义中国化方向，特别是坚持习近平新时代中国特色社会主义思想的指导。这是相结合的政治前提和政治方向，如果离开了这个正确方向，相结合就可能走向否定马克思主义、同化马克思主义的邪路。这一政治方向上的要求不是一句可有可无的空话，而是具有实实在在的内容。因为马克思主义及其中国化的理论成果中，有一套完整的指导文化事业的思想理论和工作方针。马克思主义科学揭示了文化的生存基础和发展规律，揭示了文化与经济、政治的关系，为无产阶级政党和社会主义国家观察和处理文化问题、发展和繁荣文化事业指明了正确方向。中国共产党以马克思主义文化理论为指导，在领导革命、建设、改革事业的过程中，始终关注文化工作，特别是如何对待中国传统文化问题，形成了党的文化工作方针政策。特别是习近平新时代中国特色社会主义思想对继承、弘扬中华优秀传统文化作了极为丰富的论述，为实现中华优秀传统文化的创造性转化和创新性发展指明了方向。只要始终处在正确的方向和轨道上，我们就一定能实现最快的前进速度。

其次，反对文化虚无主义和文化复古主义错误倾向。文化虚无主义极力夸大马克思主义与中国传统文化的矛盾，认为它们不可共存、更不能相合，只要坚持马克思主义就必须彻底否定中国传统文化。这是一种幼稚而错误的思想。在推进中国特色社会主义文化建设过程中，我们必须时时注意不能犯否定传统、与传统彻底决裂的错误。与此同时，也要防止文化复古主义。不能把弘扬中华优秀民族文化与尊孔读经简单等同起来。中国传统文化内容丰富多彩，虽然儒家学说在中国传统文化中长期处于主导地位，但其他各家各有所长、各有贡献。而且我国传统文化不限于汉族主体和中原中心的文化，还包括各少数民族在其历史发展中形成和发展起来的优秀文化，这些还有待我们去广泛深入地发掘。我们应全面研究中国传统文化，特别是重视研究儒家学说，因为它是重要的文化遗产，其中包含许多宝贵的思想财富，但不能把重视中国传统文化变为复兴儒家的文化复古。中国传统文化是建立在农业生产方式基础上的以血缘为纽带、以宗法制度为依托的文化，具有历史和时代的局限性。我们应当立足当代，以马克思主义的立场观点方法重新诠释传统文化，对优秀传统文化进行合理吸收，实现创造性转化和创新性发展。

再次，以时代问题为中心，围绕中国特色社会主义实践不断推进相结合的进程。马克思主义基本原理同中华优秀传统文化相结合的工作，并不是两种思想体系的拼接和组合的理论游戏，而是在新时代坚持和发展中国特色社会主义的实践中，以实践为导向，以问题为中心，在分析和解决中国特色社会主义面临的新课题中，发挥马克思主义的指导作用，发挥中华优秀传统文化的借鉴和滋养作用，并使二者相互促进和彼此结合。因此，真正体现二者结合的，并不是各种可能的理论嫁接方案或拼图，而是从中国特色社会主义事业中产生出来的马克思主义中国化理论成果。从毛泽东思想到中国特色社会主义理论体系，这些理论成果本身既是马克思主义基本原理同中国具体实际相结合的产物，也是马克思主义基本原理同中华优秀传统文化相结合的产物。特别是习近平新时代中国特色社会主义思想，它作为当代中国马克思主义、21世纪马克思主义，更鲜明更充分地体现着中华优秀传统文化的精华和风采。这就深刻启示我们，不能离开在中国特色社会主义道路上实现中华民族伟大复兴的历史进程，来抽象地讨论马克思主义基本原理同中华优秀传统文化相结合的问题。

最后，马克思主义理论工作者和传统文化研究者共同努力。马克思主义基本原理同中华优秀传统文化的结合不是自发实现的，而应该是人们积极努力和创造性工作的结果。这其中既有实践工作又有理论工作，既有经济政治方向的工作，也有文化方面的工作。从文化理论研究角度来说，涉及两个学术共同体，一是致力于马克思主义理论研究和宣传的马克思主义理论工作者群体，二是致力于中华传统文化研究和弘扬的文化研究者群体，这两个群体虽然在许多方面有所不同，但应该携起手来，共同促进马克思主义基本原理同中华优秀传统文化相结合的事业。马克思主义理论工作者要认识到，马克思主义不会也不能取代中国传统文化，而应发挥自身特有的世界观和方法论的指导作用，推进中国传统文化与当代社会相适应、与现代文明相协调，使其既保持民族性又体现时代性。而中国传统文化的研究者应该重视对马克思主义理论的学习，掌握马克思主义基本的理论和方法，并运用于对传统文化的研究。这样，马克思主义与中国传统文化都可以在相结合中得到丰富和发展。中华优秀传统文化由于马克思主义的指导而实现符合时代需要的现代性转化，马克思主义则由于中华优秀传统文化的滋养而更具中国特色。

（原文发表于《中国人民大学学报》2021年第6期）

六

论研究马克思主义与信仰马克思主义的关系

马克思主义理论学科的设立以及学科建设的开展，使马克思主义研究，特别是对马克思主义的学术研究凸显出来。从一定意义上说，正是这种学术研究决定着该学科设立的合法性和学科建设的成败。而对马克思主义的学术研究具有与其他学科学术研究不同的特点，其中之一就是受到研究者信仰的影响。因为高校从事马克思主义研究的学者（主要集中在马克思主义学院）通常具有双重角色，既是马克思主义的研究者，又是马克思主义的信仰者。于是就发生了信仰与研究相互缠绕和纠结的情况。那么，信仰马克思主义与研究马克思主义是什么关系呢？探讨和尝试解决这一问题，既非常必要又十分迫切。

（一）研究与信仰：马克思主义理论学科建设中的重大关系

随着马克思主义理论学科的设立，特别是学科建设的大规模展开，马克思主义理论研究成为高校马克思主义学院工作的重中之重。怎样才能做好马克思主义理论研究，是当前人们集中关注的问题。而在这个问题中，又有一个更加突出的问题：信仰马克思主义对研究马克思主义会产生何种影响呢？如何摆正和处理好研究与信仰的关系呢？

从概念上看，“马克思主义研究”与“研究马克思主义”尽管意思相近，但两者在内涵和外延上并不完全相同。“马克思主义研究”范围更大一些，它包括两个方面：一是把马克思主义作为研究对象，分析和考察马克思主义本身及其历史发展，以揭示马克思主义的本质内容和发展规律；二是运用马克思主义的立场、观点和方法来研究其他问题，特别是人类社会中的事物和现象，以揭示其本质和规律。相比之下，“研究马克思主义”范围更小一些，它只是指第一个方面，即把马克思主义作为研究对象的认识活动。这一方面非常重要，正是它构成了“马克思主义研究”中最核心的内容，也从而引出了“研究与信仰”的关系问题。对我们来说，马克思主义既是研究对象，又是信仰对象。我们是研究者，又是信仰者。

信仰与研究不仅是有区别的，而且看起来正好相反。借用梁启超谈哲学与宗教区分的话来说，前者“贵信”，后者“贵疑”。它们有着性质不同的动机或心理机制，信仰的动机是“相信”，以“相信”为基础而形成信仰；而研究的动机则是“怀疑”，它是研究的出发点，也是推动研究前进的动力。相信与怀疑，性质上是相反的，它们可以相互规定。什么是“相信”？就是不怀疑。什么是“怀疑”？就是不相信。金岳霖在谈到对“相信”的界定时说：“相信究竟是什么颇不容易说。从正面说，解释相信是非常不容易的事；从反面说，相信总有不怀疑不尝试底成分。”①二者不仅性质上相反，而且是反比例的关系。在一个人的心理态度上，相信愈多则怀疑愈少，反过来也是一样。正是因为相信和怀疑具有这样的相互对立的关系，才使信仰与研究的关系看起来是一种尖锐的矛盾。

能否正确把握和处理对马克思主义的信仰与研究的关系问题，不仅关系到学术研究能否取得进展，也关系到我们的信仰能否保持坚定。如果认识和处理得好，则可以使二者实现有机结合和统一，相得益彰，相互促进；而如果认识不到位，处理不恰当，就会导致二者发生冲突，甚至形成相互伤害。比如，有可能出现这样的情况：因为信仰的存在，而冲击和淡化了研究的热情和动力，或者由于信仰的某种影响，而使研究缺少了客观性，走向片面性。反过来讲，也可能出现这样的情况：为了开展研究而排斥和淡化了信仰，或者随着研究的进行而动摇了自己的信仰。显然，这两种情况对我们来说都是十分不利的，都是我们应该极力避免的。认识和处理好二者的关系，确实是马克思主义理论学科建设中的一个重要问题。

① 金岳霖：《知识论》，北京：商务印书馆1983年版，第216—217页。

（二）研究马克思主义与信仰马克思主义的关系类型

从理论上讲，研究与信仰的关系可以有多种不同的组合，从而导致不同的研究类型或信仰类型。从研究的类型上看，可以有以下四种不同的情况。

一是作为信仰行为的研究。此种研究属于信仰内部的一个要素，或者更确切地说，是一种信仰行为。任何信仰都有其特有的信仰行为，这些行为是信仰者为了表现和实现自己的信仰而采用的行为和活动，同时也是信仰对象的价值原则所要求的行为。比如，阅读信仰经典的活动、举行信仰仪式的活动、追求理想目标的行为、遵循信仰道德的行为等等，都是这样的信仰行为。“研究”作为一种探求未知事物的认识活动，本来并不是信仰行为，但是发生在一定信仰体系之内、并且是为了确认和维护信仰而进行的“研究”，则应该看作是一种信仰活动或信仰行为。事实上，任何一种信仰在其发展壮大的过程中，都会有越来越多的知识分子加入，而这些接受了信仰的知识者则担负起从认识上去确认、深化和维护该信仰的职责。这也是一种信仰自身发展的内在要求，即使是像宗教这样本质上非理性的信仰，也在积累和扩大自身的知识体系，从而也在内部开展神学性的研究活动。马克思主义信仰是一种理性的信仰，它本身就是一个庞大的哲学社会科学的知识体系，为了信仰的巩固和发展就要求信仰者进行研究，特别是需要具有较高学养的理论工作者的研究。尽管这种研究被包含在信仰之内，从而受到信仰较大的限制，但它毕竟也是一种研究活动，是一种比较简单的辩护性和捍卫性的研究。

二是以信仰为基础的研究。这种研究大体上也是处在信仰之内，从而受着自身信仰的重大影响甚至主导性作用，但这种研究并不简单地是信仰的一部分或一个要素，它有自己相对的独立性。在这里，“研究”具有双重属性：其一是信仰属性，就是说这种研究主要也是服务于维护和发展马克思主义信仰。在这里“研究”的相对独立性并没有达到与“信仰”完全相并列的程度。其二是学术属性，它并不完全受限于信仰的要求，而是具有学术上的追求，并遵循一般学术研究的若干原则和要求。在这里，研究与信仰有很大一部分的交叉重叠，因此许多研究是处在信仰之内，但在信仰之外仍有一部分研究或研究的延伸。对高校马克思主义学院的学者来说，大多数应该属于这种情况。他们具有对马克思主义的理论信仰，相信马克思主义是科学的，相信社会主义事业是正义的，而他们的研究目的也是在自觉地体现和践行这一点。但同时他们也是认真的学者，有自身学术上的追求，也能以理性的态度来看待自己的研究对象。他们的研究成果，不仅是马克思主义信仰之内的知识成果，也是人类认识世界、探索世界奥秘的知识成果。具有信仰而又不唯信仰，不用信仰来取代研究，不因感情而放弃理性，深信维护自身信仰与探求世界真理的一致性，这是马克思主义研究者应有的品质。

三是与信仰相并列的研究。信仰与研究各自独立，大体上是一种并列关系。在此情形下，研究虽然也会受到自身信仰的影响，但这种影响并不强烈，不是一种基本性或支配性的影响。这种情形并不是很常见的，但也可以在特定情况下存在，主要有两种情况：一是研究者的信仰并不坚定和强烈，也可能处在形成过程中而并没有真正确立起来，或者由于他的研究动机特别强烈，而使信仰退到较远的背景中去。这样，主体的信仰动机和研究动机在一定程度上处在对等状态，形成一种微妙的平衡。当然，这样的状态是不稳定的，不容易持久的。很可能在某些因素的影响下打破平衡，而偏向于另外的状态。还有一种情况：一个真正高端大气而思想圆融的马克思主义信仰者，由于他能够自由地实现信仰与理性的统一与切换，因而他能够在一定情况下有意识地跳出自己的信仰，而站到信仰之外去寻找观察与研究的视角。这样的研究有利于作出更客观的结论，同时又不仅无害于而且有益于信仰本身。这是马克思主义信仰者在研究上所能达到的最高境界。

四是无信仰的研究。在这种情况下，研究者对于马克思主义没有信仰，仅仅是一个研究者，马克思主义仅仅是他的研究对象。这里也可能有不同的情况：一种是研究者本身没有自己的信仰，他既不信仰马克思主义，也不信仰别的东西。在这种情形下，他就是一个至少暂时还没有自己信仰的研究者。另一种情况是研究者虽然没有对马克思主义的信仰，但他有自己另外的信仰。他所信仰的东西可能与马克思主义没有关系，也可能有一定的关系。而在这种关系中，有可能是正向性的关系，也可能是反向性的关系。如果是前者，他就可能对马克思主义有较多的同情态度，尽管这并不是信仰。如果是后者，他就是一个反马克思主义者，他的“研究”是为了寻找马克思主义的弱点，以便反对和否定马克思主义。

从上述四种情形的顺序看，信仰与研究的亲密度是递减的，大体上可以说是从信仰之内的研究到信仰之外的研究，是有信仰者的研究到无信仰者的研究。那么，我们作为理论工作者对马克思主义的研究是信仰内的研究，还是信仰外的研究呢？我认为，我们对马克思主义的研究主要是信仰之内的研究，但同时也兼顾到一定的信仰之外的研究。我们毕竟是马克思主义的信仰者，这种信仰必然会对我们的研究产生基础性和指导性的影响，而我们也自觉地接受这种正面的影响。但同时，我们的研究又不完全归属于信仰，而有相对独立性并遵循自身的规律。

（三）研究马克思主义与信仰马克思主义相统一的理论依据

信仰与研究有其对立的一面，但这并不意味着二者不能达成统一。唯物辩证法早就深刻揭示了相互对立的矛盾双方的内在统一性。特别是对于马克思主义这样的科学信仰来说，研究与信仰是完全可以实现统一的。

首先，相信和怀疑并不是截然分割而对立的，二者之间并没有一道鸿沟。它们的对立是从性质上讲的，也是从理论抽象上讲的。但不论是相信还是怀疑，就其现实存在来说，都是人的心理态度。在这种现实的心理态度中，相信与怀疑是相互渗透和相互包含的。在一个人的相信态度中总是或多或少包含有怀疑的因素，而在其怀疑态度中也总会有某种程度的相信因素存在，尽管它可能只是一种潜在的或微小的因素。绝对而纯粹的“相信”，就像绝对而纯粹的“怀疑”一样，只是一种思维抽象，在现实人的心理上是不存在的。而且，正因为如此，相信态度与怀疑态度是可以相互过渡的。在相信和怀疑的两个极端之间有内在的通道可以相互转化和过渡，而这种过渡又可以表现为许多等级和中间环节，比如，从完全性的相信逐步过渡到比较相信，过渡到将信将疑，再到较多的怀疑，最后是完全性的怀疑。反过来也是一样。

其次，研究并不完全等同于怀疑，它本身也不是否定性的活动。怀疑在研究中当然具有重要作用，它是研究的内在要素。研究者总是通过有所怀疑，才形成问题意识，从而发现问题、解决问题，推进研究的进步。但是，怀疑并不是研究的全部内容，也不是唯一重要的因素。研究虽然常常开始于质疑，但其目的不在于怀疑，而毋宁说在于消除怀疑。人类的研究活动是认识世界和改造世界的一个环节和部分，它不是一个消极否定性的活动，不是一味地质疑并停留于质疑，更不是为了怀疑而怀疑，从本质上讲它是一种建设性的活动，是不断地发现真理、积累知识并推进文明前进的活动。因此，学术研究是学科建设和科学推进的过程，是人类知识不断增长的过程。同时，研究活动还是一个综合性的认识活动，其中既包含着怀疑和问题，也包括很多解决问题的其他方面的工作。比如，材料的记录与整理、理论的阐释与论证、体系的建构与发展等等，这些都不仅仅靠怀疑，也不能归结于“怀疑”。特别是人类科学事业发展到今天，学术研究已经形成庞大的分工体系，不同学科和方向上的学者都从事着自己特定的多样化研究工作，如果把所有这些极其丰富多样的研究工作都简单化地归结于“怀疑”，那是不符合实际的。

再次，马克思主义是理性的科学的信仰，与科学研究在本质上是完全一致的。这是实现信仰与研究相统一的最根本的理论依据。如果说对于某些非理性信仰来说，信仰和研究有着尖锐的矛盾，那么，对于以科学为基础的理性信仰来说，二者的矛盾就是相对的，而且在根本上是一致的。马克思主义是理性的科学的信仰，它并不要求自己的信仰者盲目相信，而是要求他们在认真研究、深入理解之后再确立起自觉的信仰。“实事求是”的科学态度，既是马克思主义的思想路线，也是科学研究的基本要求。在马克思主义信仰中，并不排斥疑问和思考，而恰恰是以此为基础的。既然一定的怀疑因素是科学研究之必须，那么它也一定是科学信仰之必须。科学信仰的底气并不在于它已经完全排除了怀疑（这也是不可能的），而在于它能够容纳困惑、允许怀疑，并借助怀疑和探索而进一步使自身得到确认。因此，通过独立的探究和思考，不仅不会动摇反而会增强对马克思主义科学理论的信仰。

最后，我们具有能够把矛盾双方统一起来的辩证而圆融的思维方式。真正实现研究与信仰在马克思主义中的统一，不仅要靠理论依据，还要靠我们自己的努力，特别是要靠我们思维的圆融性。因为只有这样的思维，才能使我们在思想中把两个不同的东西真正统一起来。在这方面，我们一方面受益于中国传统文化的圆融思维，另一方面又受益于马克思主义的辩证思维。我们是中国人，我们的祖先教会我们以通达圆融的态度和思维来看待和处理事情。这其实就是一种朴素而高明的辩证思维，这种思维不是从概念运演中产生出来的，而是直接从生活经验和对世界的观察中得来的。我们又是马克思主义者，我们学习和掌握了唯物辩证法的基本要领，形成了自觉的辩证思维方式。唯物辩证法的核心是对立统一规律，它教给我们的思维就是把矛盾双方统一起来理解。长期的辩证法熏陶，使我们中国马克思主义者最善于把握矛盾统一，并在各种矛盾统一中处理事物。所以，在党和国家的事业中以及在我们的工作中，处处都在实现着矛盾的统一，比如，理论与实践相统一、个人与社会相统一、普遍与特殊相统一等。而研究与信仰的统一，也需要我们以辩证的思维和修养去切实加以实现。这样的统一不是外在的，不是一劳永逸的，而是需要我们随时随地加以把握和实现的，是一种具体的历史的统一。

（四）让信仰马克思主义与研究马克思主义相互促进

实现信仰与研究的统一，不是为了使二者相安无事，而是让双方相互促进。在马克思主义理论学科建设中，我们一方面要充分发挥马克思主义信仰对我们理论研究的促进作用，不断推进马克思主义的理论研究走向深入；另一方面又要充分发挥马克思主义理论研究对于我们信仰的促进作用，使我们对马克思主义的信仰更加自觉和坚定。

马克思主义信仰对我们的研究具有重要的推动和促进作用，主要表现在动力、引导和规约三个方面。

首先，信仰是研究的重要动力。信仰是人的行为的强烈动机，是人的行动的强大动力。人的行为和行动是多种多样的，而研究活动就是其中之一。对马克思主义的信仰是我们投身研究马克思主义理论的精神动力。我们之所以这样努力地研究马克思主义，遇到困难和挫折也不放弃，动机和目的是什么呢？不只是因为我们有好奇心，也不只是因为马克思主义展现出了思想的魅力，更重要的还是因为我们相信马克思主义是真理，我们要传播和实现马克思主义的真理。正因为我们信仰马克思主义，所以我们才要好好学习马克思主义，认真研究马克思主义，努力推进马克思主义的发展和创新。如果没有对马克思主义的真诚信仰，就不会把研究马克思主义当作自己终身的志业，也不能真正把握马克思主义的真理。马克思主义不只是一种客观的知识，它本身也是一种价值观，是一种实践追求。一个对马克思主义缺少价值认同和理想信念的研究者，一个置身社会主义事业之外的研究者，一个只想研究不想践行的学者，尽管他也可以掌握丰富的马克思主义相关知识，但仍然不能真正掌握马克思主义的真谛和精髓。

其次，信仰对研究具有导向作用。学术研究有一个方向问题，如果在研究中没有一定的方向把握，很可能茫然四顾而找不到也达不到目标。因此，学术研究需要一定的导向。而导向有两种：一是政治性和价值性导向，二是技术性和学术性导向。自然科学研究的政治性和价值性导向不太明显，但也不是没有，这就是必须有益于人类的生存和发展。因为我们之所以开展自然科学研究并发明各种技术，不是为了毁灭人类，而是为了维护和发展人类。相比之下，哲学社会科学的研究所需要的政治性和价值性导向就更明显，也更为重要。因为哲学社会科学本身就带有一定的价值属性，它不是价值中立和纯技术性的。马克思主义本身就是科学性与价值性的统一，我们对马克思主义的研究就更具有鲜明的政治属性和价值属性。因而我们的马克思主义信仰本身就是一种导向，它不仅对我们的生活和行为具有引导作用，而且对于我们的学术研究也具有导向作用。它能够保证我们在研究中不走弯路、不违初衷。与政治性、价值性导向相比，技术性、学术性导向有其自身的特点，它主要是基于学术进展的需要和可能性来进行导向的。但是，它也在一定程度上受到政治性、价值性导向的影响。一个人确立起自己的学术研究方向是很有必要的，而这种研究方向的确立不仅要考虑研究能力、学术形势等方面，而且也要考虑自己的价值观及其要求。

最后，信仰对研究具有规约作用。“规约”是一种限制，是根据一定的规则而进行的约束和限制。从抽象意义上说，学术研究不应有限制，但在实际的研究过程中，特别是就特定的研究主体和研究任务而言，则一定的限制是必要的，而且是有益的。射击运动员用两个挡片把自己眼睛的余光遮挡住，就是一种对眼睛的限制，而这将有助于他将眼力集中于前面的靶标上，从而取得更好的成绩。研究不是盲目探索的过程，而是有一定的规约的。任何一个人的研究，都会受一定的世界观和价值观的规约。我们研究马克思主义，目的是更好地坚持和发展马克思主义，更加坚定马克思主义的信仰。这样的目的，这样的价值取向，对我们的研究过程有着直接或间接的影响，保证着我们理论研究的正确方向，也保护着我们不会走上歧途。

反过来说，对马克思主义的研究也有益于我们的信仰，主要表现在支撑、深化和完善三个方面。

首先，研究对于信仰具有支撑作用。研究虽然有可能会动摇信仰，但也可以坚定信仰，为信仰提供坚实的观念和知识支撑。信仰并不是凭空确立的，也并不是凭空就得到强化的。不论什么信仰，总是对一定观念的相信，而与此有关的知识就起着支持和支撑的作用。特别是对于马克思主义信仰这样理性的科学的信仰来说，就更需要并依赖于客观的依据和理性的论证，而对马克思主义的研究就能更好地揭示马克思主义的内涵和本质，更好地为马克思主义原理的科学性提供学理的证明，从而为人们认同和信仰马克思主义提供有力的知识支持和理性支撑。“坚定的理想信念，必须建立在对马克思主义的深刻理解之上，建立在对历史规律的深刻把握之上。”[①]“对坚定的马克思主义者来说，科学和信仰是统一的。一个马克思主义者的信仰是否坚定，取决于它对马克思主义科学性的态度。越是深入地理解马克思主义的科学性，个人信仰就越是坚定。马克思主义的科学性是信仰坚定的理论基础，而信仰坚定性是马克思主义学说科学性的内化，化为内心的坚定的信念和情感……科学理论动摇，信仰就会随之倒塌。这就是为什么恩格斯要求追随者们要把社会

①《习近平谈治国理政》（第2卷），北京：外文出版社2017年版，第35页。

主义作为科学来研究的原因。”[①]

其次，研究对信仰具有深化作用。人的认识活动有一个深化的过程，相应地人们的信仰也是如此。一个人最初形成信仰时，往往还是比较简单和表层的，而随着时间的推移，特别是随着对自身信仰对象的认识上的深化，以及感受上的深化，他的信仰就更加深化了。特别是对于理论性比较强的马克思主义信仰来说，本身就需要有一个深入学习和理解的过程。一个人只有达到了对马克思主义比较全面而深刻的认识，把认同和相信建立在这种深刻认识和理解的基础上，才是高层次的信仰。而且也只有这样的信仰才是真正的马克思主义信仰。对于普通群众来说，他们可以在对马克思主义缺少全面了解和研究的情况下，成为共产主义者，成为坚定的革命者，但从信仰层次上还是不能说他们就是真正的马克思主义者。“马克思主义信仰”与“共产主义信仰”从本质上讲是相同的，但两个概念也有不同的个性色彩。“共产主义信仰”更多地强调信仰的社会政治层面和实践取向，而“马克思主义信仰”更突出信仰的世界观层面和学理取向。显然，后者的信仰层面更高一些。高校的马克思主义理论工作者，对于马克思主义的信仰不能停留在简单朴素水平上，而应有更深刻的体悟、理解和把握。对马克思主义的理论研究和学术探索，有助于我们达到这种更深刻的信仰。在深刻理解基础上的信仰会更为深刻，更为成熟，也更加坚定，更能够应对外来的挑战。

最后，研究对信仰具有完善与发展作用。任何一种信仰，在其生存发展的历程中，总有一个从小到大，从不完善到比较完善的过程。信仰不是简单地守成，而是在坚守基本立场和价值观的前提下，去促进自己信仰对象的完善和发展。越是科学的信仰，越是自觉的信仰者，越是具有更高学养的信仰者，就越应该如此。对于作为信仰对象的观念体系来说，通过信仰内部的研究来不断丰富和完善是非常必要的，是一种信仰走向更加完备和成熟的表现。同时，信仰还是一种组织体制，甚至是一种体制建构，它本身也有一个完善过程。研究的深入有助于信仰体系和建制的改进和完善。再就是信仰的方式上，特别是信仰者的心理和精神

① 陈先达:《理论自信：做坚定的马克思主义信仰者》，长春：吉林人民出版社2016年版，第6页。

状态以及行为方式上，也有一个逐步完善和提升的过程。马克思主义信仰是一种全新的信仰，它也需要有新的信仰方式。事实证明，以前那种宗教性的信仰方式、个人崇拜式的信仰方式都是不科学的，不能适应马克思主义信仰本身的需要。因此，作为马克思主义信仰者，我们还有责任探索和寻找更加适合我们信仰本质的信仰方式，它不仅能很好地体现出科学信仰的优越性，而且能更好地引导我们的信仰生活。因而，一个信仰者的责任并不仅仅是在于恪守信仰的要求而已，而且还应该为本信仰的完善发展作出贡献。这样才是一种更加自觉的马克思主义信仰。

另外，需要说明的是，研究马克思主义与信仰马克思主义的关系问题，并不只是发生在我国高校马克思主义理论学科建设之中，并不只是一个学科建设问题。它实际上具有更为广泛和一般的性质，也需要我们从更广阔的视野去观察和思考这个问题。作为高校的马克思主义理论工作者，我们当然应该首先立足于高校马克思主义学院的学科建设去研究这一问题，但这并不意味着对这个问题的研究只能局限于高校马克思主义理论学科建设。事实上，在这个范围之外，不论是党内还是社会上，都有马克思主义的研究者和信仰者。尽管他们的情况各不相同，但都或多或少遇到这样一个研究与信仰的关系问题。因此，我们不仅要从学科建设的层面去思考这个问题，更应该从党的建设的高度，从社会主义建设事业的高度，去研究和解决这个问题。我们党是马克思主义政党，我们的党员特别是党员干部必须坚定信仰马克思主义，同时又要能理解和掌握马克思主义理论，并把它作为自己的“看家本领”。我国作为当代世界上最大的社会主义国家，不仅要成为当今世界上坚守马克思主义的信仰中心，而且要成为世界上研究马克思主义的学术中心。

（原文发表于《教学与研究》2018 年第 1 期）

七

论马克思主义理论研究及其基本特征

在马克思主义理论学科学术研究中，摸索和总结学术共同体应遵循的理念、方法与规范，是当前马克思主义理论学科建设面临的紧迫而重大的任务。相比较许多历史悠久的学科，因为马克思主义理论学科比较年轻，学术研究尚处在经验积累阶段，系统而成熟的学术规则还在酝酿之中而没有真正形成。目前，大家都已经感受到这个问题的存在，有的已经开始进行这方面的探讨和总结，本文仅谈一些个人的体会和认识，供参考和讨论之用。

（一）何谓“马克思主义理论研究”

究竟什么是“马克思主义理论研究”？这个问题看似简单，其实复杂。一些基础性的概念和大家习以为常的理解，都需要加以辨析和澄清。

1.“马克思主义”与“马克思主义理论”

这两个概念我们通常不加区分，这在日常话语和宣传话语中是没有问题的，但从严格的学术研究来看，毕竟不够严谨。从学理上对二者加以辨析，就会看到它们有所区别。

首先，“马克思主义”比“马克思主义理论”范围更广。前者是大概念，后者是小概念。后者是前者的一部分，尽管是其中最重要的一部分，但也不是全部。从广义上看，“马克思主义”是一种综合性社会文化存在，包括文本、思想、理论、人、组织、事业等维度。从文本维度来说，“马克思主义”指的是马克思主义的文本，其中主要是马克思主义经典作家的论著，也包括后世马克思主义者的比较重要和典型的文本。从思想维度看，它指的是这些文本中包含的思想。这些思想是自在地存在于马克思主义文本中的，是这些文本所承载的思想信息。这些思想信息的存在不取决于研究者对经典文本的解读，它本身是与经典文本共同存在的。而当人们对这些经典文本进行研究，把其中的思想加以提炼和概括，并进行体系性理论建构时，它就成为一种理论。这种理论的建构可以是多样的，但当这种理论在无产阶级政党那里建构起来时，就成为指导思想，并具有某种唯一性。从人的维度来看，“马克思主义”首先是马克思主义经典作家，正是他们创立和发展了马克思主义，没有这些经典作家，就不存在马克思主义。同时，它也指“马克思主义者”，即信奉马克思主义或用马克思主义武装起来的人。从组织的维度看，它是以马克思主义为指导而建立起来的社会组织，比如共产党。在这里“马克思主义”就是指“马克思主义政党”。从事业的维度看，它指的是以马克思主义为指导而形成的社会事业，即科学社会主义事业，或共产主义事业。这可以说是“马克思主义”的实践形态。

马克思主义的多方面存在形态和现象表现都是重要的，缺少了其中一个方面，马克思主义本身就是不完整的。而所有这些不同的方面，它们并不是同时存在的，而是有一个形成过程，是逐步形成起来的。先有马克思主义经典作家，后有马克思主义的文本和思想，再有马克思主义理论，再有马克思主义者，再有马克思主义政党，最后有马克思主义指导的事业，以及以马克思主义为指导思想的国家。

其次，“马克思主义”通常意指马克思主义的理论形态，即“马克思主义理论”。尽管“马克思主义”具有多维度的存在和呈现，但其中最能体现马克思主义的本质和作用的，还是作为思想理论的马克思主义。“主义”在这里主要指成系统的思想或理论。如果马克思主义不能作为一种思想理论而存在，那它的其他许多存在形态比如组织形态和事业形态也就不能存在了。正因为如此，在狭义上人们通常把马克思主义的理论形态叫作“马克思主义”。

再次，当“马克思主义”与“马克思主义理论”在内容范围上完全等同的时候，由于字面上的差异，它们仍具有一定语境上的差异。从性质上讲，“马克思主义理论”与“马克思主义”是一回事，但加不加“理论”有时又与特定语境有关系。马克思主义理论学科名称之所以加“理论”二字，是为体现学科属性，同时也是为了避免在语境上把“马克思主义”指导思想的定位直接等同于学科定位。考虑到“政治上”和“学科上”是两种语境，为避免把政治语境降低为学科语境，最好不要直接称之为“马克思主义学科”。因为“马克思主义”是党和国家的指导思想，它只是在特定意义上成为“学科”，如果直接称为“马克思主义学科”，好像马克思主义天然就是属于“学科”范畴，就是把“马克思主义”直接当成“学科”了。这就在一定意义上降低了马克思主义的身份和地位。因而需要加一个词进行限定，告诉人们：这里所说的是特定角度的马克思主义，即马克思主义理论或马克思主义研究。当然，这只是基于一种特定政治语境中的顾虑而作的处理方式。其实，从实质上来说，马克思主义理论就是马克思主义。就比如“中国特色社会主义理论”与“中国特色社会主义理论体系”一样，虽然从学术意义上是一回事，因为“理论”本身就已经包括“体系”之意，但特意加“体系”二字，在特定的中国语境中，还是有其一定的意义。

最后，如果在当初加“理论”二字的时候并没有更多的深意，那么加上之后，就可能带来新的意思。比如，它意味着，“马克思主义理论学科”是一个“理论性学科”，这样就突出了学科的“理论属性”，是很必要的。从一定意义上说，马克思主义理论学科既是一种“主义”性学科，又是一种“理论”性学科。

2. 作为指导思想的马克思主义与作为文化现象的马克思主义

关于“什么是马克思主义”的问题，有两个不同的层面。一个是界定马克思主义的视域，另一个是在这个视域之下对马克思主义的具体界定。这里要谈的主要是第一个层面的问题。

第一个层面并不是在讲马克思主义的具体定义问题，而是更基本的前提性问题，即定义的视域或界域的问题。以往对“马克思主义”有过不同的定义，但这些定义只具有微小的差异，它们实际上都是同类型的定义，因为它们是在同一个视域下来实现界定的。在此不讨论具体界定问题，而是要探讨我们是在什么视域下、在什么语境中、在什么意义上来理解和界定“马克思主义”的。这个前提性问题，实际上以前被忽视了，人们往往在还没有确定下定义的思想背景和语意语境的时候，就直接下定义了。

这个视域或语境由什么构成呢？无非是指谁在下定义，在怎样的时空条件下，在什么样的社会背景中来下定义的，以及出于怎样的目的来下定义。由于这些背景不同，对马克思主义的定义和理解就不相同。那么，从基本的方面来说，有哪些不同的语境？总的来说，我认为主要有两个方面的背景，即可以从两种意义上来定义和理解“马克思主义”。

一是作为指导思想的马克思主义。以往我们所下的各种定义，尽管表述上有所不同，但其实都是这一种意义上的定义。这是因为我们是同类的研究主体。我们是生活在社会主义国家，是在中国共产党的领导下，从事理论研究工作的，因此我们视域中的“马克思主义”，是作为党和国家指导思想的马克思主义。

二是作为文化现象的马克思主义。对国外的学者来说，特别是对于党的系统之外的学者来说，“马克思主义”并不是指导思想，因而在他们心目中马克思主义只是一种文化现象，是一种思想现象。因此，他们是从这种意义上对马克思主义进行界定的。

由于存在着这两种不同的思想背景和语境，而人们又没有意识到这种区别，因而就产生出一些理论上的争论。比如，过去曾争论过“西方马克思主义”是不是“马克思主义”的问题。有人主张是，有人主张不是，双方谁也不能说服谁。其实，如果事先知道了定义视域和语境的区别，就很好理解了。如果从指导思想的意义来界定和理解马克思主义，那么“西方马克思主义”显然不属于“马克思主义”。因为我们并不把“西方马克思主义”当作党的指导思想。当时有位主张“西马非马”的著名学者质问道：你们说西方马克思主义也是马克思主义，那么难道说我们要以西方马克思主义为指导思想吗？而如果从文化现象的角度来看待马克思主义，那么“西方马克思主义”当然也属于马克思主义。

在马克思主义理论学科中，有“马克思主义基本原理”“马克思主义发展史”“马克思主义中国化研究”等二级学科，在这几个二级学科名称中，“马克思主义”就是指导思想意义上的。而其中另一门二级学科“国外马克思主义研究”中的“马克思主义”则是文化现象意义上的。因此，对国外马克思主义的研究，就是一种对社会思潮、历史文化现象的研究，我们固然可以从中吸取有益的思想，但并不直接把它算在马克思主义之内。因而研究方式上是与前面几个学科有所不同的。而且从“国外马克思主义研究”的学科名称上，也可以看出“研究”二字的必要性，之所以加“研究”二字，就是要避免直接出现“国外马克思主义”这样的学科名称，以免引起误解，让人们误以为马克思主义可以分为“国内”马克思主义或“国外”马克思主义。可见，在马克思主义理论学科的研究中，本身就包含着这两种视域，只是有主次之分而已。

值得注意的是，2017 年 9 月 29 日中央政治局集体学习时，主题就是“当代世界马克思主义思潮及其影响”。在这里，公开使用了“马克思主义思潮”这一概念。这表明，在中国语境中，国外马克思主义作为一种“思潮”，是属于文化现象范畴的。因此，它不属于我们的指导思想。

那么，如何处理这两种不同视域的关系？我们的立场是什么呢？其实，两种语境都有其存在的必要性：一方面，马克思主义当然是一种文化现象，是一种思想文化的存在；另一方面，马克思主义在社会主义政党和国家中又成为指导思想。前者是广义，后者是狭义。而对于当下的我们来说，对于马克思主义学院的学者来说，我们所理解的“马克思主义”，主要是作为指导思想的马克思主义理论，同时兼顾作为文化现象的马克思主义。

3. 对马克思主义理论的研究与运用马克思主义理论而进行的研究

马克思主义理论研究，其实是一种范围很广的研究活动。如果对其加以分析，就会发现其中至少包括四个方面的研究：一是在创建马克思主义过程中进行的研究；二是对马克思主义的研究；三是运用马克思主义而进行的研究；四是为了捍卫马克思主义基本原理而进行的研究。

首先，马克思主义理论研究是在马克思主义创立与发展过程中所进行的相关研究。没有这些研究就不会有马克思主义，而且这些研究与马克思主义的内容密切相关，因而在广义上这也可以看作是一种马克思主义理论研究。在这里，马克思和恩格斯也是理论研究的主体。但是通常情况下，并不把这种理论研究算作“马克思主义理论”研究，因为通常讲的是在马克思主义产生之后所形成的一种理论研究。但在广义上，我们不应把马克思和恩格斯的理论工作排斥在马克思主义理论研究之外。对于后来的经典作家和党的理论家来说，他们在发展马克思主义的过程中进行的相关理论研究无疑属于马克思主义理论研究范围。

其次，马克思主义理论研究是对马克思主义理论的研究。马克思主义理论形成之后，它本身又成为人们研究的对象。至于人们为什么会去研究马克思主义，可能动机并不相同，但是当“马克思主义”作为一种新生事物产生之后，它之所以成为人类认识活动的对象是有其必然性的。作为研究对象的马克思主义理论，既包括理论体系内容本身，也包括理论形成发展的过程。

再次，马克思主义理论研究是运用马克思主义的理论与方法来进行的研究。在这里，马克思主义理论既可以是研究对象，也可以不是研究对象，但它无论如何都是研究者所采取的立场、观点和方法。研究者站在马克思主义立场上，运用马克思主义的基本观点和方法，去观察和分析研究对象，以找出其固有的本质和规律。运用这种观点和方法可以去研究自然、社会和人，以及人的精神生活等的任何问题。在这里，尽管研究对象十分不同，但由于研究者在面对这些研究对象时都采取了马克思主义的立场、观点和方法去研究，因而从广义上讲，这些研究也可以称为“马克思主义理论研究”。在这些研究对象中，也可以包括马克思主义本身，即研究者也可以用马克思主义的立场、观点和方法来研究马克思主义本身。这种研究是可以正常进行并取得积极研究成果的，并不会产生“以子之矛，攻子之盾，则何如？”的问题。在这种情况下，既然研究对象和研究方法都是马克思主义的，那么更应该称之为“马克思主义理论研究”了。

最后，马克思主义理论研究是为了捍卫马克思主义基本原理而进行的研究。当马克思主义遇到冲击的时候，马克思主义者会起来捍卫自己所信奉的思想。而为了捍卫马克思主义基本原理，就必须进行相应的研究，以研究成果来说话。这些为了捍卫马克思主义基本原理而进行的研究，也可以说属于马克思主义理论研究。这些研究应该是多样化的，其具体特征与马克思主义所遇到的挑战相关。由于马克思主义的影响力，它也时常受到各种各样的攻击和批判，而为了捍卫马克思主义基本原理，马克思主义者就要有针对性地开始反批判，并为此进行相应的多样化的研究。但不论这种研究怎么多样化，总是与马克思主义有关，比如与马克思主义的理论内容有关，与马克思主义的发展过程有关，与马克思主义的历史命运有关，等等。

在上述四种情况下，比较典型并具有代表性的是中间两种情况，即以马克思主义为对象的研究和运用马克思主义而进行的研究。而在这两种情况中，最有典型性和代表性的则是前者，即以马克思主义为研究对象的研究。通常情况下所讲的马克思主义理论研究，主要是指这一种。

（二）马克思主义理论研究的基本特点

马克思主义理论研究有其独有的基本特点，正是这些特点把它与其他学科的研究区分开来。把握马克思主义理论研究的基本特点，对于我们更深刻地理解马克思主义理论学科的性质和特点，更好地开展马克思主义理论研究是十分必要的。

1. 具有鲜明的政治性

首先，马克思主义理论研究与党和国家的事业紧密联系在一起。马克思主义是我们党和国家的指导思想，是社会主义意识形态的理论基础，它本身具有鲜明的政治属性，而对它的研究同样具有这种属性。研究马克思主义是理论工作者的任务，这是我们共同事业的一部分。研究马克思主义的目的是坚持和捍卫马克思主义，是更好地发挥马克思主义的指导作用。因此，这种研究必然具有政治性要求。当然，马克思主义理论研究毕竟是一种学术研究和科学研究活动，学者对马克思主义的理论研究是政治性与学术性的统一。这种统一不是抽象可能性上的统一，而是具体的历史的统一。二者统一的原则是不变的，但统一的具体方式则应该因条件和需要而有所变化。比如具体到写作活动，一篇作品究竟政治性占多大比重，学术性占多大比重，这是根据不同的需要和文体而有所区别的。

其次，马克思主义理论研究服务于高校思想政治理论课教学。学术研究不仅服务于党和国家意识形态建设，而且直接服务于高校思想政治理论课教育教学。因为思想政治理论课教育教学本身就是高校意识形态工作的核心内容。这样一种直接服务于教育教学的目的，必定会对理论研究方式产生一定的影响，即马克思主义理论研究主要是一种围绕“讲道理”而展开的研究，目的把马克思主义的道理讲好。一方面，我们重点关注的是马克思主义的道理本身，致力于把道理弄明白，讲清楚。其他方面的研究，比如侧重马克思主义文本考证的研究，关于马克思主义发展历史的研究，关于中国与世界的现实性研究，以及关于马克思主义话语问题的研究等，都是服务于马克思主义道理本身的研究的。另一方面，还尤其关注那些与教育对象的疑问和困惑有关的思想和道理的研究，主要呈现为当代大学生的世界观、历史观、人生观、价值观中的问题。这样，问题的来源，问题的解答方式，都受到教育教学指向的影响，因而这样的研究与纯粹致力于学术积累的研究是有所不同的。

最后，马克思主义理论研究与研究者的政治信仰联系在一起。在我国学术界，特别是高校马克思主义学院，马克思主义理论的研究者同时也是马克思主义的信仰者。他们真心服膺马克思主义，并作为共产党员信仰马克思主义，在高校从事马克思主义理论的教学与研究工作。研究者对马克思主义的信仰是一种学术信仰，也是一种政治信仰。这种信仰是推动他们不断深化对马克思主义研究的精神动力，也是规约着他们研究立场、研究倾向和研究方式的精神约束力。这样，从研究主体方面说，他们对政治信仰的坚守也会使他们对马克思主义的理论研究打着政治的印记。马克思主义理论工作者，就像要处理好政治性与学术性的关系一样，也要处理好信仰与研究的关系。

2. 具有突出的理论性

从学科名称就可以看出，“马克思主义理论学科”是一门“理论”性学科。这样学科的研究与实证性的、历史性的、经验性的研究都有所区别。其主要特点和要求有几个方面：

首先，讲究“高度”，以高度统领研究的广度和深度。这是马克思主义理论学科所独有的标准和要求。在其他学科，导师指导学生论文的时候，很少说什么“高度不够”，而通常是说准确性、逻辑性、材料的充分性不够等。只有马克思主义理论学科，在指导论文或评价文章水平的时候，经常说“高度不够”，这是很值得注意和思考的。这里的“高度”当然首先是政治上的高度，是政治站位高低的问题。就是说，在进行理论研究的时候，不仅要从政治上看问题，而且要从更高的政治站位去看待问题。党的领袖人物的论述之所以往往包含有更多的理论含量，很重要的一个原因是他们的政治站位最高，善于从政治战略的高度去看待思想理论问题。当然，“高度”不只是政治上的，还可以是历史维度和理论维度的。马克思主义具有理论上的高度，它一方面是一种崇高信仰，具有信仰的高度，另一方面又是一种战略思维，具有战略高度。因此，要想真正掌握马克思主义，就必须有广阔的胸襟、开阔的视野和战略的高度，善于寻找思想的制高点，从战略上看问题，善于从宏观上和总体上把握大局大势。

其次，“思想为王”，以“原理为中心”。马克思主义理论研究着重解决理念问题和思想问题，而不是技术问题。这种研究直接在思想上下功夫，在理论上下功夫，不是重在史料和材料的占有，而是重在对史料和材料的思想阐发。这样的研究特点，体现了对“原理”的重视，实际上是以“原理”为中心。马克思主义理论学科，下设七个二级学科，“马克思主义基本原理”这门学科占有特殊重要的地位，更集中更突出地体现着整个一级学科的特点。从一定意义上讲，“理论性”研究的根本就是“原理”类的学术研究。以基本原理的研究为核心，包括对原理的概括、阐释、阐发、论证、运用等。因此，要在基本原理上下大功夫。当然，在马克思主义理论学科中，也有历史性学科，如中国近现代史基本问题；也有思想史属性的学科，如马克思主义发展史；也有理论与实践相结合、发展过程与理论成果相结合的学科，如马克思主义中国化研究；也有思想传播和育人为主的学科，如思想政治教育；以及对外国思潮考察与借鉴的学科，如国外马克思主义研究……这些当然都是必要的、重要的，体现了马克思主义理论学科研究领域和范式的多样性，但是这些学科都是围绕坚持和发展马克思主义基本原理而展开的，都是服务于马克思主义理论教育这个目的的。从某种意义上说，在整个马克思主义理论学科中，“马克思主义基本原理”是一种“普照的光”，照耀着所有其他学科。

最后，强调思想力和概括力。理论性学科中最重要的是思想力。什么是思想力？一是对思想的热情，对思想本身感兴趣，对抽象的事物感兴趣。有人对图像感兴趣，有人对语言文字和符号感兴趣，有人对数字和机械感兴趣，有人对事实材料感兴趣，也有人会对思想本身感兴趣，能够在思想中得到很大的乐趣，这样的人就有可能成长为思想家。马克思是大思想家，他从青年时代起就热衷于抽象真理的研究，表现出对思想本身的热爱和热衷。二是对思想的敏感性和敏锐性，包括对思想差异的敏感性，对新思想特别是对新思想火花的敏锐性，对思想矛盾的敏感性和问题意识等。三是持续思考和深度思考的能力，包括逻辑推理和理论建构的能力。四是思想升华和理论概括的能力。五是思想创意和思想创新的能力，产生和形成新观念新思想的能力。在所有这些思想能力中，概括力具有突出的意义。这种能力可以说是从事马克思主义理论研究的最基本也最重要的能力。如果没有概括能力，就很难说有多强的思想力。概括能力包括两个方面：一是理论提炼和升华的能力，二是进行概括性叙述的能力。前者是指从具体的、杂多的材料中提炼出思想观点，形成凝练表达的能力。后者则是根据需要而在不同的概括程度上进行平行叙述的能力。

3. 具有高度的综合性

马克思主义理论学科是综合性学科，体现了一种综合性研究的导向和要求。所谓综合，就是多样性的统一。大体来说，马克思主义理论研究的综合性主要包括两个方面：一是视野上的整体性，二是方法上的多样性。

首先，马克思主义理论研究要有整体性视野。马克思主义理论一级学科的设立，其学科要求之一就是从整体上研究马克思主义。这就要求破除那种把马克思主义的内容分成不同的方面，只是从不同学科上进行分门别类研究，并在不同学科内实现研究成果积累的做法，一开始就要从整体上看待马克思主义理论。马克思主义是一个博大精深的理论体系，是由许许多多不同层面的原理和观点构成的有机整体。从性质上讲，它有一种整体质，只有从整体上才能全面地把握它的本质和意义。这种整体性固然并不排斥对马克思主义理论不同方面的具体研究，但是这种研究一开始就应奠定在整体性的框架之内，并从整体上得到理解。

防止那种只见树木不见森林的弊端，也要防止以偏概全，以局部代替整体的倾向。

其次，马克思主义理论研究可以有多种方式和方法。注意整体性研究并不是说可以只停留在笼统的整体性把握上，而是要在整体把握的基础上，进一步具体化为不同方面和不同层面的研究，把握马克思主义的各个部分甚至各个细节，最后再实现更高程度的综合，从而形成马克思主义的具体整体。在对马克思主义的多方面研究中，可以采取各种不同的方式方法。比如，可以运用调查统计的实证研究方法，对马克思主义理论的文本、历史和影响进行定量化的研究。可以运用经验总结的方法对马克思主义指导实践的过程和成果进行概括提炼性研究。可以运用历史的方法和思想史的方法来进行历史考察性研究。可以面向马克思主义的现实运动，进行现实跟踪性研究，等等。学界关于马克思主义理论研究的学术类型已经有不少研究成果。比如有学者提出，马克思主义理论研究包含四个类型：理论研究、宣传研究、教学研究、行动研究。也有学者认为，马克思主义理论研究可以有五个类型：理论研究、学术研究、宣传研究、教学研究、实践研究。这些都是有意义的。

最后，马克思主义理论研究要善于从对立中把握统一。马克思主义理论本身体现着多个方面的对立统一，比如理论与实践的统一、科学性与革命性的统一、历史与逻辑的统一、继承与发展的统一，等等。马克思主义理论研究也应该体现出这种统一，而且要以高度的自觉性来把握这些统一。比如在理论与实践的关系上，理论研究决不能脱离实践，脱离生活，变成某种经院哲学的东西。不论是在理解马克思主义的经典文本方面，还是在把握马克思主义的基本观点方面，以及运用马克思主义的方法方面，都不能脱离实践和生活。既不能脱离当时的实践和生活，也不能脱离当下的实践与生活。在科学性与革命性的关系上，要深刻把握二者的内在联系和根本上的一致性，防止任何畸轻畸重的偏向。在历史与逻辑的关系上，要做到论从史出，史论结合，实现马克思主义的历史逻辑与理论逻辑的有机统一。在继承与发展的关系上，既要坚持马克思主义的基本立场和基本原理，又要根据新的实践和科学成果来不断丰富和发展马克思主义，体现马克思主义发展的一脉相承而又与时俱进。

（三）马克思主义理论研究与其他类型研究的区别

首先，不同于中国传统学术的历史性研究。中国传统学术是一个文史哲结合在一起的整体，但其中历史学居于中心地位。因此，总体上看，中国传统学术主要是一种历史学性质的研究。中国文化自古重视历史，而且历史上积累下来的史料和著述也是最为丰富的，历史学者们对传统文化的研究很重要地体现在历史考证之类的方法上。马克思主义也很重视历史和历史观，马克思和恩格斯认为一切科学都是历史性的科学，他们本人也十分重视历史研究，历史类著述在他们的作品中也占有很大比重。在马克思主义理论学科中，也包括有历史学类型的研究，运用史学的理论与方法进行研究，比如中国近现代史基本问题、马克思主义中国化研究，以及马克思主义发展史研究。当然，相比之下，思想史研究并不是一种纯粹的历史研究，而且也是思想理论研究。但即使如此，马克思主义理论学科的学术研究类型也并不能说是一种历史性的研究，而主要是一种理论性研究。理论性研究与历史性研究的区别，可以说就是论与史的区别问题。论从史出，史论结合，说明二者是有密切联系的。经典作家讲历史与逻辑的统一，也就是史论结合。但史和论是有区别的，而且当史和论各自形成体系和传统时，二者的区别就更明显了。因此，尽管传统学术中的一套规范性研究方法有一定的启示和借鉴意义，但并不能简单地套用到现在的马克思主义理论研究中来。

其次，不同于西方主流学术的思想史研究。西方主流学术研究包括很丰富多样的内容和类型，但如果加以简单地表述，主要是一种思想史类型的研究。国外学者特别是西方学术非常注重思想史的研究，有的是总体性的思想史，也有的是各个具体科学领域中的思想史，比如哲学史、经济学说史等。在这方面，已经形成一整套治学的规范和方法。比如对思想家著作的整理出版就很发达，几乎凡是比较重要的思想家，身后都有全集或文集出版，为后人研究其思想提供了便利的条件。人们很重视文本的研究，谈论作者的思想时总是不脱离文本。思想史研究当然非常重要，因为它是前人思想的总和，也是思想演化的总过程。恩格斯说过，学习哲学最好的办法就是学习哲学史。在马克思主义理论学科中，也包括有思想史类型的学科，比如马克思主义发展史就是马克思主义的思想史，这是马克思主义思想的宝库，如果对马克思主义发展的历史缺少研究，就很难说懂得马克思主义。马克思主义中国化的历史既是一个实践的历史过程，也是思想史的过程，这种研究也具有思想史特征。思想史的研究作为一种强势的研究类型，已经在我国学术界取得统治性地位。不符合这种类型的论文往往被认为缺少学术性。但即使如此，我国马克思主义理论研究的本质属性，仍然不是思想史类型的研究。

再次，不同于当代社会科学的实证性研究。现在西方社会科学研究注重实证，经济学、社会学、心理学、教育学等都是如此。实证研究是非常重要的，自然科学就是最早的实证研究，是非常有效的。当代社会科学在发展中也在走实证化的道路，是有积极意义的。马克思主义理论学科中的学术研究，在有些方面也具有实证研究的特点，也会运用一些实证研究的方法和工具，比如社会调查和统计等。在思想政治教育研究中，就有许多这样的研究。但从总体和性质上来说，马克思主义理论研究并不是一种实证性的研究类型。

最后，不同于以往对马克思主义分门别类的研究。我国学者对马克思主义的研究并不是从设立马克思主义理论学科才开始的，自从马克思主义传入中国，学者们就开始进行研究了。最初主要是介绍马克思的相关思想和著作。新中国成立后，马克思主义成为党和国家的指导思想，对它的研究已经具有理论性的学术特点，它与中国传统学术和西方学术有着明显的区别了。对马克思主义经典著作和论述的阐释，对经典作家思想的阐述，以及结合中国实际的应用性研究已经都有了。特别是对马克思主义三个组成部分的分门别类的研究，取得了很丰富的成果，积累起了各自的研究方法。马克思主义哲学研究，马克思主义政治经济学研究，科学社会主义研究，都有自己的地盘、理论和方法，并形成自己特有的治学范式。这些相关专业的教学，也是向学生传授这些研究的经验和做法，让他们掌握相应的研究方法。所有这些，对现在的马克思主义理论研究是很有意义的。但是，现在的马克思主义理论研究毕竟还是不同于这种分门别类的研究，而更是一种综合性、整体性的研究。

（原文发表于《马克思主义理论学科研究》2018 年第 5 期）

第二编

社会主义理论与实践研究

一

论社会形态的两个层级：“五大社会形态”理论的新阐释

社会形态分析法是马克思主义研究人类历史发展的基本方法。马克思、恩格斯在揭示社会基本矛盾运动的基础上，通过对社会形态的划分，描述了人类历史从原始社会出发，经过奴隶社会、封建社会和资本主义社会，走向未来共产主义社会的规律和趋势。这样一种五大社会形态依次更替的公式表面看来非常简单，但它为人类发展的自我认识提供了一条最基本的线索，就像一把钥匙打开了人类历史发展的谜锁，就像一道闪电照亮了人类行进的路程。可以说，马克思主义关于五大社会形态的理论对于人类历史认识的意义是怎样估计都不过分的。当然，任何理论都不可能十全十美，五大社会形态理论同样如此。后世的马克思主义理论工作者，还要结合新的历史发展和知识进步，继续深化对五大社会形态的认识，丰富和完善五大社会形态理论。

（一）问题的提出：五大社会形态的时间比例

如果我们仔细地考察五大社会形态各自的时间跨度，就会发现它们彼此是很不成比例的。其中存在着两个差别甚大的数量级：原始社会和未来的共产主义社会的时间跨度以百万年计，而奴隶社会、封建社会、资本主义社会的时间跨度则以千年甚至百年计。奴隶社会和封建社会都不过几千年，资本主义社会只有几百年，还在行进之中。原始社会的历史极其漫长，我们至今还不能精确地予以表述。考古发现表明，人类的历史至少有 200 万年，也有说法是 500 万年。“人类进化史在非洲留下最完整的脚印，地球 6500 万年前出现原猴类，5000 万年前出现猿猴类，沙特发现过 2900 万年前的古猴化石。500 万年前非洲猿类进化为人科动物，开始人类起源。”[1] 退一步讲，就按 200 万年算，其中文明历史还不到 1 万年，199 万年还多是在原始社会。显然，这在时间上是极为不成比例的。

至于未来的共产主义社会能持续多少年，我们不得而知。但我们可以想象，人类的未来也将是极其漫长的，它甚至可能比人类的过去还长得多。地球的存在以及太阳系的存在还处于中年时期，在可预见的久远时期之内不会毁灭，因此，尽管我们不能排除因为偶然的天文因素而导致地球毁灭的抽象可能，但我们在研究人类社会的未来发展时，可以假设这些因素并不存在。这样，只要人类没有自我毁灭，那么人类的未来就是非常漫长的。19 世纪德国哲学家杜林写道：“如果想到未来的那些千年的系列，那么要靠原始记载来作历史回忆的那很少的几个千年，连同这期间的以往人类状态，是没有多大意义的……人类作为整体来说，还很年轻，如果有朝一日科学的回忆不是以千年而是以万年来计算，那么，我们的制度在精神上不成熟的幼稚状态，对于以后将被视为太古时代的我们的时代来说，将具有无可争辩的意义，不言而喻的前提。”[2] 恩格斯批判了杜林的这段话，但只是批判他否定人类历史和现实的价值，而并未否定人类未来历史的漫长。因为恩格斯也说：“整个人类历史还多么年轻，硬说我们现在的观点具有某种绝对的意义，那是多么可笑。”[3] 如此漫长的未来至少大部分可以归于共产主义社会形态。至于在共产主义社会终结之后的人类未来的问题，在五大社会形态的理论框架中是不存在的。

共产主义社会的性质和它在人类历史中的地位决定了它自身的发展是一个极为漫长的历史过程。根据马克思主义观点，共产主义社会并不是人类历史的终结，而是真正的人类历史的开端。从进入共产主义社会时起，人类才自觉地创造自己的历史，人们也才真正过上符合人性的社会生活。而共产主义之前的社会，不过是真正的人类历史的史前时期，是一个预备的阶段。在人类进入共产主义社会之后，人类历史将向着未来展开其极其广阔的发展空间。毛泽东在读苏联《政治经济学教科书》时曾说，共产主义社会可能有几万个阶段。这事实上是把发展的观念，

① 陈克勤：《古人类从哪里走向世界》，《光明日报》2011 年 1 月 4 日，第 8 版。

②《马克思恩格斯选集》（第 3 卷），北京：人民出版社 2012 年版，第 493 页。

③ 同上书，第 492 页。

甚至是无限发展的观念带进了我们对共产主义社会的理解。我们假设，即使每一个阶段只有一百年，那么几万个阶段加起来就有几百万年。显然，毛泽东理解的共产主义社会，其时间跨度是与原始社会大体相当，甚至更为漫长的历史过程。

在五大社会形态的理论模型中，把这样两类时间跨度极为不同的社会形态并列在一起并等量齐观，肯定是不够完善的。当然，我们并不能先验地断定每个社会形态都同样长久，事实上这也是不可能的，总是有的社会形态长些，有的社会形态短些。但是，如果长短的差距完全不成比例，也会破坏理论模型的结构和功能。将一个几百万年之久的社会形态与一个几千年之久的社会形态并列在一起时，其理论解释效力就打了折扣。时间和空间一样，不是空洞的框子，而是同事物存在与变化紧密联系在一起的。相对来讲，更长的历史时间中包含的人类活动的内容就更多更丰富，这是显而易见的。这也正是中国谚语“夜长梦多”所具有的哲学含义。如果说在原始社会中人类历史的发展是十分缓慢的，因而其漫长时间中的有效社会内容可能相对贫乏，那么随着人类历史后来的加速度发展，在未来共产主义社会的漫长时间中，其社会演变的内容应是十分密集的。在这样的情况下，我们很难设想用某一个特定的社会形态就能把如此漫长的历史过程一网打尽。如果那样的话，“社会形态”概念在这里就失去了它的意义。

（二）两种不同层级的社会形态

从时间跨度的大小上可以将五大社会形态划分为两组：原始社会与共产主义社会是一组，它们都是以百万年计的社会形态；奴隶社会、封建社会、资本主义社会是一组，它们都是以千年或百年计的社会形态。显然，二者之间有着巨大的数量级差异。为什么会这样呢？这种时间跨度的巨大差异在理论上意味着什么呢？

我认为，这是因为它们是两种不同层级的社会形态。原始社会和共产主义社会是同一个层级，可以称其为第一层级的社会形态；奴隶社会、封建社会、资本主义社会是同一个层级，可以称其为第二层级的社会形态。第一层级社会形态是大型的甚至超大型的社会形态，而第二层级社会形态则是小型的社会形态。

社会形态的这两种层级并不是一种简单的并列关系，而是一种包含关系。第一层级的社会形态内部包含着多个第二层级的小型社会形态。也就是说，第二层级的社会形态是第一层级社会形态内部的子形态。比如，奴隶社会、封建社会、资本主义社会，它们虽然是各自独立的社会形态，但都是建立在私有制生产关系基础上的社会形态，所不同的只是私有制的表现形态：奴隶制、封建制、雇佣劳动制。因此，三者实际上同属于一个以私有制为基础的大型社会形态，是私有制社会形态的三个子形态。这样，按第一层级来排列，五大社会形态就变为三大社会形态：原始公有制社会、私有制社会、未来公有制社会，或原始无阶级社会、阶级社会、未来无阶级社会。

在第一层级的三大社会形态中，只有私有制社会或阶级社会形态具体化了，它分化为奴隶社会、封建社会、资本主义社会三种子形态，但原始社会和共产主义社会则没有分化出自己的子形态，而只是以第一层级的形式存在着。因此，五大社会形态的理论模型事实上是把两种不同层级的社会形态排列在一起了。这从逻辑上来讲当然是不严谨的，但却是有其认识论上的原因和合理性的。这反映了我们对人类历史的不同阶段认识的先后顺序和不同的详略程度。也就是说，我们是先认识私有制社会形态，后认识原始社会和共产主义社会，而且对前者的认识是详细具体的，而对后者的认识则是笼统的。之所以如此，是因为人类几千年来一直是生活在私有制社会和阶级社会之中。私有制社会在历史上展现了自身的内在多样化，依次表现为奴隶社会、封建社会和资本主义社会。这些，文明人类亲身经历并有文字记载，文明社会的思想家们也不断地思考和总结这数千年的历史进程，马克思主义经典作家也确认了这三个社会形态的演进。

原始社会虽然也是人类亲身经历，但是由于文明不发展而没有留下文字记载，而且由于年代极其久远而湮没了各种明显的历史遗迹。正像一个成年人通常不记得自己的婴儿时代一样，对于文明时代的人类来说，原始社会的存在是后来才知道的。只是到了 19 世纪后期，随着人类学和原始文化学的发展，人们才知道有一个原始的社会，并了解其大体情形。发表于 19 世纪中叶的《共产党宣言》中有一句话:“至今一切社会的历史都是阶级斗争的历史。”[①] 这说明,马克思恩格斯在写作该宣言时还不了解原始社会的情况,因为原始社会还没有阶级和阶级斗争。恩格斯晚年在《共产党宣言》的 1888 年英文版序言上,为这句话加了一个注释:“这是指有文字记载的全部历史。在 1847 年,社会的史前史、成文史以前的社会组织,几乎还没有人知道。后来,哈克斯特豪森发现了俄国的土地公有制,毛勒证明了这种公有制是一切条顿族的历史起源的社会基础,而且人们逐渐发现,农村公社是或者曾经是从印度到爱尔兰的各地社会的原始形态。最后,摩尔根发现了氏族的真正本质及其对部落的关系,这一卓绝发现把这种原始共产主义社会的内部组织的典型形式揭示出来了。”[②] 但是,即使大体上知道了原始社会的典型形式,人们对原始社会的认识仍然是相对笼统而模糊的。人类 200 万年的历史,我们所知甚少。正因为如此,我们只能用一个笼统的名称来称呼它,用一个社会形态的框架来理解它,还谈不到具体地讨论其中包含的不同社会阶段或社会形态。

对于共产主义社会形态也是如此。由于共产主义社会还属于人类的未来,人们对它的认识当然也只能是笼统的。马克思主义创始人对共产主义社会作了内容十分丰富的研究和论述,但他们的论述通常只是原则性的提示,而不是具体细节的描述。这正是他们科学态度的表现,因为对于尚未存在的东西我们当然只能笼统地认识和把握,还谈不到将共产主义社会划分为几个社会形态来加以具体阐述。马克思恩格斯在相当长时间里都是把共产主义社会当作一个统一的社会形态来把握,来展望其基本的特征,只是到马克思晚年的《哥达纲领批判》中,才第一次提出和阐述了共产主义社会的两个阶段,即“第一阶段”和“高级阶段”,也就是说,才开始思考和探索未来社会的发展阶段问题。因此,对他们来说,共产主义社会还只能是作为一个社会形态而存在。

但是,随着社会的发展和认识的进步,人们对原始社会和未来共产主义社会的认识会不断深化和具体化,因而也就需要对这两个社会形态

①《马克思恩格斯选集》(第 1 卷),北京:人民出版社 2012 年版,第 400 页。
② 同上。

进行更具体的阶段划分，在这个过程中将会出现一种需要：用划分社会形态子形态的方式来考察原始社会和共产主义社会，从而会逐渐揭示出原始社会和共产主义社会中的不同社会形态及其演进。特别是随着社会主义社会的出现，关于共产主义社会形态的发展阶段问题日益成为需要面对和研究的问题。列宁继承马克思对共产主义社会两个阶段的划分，并把这两个阶段分别称为“社会主义社会”和“共产主义社会”。这已经成为社会主义国家的共识。这种划分为社会主义国家确认历史方位和确定建设任务提供了具体指导和回旋余地，但也带来一些理论的困惑：社会主义社会是不是一个独立的社会形态？它与共产主义社会是什么关系？如果它们同属一个共同的社会形态，那么应该如何来称呼它？在这里，我们至少是遇到了文字处理上的尴尬：我们有时将第五大形态称为“社会主义社会”，有时又称为“共产主义社会”，还有时称为“社会主义和共产主义社会”，也有时称为“社会主义—共产主义社会”。这说明，对于第五大社会形态，我们遇到了新的问题，也出现了探索的新需要和新契机。

（三）原始社会和共产主义社会都不是单一的社会形态

原始社会和共产主义社会有没有内在丰富性？这种丰富性是否也会呈现为不同类型的社会形态？从历史上看，私有制可以是而且事实上是多样化的，表现为奴隶制、封建制、雇佣劳动制三种基本类型，并因此形成三种不同的社会形态。那么公有制呢？它是单一的还是多样化的呢？如果公有制不是多样化的，那么不论原始社会和共产主义社会怎样历史漫长且内容丰富，都只能算一个单一的社会形态，而不能划分出不同的社会形态。

长期以来，人们有一种不自觉的思维习惯，认为公有制都是一样的，但私有制各有各的不同。这样一种不自觉的意识，可能有比较深厚的日常意识基础。托尔斯泰在《安娜·卡列尼娜》的开头说过一句很有名的话：“幸福的家庭都是相似的，不幸的家庭各有各的不幸。”这句格言体现的正是这样的思维方式：幸福的家庭模式是单一的，而不幸的家庭则是多样化的，具有多种模式。这样的思维方式是不全面的，它简单化地把矛盾的一方当作单一的，而把另一方当作多样的，没有看到任何一方都是单一性和多样性的统一。法国空想社会主义思想家傅立叶说过："幸福或不幸是复杂的，从来都不是简单的。"[①] 以托尔斯泰的格言而论，也可以倒过来说：不幸的家庭是相似的，而幸福的家庭各有各的幸福。事实上，从性质上说幸福和不幸都是单一的，而从存在状态上讲则都是多样的。托尔斯泰格言的错误就在于，从性质上讲幸福家庭，而从存在状态上讲不幸的家庭。归到公有制和私有制问题上，也存在着这样的误区，人们往往从性质上理解公有制，而从存在样态上去理解私有制。结果，把公有制说成是单一的，而把私有制说成是多样的。于是，认为原始共产主义社会和未来共产主义社会都只能是单一的社会，无非时间长一些而已。在这方面，我们可以从恩格斯关于唯物主义形态多样性的论述中得到启示："随着自然科学领域中每一个划时代的发现，唯物主义也必然要改变自己的形式。"[②] 这说明唯物主义具有形态上的多样性，即从性质上说唯物主义是单一的，而从形态上说则是多样的。公有制和私有制，以及公有制社会和私有制社会，也都是如此。

其实，只要我们把原始社会和未来共产主义社会加以简单对比，就可以发现：尽管原始社会和共产主义社会都是公有制社会，但它们之间的差别却是极大的。这就启示我们：在不同生产力水平基础上，尽管都是公有制，但这种公有制以及在此基础上的社会形态可以有着很大的不同。将这样的观点运用于原始社会本身或者共产主义社会本身，也应该是适用的。在原始社会中，尽管都是原始公有制，但在漫长的历史过程中，也经历了一些十分不同的发展过程，最后才达到了文明社会的门槛。从摩尔根的《古代社会》中对原始社会的阶段划分，就可以看到这些差别。他将原始社会划分为六个阶段或六种社会：低级蒙昧社会、中级蒙昧社会、高级蒙昧社会、低级野蛮社会、中级野蛮社会、高级野蛮社会。[③] 同样，对于未来的共产主义社会，尽管都具有公有制的共同特征，但在不同发展时期的不同历史阶段上，也会具有明显的差别，从而

①《傅立叶选集》(第 2 卷)，北京：商务印书馆 1981 年版，第 138 页。

②《马克思恩格斯选集》(第 4 卷)，北京：人民出版社 2012 年版，第 234 页。

③ 摩尔根：《古代社会》，北京：中央编译出版社 2007 年版，第 7—8 页。

形成不同的社会形态。

马克思在《政治经济学批判（1857—1858年草稿）》中有一段话对我们理解这一问题有很大启示："以私人交换为基础的生产制度，最初就是这种原始共产主义在历史上解体的结果。不过，又有整整一系列的经济制度存在于交换价值控制了生产的全部深度和广度的现代世界和这样一些社会形态之间，这些社会形态的基础是这样一种公社所有制。"① 这表明，在同一种生产关系比如以私人交换为基础的生产制度或公社所有制的基础上，可以存在着多种社会形态。

我们对公有制的认识是在不断深化的。在私有制社会，当公有制作为一种理想和想象而存在的时候，人们倾向于把它看作是一个单一的完满的东西，而不考虑其形态上的差异。而在社会主义社会，当公有制成为现实的时候，我们逐渐发现，公有制并不是那么单一的，公有制本身也会有形式上或实现形式上的不同，这是它的多样性。我们在开始时遇到了全民所有制和集体所有制的差别，但那时我们没有领会到这是公有制的合理的多样性，而只是把集体所有制当作一种初级的、不成熟的、过渡性的形式，觉得它似乎并不是真正的公有制，很快就会被扬弃，提升为全民所有制。后来在改革开放过程中，我们渐渐认识到公有制有一个实现形式的问题，公有制原则完全可以体现在不同的经济形式中，比如，我国社会中的公有制就有不同的形式和成分，国有制、国有控股所有制、合资企业中的国有成分、集体所有制等。这样，公有制的内在丰富性和现实多样性得以展现和确认，对我们的思想认识有很大的解放作用。

如果我们把这种认识运用到对社会形态的考察上，就可以得到结论：公有制也像私有制一样，具有多种存在形式和实现方式。正像私有制基础上的社会可以因私有制存在形式的区别而形成不同的社会形态一样，公有制基础上的社会在其漫长的历史过程中也会因不同的类型和形式而呈现为不同的社会形态。这样，不论是原始社会还是未来的共产主义社会，都不是单一的社会形态，而只是一种统称，其内部很可能包括不同的社会形态，只是我们还不知道而已。确实，我们作为历史认识的

①《马克思恩格斯全集》（第46卷下），北京：人民出版社1980年版，第412页。

主体，既没有生活在原始社会，也没有生活在共产主义社会，因此，我们对于已经成为遥远过去的原始社会并不了解，对于遥远未来的共产主义社会也缺乏认识，只好给它们一个笼统的称呼。这是正常的，同时也说明：这两个社会形态对我们的认识来说还有极大的想象空间。可以说，这两个社会形态是开放的，一个是向着遥远的过去开放，另一个是向着遥远的未来开放。

（四）共产主义社会内部可能包含多个社会形态

法国思想家傅立叶在批判资本主义文明社会时，论述过社会形态的多样性，并推测出资本主义社会之后会有多个社会形态。他将人类社会分为若干个社会制度，其中三个在资本主义社会之前，也有三个在资本主义社会之后。他写道："文明社会只不过是社会长河中的一段，这难道还不很清楚吗？如果说在它之前存在过蒙昧、宗法、野蛮三个时期，难道就可以因此得出结论，说它是第四个时期也必然是最后一个时期吗？难道就不能产生其他的时期，就不能看到第五、第六、第七个社会制度（它们也许比文明制度幸运一些，但仍属未知数，因为一直没有人去发现它们）的出现吗？"① 恩格斯对傅立叶的历史观点给予高度评价："傅立叶最了不起的地方表现在他对社会历史的看法上。他把社会历史到目前为止的全部历程分为四个发展阶段：蒙昧、野蛮、宗法和文明。最后一个阶段就相当于现在所谓的资产阶级社会。"③ 恩格斯既然称赞过傅立叶对资本主义社会之前的社会阶段划分，那么我们现在也可以称赞其对资本主义社会之后的社会阶段的划分。

毛泽东曾比较集中地论述过共产主义社会的发展问题。他说："资本主义要转变到社会主义，社会主义又要转变到共产主义。共产主义社会还是要转化的，也是有始有终的，一定会分阶段的，不会固定不变的，将来或许要另起个名字。"③ 他还说，共产主义社会中不同的阶段之间应该有部分的质变，而且会有"革命"。他说："从社会主义过渡到共产主

①《傅立叶选集》（第1卷），北京：商务印书馆1979年版，第4页。
②《马克思恩格斯选集》（第3卷），北京：人民出版社2012年版，第784页。
③《毛泽东文集》（第7卷），北京：人民出版社1999年版，第375页。

义是革命，从共产主义的这一个阶段过渡到另一个阶段，也是革命。共产主义一定会有很多的阶段，因此也一定会有很多的革命。”[①]“社会主义一定要向共产主义过渡。过渡到了共产主义的时候，社会主义阶段的一些东西必然是要灭亡的。就是到了共产主义阶段，也还是要发展的。它可能要经过几万个阶段。能够说到了共产主义，就什么都不变了，就一切都‘彻底巩固’下去吗？难道那个时候只有量变而没有不断的部分质变吗？”[②]这些说法很大胆，把质变和革命带进了共产主义社会，对于我们把握共产主义社会发展过程中不同阶段的性质和特点，对于我们确认共产主义社会中将会有若干不同的社会形态，也是有帮助的。如果共产主义社会中不同时期、不同阶段之间有着明显的差别，或者从一个阶段向下一个阶段的发展有着“部分质变”的性质，甚至从一个阶段向下一个更高的阶段的过渡体现了“一种革命”，那么将这些不同性质的社会阶段当作不同的社会形态来加以确认和研究，就是必要的、有道理的。其实，从奴隶社会到封建社会，再到资本主义社会，都是在私有制基础上的质变，也就是说“部分质变”。

如果上述推论和设想能够成立，那么在共产主义社会中划分不同社会形态的依据是什么呢？大体上说，划分的依据首先是生产力和生产关系的发展特别是生产关系的性质，但同时也不排除会有新的划分标准参加进来。

首先，物质生产力和生产关系的发展状况，特别是生产关系的性质。这里所说的性质其实可能主要是不同的公有制形式或实现方式的问题。既然公有制也可以有或必然有不同的形式或实现方式，那么它们就会对整个社会的样态产生影响，并使社会具有相对独立的特点，那么只要它在相当长的时期内保持稳定，它就会成为划分社会形态的主要标准。我国社会主义初级阶段的公有制具有多种实现形式，这我们容易理解，但对于共产主义社会的公有制是否还有实现形式的不同，可能会有疑义。人们还是倾向于认为共产主义社会或高级阶段的共产主义，其所有制形式应该是单一的。这个问题可以继续研究，但至少对于共产主

①《毛泽东文集》(第8卷)，北京：人民出版社1999年版，第108—109页。
② 同上书，第108页。

义社会较早期的社会形态来说，很可能还是存在着公有制不同形式的问题，因而划分的主要标准就是公有制不同的形式。

其次，社会精神生产的状况，特别是精神生产的方式和关系。共产主义社会的物质生产高度发展，已经完全解决了物质财富需求及其可持续性问题，因而物质生产在社会中的地位就会下降。相应地，社会精神生产的重要性凸显出来，并对社会整体产生更大影响。在这样的背景下，社会精神生产的方式和精神生产关系对于划分不同的社会阶段就具有重要意义。

再次，社会治理也可能成为划分不同社会形态的标准。社会治理的问题也是人类社会发展中的一个根本性问题，只要人是社会群体性地存在的，那么在社会中必然会有相应的社会治理。这种治理在阶级社会中表现为阶级统治和阶级压迫，表现为国家机器，共产主义社会虽然不再存在阶级斗争，特定含义的“政治”可能不存在了，但一般性的社会治理应该还是需要的。那么，社会治理的不同方式或形式，也会给社会形态以不同的面貌。国家的存在从一定意义上说也是个社会治理问题，而国家的消亡应该是共产主义社会的重要特征。但是，从共产主义社会的现实过程看，也并不是等到国家都消亡了之后才进入到共产主义。因此，很可能出现的情况是，在共产主义社会的较早的社会形态中会有国家存在，或者原有的国家痕迹未能完成消除。因而，国家的消亡有可能是在共产主义社会自身发展过程中实现的，至于在哪个阶段实现，这一点还不知道。但是，从有国家存在的共产主义，到国家消亡后的共产主义，应该是一个颇大的阶段划分，因而很可能是不同的社会形态划分的一个界限。

最后，个人的发展也能够成为划分社会形态的标准。社会发展与人的发展是相互联系的。人的发展也是有阶段性的，它当然是随着社会的发展特别是社会生产力、生产关系和社会治理的发展而变化的，但它在共产主义社会中可能会越来越突出，越来越成为一种可以用它来衡量社会发展程度的标准，也许在共产主义社会发展到一定区间时成为划分不同的社会形态或社会阶段的主要标准。事实上，马克思在《1857—1858年经济学手稿》中提出的关于人的发展“三形态”的观点，已经把个人的发展作为划分社会形态的主要标准了。

总的来说，我们通常所说的共产主义社会中的若干特征，未必是自始至终都并存于共产主义社会全过程，而很可能是分布于不同的历史阶段或社会形态中。进而，每一个基本特征，从其不具备到具备，或从其存在到不存在，都可能成为重大的阶段划分的界限，从而成为社会形态划分的主要标志。在共产主义社会基本特征的问题上，逻辑的同时性是在历史的过程中实现和体现的。

（五）社会主义社会是共产主义社会中的第一个社会形态

如果我们确立起本文所说的解释框架，就很容易确认社会主义社会的历史方位：社会主义社会是一个相对独立的社会形态，或更确切地说，是共产主义社会中的第一个社会形态。

长期以来，关于社会主义社会的历史方位，人们存在许多困惑，并引起许多不同的理解。传统的解释尽管有不同的说法，但都认为社会主义社会不是一个独立的社会形态。我们一度认为社会主义社会是从资本主义社会向共产主义社会的过渡期（即“大过渡”理论），因而认为它不会是很漫长的历史时期，也不会是自身长期稳定的社会，而应该是一个处于转变中的并不太长的历史时期。这样的看法被后来的社会主义建设的实践证明是不合适的，因为它取消了社会主义社会本身的稳定性，取消了这个社会的长期存在。这对于正确认识特别是科学地建设社会主义是很不利的。所以，我们现在放弃这种看法，把社会主义社会看作是共产主义社会的初级阶段。但是，社会主义社会作为共产主义社会的初级阶段也应该有其自身的规定性和稳定性，有其存在的长期性。

邓小平在 1953 年曾论述过社会主义时期的长期性和独立性，指出：“对社会主义这个历史时期，赫鲁晓夫看得很短，我们认为应该是很长的。在一个国家内可以建设社会主义是肯定的，但在一个国家内建设共产主义是否可能？赫鲁晓夫说生产水平赶上美国就可以达到共产主义。按照马列主义的原则，最终要消灭三个差别：工业和农业的差别，体力劳动和脑力劳动的差别，城市和乡村的差别。这些差别没有消灭，怎么能进入共产主义？看来社会主义是一个独立的很长的时期，这不仅因为有国内因素，还有国际因素。”[①] 当然，后来我们没能坚持这个观点，出现了“跑步进入共产主义”的超越发展阶段的错误。在改革开放新时期，邓小平又强调说：巩固和发展社会主义需要几代、十几代甚至几十代人的共同努力。据说党内有同志建议删去“几十代”的说法，因为那样似乎显得社会主义社会时期太久，会让人对未来理想失去信心。但是，邓小平没有删，而是坚持这一表述。这就说明，邓小平是着力确认社会主义社会自身存在的长期性，让人做好长期努力的准备。而当社会主义社会有自身的规定性和长期性时，就开始具备了作为一个相对独立的社会形态的特征。因而在理论上跨出一步，确认社会主义社会作为相对独立的社会形态的意义，就为我们长期坚持社会主义道路，建设社会主义社会开辟了更大的历史空间。总结社会主义运动的经验，在向未来前进的时候，要稳扎稳打，做好长期建设社会主义的准备，而不急于向共产主义社会，或向更高的阶段过渡。

在社会主义社会是共产主义社会初级阶段论断的基础上，学术界已经有人提出并试图论证社会主义社会作为一个相对独立的社会形态。靳辉明先生提出并论证了“社会主义社会是一种独特的社会形态”，指出：社会主义社会“是相对独立于共产主义社会的一种社会形态。把社会主义社会作为一种独特的社会形态进行考察，不仅因为它是一个漫长的历史阶段，而且因为它本身具有不同于其他社会形态的质的规定性”[②]。“社会主义社会形态，既根本区别于资本主义社会形态，又不同于共产主义社会形态，不仅是一个很长的历史时期，而且具有自己的质的规定性，是基于生产资料公有制之上的具有相对独立性的一种社会形态。”他进一步指出：“今后的人类历史，可能还会经历若干个社会形态，而社会主义社会形态，则是人类社会摆脱私有制、摆脱阶级压迫以后的最初的社会形态。”[③]

在确认社会主义社会是一个独立的社会形态之后，因为逻辑上的关

①《邓小平文集（1949—1974 年）》（下卷），北京：人民出版社 2014 年版，第 154 页。

② 靳辉明：《论社会主义社会是一个独特的社会形态》，载《靳辉明自选集》，北京：学习出版社 2008 年版，第 234 页。

③ 同上书，第 237—238 页。

系，会出现理论上的连锁反应。首先，需要调整的是它与共产主义社会形态的关系。一种办法是把它们并列起来，作为前后相继的两个社会形态。这样的话，社会演进的“五形态”就变成了“六形态”。这可以说是对经典作家社会形态理论的一个重大的改进，也是一个重大变动。而本文采取的是另一种解决方案，即把共产主义社会理解为复合的社会形态，其中包括一系列有待展开的社会形态，而社会主义社会则是其中的第一个社会形态。这样一种解释框架的确立，既维持了原有“五形态”的经典表述，又对其作出了新的解释。

（六）社会主义社会向未来社会的过渡问题

在用本文框架来解释现实中的社会主义时，还需要做适当调整。因为现实中的社会主义是在经济文化相对落后的地方出现的，由于受这些条件的限制，其社会主义社会形态是不纯粹、不典型的，其中包含了一些过渡时期性质的内容，甚至是补课性质的内容。中国的社会主义初级阶段就是如此，在这种情况下，我们不好说现在的一些做法体现了社会主义社会形态的典型特征。但是，不论怎样，从性质上讲，我们搞的是社会主义，而不是资本主义或别的什么主义，因而大体上是适用于社会主义社会形态的解释框架的。随着中国特色社会主义事业的日益发展，特别是随着我们以后走出社会主义初级阶段，中国社会主义就更加符合社会主义社会形态的特征。

中国的“社会主义初级阶段”是中国共产党人根据中国实际国情而做的理论设计，它只是面向中国的，尽管它对于其他经济文化相对落后国家建设社会主义具有参考价值，但它本质上是中国自己的理论，而不是为世界社会主义提供一个统一的理论解释。从确立这个理论以来，我们党一直强调这个阶段的长期性，一直强调我国社会主义初级阶段的基本国情没有变，甚至在中共十九大提出我国社会的主要矛盾发生了变化，中国特色社会主义进入新时代的情况下，仍然强调“我国仍处于并将长期处于社会主义初级阶段的基本国情没有变”，而只是将主要矛盾的变化和进入新时代解释为社会主义初级阶段这个长过程中的阶段性变化或部分质变。但是，中国的社会主义不可能永远处在初级阶段，而必然会在未来某个时期走出初级阶段而进入更高的发展阶段。这个更高的阶段，根据列宁关于未来社会发展阶段三阶段设想和我们中国人建设社会主义的经验，应该是社会主义中级阶段。在社会主义中级阶段之后，才是高级阶段。

社会主义社会发展的最终目的，并不是自身的成熟和完善，而是进入共产主义社会。根据以往我们的理解，社会主义社会向共产主义社会过渡，就是进入共产主义高级阶段，即最典型的共产主义社会。完成了这个过渡，就意味着实现了共产主义，意味着共产主义远大理想和最终目标已经变为现实。显然，这是一个高标准的过渡，也是一个最终性质的过渡。正因为如此，我们党提出社会主义社会只有在“充分发展和高度发达的基础上”才能向共产主义社会过渡。那么，什么是“充分发展和高度发达”呢？这是两个有很大弹性的理论概念，可以有不同的指标性描述，但我们更应该将它们看作是一种性质上的界定，从它们的最高限度上去理解它。也就是说，只有当社会主义的发展程度确实已经达到了即将进入共产主义最高阶段的时候，才可以说是“充分发展”和“高度发达”了。这样，我们从理论上可以预料，我们党决不会轻易地断言我们的社会主义实现了“充分发展和高度发达”，而且即使将来社会主义已经得到了充分的发展，并确定了某个向共产主义过渡的时刻，那么，也很可能会根据新的现实需要而在理论设计上向后退却，重新拉开与最终实现共产主义的距离，因为在这里已经没有了理论上的回旋余地。

但是，根据本文所提供的理论解释框架，社会主义社会在未来向共产主义的过渡，其实是向共产主义社会的第二个社会形态过渡。它不是最终的过渡，因为还有从第二个社会形态向第三个社会形态过渡，等等。至于第二个社会形态是什么，我们不得而知，但可以设想它还不是共产主义的最终形态。因而，我们在社会主义时间跨度问题上，在向共产主义社会过渡的问题上，就有了理论上的回旋余地，而减少了过渡正在迫近的压力，从而就能够更从容自如地面对和处理社会主义发展中的问题了。

人们很容易想到，这样的理论模型和解释框架也有弊端，就是把共产主义社会看得太实，并拉得太长了，容易造成人们对共产主义远大理想的松懈，甚至失去信心。这当然是有可能的，我不能凭空抽象地排除这种弊端存在的可能性。事实上，理想与现实之间本来就是有矛盾的，它们遵循着不同的逻辑。理想信念的建构与实际行程的规划有着不相同的甚至相反的思路。理想信念的建构属于主观性话语，因而需要语言表述上“虚”一点，更有感情色彩和想象空间，需要简化掉一些历史行程的具体环节，并把最终理想的实现说得更近一些，这样便于激发人们的信仰热情和追求动力；而行程规划特别是带有政策性的行程设计则属于客观性话语，因而描述要“实”，要去掉感情和想象的光晕，使实际行程真实地显现出来，而且要考虑每一个具体的环节，不能把最终理想实现的时刻说得太近。只要最后的时刻没有真实地到来，我们在理论上就不要把它提前，而是要与那个最后的时刻拉开一点距离，以便为实际行动保留回旋余地和战略主动性。其实，我们党之所以一直强调社会主义初级阶段没有变，也是出于同样的考虑，目的是预留政策空间，以免陷入政策制定上的被动。

我们不能排除理想与现实的矛盾，也无法回避坚定未来理想的需要与从实际情况出发的现实要求之间的矛盾，而只能正视这种矛盾的存在，以积极而正面的态度去认识和处理。要看到矛盾双方的同一性，努力寻找双方兼顾的平衡点。矛盾双方的态势总会有一定的平衡点，找到了这个点就能实现二者的结合和具体统一。任何一个时期的最准确的理论模型和解释模式，都应该是建立在这个平衡点上的，从而使不同立场和角度的人们都大体上能够接受，达到思想理论上的共识和认同。当然，这个平衡点的位置不是固定的，而是随着主客观条件的变化和矛盾双方的力量消长变化的。因此，我们可以有时候更加强调理想的方面，而有的时候则需要更加强调现实的方面，并使二者保持一定的张力。最后，我们更应该看到，共产主义理想不是宗教性信仰，而是理性信仰，它是能够也应该建立在对历史和未来的理性分析基础之上的。

（原文发表于《中国人民大学学报》2018 年第 2 期）

二

科学社会主义基本原理的理论概括与内涵阐释

科学社会主义是马克思主义理论体系的重要组成部分，是一个相对完整的理论系统，包括一系列相互联系的基本原理。坚持科学社会主义基本原理，是社会主义事业发展的必然要求。根据经典作家的相关论述，特别是根据社会主义运动的历史经验，以及考虑到中国特色社会主义事业发展的现实需要，大体上可以将科学社会主义基本原理概括为六个方面。

（一）关于社会主义的根本目的与核心价值的原理

这一原理是对社会主义运动的目的意义、价值立场、理想追求的概括和总结。这一原理科学回答了社会主义运动的正义性和合法性问题，解答了“什么是社会主义、为什么要追求社会主义”的问题。

社会主义的根本目的就是为人民谋幸福、为人类谋解放。这是社会主义运动的初心和使命，也是共产党人的初心和使命。要正确理解社会主义“为人民谋幸福、为人类谋解放”的根本目的。这里的“人民”“人类”不是抽象的，而是指以无产阶级为代表的最广大的人民群众。社会主义是无产阶级求解放的运动，也是无产阶级带领人民群众求解放的运动，还是最终实现全人类解放的运动。在这里，阶级性与人民性、阶级性与人类性是统一的。同时，这里的“谋幸福”和“谋解放”也不是抽象的，它既是仁人志士救民于水火的奋斗，也是人民群众争取实现自身利益和解放的斗争；既是对剥削、压迫和奴役的反抗，也是对自由、公正和美好生活的追求。

社会主义的根本目的表现在奋斗目标上，就是共产主义远大理想。共产主义理想是广大人民群众根本利益和美好向往的集中体现，是无产阶级解放和全人类解放的集中体现。这个远大理想之所以值得追求，就是因为它是人民解放、发展和幸福的真正归宿。也正因为如此，共产主义社会才被人们看作人类最美好的社会。社会主义的根本目的表现在人们的价值立场和价值追求上，就是社会主义的核心价值。社会主义的核心价值具有丰富的内容和多方面的表现，概括起来就是“追求人的全面发展，追求社会公平正义”。从个人维度上看，社会主义的核心价值就是人的自由而全面的发展，这也是马克思主义的崇高价值追求。人的幸福离不开物质条件上的满足，但不能归结于这一满足，而应有更高的追求。马克思主义追求人的自由而全面的发展，事实上是在更高层次上对人生幸福的界定。从社会维度上看，社会主义的核心价值就是实现社会的公平正义。在革命时期，这种对公平正义的追求表现为对不公平不正义的反抗斗争，即对人身奴役、经济剥削和政治压迫的反抗斗争。在建设时期，这种价值追求表现为实现好维护好发展好人民群众的根本利益，为实现人民群众对美好生活的向往而奋斗。

社会主义的核心价值是我们概括和提炼社会主义核心价值观的基本依据。核心价值是客观属性，而核心价值观则是对这种属性的认识和概括。站在全人类的高度，对世界社会主义共同的核心价值观作出概括，是一个长期的任务和过程。在这个过程中，每个国家的共产党人都可以根据自己的需要和实际，作出必要的理论概括。在当代中国，我们党从我国社会主义初级阶段的实际出发，形成了以倡导富强、民主、文明、和谐，倡导自由、平等、公正、法治，倡导爱国、敬业、诚信、友善为主要内容的社会主义核心价值观。培育和践行社会主义核心价值观，是科学社会主义理论教育的重要内容。

（二）关于社会主义的历史必然性与历史条件性的原理

这一原理是对社会主义的科学基础和合规律性本质的概括和总结。这一原理科学回答了社会主义的未来走向和前途命运问题，解答了“社会主义能否取得胜利、何时才能取得胜利”的根本问题。这一原理是科学社会主义的核心原理，是社会主义理想信念确立的基本依据。

社会主义运动是合规律性与合目的性的统一。从理论上分析，社会主义运动具有双重属性，一方面，它是一个客观进程，符合历史发展的客观规律；另一方面，它是一个人民主体的事业，具有自身的目的和价值追求。这两个方面缺一不可，忽视哪个方面都是不正确的，更重要的是这两个方面是内在统一的。对于这两个方面，既看到二者的区别，更要看到二者的联系，善于运用唯物辩证法的原理，辩证地把握二者的有机统一。

社会主义的兴起和走向胜利具有历史的必然性。马克思、恩格斯在《共产党宣言》中提出并论证了“资产阶级的灭亡和无产阶级的胜利是同样不可避免的”①，即“两个必然”。“两个必然”的思想既不是出自痛恨资本主义的道德义愤，也不是源于向往未来共产主义的善良愿望，而是基于对资本主义运动规律的科学认识。马克思、恩格斯运用历史唯物主义基本原理，通过对资本主义生产方式和经济运动规律的分析，通过对资产阶级和无产阶级斗争过程的分析，深刻揭示了资本主义必然灭亡和社会主义必然胜利的历史发展趋势。

社会主义胜利的实现需要一定的历史条件。经典作家不仅揭示了历史发展的规律，而且揭示了这些规律实现的客观条件。马克思在1859年《〈政治经济学批判〉序言》中提出：“无论哪一个社会形态，在它所能容纳的全部生产力发挥出来以前，是决不会灭亡的；而新的更高的生产关系，在它的物质存在条件在旧社会的胎胞里成熟以前，是决不会出现的。”② 人们通常把这一重要思想简称为“两个决不会”，并把它与“两个必然”联系起来考察。如果说，“两个必然”揭示了社会主义代替资本主义的客观性和必然性，那么“两个决不会”则强调了社会主义代替资本主义的条件性和长期性，二者是辩证统一的，它们共同揭示了社会主义代替资本主义的历史规律。

我们要全面理解和准确把握社会主义代替资本主义的问题。在面对“两个决不会”时，千万不要忘记“两个必然”，否则就会动摇社会主义必胜的信念，从而丧失根本、迷失方向；在坚信“两个必然”时，千万不要忽略了“两个决不会”，否则就可能脱离客观实际，犯急躁冒进的

①《马克思恩格斯选集》（第1卷），北京：人民出版社2012年版，第413页。

②《马克思恩格斯选集》（第2卷），北京：人民出版社2012年版，第3页。

错误。

（三）关于无产阶级历史使命与无产阶级政党领导作用的原理

这一原理是对社会主义运动的阶级基础和领导力量的概括和总结。这一原理科学回答了“谁是社会主义事业的依靠力量、谁能领导社会主义取得胜利”的重大问题。

社会主义运动需要并具有自己的阶级基础，这是使社会主义运动蓬勃兴起和走向胜利的重要基础。社会主义最初是少数仁人志士的追求，但是依靠这少数人是不可能兴起宏大的社会主义运动的。马克思、恩格斯为社会主义找到了自己的依靠力量，这就是现代无产阶级，即不占有生产资料而靠出卖劳动力为生的工人阶级，从而实现了社会主义思潮与工人运动的结合，形成了轰轰烈烈的社会主义运动。

无产阶级之所以能够成为社会主义的阶级基础和依靠力量，是由这个阶级的性质决定的。现代无产阶级是随着西方产业革命和大工业的兴起而产生的，它与先进的生产方式相联系，是先进生产力的代表，也具有很强的组织纪律性。同时，这个阶级受着资产阶级残酷的经济剥削和政治压迫，处于社会底层，是最有革命意识和反抗斗志的阶级。而且由于这个阶级通常生活在大城市并受到现代工业组织的训练，因而具有开阔的眼界和强大的组织力量。马克思、恩格斯正是在分析无产阶级社会经济地位和阶级特性的基础上，提出了无产阶级历史使命的学说，作出了无产阶级是资本主义掘墓人和共产主义建设者的科学论断。

无产阶级要实现自己推翻资本主义和实现共产主义的历史使命，就必须与农民结成同盟，并与其他革命阶级和阶层形成革命的统一战线。工农联盟是无产阶级完成历史使命的必要条件之一。农民受着多重压迫和剥削，具有很强的革命性，是无产阶级进行革命的天然同盟者。小资产阶级也是革命的重要力量。在这个广泛的革命统一战线中，无产阶级是领导阶级，始终发挥着引领的作用。

无产阶级反抗资产阶级的斗争要从自发走向自觉并取得最终胜利，必须建立起无产阶级自己的革命政党。马克思指出：“无产阶级在反对有产阶级联合力量的斗争中，只有把自身组织成为与有产阶级建立的一切旧政党不同的、相对立的政党，才能作为一个阶级来行动。为保证社会革命获得胜利和实现革命的最高目标——消灭阶级，无产阶级这样组织成为政党是必要的。”①

无产阶级政党具有先进性，它是无产阶级的先进部队和先锋队组织，是以科学理论武装起来的政党，作为无产阶级自觉斗争的启迪者和组织者，“在理论方面，他们胜过其余无产阶级群众的地方在于他们了解无产阶级运动的条件、进程和一般结果”②。无产阶级政党具有统一的纲领和严格的组织纪律。马克思、恩格斯亲自制定了无产阶级政党的第一个科学纲领《共产党宣言》，并强调无产阶级政党既要充分发扬民主，又要有严格的组织纪律，以保持党在思想上和政治上的高度一致。这一民主集中制的原则，使无产阶级政党成为任何其他政党都不能比拟的强大组织力量。在社会主义运动的全过程中，都必须坚持和发挥无产阶级政党的领导作用，这是社会主义运动取得胜利的根本保证。

（四）关于无产阶级革命与无产阶级专政的原理

这一原理是对社会主义实现路径和根本保障的概括和总结。这一原理科学回答了资本主义向社会主义转变的现实路径的问题，回答了无产阶级如何实现自身历史使命的问题。

无产阶级从它产生的那一天起就开始了反对资产阶级的斗争，这一斗争的最高形式是无产阶级革命。无产阶级革命是解决资本主义基本矛盾的决定性手段，是推动资本主义向社会主义转变的强大动力和杠杆。无产阶级革命的根本问题是国家政权问题。无产阶级革命既可以在先进资本主义国家率先发生并取得胜利，也可以在经济文化相对落后国家率先发生并取得胜利；既可以是许多国家大体上同时发生并共同取得胜利，也可以是某个或几个国家首先发生并取得胜利。这是由历史规律及其作用的复杂性决定的。

暴力革命是无产阶级革命斗争的一般形式。暴力是每一个孕育着新

①《马克思恩格斯选集》（第3卷），北京：人民出版社2012年版，第173—174页。
②《马克思恩格斯选集》（第1卷），北京：人民出版社2012年版，第413页。

社会的旧社会的助产婆。马克思、恩格斯在《共产党宣言》中指出：工人阶级的目的“只有用暴力推翻全部现存的社会制度才能达到”[①]。后来，他们又多次强调这一点。无产阶级之所以要诉诸暴力革命，并不是因为无产阶级偏爱暴力，而是因为无产阶级面对着反革命的暴力。一切反动统治阶级，总是首先采用暴力手段来镇压被剥削被压迫者的反抗。在这样的情况下，无产阶级当然只能使用革命的暴力。

马克思主义创始人强调暴力革命是一般规律，但他们从来不否认特定情况下和平夺取政权的可能性。马克思指出，我们从来没有断言，为了达到这一目的，到处都应该采取同样的手段，我们知道必须考虑到各国的制度、风俗和传统；我们也不否认，有些国家，像美国、英国，也许还可以加上荷兰，工人可能用和平手段达到自己的目的。马克思主义创始人虽然不反对特殊情况下和平夺取政权的可能性，但是反对放弃暴力的纯粹议会道路和合法斗争。在他们看来，越是有暴力革命做后盾，和平夺取政权的可能性就越大。在无产阶级夺取政权的方式上，必须反对完全寄希望于和平夺取政权的幼稚想法。

无产阶级取得革命胜利后，不应简单地掌握现成的国家机器，并用它来达到自己的目的。这是因为历来的国家机器都是压迫人民的工具，并不能自动成为服务人民的工具。因此，胜利了的无产阶级必须打碎旧的国家机器，根据人民主权的原则建立起新的政权和国家制度，并利用无产阶级专政的国家政权来巩固革命成果并改造旧社会，实现向新社会的过渡。

在过渡时期结束并进入新社会之后，无产阶级专政的国家仍然不会消亡。这是因为：首先，这时建立起来的新社会，还不是高级阶段的即典型的共产主义社会，而只是作为共产主义初级阶段的社会主义社会，还带有它脱胎而来的旧社会的痕迹，阶级斗争也还在一定范围内存在。其次，无产阶级及其政党还需要利用国家的力量来实现对全社会的领导，大规模组织国家建设，推进社会全面进步。而无产阶级专政就是社会主义国家的国体，放弃了这个国体就意味着改变了社会主义国家的性

①《马克思恩格斯选集》（第1卷），北京：人民出版社2012年版，第435页。

质。再次，社会主义国家在一定时期还需要防御资本主义和帝国主义国家的外来入侵，因为最先取得社会主义革命胜利的还只是少数甚至个别的国家。最后，从现实中社会主义国家生存与发展的实际情况看，放弃无产阶级专政的国家政权是不可想象的。

在社会主义国家，无产阶级专政的历史任务主要是：镇压剥削阶级的反抗，巩固工人阶级政权和人民当家作主的地位；废除资本主义私有制，建立生产资料公有制，消灭剥削制度和剥削阶级；组织农民并把他们吸引到社会主义方面来；解放和发展生产力，组织领导国家的经济建设和社会全面进步；抵御外来入侵，捍卫人民利益和社会主义成果。

无产阶级专政是无产阶级的民主政治制度，是对无产阶级和广大人民群众实行民主和对敌对势力、敌对分子实行专政的统一。无产阶级专政是新型的国家政权，广泛而真实的人民民主是其中应有之义。随着社会主义社会的发展，人民民主更加广泛，无产阶级专政的民主属性更为突出。最后，随着社会主义社会高度发展和向未来共产主义社会过渡，无产阶级专政的国家将走向消亡，人类将进入没有阶级和国家的社会。

无产阶级专政在不同的国家可以有不同的特色和实现形式，这是由各国的国情和各国共产党人革命斗争的历史特点所决定的。中国共产党人在领导人民进行新民主主义革命、社会主义革命和建设的过程中，把马克思主义关于无产阶级专政的基本原理与中国实际相结合，创造性地提出了人民民主专政的理论，并把人民民主专政确立为社会主义中国的国体。人民民主专政实质上是无产阶级专政。

（五）关于社会主义社会的本质特征与建设规律的原理

这一原理是对社会主义社会的本质属性、基本特征以及建设规律和发展道路的概括和总结。这一原理科学回答了“什么是社会主义社会、怎样建设社会主义社会”的问题。

马克思、恩格斯根据当时所处的历史条件，以在发达资本主义基础上建立的社会主义为前提，设想了共产主义社会的第一阶段具有的基本特征。马克思、恩格斯的论断，对我们认识“什么是社会主义”具有重要的指导意义。列宁在总结社会主义实践经验的基础上，对于社会主义的基本特征有了进一步的认识。中国共产党人在探索社会主义建设道路的进程中，对“什么是社会主义、怎样建设社会主义”的问题作了深入的思考，形成了新的认识。特别是邓小平从解放生产力与发展生产力的统一中，从生产力与生产关系的统一中，从现实任务与奋斗目标的统一中，对社会主义的根本性质作了科学的概括，他指出：“社会主义的本质，是解放生产力，发展生产力，消灭剥削，消除两极分化，最终达到共同富裕。”[①] 这一科学认识，为当代中国共产党人进一步探索社会主义的本质属性和建设规律奠定了坚实的理论基础。

根据马克思主义经典作家的有关论述以及社会主义国家特别是中国特色社会主义的实践经验，可以对社会主义的本质特征作如下概括：一是解放和发展社会生产力，创造高于资本主义的劳动生产率；二是逐步消灭剥削，消除两极分化，最终达到共同富裕；三是坚持无产阶级政党领导，建立和巩固工人阶级和劳动人民的政权，发展社会主义民主政治；四是以马克思主义为指导，大力发展社会主义先进文化；五是提高无产阶级政党执政能力，不断完善社会治理，努力实现社会和谐；六是坚持合乎自然规律地利用和改造自然，追求人与自然的和谐共生。

社会主义社会的这些本质特征，从一定意义上来说也就是社会主义建设规律的基本要求。我们可以通过这些特征来把握社会主义社会的本质，也可以通过这些基本要求来把握社会主义建设规律。

（六）关于共产主义社会基本特征与共产主义远大理想的原理

这一原理是对未来理想社会的历史定位、基本特征和实现必然性的概括和总结，也是对共产党人坚定共产主义远大理想的理论基础和实践要求的概括和总结。这一原理科学回答了“什么是共产主义、怎样实现共产主义”的问题，回答了“什么是共产主义远大理想、怎样坚定共产主义远大理想”的问题。

在马克思主义经典作家的理论视野中，共产主义社会是一个未来

①《邓小平文选》（第3卷），北京：人民出版社1993年版，第373页。

的社会形态，对其基本特征的描述属于科学预见的范畴。在社会主义国家建立之后，虽然从理论上讲社会主义社会作为共产主义社会的初级阶段，也属于共产主义社会范畴，而且在社会主义社会中已经有不断增长着的共产主义因素，但是由于现实中的社会主义是在经济文化相对落后的国家先建立起来的，与共产主义社会高级阶段有着巨大的差异，因而在社会主义社会的基础上，对共产主义社会的认识仍然属于未来预见的范畴。这就决定了我们对共产主义社会的认识，不是对既定的现成事物的反映，而是对未来前景的预见。

预见未来理想社会必须坚持科学的方法论原则。要坚持在揭示人类社会发展一般规律的基础上指明社会发展方向的原则，把历史规律作为预见未来的根本依据；坚持在剖析资本主义旧世界的过程中阐发未来新世界特点的原则，在批判旧世界中发现新世界；坚持在社会主义社会发展中不断深化对未来共产主义社会认识的原则，从社会主义实践发展中吸取灵感和启示；坚持立足于揭示未来社会的一般特征，而不作详尽的细节描绘的原则，把未来的具体情况留给未来的实践去揭示。

我们可以从三个方面去把握共产主义社会的基本特征。一是共产主义社会实现了物质财富的极大丰富和充分涌流，从而可以从容解决人类社会长期以来消费资料的匮乏问题，在更高程度上按照人的需要分配生活资料。二是由于不再存在阶级斗争和利益冲突，国家机器即将消亡，社会管理不再具有压迫属性，工农之间、城乡之间、脑体之间的三大差别归于消失，人们的精神境界得到极大提高，社会呈现出高度和谐的状态。三是由于社会的全面进步和高度文明，每个人都有机会实现自身价值，得到自由而全面的发展，从而结束了数千年来人类社会靠牺牲一部分人而使另一部分人得到发展的历史，人类从此开始自觉创造自己的历史。

共产主义社会的实现具有历史必然性，这是由社会基本矛盾运动所决定的，也是人民群众创造历史自觉性不断提高的结果。生产力与生产关系、经济基础与上层建筑的矛盾贯穿人类全部历史，推动着社会不断向前发展，也推动着资本主义向社会主义和共产主义转变。这是不以人的意志为转移的客观规律和客观进程。同时，历史规律的实现离不开人们的活动，特别是离不开人们自觉推动历史前进的活动。无产阶级政党领导广大人民群众，不断探索和掌握历史规律，不断提高推进社会主义事业的自觉性，这也是共产主义社会必然实现的应有之义。

共产主义社会在实现之前，作为人们的理想目标而存在。由于共产主义理想代表了人类发展最进步的状态，也由于在全世界实现共产主义还是一个漫长的历史过程，因而人们通常将其称为“远大理想”。一切共产党人和先进分子，都应该坚定共产主义远大理想，为最终实现远大理想而不懈奋斗。同时，追求远大理想的过程，也是逐步实现阶段性理想的过程，要把远大理想和阶段性理想结合起来。

（原文发表于《科学社会主义》2018 年第 3 期）

三

论我国社会主义初级阶段的历史跨度

党的十九大宣告中国特色社会主义进入了新时代，确定了我国发展新的历史方位，并提出我国社会主要矛盾发生了关系全局的历史性变化，进而规划了未来两步走的新战略步骤。这些都是非常重要同时也需要深入阐释的重大理论观点，而为了深入理解和阐释这些重大理论观点和判断，就必须探讨用以支撑这些理论观点和政治判断的社会主义初级阶段理论，特别是对社会主义初级阶段的历史跨度问题进行研究。

（一）弄清社会主义初级阶段的历史跨度的重要性

社会主义初级阶段问题是关系中国特色社会主义的合法基础、历史进程和前途命运的重大问题，社会主义初级阶段理论是在中国特色社会主义理论中占据基础地位并发挥导向作用的重要内容。社会主义初级阶段理论内容十分丰富，涉及问题也很多。其中，历史跨度即时间长短的问题是一个突出问题。其实，这个问题本来是社会主义初级阶段的题中应有之义，它最初只是一个比较抽象而且并不迫切的问题，但当中国特色社会主义进入改革开放不断推向深入的时候，当中国特色社会主义进入新时代的时候，特别是当党的十九大开始对我国发展进行新的历史定位的时候，它就成为一个比较迫切的理论问题，并受到人们的关注。现在，有必要集中探讨一下社会主义初级阶段的时间长短即历史跨度的问题。

首先，社会主义初级阶段是中国特色社会主义的总依据，弄清社会主义初级阶段的历史跨度，是整体把握中国特色社会主义历史进程的必然要求。社会主义初级阶段理论是我们党的伟大创造，在马克思主义经典著作和社会主义传统理论中并不存在。这个理论是根据我国的实际国情提出来的，因为我们是在经济文化相对落后的东方大国取得了革命胜利，从半殖民地半封建社会经过新民主主义性质的过渡时期，进入了社会主义社会。这就与传统的历史定位不相同，需要根据自己的国情确定自己的历史方位。社会主义初级阶段理论的提出，对中国的国情作了明确界定，奠定了中国特色社会主义的理论基础，成为中国特色社会主义的总依据。社会主义初级阶段是当代中国最大的国情，是我们党制定路线方针政策的根本立足点和基本出发点。学术理论界对于初级阶段已经有不少研究，但以往所关注的主要还是初级阶段的性质、作用和要求，对于它的时间跨度究竟多大，其持续的时间究竟会有多长，以及初级阶段内部是否可以和有必要进行具体分期等问题，关注还不够。但这些问题是初级阶段理论必须要回答的问题，不然我们对中国特色社会主义的整体把握就会存在局限性。

其次，弄清社会主义初级阶段的历史跨度，是当前准确把握中国特色社会主义新时代和我国社会主要矛盾新变化的迫切需要。党的十九大指出，中国特色社会主义进入了新时代，我国社会的主要矛盾从“人民日益增长的物质文化需要同落后的社会生产之间的矛盾”转变为“人民日益增长的美好生活需要和不平衡不充分的发展之间的矛盾”。这是一个重大的政治判断和理论创新，需要全面正确地加以把握。为此，十九大报告在表述了社会主要矛盾的变化后，明确提出了两个“必须认识到”：一方面，必须认识到我国社会主要矛盾的变化是关系全局的历史性变化，对党和国家工作提出了许多新要求；另一方面，必须认识到我国社会主要矛盾的变化，没有改变我们对我国社会主义所处历史阶段的判断，我国仍处于并将长期处于社会主义初级阶段的基本国情没有变，我国是世界最大发展中国家的国际地位没有变。这样，就从社会主要矛盾问题引向了社会主义初级阶段问题。这表明，要想弄清中国特色社会主义新时代的历史方位，准确把握我国社会主要矛盾的新变化，就必须深化对社会主义初级阶段历史跨度的认识。而且，进一步说，这一问题不仅关系到学习领会十九大精神，而且也关系到今后将制定和采取的政策和步骤。

最后，弄清社会主义初级阶段的历史跨度，有助于丰富和发展科学社会主义关于社会主义社会发展阶段的理论。社会主义社会发展阶段问题，特别是关于社会主义社会起始阶段的问题，是科学社会主义理论体系中的重要内容。虽然在马克思主义经典作家那里并没有社会主义初级阶段的观点和论述，但有相应的方法论指导。马克思在《哥达纲领批判》中曾提到未来共产主义社会的“第一阶段”和“高级阶段”，而“第一阶段”其实就是初级阶段。列宁根据马克思的这一划分，将第一阶段称为“社会主义社会”，将高级阶段称为共产主义社会。在社会主义社会内部，毛泽东曾提出不发达的社会主义和比较发达的社会主义，而所谓不发达的社会主义，其实也相当于初级阶段的社会主义。邓小平明确提出，“社会主义本身是共产主义的初级阶段，而我们中国又处在社会主义的初级阶段”①。这实际上是用“初级阶段”来描绘共产主义和社会主义发展中的起始阶段，使之成为一个重要的理论概念。特别是社会主义初级阶段理论是针对中国是从经济文化相对落后的起点上搞社会主义的这一历史事实而提出来的，反映了中国共产党人对经济文化相对落后国家建设社会主义的理论思考。如果我们在这个问题上作出理论突破和创新，那么就能对科学社会主义作出贡献。因为经济文化相对落后国家建设社会主义，是科学社会主义理论发展中遇到的重大问题，迫切需要作出探索和解答。经过几十年的探索，我们对社会主义初级阶段已经积累了不少新经验和新认识，如果能够在此基础上，把社会主义初级阶段的历史跨度大体上或原则上说清楚，那么就是对社会主义社会的发展阶段问题作出了新的贡献。

（二）社会主义初级阶段的长期性及其依据

社会主义初级阶段具有长期性，这是我们党从提出初级阶段一开始就有的认识，也是这些年来一直所着力强调的。在我们党的文献中，在谈到社会主义初级阶段时，经常使用“长期”“漫长”这样的修饰语，而且还形成了固定的用语：“我国正处于并将长期处于社会主义初级阶段”。十六大以来我们党的历次代表大会都一再重申这样一种判断。这说明，

①《邓小平文选》（第3卷），北京：人民出版社1993年版，第252页。

社会主义初级阶段的长期性是共识。

那么，怎样才算是“长期”？它的历史跨度有多大，持续时间会有多长？这个问题当然不会有具体的数字，但可以有大致的数字范围。从我们党的文件中看，大体说法是至少一百年。在标志着初级阶段理论提出的党的十三大报告中，这样表述它的长期性：我国从20世纪50年代生产资料私有制的社会主义改造基本完成，到社会主义现代化的基本实现，至少需要上百年时间，都属于社会主义初级阶段。党的十四大进一步指出，我国的社会主义初级阶段是一个很漫长的历史阶段，至少要经历一百年。邓小平也明确说过，初级阶段的基本路线要管一百年，动摇不得。这些都是我们对社会主义初级阶段历史跨度的基本认识。

这些认识和结论是怎样得出来的？初级阶段长期性的原因是什么呢？大致说来，主要是由我国半殖民地半封建社会的落后历史起点所决定的。十三大报告指出，因为我们的社会主义是脱胎于半殖民地半封建社会、生产力水平远远落后于发达的资本主义国家的，这就决定了我们必须经历一个很长的初级阶段，去实现许多国家在资本主义条件下完成的工业化和生产的商品化、社会化、现代化。这里涉及两个方面，一是半殖民地半封建的社会，二是十分落后的社会生产力，从这两个方面看，我国的初级阶段都不会是短暂的。同时，这个结论也是我们党总结以往所犯超越历史阶段错误的经验教训的结果。这个历史教训既是我们自己国家的，也是世界社会主义运动的。包括苏联在内的各个社会主义国家，在建设社会主义的过程中都不同程度上存在着超越历史阶段的问题。这些超越社会发展阶段的做法，给社会主义建设和人民生活带来严重损失。因此，基于这方面的历史教训，我们党在判定自己的历史方位时，以及在展望未来发展时，都是着眼于长期性，尽力避免短期行为和急躁冒进；甚至还宁愿把时间说得长一些，认为这样更为主动。

（三）社会主义初级阶段的时间跨度

在中国特色社会主义进入新时代的历史条件下，社会主义初级阶段长期性的问题又一次凸显出来。人们所关心的问题是：为什么在中国经济社会得到长足发展，中国特色社会主义进入新时代，中国社会主要矛盾发生历史性变化的条件下，社会主义初级阶段的基本国情仍然没有改变？社会主义初级阶段时间跨度究竟有多大？到底发展到什么时候，我们党才能宣布社会主义初级阶段结束，为什么？

为此，我们不能满足于以往对于社会主义初级阶段长期性的认识，尤其是不能停留于以往对初级阶段长期性的理论依据的认识，而要结合当今时代和未来发展的新形势，对此作出新的思考，深化对这个问题的认识。

从理论上讲，社会主义初级阶段的长短，是由其历史使命所决定的，即是与其承担的历史任务及其完成情况紧密相关的。只有在完成了所承担的历史任务、从而完成了自己的历史使命时，社会主义初级阶段才会结束。如果重新梳理和思考一下社会主义初级阶段所承担的历史任务，就会发现它本身在悄然发生着变化，也就是说：从最初设想的承担一个历史任务，发展到将来要承担两个历史任务。第一个历史任务，是解决我国社会主义低起点的历史课题，也就是经济文化落后国家搞社会主义需要“实现工业化和生产的商品化、社会化、现代化”的问题，使我国社会主义从“不合格”到“合格”；第二个历史任务，是在完成第一个历史任务之后，从“合格的”社会主义起点上向前走，初步巩固和发展社会主义。社会主义初级阶段的历史跨度，不仅取决于完成第一个历史任务所需要的时间，而且也取决于完成第二个历史任务所需要的时间。总起来说，社会主义初级阶段的历史跨度，主要地取决于接力完成这两个历史任务所需要的时间之和。

社会主义初级阶段理论的提出，是为了解决我国经济文化不发达的问题，特别是经济发展落后的问题。我国没有经历资本主义充分发展的历史阶段，是在半殖民地半封建的基础上，经过新民主主义阶段走上社会主义道路的，经济文化相对落后。这个问题不只是中国的问题，也是社会主义各国所面临的共同问题。这个问题困扰着社会主义运动已经很多年了。彻底解决掉这个问题，是社会主义为自己找到合法性和优越性的前提。

在我国，这个任务是通过提出社会主义初级阶段理论，特别是实行社会主义初级阶段的基本路线来实现的。坚持以经济建设为中心，坚持改革开放，坚持四项基本原则，大力发展社会主义商品经济，建立社会主义市场经济体制，通过“三步走”战略，实现我国社会主义现代化。必须这样做，因为我们的社会主义起点低，还没有站在真正的社会主义起点上，用邓小平的话来说，我们的社会主义还是“不合格”的。因此，我们的首要任务是把经济文化发展的短板补上，找到社会主义的正常起点。当我们完成这个“补短板”任务的时候，就站在“合格”的社会主义的起点上了，以后就不必每每提及自己“经济文化落后”之类了。这将是社会主义社会真正的历史起点。

从中国的实际情况看，这个“补短板”任务的完成，应该是在基本实现现代化的时候。就原来的发展战略目标来说，我国基本实现现代化是在本世纪中叶，也就是说初级阶段的结束最早应在本世纪中叶。习近平指出：“按照现代化建设‘三步走’的战略部署，建设富强民主文明和谐的社会主义现代化国家，是我们党和国家在整个社会主义初级阶段的奋斗目标。”① 既然建设社会主义现代化国家是“整个社会主义初级阶段”的奋斗目标，那么当这个目标在本世纪中叶实现的时候，也就应该是社会主义初级阶段结束之时。

如果按社会主义初级阶段最初的百年设想来说，具体而言是在2056年。社会主义初级阶段从1956年社会主义基本制度确立到2056年，正好是一百年。这个目标应该说与我们第二个百年目标大体重合，略有差异。其实，为了更好地理解初级阶段的一百年时间节点，可以把它的起点从1956年提前到1949年。因为随着新中国的成立，社会主义的国家政权和基本政治制度已经建立，虽然社会主义基本经济制度尚未建立，但新民主主义革命推翻“官僚资本主义”的统治，已经具有社会主义革命性质。而且，看待初级阶段的历史起点，不必过于具体，而要与大的历史节点相一致。这样的话，初级阶段的一百年就与新中国成立的一百年，实现了重合。新中国成立百年之日，也正是百年社会主义初级阶段结束之时。这样，既符合我们党原来对初级阶段历史跨度的设想，又符合中国实现现代化的目标设定。

①《习近平总书记重要讲话文章选编》，北京：中央文献出版社、党建读物出版社2016年版，第12页。

当然，由于中国特色社会主义建设事业的加速发展，特别是由于十八大以来党和国家事业前所未有的迅猛推进，按照十九大报告，我国基本实现现代化的日期提前了 15 年，提前到 2035 年。也就是说，就完成原来设计的第一个历史任务来说，到 2035 年就算完成了。因此，如果往早一点说，那么在 2035 年就可以说社会主义初级阶段结束。而往迟一点说，还是到本世纪中叶，即我们全面实现现代化，建成富强民主文明和谐美丽的社会主义现代化强国的时候，社会主义初级阶段无论如何也该终结了。

但是，从党的十九大对社会主义初级阶段的表态来看，即使到了那个时候，我们党也未必会宣布初级阶段结束。十九大对社会主义初级阶段的表态很值得注意。本来，十九大的节奏是一个加速和加快的节奏，是一个强调新变化的节奏，它宣布了中国特色社会主义进入了新时代，又指出了中国社会主要矛盾发生了关系全局的变化，并把未来的目标实现期提前了，但是在初级阶段的态度上，却丝毫没有松动。其中提出了“三个牢牢”，表达了十分明确的态度：牢牢把握社会主义初级阶段这个基本国情，牢牢立足于社会主义初级阶段这个最大实际，牢牢坚持党在社会主义初级阶段的基本路线。

之所以如此，一方面是我们党对于社会主义初级阶段何时结束还没有形成明确的判断，而在没有形成新判断的情况下当然不能随便改变提法。社会主义初级阶段是我国最大国情，它是我们采取的一切路线方针政策的总依据，因而是不能轻易地去改变这个基本判断的。至少在阶段性特征极其明确地表明这一点之前，在我们党对此深入研究和深思熟虑之前，是不会作出这一变动的。而且，我们党原来就设想初级阶段“至少一百年”，至多呢？没有说。因为是一个大概的估计，而导向就是要说得长一些。同时还要考虑到，“初级阶段”的理论设计，为我们党提供了极大的政策空间，使我们党在制定方针政策时能够立于战略主动的地位，使我们党可以在作决策时完全从实际出发，掌握战略的主动。但如果我们因为自己已经有所发展而轻易地改变和放弃这一基本依据，就等于缩小了我们的决策空间，失去了决策上的战略主动性，容易陷入被动。

但是，我认为，除此之外还有一个更为重要的原因，就是初级阶段在其历史使命上，在第一个历史任务之后，又增加了一个新的历史任务：即站在合格社会主义的起点上，经过一个历史时期的发展，使社会主义制度得到初步巩固和发展。这是真正的“社会主义初级阶段”，是任何一个社会主义社会都必须经历的起始阶段。而相比之下，以完成第一个历史任务即“补短板”任务为历史使命的“社会主义初级阶段”，只是一个特殊的“初级阶段”，只是中国自己的初级阶段。可以说，从2035年到2050年是一个转变时期，即从社会主义初级阶段的第一个历史任务向第二个历史任务转变。

这样，在中国社会主义发展过程中，就出现了两个“初级阶段”，一个是以回头“补短板”为使命的“初级阶段”，二是以在自身基础上向前发展为使命的“初级阶段”。那么，如何处理这两个“初级阶段”的关系？前面那个阶段已经叫“社会主义初级阶段”了，后面这个阶段如果还是这样命名，那就是简单的重复，也会造成理论混乱。但也不能说前面的是“初级阶段Ⅰ”，后面是“初级阶段Ⅱ”。所以，最简便而合理的办法，就是把两个“初级阶段”打通，合在一起，形成一个总的“社会主义初级阶段”。这样，“社会主义初级阶段”实际上随着历史的演进，已经改变或扩大了它的任务范畴，从而也在实际上拉长了它的历史跨度。

社会主义社会，就其正常行程而言，可以划分为初级阶段、中级阶段和高级阶段。其中，初级阶段是社会主义社会在其自身基础上初级的巩固和发展，本身是一个独立的历史时期，也必定是一个比较漫长的历史时期。所以，我们所说的“社会主义初级阶段”本身的终点究竟在哪里，还是有很大空间和余地的，现在也不易推测。

因此，2020年全面建成小康社会，我们党不会宣布初级阶段结束；再过15年，基本实现现代化，也不会宣布初级阶段结束；到2050年实现中华民族伟大复兴，也很可能不会宣布初级阶段结束，但可以也应该对“社会主义初级阶段”作出新的解释，以表明此后开始的是一种新的意义上的“社会主义初级阶段”。这样，新的意义上的“社会主义初级阶段”至少会延伸到21世纪末。最后，当社会主义初级阶段结束之日，就是社会主义中级阶段启动之时。

（四）社会主义初级阶段的历史分期

社会主义初级阶段既然是一个漫长的历史过程，那么它自身内部就是有结构的，就是可以再进行分期的。只有这样，才能既从整体上把握初级阶段的性质和功能，同时又关注到初级阶段在不同时期的新特点。我认为，社会主义初级阶段大体可以分为以下四个时期：

准备期：1949—1956 年，从新中国成立到社会主义基本经济制度的确立。建立社会主义基本的政治与经济制度，巩固社会主义政权，进行生产资料所有制的社会主义改造，实现从新民主主义社会向社会主义社会过渡。为我国后来的社会主义建设，特别是为探索具有中国特色的社会主义建设道路作了准备。虽然是“准备期”，但也不宜简单地把它排斥在“社会主义初级阶段”之外。这既是理论模型完整性的需要，也有其一定的客观原因。

探索期：1956—1978 年，从社会主义改造完成到改革开放之前。这个时期开展了大规模的社会主义建设，实行的是社会主义计划经济体制，在探索社会主义建设道路的过程中走了些弯路。这段时期事实上属于社会主义初级阶段，但在主观意识上并没有意识到这属于“社会主义初级阶段”，更没有从理论上对这一点进行论述和确认。

展开期：1978—2050 年，改革开放时期。在这个时期，我们党开启了改革开放和社会主义现代化建设的新时期，设计了“三步走”的战略目标，开辟了中国特色社会主义道路，并沿着这条正确的道路把中国特色社会主义不断推向前进。可以大体上将这个历史时期分为上半段和下半段，上半段从改革开放启动到党的十八大，下半段从十八大到本世纪中叶。前半段可以称之为“新时期中国特色社会主义”，后半段可称为“新时代中国特色社会主义”。这两个阶段都是在建设和推进中国特色社会主义，但后半段实现了一个历史性跃升。

延伸期：2050—2100 年，这是在实现了社会主义现代化和中华民族伟大复兴之后，继续向前的延伸时期。其目标是巩固和发展中国特色社会主义，走在世界的前列。其实，所谓“延伸期”，是站在今天的立场来说的，而如果站在2050年及其以后的时期来说，则它不是一个简单的“延伸”，而是真正全面地建设社会主义的历史开端，是真正具有时代主体性的一个时期。那时中国社会的建设和发展，不仅在生产力和科技发展上达到世界先进水平，而且就社会关系来说会有更充分的社会主义属性和更多的共产主义因素。那时，关于中国的社会性质的问题，就不会有人轻易地说什么“中国特色资本主义”之类了。

（原文发表于《中国特色社会主义研究》2019年第4期）

四

论中国特色社会主义新时代的历史起点

2017 年 10 月，习近平总书记在中国共产党第十九次全国代表大会上豪迈地宣布："经过长期努力，中国特色社会主义进入了新时代，这是我国发展新的历史方位。"[①] 这不仅是一个重大政治宣示，而且是一个重大理论命题，需要我们不仅从政治上而且从理论上加以理解和阐释。而其中，这个"新时代"的历史起点问题就是很重要的一个理论话题。

（一）弄清新时代历史起点的重要性

搞清楚中国特色社会主义新时代的历史起点，弄明白新时代从哪儿开始，对于正确理解和把握新时代是非常必要的。

首先，弄清新时代到来的历史起点，这是人们理解新时代的题中应有之义。因为新时代也像各种时代一样，是一定的时间段，而这个时间段当然是从一个起点开始的。当我们党宣布新时代到来的时候，宣布进入新时代的时候，这里的"到来"和"进入"本身就意味着时代有它的历史起点。而新时代的起点问题也是人们自然而然遇到和要求得到回答的问题。人们对时代的理解，是从追问起点开始的，他们首先要问的是"新时代从哪儿开始"。特别是对于专家学者来说，他们会追问得更仔细一些，如我们是"即将进入"，或者是"正在进入"，还是"已经进入"了，或者是"早就进入"了。这些追问看起来似乎刁钻古怪、有些无聊，但对学者来说其实也是很自然的。

其次，弄清起点问题对于我们正确理解新时代到来的依据和合理性十分必要。新时代到来的提出，是一个崭新的论断，并引起了强烈反

① 习近平：《决胜全面建成小康社会　夺取新时代中国特色社会主义伟大胜利——在中国共产党第十九次全国代表大会上的报告》，《人民日报》2017 年 10 月 28 日，第 1 版。

响。据我观察，这一论断在普通百姓和专家学者中引起的感受是不同的。对于普通百姓来说，新时代到来的宣布，他们并不感到惊奇。他们从生活的亲身感受中觉得现在跟过去不一样了，虽然说不清这种不一样究竟意味着什么，但是当习近平总书记在党的十九大上宣布新时代到来的时候，他们觉得自身的感受得到了印证，说出了自己心中的感觉。因此，普通群众对于新时代的到来并不存在理论上的疑难。但对于从事这方面研究的专家学者来说，情况则不同了。尽管他们作为百姓之一员也有一种本能的对新时代气息的感知，但是作为专家学者，他们又需要从理性上和学术上把事情理解好、把握好、宣传好。为了把握这一点，就有必要思考新时代起点在哪里的问题。因为新时代到来的起点和依据是有内在联系的，理论上的依据首先就体现在这个起点上面。因此，弄清了这个起点问题，就可以更容易地理解新时代到来的依据和合理性了。

再次，弄清新时代的历史起点问题，对于我们全面深入地理解新时代的历史跨度和科学内涵是十分有益的。既然是一个新时代，就会有一个起点问题。这个问题也是我们理解这个新时代的认识起点。对于新时代的历史终点，我们现在无法预料，也没有必要现在就搞清楚。但对于新时代的起点，则是现在就要弄明白的。只有找到了历史起点，才能在这个基础上去理解新时代的历史进程，理解新时代的历史跨度。同时，也只有找准了历史起点，才能更好地理解新时代的内涵。习近平总书记在党的十九大上从五个方面对新时代的性质和内涵进行了界定，这是我们理解新时代理论涵义的基本依据。而为了更好地理解这五个方面的内涵，又需要我们寻找新时代的历史起点。

最后，弄清新时代的历史起点，有助于我们更好地理解习近平新时代中国特色社会主义思想的形成过程和科学内涵。新时代中国特色社会主义思想是党的十九大提出的一个十分重要的理论概念，以此为基础和依据，在我们党和国家的政治生活中，以及在中国思想理论领域中，随之形成了习近平新时代中国特色社会主义思想这一概念。这一概念的形成，标志着马克思主义中国化的一个新理论成果和理论形态的形成。作为理论工作者，必须以极大的热情去研究习近平新时代中国特色社会主义思想，研究它的产生过程和科学理论体系，而为此也有必要去弄清中国特色社会主义新时代到来的起点问题。很显然，习近平新时代中国特色社会主义思想是从党的十八大以来，特别是党的十八届一中全会以来形成起来的。而这其中就包括对党的十八大或十八届一中全会在新时代到来的起点意义。

（二）新时代到来的三个历史节点

从我们党原来的战略规划和实现步骤来说，新时代到来的起点应该在全面建成小康社会之时，即2020年。这当然是一个十分重要的历史节点，它是我们完成建设小康社会这个历史目标的节点，也应该是一个新的时期或时代的开始。特别是，它也是我们第一个百年目标的实现时间，具有突出的标志性意义，体现了我们党一百年奋斗所取得的成果，并以感性形象的方式体现出来。如果是站在这个历史节点上宣布新时代开始的话，是很容易理解的，特别是与原来的思路和时间感相吻合。

但是，历史的发展从来都不完全是按照既定的步骤和脚本来行进的。由于当今中国历史进程和社会现实的变化，在这个预定的时刻到来之前，新时代的气息已经扑面而来了。

这种新时代的气息表现在主客观两个方面。从客观方面看，经过改革开放近40年的发展，特别是党的十八大后五年来的强力推进，我国小康社会建设取得历史性成就，决胜全面小康已没有悬念。社会主要矛盾也发生变化，从“人民日益增长的物质文化需要同落后的社会生产之间的矛盾”转向“人民日益增长的美好生活需要和不平衡不充分的发展之间的矛盾”。国家开始从富起来走向强起来，综合国力和国际影响力大幅提升。从主观方面看，由于上述变化，特别是由于以习近平同志为核心的党中央展现出的大刀阔斧、雷厉风行的新风格新气象，我国人民的民气大伸、人气大涨，民族自信心和自豪感极大增强，社会精神面貌焕然一新，国民心理已经完全不是过去那种状态了。正如习近平总书记所说：“党的面貌、国家的面貌、人民的面貌、军队的面貌、中华民族的面貌发生了前所未有的变化，中华民族正以崭新姿态屹立于世界的东方。”①

① 习近平：《决胜全面建成小康社会　夺取新时代中国特色社会主义伟大胜利——在中国共产党第十九次全国代表大会上的报告》，《人民日报》2017年10月28日，第1版。

于是，新时代的到来提前了。

这种提前从我国发展历史进程来看是一点也不奇怪的，它实质上是中国特色社会主义建设事业节奏加快的必然和自然的结果。改革开放之后，我们党对我国社会主义现代化建设作出了战略安排，提出“三步走”战略目标。其中，前两步战略目标，即解决人民温饱问题、人民生活总体上达到小康水平，到20世纪末期已经提前实现。从跨入21世纪开始，我国就进入全面建设小康社会、加快推进社会主义现代化的新的发展阶段。这个加快了的节奏一直在持续，并被赋予了加速度。特别是在党的十八大以后，各项工作推进幅度之大，工作节奏之快前所未有。在这五年的强力推进下，党的十九大宣布新时代到来。党的十九大对实现全面小康之后的战略目标和两步走战略步骤的新设计，也都明确地体现了建设节奏的加快。党的十九大提出，在2020年全面建成小康社会的基础上，再奋斗十五年，到2035年基本实现社会主义现代化，这就比原来的设计和设想提前了十五年，这是一个很大的幅度。而到2050年全面实现现代化，把我国建成富强民主文明和谐美丽的社会主义现代化强国，这就不知道提前了多少年了，因为我们以前并没有对这个更高的目标提出时间设定。但可以设想，这个更高目标的实现，所提前的时间幅度很可能是更大的。在这样一种总体来说是不断加快的建设节奏和发展节奏的作用下，新时代到来的提前就是自然而然的结果了。

党的十九大宣布了中国特色社会主义新时代的到来，这比全面建成小康社会提前了三年。这样，党的十九大成为我们进入新时代的标志性年份和重要的历史节点。这首先是因为，十九大是我们党的历史上特别是中国特色社会主义历史上的一次标志性的大会，它是“在全面建成小康社会决胜阶段、中国特色社会主义进入新时代的关键时期召开的一次十分重要的大会”[①]。其次，也是因为正是在这次大会上，由党的最高领导人在大会报告中正式宣告了新时代的到来。从抽象理论上讲，新时代的到来和宣布新时代的到来并不是一回事，到来而不宣布，或宣布而不到来，都是可能存在的。但是，二者毕竟有着紧密的联系。特别是我们

① 习近平:《决胜全面建成小康社会　夺取新时代中国特色社会主义伟大胜利——在中国共产党第十九次全国代表大会上的报告》,《人民日报》2017年10月28日，第1版。

党具有高度历史自觉，对新时代到来的把握和宣布是自觉地进行的，是与时代到来的客观进程相符合的。因此，新时代到来的宣告本身，就是标志这个时代到来的重要历史节点。最后，党的十九大不仅宣告了新时代的到来，而且这种宣告上升到了理论的高度，从而具有理论的意义。因为这不仅是一个政治上的宣告，而且是一个理论上的重大创新。这也集中反映了我们党对于时代转折和新时代到来的把握具有高度的历史自觉。

但是，如果只是简单化地以党的十九大为新时代的起点，那也是有局限的，从理论上来讲也是不完善的。首先，这样就会把习近平总书记执政的时期分成了两段，前面的一段即五年时间，被排斥在新时代之外，这明显是不妥当的。从理论上全面地讲，过去的五年具有双重意义：一方面，正是由于这五年各项事业的强力推进和所取得的历史性成就，才有新时代的提前到来。从这个意义上讲，这五年是在新时代到来之前，并作为新时代到来的历史原因而存在的。因而，可以说是它不属于新时代。但是，另一方面，这五年的强力推进和历史性成就本身就体现着一种新的时代精神和时代气息，也在一定意义上标志着一个新时代的到来。从这个意义上讲，过去的五年又是属于新时代的。在这两个方面中，我们往往注意到第一个方面，而忽略第二个方面，但其实正是这第二个方面的意义才是决定性的。以习近平同志为核心的党中央对党和国家事业的领导是一个战略的总体，我们没有理由把这个整体分成两个不相干的部分。而且，从党的十九大报告中可以看到，习近平新时代中国特色社会主义思想是从党的十八大以来形成起来的，我们不能把这一最新理论成果说成是新时代之前的产物。因此，新时代的起点还应该再提前，即提前到党的十八大。现在大家的理解，也都比较公认新时代是从党的十八大开始的。

新时代从党的十八大开始，当然是有道理的。但这里有一个小的技术问题：如果以党的十八大召开为新时代的标志，那就意味着党的十八大报告宣告了新时代的到来。我们回头再看看由时任党中央总书记的胡锦涛同志所作的党的十八大报告，尽管里面有许多新的思想并对后来具有指导意义，但是其中并没有作出新阶段或新时代到来的判断，也没有这样的提示或暗示。这也是非常清楚的。而且，以胡锦涛同志为总书记的党中央形成了科学发展观这一党的指导思想。很显然，党的十八大报告中的思想应该还是属于科学发展观的内容，而不是属于习近平新时代中国特色社会主义思想的范畴。其实，当大家以党的十八大为新时代到来标志的时候，主要是着眼于那是以习近平同志为核心的党中央的形成起点，着眼于过去五年的历史成就。因此，从技术上来处理这个问题，新时代到来的起点就不应简单地说是党的十八大，而应该更准确地说是党的十八届一中全会。

这样，新时代的开始就有了三个历史的节点：一是党的十八届一中全会，二是党的十九大，三是全面建成小康社会。这三个历史节点都有其存在的理由，而且从理论上说，三个节点同时并存也具有历史上和学理上的合理性。

（三）新时代的进入本身是一个过程

从历史上看，任何一个新时代的开始，都是一个过程。这个过程或长或短，但都不可能是时间线上某个唯一的点。之所以如此，是因为时代是标志人类社会中历史性转变的宏大概念，它或者标志整个人类历史的重要变化，或者标志一个国家或民族的历史性转变，但它都是重大的转变，包含着极为丰富的社会历史内容。而所有这些社会内容的变化，绝不可能是某一个时间点上的整齐划一的突变，而是一个或长或短的过程，是一个时间段。如果不是这样，那新时代就不可能是内涵极为丰富的那种历史时代了。

在这个时代转变过程中，或进入新时代的过程中，当然会包括多个不同的时间节点。好比一块木板从中间折断，就会发现并不存在一个光滑的断面，而是两边都有参差不齐的若干个点。这是因为，一个社会中的不同部分在发生变化的时候，由于其性质、特点和运动节奏的差异，并不是完全同步的。有的部分提前一点，有的滞后一点，这都是正常的。而且，只有这样才符合历史的真实。比如，中华人民共和国成立，这是一个新时代的开始。我们可以找到 1949 年 10 月 1 日这样一个明确的历史节点，但是我们也会看到，在这个历史节点之前，共产党领导的一些根据地和解放区已经建立了人民的政权和新的制度，具有了与旧社会不同的性质；而在这个历史节点之后，尽管已经宣告了新中国的成立，但南方一些地方还没有解放，还是属于旧中国的性质。这是历史的复杂性，也是历史的丰富性。

（四）历史地把握新时代到来的关键节点

中国特色社会主义新时代的开启也是一个过程，其中包括三个主要的历史节点。它们都是合理的历史节点，但同时在新时代的进入期中所占据的位置和所起的作用又有所不同。在这个进入期的时间段中，党的十八届一中全会是“起点”，党的十九大是“标志”，而全面建成小康社会则是“完成”。今天，我们考察中国特色社会主义新时代的历史起点，首先和主要地要从党的十八届一中全会开始，要紧紧把握好这个最早的历史起点。

同时，我们又要有历史眼光，看到未来。将来，随着历史的发展，未来的观察者会离我们越来越远。当他们从远方来观察“新时代”起点的时候，当他们从更宽阔的历史尺度上来观察“新时代”的起点的时候，“新时代”进入的时间段就会缩小成一个点，而三个节点之间的3到8年的时间差就不再具有多大的意义了。那时，人们就可以比较简单地用党的十九大的召开来作为新时代到来的标志了。以它为中心向前推就到党的十八届一中全会，向后延就到全面建成小康社会。因此，抓住党的十九大，就可以提纲挈领，带动起新时代进入期的全过程了。

（原文发表于《思想理论教育》2017年第12期）

五

发展与治理：考察中国特色社会主义的双重维度

在新中国成立70周年之际，中国共产党召开了具有里程碑意义的十九届四中全会。全会审议通过了《中共中央关于坚持和完善中国特色社会主义制度、推进国家治理体系和治理能力现代化若干重大问题的决定》(以下简称《决定》)，将坚持和完善中国特色社会主义制度、推进国家治理体系和治理能力现代化确定为全党的一项重要战略任务。《决定》内容有两个关键词：一是“制度”，二是“治理”。它们既密切联系又有所不同。我们既可以从制度角度去理解和解读十九届四中全会精神，也可以从治理角度去理解和解读。本文着重从治理角度去发掘十九届四中全会带给我们的深刻理论启示。

（一）考察中国特色社会主义的两个维度

党的十九届四中全会的一个重大理论启示，就是在考察和衡量新中国历史成就特别是中国特色社会主义伟大成就的时候，在发展维度之外，又提出了治理维度，从而形成了考察当代中国社会进步的双重维度。

在总结新中国70年来的历史成就时，《决定》明确指出：“新中国成立七十年来，我们党领导人民创造了世所罕见的经济快速发展奇迹和社会长期稳定奇迹，中华民族迎来了从站起来、富起来到强起来的伟大飞跃。”[①] 两个“奇迹”全新的论述，引起了人们的广泛关注。以往我们在讲中国奇迹的时候，讲的都是经济发展奇迹。现在增加一个社会稳定奇迹，并将二者相提并论，意味深长。实质上，社会稳定奇迹就是指社会

①《中国共产党第十九届中央委员会第四次全体会议文件汇编》，北京：人民出版社2019年版，第19页。

治理或国家治理的奇迹，因为社会稳定和谐是一个国家实现良好治理的集中体现。两个“奇迹”的提出，就是提示我们要用发展和治理两个维度去考察中国奇迹、考察中国特色社会主义。

十九届四中全会明确提出了坚持和完善中国特色社会主义制度、推进国家治理体系和治理能力现代化的总体目标：“到我们党成立一百年时，在各方面制度更加成熟更加定型上取得明显成效；到二〇三五年，各方面制度更加完善，基本实现国家治理体系和治理能力现代化；到新中国成立一百年时，全面实现国家治理体系和治理能力现代化，使中国特色社会主义制度更加巩固、优越性充分展现。”① 这一目标的提出，意味着我们党“两个一百年”目标增添了新的内容。以往我们主要是从发展成果的维度去理解和界定“两个一百年”目标，其中虽然也包含国家治理方面的内容，但没有将其独立出来加以认识。而十九届四中全会的这一新论述为“两个一百年”目标的内涵增添或亮明了治理的维度。由此可以说，“两个一百年”目标不仅是我国实现经济社会发展的目标，也是我国实现国家社会治理的目标。

可见，在十九届四中全会的《决定》中，不论是关于历史总结，还是关于未来目标，都提出了治理的标准和要求，因而非常明显地提示出社会进步的治理维度。那么，从理论上看，治理能够成为一个独立的、与发展相并列的考察维度吗？回答应该是肯定的。

首先，治理具有相对独立性，是独立于发展维度的。固然，我们通常对发展作一般性理解，特别是当我们把发展作为一个社会哲学概念的时候，往往是把所有的社会进步都包括在内的。但是，当我们深入到社会发展或社会进步内部去考察其过程和机制的时候，这里的发展就应该是狭义的概念。它主要指社会的经济发展，以及与其相适应的生活改善和文化发展。而治理则是另一个观察视角，具有独立的内涵。把它作为另一个维度独立出来，并不会损害发展的内涵，反而会更加凸显发展的特性。

其次，治理具有普遍性，并贯穿于社会历史的始终。在人类历史

①《中国共产党第十九届中央委员会第四次全体会议文件汇编》，北京：人民出版社 2019 年版，第 22—23 页。

上，特别是在现代社会中，治理是始终存在的。对任何一个国家来说，不仅有经济社会发展问题，也有社会治理或国家治理的问题。不论一个国家治理的效果如何，也不论以往是否存在治理这样的概念，都不能否认任何一个国家都存在着治理的现实和需要。即使是实行“自治”，也是一种治理。国家治理十分重要，它作为一个维度与“发展”有着同等分量并可以相提并论。

再次，治理与发展有着内在联系，共同构成完整的双重维度。治理有助于发展，是实现发展不可缺少的条件。良好的社会治理促进经济社会发展，不良的或缺位的社会治理则损害经济社会发展。很显然，一个国家在社会冲突时有发生并动荡不安的情况下，经济不仅不能得到有效发展，反而可能遭到巨大的破坏。反过来，社会经济发展也为社会治理提供有力的支撑。如果没有一定的社会经济发展成果作为基础，一个国家的治理也难以做好。可见，发展和治理不是两个各自独立、互不相干的维度，而是相互依存、相互支撑的两个维度。换言之，二者并不是各自在跳单人舞，而是始终在跳双人舞。正因为如此，它们从独立的两个维度进一步发展成为双重维度。

最后，当治理与发展形成双重维度时，它们就是一个相对自足的有机整体。这个整体因不再缺少重大的向度或维度，而具有完整性。虽然我们并不排除在这两个维度之外还可能存在着其他维度，因为社会生活和社会进步毕竟是多维度多方面的，但从理论上看，以及从可以预见的未来看，并没有第三个可以与发展和治理相并列的同等重要的维度。因而，我们在从总体上考察社会进步时，在考察中国特色社会主义事业伟大成就时，只要运用发展与治理双重维度共同加以衡量，就能达到目的了。

（二）发展与治理作为双重维度的理论依据

将发展与治理看作社会进步的双重维度，并不是基于对文件的过度解读，而是一种理论上的必然，具有历史、理论和现实的依据。

首先，发展与治理的双重维度具有历史和文化依据。在中国历史上，不仅有发达的农业和手工业生产，有世界闻名的发展成就，而且尤其具有国家治理的丰厚遗产。国家治理或治国始终是中国历史的一个重大主题。中国古人总是从国家治理角度谈论历史，并用“治”“乱”作为评价标准。历史上的文景之治、贞观之治等历来为人们津津乐道，都是作为治国的成就而被推崇。历史学家关于中国历史的记载，也大多侧重于朝代兴替和国家治理。特别是司马光的《资治通鉴》更是以提供治理国家的历史经验为目的。这些历史记述虽然反映了统治阶级观察历史的狭隘视角和某种偏见，相应地忽视了普通群众对历史的感知和贡献，但它毕竟体现了中国文化对于国家治理的高度重视。可以说，中国古代文明史是一部国家治理的历史，是人类社会的制度文明和治理文明的重要体现。中国共产党十分重视中华优秀传统文化所具有的资治功能，并将其运用于新中国的社会治理。毛泽东长期研读古书，善于从古人治国的历史经验中汲取智慧。习近平在治国理政过程中也善于借鉴古人的治国智慧，并经常引用古人的治世格言来表达自己的思想。可以说，中国共产党在执政过程中的治理自觉以及由此实现的中国之治，体现和弘扬了中华民族悠久历史文化传统中国家治理的经验和智慧。

其次，发展与治理的双重维度具有马克思主义唯物史观的理论依据。唯物史观认为，人类社会的发展是一个自然历史过程，具有自身的客观规律。从原始社会到奴隶社会，再到封建社会和资本主义社会，一直到社会主义和共产主义社会，是社会形态更替和历史发展的基本线索。而社会发展的动力则是生产力的发展，它推动着社会经济形态不断向前发展，并由此带动整个社会不断进步。由此可以看出，发展是马克思主义考察历史的一根红线。人类历史是发展的，社会形态是发展的，社会生产力是发展的，人的个性和才能也是发展的，等等。其中，马克思主义特别重视经济发展，强调生产力水平的提高对于整个社会进步的带动作用。因此，强调发展并用发展来衡量社会进步，是马克思主义的突出特点。

那么马克思主义是否也承认并重视社会进步的治理维度呢？回答是肯定的。在马克思主义看来，所谓社会主要就是人与人之间的关系，因而应该从社会关系角度来看待社会和国家。人类社会进步的一个基本任务，就是处理社会关系，而这就是社会治理。在国家存在的历史条件下，社会治理就表现为国家治理。因为这里的国家就是现实的社会共同体。如果说马克思主义在强调生产力时注重的是发展，那么在强调生产关系和社会关系时，则注重的是治理。

马克思主义国家学说肯定了治理的存在和意义。无论就国家的起源还是功能来说，都包含着社会治理的内容。国家在历史上的产生不仅是生产力发展到一定阶段的必然产物，而且是在这个阶段上处理利益集团之间关系的必然要求。恩格斯指出："国家是承认：这个社会陷入了不可解决的自我矛盾，分裂为不可调和的对立面而又无力摆脱这些对立面。而为了使这些对立面，这些经济利益互相冲突的阶级，不致在无谓的斗争中把自己和社会消灭，就需要有一种表面上凌驾于社会之上的力量，这种力量应当缓和冲突，把冲突保持在'秩序'的范围以内；这种从社会中产生但又自居于社会之上并且日益同社会相异化的力量，就是国家。"① 在这里，恩格斯强调了国家在维护社会秩序方面的作用，其实也是社会治理的作用。而从国家政权的职能来说，不仅有阶级统治和阶级压迫的职能，也有社会管理或国家治理的功能。对于剥削阶级占统治地位的国家来说，社会治理职能服从于其阶级统治职能，但其治理职能并不因此而消失。而对于人民当家作主的社会主义国家来说，其社会治理职能则更为突出和重要。

最后，发展与治理作为双重维度，也具有当下中国的现实依据。在改革开放过程中，不论是维护社会稳定还是构建和谐社会，不论是强调国家治理体系建设还是国家治理能力的提升，都突出和强调了国家的治理维度。特别是从党的十八届三中全会明确提出国家治理体系和治理能力现代化，到十九届四中全会进一步形成关于坚持和完善中国特色社会主义制度、推进国家治理体系和治理能力现代化的决定，显著推进了我国的国家有效治理，也使治理维度更加凸显。在改革开放过程中，尽管我国处于急剧转型过程中，不断深化的全面改革对利益格局的调整引起社会深刻变动，但仍然保持了难得的政治和社会稳定，保持了民族团结和社会和谐的局面。与世界上许多陷入动荡的国家相比，我国的长期安

①《马克思恩格斯选集》（第4卷），北京：人民出版社2012年版，第186—187页。

全稳定就显得格外突出，体现了显著的社会治理优势，有效保障了改革开放和现代化建设的顺利进行。当前，我们面临的社会治理问题仍然严峻，维护国家统一和社会稳定遇到了新的挑战，也需要进一步强化社会治理。面向未来，我们实现“两个一百年”目标也需要高度重视社会治理，为经济发展和社会全面进步提供可靠保障。

（三）发展与治理双重维度对全面把握中国特色社会主义的意义

治理与发展相结合的双重维度，对于我们总结新中国 70 年历史经验，深化对中国特色社会主义的认识，在新时代更好地坚持和发展中国特色社会主义，具有重要的方法论意义。

首先，有助于我们深化对和平与发展时代主题的认识，进一步夯实坚持和发展中国特色社会主义的时代基石。

对时代及其主题的准确判断是我国改革开放和现代化建设的基础和前提。只有深刻认识到我们所处时代的主题已经从战争与革命转化为和平与发展，认识到未来若干年内世界战争打不起来，我们才能大胆地把工作重心转向社会主义现代化建设并作出改革开放的战略决策。从改革开放之初到现在，40 多年过去了，世界正在发生百年不遇之大变局，人们对时代主题是否已经改变、我国战略机遇期是否还存在，产生了一定困惑。党和国家对此也作出了正面回应，认为时代主题没有变化，我国战略机遇仍然存在。在这样的情况下，深化对和平与发展的时代主题的认识是必要的。

以新的眼光去考察和平与发展，就会发现，所谓和平问题其实在一定意义上是一个全球社会治理问题。因此，深化理解时代主题就需要引入社会治理这个维度。以往我们在把握这个时代主题时，更关注发展，只把和平看成发展的自然前提，似乎认为这个前提和基础是自然而然就具有的，并不是人们追求和努力的结果，不是国家治理和国际关系治理的结果。其实，和平的达成正是全球治理的成果。不论是国内和平还是世界和平，都可以说是社会稳定的一种体现。社会稳定不仅是国内的稳定，也是各国关系的稳定。国际社会所倡议和组织的维和部队，就是在世界范围内维护稳定，而这正是世界治理的重要方面。我国在维护社会稳定方面积累了丰富的经验，并积极参与全球治理，成为在世界发生局部动荡情况下维护和平与稳定的重要力量。可见，社会治理维度的提出，有助于我们深刻理解和平的内涵和意义，而运用发展与治理的双重维度来考察世界，就可以更好地把握和平与发展的时代主题。

其次，有利于我们全面总结新中国70年的历史经验，全面深入地讲清“中国奇迹”。

新中国成立70周年是一个十分重要的历史节点。站在这样的历史节点上回顾新中国的历史并盘点70年的历史成就，是我们继往开来、开创新时代中国特色社会主义事业新局面的迫切需要和重大任务。而梳理和总结70年来的成就，需要有相应的标准和线索。在这方面，其实是有标准和主线的，这就是发展。以发展为标准来衡量我国历史的成就和得失，用发展的速度和质量来衡量我国历史的进步，是十分正确和必要的。它最能体现我国发展的实际，也最符合普通群众的直观感受，而且事实上我们也是这样做的。由此，我国创造的发展奇迹增强了我们的自信，也提升了国家的形象。

但是，如果只从发展维度去总结新中国70年的历史成就是不够全面的。应该把发展与治理两个维度联系起来，并共同运用于对新中国70年历史成就的回顾和总结。我们在看待新中国前30年历史的时候，不仅要看到经济发展上的曲折前进，看到我们在一穷二白的基础上建立起独立的相对完整的工业体系和国民经济体系，看到我国在经济发展基础上人民生活的改善，而且也要看到国家治理的巨大成就，看到我们实现了国家统一和民族团结、社会平安和社会平等，看到整个社会焕发出的健康向上的精神面貌。同样，对于改革开放的40年，我们也不能只看到经济发展上举世瞩目的成就，还要看到我们在维护社会稳定、实现社会和谐方面的成就，看到我们在推进国家治理体系和治理能力现代化方面的成就。也就是说，我们不但要看到我国经济快速发展的奇迹，也要看到社会长期稳定的奇迹。

而且，从国家治理的角度正好有助于我们讲清中国经济快速发展奇迹的深层原因。我国70年来特别是改革开放40年来经济高速发展，从一个贫穷落后的国家发展成为世界第二大经济体，发展成就有目共睹，没有人能够怀疑。那么中国为什么能够取得这样的发展成就呢？许多外国政要和学者都在提出这样的问题，并尝试作出回答。但是他们离开中国共产党的领导、离开中国特色社会主义制度、离开中国共产党和中国政府的社会治理去找原因，是不可能得到根本性解答的。实际上，正是由于党的领导和中国特色社会主义制度发挥了强大的治理效能，才真正促进和保证了我国经济的长期高速发展。可以说，如果没有社会长期稳定的奇迹，也就不会有经济快速发展的奇迹。

再次，有助于我们更好地承担起新时代坚持和发展中国特色社会主义的使命任务，实现我国发展和治理的百年目标。

正如我们不能单向度地看待我国取得的历史成就一样，也不能单向度地去考察和看待新时代坚持和发展中国特色社会主义的使命任务。中国特色社会主义作为一个整体，不仅追求经济上的发展，更追求社会的全面进步。党的十九届四中全会确定的我国在坚持和完善中国特色社会主义制度、推进国家治理体系和治理能力现代化方面的战略目标和战略安排，凸显了制度建设和治理能力的提升，体现了对社会全面进步的追求。如果说以往的“四个现代化”即工业、农业、国防和科学技术现代化，强调的是发展的维度，那么国家治理体系和治理能力现代化这“第五个现代化”的特殊意义在于，为我国的现代化建设目标增添了治理维度。

双重维度的提出和运用，有利于我们在保持经济发展的基础上，进一步实现社会公平正义。更好地实现社会公平正义是人民群众的呼声，是时代提出的课题。这个问题的解决，离开经济发展是不可能的，但仅靠经济发展也不能自发实现。事实上，正是在我国经济高速发展的过程中，出现了许多违背公平原则的问题并引起群众不满。因此，在经济发展的基础上，社会公平正义的实现要靠增强国家治理的力度，更好地把我国的制度优势转化为治理效能。总之，十九届四中全会明确提出和突出强调国家治理要求，为更好实现社会公平正义提供了可靠保证。

最后，有助于我们深化对构建人类命运共同体的认识，为全球发展和全球治理提供中国智慧和中国方案。

构建人类命运共同体是中国特色社会主义对人类的伟大贡献，具有重大而深远的世界意义。全面把握构建人类命运共同体的科学内涵和重要意义，也需要把发展与治理两个维度结合起来。从发展维度来说，中国经济长期快速的发展不仅改善了中国人民的生活，也为世界经济发展作出了突出贡献。中国的经济发展给世界带来机遇，欢迎其他国家借中国发展的东风，搭中国发展的便车，以实现共同发展。这是中国发展为构建人类命运共同体作出的贡献。

同时，构建人类命运共同体还有另一个重要贡献，就是中国积极参与全球治理，并为此贡献出中国方案。对于人类社会来说，共同体越大，治理难度越大，从而治理就越重要。而人类历史越发展，其现实共同体范围就越大。从家庭、氏族到胞族、部落和部落联盟，再到国家，就是一个社会生活共同体不断扩大的过程。在当今时代，国家仍然是人类社会的基本组织形式，我们通常所说的现实社会其实就是特定的国家内的社会。与此同时，在国家之外又出现了许多国际组织，它们甚至分享了部分国家主权，而且国家之间也形成了公共领域，形成了国际社会。国际社会是一个范围更大的社会共同体，面临着更多更大的治理难题。特别是在经济全球化深入发展的今天，一系列全球性问题日益凸显，迫切要求实现有效的全球治理。在这种情况下，中国传统文化中的天下治理、协和万邦的智慧，尤其是中国特色社会主义在国家治理中的成功经验，能够为维护世界和平与推动全球治理作出自己的贡献，这也是构建人类命运共同体的重要方面。

（四）发展与治理双重维度有助于深化基本理论研究

发展与治理双重维度及其提出，不仅有助于我们深化对中国特色社会主义事业的认识，而且有助于我们深化和拓展对马克思主义有关重大理论问题的认识，特别是深化对唯物史观和科学社会主义的研究。

任何一个社会都有治理的问题。可以说治理是一个普遍而永恒的社会课题。虽然历史上曾有无效或低效的治理，甚至有违背历史规律的完全负面效果的治理，但这并不能说明治理是无用的。虽然社会发展有其客观规律，这些规律不以人的主观意志包括人的治理意志为转移，能够在各种自发性现象中为自己开辟道路，但这并不意味着人们就可以完全放弃对社会改造和治理的意愿和行为。这种崇拜历史自发性而忽略人的社会能动性的认识是不正确的。事实上，只有把社会治理建立在遵循社会发展规律的基础上，才能实现良好的制度效能、实现更完善的社会治理，而这也正是人类社会进步和发展的目标追求。社会进步和社会发展是唯物史观的重要概念，对此需要有更全面的理解和把握。要把治理的维度纳入对社会进步和社会发展的概念理解之中。只有这样才能更好地体现人类的制度文明和政治文明的成果，体现社会关系方面的进步。当代中国的唯物史观研究者，应把治理、社会治理、国家治理作为重要的社会哲学和历史观概念，并用马克思主义立场观点和方法来加以阐明，以进一步丰富唯物史观的当代内涵。

发展与治理的双重维度也有助于我们深化对科学社会主义的认识，比如对社会主义革命条件的认识。以往我们讲经济文化落后国家的社会主义革命问题时，通常也只着眼于经济和文化发展上的落后，而相对忽略了社会治理方面的革命条件。其实，列宁在谈到社会革命发生的条件即统治阶级不能照旧统治下去、人民也不能照旧生活下去时，着重强调的是国家治理的维度，即此时的统治阶级已经无法实施有效的国家治理，不能维护社会的稳定和秩序了。再比如，这一双重维度也有助于我们全面把握社会主义的制度优势，更好地讲清楚社会主义制度的优越性。概括起来说，社会主义制度的显著优势集中体现为两个基本方面的功能：一是促进经济发展的优势，二是提升治理效能的优势。把这两个方面结合起来，我们对社会主义制度优越性的认识就更加全面了。

（原文发表于《马克思主义与现实》2020 年第 1 期）

六

习近平关于“历史交汇”重要论述的理论阐释

在中共十九大报告中，习近平提出了一个十分醒目的新概念“历史交汇期”，认为从十九大到二十大，是“两个一百年”奋斗目标的“历史交汇期”。这个概念虽然只出现过一次，但是它严整规范、意蕴深厚，十分宝贵。同时，这又是一个颇难索解和不易把握的概念。我们至今未见有学者对这一理论概念及其思想内涵进行全面阐释。为了更好地理解和把握十九大报告中的这一重要论述，有必要对习近平所有的相关论述进行全面梳理和考察。由此看到，习近平使用这个概念并不是偶然的，在此之前已频繁使用“交汇”一词，并就“历史交汇”“历史性交汇”有过许多论述。把这些论述综合起来加以考察，就会发现这里面包含着丰富的社会发展和治国理政思想，而对这些论述和思想加以阐释，将有助于我们更深入地理解十九大精神，更全面地掌握习近平新时代中国特色社会主义思想的丰富内容，更自觉地学习习近平用联系和发展的观点看问题的方法论。

（一）“交汇”与“历史交汇”的概念分析

“交汇”是习近平常用的一个词语，他在国内外许多场合中都使用过。有时单独使用，有时与别的词形成新的组合，比如“文明交汇”“历史交汇”“利益交汇”，以及“历史交汇期”等。这些概念虽然来源于实际生活和工作，但因其具有宏观概括性和历史底蕴，而具有历史观和社会发展理论的内涵。如果加以理论阐释，就可以成为重要的理论概念。

那么，“交汇”的含义是什么呢？在《现代汉语词典》中，“交汇”指的是水流、气流等聚集到一起。在现代汉语中，还有另一个相近的词“交会”。它们读音相同，也都有两个方面相交之意，但并不等同，是两个不同的词汇。“交会”只是两样不同东西的暂时相交，而后并不体现融合之意。比如我们可以说郑州是京广、陇海两条铁路的交会点。这两条铁路线一是南北方向，一是东西方向，它们在郑州发生交会，但交会之后并不合而为一，而是各走自己的路。而“交汇”则不同，它虽然也指两样不同东西的相交，但它们具有同向性，相交后会发生融汇和融合。

从“交汇”本义的来源看，反映的是自然现象的交流汇合，比如水流、气流的交汇等。这说明，在自然界中存在着大量的交汇现象，并为人们所关注。但是，交汇现象不限于自然界，在人类社会和历史发展中也存在着许多类似的现象。由于社会生活的复杂性和变动性，就会有大量的社会历史现象具有流动特征，当这些社会现象相遇的时候往往具有汇合的趋势，因而也可以称为“交汇”。事实上，在我们的日常用语中，“交汇”一词大多数是对社会现象的描述。

当然，语汇和术语不是静止的，而是处在使用过程中，其生命就在于得到使用。人们通常是基于它的基本语义，把它用于多种场合，从而使它具有一些引申性含义。因此，对于“交汇”及其相关概念，还需要从实际运用中来把握它，特别是从习近平的多次相关论述中来把握。纵观习近平对交汇问题的论述，虽然有时也涉及自然界的交汇，比如“海陆交汇”，但大多数是在社会发展、社会交往以及治国理政语境下使用的，讲的都是社会生活和历史发展中的交汇现象和问题。因此，我们可以用“历史交汇”加以概括。

习近平所使用的“交汇”或“历史交汇”概念，包括多个层面的含义：一是人类社会中不同文明的交汇，即人类不同文明之间，特别是同一时代共存的不同文明之间所发生的交汇。历史上有过这样的交汇，当代世界仍然具有多种文明的交汇。在国际交往中，必须关注到这一现象，并正确处理不同文明间的关系。二是社会发展中不同历史时段的交汇，指的是不同发展阶段之间的衔接、转变等，从一个历史阶段向另一个历史阶段过渡总会发生前后交汇现象。处于历史阶段转换期的人们，必须密切关注转换过程，从而实现历史活动的连续性。三是社会不同领域和潮流的交汇。任何一个社会中总是存在着不同的领域，每个领域中也会有不同的趋向，在特定社会条件下，这些领域中的趋向会发生交汇，并形成历史交汇点。四是不同群体人们的利益交汇。尽管群体的利益会有差异，但是也不会没有共同点和交汇点，找到这样的点就有利于平衡各方的利益关系。五是社会生活中人们思想情感方面的交汇。不同社会群体之间，甚至不同国家和民族之间，思想认识和心灵情感方面总能找到共同之处，由此而实现共识凝聚和民心相通。

（二）“两个一百年”奋斗目标的“历史交汇期”

在党的十九大报告中，习近平首次提出和论述了“历史交汇期”问题。他指出：“从十九大到二十大，是‘两个一百年’奋斗目标的历史交汇期。我们既要全面建成小康社会、实现第一个百年奋斗目标，又要乘势而上开启全面建设社会主义现代化国家新征程，向第二个百年奋斗目标进军。”[①] 紧接着，习近平又在《新时代要有新气象，更要有新作为》中再次谈到这个问题，指出：“中共十九大到下一次的二十大这五年，正处在实现‘两个一百年’奋斗目标的历史交汇期，第一个百年目标要实现，第二个百年目标要开篇。这其中有一些重要的时间节点，是我们工作的坐标。”[②]

“历史交汇期”这个概念是习近平在描述中国特色社会主义新时代的历史方位，特别是具体描述党的十九大到二十大之间历史阶段的时候提出来的。虽然从工作任务的角度去理解时并不复杂，无非是说做好承前启后的转换工作，但从理论上去理解，就觉得相当复杂，不容易理清思路。之所以如此，是因为这里涉及两个时间坐标系：一是由“两个一百年”奋斗目标所构成的坐标系，二是由党的两次代表大会所构成的坐标系。而这两个坐标系的叠加，就构成了十九大报告中“历史交汇期”的语境。此外，还有一个时间坐标系，即以中国特色社会主义进入新时代为核心的坐标系，它是前两个坐标系实现交汇叠加的平台和场所。

① 习近平:《决胜全面建成小康社会　夺取新时代中国特色社会主义伟大胜利——在中国共产党第十九次全国代表大会上的报告》，北京：人民出版社 2017 年版，第 28 页。

②《习近平关于“不忘初心、牢记使命”论述摘编》，北京：党建读物出版社、中央文献出版社 2019 年版，第 236 页。

从两个百年目标所构成的坐标系来看，它是两个历史阶段及其目标的交接和转换。第一个百年目标，指中国共产党成立一百年时在我国全面建成小康社会；第二个百年目标，指中华人民共和国成立一百年时把我国建成富强民主文明和谐美丽的社会主义现代化强国。在2021年实现小康社会之前，我们处在为第一个百年目标而奋斗的历史阶段；而在此后则进入为实现第二个百年目标而奋斗的历史阶段。这两个历史阶段以全面建成小康社会的时间点为界，实现历史阶段的交接和转换，即两个历史阶段的交汇。

这样的历史交汇不难理解。从历史上看，从一个阶段到另一个阶段，总是要发生一定的转变，而这个转变过程中就包含着两个阶段的交织和交汇。时代或时期的转折并不是瞬间完成的，而是有一个或长或短的过程，而在这个过程中，两个阶段的某些内容必然要发生交汇和重叠。考察这些历史交织和交汇的过程，是马克思主义革命发展理论和社会发展理论的重要任务。

经典作家已经关注并论述过这一问题。马克思在《哥达纲领批判》中谈到从资本主义社会到共产主义社会之间的过渡期，以及共产主义第一阶段所具有的旧社会痕迹。这其中就包含有历史交汇的意蕴。列宁在《社会民主党在民主革命中的两种策略》一书中，结合民主主义革命与社会主义革命的关系，对历史阶段的交织与交汇作了充分的阐述。他指出："在具体的历史环境中，过去和未来的成分交织在一起，前后两条道路相互交错。……我们大家都认为资产阶级革命和社会主义革命是截然不同的东西，我们大家都无条件地坚决主张必须把这两种革命极严格地区分开，但是，难道可以否认前后两种革命的个别的、局部的成分在历史上相互交错的事实吗？难道在欧洲民主革命的时代没有许多社会主义运动和争取社会主义的尝试吗？难道欧洲未来的社会主义革命不是还有许许多多民主主义性质的任务要去最终完成吗？"①

从我党两次代表大会构成的时间坐标系来看，它有泛指和特指两种情况。从泛指来说，它指的是五年一次的党的全国代表大会的时间

①《列宁选集》（第1卷），北京：人民出版社2012年版，第591页。

系列和时间节奏。从特指来说，它指的是一段特定的时间，即从十九大（2017年）到二十大（2022年）之间的五年时间。十九大报告中“历史交汇期”就是从特指来讲的，当然它以泛指为背景。那么，为什么要单单拿出这五年时间来特别关注呢？为什么偏偏要把这五年时间确定为“历史交汇期”呢？简单说来是因为我们党是立足于十九大这个历史节点的，站在十九大的历史方位上看，最紧要的当然就是即将到来的五年。我们党要在十九大上规划好这五年，以便利用好这五年把党和国家事业极大地推向前进，迎接党的二十大到来。

以上这两个时间坐标系都是简明清晰的，可是当我们把这两个时间坐标叠加在一起的时候，发现它们的时间节点并不完全重合。党的十九大（2017）召开的时间和二十大（2022）召开的时间都与建成全面小康社会之年（2021年）不相重合，也就是说，第一个百年目标实现之年恰好处在两次代表大会之间。这就造成一种小小的错位和历史的复杂性。假如第一个百年目标实现之年，恰好正是党的某次全国大会（比如十九大）召开之年，那么事情就简单得多。会后五年的工作任务就很单一而明确，即部署为第二个百年目标而奋斗的工作。但由于事实并非如此，那么两个历史阶段就需要在十九大之后的五年之间发生交接和转换，因此它就成为两个百年目标的“历史交汇期”。这样一个历史定位，就使这五年的历史任务明晰起来了。即十九大之后的五年，任务是双重的：一方面要为实现第一个百年目标而奋斗；另一方面，又要开始为第二个百年目标而奋斗。所以，这样一个“历史交汇期”是很特殊也很重要的。

至于构成“历史交汇期”时间平台的“新时代”，也是一个时间坐标系。正确把握中国特色社会主义进入新时代的历史关节点，是当前一个理论难点。有人主张十八大，有人主张十九大，还有人主张全面建成小康之日，都有一定道理，但又难以确定。其实，如果用“历史交汇期”的思维方法来观察处理这个问题，就很容易得到解决。我们进入新时代有一个“进入期”，即从十八大经过十九大到全面小康建成这段时间。这个“进入期”也是一个“历史交汇期”，它兼具前后两个历史时段的特点，因而应该综合把握而不必限定于某一个特定的具体时间点。

这样，我们在谈到“新时代”起点的时候，只说“十八大以来”就可以了。

（三）科技革命、产业革命与经济社会发展的“历史性交汇”

在历史交汇中，除了纵向上两个历史阶段的交汇之外，还有横向上两种或多种社会潮流的交汇。社会包括多个领域，比如科技、经济、政治、文化、民生等，而每个领域都会有相应的发展趋势。这些不同领域中的发展趋势大规模相遇时，就会发生历史性交汇。特别是对于那些互动关联性强的相邻领域来说，更容易发生此类交汇。比如科技发展的趋势与经济发展趋势之间就是如此。

改革开放以来，发展经济始终是我们党和国家的中心任务，但经济发展的方式和动力并不是始终相同的。改革开放初期，我们更多地依靠资金特别是劳动力的投入，以比较粗放的形式实现经济快速增长。这样的经济发展方式曾发挥了重要作用，但它是不可持续的。特别是在新科技革命兴起，新技术日新月异的条件下，我们必须实现经济发展方式的转变，把经济增长的支撑转到依靠科学技术和提高劳动者素质上来，实现创新引领，从高速度增长转向高质量发展。习近平高度关注世界科技发展前沿，展望了未来科技革命和产业革命的兴起，并把它与中国经济发展方式转换联系起来观察，预见到世界新一轮科技革命和产业变革将会与我国加快转变经济发展方式形成历史性交汇，并作过多次论述和强调。

2013 年 9 月 30 日，习近平主持中共中央政治局第九次集体学习，并发表讲话《敏锐把握世界科技创新发展趋势切实把创新驱动发展战略实施好》。他指出，从全球范围看，科学技术越来越成为推动经济社会发展的主要力量，创新驱动是大势所趋。新一轮科技革命和产业变革正在孕育兴起，一些重要科学问题和关键核心技术已经呈现出革命性突破的先兆，带动了关键技术交叉融合、群体跃进，变革突破的能量正在不断积累。而“即将出现的新一轮科技革命和产业变革与我国加快转变经济发展方式形成历史性交汇，为我们实施创新驱动发展战略提供了难得的重大机遇”[①]。

2014 年 6 月 3 日，习近平在国际工程科技大会上发表主旨演讲《让工程科技造福人类、创造未来》，从更高站位和更广视野提出并阐述这一历史性交汇。他指出：“未来几十年，新一轮科技革命和产业变革将同人类社会发展形成历史性交汇，工程科技进步和创新将成为推动人类社会发展的重要引擎。”并从多方面作了阐述，认为信息技术成为率先渗透到经济社会生活各领域的先导技术，将促进以物质生产、物质服务为主的经济发展模式向以信息生产、信息服务为主的经济发展模式转变，世界正在进入以信息产业为主导的新经济发展时期。生物学相关技术将创造新的经济增长点，基因技术、蛋白质工程、空间利用、海洋开发以及新能源、新材料发展将产生一系列重大创新成果，拓展生产和发展空间，提高人类生活水平和质量。绿色科技成为科技为社会服务的基本方向，是人类建设美丽地球的重要手段。能源技术发展将为解决能源问题提供主要途径。[②]

2015 年 11 月 23 日，习近平致世界机器人大会的贺信中写道：“当前，世界正处在新科技革命和产业革命的交汇点上。科学技术在广泛交叉和深度融合中不断创新，特别是以信息、生命、纳米、材料等科技为基础的系统集成创新，以前所未有的力量驱动着经济社会发展。随着信息化、工业化不断融合，以机器人科技为代表的智能产业蓬勃兴起，成为现时代科技创新的一个重要标志。”[③]

从上述论述可以看到，习近平谈到了几个不同层次的历史性交汇：一是新科技革命与产业革命的历史性交汇。科技进步与产业变革有着密切的联系，特别是在现代社会中，二者更是发生着前所未有的历史性交汇。每一项重大的新技术发明，不论是能源技术、材料技术、工程技术、信息技术、生物技术以及航天技术等，都会直接地带来产业变革，甚至兴起新兴产业。习近平这种敏锐的观察，超越了以往关注的科学与

①《习近平关于社会主义经济建设论述摘编》，北京：中央文献出版社 2017 年版，第 127 页。

② 习近平：《让工程科技造福人类、创造未来》，《人民日报》2014 年 6 月 4 日，第 2 版。

③《习近平关于科技创新论述摘编》，北京：中央文献出版社 2016 年版，第 85 页。

技术的历史性交汇，进一步把科学技术与产业变革联系起来了。二是新兴科技革命和产业变革与当代中国经济发展方式的转变形成历史性交汇。在这里，习近平又进一步将科技发展、产业发展与经济发展联系起来，看到了一种更广泛的历史性交汇。三是新兴科技革命和产业革命与当今人类社会发展的历史性交汇。这就把历史交汇提到整个人类社会发展的水平了。

不论是预见到历史性交汇，还是观察到历史性交汇，都不是为了旁观和欣赏，而是为了从中发现历史的机遇，并规避可能的风险。习近平对国内外多层面的历史性交汇现象的敏锐观察和超前预见，对于加快发展我国科技事业，更好部署我国产业格局，更好转变我国经济发展方式，实现高质量发展，以及站在人类历史的高度去把握当今社会发展的规律，从而全面推进新时代中国特色社会主义事业，无疑起到了极为重要的作用。

（四）人类命运共同体构建中不同国家的历史性交汇

社会历史中的交汇现象是多种多样的，这种多样性在国际交往中得到了体现。习近平在对外交往的不同场合，在阐述构建人类命运共同体思想的过程中，从不同角度和方面谈到了各国之间的交汇问题。

1. 促进不同文明的交汇与互鉴

从世界范围看，历史交汇常常表现为“文明的交汇”。习近平高度关注世界文明的多样性，充分肯定这种多样性是人类文明发展的动力，并倡导各种文明间交流互鉴。其中，就多次谈到了世界不同文明的交汇。2015 年 11 月 15 日，习近平在二十国集团领导人第十次峰会第一阶段会议上关于世界经济形势的发言中说：“土耳其是古代东西方文明交汇之地。今天二十国集团领导人在这里齐聚一堂，共商世界经济发展合作大计，很有意义。”① 2016 年 1 月 21 日，习近平在阿拉伯国家联盟总部发表演讲时说：“文明具有多样性，就如同自然界物种的多样性一样，一同构成我们这个星球的生命本源。中东是人类古老文明的交汇之地，有

① 习近平：《创新增长路径　共享发展成果》，《人民日报》2015 年 11 月 16 日，第 2 版。

着色彩斑斓的文明和文化多样性。”① 这些论述，都明确提出了文明交汇的问题。

在人类历史上，在不同的地区产生过多种文明或文化。俄国丹尼尔夫斯基提到过 12 种文明，德国史学家施本格勒提到过 8 种文明，而英国历史学家汤因比则提到过 26 种文明。当然，这些文明并不是同时代的，因而有些早已消失在历史的烟尘中。但在任何一个历史时期，都会同时存在着多种社会文明。这些文明在自身发展和向外传播的过程中，会发生不同的交汇。其中既有文明的冲撞，也有文明的交流和融合。对人类不同文明的交汇进行研究，揭示其过程和复杂机制，是很有意义的。

在文明的交汇中，包含有历史与现实的交汇。历史是昨天的现实，现实是明天的历史，它们都是社会发展过程中不同的阶段，当然有着历史的交汇。特别是在具有不同的历史文化传统、同时又面临共同现实任务的国家之间，更需要体现这种历史与现实交汇的眼光。习近平曾多次谈到这个问题，2013 年 3 月 23 日他在莫斯科国际关系学院发表演讲《顺应时代前进潮流　促进世界和平发展》，指出：“这个世界，各国相互联系、相互依存的程度空前加深，人类生活在同一个地球村里，生活在历史和现实交汇的同一个时空里，越来越成为你中有我、我中有你的命运共同体。”② 2015 年 11 月 16 日，他又在二十国集团领导人峰会工作午宴上关于中国主办 2016 年峰会的发言中说：“杭州是历史文化名城，也是创新活力之城，相信 2016 年峰会将给大家呈现一种历史和现实交汇的独特韵味。”③

2. 关注“一带一路”的地理交汇处

“一带一路”是习近平提出的重大倡议，不仅对于中国的发展有重大意义，而且对于世界经济发展和各国联通具有重要意义。“一带一路”包括两个方面，其中“一带”指丝绸之路经济带，这是一条陆路通道；“一路”指 21 世纪海上丝绸之路，是一条海路。而这两条连通多国的通

①《习近平谈治国理政》（第 2 卷），北京：外文出版社 2017 年版，第 464 页。

② 习近平：《顺应时代前进潮流　促进世界和平发展》，《人民日报》2013 年 3 月 24 日，第 2 版。

③ 习近平：《在二十国集团领导人峰会工作午宴上关于中国主办 2016 年峰会的发言》，《人民日报》2015 年 11 月 17 日，第 2 版。

道本身也是相交汇的。而这两条通道交汇之处，具有十分重要的战略意义。

习近平多次出访“一带一路”沿线国家，也多次强调“一带一路”交汇地区的重要性。2015年4月19日，在对巴基斯坦进行国事访问前夕，习近平在巴基斯坦媒体发表题为《中巴人民友谊万岁》的署名文章，指出:“中巴经济走廊位于丝绸之路经济带和21世纪海上丝绸之路交汇处，是‘一带一路’倡议的重大项目。”[①] 2015年4月21日，习近平在巴基斯坦议会的演讲《构建中巴命运共同体　开辟合作共赢新征程》中指出：南亚地处“一带一路”海陆交汇之处，是推进“一带一路”建设的重要方向和合作伙伴。中巴经济走廊和孟中印缅经济走廊与“一带一路”关联紧密，进展顺利。两大走廊建设将有力促进有关国家经济增长，并为深化南亚区域合作提供新的强大动力。[②] 2016年1月18日，习近平在沙特媒体发表署名文章《做共同发展的好伙伴》，指出：我们希望并相信地处“一带一路”西端交汇地带的沙特将成为“一带一路”的重要参与者、建设者、受益者。[③] 2016年1月21日，习近平在阿拉伯国家联盟总部的演讲《共同开创中阿关系的美好未来》，再次指出：中方愿同阿拉伯国家开展共建“一带一路”行动，推动中阿两大民族复兴形成更多交汇。[④]

3. 寻找不同国家的利益交汇点

从社会关系和国际交往角度来说，历史交汇常常表现为“利益的交汇”。不论是个人或人群都会有其利益，并十分重视维护自身的利益，而不同个人或人群之间的交往和合作，则需要找出双方“利益的交汇点”。习近平在国内外两种语境下都谈到过“利益的交汇”，从国内来说是不同地区、行业、群体的利益交汇，从国际来说是不同国家、地区的利益交汇。

2013年10月24日，习近平在周边外交工作座谈会上发表《坚持亲、

① 习近平:《中巴人民友谊万岁》,《人民日报》2015年4月20日，第1版。
② 习近平:《构建中巴命运共同体　开辟合作共赢新征程》,《人民日报》2015年4月22日，第2版。
③ 习近平:《做共同发展的好伙伴》,《人民日报》2016年1月19日，第1版。
④ 习近平:《共同开创中阿关系的美好未来》,《人民日报》2016年1月22日，第3版。

诚、惠、容的周边外交理念》的讲话，指出：维护国家主权、安全、发展利益，维护世界和平稳定、促进共同发展，“要找到利益的共同点和交汇点，坚持正确义利观，有原则、讲情谊、讲道义，多向发展中国家提供力所能及的帮助”①。2015年12月31日，习近平在全国政协新年茶话会上的讲话中指出：“我们要高举和平、发展、合作、共赢的旗帜，扩大同世界各国利益交汇点，推动构建人类命运共同体。”②

值得注意的是，习近平在谈到利益交汇时，使用了一些更具体的概念，比如“利益的平衡点”“利益的共同点”“利益的结合点”等。其中，“利益的平衡点”着眼于各方利益的不同，为了避免发生利益冲突，而使各方达到一个平衡；“利益的共同点”着眼于各方利益的相同之点或相同之处，多在共同点上做文章，就能实现利益的交汇；“利益的结合点”则着眼于各方利益的相互补充，用一个共同的东西把各方利益结合起来，等等。

4. 让不同国家的梦想交汇融通

不同的国家之间，不仅有着利益的交汇点，而且也有梦想的交汇点，思想感情的交汇点。2014年7月4日，习近平在韩国国立首尔大学的演讲《共创中韩合作未来　同襄亚洲振兴繁荣》指出：“当前，中国人民正在中国共产党领导下，沿着中国特色社会主义道路，为实现全面建成小康社会、实现中华民族伟大复兴的中国梦而努力奋斗，韩国人民也在致力于开创‘国民幸福时代’、创造‘第二汉江奇迹’的韩国梦。这种发展的交汇为中韩两国加强合作提供了历史性机遇。”他还说：“中国太极文化由来已久，韩国国旗是太极旗，我们最能领会阴阳相生、刚柔并济的古老哲理。如果说政治、经济、安全合作是推动国家关系发展的刚力，那么人文交流则是民众加强感情、沟通心灵的柔力。只有使两种力量交汇融通，才能更好推动各国以诚相待、相即相容。”③在这里，不仅强调了两国发展梦想的交汇，而且也强调了两国人民情感和心灵上的

①《习近平谈治国理政》，北京：外文出版社2014年版，第299页。

② 习近平：《在全国政协新年茶话会上的讲话》，《人民日报》2016年1月1日，第2版。

③ 习近平：《共创中韩合作未来　同襄亚洲振兴繁荣》，《人民日报》2014年7月5日，第2版。

交汇。

各国实现自身发展的梦想总是与其发展道路联系在一起的，发展梦想的交汇也必将带来发展道路的交汇。我国历来强调各国应根据自己的国情确定自己的发展道路，因而各国的道路可以并应该是不同的。但这些不同的发展道路都有一个共同之处，即它们都是适应本国发展需要的道路，都是通向实现自身发展梦想的道路。古人云："天下一致而百虑，同归而殊途。"不同国家的不同发展道路最终都会在成功的远方相会。2015 年 9 月 26 日，习近平在联合国发展峰会上的讲话《谋共同永续发展　做合作共赢伙伴》指出，"各国要共同维护多边贸易体制，构建开放型经济，实现共商、共建、共享；要尊重彼此的发展选择，相互借鉴发展经验，让不同发展道路交汇在成功的彼岸，让发展成果为各国人民共享"①。

（原文发表于《四川大学学报（哲学社会科学版）》2020 年第 3 期）

① 习近平：《谋共同永续发展　做合作共赢伙伴》，《人民日报》2015 年 9 月 27 日，第 2 版。

七

习近平“战略定力”重要论述的理论阐释

党的十八大以来，习近平多次强调要在战略上保持定力，并就此作过一系列重要论述。全面梳理和系统研究这些重要论述，揭示战略定力的丰富内涵，阐述保持战略定力的实践意义和实践要求，对于我们深入学习和研究习近平新时代中国特色社会主义思想，特别是治国理政的方法论思想，更好把握和遵循新时代条件下党中央战略部署和大政方针，具有重要理论和现实意义。

（一）“战略定力”的提出过程

“定力”特别是“战略定力”是习近平常用的词汇和术语。党的十八大以来他曾在多种场合使用过这两个概念。正因为如此，“定力”已经成为流行的日常用语，而“战略定力”已经成为重要的学术概念。考察和梳理他提出和使用这两个概念的过程和基本情况，对于了解他使用概念的语境和含义是十分必要的。

2013 年 1 月 28 日，习近平在主持十八届中央政治局就坚定不移走和平发展道路进行第三次集体学习时，强调加强战略思维，增强战略定力，更好统筹国内国际两个大局。[①] 10 月 23 日，在中南海与全国总工会新一届领导班子成员集体谈话时强调，坚持党的领导，就要坚持中国特色社会主义工会发展道路[②]，保持战略定力，增强坚持和拓展这条道路的责任心和使命感。12 月 26 日，在纪念毛泽东同志诞辰 120 周年座谈会上指出：“站立在九百六十万平方公里的广袤土地上，吸吮着中华民族

①《习近平谈治国理政》（第 1 卷），北京：外文出版社 2018 年版，第 247 页。

② 习近平：《竭诚服务职工群众维护职工群众权益　为实现中国梦再创新业绩再建新功勋》，《人民日报》2013 年 10 月 24 日，第 1 版。

漫长奋斗积累的文化养分，拥有十三亿中国人民聚合的磅礴之力，我们走自己的路，具有无比广阔的舞台，具有无比深厚的历史底蕴，具有无比强大的前进定力。中国人民应该有这个信心，每一个中国人都应该有这个信心。”[①]“坚持独立自主，就要坚定不移走中国特色社会主义道路，既不走封闭僵化的老路，也不走改旗易帜的邪路。我们要增强政治定力，增强道路自信、理论自信、制度自信。”[②]还说：“实现我们确立的奋斗目标，我们既要有‘乱云飞渡仍从容’的战略定力，又要有‘不到长城非好汉’的进取精神。”[③]12月31日，在全国政协新年茶话会上再次指出：“当今世界，机遇和挑战并存。风云变幻，最需要的是战略定力。”[④]

2014年2月17日，习近平在省部级主要领导干部学习贯彻十八届三中全会精神全面深化改革专题研讨班开班式上发表重要讲话，认为我国今天的国家治理体系，是在我国历史传承、文化传统、经济社会发展的基础上长期发展、渐进改进、内生性演化的结果，强调我国国家治理体系需要改进和完善，但怎么改、怎么完善，我们要有主张、有定力。[⑤]5月4日，在北京大学师生座谈会上指出：“建设富强民主文明和谐的社会主义现代化国家，是我们的目标，也是我们的责任，是我们对中华民族的责任，对前人的责任，对后人的责任。我们要保持战略定力和坚定信念，坚定不移走自己的路，朝着自己的目标前进。”[⑥]5月下旬，在第二次中央新疆工作座谈会上指出，实践证明，我们党的治疆方略是正确的，必须长期坚持，保持战略定力。

2015年5月下旬，习近平在浙江调研时指出，我国经济发展已经进入新常态，如何适应和引领新常态，我们的认识和实践刚刚起步，有的方面还没有破题，需要广泛探索。关键是要保持战略定力，应势而

①《十八大以来重要文献选编》(上)，北京：中央文献出版社2014年版，第699页。

② 同上。

③ 同上书，第701页。

④《全国政协举行新年茶话会　习近平发表重要讲话》，《光明日报》2014年1月1日，第1版。

⑤《习近平谈治国理政》(第1卷)，北京：外文出版社2018年版，第105页。

⑥《十八大以来重要文献选编》(中)，北京：中央文献出版社2016年版，第4页。

谋，深入研究管用的措施和办法。[①] 6 月中旬在贵州调研时强调，适应我国经济发展新常态，保持战略定力，加强调查研究，看清形势、适应趋势，发挥优势、破解瓶颈，统筹兼顾、协调联动，善于运用辩证思维谋划经济社会发展。[②] 6 月 26 日，在主持中共中央政治局就加强反腐倡廉法规制度建设进行第二十四次集体学习时指出：开弓没有回头箭，反腐没有休止符。我们必须保持政治定力，以强烈的历史责任感、深沉的使命忧思感、顽强的意志品质，以抓铁有痕、踏石留印的劲头持续抓下去。[③] 7 月中旬，在吉林调研时强调，适应和把握我国经济发展进入新常态的趋势性特征，保持战略定力，增强发展自信，坚持变中求新、变中求进、变中突破，走出一条发展新路。[④] 7 月 24 日，在党外人士座谈会上强调，我们必须保持战略定力，主动适应增长速度换挡、发展方式转变、经济结构调整、增长动力转换的新形势，坚持用发展的办法解决前进中的问题。还指出，要保持宏观政策基本稳定，加强政策落实，把我们的战略定力、我们对经济发展的信心通过稳定的政策传导给全社会。[⑤] 2015 年岁末，在中央政治局专题民主生活会上，要求保持反“四风”、正党风、反腐败、倡清廉的战略定力，坚持毫不松劲抓、锲而不舍抓。[⑥]

2016 年 7 月 8 日，习近平主持召开经济形势专家座谈会，指出从经济运行看，我国经济发展新常态的特征更加明显，必须坚定信心、增强定力，坚定不移推进供给侧结构性改革，培育新的经济结构，强化新的发展动力。[⑦] 7 月中旬，在宁夏考察时指出，要有信心和定力，看大势、

① 习近平:《干在实处永无止境　走在前列要谋新篇》,《人民日报》2015 年 5 月 28 日第 1 版。

② 习近平:《看清形势适应趋势发挥优势　善于运用辩证思维谋划发展》,《人民日报》2015 年 6 月 19 日，第 1 版。

③ 习近平:《加强反腐倡廉法规制度建设　让法规制度的力量充分释放》,《人民日报》2015 年 6 月 28 日，第 1 版。

④ 习近平:《保持战略定力增强发展自信　坚持变中求新变中求进变中突破》,《人民日报》2015 年 7 月 19 日，第 1 版。

⑤《习近平在中共中央党外人士座谈会上的讲话》,《人民日报》2015 年 7 月 31 日，第 1 版。

⑥ 习近平:《对照检查践行“三严三实”情况　讨论研究加强党风廉政建设措施》,《人民日报》2015 年 12 月 30 日，第 1 版。

⑦ 习近平:《坚定信心增强定力　坚定不移推进供给侧结构性改革》,《人民日报》2016 年 7 月 9 日，第 1 版。

看趋势，下大气力解决制约经济发展的深层次问题，多做强基础、谋长远的事情，从根本上提高经济发展质量、效益、竞争力。[①] 7月25日，在党外人士座谈会上，希望大家准确把握中共中央关于当前经济形势的分析和判断，把思想和行动统一到中共中央决策部署上来，坚定信心，增强定力，为推动经济持续健康发展作出更大贡献。[②] 7月26日，在主持中央政治局就深化国防和军队改革进行第三十四次集体学习时强调，要进一步坚定改革信心，在国防和军队改革向纵深推进的关键当口，我们要有定力、有担当、有韧劲，继续蹄疾步稳向前走。[③] 10月27日，在党的十八届六中全会第二次全体会议上指出，全党一定要保持战略定力，坚持严字当头、真管真严、敢管敢严、长管长严，把严的要求贯彻到管党治党全过程、落实到党的建设各方面。[④]

2017年2月13日，习近平在省部级主要领导干部学习贯彻十八届六中全会精神专题研讨班开班式上发表重要讲话，指出对领导干部特别是高级干部来说，加强自律关键是在私底下、无人时、细微处能否做到慎独慎微，始终心存敬畏、手握戒尺，增强政治定力、纪律定力、道德定力、抵腐定力，始终不放纵、不越轨、不逾矩。[⑤] 7月下旬，在省部级主要领导干部"学习习近平总书记重要讲话精神，迎接党的十九大"专题研讨班开班式上指出，全党要坚持问题导向，保持战略定力，推动全面从严治党向纵深发展。[⑥] 10月18日，在党的十九大报告中指出："全党要更加自觉地增强道路自信、理论自信、制度自信、文化自信，既不走封闭僵化的老路，也不走改旗易帜的邪路，保持政治定力，坚持实干

① 习近平:《解放思想真抓实干奋力前进　确保与全国同步建成全面小康社会》,《人民日报》2016年7月21日，第1版。

② 习近平:《在中共中央召开党外人士座谈会时讲话》,《人民日报》2016年7月27日，第1版。

③ 习近平:《坚持党在新形势下的强军目标　努力建设巩固国防和强大军队》,《人民日报》2016年7月28日，第1版。

④《习近平关于全面从严治党论述摘编》，北京：中央文献出版社2016年版，第18页。

⑤ 习近平:《以解决突出问题为突破口和主抓手　推动党的十八届六中全会精神落到实处》,《人民日报》2017年2月14日，第1版。

⑥ 习近平:《高举中国特色社会主义伟大旗帜　为决胜全面小康社会实现中国梦而奋斗》,《人民日报》2017年7月28日，第1版。

兴邦，始终坚持和发展中国特色社会主义。”[①]“提高党把方向、谋大局、定政策、促改革的能力和定力，确保党始终总揽全局、协调各方。”[②]“坚持问题导向，保持战略定力，推动全面从严治党向纵深发展。”12 月 25 日至 26 日，在中央政治局民主生活会上强调，要增强政治定力、道德定力，构筑起不想腐的思想堤坝，清清白白做人、干干净净做事。[③]

2018 年 1 月 11 日，习近平在第十九届中央纪律检查委员会第二次全体会议上强调：全面从严治党必须持之以恒、毫不动摇。要坚持问题导向，保持战略定力，以“越是艰险越向前”的英雄气概和“狭路相逢勇者胜”的斗争精神，坚定不移抓下去。[④] 5 月 4 日，在纪念马克思诞辰 200 周年大会上的讲话中，要求新时代中国共产党人在统筹推进“五位一体”总体布局、协调推进“四个全面”战略布局中，更有定力、更有自信、更有智慧地坚持和发展新时代中国特色社会主义，确保中华民族伟大复兴的巨轮始终沿着正确航向破浪前行。[⑤] 6 月 22 日至 23 日，在中央外事工作会议上强调，对外工作要坚持统筹国内国际两个大局，坚持战略自信和保持战略定力，坚持推进外交理论和实践创新，坚持战略谋划和全球布局，坚持捍卫国家核心和重大利益。[⑥] 6 月 30 日，在主持中央政治局第六次集体学习时强调，不断提高各级领导干部特别是高级干部把握方向、把握大势、把握全局的能力，辨别政治是非、保持政治定力、驾驭政治局面、防范政治风险的能力，善于从政治上分析问题、解决问题。[⑦] 7 月 31 日，在主持中央政治局第七次集体学习时强调，

① 习近平：《决胜全面建成小康社会　夺取新时代中国特色社会主义伟大胜利——在中国共产党第十九次全国代表大会上的报告》，北京：人民出版社 2017 年版，第 17 页。

② 同上书，第 20—21 页。

③ 习近平：《中共中央政治局召开民主生活会上的讲话》，《人民日报》2017 年 12 月 27 日，第 1 版。

④ 习近平：《全面贯彻落实党的十九大精神　以永远在路上的执着把从严治党引向深入》，《人民日报》2018 年 1 月 12 日，第 1 版。

⑤ 习近平：《在纪念马克思诞辰 200 周年大会上的讲话》，北京：人民出版社 2018 年版，第 20 页。

⑥ 习近平：《坚持以新时代中国特色社会主义外交思想为指导　努力开创中国特色大国外交新局面》，《人民日报》2018 年 6 月 24 日，第 1 版。

⑦ 习近平：《把党的政治建设作为党的根本性建设　为党不断从胜利走向胜利提供重要保证》，《人民日报》2018 年 7 月 1 日，第 1 版。

坚决做好全面停止军队有偿服务工作，各有关方面要强化“四个意识”，提升政治站位，保持战略定力，直面矛盾问题，坚持不懈抓到底。① 9月10日，在全国教育大会上强调，做老师就要执着于教书育人，有热爱教育的定力、淡泊名利的坚守。② 9月25日至28日，在东北三省考察并主持召开深入推进东北振兴座谈会时强调，新时代东北振兴，是全面振兴、全方位振兴，要从统筹推进“五位一体”总体布局、协调推进“四个全面”战略布局的角度去把握，瞄准方向、保持定力，扬长避短、发挥优势，一以贯之、久久为功。③ 11月1日，在民营企业座谈会上强调，保持定力，增强信心，集中精力办好自己的事情，是我们应对各种风险挑战的关键。④ 11月5日，出席首届中国国际进口博览会开幕式并发表主旨演讲，指出：相信只要我们保持战略定力，全面深化改革开放，深化供给侧结构性改革，下大气力解决存在的突出矛盾和问题，中国经济就一定能加快转入高质量发展轨道，中国人民就一定能战胜前进道路上的一切困难挑战，中国就一定能迎来更加光明的发展前景。⑤ 同日，会见俄罗斯总理梅德韦杰夫，强调中俄两国坚定走和平发展道路，致力于维护国际公平正义，体现了有定力、负责任的大国担当。⑥ 11月7日，在上海考察时指出，只要我们保持战略定力，集中精力办好自己的事情，我们认准的目标就一定能实现。⑦ 12月18日，在庆祝改革开放40周年大会上的讲话中强调，提高党的执政能力和领导水平，不断提高党把方向、谋大局、定政策、促改革的能力和定力，确保改革开放这艘航

① 习近平：《坚定决心意志增强工作合力　坚决做好全面停止军队有偿服务工作》，《人民日报》2018年8月1日，第1版。

② 习近平：《坚持中国特色社会主义教育发展道路　培养德智体美劳全面发展的社会主义建设者和接班人》，《人民日报》2018年9月11日，第1版。

③ 习近平：《解放思想锐意进取深化改革破解矛盾　以新气象新担当新作为推进东北振兴》，《人民日报》2018年9月29日，第1版。

④ 习近平：《在民营企业座谈会上的讲话》，《人民日报》2018年11月2日，第2版。

⑤《习近平出席首届中国国际进口博览会开幕式并发表主旨演讲》，《人民日报》2018年11月6日，第1版。

⑥《习近平会见俄罗斯总理梅德韦杰夫》，《人民日报》2018年11月6日，第2版。

⑦ 习近平：《坚定改革开放再出发信心和决心　加快提升城市能级和核心竞争力》，《人民日报》2018年11月8日，第1版。

船沿着正确航向破浪前行。[①]

2019年7月19日，习近平在中央和国家机关党的建设工作会议上发表讲话，论述了党员干部带头做到“两个维护”的问题，强调“做到‘两个维护’，既要体现高度的理性认同、情感认同，又要有坚决的维护定力和能力”[②]。

总之，“战略定力”是习近平常用的提法，也是他一贯的思想，还是他在面对和处理战略问题时的一贯做法。在新时代坚持和发展中国特色社会主义的过程中，根据形势发展的需要，他总是会适时强调保持定力，并以这样的态度和精神处理好出现的新情况和遇到的新问题，使中国特色社会主义事业的巨舰始终前进在正确的航向上。

（二）“战略定力”的思想内涵

在习近平提出和使用“战略定力”这个概念之前，不论是在政治生活中，还是在理论界和学术界，都很少见到这种说法。而在习近平提出这个概念并反复强调之后，人们逐渐熟悉了这个概念，学界也进行了相应的论证，可以说人们已经大体上知道“战略定力”是指什么。但是，要从学理上对其思想内涵作出更加全面和深入的把握，还是学术研究的一个重要而长期的任务。

顾名思义，“战略定力”是指战略层面上的定力。那么什么是“定力”呢？也需要进行分析，因为它毕竟以前比较少见，《现代汉语词典》中也没有收录和解释。但我们至少可以从字面上加以领会和理解，“定”和“力”都是很明了的字眼。“定”是平静、稳定、确定的意思，“力”就是力量，而当“定”成为或作为一种力量时，就是定力。因此，所谓“定力”，就是一种淡定、坚定、稳重、执着的力量，主要指称一定主体的状态、性格、气质、能力等。这里的主体既可以是个人，也可以是群体或组织。而作为个人的主体，既可以是普通个人，也可以是政治人物，而通常情况下是指战略家或领导人。作为组织的主体，既可以是政

① 习近平：《在庆祝改革开放40周年大会上的讲话》，北京：人民出版社2018年版，第23页。

②《习近平关于“不忘初心、牢记使命”论述摘编》，北京：党建读物出版社、中央文献出版社2019年版，第124页。

党，也可以是国家，以及其他团体或群体。而当主体是战略家或组织首脑的时候，主体已经是战略主体，而定力也就成为战略定力了。

所谓“战略定力”，是指一定战略主体在对待和处理战略问题时，特别是在战略实施过程中，所具有或表现出来的一种淡定、坚定、稳重、执着的态度、品格和能力。这里的“战略”主要指政治层面和社会事业层面的战略，它关涉一定政党，特别是一定国家或民族的根本利益和前途命运。虽然每个人在其人生规划和事业发展方面也有“战略”性问题，但在习近平“战略定力”的语境中，“战略”是党和国家层面的战略。这里的“战略主体”首先指战略的设计、谋划者，即一定战略的制定者，但又不只是制定者，而且是实施者。只有抽象的完美战略，而不能够在现实中实施并实现，那就不成其为真实的战略。因而就“战略定力”来说，更重要的是战略实施。而战略主体作为战略实施者，并不是指实施者的全部，而主要是指战略实施的领导者。因为一定战略的实施是一个全体动员、全民参与的过程，并不是每一个成员都是战略家意义上的主体。我们党和国家的领导者，党中央和习近平总书记不仅是我国复兴战略的制定者也是实施的领导者。

战略定力是战略主体特别是战略家所应有的品质和素养。虽然一个人要想成为战略家需要有多方面的素养和能力，不仅仅是一个“战略定力”而已，但不论他具有多少必要的战略素养和能力，如果缺少战略定力，那就绝不能成为成熟和成功的战略家。真正的战略家，应该有坚定的信念、大局的视野、平稳的心态、清晰的头脑、顽强的意志、执着的追求，一句话，必须有战略定力。特别是要有“善始善终、善作善成”的意志品质和行动能力。因此，真正的战略家不只是能够制定出正确的战略，而且更重要的是能够在复杂变幻的局势中能够始终把握正确方向，持守正确战略不动摇，并以始终不懈的努力最终达成正确的战略目的。

战略主体的定力素养不是抽象的潜能，而是需要在实际的战略处置中得到充分体现的实际能力。因此，必须联系和结合实际的战略过程来讨论战略定力。战略过程有多个环节，比如战略设计或顶层设计、战略部署、战略实施，以及战略实现。主体的战略定力就体现在这些环节当中，体现在实际制定和实施的战略本身中。在战略设计上，必须视野宽广、全局在胸，同时又要始终把握关系国家和民族命运的根本利害，做到以我为主，心中有数。要有大战略意识，致力于制定既着手于当前，更着眼于长远的大战略。比如我国实现社会主义现代化和中华民族伟大复兴的战略，就绝不是短期性战略。尤其要把准战略方向，确保大方向正确。在战略部署上，要在大方向正确的基础上，明确最佳行动路线和工作方案。把战略设想加以落实，不论是战略步骤的安排，还是战略力量的组织，以及目标任务的分解等，都要部署到位。在战略实施上，要全力以赴，特别是必须持之以恒，坚持到底。而不能由于受到内外部干扰而发生动摇和松懈。因为凡是战略，特别是宏大的战略，它的实施总是一个相当长期的历史过程。而时间越长，不确定性就越大，出现突发性事件的概率就越大，坚持下去的难度就加大，因而就越容易发生动摇，从而影响到战略实施的持续性和有效性，甚至有可能使战略的达成功亏一篑。因此，在战略实施的过程中，格外需要保持战略定力。只有经受住这种长期跋涉的考验，经受各种随时出现的各种困难和挫折的考验，始终如一地走向自己的目标，才能最后将战略目标变成现实。

（三）“战略定力”的现实意义

习近平之所以一再谈到战略定力，强调要保持战略定力，是因为它在实践中十分重要。它的现实意义可以表现在许多方面，从大的方面说，主要表现在以下三个方面：

首先，保持战略定力是实现大国治理的需要。从历史上看，国家是一个比部落和部落联盟更大的共同体，因而任何一个国家，甚至是一个小国，它的治理也是一个战略问题，也需要有一定的战略定力。而对于一个更大的国家来说，比如像中国这样的大国来说，它的治理就更加需要战略定力。因为一个大国就好比一艘大船，在行动上不会像小船那样灵活，而且调头困难，必须事先规划好航向；也比如把好多鸡蛋都放在一个大篮子里，必须加倍小心呵护。中国古人早就意识到了这一点，老子说过“治大国，若烹小鲜”①，意思是说治理一个大国，好比烹饪一条小鱼，不能随意翻腾。这句名言，为后世的人们奉为圭臬。习近平曾多

①《老子》，饶尚宽译，北京：中华书局2016年版，第151页。

次引用老子的这句话，也多次论述这一问题，强调中国是一个大国，决不能在根本性问题上出现颠覆性错误，一旦出现就无法挽回、无法弥补。作为中央军委主席，他还在指导军队工作时用一个比喻生动地说明了这一道理：小帆船可以在水里打转，绕几个弯又起来了，泰坦尼克号要是沉了，它就真是沉了。我们这样一个大国，这样一支军队，在改什么、不改什么问题上要有战略定力，决不能在根本问题上出现颠覆性错误。①

其次，保持战略定力是追求长期目标的需要。大凡战略目标，都是需要长期追求才能实现的根本性目标。但是，战略毕竟也有大小的不同，国家治理中的战略目标也有远近之分。越是大的战略，越是远期的战略目标，它的实现就越需要更长时期的追求和实施，从而这个过程就更需要保持战略定力。只有坚定的战略定力，才能保证相当长时间内的战略实施，并最终实现战略目标。如果在追求战略目标的过程中缺乏战略定力，轻易地放弃或弱化对远大目标的追求，那么最终目标也就不能实现了。

中国共产党吸收了中华优秀传统文化中的极为丰富的战略思维，并以马克思主义为指导思想，而马克思主义本身作为改造世界的世界观和方法论就是一种卓越的战略思维，再加上中国共产党对实现中华民族伟大复兴的历史担当，使其在治理国家社会和领导建设发展的时候，具有超强的战略规划性，并善于制定、追求和实现长期目标。我们党不论是在革命、建设还是改革时期，都提出和实施了一些长期性目标。改革开放以来党中央关于“三步走”的战略步骤，就是为了实现中华民族伟大复兴的长远目标。特别是党的十八大以来，以习近平同志为核心的党中央制定和实施了一系列重大战略，其中每一个都不是轻而易举地能够实现的，都必须坚定不移地接续追求。正因为如此，习近平一直强调要保持战略定力。

最后，保持战略定力是应对国际变局的需要。越是形势多变，越是局势复杂，就越需要有战略定力。不论从世界局势来说，还是从国内形

① 曹智、王玉山、武天敏等：《伟大的变革　历史的跨越：以习近平同志为核心的党中央领导和推进强军兴军纪实之三》，《人民日报》2017年9月11日，第1版。

势来说，都是如此。从世界来看，经济全球化潮流浩浩荡荡，新科技革命和产业变革深入发展，全球治理深刻重塑，国际格局加速演变，和平发展大势不可逆转。同时，全球发展深层次矛盾突出，霸权主义、强权政治依然存在，保护主义、单边主义不断抬头，战乱恐袭、饥荒疫情此伏彼现，传统安全和非传统安全问题复杂交织。2020 年上半年肆虐全球的新冠肺炎疫情，以及近年来出现的其他类似现象，都清楚地说明了这一点。而且，目前新冠疫情还在持续当中，它不论何时结束，都会对世界经济、政治格局和国际关系产生巨大影响。可以说，当今世界正经历着百年不遇的大变局。越是在这样的时候，就越要保持战略定力，冷静观察国际局势，不为任何风险所惧、不为任何干扰所惑，准确把握世界变化的趋势，准确定位自己的核心利益，维护国家主权、尊严和发展利益。从国内来看，不仅再现着国际的变局及其影响，而且直接体现着我国的社会转型和事业发展的复杂进程。两者交汇叠加，可以说是异常复杂，变化多端。在这样的情况下，就更要保持战略定力，不断推进党和国家事业发展。需要特别说明的是，保持战略定力是在敏锐观察和把握时事变化基础上的胸有成竹和心中有数，而决不是在时事变迁面前反应迟钝，更不是无视形势变化而一意孤行。总之，在复杂多变的国内外形势下，保持战略定力，锲而不舍地做好自己的事情，是实现社会主义现代化战略目标、实现中华民族伟大复兴中国梦的重要前提。

（四）“战略定力”的实践要求

那么，怎样才能保持战略定力呢？保持战略定力在当前的实践要求是多方面多层次的，而从大的方面讲，主要表现在以下三个方面：

首先，必须坚持和发展中国特色社会主义，增强中国特色社会主义的“四个自信”。习近平指出，在道路、方向、立场等重大问题上，旗帜要鲜明，态度要明确，不能有丝毫含糊。现在，我们已经进入新时代，但这个新时代是中国特色社会主义的新时代，而不是什么别的新时代。新时代的主题就是坚持和发展中国特色社会主义，而实现中华民族伟大复兴也正是在坚持和发展中国特色社会主义的过程中实现的。保持战略定力，首先和最重要的就是一以贯之坚持和发展中国特色社会主义。为此，必须以习近平新时代中国特色社会主义思想为指导，坚定中国特色社会主义道路自信、理论自信、制度自信和文化自信，不走封闭僵化的老路，不走改旗易帜的邪路，坚定不移走中国特色社会主义道路。

特别要深刻认识到中国特色社会主义道路，是在改革开放的伟大实践中走出来的，是在新中国成立以来的持续探索中走出来的，是在对近代以来中华民族发展历程的深刻总结中走出来的，是在对中华民族悠久文明的传承中走出来的，具有深厚的历史底蕴和现实基础，来之不易并需要我们倍加珍惜。特别是经过几十年的探索和创造，中国特色社会主义已经形成一整套制度和治理体系，并体现出多方面的显著优势，对此我们更要增强制度自信，坚定不移地坚持和发展这一制度。

其次，必须坚持稳中求进的工作总基调，为实现党的奋斗目标而持之以恒、不懈奋斗。党的十八大以来，以习近平同志为核心的党中央一方面轰轰烈烈地反对腐败，大刀阔斧地推进各个领域的改革，另一方面又一直强调稳中求进的工作总基调，特别是在每次经济工作会议上都会强调这一点。可以说，这是习近平治国理政的重要原则和方法论。所谓“总基调”，是指党和国家工作格局的总背景、总底色和总节奏。“稳中求进”首先是“稳”，它是前提和基础，不论遇到何种风浪都不能犯颠覆性错误；在此基础上努力“求进”，大力推进改革和发展。这样的工作总基调集中体现了习近平对于坚持底线思维的要求，特别是保持战略定力的要求。

近年来，国际环境对我国发展有诸多不利因素，国内改革发展也进入关键时期，经济下行压力较大，在这种情况下，我们更要自觉地坚持稳中求进的工作总基调。2019年1月28日，习近平在同各民主党派中央、全国工商联负责人和无党派人士代表共迎新春时再次强调，稳中求进是当前和今后一个时期党和国家工作总基调。[①] 这一论述为我们在新形势下保持战略定力指出了方向。保持定力，增强信心，集中精力办好自己的事情，是我们应对各种风险挑战的关键。只要我们保持战略定力，坚

①《习近平同党外人士共迎新春讲话》，《人民日报》2019年1月29日，第1版。

持稳中求进工作总基调，以供给侧结构性改革为主线，全面深化改革开放，我国经济就一定能够加快转入高质量发展轨道，我国社会就一定会迎来更加光明的发展前景。2020年初我国暴发了严重的新冠肺炎疫情，党中央领导全国人民开展了抗击疫情的人民战争，而在基本控制住疫情的情况下，又需要处理好疫情防控和复工复产的关系。在4月17日召开的中共中央政治局会议上，再次强调要坚持稳中求进工作总基调。认为稳是大局，必须确保疫情不反弹，稳住经济基本盘，兜住民生底线。要在稳的基础上积极进取，在常态化疫情防控中全面推进复工复产达产，恢复正常经济社会秩序，培育壮大新的增长点增长极，牢牢把握发展主动权。

最后，必须坚持和平发展道路，在国际事务中坚定维护国家核心利益。当今世界正经历着百年不遇的大变局，在复杂多变的国际局势中，必须保持战略定力。要集中精力做好自己的事，坚定不移走和平发展的道路，推动构建新型国际关系，推动构建人类命运共同体。走和平发展道路是我们党根据时代发展潮流和我国根本利益作出的战略抉择。经过多年发展，我国迎来了从站起来、富起来到强起来的伟大飞跃。我国正以自信的姿态走近世界中心舞台。但我们从不认同“国强必霸”的逻辑。不论以后中国发展到何种程度，国力如何强大，我们都始终不渝坚持走和平发展道路。面对国际风云变幻，要平心静气、静观其变，不因一时一事或某些人、某些国家的言论而受到影响，更不能掉入别人设置的各种陷阱。在复杂形势下，要沉着冷静、审时度势，趋利避害、因势利导，坚定维护国家主权、尊严和发展利益，同时为世界发展作出更大的贡献。

（原文发表于《陕西师范大学学报（哲学社会科学版）》2020年第3期）

第三编

中国共产党人理想信念研究

一

论马克思主义信仰体系

理想信念教育是思想政治教育和意识形态工作的核心任务，而开展理想信念教育有一个前提和基础，就是教育者能够知道正确理想信念是什么，即能够说出这一理想信念的内容。在改革开放以来逐步开展起来的理想信念教育中，我们是能够大体上知道或说出社会主义理想信念或马克思主义信仰的主要内容的。但仅仅做到这一点还不够，还应该能够从系统性上全面把握正确理想信念的内容及其结构。换言之，是把握正确理想信念或信仰的体系。如果说在改革开放前半期的理想信念教育中这一点还不是那么迫切，那么在改革开放的新征程也就是当我们进入新时代之后，当理想信念教育呈现出常态化、体系化、制度化趋势的时候，就成为十分迫切的任务了。因此，构建社会主义理想信念体系或马克思主义信仰体系，是新时代理想信念教育的重大而紧迫的课题。

（一）问题的提出

这个问题的提出和凸显不是偶然的，它是当代中国社会发展和思想文化演化的必然性结果。

首先，构建社会主义理想信念体系或马克思主义信仰体系，是我们改革开放以来陆续构建一系列社会规范体系进程的自然结果。从一定意义上说，改革开放的历史过程是一个社会转型的过程，虽然我国的社会主义根本性质和基本制度没有改变，但从经济到政治和文化以及社会各个方面，都发生着重大的转变。一些旧的社会规范体系在解体，一些新的社会规范体系在形成。当改革开放进入新征程，当中国特色社会主义事业进入新时代，我们看到一系列基本规范体系都已逐步建立起来，其中既有指导思想层面的体系，又有体制机制层面的体系，还有法律规范方面的体系，以及思想道德方面的体系。从指导思想层面看，我们形成了中国特色社会主义理论体系；从经济建设和经济运行层面看，我们形成了中国特色社会主义经济体系，特别是社会主义市场经济体制；从政治建设和制度设计层面看，我们形成了中国特色社会主义政治体系，特别是形成了中国特色社会主义制度和治理体系；从法治法律层面看，我们形成了中国特色社会主义法律体系；从思想文化层面看，我们形成了社会主义思想道德体系、社会主义核心价值体系和社会主义核心价值观。

特别是党的十九大以来，我国的规范体系建设进入新阶段，各方面"体系"走向成熟，"体系"建构的导向更加明确。不仅基本规范体系的构建进入梳理和总结阶段，同时一些更加具体的体系也在加快建立。党的十九大明确提出"建设现代化经济体系"和"健全人民当家作主制度体系"，十九届四中全会决议则对中国特色社会主义制度体系和治理体系进行了全面总结。所有这些体系的形成，特别是社会主义核心价值体系和社会主义核心价值观的形成，不仅使构建社会主义理想信念体系提上日程，而且为此打下了坚实的社会文化基础。

不论是社会主义思想道德体系，还是社会主义核心价值体系，以及社会主义核心价值观，其核心内容和精神实质都是社会主义理想信念。要想把我们的理想信念本身讲清楚，就不能仅限于提出这一理想信念的某些内容甚至基本内容，还要讲清楚理想信念体系本身。我们的理想信念并不只是一个点，而是具有十分丰富的内容，自身是一个有机的体系。研究、揭示和构建这个理想信念体系，是社会主义思想道德体系、社会主义核心价值体系和社会主义核心价值观的建设走向深入的必然要求。如果说社会主义思想道德体系中核心价值体系是核心，在社会主义核心价值体系中核心价值观是核心，那么在社会主义核心价值观中理想信念则是核心。

其次，构建社会主义理想信念体系或马克思主义信仰体系课题的提出，是当代中国人信仰重建或坚定理想信念的必然要求，是理想信念教育走向深入的表现。在改革开放过程中，由于人们心灵世界受到来自各个方面的冲击，社会上出现了信仰危机等相关现象。如果不能坚定人们的社会主义理想信念，我们的改革开放和社会发展就可能迷失方向。因此，在改革开放40多年来的历史进程中，我们党一直强调加强理想信念教育，特别是习近平总书记关于理想信念及其教育的系列重要论述的内容极为丰富，为我们今天探索和构建社会主义理想信念体系作了充分准备。

理想信念教育不仅在于向人们提供有关信仰或理想信念的知识，更在于向人们提供正确的理想信念和科学的信仰。那么，什么是科学的理想信念或信仰呢？我们通常所说的共产主义信仰、马克思主义信仰究竟是怎样一种信仰？它的基本内容有哪些？它的完整体系是什么呢？这是人们经常提出的问题，也是经常得不到清楚解答的问题。也许人们对于这个信仰的某些基本之点有所了解，但不能从学理上形成完整而系统的理解和把握。这显然对于理想信念教育是很不利的。

最后，改革开放以来的理想信念教育过程，特别是党和国家领导人的一些重要的相关提法，已经为我们构建马克思主义信仰体系作了充分的准备。

一方面是概念上的准备。邓小平在改革开放初期就提出了理想信念教育的任务，在强调要有“理想”的同时，明确使用“信念”一词，使之成为一个重要概念。而且正是在将“理想”和“信念”并提的过程中，它们逐渐固定表达为“理想和信念”，并最终融合为“理想信念”这样一个新概念。这个具有中国特色的综合性高端理论概念的形成，特别是它在中央重要文献中得到使用并成为核心性概念，为我们的理论研究和理论宣传提供了极大的便利。而且，在这个过程中我们还改造和转换了传统的“信仰”概念，使之从一个历来表达宗教信仰的概念，脱胎换骨，成为一个中性的学术概念，并进一步成为一个褒义的理论概念。它虽然在某些场合仍旧表达宗教信仰，但在我国主流话语中主要用来表达我们信奉的科学信仰。当习近平总书记说“人民有信仰，民族有希望，国家有力量”时，显然指的就是马克思主义信仰。而“马克思主义信仰”概念的出现，并得到人们的承认和目前的流行，都为我们建构马克思主义信仰体系做了基本的概念准备。

另一方面是内容概括和表述上的准备。在进行理想信念教育的过程中，总会提到教育的内容。在党和国家的重要文献中，特别是在领导人的重要论述中，先后出现过许多关于正确理想信念的内容构成的论述。特别是其中的一些概括性表述，体现了不同的内容组合方式，体现了理想信念内容的系统性。比如，邓小平提出坚持四项基本原则，即坚持社会主义道路、坚持人民民主专政、坚持共产党的领导、坚持马列主义毛泽东思想，虽然主要是从实践角度讲的，但在某种意义上也是一个理想信念体系，因为它是四个基本信念的组合。江泽民在理想信念教育中不仅提出了“三讲”，即“讲学习、讲政治、讲正气”，而且提出了“三观”即世界观、人生观、价值观，这也是一个信念体系，只是以观念形式呈现出来罢了。而且其中强调了“价值观”，从而为后续的价值体系建构作了准备。习近平总书记高度重视理想信念教育，对马克思主义信仰有更多论述，提出了许多意蕴深厚的提法。他曾明确提出：“中国共产党的理想信念，就是马克思主义真理信仰，共产主义远大理想，中国特色社会主义共同理想。”[①] 特别是还提出了“三信”即对马克思主义的信仰、对中国特色社会主义的信念、对实现中华民族伟大复兴中国梦的信心。这些不同的表述，都体现了在表述马克思主义信仰内容上不断向着体系化方向发展的趋势。

（二）概念问题

在考察“马克思主义信仰体系”之前，需要进行相关概念的辨析。因为人们在表述相近问题时，使用着很不相同的概念，而且大多也都是正确的。这既是一个好事，表明了概念的多样性和信仰内容的丰富性，同时也是一个缺点，表明我们在概念处理和相应研究上的不足。

从本文的核心概念来看，就同时存在着两个等值的概念表达，即“社会主义理想信念体系”和“马克思主义信仰体系”。这两个概念都是对我们所称为“正确理想信念”或“科学信仰”的表达，因而使用其中任何一个都是正确的，只是在不同的具体语境中有所侧重罢了。如果从问题提出的角度看，特别是从我们党已有的系列概念表达方式看，“社会

①《习近平关于“不忘初心、牢记使命”论述摘编》，北京：党建读物出版社、中央文献出版社 2019 年版，第 88 页。

主义理想信念体系”概念的出现是很自然的。只要沿着“社会主义思想道德体系”“社会主义核心价值体系”“社会主义核心价值观”的表述向前迈出一步，我们就会得出“社会主义理想信念体系”。需要说明的是，这一系列概念虽然表面上是一种不分国别的一般性“社会主义”表述，但其实讲的是中国特色社会主义。我们固然可以对“社会主义理想信念体系”做一般意义上的理解，但在多数情况下它是与“中国特色社会主义理想信念体系”一样的。而从核心内容和实质来看，“社会主义理想信念体系”也就是“马克思主义信仰体系”。这里的“社会主义”指的就是科学社会主义，或共产主义，也就是马克思主义。这里的“理想信念”作为一个综合性概念，是与“信仰”同等的概念。正因为如此，我们既可以说“坚定社会主义理想信念”，也可以说“坚定马克思主义信仰”。从我们当下所从事的事业来说，就是“坚定社会主义理想信念”，而从我们的指导思想来说，就是“坚定马克思主义信仰”。

“马克思主义信仰”与“共产主义信仰”也是性质相同的概念。邓小平说过，马克思主义的另一个名词是共产主义。我们既可以使用前者，也可以使用后者。过去较多地用“共产主义理想”或“共产主义信仰”的说法，而后来特别是近年来，更多地使用“马克思主义信仰”概念，这都是可以的，因为意思一样。但从学理上说，特别是从历史上去考察二者的关系时，也可以发现一些复杂的情况，导致“共产主义信仰”概念模糊。大体说来，“共产主义信仰”一词可以有大中小三种含义。从广义来看，它大于“马克思主义信仰”，因为在马克思主义之前和之外也有共产主义信仰，而马克思主义信仰只是其中的科学共产主义信仰；从中义来看，“共产主义信仰”就是“马克思主义信仰”，二者是完全相同的；从狭义来看，“共产主义信仰”只是“马克思主义信仰”的一部分，即社会政治部分，相当于科学社会主义部分的理想信念。当然尽管如此，在大多数情况下，特别是我们在宣传教育语境中，采用的是中等范围的“共产主义信仰”概念。因此，“共产主义信仰”就是“马克思主义信仰”，而“共产主义信仰体系”也就是“马克思主义信仰体系”。

那么，“马克思主义信仰”与“马克思主义信仰体系”有何不同呢？

从性质来说应该是一样的。“马克思主义信仰”本身是一个体系，不论加不加“体系”二字，都是如此。而加上“体系”二字之后，也没有变成另外的信仰。实质没有改变，只有观察角度的改变。当我们使用“马克思主义信仰”这个概念时，通常不是在强调这个信仰的体系属性，而是从一般性质上去掌握这个信仰。大多数理论研究和宣传情况下都是如此，也没有必要刻意强调它的体系。但这并不意味着我们否定它的体系性，而只是意味着我们没有强调这一点而已。而当我们需要突出这个信仰的体系特征的时候，在我们需要全面地把握这个信仰的内容构成的时候，或掌握其内在结构的时候，则可以而且应该加上“体系”二字，以示提醒。现在我们使用“马克思主义信仰体系”概念，就是要着力从它的内容全面性上，从它的结构整体上去把握这个信仰。

（三）视域问题

研究和提炼“马克思主义信仰体系”，不仅涉及概念问题，而且涉及视角或视域问题。概括和提炼“马克思主义信仰体系”可以有双重视角：一个是中国视角，一个是世界视角。从两个不同的视角出发去界定“马克思主义信仰体系”，或把“马克思主义信仰体系”放在中国和世界两个不同的视域中，就有不同的概括要求，并会得出不同的概括表述。

从问题的提出来看，主要是基于现实的需要，因而我们研究这个问题当然要从中国当下的实际出发。但是，如果我们放大视野就会发现，概括和建构“马克思主义信仰体系”，可不只是中国的需要和只具有中国当下的意义，而同时也是一个世界性的需要并具有世界性意义。因为对马克思主义的信仰，对社会主义和共产主义的追求，并不只是中国人的事情，也是一种世界性的现象。当今世界上仍然存在着世界社会主义运动，许多国家都有一些共产党人在信奉马克思主义，遵循科学社会主义，追求共产主义。可以说，对世界社会主义运动来说，特别是对国际共产主义运动来说，研究和提炼“马克思主义信仰体系”也是一个十分重要的任务。

本来，这一任务本身应该很早就被提出并得到某种解决的，而不应该等到现在。既然国际共产主义运动有着共同的理想追求，有着共同的思想指导，也就是说有着共同的共产主义理想信念或马克思主义信仰，那么从一开始就应提出信仰体系的构建问题。但事实并非如此，不仅当时的社会主义阵营没有共同提出和解决这个问题，而且各个国家的共产党人也没有明确提出和有效解决这个问题。之所以如此，并不是因为国际共产主义运动不需要有共同的马克思主义信仰，也并不意味着各国共产党人不信奉马克思主义，而是由多种原因造成的，其中很重要的一个，就是人们并没有把马克思主义的指导和对共产主义的追求当作一个"信仰"问题。由于"信仰"问题在历史上总是特指"宗教信仰"，非宗教的科学的信仰并没有得到人们的认可。经典作家也一直强调马克思主义理论本身的科学性，反对把它变成一种宗教教条。再加上其他原因，使人们都不愿谈论"马克思主义信仰"问题。甚至有人觉得，使用这样的概念本身就是对马克思主义的亵渎。

但是，在苏联解体和东欧剧变之后，在世界社会主义运动受到空前挫折而发生信仰危机之后，信仰的问题就突出起来了。各国共产党人在社会主义运动低潮的情况下，都有一个坚定信仰的问题。在这样的历史条件下，明确提出坚定"马克思主义信仰"，并从理论上去建构"马克思主义信仰体系"，就越来越重要了。特别是在当前"东升西降"的世界形势下，在世界社会主义从低谷中苏醒过来并积聚力量重新走向复兴的形势下，明确"马克思主义信仰"及其体系就成为一个世界性课题。

中国是当今世界上最大的社会主义国家，也是发展得最成功和具有最大实力的社会主义国家，在世界社会主义运动和国际共产主义运动中有着不可替代的中流砥柱作用。中国在探索具有自身特色的社会主义建设道路和形成发展中国特色社会主义的过程中，所形成和积累起来的包括思想文化成果在内的积极成果，必定会产生越来越大的国际影响。因此，当中国基于自身捍卫和发展社会主义事业的需要，提出坚定马克思主义信仰，并着力概括马克思主义信仰体系的时候，就不仅具有国内的意义，而且具有世界性意义。正因为如此，我们在研究马克思主义信仰和建构马克思主义信仰体系的时候，就不仅要基于中国人坚定理想信念的需要，还要兼顾世界社会主义运动的需要。

基于世界社会主义运动需要而建构的马克思主义信仰体系，与基于中国当下需要而建构的马克思主义信仰体系，在范围上应该是有所不同的。但与人们的直觉印象相反，并不是世界视域中的马克思主义信仰体系就是广义的，而中国视域中的马克思主义信仰体系就是狭义的。恰恰相反，世界视域中的马克思主义信仰体系是狭义体系或小体系，而中国视域中的马克思主义信仰体系则是广义体系或大体系。后者包括前者在内，或者说前者构成后者的一个组成部分。因为，适应于全世界的马克思主义信仰体系应该是相对简单的，它可以说是各国共产党人理想信念系统中共同的部分，是共同的核心性内容。而除了这部分共同内容外，每个国家的共产党人还会根据自己的社会文化需要和特点，围绕这个核心内容而增添另外的具体性内容，从而使马克思主义信仰的小体系扩展为大体系。当我们立足于当下中国的社会文化基础而构建我们的马克思主义信仰体系的时候，同样如此。除了共同的马克思主义信仰内容之外，还会增添中国特有的内容。

（四）狭义“马克思主义信仰体系”的构成

在狭义上，“马克思主义信仰体系”是由四个基本部分组成的有机整体，包括唯物主义的世界图景、共产主义的远大理想、人民至上的根本信念、自由全面的人生追求。这是马克思主义基本原理和立场观点方法中所蕴含的理想信念内容，是马克思主义这一博大精深的思想理论和价值信念体系中最核心的内容。

唯物主义的世界图景。这是指马克思主义信仰的世界观基础，即唯物主义世界观。任何一种完整的信仰或信仰体系，都有其自身的世界观。世界观并不在信仰体系之外，它是信仰的基础，是信仰体系的坚实基地。而且，世界观本身是一种信念或信仰，因为任何真正的世界观都是被信奉的世界观，是人们信以为真的世界观，它本身是一种基础性背景性的信念，构成了诸多有关社会和人生的理想信念的基础和场所。因此，它通常是哲学所关注的对象，并表现为哲学信念或信仰。

在人类历史上，人们对世界有过各种各样的描绘，形成过诸多不同的世界观。但不论人们对世界的具体看法和描绘有多么不同，人们的世界观大体上可以区分为两种基本类型：唯物主义世界观和唯心主义世界观。人们自发的社会生活信念，大多是建立在自发的唯物主义世界观基础上的，而历史上的唯物主义哲学家则将这种世界观加以概括和深化，形成理论的完整哲学建构。相比之下，唯心主义世界观虽然不像唯物主义世界观那样具有直接的依据，但它在历史上则更为活跃，因为它借助于宗教并以神话世界观的形式展现出来。在这样的世界观中，人类所处的世界是一个由鬼神精灵等神秘力量和形象所形成的图景。这是一种有神论的唯心主义世界观，不论其中的鬼神精灵多么鲜活，都不是世界的真实图景，而是主观想象的产物，是人们头脑中对于客观世界图景的扭曲颠倒的反映。有人认为“信仰”只与唯心主义世界观相联系，而与唯物主义世界观无关，这并不正确。

历史上曾有些类似社会主义和共产主义的自发信念是建立在唯心主义宗教世界观基础上的，并曾借助于宗教的思想和语言来寻找自身的理论支撑并扩大自己的社会影响。但马克思主义的产生为自发的共产主义信念提供了坚实的唯物主义世界观，并在此基础上形成了科学的共产主义信仰或马克思主义信仰。马克思主义信仰的基础性信念是一种无神论的世界观。它认为世界不是来自于某种神秘的精神实体，比如来自神灵的创造，而是自身就存在的并有其规律的。这种世界观所展现出来的是世界本身在人们感官中所呈现出来的样子，用哲学的语言来说，就是按照世界的本来面目来认识世界。不论是浩渺的宇观世界，多姿多彩的大自然，还是丰富多彩的人类社会，都是真实存在的和运动变化的。马克思主义的唯物主义，是现代的、辩证的、科学的唯物主义。

共产主义的远大理想。这是马克思主义的理想系统中的最高理想。任何一种信仰特别是信仰体系，都必定包含有理想的成分。正是这种理想成分及其系统性表达的存在，才使信仰不仅有当下的维度，更有一种面向未来的维度。它不仅使信仰者有当下的感知，而且抱有对未来更美好生活的希望。如果说人天然地对未来有着希望，那么信仰体系中的理想系统则将这种自发的希望变成一种自觉的追求。这种理想系统中，包含有不同层次和不同程度的理想，其中既有个人理想也有社会理想，既有短期理想也有长远理想，等等。但所有这些理想都被整合成为一种自洽的系统，其中最具有典型性意义和象征性意义的，是最高理想或终极性理想。

共产主义远大理想是马克思主义信仰体系中最具代表性的理想图景，并成为这个信仰体系中的核心内容。这个理想所呈现出的是一种社会性理想，描绘的是一种理想社会状态，其中包括这个社会发展的理想状况，这个社会制度的理想状态，社会治理的理想状态，以及人们生活的理想状态等。从社会发展程度来说，共产主义社会是一个生产力高度发达，经济社会文化高度进步的社会。在这个社会里物质财富充分涌流，在个人消费品上实现了“各尽所能、按需分配”，从而真正解决了物质性生存问题，同时社会文化生活也高度繁荣。从社会制度特征来说，共产主义社会具有完善的社会制度，它扬弃了历史上以私有制为基础和以维护私有制为目的的制度设计，而以全体人民的共有共享为原则来进行制度建构并在实现形式上达到更为完善的程度。从社会治理的理想状态看，则是消除了社会不同利益群体的根本区隔与对立，消除了阶级、阶层间的冲突，消除了战争，实现了社会和谐。从社会生活状态看，人们的生活富足、多样、自由，并洋溢着创造的精神和幸福。显然，这样的社会理想中，就已经包含了每一个人的理想在内。

共产主义远大理想在马克思主义信仰体系中既具有物质价值又具有精神价值。从物质价值来说，共产主义理想是广大人民群众真实的物质解放的最高体现。人类作为物质和精神的统一体，它的解放有物质和精神两个方面，其中物质的解放是基础，而精神的解放是升华。尽管对特定的个人来说，他们可以看淡物质解放而着力追求精神解放，但对于绝大多数群众来说，对于整个人类来说，物质解放的重要性不言而喻。历史上的宗教之所以放弃物质解放而寻求精神解放，从根本上讲还是因为在现实生活中物质解放不可得，而迫不得已转向精神解放。恩格斯在谈到原始基督教时说过：“在各阶级中必然有一些人，他们既然对物质上的解放感到绝望，就去追寻精神上的解放来代替，就去追寻思想上的安慰，以摆脱完全的绝望处境。”[1] 共产主义理想不仅提供了物质上解放，而且也同时提供了精神上的解放。共产主义理想之所以作为理想，本身

①《马克思恩格斯全集》（第 19 卷），北京：人民出版社 1963 年版，第 334 页。

就具有精神的寄托、抚慰和引领价值，而且当共产主义理想的物质价值还没有实现的时候，它的精神价值已经在不断地实现着。

人民至上的根本信念。马克思主义信仰体系中，不仅包含着理想的成分，而且包含着信念的成分。仅仅靠理想一根支柱，是支撑不起庞大的信仰体系的。因而，除了理想支柱，还有信念支柱。在信仰体系中，信念也是一系列的，尽管程度不同，层次不同，以及具体内容不同，但都形成一个信念的系统。其实，任何一个信仰体系，从一定意义上也可以说就是一个各种信念组成的体系。在这个信念系统中，最高的信念或根本性信念具有典型的代表性的意义。

在宗教信仰中，根本信念是神灵至上。可以说，神灵是宗教信仰的核心和象征，宗教信仰中的各种信念都是围绕着对神的信奉和崇拜来形成的。如果没有神灵，就不会有宗教信仰。而在神灵系统中，则有最高神起着统领作用。不论是上帝、真主、佛，都是如此。但马克思主义信仰是一种建立在唯物主义无神论基础上的信仰，它不承认神的存在，并在自己的话语体系中没有神灵的位置。当然，没有神灵信念并不意味着没有信念系统，没有最高神的观念并不意味着没有最高对象及其信奉。事实上，马克思主义信仰体系中不仅有自己的最高理想，而且有最高信念根本信念。

马克思主义信仰体系中的根本信念是人民至上。人民在马克思主义信仰体系中具有最崇高的位置，是一种最神圣的存在，是我们最高的信奉对象和服务对象。当然，人民是人不是神，因而这种信奉不是有神论的宗教信仰，而是无神论的社会信奉。人民之所以具有至上的地位，并成为最高的信仰对象，并不是因为有什么神秘的原因，而只是因为人民是历史的创造者，是推动历史前进的根本动力。马克思、恩格斯认为："历史活动是群众的活动，随着历史活动的深入，必将是群众队伍的扩大。"① 毛泽东也明确指出："人民，只有人民，才是创造世界历史的动力。"② 人民之所以是历史的创造者，是因为它是人类的绝大多数，是社会物质生产力和精神生产力的主要承担者，是社会物质财富和精神财富

①《马克思恩格斯文集》(第1卷)，北京：人民出版社2009年版，第287页。

②《毛泽东选集》(第3卷)，北京：人民出版社1991年版，第1031页。

的创造者，也是推进社会变革的决定力量。

自由全面的人生追求。这是马克思主义信仰体系中属于人生观和人生信仰方面的内容。马克思主义不只是关注社会和集体，同时也关注个人和人性。因为社会和集体正是由个人所组成的。只是马克思主义不主张孤立地看待人，而是把个人放到社会和集体中去把握。马克思主义把人的生活分为生存、享受、发展三个层次，并为争取人的生存、享受和发展的权利而斗争。生存是基础，这是所有人都承认的，在此基础上还要有更高的追求。有人把幸福或更高的幸福定位于人的需要的满足，特别是生活享受需要的满足，认为只要能得到更多的享受，就是更多的幸福。与此不同，马克思主义虽然也承认享受的价值，但并不认为这是最高的价值和幸福，而是主张前进一步，从享受进到人的发展，并把人的发展作为更高的追求和更高的价值。

人的发展是多方面的，包括身体、心理、精神、社会等方面综合的充实和提升。而在身心健康、性格健全的基础上，人的发展更重要的是追求才能的发展和社会关系的丰富性。通常情况下，人们所讲的人的发展主要是指才能的发展，即在社会中能够充分发挥自己的才能，实现自身的价值。认识到自己的才能并能够在社会中去发展和实现它，这是一种极为美好的感受，包含着对自我存在感和价值感的认定。同时，社会关系的丰富性也是人的发展的重要方面，因为人的本质是社会关系的总和，人不能脱离社会关系而发展自己。因而，有着更为丰富的社会联系，也是人的发展的重要追求。

衡量人的发展主要有两个尺度，一是自由，二是全面。因而人的发展更确切地说，是人的自由而全面的发展。在《共产党宣言》中，马克思、恩格斯用人的自由发展来界定共产主义社会的根本特征，“代替那存在着阶级和阶级对立的资产阶级旧社会的，将是这样一个联合体，在那里，每个人的自由发展是一切人的自由发展的条件”①。自由发展是与全面发展相联系的，正是自由的发展使人的性格和才能变得更加全面。人的自由而全面的发展，是一种更高的精神境界，也是一种更高的信仰

①《马克思恩格斯选集》(第1卷)，北京：人民出版社2012年版，第422页。

境界。它体现的是一种对于人的更高的认识，也是一种对人格理想和人生信仰的崇奉和追求。

上述四个基本方面是相互联系的，共同构成了一个相当完整的有机体系。其中，唯物主义世界图景是哲学立场和信仰基础，这是马克思主义信仰体系最紧实的基地；共产主义远大理想和人民至上根本信念是这个信仰体系的两个焦点或核心，它们并存共生，缺一不可，共同构成最基本的“理想信念”；而自由全面的人生追求则是这个信仰体系的人生落脚点和人生实现。

（五）广义“马克思主义信仰体系”的构成

狭义的马克思主义信仰体系，是对马克思主义信仰最基本内容构成的一种概括和表述，体现的是这个信仰体系中最稳定的内容。这个信仰体系是普遍性的，适应于各个国家，应该成为各个国家马克思主义者和共产党人的信仰。同时，至今为止的人类社会仍然是以民族国家为主要单位的，全球化的趋势并没有根本上改变这一事实。正因为如此，每一个国家的马克思主义者和共产党人，在信仰马克思主义的时候，总会将马克思主义运用于本国实际，使之具体化并与本国情况相结合，并进而结合自己民族、国家和社会的特定情况，为马克思主义信仰增加一些更为具体的内容，从而形成一个广义的马克思主义信仰体系。

中国马克思主义者和共产党人也不例外，而且事实上更突出地体现了这一点。特别是经过长期的马克思主义中国化过程，中国共产党人的马克思主义信仰已在中国生根开花，并像滚雪球那样越滚越大，成为一个庞大的信仰体系或理想信念体系。

对于这个信仰体系及其内容构成，党和国家领导人及党的重要文件有过一些相应提法和表述，为我们的概括提炼提供了基本依据。这些提法大体分为两个系列：一是以“理想”为核心的表述，二是以“信念”为核心的表述。从前者来说，主要表述为远大理想和共同理想的结合。比如，习近平总书记指出：“共产主义远大理想和中国特色社会主义共同理想，是中国共产党人的精神支柱和政治灵魂，也是保持党的团结统一的思想基础。”[①] 从后者来看，则表述更加丰富。比较简单的表述是“两信”，即信仰和信念的组合。习近平总书记指出：“对马克思主义的信仰，对社会主义和共产主义的信念，是共产党人的政治灵魂，是共产党人经受住任何考验的精神支柱。”[②] 他还说：“不相信马克思主义，不相信中国特色社会主义，政治上不合格，经不起风浪，这样的干部能耐再大也不是我们党需要的好干部。”[③] 再进一步的提法是“三信”。江泽民曾提到信念、信心和信任，指出：“坚定对建设有中国特色社会主义的信念、对改革开放和现代化建设的信心、对党和政府的信任。”[④] 习近平总书记也论述过信仰、信念、信心的“三信”，指出：“信仰、信念、信心，任何时候都至关重要。……无论过去、现在还是将来，对马克思主义的信仰，对中国特色社会主义的信念，对实现中华民族伟大复兴中国梦的信心，都是指引和支撑中国人民站起来、富起来、强起来的强大精神力量。”[⑤]

从习近平总书记关于“三信”的重要论述来看，广义的马克思主义信仰体系主要包括三个方面的内容，即对马克思主义的信仰、对中国特色社会主义的信念、对实现中华民族伟大复兴中国梦的信心。这个信仰体系是相对稳定的，同时也是开放的，它会随着党和国家事业的发展，随着人们思想认识的进步，而得到进一步发展和完善。

对马克思主义的信仰。这是狭义的马克思主义信仰体系，是广义马克思主义信仰体系中不可缺少的核心内容。中国共产党人坚定地信仰马克思主义，毫不动摇地坚持唯物主义世界观，坚持共产主义远大理想，坚持人民至上根本信念，坚持人的自由全面发展。正是这一信仰，决定着中国共产党人在当代所形成的中国特色社会主义理想信念体系也可以称之为“马克思主义信仰体系”。需要注意的是，这一狭义的马克思主义信仰体系虽然适用于各个国家，体现的是属于全人类信仰的共性内

① 习近平:《决胜全面建成小康社会　夺取新时代中国特色社会主义伟大胜利——在中国共产党第十九次全国代表大会上的报告》，北京：人民出版社 2017 年版，第 63 页。
②《习近平谈治国理政》（第 2 卷），北京：外文出版社 2017 年版，第 326 页。
③《习近平谈治国理政》（第 1 卷），北京：外文出版社 2018 年版，第 413 页。
④《江泽民文选》（第 3 卷），北京：人民出版社 2006 年版，第 89—90 页。
⑤ 习近平:《在庆祝改革开放 40 周年大会上的讲话》，北京：人民出版社 2018 年版，第 42—43 页。

容，但既然为中国人所信仰，就在一定程度上带有了中国的某种特点，比如中国式话语表述，以及中国式概括。比如，“唯物主义世界图景”也可以用“实事求是”这一中国式话语来代替；“共产主义远大理想”就一直是中国共产党人常用的话语；“人民至上”是中国共产党人的一种概括。从内容上说，“人民至上”还可以表述为“为人民服务”，这就更具有中国话语特色了。而这些话语特色，以及理论概括上的中国式特点，并不改变信仰体系的内容和性质。

对中国特色社会主义的信念。这是马克思主义中国化在理想信念上的表现。如果说马克思主义是普遍真理和普遍信仰，那么它在自身的传播和实现过程中，必然会与各个具体国家和社会的实际相结合，并生成更为具体化的具有各国特色的理想信念。因此，这里就有了信仰体系中的两个层次：一是基本原理或一般原理的层次，这就是狭义的马克思主义信仰体系；二是基本原理与各国具体实际相结合而形成的信念层次。这第二个层次的出现，不仅进一步丰富和充实了马克思主义信仰体系，使马克思主义信仰更加具体化，而且更加现实化了。因此，第二个层次的内容，可以看作是第一个层次内容在实践逻辑上的展开，是社会主义原理的具体化。正因为如此，马克思主义信仰才不只是一种抽象的理论信仰，而且也是一种具体的社会政治信仰。

中国共产党人早就认识到了这个道理，在革命年代就开始了马克思主义中国化的过程，并在革命、建设和改革的长期过程中形成了一系列中国化马克思主义的理论成果和理论形态。毛泽东思想、邓小平理论、“三个代表”重要思想、科学发展观、习近平新时代中国特色社会主义思想，这些不仅是我们党的指导思想的重要内容，也是我们党的马克思主义信仰体系的重要内容。事实上，在“指导思想”这一说法中就包含着对指导思想的正确性的相信，并在实践中加以遵循。自改革开放以来，我们确立了中国特色社会主义道路，形成了中国特色社会主义理论体系，因而这个信念就被称为“中国特色社会主义信念”。坚定这样的信念十分重要，从一定意义上可以说：坚定中国特色社会主义信念就是坚持马克思主义信仰。正因为如此，我们党十分强调“四个自信”，即中国特色社会主义道路自信、理论自信、制度自信、文化自信，这些自信合在一起还是对中国特色社会主义的信念。

对实现中华民族伟大复兴中国梦的信心。在信仰中总是包含着信心在内，这种信心通常与未来有关，是对于自己所从事事业的未来发展的信心。这种信心非常重要，关系到信仰者对前途命运的态度。从一定意义上讲，信心是一种必胜的信念，它是一切信仰或信仰体系中都不可或缺的部分。在马克思主义信仰中，无疑包含有对未来的必然信念或信心。从高层次上来说，就是对于共产主义远大理想一定能够实现的必胜信心；从低一层次上来说，就是对于中国社会主义事业的信心。可以说，这是社会主义信念在未来前途上的体现，也是这种信念在人们心理上的主观表达。

对社会主义事业的必胜信心，在中国革命、建设和改革的不同时期可以有不同的重点和表达。在革命战争年代，就是对于中国革命必定胜利的信心；在社会主义建设时期，就是对于我国社会主义建设必将取得伟大胜利的信心；在改革开放历史条件下，就是对于我国改革开放和社会主义现代化建设必获成功的信心；而在中国特色社会主义新时代，则应表述为实现中华民族伟大复兴中国梦的信心。所有这些表述尽管有些具体的不同，但在性质上都一致，而且在阶段性上也彼此衔接。

实现中华民族伟大复兴的中国梦，这是中国人百年来的梦想，在当今的中国具有最大的现实性和迫切性。在实现中国梦过程中，我们的两个百年目标具有标志意义。现在我们正处在两个百年目标的历史交汇期，既要决胜第一个百年目标，同时又开启为第二个百年目标奋斗的历程。在这样的情况下，树立实现中国梦的信心是极为重要的。

（原文发表于《求索》2020年第4期）

二

论共产主义理想的历史形态

共产主义信仰是一种源远流长的信仰。它具有比人们所想象的更为久远得多的历史。人们通常将马克思主义在19世纪中叶的创立当作这种信仰的产生，是不够准确的。其实，在马克思主义创立之前，共产主义信仰作为一种人类自发的信仰现象已经断断续续地存在了数千年。马克思并没有创立共产主义信仰，而只是为这种久已存在的信仰奠定了科学的理论基础，从而完成了共产主义信仰从幻想到科学的转变。考察这种共产主义信仰的前史是十分重要的，因为不懂得共产主义信仰的过去就不能真正懂得这种信仰的现在以及未来。本文无法全面系统地考察这种信仰的前史，而只是以共产主义信仰的核心要素共产主义理想为主轴，考察这种社会理想的历史性存在和所经历的历史形态，并延伸性地考察它在马克思主义产生之后直到现在的理想呈现。无疑，这对于我们今天科学理解共产主义理想的来源、性质，坚定共产主义理想信念具有十分重要的意义。

（一）共产主义理想作为原始人类的种族记忆和集体无意识，始终潜藏于文明人类的心灵深处

我们考察共产主义理想应该有全人类的立场和眼光，并以全部人类社会的历史和现实为背景。不错，共产主义理想是共产党人的理想追求，但这个理想并不仅仅是与共产党人有关而已，它实际上是有着更为广泛和久远的历史与文化上的意义。它不仅是共产党人的理想，也是全人类的梦想，尽管许多人并没有意识到这一点，甚至有意识地反对这一点。而且，它不仅是近现代以来人类的梦想，而且是全部人类文明史中都始终存在着的社会梦想。这些可以通过我们的理论思考和历史研究而

得到证实。

共产主义理想具有久远的历史渊源。欲探求它的源头，必须逆着人类历史的来路不断地向上追溯。这样，就可以一直上溯到人类文明的源头时期，甚至可以与原始共产主义社会相衔接。由此可以发现：共产主义理想的孕育是在原始社会。人类的历史至今大约200万年。在这漫长的历史过程中，文明社会只占不到1万年的很微小的一个部分。而原始社会则占据着200万年以上的历史岁月。原始社会，从生产关系和社会制度方面来说，就是原始共产主义社会。正是这一漫长的共产主义童年，给人类心中埋下了一颗共产主义理想的种子。

现代心理学告诉我们，一个人的童年时期对其一生有着重大的影响，成年人生活和精神中的许多问题其实都有童年时期的根源。这种根源性影响是强大的，但又是潜在的，常常并不为人们所知。心理学家们通过对个体心理创伤的研究，揭示出童年时期人生印记的极端重要性。其实，童年对人的精神心理的影响是全面的，而心理和精神的创伤只是其中的一个方面，此外还有很广泛的内容，其中也包括一个人的渴望、向往和理想。一个人对理想自我的想象，对理想伴侣的寻找，对理想家庭的期待，以及对理想社会的描绘等，都在一定程度上与其童年的生活经历有莫大的关系。因此，欲了解一个人的理想，不应只是向着未来去张望，还应该返回过去，从其童年时期的经历中寻找线索。

恩格斯早就说过，人类的个体发育和种族发育有着相似性。这当然并不是他突发奇想的结果，事实上是他那个时代的一些科学部门比如医学、生理学和古生物学等的研究结果。人们发现，人类的胚胎变化形态与地球生命进化和人类形成的过程十分相似，而一个人类个体的成长史又与整个人类的历史有其相似之处。从那时以来，人类的科学有了更全面快速的发展，有一些与生命特别是人类生命有关的科学发展起来，它们并没有推翻而是进一步证实了个体发育与种族发育的相似性。正是基于这样的相似性，我们可以把个人的成长史与人类的发展史联系起来，用人类童年时期的经历来理解人类成年时期的理想追求。由此我们可以说，漫长的原始共产主义岁月在人类心灵上打上了永远不能磨灭的印记，并成为后来人类对理想社会想象的最初原型。

人类社会的童年即原始社会的漫长性，与人类个体的童年时期的漫长性是相对应的。人类起源于动物，但人类个体则有着比其他动物都漫长得多的童年时期。一些哺乳动物一生下来，就可以站立，过一会儿就能行走。但是人类的婴儿出生以后则完全没有这样的能力，他需要若干年的发育和学习的过程，才能走向成年。从这个意义上讲，似乎动物比人类要高明，是赢在了起跑线上，但事实并非如此。其实，正是人类个体这一漫长的幼稚而不定型的时期，为人以后的成长积聚了极为强大的生长能量和资本，造就了人类这一超级智慧的物种。同样，人类社会漫长的童年时期即原始社会，也并不是白费光阴。它其实是在积聚人类社会生长的能量和最初的资本，也是在孕育人类的精神和心灵世界的最初轮廓。正是由于童年时期打下的这些无形的基础，人类社会后来的发展才是加速度的。其中值得注意的是，原始社会人们一代又一代的共产主义生活，已经把共产主义理想的种子埋植在了原始人类的精神和心灵世界的深处。

经过漫长的酝酿和积累，人类终于走出了原始社会，进入文明社会的轨道，这当然是人类迈向未来的最伟大的一步。而文明社会用另一种说法，是私有制社会或阶级社会，是充满着阶级对抗和冲突的社会。因此，私有制的观念，阶级和等级的观念，矛盾和冲突的观念等，占据了人类的心灵。特别是随着阶级社会的延伸和发展，私有制和阶级观点日益强烈。但是，人类童年时期给人类心灵打上的深刻印记是不会消失的，它只是冲淡了，或被掩盖了。被压抑进了人类的无意识之中，成为人类种族记忆。这种种族记忆和集体无意识深藏于人类心灵深处，成为人类不灭的历史记忆。私有制社会的观念和体验当然会掩盖和弱化这些记忆，但只要我们记住人类私有制社会存在的时间与人类原始共产主义社会相比短得完全不成比例，就会知道它不可能使原始的印记归于消失。在私有制社会中，在阶级对立的生活中，人们平时感觉不到这种原始印记的存在，但在一些特定的情况下，特别是在现实刺激下，一些心灵敏感的思想家，就会深刻地感受到原始共产主义的记忆，并在显意识层次中形成对理想社会的描绘和向往，有的甚至会有实际的追求和行动。

（二）共产主义理想作为文明社会初期人们的历史回忆，被安放在原始社会末期的黄金年代

如果说原始共产主义生活给人类心灵打上的印记是共产主义理想的久远根源的话，那么它最初呈现出来的萌芽形态，或最早的共产主义理想则出现于文明社会的初期，即奴隶社会，它表现为人们对原始共产主义社会的回忆和思归情绪。

奴隶社会是人类第一个文明社会的形态，在这个社会中人类的文明程度比原始社会有了巨大的提高，农业、手工业发展起来，艺术得到发展，科学开始萌芽。这当然是一个更进步的社会。但是，这个社会是一个分裂的社会，划分为不同的阶级，其中奴隶主阶级和奴隶处于对立的状态，奴隶失去做人的资格，只是会说话的工具。整个社会共同体内部充满着斗争和冲突，这在原始社会中是不可想象的。原始社会中当然也有战争和较大规模的族群冲突，但那主要是发生在不同社会共同体之间，比如部落之间。而在共同体内部，比如在氏族内部、部落以及部落联盟内部等，还都是原始和谐的关系。于是，奴隶社会的一些人发现，他们所处的社会似乎还不如从前更好。于是，他们想起了原始社会时的生活，并把那时的生活加以理想化，作为自己的理想寄托。

我们从人类早期的文化中，很容易发现一些将原始社会后期理想化的倾向。我国传统文化中儒家的经典《礼记·礼运》中有一段十分精辟的对理想社会的描绘:“大道之行也，天下为公。选贤与能，讲信修睦。故人不独亲其亲，不独子其子，使老有所终，壮有所用，幼有所长，矜、寡、孤、独、废疾者皆有所养，男有分，女有归。货恶其弃于地也，不必藏于己；力恶其不出于身也，不必为己。是故谋闭而不兴，盗窃乱贼而不作，故外户而不闭。是谓大同。”孔子在这里所说的“大道之行”的时代是在遥远的过去，在夏商周三代之前，实际上是原始社会后期的情形。老子所想象的小国寡民，鸡犬之声相闻，老死不相往来的状态，也是对久远之前生活的追忆。

在西方社会早期，也有这样美化甚至追求原始共产主义理想的现象。希腊奴隶制时期的大思想家柏拉图创作了《理想国》这一名著，其

中就描绘了包括公有制在内的理想国家。尽管他并没有把这个理想国放在久远历史上的过去，但可以设想他的思想灵感也是来自于史前人类的社会生活。因为他处于奴隶社会阶段，他既不能从未来的穿越中吸取灵感，也无法从奴隶制现实中得到正面的启发，而只能从人类的过去中，从对久远过去的历史记忆中寻找思想灵感。因此，可以说他的理想国打着原始共产主义社会的印记和影子。古希腊罗马时期有的奴隶起义，到山上去建立什么太阳国之类，想过一种原始共产主义的生活。这些都可以看作是最初的共产主义理想。而且，把原始社会的生活状态看作人类的理想状态和黄金时代这样的看法，不仅在早期文化中存在，而且在近代西方也曾有很大的影响。不少学者在阐述自己的社会理论时，都假定了一种过去的理想状态即原始的黄金年代作为自己理论的历史前提，并由此出发来描述人类历史的发展。法国的卢梭就是比较典型的一个代表。他认为人类最初在原始大自然中的生活是一种人与人、人与自然和谐的状态，后来这种状态遭到破坏，因而文明进化的过程同时也是一种人类社会退化的过程。这样的一种观点当然说不上多么科学，但它代表着一种比较普遍流行的社会信念。

值得注意的是，文明社会初期的共产主义理想不是面向未来的，而是面向过去的；它不是对未来的描绘，而是对过去的回忆；它不是在理想引领下大胆地迈向新文明的未来，而是力图回到原始共产主义社会的熟悉而温暖的生活中去。这种把理想图景安放在过去，并把理想的实现看作是返回到从前时代的心理模式和思想逻辑，是今天的我们难于理解的。因为我们现在普遍所持的是社会进步的观念。但我们不能用今天的眼光去看待和要求古人，不能用我们今天关于理想及其追求的时间向度去硬套古人。把理想放在未来，画一个从现在到未来的箭头，以明确自己理想追求的时间向度——这并不是天经地义的理想逻辑。事实上，这种面向未来的理想追求，主要是在近代以来才形成和固定下来的，因为正是近代以来的工业发展确立起人们社会进步观念的共识。而古代的情形不仅不同，而且就早期人类社会的情况看，是正好相反的。那时的人们是把理想的社会放在过去的，是画一个从现在到过去的箭头。这在当时是非常正常的。

只要我们设身处地去体会文明社会早期人们的心理，就可以想象：一方面，人们在迈出离开原始共产主义社会的故园家乡的关键一步时，还是会有些惶恐不安的。人们既会为新社会的文明成果所吸引，同时也可能被新社会的阶级冲突所吓退。事实上肯定有一部分人对新社会的现实是不能适应的，他们觉得新社会是危险的，应该回到过去的状态。在这个过程中，他们当然就会回顾历史来路，并把历史上的生活场景理想化，作为自己向往和追求的境地。另一方面，那时人类刚刚走出原始社会，对原始社会的印象和记忆还十分清晰，因而比较容易形成理想的图景。因为人们对理想图景的建构通常需要两个条件：一是具备可资参考的想象的蓝图，使人们能够据此形成对理想图景的美好想象；二是人们在想象美好理想时能够带有一种真实感。这两点对于刚刚走出原始共产主义社会的人们来说都是具备的。他们对于刚刚离开的原始社会的生活场景是熟悉而清晰的，这些深刻的印象就可以成为构建理想图景的蓝图和资源；同时，刚刚成为过去的生活样态对他们来说具有天然的真实感，是不会怀疑其真实性的。

产生回归的想法是很自然的。对那时的人们来说，共产主义式的生活并不是空想和幻想，而是实实在在的现实，是刚刚成为历史的昨天的现实。还有什么比刚刚经历过的事情更真实呢？而且，原始共产主义生活并不是某个人或少数人的经历，而是所有人共同的经历和经验。这样的共同经验和历史记忆是一种强大的精神现象和精神力量。所以，人类的奴隶社会尽管距离未来的共产主义社会最远，但却距离原始共产主义社会最近。人们虽不能从未来共产主义社会中吸取理想信念的灵感和动力，却完全可以而且事实上也正是这样，即从刚刚成为过去的原始共产主义社会中吸取理想的灵感，并在那里安顿了自己理想的家园。

（三）共产主义理想作为幻化的目标因素，渗透性地潜存于宗教天国的向往中

尽管早期的人们以为回到原始共产主义社会是具有现实可能性的事情，但事实上，真正要回去是不可能了。即使社会的某个局部比如一定的社会群体可以按原始共产主义的原则来生活，但整个社会则是不可能

返回原始社会的。特别是人类社会已经走上文明演化的轨道，正在开始加速度地向前延伸与发展。私有制文明日益强大，并显示出自己特有的魅力和强制力。阶级对立和阶级斗争已经成为社会常态，在这样的情况下怎么可能重新回归原始的生活呢？事实证明，以返回原点的方式来实现共产主义理想是不可能的。

于是，人们需要调整理想追求的向度和模式，因为无论怎样，对理想社会的向往是不可能完全消失的，问题只是在于重新寻找安顿理想的平台。其实，这个平台正在出现，而且似乎天然地符合人们的这种要求。这就是宗教的兴起和宗教天国理想的形成。宗教是人类社会的重要精神现象，它以神话的方式为社会提供世界观和理想追求。在原始社会就有宗教的萌芽，表现为万物有灵的观念以及偶像崇拜，但它的体系化的发展是在文明社会中逐步实现的，并随着社会文化的发展而成为社会的主要精神支柱。在欧洲的中世纪，基督教甚至一统天下而成为欧洲社会的唯一精神支撑。正是随着宗教的发展，其天国理想日益成为人们的理想向往和追求。于是，人们对原始共产主义社会的情愫，逐步融入宗教天国的想象和描绘之中。

我们知道，凡是宗教都会有其天国或天堂。它寄托着宗教信徒们对美好生活的向往和期待，是人们理想追求的一种形态。所谓“天堂”当然是在天上的，而不是在地上。之所以如此，是因为严酷的现实一再宣告人们对美好生活的期待成为泡影，于是就把理想转到了天上。那么，宗教的天国究竟是一个怎样的存在？对之宗教经典里面的描绘也并不真切，而且很少有具体的描绘。但大致说来，无非是一个与现实的人间完全不同的神灵世界，是一个美好而完善的世界。而它的美好，无非包括两个方面：一是生命的永恒，即消除了肉体生命的生老病死；二是生活的幸福，即永生的人能过着美好的生活。这两个方面是相互支撑的，因为幸福而短命是极大的遗憾，而没有幸福的永生则没有价值。在宗教天国这两个方面的优越性中，特别是第二个方面中，就寄托着共产主义理想的成分。

一般来说，宗教天国的描绘侧重于第一个方面，而且它的处理方式是以灵魂不朽的方式来解决人生的有限性问题的。在这方面，所能寄托的共产主义理想因素很少，因为真正的共产主义理想是现实的人生的美景，而不是没有肉体的灵魂的处所。相比之下，通常被人们忽视的第二个方面的描绘中，蕴含着较多的共产主义理想的自发因素。伊斯兰教中说过，在天园（即天堂）里，河里流动的不是水，而是蜂蜜。这其实就是物质财富极大丰富的意思。基督教中讲，在天国实现的时候，小孩和毒蛇在一起玩耍。这其实就是讲人与自然的和谐。至于宗教中宝剑铸成犁头的说法，其实就是指消灭战争。而人人都是兄弟姐妹以及无条件的爱的说法，无非是指社会成员间的和谐关系。恩格斯晚年写过《原始基督教的历史》一文，把原始基督徒与现代工人阶级做了对比，认为有一定的相似性。基督教最初也是被压迫者的宗教，被压迫者的心愿和梦想是相通的。而且恩格斯在《德国农民战争》中谈到德国农民起义时，赞扬了革命神甫托马斯·闵采尔的纲领，认为是一种基督教共产主义。

在此不能不谈到基督教天国的分化，即除了天上的天国外，还有一个地上的天国，即“千年太平天国”，指在人类的灵魂集体升天而进入天国之前，在地上先有一个持续一千年的世俗的理想社会，它是由耶稣建立并领导的完善国家。相比之下，这个地上的天国更适合于寄托人们的社会理想，特别是共产主义理想。托马斯·闵采尔想建立地上的千年太平天国，就提出和采取了一些具有共产主义色彩的政策和措施。而千年太平天国的中国版，就是洪秀全领导的农民起义，也是要在地上建成千年太平天国。他提出的“有田同耕，有饭同食，有衣同穿，有钱同使，无处不均匀，无人不饱暖”的纲领，也带有农业社会主义色彩，具有空想社会主义成分。此外，历史上的许多宗教团体，也都实行财产公有的原则。

在欧洲共产主义思潮和运动兴起的过程中，曾也有些革命者以宗教的语言和方式来传播共产主义革命的思想。比如比马克思略早的德国空想共产主义者魏特林，就是把共产主义学说称为“贫苦罪人的福音”，并以传教的方式来宣讲共产主义。他用“天国近了”这样的说法，来表示即将到来的共产主义理想。当然，这样的做法受到了马克思的尖锐批判。因为宗教是颠倒的世界观，宗教的天国理想是人间社会理想的异化和变态。共产主义与宗教在原则上是根本对立的。宗教天国中虽然包含着人们的共产主义理想因素，但这些因素很不明确，而且往往被扭曲。因此，重要的是要把共产主义理想因素从宗教中解放出来，使共产主义运动摆脱宗教的外衣和束缚，并按照现实世界的逻辑而非虚幻天国的逻辑来追求共产主义目标。这正是马克思对魏特林进行尖锐批判的原因。

（四）共产主义理想作为社会想象和文学描绘的理想图景，被安放在文明社会的边缘地带

在现实的阶级社会中不可能真正实现共产主义理想，这种铁的逻辑迫使人们把这种理想寄托在人类社会之外。宗教理想就是如此，但这是没有前途的，因为它已经完全离开了人类社会和现实世界，陷入了鬼神世界的幻想。此外，历史上人们还曾探索过一条途径，就是把这种社会理想寄托在人类主流社会或文明社会之外的某个地方，比如深山老林中、大海深处的海岛上等。这些地方本来与主流社会相隔绝，但由于某种特殊的机缘而向现实的人们显现出来。这实际上是在人类社会主流舞台被私有制文明所占领后，在舞台之边缘来寻找共产主义理想存在的可能性。

不论是在中国还是在外国，都存在过一些乌托邦的设想，其中也寄托着人们共产主义理想的情愫。中国封建社会有东晋陶渊明的《桃花源记》，其中记述了一处世外桃源的理想社会。文中讲一位渔民，因迷路而无意中到了一片桃林，“夹岸数百步，中无杂树，芳草鲜美，落英缤纷”。渔人很吃惊，待前行走到尽头，发现一座山，并且有一个山洞，他便舍船进入洞口。开始阶段洞口很狭小，只能一人通行，但他走了几十步后，豁然开朗：原来这里有一个小世界。但见“土地平旷，屋舍俨然，有良田美池桑竹之属。阡陌交通，鸡犬相闻。其中往来种作，男女衣着，悉如外人。黄发垂髫，并怡然自乐”。渔民在这里受到了热情的接待，那里家家户户拿出饮食来招待他。数日后，渔民回来，并告知当地太守。太守遣人随其前往，但迷路而返。南阳高人刘子骥听说后，也欣然前往，未果而终。这就告诉我们，这样的地方只能处在文明社会的边缘，因而是找不到的。如果真找到了，就与文明社会相通，自身也就无法存在了。这当然只是一个文学作品，是陶渊明这位田园诗人诗集的

序言，但是却非常有代表性，在中国文化中影响巨大。“桃花源”从此成为中国古人对理想社会的代称。围绕这一主题，中国文人创作了大量诗歌和画作。现在仍有画家以此为题作画，寄托自己的社会情怀。

其实，乌托邦作品在欧洲是更为普遍的。特别是15世纪末地理大发现后，出现了海外游记文学这样的文学类型，其中就包括了许多描写大海深处海岛上的理想社会的作品。其中最典型也最著名的是16世纪英国人托马斯·莫尔写的《乌托邦》一书。该书原名为《关于最完全的国家制度和乌托邦新岛的既有益又有趣的金书》，后世简称《乌托邦》，而“乌托邦”一词也由此而来，并成为一种虚无缥缈的理想社会的指称。正因为如此，莫尔成为西方空想社会主义思想家的代表。习近平总书记在党的十八大之后的一次重要会议上，系统总结了社会主义500年历史发展，就是以莫尔的乌托邦为起点的，从那时一直讲到中国特色社会主义。在托马斯·莫尔之后，欧洲的空想社会主义者如雨后春笋，层出不穷。每一位空想社会主义者都有自己的乌托邦设想。比如意大利人康帕内拉的《太阳城》、德国人安德里亚的《基督城》，以及英国著名哲学家弗·培根的《新大西岛》等。这些乌托邦作品，都对自己设想的理想社会做了详尽的描写，其中原则性的内容大多是公有制、按需分配、人人平等相爱、社会和平和谐等。

所有这些都说明，人们的共产主义理想并没有断绝，而是被寄放到了文明中心舞台之外的社会边缘地带。因为在私有制文明正在发展和日益强大的社会里，共产主义理想图景是不可能在社会主流舞台中实现的，更不可能在全社会规模上成为现实。但是，由于社会的复杂性和多样性，共产主义理想的成分可以在某些社会局部得以存在和保留，特别是在距离私有制文明中心较远的地带。它说明，要想实现一定局部上的共产主义理想，就必须与私有制文明的中心地带隔绝联系，不然就会被强大的私有制文明所吞没。但是，只要这一理想仍然是处在社会的边缘地带，处于主流文明之外，就说明它是脆弱的、虚幻的，因为人类阶级社会的文明会不断扩张一直到天涯海角。

共产主义理想就其本身的性质和使命来说，并不是社会某局部或角落里的理想，也不是某个人或少数人的理想，而是整个人类社会的理想目标。它可以在文明社会的边缘或角落里保存自己的种子，但它自身不会满足于这样的处境和命运。它接下来的存在方式，就需要回到社会文明中，并占据社会文明的中心舞台。

（五）共产主义理想作为西欧先进民族的现实要求，被拉回到文明社会的中心舞台

在近代以来的欧洲，特别是西欧各国，随着工业革命的兴起和社会生产力的迅速发展，随着资本主义在自身发展过程中日益显露出自己疯狂本性和内在弊端，从资本主义社会内部出现了新社会的因素和对新社会的要求。机器大工业的发展，生产社会化程度的极大提高，产业工人队伍的不断壮大和共同的阶级意识的增强，以及随之而来的工人运动与社会主义思潮的汇合，共产主义运动的兴起——所有这一切，都日益明确地标示出资本主义文明的核心地带对共产主义的愿望和要求。这样，共产主义理想被从资本主义文明边缘拉回到这一文明的中心地带。

这种回到中心舞台的努力，最初无疑还是空想性的。在这方面有代表性的是英国空想社会主义作家威廉·莫里斯的长篇空想小说《乌有乡消息》。小说描写了一位社会主义者做的一个梦，在梦中他发现自己已经生活在实现了共产主义的英国。他通过亲身经历惊奇地发现，旧时代的生活痕迹已经彻底消失，人们的精神面貌也发生了根本的转变。在这个全新的世界上，贫富悬殊没有了，私有财产和货币消亡了，按需分配实现了。人人享有真正的自由，从事着自己热爱的工作，过着丰衣足食的幸福生活。这部小说表明两点：一是人们对共产主义理想的寄托已经不是安放在大海深处了，而是安放在资本主义文明的最核心地带即英国伦敦。这表明共产主义理想从幕后来到了前台，登上了世界历史的舞台。二是尽管描写得很详细和真实，但其实只是一个梦，一个美梦。

其实，看一下 19 世纪三大空想社会主义者圣西门、傅立叶和欧文的情况就可以发现，他们关于新社会的设想和想象都是以资本主义的发展为基础的，都带有工业时代的特征。在他们看来，理想社会的实现是现存资本主义社会变革的产物，而他们自己也都设想了新的蓝图和变革。圣西门提出过许多改革计划，傅立叶设计法朗吉作为理想社会基本

单位，而欧文则在自己的工厂里，特别是在美洲移民区进行共产主义实验。这些都说明，这个时候人们的共产主义理想产生于资本主义文明发展的现实，它并不是海外飞来的梦想，而是从资本主义社会的内部生发和升华出来的。从此之后，就不应再把共产主义理想当作什么海外奇谈，而是应把它与资本主义文明的现实联系起来，看作人类现代文明的内生因素和未来的梦想。

（六）共产主义理想作为一个新的社会形态，被安放在资本主义社会之后，并成为现实的社会主义革命的目标

随着共产主义运动在欧洲的兴起和发展，尽管人们越来越感到共产主义是一种现实的势力和可能性，但是人们都说不清它本身的性质和定位，以及它与资本主义的关系。只有马克思和恩格斯才明确了共产主义理想其实是一种新的社会形态，一种出现在资本主义之后的社会形态。而用社会形态的范式和社会形态更替的逻辑来看待共产主义理想，其形态轮廓和历史定位一下子清晰起来。这就是科学的魅力，马克思、恩格斯用科学的态度和理论来对待共产主义理想，将其奠定在科学的基础之上。

在共产主义信仰的发展史上，马克思、恩格斯不可磨灭的功绩，就是实现了这个信仰的科学化转向，并使之成为一种科学的信仰。共产主义信仰在经历了一个十分漫长的发展历程后，在19世纪中叶由于时代条件的变化，特别是由于马克思、恩格斯的科学创造，发生了根本性的转变。从一种零星的、幻想性的、非科学的信念，变成了系统性、理论性特别是科学性的信仰。马克思、恩格斯通过对人类历史特别是资本主义发展过程的深入研究，发现了人类社会发展的规律，并以此为基础，创立了科学的社会主义理论。从而为长期在历史上徘徊而找不到自己依据的共产主义信仰，提供了坚实的理论基础和科学根基。特别是马克思、恩格斯通过揭示人类社会从原始社会到奴隶社会、到封建社会、再到资本主义社会，最后走向共产主义社会的社会形态演进的规律，为人们的共产主义理想找准了历史的定位。它告诉人们，人们渴望的共产主义理想境地，既不是在久远的过去，也不是在文明的边缘，更不在缥缈的天

国，而是在人类历史发展序列中的一个特定的历史形态，即共产主义社会形态。这个社会形态处在资本主义社会之后，是资本主义的替代者，是在资本主义发展所奠定的物质基础上建立起来的一个新的社会。这个新社会在人类历史上是一个新的里程碑，标志着人类历史进入一个新纪元，一种新的文明。

由此，人们深化了对共产主义理想的认识，能够从社会形态的高度去理解这个理想。特别是能够从社会制度的层次和高度去理解和设想这种理想。以往人们对理想社会的想象，主要是在于一种生活状态，一种幸福的状态的想象。因为那时人们对社会的结构和内在机制并不清楚，因而对未来理想的想象也是主观的，主要集中于人们的生活状况和主观感受。“社会制度”的概念还没有进入这个理想社会的描述之中。而马克思的社会形态学说，不仅使人们能用社会形态的概念去理解共产主义理想的历史方位，而且可以用社会制度的概念去描绘共产主义理想的基本特征。因而我们可以看到，在经典作家那里，对共产主义理想基本特征的描绘不仅有社会状况和人们生活状况的方面，更有对未来社会制度的规定。

而且，人们可以从人类社会发展规律的必然性上去理解共产主义理想实现的必然性。从此时开始，共产主义理想的实现才算是经过了科学的论证，具有了自己真正坚实的基础。以前人们主要是基于主观愿望、历史记忆来期望共产主义理想得到实现，或者是基于一种伦理的观念或道义的逻辑来论证共产主义理想实现的必然性。在他们看来，共产主义理想是正义的，而凡是正义的就是必胜的，因而共产主义理想的实现是必然的。这样的论证虽然从价值观的角度来看有其积极意义，但毕竟是不够科学的。只有马克思和恩格斯才能从人类社会发展规律的高度，从这种规律的必然性上去理解共产主义理想的实现，特别是从资本主义本身的内在逻辑的发展趋势去理解共产主义理想实现的必然性。

马克思的历史规律性观念极大地坚定了人们对这一理想的信念，激发了人们为实现共产主义理想而奋斗的革命勇气和力量。这种历史规律性的观念具有辩证的性质，它与历史宿命论是截然不同的。历史唯物主义并不是让人们做历史的旁观者，袖手静等理想境地的自发实现，而是告诉人们，历史规律存在于人类活动之中，历史规律的作用离不开人类的有意识的活动，特别是由于认识到规律而自觉采取的符合规律的行动。社会主义革命就是符合历史发展方向和规律的大变革，它能够促成特别是加速历史规律的实现。于是共产主义理想成为社会主义革命的现实目标。正是这一美好的理想，鼓舞着千百万共产主义者去向旧制度斗争，为推翻资本主义制度、建立共产主义新社会而奋斗。

（七）共产主义理想作为人类社会终极性的理想境界，被安放在人类社会发展的遥远未来，并成为社会主义建设与发展的最终目标

值得注意的是，在社会主义革命中以及社会主义建设的初期，人们在对共产主义理想的追求上存在着一个问题，就是对理想的实现设想得太近。在人们看来，它既然是下一个社会形态，而且资本主义已到了末路，那新社会就应该是即将到来的事物，是最近的事情。邓小平说过，革命者通常性急。确实如此，在他们看来，随着社会主义革命的胜利，共产主义理想的实现就近在咫尺。这显然脱离了社会现实，超越了历史的阶段。从世界上第一个社会主义国家苏联开始，到二战后出现的东欧社会主义国家，以及社会主义中国，都在一定意义上犯了急于实现共产主义理想的急性病。在中国甚至还出现了“跑步进入共产主义”的现象。在社会主义革命取得胜利之后，党和人民急于亲眼看到共产主义理想的实现，这样的心情可以理解，但这样的做法是错误的，给党和国家的实际工作和人们的理想信念造成了损害。

当人们把共产主义理想的实现设想得太近而碰壁之后，就需要对这个理想重新进行历史的定位。这个重新定位的实质，是认识到这个理想的实现并不在眼前，而在遥远的未来。改革开放以来，我们党首先在政策层面、接着又在理论层面逐步纠正那种超越历史阶段的错误，到2001年7月1日江泽民同志在庆祝中国共产党成立八十周年大会上的讲话中，作出了明确表述，完成了共产主义理想历史方位上的调整。他指出：“我们坚信马克思主义关于人类社会必然走向共产主义这一基本原理。共产主义只有在社会主义社会充分发展和高度发达的基础上才能实现。共产

主义社会，将是物质财富极大丰富，人民精神境界极大提高，每个人自由而全面发展的社会。必须看到，实现共产主义是一个非常漫长的历史过程。过去，我们对这个问题的认识比较肤浅、简单。经过这么多年的实践，现在，我们对这个问题的认识要全面和深刻得多了。我们对社会未来发展的方向可以作出科学上的预见，但未来的事情具体如何发展，应该由未来的实践去回答。我们要坚持正确的前进方向，但不可能也不必要去对遥远的未来作具体的设想和描绘。”

在共产主义理想的历史方位问题上有一个矛盾：一方面它是下一个社会形态，是紧接着资本主义社会之后的形态，甚至是在一定时期与资本主义相并行的形态；另一方面，它又是最终的理想社会，具有终极目标的属性。这二者在时间跨度上的位置是不同的。作为前者，它突出强调的是共产主义理想的近期性，它的实现的迫切性和现实性；而作为后者，它突出强调的是共产主义理想的遥远性和终极性。这两者看似矛盾，但又相互联系，缺一不可。片面强调其中的哪一个方面都有弊端。如果片面强调这个理想的即将实现的近期性，虽然有利于激发人们的信仰热情，但又容易发生超越历史阶段的错误，并在现实生活中导致危害。但如果把理想的实现推到极其遥远的未来，一味强调了它的终极性，也容易导致共产主义渺茫论，把共产主义理想当作一种可望而不可即的乌托邦。因此，我们在研究和宣传共产主义理想时，应该辩证地处理这种关系。

同时，这样一个由近而远的变化，并不仅仅在于时间的长短，而是影响到人们对这个理想的认识和想象。共产主义理想从一个近在眼前的政策性和工作操作性的问题，变成了一个遥远未来的信念问题；从一个“实”的东西，变成一个“虚”的东西；从一个现实奋斗的目标，变成一种终极性的寄托。这样一种变化是非常值得我们去关注和思考的。一方面，要深刻认识这种变化的合理性及其边界，另一方面，又要根据这种变化，特别是借助于这种变化的契机来加强共产主义理想信念的建设。

我们要在坚持共产主义理想的科学基础的前提下，遵循理想信念形成发展的规律，充实和完善共产主义理想，展现理想的美好，使其焕发出理想自身的魅力。从科学的角度看，共产主义理想就是共产主义社会形态，应该用科学的态度和逻辑来研究它，用社会科学严谨的语言来谈论它，应该尽可能回避热情和想象。同时也要认识到，共产主义理想并不只是一个科学的问题，还是一个信仰的问题。而作为信仰问题，就可以而且应该用充满热情的语言来谈论它，用想象来描摹它，用价值观逻辑来看待它。如果只是把共产主义理想作为一种科学问题，只是用抽象的理性来看待它，那么它也就不成其为理想了。

社会形态是客观性话语，而理想信念则是主观性话语。缺少客观话语的理想信念是虚幻的，而缺少主观话语的社会形态是冰冷的。应该认识到，当共产主义理想被界定成为一种社会形态从而找到自己的科学定位之后，并不意味着它就从此不再是理想了。其实，只要这一社会形态没有最终变成现实，它作为理想就始终存在。而只要作为理想而存在，它就具有其相应的特点和要求。在共产主义理想问题上，正像在任何理想问题上一样，人们有权利投入自己的热情，发挥自己的想象，寻求心理的满足。如果说当理想即将实现的时候，即理想目标越来越近的时候，我们就应该去除长期以来附着在上面的想象的光晕和神圣的光环，去除热情对它的影响的话，那么，当这个理想的实现被推迟到遥远的未来的时候，我们就应该允许人们在这个理想上附加一些自己的想象和情感的东西。也就是说，在共产主义理想对我们来说还是遥远未来的时候，还没有转化为现实的政策问题的时候，我们就不只是从社会形态上去认识和想象它，而也应从一种终极的关怀上，从情感的最终寄托上去设想它。从这个意义上讲，共产主义理想就是科学和信仰的统一，理智和感情的统一，描述和想象的统一。

（原文发表于《中共杭州市委党校学报》2016年第5期）

三

论共产主义信仰的崇高境界

信仰作为一种精神现象和精神追求，本身存在一个境界高低的问题。尽管所有的信仰都具有一定的超越性，都尽力地追求某种更高的境界，但由于各种信仰本身在性质和特点等方面的不同，它们在信仰境界上也是有高低不同的。共产主义信仰是一种现世的信仰，主张在世俗的社会生活中追求生活的意义和幸福。正因为如此，有人认为这样的信仰不具有超越性，没有崇高的精神境界。这是不对的。我认为，共产主义信仰具有崇高的境界。它大体上体现在人类解放的情怀、人生进取的境界、道德奉献的情操和社会历史的视野等几个方面。

（一）人类解放的情怀

任何一种信仰，特别是作为体系的信仰，都有一种救世的情怀，都具有一种救世度人的使命感。也可能说法不完全一样，但意思是大致相同的。共产主义信仰讲无产阶级解放和人类解放，从一定意义上讲也是一种救世的情怀。这样，我们就可以把不同信仰的不同救世加以比较，并由此说明共产主义信仰的特点了。

首先，共产主义信仰讲的不是“个人解脱”，而是“人类解放”。世界上许多宗教通常注重的是个人的解脱，它主要面向的是个体，要解决的是个体的生存苦恼之类的问题。正因为如此，它的思想体系中占主要地位的是宇宙观和人生观，并把这二者直接沟通结合起来，而处于中间位置的社会历史观却相当薄弱，甚至有意无意地加以忽视。这当然也与宗教产生的历史较早，人类对社会的认识处于萌芽时期有关。而共产主义讲的解放不只是个体解放，更主要是群体的解放，是无产阶级的解放和全人类的解放。马克思主义不是把个人直接放在宇宙背景中，而是在人类社会中，在社会的群体中来看待个人的。因而不是孤立地讲个体解放，而是把个人的解放放在社会解放中去实现。在社会群体中，个体处于特定的社会关系中，它的社会性存在就是由这些社会关系来界定的。因而，离开社会的发展进步来谈个体的解脱或解放，其操作空间是很小的。在这样的情况下，当然只能向精神领域中去求得伸展。

其次，共产主义信仰主要不是一种精神解脱和信仰疗法，而是通过实际行动来改变自身的现实处境，求得实际解放。有的宗教讲度人或救人，根本上还是一种精神上的救助，心理上的治疗，是一种信仰疗法。这样的一种救助当然并不是没有其一定的价值，特别是在当代社会人们精神压力很大的情况下，宗教信仰对于寄托个体的无助感，消解和释放其心理压力和郁结，有其正面的意义。但人的解放，人类的解放，不只是个心理问题，还是个社会问题。从性质上讲，共产主义信仰主要不是一种信仰疗法和精神治疗，而是一种积极的社会运动，是力求改变社会条件，求得人们实际生活的改善。当然，人们在投身积极的社会运动时，对某些个体来说，也会在精神上得到一定的解脱和精神救治。特别是共产主义信仰打上了无产阶级的粗犷豪放的阶级性格的印记，它把人的注意力引向自身之外广阔的社会领域和崇高的社会目标，就有着精神引领和救治的意义，至少对于治疗“小资”的神经衰弱是很有疗效的。但是，这只是附带的结果，是副产品，而就性质上说，共产主义信仰不是个人解脱，而是群众解放，人类解放，人的解放。共产主义不只是给群众一种心理安慰和精神自由的感受，更重要的是给他们以实际的物质解放。

当然，宗教发展到一定程度，也会向社会其他领域特别是公共领域扩展，起到某种社会政治功能。从这点上说，它不再仅仅是精神解脱，而具有了社会救助的性质。比如许多慈善性的活动就是宗教界搞起来的。但是，就宗教现象的信仰特性来说，它是属于个体精神领域的，如果它向着社会公共领域无限制地扩展，承担起社会政治的功能时，就会显出自身的弱点，给社会带来大的问题，同时也对自身的发展不利。在这方面历史上的教训是很多的。

最后，在共产主义信仰中，人的解放靠的是自身的力量，组织起来的力量，而不是靠神灵的神秘力量。在宗教信仰中，神灵对于信仰者获得精神救助和解脱起着最关键的作用。相应地，人们在心理上对此也形成了很强的依赖性。对于共产主义信仰而言，人的解放和发展，全人类的解放的实现，靠的不是神灵的力量，而是靠人自身的力量。人自身的力量从个体方面说，当然是微小的，但是人不只是个体，而是社会和群体，也就是说，当个体组织起来时，它的力量就不再微小了，而成为巨大的力量。在共产主义信仰中，人民是至高的存在和对象，如果说宗教徒说神灵是万能的话，那么，在我们这里，人民是无尽力量的源泉。个体做不到的事，人民就能做到。而且，人民的力量之所以巨大，能够创造历史，不仅仅是由于人多，也不仅仅是由于组织起来了，还是因为他们是按照客观规律办事。

（二）人生进取的境界

人生追求有很广泛的含义，因为人追求的东西很多。但是，这里讲的人生追求是从根本意义上讲的，指的是在一种信仰体系中，信仰者所追求的最高的人生境界。任何一种信仰，都会为其信仰者提供追求的目标。这种目标可能是复数的，是一个系统，但是都会有最高目标。这种最高目标以及目标系统的设定，是由该信仰的基本理论所规定的。

考察一下人类至今的大多数信仰，可以把这种追求分为两类：一是追求成神，信仰者希望或相信通过追求而变成神仙或者与神合而为一；二是追求成为更完全或更完美的人，信仰者并不希望或相信能够变成神。前一种是某些宗教或有神论信仰的观点。有些宗教或有神信仰把人所追求的最高目标设定为一种神格理想，认为人生的目的不是当人或当更好的人，而是成神。而成神又是为了升天。后一种则是非宗教的信仰或持有世俗信念的人们的看法。共产主义信仰属于后一种。

共产主义信仰主要讲追求社会理想，但是也有人生理想和人生追求。一方面，在社会理想中就包括有人生理想，理想的社会也是由理想的人组成的，没有和谐完美的人生，也不会有完美的社会。另一方面，任何社会理想的追求者也都是人，阶级、政党也都是由人组成，在一定意义上可以还原为人。如果把其中人格的追求剥离出来，加以单独的考察，那么就会看到它追求的并不是超人的目标。共产主义信仰不只是一种政治信仰，而且也是一种完全的世界观，是一个全面的信仰体系。它对世界的看法是唯物主义和无神论的。在无神的世界中并不存在神或其他超人的人格。人所追求的不是脱胎换骨、脱人成神，而不过是人自身的完善或完美。

这种看法很容易受到嘲笑，认为是境界低的表现。其实，人不能成神并不表明境界就低，它只是一种本体论意义上的设定，并不是指人的精神追求。唯物主义世界观中人格的追求，也可以是很崇高的。共产主义者把理想追求限定于现实世界和人类历史，但也具有极高的思想境界。马克思主义讲的人，即关于人的理想，是人的自由而全面的发展，或自由而全面发展的人。这样的人，是一种非常高的境界。马克思主义对于真正的人的看法，标准是非常高的。马克思主义不只讲现实的人，也讲理想的人。人的自由而全面发展并不是很容易实现的。只有到了共产主义才会达到这样境界，才能有这样理想的人。

其实，马克思主义还有一个独特的观点，也是揭示理想人格的，这就是“两个提升”的理论。在马克思主义看来，人脱离动物界而变成人，有两条标准。一条是生物学或生物进化的标准，一条是社会关系的标准。从前一条来看，从猿到人的转变，直立行走等等，就算完成了转变。人们通常都是这样看的，都只是用这条标准来衡量。但马克思主义还主张有第二条标准，即社会关系标准。还要看人生活的社会状态和社会关系，如果人与人之间还是动物界通行的“弱肉强食”的丛林法则，通行的还是尔虞我诈，是为经济利益而相互倾轧，那么就表明人还不是真正的人，人们过得并不是真正人的生活。从某种意义上讲，从动物到人的转变还没有完全完成，人在某种意义上还是动物。因而，马克思主义者追求共产主义，目的就是为了使人真正成为人，使人不仅在生物学上成为人，而且在社会学上，在社会生活和社会关系上成为人。恩格斯指出，在共产主义社会，“个体生存斗争停止了。于是，人在一定意义上才最终地脱离了动物界，从动物的生存条件进入真正人的生存条件”[①]。

①《马克思恩格斯选集》(第3卷)，北京：人民出版社1995年版，第633页。

共产主义并不是人类历史的终结，而是开始，是真正的人类社会生活的开始。可见，“人”在这里是多么高的标准！

这里，还应该对宗教信仰的崇高说几句话。崇高的信仰是粗陋的信仰的直接对立物。一神宗教信仰是在反对低级粗陋的偶像崇拜的斗争中成长起来的，与后者相比，它是一种较为崇高的信仰。一神宗教信仰的确立，使一些与宗教相联系的精神文化得到升华和发展，使人们的信仰感受和精神生活进入新的更高的境界。这是一大进步。无论是东方还是西方，教堂、寺庙等建筑雄伟壮观，显得庄严肃穆，制造出一种向往崇高的气氛。但宗教信仰的崇高性是以虚幻和屈从为代价的。宗教关于神的那些美妙故事只能在想象中存在，一旦神的梦幻在冷酷的现实面前破灭，由宗教信仰所导致的崇高精神就难以为继。另外，宗教信仰的崇高性又是以神灵的无限高大和人的无限渺小为特征的。人必须先在神的面前把自己贬到最低，然后才能在盼望神的恩典的过程中，在无穷地向往和趋近神的过程中，把自己精神引向崇高。离开了神和神的恩惠，宗教的崇高就不存在。

（三）道德奉献的情操

共产主义信仰是以唯物主义为世界观基础的，它不仅认为宇宙是物质性的存在，而且在社会生活领域中也重视人的物质利益。那么，这样高度重视“物质”的信仰，能有崇高的精神追求和道德境界吗？这正是有些人具有困惑和误解的地方。

首先，不能把唯物主义混同于追求物质享乐。似乎唯物主义只是重视“物质”和“物质追求”，不重视精神和精神追求，这是一种误解。早在19世纪，欧洲社会上就曾流行这样的低俗见解，马克思、恩格斯对此有过有力的批判。恩格斯写道：“庸人把唯物主义理解为贪吃、酗酒、娱目、肉欲、虚荣、爱财、吝啬、贪婪、牟利、投机，简言之，即他本人暗中迷恋着的一切龌龊行为；而把唯心主义理解为对美德、普遍的人类爱的信仰……”[①] 这样的误解是从人们生活的观念中产生的，源于

①《马克思恩格斯选集》(第4卷)，北京：人民出版社1995年版，第232页。

学理上的无知。其实，唯物主义是一种本体论观点，是对世界本原的看法。认为世界作为物质的存在，不是虚幻的，而是客观存在的，精神现象来源于物质的演化。唯物主义当然要重视“物质”，特别是当世界的物质性受到唯心主义思潮的否定时，更强调物质的重要性。但是，唯物主义同样十分重视“精神”，重视精神的能动作用，把它看作是“地球上最美的花朵”（恩格斯语）。在社会生活中，唯物主义者同样也可以有崇高的精神追求。恩格斯曾以法国唯物主义者狄德罗为例加以说明，其实这样的事例在历史上屡见不鲜。

其次，要正确理解“物质利益”的社会价值和精神价值。在社会生活中，唯物主义要求重视物质利益。“物质利益”长期以来是一个不能提到台面上的问题，人们挂在嘴边的往往是真理、正义、荣誉等词汇。马克思的历史唯物主义对社会生活作了唯物主义的解释，揭示了社会生活的实践性，进而也论证了物质利益的正当性。马克思指出，人们奋斗所追求的一切，都同他们的利益有关。这是一个重大转变，它既是共产主义信仰作为一种新类型的信仰的宣示，也是共产主义信仰自信力的体现。共产主义信仰虽然是一种精神追求，但它并不否认人们追求自己正当物质利益的合理价值，而是把高尚的精神追求建立在尊重人们正当的物质利益追求的基础上。而且，更重要的是，共产主义信仰中“物质利益”的追求体现出的更多是精神追求的价值。因为对共产党人来说，首先不是为自己的物质利益而奋斗，而是为实现人民群众的物质利益而奋斗。这样的奋斗是一种利他行为，体现的是精神价值。

共产主义者追求共产主义理想，并不是想到这个理想社会中去享福，而是认为这个理想的实现体现了人民的真正幸福。所以，一代一代共产主义者，虽然认识到自己不可能亲眼见到共产主义的实现，不能得到理想实现后的利益和好处，但他们仍然义无反顾地为共产主义而奋斗。

再次，共产主义信仰中包含有很高的道德要求。共产主义信仰就其理论基础来说，特别是就其世界观来说，不是道德性的，它并不是一种道德要求的结果。唯物主义历史观揭示了空洞的道德呐喊的软弱性，也揭示了道德具有的社会生活根源，打破了唯道德主义的幻想。但是，如果由此断言共产主义信仰不对自己的信仰者提出道德要求，那就完全错了。事实上，共产主义道德是共产主义信仰的重要内涵和必然要求。对共产主义的信仰，不仅体现在相信和追求未来的理想社会上，体现于参加轰轰烈烈的社会革命运动中，同时也体现于个人的道德修为和为人处世的日常生活中。特别是在狂风暴雨式的革命时期过去之后，在社会主义社会确立起来而人们过上和平正常的社会生活之后，个人道德上的要求就更加突出了。共产党人不能自私自利，而要为人民服务，做道德上高尚的人。在当前的现实生活中，很难想象一个人没有高尚的道德而能成为一个真正的共产主义信仰者。一个人，不论其怎样“坚定”地相信共产主义理想一定会实现，如果他在实际的日常生活中不顾道德而任意妄为，做人和人品上有硬伤，那么他就不是一个真正的共产主义信仰者，一个真正的共产党人。

最后，共产主义运动中涌现出了具有可歌可泣献身精神的崇高人物。献身精神有广义和狭义之分，在广义上指的就是奉献精神，而在狭义上则只指奉献出自己的生命。心血和汗水本来也是生命之内的，但是它仍然与献出生命有着明显的区别。人的生命是有限的，或者简单地说死亡是必然的。但是，自然死亡与非自然死亡仍然有很大区别。为信仰或事业献出一生，自然死亡，也可以说是献身。但那种为了信仰和事业而牺牲生命的非自然死亡，更集中地显示出献身的精神。

从狭义上讲，献身指的是为信仰献出生命，是殉道者。讲信仰不能不涉及死亡，因为这个问题直接与死亡有关。一般来说，信仰的宗旨并不是让人死，而是让人活，让人活得更好，更幸福。而且，由于信仰给了人们以生活的目标和意义，因而真正有信仰的人决不会因为生活空虚或生活无意义感而自己结束生命，但是却可能因为自己的信仰而为事业献身，在自然生命没有到达终点的时候就主动结束生命。这就是信仰的最高的献身精神。这种献身精神，最集中地体现着信仰的力量，信仰的执着和坚强。因此，考察和评价一种信仰，不能不涉及这种信仰在这方面的要求和表现。共产主义信仰中体现出非常突出的献身精神，是惊天地泣鬼神的精神。共产主义者怎样看待死亡？共产党人的生死观有何特点？在死亡观上，共产主义讲“为人民而死，就是死得其所”。这最集中地体现出共产主义者的境界。

（四）社会历史的视野

世界上许多大的理论体系或信仰体系，都具有比较完整的世界观。但是，不同的理论和信仰体系其所关注的核心领域，还是有所不同的。有的重点关注的是“鬼神世界”，有的重点关注的是“自然世界”，有的重点关注的是“人生世界”，有的重点关注的是“精神世界”，而马克思主义所关注的则是“社会历史的世界”。“社会”是马克思主义的一个核心概念，它的世界观、人生观和价值观上的许多道理，以及共产主义信仰上的许多道理都是从“社会”上得到说明的。

首先，“社会”是马克思主义的世界观所关注的核心领域，社会历史观是马克思主义世界观的核心内容。世界观又叫宇宙观，它所关注的最大范围就是宇宙。上下四方为宇，往古来今为宙。我们所知的世界最大范围都在内了。而这样的眼光，在科学日益发达的今天，当然是很必要的。如果说，世界观过去主要关注的还是地球，那以后应该是宇宙了。但是，不论我们对世界的认识扩大到什么程度，对马克思主义来说，它所关注的核心领域还是人类社会及其发展。这可以说是共产主义信仰与宗教信仰的一个重大区别。

上文已谈到，一些大的宗教信仰在其世界观、人生观和价值观上有一个共同特点，就是以个人直接面对宇宙，中间略过了社会。它们直接把人生观与宇宙观联系在一起，形成同构的关系，而本来应该处在人生观和宇宙观之间的社会历史观，则往往处于虚置状态，理论建构十分薄弱。从一定程度上讲，世界三大宗教都有这样的特点。它们的宇宙观都很宏大，不论是佛教的三千大千世界，基督教以上帝所创造和统领的世界，以及伊斯兰教安拉创造和统领的世界等，都是如此。而人则是直接由神灵创造的，他以个体的形式存在于世界上，直接面对着整个宇宙和天国世界。本来，人是生活于社会中的，社会是人生活动的第一舞台，人是以社会成员的身份并融入社会而用社会来面对自然世界和宇宙，但是在这种宗教的世界观中，社会却淡出或消退了。只剩下孤零零的个人独自面对整个世界和整个宇宙，从而加倍感受到自身的渺小和孤独，于是只能把宇宙变成一种有情的宇宙，把宇宙变成神灵的世界来求得人生的温暖与充实。

马克思主义则把关注的重点放在人类社会中。对社会的关注，所形成的研究成果就是社会观（静态上说）或历史观（动态上说），或合称社会历史观。社会历史观是马克思主义的强项，是共产主义信仰所主要依托的领域。如果说马克思主义理论体系中有哪一部分是最具特色和创新的，那就是唯物主义历史观或历史唯物主义。由于有了充分的社会历史观，因而就形成“世界观—社会历史观—人生观”的连续体系，通过社会把个人与宇宙（世界）联结了起来，形成以社会为中心的理论体系和信仰体系。这是马克思主义信仰的重要特征，也是它的特色和优势所在。

其次，“社会”是马克思主义人生观找寻和确认人生意义的核心领域。人们对理想的寻找，对人生意义的寻求，有着不同的路向，并由此形成不同的信仰体系。一种路向是到天上（鬼神世界）去寻找人生的理想，从人与神的关系中寻找人生的意义和价值，这是一些宗教信仰的情形。另一种路向是到人自身去寻找人生的理想和意义，西方文化的一个特点就是如此，想从独立的个人身上找到人生的理想和价值，但最终却得到一个虚无的结果。还有一种路向，是到社会生活中找寻人生的理想和意义，中国传统文化的主流是如此，马克思主义理论也是如此。这是它们的共同之点，由此可以理解何以中国人比较容易地接受了马克思主义。但是，我国传统文化与马克思主义在这方面也有不同之处。传统文化是从家国之中，特别是从家族生活中找寻生活的意义，它关注的是家族的绵延以及国家的强盛；而马克思主义关注的是社会的进步和社会理想的追求，它并不主张满足于当下的社会现实并从中得到充分的人生意义，而是主张克服现实的弊端，追求更好的社会制度和社会生活状态，把个人理想与社会进步结合起来。因此，对共产主义信仰来说，虽然人生的意义是在社会生活之中，但并不是任何一种社会生活状态和现实状况都具有充分的价值意义，而是主张在进步的事业与追求中，在社会的进步与发展中，寻求人生的意义与价值。

最后，“社会”及其发展是社会主义、共产主义理想信仰的载体。

共产主义远大理想虽然“远大”和遥远，但并不在人类社会之外，更不在地球之外以及物质世界之外，而是在人类社会的发展时空之中。因此，这个“远”只是一种时间概念，是人类社会发展中的时间之远，而不是另一个天体上的天国的空间之远。而且，共产主义理想实现之“远”，是相对于个体人的生命寿限而言的。人的一生大多不满一百岁，这是人生的尺度。以这样的尺度来衡量共产主义社会理想的实现过程，那当然是“远”的。共产主义理想不是个人理想，而是社会理想，它并不像个人理想那样是在人生百年的尺度范围内得以实现的，而是超出了个体生命的时间，需要若干代人的努力。这是社会理想的实现不同于个人理想的实现的重要之点，也是理解共产主义理想实现问题的重要之点。作为人类历史发展中最为远大的带有终极性的社会理想，它的实现的时间跨度是宏观阔大的，是在若干代人的接续努力奋斗中逐渐得到实现的。因此，共产主义理想的实现的舞台和依据，就是人类社会的进步与发展。一个人，只要认同社会，只要认同社会的进步与发展，只要融入追求社会进步与发展的事业，去体验人生的意义，那么即使他不懂得共产主义远大理想，那么他大约也可以说是一个初步阶段的共产主义信仰者。

（原文发表于《思想理论教育导刊》2013 年第 3 期）

四

论中国共产党人的信仰家园

信仰是人生的精神支柱，更是一个政党领导能力的精神保障。共产党人是不是有信仰的人？共产党人的信仰是什么？这个信仰是从何而来，具有什么特点？如何把握共产主义信仰的基本内容和结构，如何把握共产主义信仰的核心和灵魂？为什么说共产主义信仰不仅存在于共产党人的精神世界，而且必须转化为共产党人为人民服务的日常行为？中国共产党是以具有崇高的信仰而赢得世界的称誉，对马克思主义的坚定信仰和对共产主义的坚定信念成为她领导新民主主义革命和社会主义革命及建设取得伟大成就的秘诀。

（一）共产党人是有信仰的人吗？

“共产党人”这样一种身份意味着什么呢？它除了是一种政治身份外，是否还是一种信仰的身份？这是一个既令人感兴趣的也让人困惑的问题。党外的人士会有这种疑问，党员自己有时也会提出这样的问题。

共产党人究竟有没有信仰呢？让我们先从现实来观察，会发现许多党员是没有信仰的，但也会看到，毕竟有一些党员是有信仰的，他们坚定地相信马克思主义，追求共产主义。有的党员有信仰，有的党员没有信仰，这是一点也不值得大惊小怪的。在这方面，现在人们有一种误解，似乎“凡是信宗教的都是真信，凡是信共产主义的都是假信”。这两个“凡是”是不能成立的。其实，任何一种信仰都有真信和假信的人。对宗教信仰来说也是如此。曾有一位海外牧师说过牧师是一种生活方式，意思是虽然我并不真正信仰上帝，但这是我的工作和职业，我就像信仰上帝一样来工作。可见，一种信仰在一定的时期，对广大人群来说，真信假信同时并存是一种普遍性现象。而且，就真信而言也有程度上的区别。这说明信仰并不是那么绝对的事情。

当然，对一种信仰来说，真信的多，还是假信的多，会因不同时期的社会现实和实际生活的情况而有所不同。在革命战争年代，革命者信仰共产主义，是真信的多，而现在则有许多人是在假信，只是在做出信的样子，其实并不真正相信。而且，现在有些党员干部，假信的样子也不装了。这是与整个世界的形势，与国际共产主义运动的挫折有关的，也与我国改革开放以来所受的市场力量的冲击等有关系。作为唯物主义者，对此也不必惊讶。信仰毕竟是一种精神现象，是第二性的东西，它会以自身的状态反映着社会现实的变化。个人在主观上一厢情愿是没有用的。一个人，即使在主观意愿上想坚定共产主义信仰，但如果思想认识上没有打通，也还是并不能真正地坚定自己的信仰。

但不论现实如何复杂，不论共产党人的信仰受到怎样的冲击，可以肯定的是，毕竟有很多共产党人是具有信仰的，他们是真正的共产党人。也就是说，至少真正的共产党人是有信仰的。

真正的共产党人具有优秀的品质，他们的优秀品质当然对他们坚定自己的信仰起了正向的作用，这是不能否认的。但是，真正的共产党人之所以具有信仰，从根本上讲，并不是由于他们个人的原因，不是由于偶然的原因，而是出于党本身的原因，是由党的性质所决定的。也就是说，党本身具有信仰的属性，对党员本身具有信仰上的要求。

这又是为什么呢？难道共产党是一种类似宗教团体的信仰团体吗？不是的。党是政党，不是宗教，它与纯粹由信仰纽带而形成的宗教信仰团体有着性质上的不同。“政党”，不用说具有政治属性。政治是经济的集中体现，政治是社会的公共领域，反映了人们之间特别是群体之间的根本利害。也就是说，政党作为团体，具有现实利益的基础，它并不是完全超功利的非利益的团体。一定的政党代表着一定的阶级、阶层或利益集团，是适应维护利益和追求利益的现实需要而产生的。共产党代表着工人阶级和劳动人民的利益，也是为维护这些利益而存在的。这一点就与宗教团体有着重大的区别。

但是，我们说党“代表”着一定的利益群体，并不等于说党本身就是一个利益群体。在这里“代表”二字十分关键。在这两个字里，就包含着一种升华或超越。“代表”者是从利益群体中产生出来的，他们为一种使命而产生，并为履行自己的使命而奋斗。这其中就包含着精神上的追求和升华。当根本的利益升华为一种政治立场和理论观点时，当这种立场和观点再进一步升华为一种理想和目标时，那么党作为利益群体的代表，就具有了精神上的属性，甚至信仰上的属性。

当然，世界上的政党非常多，它们的情况也多种多样，并不是每一个政党，都形成了一种明确的政治信念甚至世界观信仰。有的政党并不严格，不过是为选举而形成的。选举时啸聚而来，选举结束，呼啸而去。西方的一些政党就是这样的，它们虽然有一定的政治观念和倾向性，但很难说有明确的政治信仰，更不能说世界观层面的信仰了。也有的政党具有明确的政治信念或政治信仰，但在世界观层面上并没有明确的要求，而是以个人喜好而定。比如国民党，要求信仰三民主义，这是一种政治信仰，但在个人世界观层面上，可以五花八门，信奉不同的宗教。

相比之下，共产党更加严整和严格，它不仅有明确的政治信念，而且有自己的完整世界观即马克思主义，它要求党员相信马克思主义。当然，世界上的共产党也很多，不同国家的共产党情况也不相同。有的国家的共产党员可以信教，或信教者可以入党。之所以如此，不是理论上推论的结果，而是现实状况的反映。因为有些国家的公民大多数都信奉某种宗教，这是长期历史所形成的，对此不能视而不见。这些国家的共产党，只有根据本国的实际情况来确定自己的政策，包括发展党员的政策。相比之下，中国共产党是最为纯粹的，它对党员的信仰要求也应该是最明确的。中国共产党党员不仅要在政治信念上坚持社会主义和共产主义，而且应该在世界观上相信马克思主义，确立起马克思主义的科学信仰。

列宁在《进一步，退两步》说过，无产阶级政党是两个系统：一是组织系统；二是信念系统。从前者来说，入党要办组织手续。从后者来说，还要在思想信仰上有相应的共产主义信仰。这两个系统应该是统一的，入党的人应该是有信仰的。但由于各种复杂的原因，有的情况下，或对有些人来说，二者是分离的。有的人在组织上入了党，但在思想信仰上没有入党。有的人在思想信仰上达到了标准，但没有办理入党的手续。前者是不太合格的共产党员，后者则是“党外布尔什维克”。

（二）共产党人信仰的由来

原来我们通常用“共产主义信仰（信念）”，近来我们用得较多的是“马克思主义信仰”。大体上说，这两个名称在性质上是同一的，指的是同一个东西。邓小平说过，“马克思主义的另一个名词就是共产主义”[①]。而进一步分析可以看出，这两个名称个性色彩有所不同。“共产主义信仰”政治性和现实性较突出，而“马克思主义信仰”学理色彩更突出。而且从历史上考察，则这两个名称并不完全等同。“马克思主义信仰”指的仅仅是“科学的共产主义信仰”，而不是一般的共产主义信仰，更不是空想的非科学的共产主义信仰。因此，在马克思主义信仰产生之前的具有空想性质的共产主义信仰不是马克思主义信仰。而在马克思主义信仰产生之后，由于它的科学性和巨大影响力，特别是在社会主义国家，“共产主义信仰”不再是泛指，而成为“科学共产主义信仰”的特指，从而与“马克思主义信仰”成为等同的概念。

为此，应该考察一下共产主义信仰的历史。如果“共产主义信仰”是特指含义，那么它产生发展的历史就是从 19 世纪 40 年代马克思主义产生以来的历史。这段历史有 160 多年了。尽管不算太短，但毕竟也不能算长。因为有些宗教信仰都有上千年甚至数千年的历史。但是，如果“共产主义信仰”作为泛指，即它不仅包括科学的共产主义信仰，也包括空想的共产主义信仰，还包括萌芽的共产主义信仰，那么我们会看到：共产主义信仰是人类历史上最源远流长的信仰。听到这样的说法，有人可能觉得吃惊。但我们只要简略地回顾一下人类的历史，就会发现共产主义信仰是伴随着全部人类历史的，至少是伴随着人类文明历史的。

共产主义信仰是从何处来的？人们常说马克思创造了共产主义信仰。然而实际上，马克思并没有创立共产主义信仰，这个信仰在他之前

①《邓小平文选》（第 3 卷），北京：人民出版社 1993 年版，第 137 页。

就早已存在。马克思的功绩在于把这个信仰建立在科学的基础之上，使它变成了科学的信仰。但是，这种信仰可以追溯到什么时候呢？前段时间，习近平总书记在讲话中谈到社会主义存在500年了，这与我们一般认知的150年不同，是从空想社会主义开始的。因为空想社会主义者往往有着坚定信念，始终坚持对社会主义、共产主义理想的追求。那么，500年历史是否就是最早了？也还不是。共产主义作为一个萌芽的状态、种族的记忆、民族的心理还可以往前追溯，由此可以上溯到人类文明的源头，甚至人类历史的源头。

原始社会，其实是原始共产主义社会。原始人的本能意识中就有共产主义因素。随着人类进入阶级社会，社会发生了分裂，人们逐渐忘记了这种原始的意识。越是深入私有制社会和阶级社会，人们对原始社会时期的记忆就越模糊，逐步归于淡忘。但是，这种种族记忆是不会完全消失的，因为原始共产主义社会历史太长了，它作为人类的漫长童年在人类心理上打下的印记是非常之深的。因此，即使在私有制社会和阶级社会中，人们还是由于现实原因的激发，产生对公有基础上的理想社会的向往和追求，而其中也有人类的原始记忆参与其中。

奴隶社会时期的思想家们，把理想社会放在过去。认为理想社会不是在未来，而是在过去，久远的过去是人类的黄金时代。《礼记・礼运篇》中说“大道之行也，天下为公”记载的时期就是这样。这是不奇怪的，因为人类刚刚从原始共产主义社会中走出来，对共产主义的记忆还颇为清晰。由于奴隶社会的严酷现实，有些人萌发了回到原始社会去的冲动。但历史是前进的，返回过去已经不可能了。再后来，原始共产主义社会的记忆淡漠了，于是人们的理想社会不再放在过去，但也没有放在未来，而是放在文明社会的边缘。比如，放在深山老林里，或者放在远海深处的海岛上。在封建社会以及资本主义初期，人们的共产主义理想萌芽就是如此。这也是毫不奇怪的，因为私有制和阶级冲突已经成为文明社会的主流，占据着主导的舞台，谁都不能想象在这个中心舞台上会有公有制基础上的和谐社会。于是，只能想象在私有制文明未到的边缘地区，或许还有共产主义因素的存留。陶渊明的《桃花源记》，资本主义地理大发现时期的小说，各类海外游记就是如此。人们常说这些都是空想，没有任何现实价值，然而从文化的角度分析，这些空想体现了人类对梦想与理想的追求，具有信仰上的价值。欧洲人的《乌托邦》《太阳城》《基督城》《新大西岛》等都是如此。但19世纪后期的《乌有乡消息》则有所不同，它讲的理想社会已不在文明社会的边缘，而在欧洲文明的中心地带了。书中主要讲了这么一个故事：一个英国社会主义者做了一个梦，梦见第二天醒来时英国已经实现了共产主义，并讲述了自己在共产主义英国的经历。这说明，随着资本主义的发展，社会进步趋势日益明显，人们逐步开始把理想社会从社会边缘拉回社会中心，把它放在文明社会的未来了。

然而，这样的理想社会能否实现，它的实现是否具有某种必然性，这是需要论证的。有人从道义上去论证，认为正义的就是必然要实现的。有人从思辨逻辑上去论证，认为概念的辩证演进表明共产主义具有思辨的必然性。马克思与之不同，他对此作了真正科学的论证，这种论证的根本就是对资本主义社会的本质和发展趋势的揭示，证明了资本主义内部矛盾的发展最后必然导致向共产主义的转变。由此，共产主义信仰才真正奠定在了科学的基础上，成为科学的信仰了。

（三）共产党人信仰的基本内容

大家都知道共产主义信仰的重要性，知道共产党人应该坚定自己的信仰。但是，对于这一信仰究竟是什么，它的基本内容有哪些，研究还比较少。原因之一，是对有无“共产主义信仰”或“马克思主义信仰”这回事存有争议。有些同志认为马克思主义是科学，不是信仰，因而不存在所谓“马克思主义信仰”或科学的共产主义信仰。我不同意这种看法，认为科学与信仰并不是完全对立的，建立在科学基础上的信仰是可能的。为了证明这一点，需要我们去建设和建构科学的共产主义信仰，更不用说这是现实的迫切需要了。

根据我个人的看法，共产主义信仰包括4个部分：唯物主义的世界图景、共产主义的远大理想、为人民服务的根本信念、自由而全面的人生追求。这些可以说是4个基本的信条，它们构成了共产主义信仰的基本体系。

唯物主义的世界图景，指的是共产主义信仰的唯物主义世界观基础。如果用8个字来概括，就是：世界自足、不谈鬼神。这当然指的是科学共产主义信仰。至于从前的共产主义信仰萌芽和因素，有些是曾经渗透在宗教之中，是讲鬼神的共产主义。从马克思把共产主义置于科学的基础之上以后，共产主义信仰就建立在无神论基础之上，成为无神的信仰。因而，共产主义不谈鬼神。世界自足，就是物质世界本身就能充分说明其存在与规律，不必也不能以世界之外的原因来加以解释。

共产主义的远大理想是共产主义信仰体系中的理想目标和追求。这一理想目标具有某种终极性，因而称为远大理想。任何信仰体系中都具有终极性的理想目标和追求，这是信仰的核心内容之一。共产主义信仰中的理想追求如果用8个字来概括，可以说是：社会进步、人类解放。这里面包含着一种社会进步的观点。一个人，只要相信社会是向前发展的，相信虽然道路存在曲折但前途终究光明，那么他就是站在了通向共产主义信仰的起点上。当然，社会进步的观点是近代以来才有的，人们对此的看法也不相同，许多人也并不赞成这种观念。马克思主义讲的社会进步有十分丰富的理论内涵，具有一套社会历史理论作支撑，它包含着人自身的积极努力在内，而不只是善良的愿望，不是盲目的乐观。社会进步的观念能够塑造人们积极乐观的社会心理，比之于各种末世说、末劫说自有其优越之处，符合人类生存发展的愿望和要求。

为人民服务的根本信念是共产主义信仰中的道德信念和要求，用概括的话来说就是：人民至上、服务群众。为人民服务是社会主义道德的核心，也是党的根本宗旨，但长期以来人们没有把它纳入共产主义信仰体系，更没有作为这种信仰的核心内容，这是不恰当的。其实，“人民”是共产党人最高的信奉对象和献身对象，是这个信仰中相当于“上帝”的角色。正像宗教徒言必“上帝”一样，共产党人是言必“人民”的。只要看一下党的领导人的重要讲话就可以看到，在其中出现次数最多也最为神圣的概念就是“人民”。而且为人民服务集中体现了信仰的道德要求。任何信仰体系都有道德内涵和要求，都包括重要的道德信念和追求。共产主义信仰当然不只是一种道德信仰，但其中必然包含着道德信念在内，它对党员有共产主义道德上的要求。而且，当共产主义信仰发展到一定阶段后，比如当成为社会主义国家的主导信仰后，其中的道德信念的部分就会扩大，在信仰中占据着更为重要的地位。

自由而全面的人生追求是共产主义信仰在人生目标上的体现。共产主义是社会理想，也是个人理想，而且对社会理想的追求最终也要落实在人生追求的层面上。在这方面，可以概括 8 个字：人生自由、全面发展。我们的信仰体系中包含着人生的发展和自由的追求。

由这 4 个部分共同构成的共产主义信仰体系是一个有机的整体，但它不是一个正圆形，而是一个椭圆形。正圆形是一个理想图景，但在受到外部影响的情况下会变成椭圆形，而实际上大多数事物如天体运行轨道往往都是椭圆形的。过去人们常常简单地认为共产主义信仰是一个圆，核心是共产主义的远大理想。而实际上，共产主义信仰是一个椭圆，它具有两个圆心：一个是共产主义的远大理想，一个是为人民服务的根本信念。一个“远大理想”，一个“根本信念”，两者相加才能算是“理想信念”。如果只讲远大理想而不讲根本信念，只能算是共产主义信仰的一半。

共产主义信仰的两个焦点并不是相互分离甚至对立的，而是有着内在的联系和同一性的。因此，在很多情况下，比如在《中国共产党章程》中，总是把二者融合在一起来讲。《中国共产党章程》要求党员“必须全心全意为人民服务，不惜牺牲个人的一切，为实现共产主义奋斗终身”①，这就是理想与信念无间隔的结合。这种结合就是共产主义信仰的精髓。

（四）共产党人的信仰功课

信仰的确立并不容易，但信仰确立之后也并不就万事大吉，因为还有一个信仰的守护和践行的问题。信仰是需要投入心力的，是需要思想感情的滋养的。对共产党人来说，能树立起共产主义信仰是幸运和幸福的，它就像一个幸福的银行，不断地带来幸福的利息。但是，信仰并不是无本生意，也不是一劳永逸。人要对自己的信仰负责，要好好地珍惜

①《中国共产党章程》，北京：人民出版社 2012 年版，第 11 页。

它，守护它，滋养它，强健它，使它更加丰饶更加强大。为此，就要有信仰的功课。

其实，任何一种信仰，都有一些信仰的功课，它是对信奉者的思想行为的要求，是信奉者在日常生活中经常进行的信仰活动。这是人们信仰生活的一部分，同时也起着巩固信仰和维护信仰的作用。在宗教信仰中，这方面的内容非常丰富，比如念经、忏悔、布施、朝圣等等都是。不可否认，这些活动为信徒们提供了信仰生活的基本内容，使他们感到充实；同时也起着加深他们的宗教感情，固化他们的信仰行为，从而起到巩固和强化信仰的作用。共产主义信仰当然不是一种宗教信仰，但是它也应该有相应的信仰生活内容。这些，从一定意义上也可以说是共产党人的信仰功课。

首先，共产党人要读信仰的经典。自从人类发明文字以来，特别是用文字记载复杂的信仰思想以来，“读经”就是信仰者首要的信仰功课。共产主义信仰者也应该学习自己的信仰经典，这就是马克思主义经典著作。这方面，马克思主义经典著作具有两重性，一方面它是哲学社会科学著作，是人类科学研究的重大成果的记录，另一方面它又是共产主义信仰的经典著作，是共产党人信仰情感的寄托。要正确认识和处理这两个方面的关系。以往，我们也强调学习马克思主义经典著作，但主要是想从中寻找认识和改造世界的科学武器，用以指导自己的实践。这是无可厚非的，而且其中也包含有一定的信仰上的因素。但是，还没有很明确地让党员意识到，他作为一个马克思主义和共产主义的信仰者，应该把学习经典著作作为信仰上的义务，作为信仰生活的重要内容。从一定意义上可以说，对经典著作的疏远，就是对信仰本身的疏离。马克思主义经典是十分丰富的，甚至可以说是浩如烟海，这本身是共产主义信仰具有丰厚资源的证明，是一件好事，但对于党员个人的学习来说，则又成为一种困难。在这方面应该向他们提供指导和帮助，让全体党员都能够在学习经典著作中得到思想的进步、感情的慰藉，不断坚定自己的信仰。

其次，共产党人要过组织生活。所谓组织生活，就是加入党组织的人们之间的共同的生活和活动，比如开会、学习、交流思想，开展批评和自我批评等。这种组织生活对党的建设十分重要，对党员的信仰建设也同样重要。实际上在组织生活中包含了大家共同的信仰生活，实现了信仰者之间的深度交流和沟通，并为大家提供了信仰生活的共同体验。本来，中国共产党党员是有严密的组织生活的，但是后来松懈和淡漠了，这对坚定理想信仰无疑是十分不利的。因此，以后要高度重视组织生活，把组织生活健全起来。一方面要有组织的要求，党员必须参加这样的活动，另一方面也要通过组织生活使党员个人在思想感情上有所收获，提高他们的兴趣。为此，在全面健全组织生活的过程中，要更加重视组织生活中的思想信仰的活动，使大家得到信仰上的共鸣和归宿感。

再次，共产党人要关心社会政治。共产党是一个“政党”，共产党人的信仰主要的是社会政治信仰。强调党员的信仰问题，强调党员的思想信仰修养，并不是要让人们只关注个人的内心世界。党员的信仰生活的指向与宗教徒信仰生活不同，后者往往是专注于个人内心世界，对公共生活领域不太关心，而共产党员则要关心社会，关心政治，以天下为己任。要不断地开阔自己的眼界，扩大自己的胸襟，关心公众利益，不断提高自己观察问题的高度，锻炼自己的战略思维，善于从人民群众根本利害上去把握重大问题。只有这样，才能在复杂的社会变动和斗争形势中不会迷失方向。把这种政治素养的提高看作是信仰上的义务和要求，这是共产主义信仰所特有的。

最后，共产党人要不断提升道德境界。共产主义信仰的产生并不是出于纯粹的道德原因，更不是为了个人道德的完善，而是为了现实地改造社会，因此在信仰的初期不会有太多的道德上的考虑和内容。相反，经典作家所要着力的，是避免人们把共产主义运动变成一种个人修养和宗教修炼式的活动。但是，随着信仰的发展，在达到一定历史阶段时，就会发生道德上的转向，使道德的因素在共产主义信仰中发展起来，成为重要的内容。在社会主义国家建立以后，共产主义信仰就应该不断加强道德信念，把党员个人的信仰较多地转到道德追求上，转到他们日常生活的道德中来，使他们的信仰落地。以往我们对这一点重视不够，不利于信仰建设。只把共产主义信仰看作一种哲学境界和政治觉悟，而不同时看作道德要求，就会使这一信仰变得空洞，也会使党员的信仰与日常生活失去联系。我之所以强调“为人民服务”在共产主义信仰中的地位，目的之一也在这里。现在有的党员只知道自己有信仰身份，但不知道怎样在生活中体现信仰和实现信仰。如果是这样，那就去践行“为人民服务”，只要时时处处想到并践行为人民服务，那么他就找到了信仰在生活中的落脚点。

（原文发表于《河海大学学报（哲学社会科学版）》2014 年第 1 期）

五

中国共产党人“信仰”概念的历史考察

“信仰”是中国共产党人理想信念建设中的核心性概念。在中国共产党百年诞辰之际，考察中国共产党领袖们使用“信仰”概念的历史过程，揭示“信仰”概念的多义内涵，梳理“信仰”概念的语义演化，是颇有意义和意味的。从历史上看，中国共产党人使用“信仰”概念是相当频繁的，并不像我们通常想象的那样稀少。大体上说，这个概念在新民主主义革命时期颇为流行，新中国成立以后使用较少，改革开放特别是进入新时代以来，又大量使用。从“信仰”概念的含义上看，主要有一般和特殊两种用法，而在特殊用法中又有诸种不同情况，有时指宗教信仰，有时指社会威信，有时指社会政治信仰，而且每一种具体用法都有其历史过程。本文所作历史考察就是按此分类进行的。

（一）一般意义上的“信仰”概念

所谓在一般性含义上使用“信仰”概念，就是把“信仰”作为一个一般性概念，抽象地、笼统地谈论信仰而并无特定所指。在这样的情况下，“信仰”带有一定的哲学含义，并为持有不同信奉的人共同接受和使用。

毛泽东曾多次在一般性含义上使用“信仰”概念。他在早年阅读德国学者泡尔生《伦理学原理》时写下的批语中，就谈论了“知识”“信仰”与“行为”的关系，强调“教可无，而信不可少”。这里的“信仰”无疑是一般意义上的哲学概念。1936 年 9 月，毛泽东致信蔡元培谈到日本侵略中国的“民族国家存亡”问题时说：“不论贫富，不分工农商学，不别信仰尊尚，将群入于异族侵略者之手。”[①] 1938年2月，毛泽东在延安反侵略大会上的演说中，号召“全中国不愿做亡国奴的人，不分党派，不分信仰，不分男女，不分老幼，统统向着同一的目标而团结起来”[②]。1940年2月，毛泽东在《向国民党的十点要求》中强调：“信仰为人人之自由，而思想乃绝非武力所能压制者。”[③] 1945年4月，毛泽东在《论联合政府》中明确提出：“人民的言论、出版、集会、结社、思想、信仰和身体这几项自由，是最重要的自由。”[④] 在这里“信仰”包括但不限于宗教信仰，而具有普遍性。

新中国成立后，党和国家领导人也在一般意义上谈到过“信仰”。周恩来明确地在一般性含义上使用“信仰”概念，指出：“有的信仰具有宗教形式。有的信仰没有宗教形式。”[⑤] 还说，宗教属于“人民的思想信仰问题，而不涉及政治问题”[⑥]。这些表述本身十分重要，为我们形成一种更加概括的“信仰”概念提供了依据。“思想信仰”是党的文献中时有出现的提法，甚至在党和国家有关宗教的文件中也会出现。这个概念凸显的是信仰现象的宽泛性，可以说就是一个广义的“信仰”概念。尽管新中国成立特别是改革开放以来，在党和国家领导人的讲话中一般性“信仰”概念并不多见，但在学术界的理论研究中却得到大量使用和理论阐发。特别是由于信仰研究在学术界尤其是哲学界的兴起和不断发展，一般意义上的“信仰”概念使用已经相当普遍，并得到了理论阐释。

（二）宗教信奉意义上的“信仰”概念

宗教信仰是人类信仰的重要形式，是历史上占主导地位的信仰形态。正因为如此，“信仰”一词在许多民族特别是西方民族的语言中，多数情况下特指宗教信仰。由于中国历史和文化中也有宗教信仰及其影

①《毛泽东文集》（第1卷），北京：人民出版社1993年版，第443页。
②《毛泽东文集》（第2卷），北京：人民出版社1993年版，第90页。
③《毛泽东选集》（第2卷），北京：人民出版社1991年版，第723页。
④《毛泽东选集》（第3卷），北京：人民出版社1991年版，第1070页。
⑤《周恩来选集》（下卷），北京：人民出版社1984年版，第267页。
⑥ 同上。

响，特别是由于近代以来西方“信仰”概念传入中国并得以流行，因而尽管近现代中国人使用的“信仰”概念较为泛化，但也始终保有一种用法是特指宗教信奉或鬼神信仰的。这在中国共产党人的话语中也有其反映，特别是在谈到党的宗教政策时得到集中反映。值得注意的是，宗教信奉意义上的“信仰”一词是受限定的，一是限定于宗教工作领域，二是限定于“宗教信仰”这一概念。因此，尽管这种含义的“信仰”有时也单独出现，但在多数情况下是包含于“宗教信仰”这一概念中。

1941 年 5 月，毛泽东在《陕甘宁边区施政纲领》中提出：“建立蒙、回民族的自治区，尊重蒙、回民族的宗教信仰与风俗习惯。”[①] 1945 年 4 月，毛泽东在《论联合政府》中强调，对于少数民族，“他们的言语、文字、风俗、习惯和宗教信仰，应被尊重。”[②] 1956 年 2 月，毛泽东在同藏族人士谈话中说：“宗教信仰也全照老样子，以前信什么，照样信什么。宗教信仰自由，可以是先信后不信，也可以是先不信后信。……就是到了共产主义也还会有信仰宗教的。”[③] 1959 年 5 月，毛泽东在《西藏平叛后的有关方针政策》中说：“关于宗教，我们的政策很明白，就是宗教信仰自由的政策。”[④] 刘少奇认为，“我们一方面保障公民有宗教信仰的自由，另一方面惩办那些形式上披着宗教外衣而实际上进行反革命活动的帝国主义分子和叛国分子”[⑤]。因为“保障宗教信仰自由和保障反革命活动自由，是绝对不能混同的两件事”[⑥]。

周恩来也多次使用“宗教信仰”和“信仰宗教”的说法。他在亚非会议上说：“宗教信仰自由是近代国家所共同承认的原则。我们共产党人是无神论者，但是我们尊重有宗教信仰的人。我们希望有宗教信仰的人也应该尊重无宗教信仰的人。……为什么在亚非国家的大家庭中不能将有宗教信仰的和没有宗教信仰的人团结在一起呢？”[⑦] “我们的宗教

①《毛泽东文集》(第 2 卷)，北京：人民出版社 1993 年版，第 337 页。
②《毛泽东选集》(第 3 卷)，北京：人民出版社 1991 年版，第 1084 页。
③《毛泽东文集》(第 7 卷)，北京：人民出版社 1999 年版，第 4 页。
④《毛泽东文集》(第 8 卷)，北京：人民出版社 1999 年版，第 56 页。
⑤《刘少奇选集》(下卷)，北京：人民出版社 1985 年版，第 161 页。
⑥ 同上。
⑦《周恩来选集》(下卷)，北京：人民出版社 1984 年版，第 155 页。

信仰是自由的。在中国存在有宗教信仰的人和没有宗教信仰的人……不信仰宗教的人和信仰宗教的人都可以合作。信仰不同宗教的人也可以合作。”① 他还谈道：“一个民族不一定都信仰一种宗教。有很多民族是信仰多种宗教的，也有几个民族是信仰同一种宗教的。”②

改革开放以来，宗教信奉含义上的“信仰”概念依然存在，并没有改变。党和国家领导人都高度重视宗教工作，多次召开宗教工作会议，并发表重要讲话。他们在此语境下使用“信仰”或“宗教信仰”的概念。这种情况已经成为中国共产党宗教理论和宗教政策的重要内容和话语表达，而且党的宗教理论和政策更加系统化，形成规范性文件。比如1982年3月，中共中央印发了《关于我国社会主义时期宗教问题的基本观点和基本政策》，该文件中共出现“信仰”一词33次。总的来说，“宗教信仰”是在中国通用的概念，党的领导人讲话和国家规范性文件中，都规范性地使用“宗教信仰”这一概念。

（三）社会威信意义上的“信仰”概念

在中国共产党人的概念用法中，“信仰”曾长期用来指“威信”“威望”。有时指组织的威信，有时指个人的威信。这种用法在新民主主义革命时期十分普遍，在党的领导人对“信仰”概念的使用中占有很大的比例。这种“信仰”用法在世界上是少见的，应该是中国特有的一种现象，体现了中国人的信仰特点和对信仰现象的独特认识。新中国成立特别是改革开放以来，随着中国社会发展和人们生活变化，“信仰”一词的这种用法就消失了，而直接代之以“威信”“威望”这样更加准确的词汇。

1. 关于组织的威信

第一，对红军的信仰。1929年12月，毛泽东在《中国共产党红军第四军第九次代表大会决议案》中谈到人民群众对红军的信仰。他说：“上门板、捆禾草等项是从行动中扩大红军影响、增加群众对红军信仰

①《周恩来选集》（下卷），北京：人民出版社1984年版，第270页。
② 同上。

的良好方法，应当好好地去执行。”[①]

第二，对共产党及其组织机关的信仰。这样的用法在共产党人话语中出现最多，体现了党的领导人对于党在人民群众中威信问题的高度重视。

毛泽东在《〈共产党人〉发刊词》中写道：“党凭借着过去两个革命阶段中的经验，凭借着党的组织力量和武装力量，凭借着党在全国人民中间的很高的政治信仰……进行了伟大的抗日战争。”[②]在《新民主主义论》中更加概括性地提出：“在中国，事情非常明白，谁能领导人民推翻帝国主义和封建势力，谁就能取得人民的信仰。”[③]

周恩来谈到防止破坏党员对党的指导机关的信仰：“托洛茨基反对派抛开原则，专门利用些小的问题小的纠纷，进行非事实的毁谤与有意的造谣诬蔑，企图用这些卑劣无耻的手段以破坏同志对党的指导机关的信仰。”[④]他还论述了政治机关的威信问题，认为政治工作机关“要以耐心说服诱导的精神，争取官兵和人民的信仰，团结他们在革命主义与政纲的领导下而坚决奋斗”[⑤]。

陈云多次在此含义上使用“信仰”一词。他说：“党的政治影响越是扩大，党的威信越是提高，则工人阶级和人民大众对于我们党员的要求越多越严。因为是共产党员，是群众所信仰的先进队伍中的一分子，群众就有特别的要求。群众常常根据我们党员的行动来测量我们的党，所以党员无论在何时何地的一举一动，都必须给非党群众一种好的影响，使他们更加信仰我党，更加敬重我党。”[⑥]他还说：“群众有许多实际问题摆在我们面前，这些问题解决得好，群众会更信仰我们党，我们党在群众中的威信就越来越高。”[⑦]他还谈到我们党“开办了有益于民众的学校，取得了民众的信仰”[⑧]。还说：“共产党在群众中的信仰正迅速增加，苏联

①《毛泽东文集》(第1卷)，北京：人民出版社1993年版，第101页。
②《毛泽东选集》(第2卷)，北京：人民出版社1991年版，第612页。
③ 同上书，第674页。
④《周恩来选集》(上卷)，北京：人民出版社1980年版，第47页。
⑤ 同上书，第100页。
⑥《陈云文选》(第1卷)，北京：人民出版社1995年版，第141页。
⑦ 同上书，第172页。
⑧ 同上书，第210页。

在全世界人民中的信仰正迅速高涨。”①

第三，对民主政府的信仰。毛泽东强调在革命根据地要树立人民政府机构的威信，指出：“凡地方政权机关已经建设的地方，应以使地方政权机关独立处理一切事情，在群众中巩固其信仰为原则。”②“苏维埃是群众生活的组织者，只有苏维埃用尽它的一切努力解决了群众的问题，切切实实改良了群众的生活，取得了群众对于苏维埃的信仰，才能动员广大群众加入红军，帮助战争，为粉碎敌人的‘围剿’而斗争。”③刘少奇谈到根据地民主政府时说：“这种政府当前的迫切任务，是领导抗日游击战争并争取胜利。……这种政府如果能够最好地完成上述任务，就能取得群众最高的信仰，发动群众以最高的积极性去参加战争中的一切工作。”④

第四，对群众组织的信仰。刘少奇谈到过工会和工会中的党员要取得工人们的“信仰”。他要求共产党员和工人中的先进分子要努力“取得工人们对工会和对自己的信仰。只有使工会和工会中的共产党员与先进分子取得了工人群众的日益高涨的信仰，并团结了日益广大的工人在自己的周围和领导之下，工会才能成为共产党先锋队与工人群众之间联系的桥梁”⑤。周恩来在革命战争年代，多次谈到群众组织的威信问题，指出：“红军到一地区不要只是找地方党部，应该与地方的群众组织工会、农会开联席会，发生密切关系。……提高群众对于自己组织的信仰与效能。”⑥还提出：“要提高对农会的信仰，一切问题都拿到农会去解决，做成转变为苏维埃的基础。例如一切政治布告等要与农会共同联名发出，增加群众组织的威信，使群众相信自己政权的力量。”⑦还要求政治工作机关“要以耐心说服诱导的精神，争取官兵和人民的信仰，团结

①《陈云文集》（第1卷），北京：人民出版社2005年版，第270页。
②《毛泽东文集》（第1卷），北京：人民出版社1993年版，第114页。
③同上书，第298页。
④《刘少奇选集》（上卷），北京：人民出版社1981年版，第89页。
⑤《刘少奇选集》（下卷），北京：人民出版社1985年版，第99页。
⑥《周恩来选集》（上卷），北京：人民出版社1980年版，第36页。
⑦同上。

他们在革命主义与政纲的领导下而坚决奋斗”[1]。陈云也谈到党和工会要取得工人的信仰：“党和工会只有这样去了解实际情形，给予各种工人以具体的指导，才能提高群众斗争的积极性，取得工人的信仰，团聚群众于我们的周围。”[2]

2. 关于个人的威信

这里所说的个人，既包含领袖人物，也包括普通个人，而且多数情况下指的是普通个人，比如干部、工作人员或群众领袖。只要他们在周围人群中具有威信或威望，那么就可以说他们得到了人们的“信仰”。比如毛泽东在《论持久战》中曾引用一位湖南学生的来信，信中说：“我那几位亲戚，他们总说：‘中国打不胜，会亡。’讨厌极了。好在他们还不去宣传，不然真糟。农民对他们的信仰当然要大些啊！”[3]当然，在党的文献中大量出现的，往往是组织中的干部和工作人员。

刘少奇多次谈到党的干部和工作人员的威信，并使用“信仰”一词。他说：“各地方的领导干部还要特别注意那些中心支部，中心的群众团体和有能力、有信仰、有发展前途的个别同志，给他们以更多帮助和训练，爱护与提拔他们。”[4]这里的“有信仰”其实指的是在群众中有威信。在同样的意思上，他还多次谈到“取得群众最高的信仰”[5]并要求“特别注意在革命胜利和成功的时候，在群众对自己的信仰和拥护不断提高的时候，更要提高警惕”[6]，以及“不致因为某种变动与挫折而动摇群众对我们的信仰”[7]。他在《论共产党员的修养》中写道：“我们的党员必须清楚了解这一特点，特别注意在革命胜利和成功的时候，在群众对自己的信仰和拥护不断提高的时候，更要提高警惕，更要加紧自己的无产阶级意识的修养，始终保持自己纯洁的无产阶级的革命品质，而不蹈

①《周恩来选集》（上卷），北京：人民出版社 1980 年版，第 100 页。
②《陈云文选》（第 1 卷），北京：人民出版社 1995 年版，第 11 页。
③《毛泽东选集》（第 2 卷），北京：人民出版社 1991 年版，第 441 页。
④《刘少奇选集》（上卷），北京：人民出版社 1981 年版，第 44 页。
⑤ 同上书，第 89 页。
⑥ 同上书，第 103 页。
⑦ 同上书，第 228 页。

历代革命者在成功时的覆辙。”①

邓小平也谈到过对普通群众领袖的信仰。他说：“政府人员在群众面前应处处尊重群众领袖，帮助培养对群众领袖的信仰。”②新中国成立后，他在谈到对藏族群众进行平叛教育的时候提出：“为了使这一工作做得更有效，还可动员藏族人民中有信仰的人物多做宣传工作。”③

陈云较多地在此含义上使用了信仰概念。他说：“要保证支部书记和支部委员（或支部干事）必须是政治坚定，忠实执行党的政策，有工作能力并为大家所信仰的党员。”④还说：“支部的重要任务，就在领导民众来管理政权，领导群众参加选举，选出群众自己所信仰的领袖到乡政府的领导机关。”⑤他认为，新干部也能得到群众的信仰：“他们的吃苦精神并不下于边区老干部，能与老干部团结，能接近群众，在群众中可以取得很好的信仰。”⑥他在谈到发展党员时说：“南方长处在于能够从建党与群运过程中培养出群众有信仰与独立工作之干部。”⑦他在谈到党在大后方的秘密工作时，说：“巩固在中上层社会职业中的党员的地位，并使每个党员找到可靠的真正的职业，并且广交朋友，建立无数社会联系，以社会人士的面目去取得周围的信仰，使党在社会中打下牢固的基础。”⑧

（四）社会政治信仰意义上的“信仰”概念

中国共产党人的“信仰”概念，有时是在社会政治信仰的含义上使用的。这种用法更加符合“信仰”一词的现代含义。

1. 关于对“三民主义”的信仰

孙中山创立的中国国民党信奉“三民主义”，因而国民党人很早就在此含义上使用了“信仰”一词。由于中国共产党和中国国民党有许多

①《刘少奇选集》（上卷），北京：人民出版社 1981 年版，第 103 页。
②《邓小平文选》（第 1 卷），北京：人民出版社 1994 年版，第 75 页。
③《邓小平文集（1949—1974 年）》（上卷），北京：人民出版社 2014 年版，第 293 页。
④《陈云文选》（第 1 卷），北京：人民出版社 1995 年版，第 147 页。
⑤ 同上书，第 152 页。
⑥ 同上书，第 257 页。
⑦《陈云文集》（第 1 卷），北京：人民出版社 2005 年版，第 110 页。
⑧《陈云文选》（第 1 卷），北京：人民出版社 1995 年版，第 237 页。

历史交集，特别是在大革命时期中国共产党人以个人身份加入国民党，在抗日战争时期又有过合作，因而中国共产党人也会谈到对“三民主义”的信仰问题，谈到共产党人对“三民主义”信仰的态度。

1937年3月，毛泽东在与史沫特莱的谈话《中日问题与西安事变》中提到共产党人早期曾“信仰三民主义”。他说：“我们老早就是信仰三民主义的，不然我们为什么在一九二四年至一九二七年能够加入国民党呢？”[①] 1937年3月，毛泽东在谈到三民主义和共产主义两种信仰的关系时说：“至于我们还信仰共产主义，那是不相冲突的，孙中山先生在世时曾经同意我们同时信仰共产主义。”[②] 1937年5月，毛泽东在《中国共产党在抗日时期的任务》的报告中，论述了“三民主义”在人民中曾得到人民“信仰”而后来又失去人民“信仰”的过程。他指出：“三民主义有它的历史变化。孙中山先生的革命的三民主义，曾经因为孙先生与共产党合作加以坚决执行而取得人民的信仰，成为一九二四年至一九二七年的胜利的革命的旗帜。但是一九二七年国民党排斥共产党（清党运动和反共战争），实行相反的政策，招致革命的失败，陷民族于危险的地位，于是三民主义也就失去了人民的信仰。”[③] 1937年9月，毛泽东在《国共合作成立后的迫切任务》中，谈到两党对“三民主义”的信仰和实行问题。他说：“现在的问题，不是共产党信仰不信仰实行不实行革命的三民主义的问题，反而是国民党信仰不信仰实行不实行革命的三民主义的问题。”[④] 1939年6月，毛泽东在延安高级干部会议的讲话提纲《反投降提纲》中提出：“凡国民党员因特务工作或武装向我进攻而被逮捕或俘获时，一般以不杀不降为原则（不降，谓不强迫其写自首书，不强迫其声明放弃自己信仰），以争取国民党的大多数。”[⑤] 1940年2月，毛泽东在《向国民党的十点要求》中，认为由于在一些国民党人眼中，“三民主义不过口头禅，而有真正实行之者，不笑之曰多事，即治之以严刑。由此

①《毛泽东文集》（第1卷），北京：人民出版社1993年版，第491页。
② 同上书，第492页。
③《毛泽东选集》（第1卷），北京：人民出版社1991年版，第259页。
④《毛泽东选集》（第2卷），北京：人民出版社1991年版，第369页。
⑤《毛泽东文集》（第2卷），北京：人民出版社1993年版，第225页。

怪象丛生，信仰扫地”[①]。总之，不论早期中国共产党人最初是否一度信仰过“三民主义”，以及后来是否还承认这一点，也不论中国共产党人是否认为“三民主义”值得或得到了人们的信仰，都不能取消在此含义上使用“信仰”概念这个事实。

2. 关于对共产主义、马克思主义的信仰

从历史上看，中国共产党人很早就在谈到自己对共产主义或马克思主义的信奉时使用“信仰”一词。早在1925年11月，毛泽东在填写《少年中国学会改组委员会调查表》时写道：“本人信仰共产主义。”[②] 1936年，毛泽东在同斯诺的谈话中，曾谈到有三本书帮助他建立起“对马克思主义的信仰”，并说：“我一旦接受了马克思主义是对历史的正确解释以后，我对马克思主义的信仰就没有动摇过。”[③] 1938年10月，毛泽东在《中国共产党在民族战争中的地位》的报告中谈道：“共产党必须扩大自己的组织，向着真诚革命、信仰党的主义、拥护党的政策、并愿意服从纪律、努力工作的广大工人、农民和青年积极分子开门，使党成为一个伟大的群众性的党。”[④] 新中国成立后，他也说过：“我们信仰马列主义，把马列主义普遍真理同我们中国实际情况相结合，不是硬搬苏联的经验。”[⑤] 但他许多情况下是用“相信”。

周恩来明确谈道：“我们党的组织是统一的，是基于主义的信仰、阶级的觉悟和革命的锻炼的，并有自觉的纪律来巩固他，决不同于国民党可以派别分歧，毫不统一。”[⑥] 陈云在延安时曾任中组部部长，多次谈到党员的信仰。他曾谈到，在发展党员时不要惧怕和排斥那些背景复杂的人。他说：“只要他们真正信仰共产主义，而且现在愿意参加到无产阶级队伍里来，一同革命，一同前进，这又有什么不可以呢？”[⑦] 他还在《怎样做一个共产党员》的演讲中说，一个共产党员应该有革命觉悟和马克

①《毛泽东选集》（第2卷），北京：人民出版社1991年版，第725页。
②《毛泽东年谱（1893—1949）》（上卷），北京：中央文献出版社1993年版，第140页。
③ 同上书，第57页。
④《毛泽东选集》（第2卷），北京：人民出版社1991年版，第523—524页。
⑤《毛泽东文集》（第7卷），北京：人民出版社1999年版，第176页。
⑥《周恩来选集》（上卷），北京：人民出版社1980年版，第140页。
⑦《陈云文选》（第1卷），北京：人民出版社1995年版，第111页。

思主义修养，“只有这样，他才能确定自己的人生观，终其一生，为他的信仰的实现而奋斗到底”[①]。在抗日战争时期，陈云还谈到过一种新情况：有些国民党员要求加入共产党。陈云曾为中央起草文件，专门来解决这一问题。他肯定“在过去的反共分子与中间分子中，也有由于经验和思想的进步，转而信仰共产主义者”[②]。同时要求“考察那些要求加入共产党的国民党员，是否确实信仰共产主义，及真正要求加入共产党”[③]。

新中国成立后也有过这样的提法。比如邓小平谈道：“我国的资产阶级、少数民族中的一些人不信仰马克思列宁主义，很多大学教授也不信仰马克思列宁主义。”[④]在20世纪70年代初，他还说：“我们是信仰马列主义的。”[⑤]真正在这种含义上的“信仰”概念的凸显和流行，是在改革开放以来。从邓小平开始，党和国家领导人越来越在正面含义上使用“信仰”概念。在改革开放初期，邓小平明确地指出：“对马克思主义的信仰，是中国革命胜利的一种精神动力。”[⑥]江泽民指出：“我们共产党人的根本政治信仰是社会主义和共产主义，世界观是马克思主义的辩证唯物主义和历史唯物主义，这是任何时候都丝毫不能动摇的。”[⑦]他还说：“马克思主义是科学，是我们的思想政治信仰。”[⑧]胡锦涛指出：“不努力学习和掌握马克思主义理论，就不能正确认识人类社会发展的客观规律，对共产主义、社会主义的信仰就不可能建立在科学理解的基础上，因而也不可能是牢固的。”[⑨]有些干部之所以腐化堕落，“有一个共同原因，就是不认真学习马克思主义理论，放弃了主观世界改造，丧失了共产党人的起码信仰和基本原则”[⑩]。

新时代，以习近平同志为核心的党中央更加重视党的理想信念建设

①《陈云文选》（第1卷），北京：人民出版社1995年版，第138页。
②《陈云文集》（第1卷），北京：人民出版社2005年版，第345页。
③ 同上。
④《邓小平文集（1949—1974年）》（中卷），北京：人民出版社2014年版，第264页。
⑤《邓小平文集（1949—1974年）》（下卷），北京：人民出版社2014年版，第315页。
⑥《邓小平文选》（第3卷），北京：人民出版社1993年版，第63页。
⑦《江泽民文选》（第2卷），北京：人民出版社2006年版，第361页。
⑧《江泽民文选》（第3卷），北京：人民出版社2006年版，第49页。
⑨《胡锦涛文选》（第1卷），北京：人民出版社2016年版，第182页。
⑩《胡锦涛文选》（第1卷），北京：人民出版社2016年版，第388页。

和教育，也更多地在正面含义上特别是在马克思主义信仰的含义上使用“信仰”概念。习近平总书记首先是在谈论共产党人信仰问题时使用的。他说：“对马克思主义的信仰，对社会主义和共产主义的信念，是共产党人的政治灵魂，是共产党人经受住任何考验的精神支柱。”①“我们共产党人的本，就是对马克思主义的信仰，对中国特色社会主义和共产主义的信念，对党和人民的忠诚。”②并说：“信仰认定了就要信上一辈子，否则就会出大问题。”③同时，他还在人民群众对社会主义、共产主义、马克思主义相信和拥护的含义上使用“信仰”概念，强调：“人民有信仰，国家有力量，民族有希望。”④至此，“信仰”概念在中国共产党人的话语中已经有了明确而特定的用法，并在全社会流行起来。

总之，在中国共产党人的百年话语史中，“信仰”这一多义性概念经过长期演化，逐步淘汰了社会威信意义上的用法，淡化了宗教信奉意义上的用法，增强了其理性理论的特征，而越来越集中于指称科学的信仰即中国共产党人的理想信念。

（原文发表于《思想教育研究》2021年第4期）

①《习近平谈治国理政》（第1卷），北京：外文出版社2018年版，第15页。

②《习近平关于“不忘初心、牢记使命”论述摘编》，北京：党建读物出版社、中央文献出版社2019年版，第78页。

③同上书，第90页。

④习近平：《决胜全面建成小康社会　夺取新时代中国特色社会主义伟大胜利——在中国共产党第十九次全国代表大会上的报告》，北京：人民出版社2017年版，第42页。

六

中国共产党人“理想信念”概念的形成史

中国共产党是有信仰有追求的使命型政党，历来重视理想信念建设和对党员的理想信念教育。但长期以来并没有“理想信念”这个核心术语，而是以“信仰”“理想”“信念”“忠诚”“信心”等来表达大致相同的含义和要求。这个概念是在改革开放过程中逐渐形成的。为了弄清这个过程，我们需要把目光回溯到革命战争年代，从中国共产党建立以来使用“理想”“信念”概念的长期过程中考察“理想信念”概念的形成逻辑。

（一）第一阶段：“理想”通行，“信念”潜行

在中国共产党成立和新民主主义革命时期，在党的思想政治话语系统中，主要是“理想”和“信仰”两个概念并行。相比之下，“信念”一词出现得比较少，但也有一些关键性的表达，可以说潜行。

中国共产党成立之初，早期马克思主义者和共产党人就大量使用“理想”这一概念来表达自己进行社会改造的愿景和意志。以《建党以来重要文献选编（1921—1949）》共26卷为文本依据进行统计，“从‘理想’一词出现的数量上看，在中国共产党筹备和成立的早期，在所收录的时间最早的一篇文献1919年5月李大钊《我的马克思主义观》中‘理想’一词就使用了6次。1919年在三个文献中共使用了19次，1920年在6个文献中使用了16次，1921年在3个文献中使用了9次。‘理想’一词的频繁出现说明了中国革命的先行者对理想的重视”①。全部26卷共3600多篇文献中，共使用“理想”一词242次，分布在87篇文献中；相

① 吕林：《中国共产党人的理想信念》，北京：中国社会科学出版社2019年版，第28页。

比之下，使用“信念”一词57次，分布在44篇文献中。[①]

毛泽东多次使用“理想”一词表达自己的社会主义和共产主义追求。早在1922年4月，他就在衡阳三师作过关于社会主义的学术演讲，指出“要改造社会必须有一种正确的远大的理想，并且为实现这种理想而奋斗，这个理想就是社会主义”[②]。1937年5月，他在关于《中国共产党在抗日时期的任务》的讲话中明确提出：“共产党人决不抛弃其社会主义和共产主义的理想，他们将经过资产阶级民主革命的阶段而达到社会主义和共产主义的阶段。”[③] 1938年4月他在鲁迅艺术学院的讲话中又指出：“一种艺术作品如果只是单纯地记述现状，而没有对将来的理想的追求，就不能鼓舞人们前进”[④]，并要求艺术家要有“为新中国奋斗的远大理想”“实现社会主义以至共产主义的理想”[⑤]。1945年5月，他在党的七大上的报告中，还从方法论角度论述了“理想”与“现实”、“理想主义”与“现实主义”的辩证关系，指出：“理想主义是原则性，现实主义就是灵活性，理想主义的原则性与现实主义的灵活性要统一起来，这就是马克思列宁主义的革命的现实主义。”[⑥]

刘少奇在《论共产党员的修养》中，比较集中地阐述了共产党人的理想追求，多次使用“理想”概念。他在谈到指导思想与理想追求的关系时指出：“没有坚定纯洁的无产阶级的立场和理想，是不能彻底了解和真正掌握马克思列宁主义这门科学的。”[⑦] 他明确提出，“我们共产党员，要有最伟大的理想、最伟大的奋斗目标”[⑧]。他集中描绘了共产主义未来美景，并说“这就是我们的理想”[⑨]。还说：“共产主义的理想是美丽的，而今天资本主义世界的现实是丑恶的……我们正视现实，认识现实，在

① 吕林：《中国共产党人的理想信念》，北京：中国社会科学出版社2019年版，第27页。
②《毛泽东年谱（1893—1949）》（上卷），北京：人民出版社、中央文献出版社1993年版，第93页。
③《毛泽东选集》（第1卷），北京：人民出版社1991年版，第259页。
④《毛泽东文集》（第2卷），北京：人民出版社1993年版，第122页。
⑤ 同上书，第123页。
⑥《毛泽东文集》（第3卷），北京：人民出版社1996年版，第361页。
⑦《刘少奇选集》（上卷），北京：人民出版社1981年版，第113页。
⑧ 同上书，第128页。
⑨ 同上书，第123页。

现实中求得生存和发展，向丑恶的现实斗争，改造现实，逐步地达到我们的理想。”①

关于“信念”，在党的历史上使用相对较少。“根据《建党以来重要文献选编（1921—1949）》的统计，从建党开始，到1925年才在三篇文献中各出现了一次‘信念’，但并非专门论述。1928年在革命受到严重挫折的时候，在党的文献中第一次在真正意义上使用了‘信念’一词。”② 1928年12月4日，在《中央通告第二十一号》中，“信念”一词被使用了4次，其中分析了党员“信念动摇”的原因，强调要增强阶级意识和革命信念。③

党的领袖们在不同场合也曾使用过“信念”一词。1929年9月周恩来起草的《中共中央给红军第四军前委的指示信》中强调：“决不能动摇围缴敌人武装以扩大自己的必要信念。”④ 1931年朱德在《如何创造铁的红军》中指出：“在政治上有了这样坚定的信念，就是把握着不可抵抗的无形的武器，在精神上建立了铁的红军的基础，自然可以战胜革命过程中的任何困难，经得住任何剧烈的斗争，愈斗愈奋去取得最后的胜利。”⑤1938年3月，毛泽东在纪念孙中山逝世十三周年及追悼抗敌阵亡将士大会上的讲话中，并列使用了“理想”和“信念”。他说：“孙中山先生的民族解放、民权自由、民生幸福的三大理想，谁能说不会实现于中国的？我们要使全中国人都有这种明确的认识与坚固的信念。”⑥ 同年5月，毛泽东在《论持久战》中写道：“我们从事战争的信念，便建立在这个争取永久和平和永久光明的新中国和新世界的上面。”⑦ 1945年5月，刘少奇在《论党》中指出，全党的团结是以“中国人民解放事业的共同信念和共同纲领，来作为团结基础的”⑧。尽管有上述种种论述，但总体来说“信

①《刘少奇选集》（上卷），北京：人民出版社1981年版，第129页。
② 吕林：《中国共产党人的理想信念》，北京：中国社会科学出版社2019年版，第36页。
③ 同上书，第36—37页。
④《周恩来选集》（上卷），北京：人民出版社1980年版，第34页。
⑤《朱德选集》，北京：人民出版社1983年版，第4页。
⑥《毛泽东文集》（第2卷），北京：人民出版社1993年版，第114—115页。
⑦《毛泽东选集》（第2卷），北京：人民出版社1991年版，第476页。
⑧《建党以来重要文献选编（1921—1949）》（第22册），北京：中央文献出版社2011年版，第435页。

念”一词出现频次不高，与“理想”和“信仰”概念的通行相比，是处在某种“潜行”的状态。

（二）第二阶段：“理想”在场，“信念”淡出

新中国成立后，我国建立起社会主义基本制度，并开始了大规模的社会主义建设。党的建设不断加强，对人民群众的思想教育也广泛开展起来，“理想”概念的使用更加普遍。

1957 年 2 月，毛泽东在《关于正确处理人民内部矛盾的问题》中批评了那种不讲理想的社会现象，指出：“在一些人的眼中，好像什么政治，什么祖国的前途、人类的理想，都没有关心的必要。”[①]并指出：“社会主义制度的建立给我们开辟了一条到达理想境界的道路，而理想境界的实现还要靠我们的辛勤劳动。”[②]同年 11 月，他在苏联最高苏维埃庆祝十月革命胜利四十周年大会上的讲话中，强调十月革命使人类千百年来的梦想变成了现实，指出：“建立一个没有人剥削人的社会，曾经是世界上的劳动人民和进步人类千百年来的梦想。十月革命破天荒第一次在世界六分之一的土地上，把这个梦想变成了现实。”[③]他还强调社会主义国家间理想的一致性，认为“共同的利益和共同的理想把我们紧紧地联结在一起”[④]。1959 年 12 月至 1960 年 2 月间，他在关于读苏联《政治经济学教科书》的谈话中，提出“应当强调艰苦奋斗，强调扩大再生产，强调共产主义前途、远景，要用共产主义理想教育人民”[⑤]。

刘少奇在新中国成立后也多次论及理想问题。他说：“我们的理想是美丽的，我们的途程又是艰难的。”“青年人要有理想，我们希望一切青年人都有这样高尚的理想。”[⑥]他在谈到有人看重个人名利时说：“这样的人好不好呢？我看这样的人不是有理想的人。如果把名利当作理想，那末，这种理想可以说是资产阶级的庸俗观点，是不高尚的。我赞成青年

①《毛泽东文集》（第 7 卷），北京：人民出版社 1999 年版，第 226 页。
② 同上。
③ 同上书，第 312 页。
④ 同上书，第 319 页。
⑤《毛泽东文集》（第 8 卷），北京：人民出版社 1999 年版，第 136 页。
⑥《刘少奇选集》（下卷），北京：人民出版社 1985 年版，第 292、294 页。

人有高尚的理想，这种理想就是为了六亿人民的幸福。”①

邓小平在改革开放前也谈到过“理想”，认为“我们党还有一个传统，就是有理想，有志气，不怕‘鬼’。……尽管这几年我们有一些想法和做法不切实际，也不要因为批判了这些东西，就丧失了理想，丧失了志气，就怕起‘鬼’来了”②。他还说：“我们的人民懂得顾大局。他们有理想，不会丧失信心。”③

总之，自新中国成立到改革开放前，理想主义氛围一直是相当浓厚的。共产主义理想不仅在党内教育中得到强调，而且在全社会范围成为流行话语。这方面的读物也很多，比如陶铸的《理想·情操·精神生活》在青年中就有很大影响。相比之下，关于“信念”一词的使用和强调却明显少见。毛泽东较多地使用“相信”“信仰”“觉悟”等概念，特别是在谈到思想改造和对马克思主义的接受时，用“相信”很多，但很少使用“信念”一词。同样，刘少奇较多地使用了“信仰”“信服”“觉悟”等概念，也很少使用“信念”。周恩来、邓小平、陈云等情况也大体如此。当然，也不是完全没有人使用，如1951年5月李先念所说：“我们要提倡坚定，对敌斗争坚定不移，执行党交给的任务坚定不移，对共产主义信念坚定不移。”④

（三）第三阶段：“理想”凸显，“信念”登场

改革开放以后，“理想”和“信念”问题变得更加重要。一方面，改革开放激发了人们为实现四个现代化而奋斗的理想主义热情；另一方面，在改革开放过程中外来思潮的涌入也导致了人的思想信仰出现问题。邓小平敏锐地注意到这一现象，并就“理想”和“信念”作了反复论述，不仅更加强调“理想”，而且也突出论述了“信念”的意义，使“信念”一词强势登场。

在改革开放启动前后，邓小平就一直强调“理想”的重要性。在

①《刘少奇选集》(下卷)，北京：人民出版社1985年版，第321—322页。
②《邓小平文选》(第1卷)，北京：人民出版社1994年版，第299—230页。
③ 同上书，第301页。
④《李先念文选(1935—1988年)》，北京：人民出版社1989年版，第133页。

1978年4月的全国教育工作会议上，他提出："革命的理想，共产主义的品德，要从小开始培养。"[①] 1979年10月，在中国文学艺术工作者第四次代表大会上，他赞扬我们的人民"有理想"，强调文艺"要塑造四个现代化建设的创业者，表现他们那种有革命理想和科学态度、有高尚情操和创造能力、有宽阔眼界和求实精神的崭新面貌"[②]。随着改革开放的推进，特别是随着一些不良思潮和现象的出现，邓小平更加强调"理想"的重要。在1980年1月《目前的形势和任务》的讲话中，他强调指出："在资本主义国家，人们没有也不可能有共同的理想，许多人就没有理想。……我们全国人民有共同的根本利益和崇高理想，即建设和发展社会主义，并在最后实现共产主义，所以我们能够在共产党的领导下团结一致。"[③]

邓小平在强调"理想"的过程中，逐步形成了"有理想、有道德、有文化、有纪律"的"四有"新人提法。1983年4月，他提出："最根本的是要使广大人民有共产主义的理想，有道德，有文化，守纪律。"[④] 同年10月，他提出：要"真正做到有理想、有道德、有文化、守纪律，为伟大壮丽的社会主义现代化建设事业而英勇奋斗"[⑤]。1985年3月，邓小平在《一靠理想二靠纪律才能团结起来》的著名讲话中，强调要"教育全国人民做到有理想、有道德、有文化、有纪律"，从而形成了最终的表述。

邓小平在强调"有理想"的时候，也明确使用了"信念"概念，强调了后者的重要性。他说："我们过去几十年艰苦奋斗，就是靠用坚定的信念把人民团结起来，为人民自己的利益而奋斗。没有这样的信念，就没有凝聚力。没有这样的信念，就没有一切。"[⑥] 他还说："我说，人的因素重要，不是指普通的人，而是指认识到人民自己的利益并为之而奋斗的有坚定信念的人。对我们军队来说，有坚定的信念现在仍然是一个建

①《邓小平文选》（第2卷），北京：人民出版社1994年版，第105页。

② 同上书，第210页。

③ 同上书，第267页。

④《邓小平文选》（第3卷），北京：人民出版社1993年版，第28页。

⑤ 同上书，第40页。

⑥ 同上书，第190页。

军的原则。”[①]“我们的根本问题就是要坚持社会主义的信念和原则，发展生产力，改善人民生活，为此就必须开放。”[②]

江泽民一方面看重“理想”，另一方面也强调“信念”的重要性。关于“理想”，他指出：“要无愧于共产党员的光荣称号，就必须始终坚持共产主义的最高理想。我们的最高理想是建立共产主义社会。这个最高理想，无论过去、现在和将来，都是我们共产党人的精神支柱和力量源泉。”[③]他还把实现我国现代化称为“伟大理想”，指出：“建设富强民主文明的社会主义现代化国家，是毛泽东同志、他的战友们和千百万革命先烈的伟大理想，是一百多年来中国社会发展的必然结论和中华民族的共同愿望。”[④]在此基础上，他进一步强调“信念”的重要性，指出：“我们党是有自己优良作风的党，坚持理论与实践相结合、密切联系群众和自我批评，具有坚定的信念、旺盛的生命力和坚强的战斗力。”[⑤]共产党员要“牢固地树立为党和人民的事业不懈奋斗的信念”[⑥]。同时指出：“我们共产党人要坚定信念，还要不断积累经验。”[⑦]要“通过学习，使广大党员干部坚定社会主义、共产主义信念”[⑧]。不仅共产党人要坚定信念，而且还要“培养人民的坚定信念”[⑨]。

（四）第四阶段：“理想”“信念”并提连用

这样，在党和国家领导人强调“理想”和“信念”的过程中，就逐渐形成了“理想”和“信念”相并列的表述。这些表述首先出现在邓小平论述中，之后出现在江泽民的一些论述中。

邓小平关于“理想”的论述，往往不是单独地或孤立地提到“理想”，而是将其与“信念”及其相关概念一同使用。早在1962年2月扩

①《邓小平文选》（第3卷），北京：人民出版社1993年版，第190页。
② 同上书，第274页。
③《江泽民文选》（第1卷），北京：人民出版社2006年版，第38—39页。
④ 同上书，第360页。
⑤ 同上书，第345页。
⑥《江泽民文选》（第2卷），北京：人民出版社2006年版，第306页。
⑦《江泽民文选》（第1卷），北京：人民出版社2006年版，第136页。
⑧ 同上书，第246页。
⑨ 同上书，第358页。

大的中央工作会议上，他就提出要“有理想，有志气”[①]，在这里“志气”就相当于“信念”。他还有时把“理想”与“信心”连在一起，他指出：我们的人民懂得顾大局，“他们有理想，不会丧失信心”[②]。也有时把“理想”与“目标”“信心”连在一起使用，比如他批评一些干部“缺乏一个理想、目标、信心”[③]。而且，他提出的“四有”新人，也是把“有理想”与“有道德”“有文化”“有纪律”并列在一起的，是用其他三个方面来配合和补充“有理想”。

1980 年 12 月，邓小平在中央工作会议上指出：“所谓精神文明，不但是指教育、科学、文化（这是完全必要的），而且是指共产主义的思想、理想、信念、道德、纪律，革命的立场和原则，人与人的同志式关系，等等。”[④] 在这段话中，首次出现了“理想、信念”这样的并列表述。但我们也看到，这是带有偶然性的。因为他是在列举多项内容时把二者排在一起的。

1985 年 3 月，邓小平在《一靠理想二靠纪律才能团结起来》中提出：“为什么我们过去能在非常困难的情况下奋斗出来，战胜千难万险使革命胜利呢？就是因为我们有理想，有马克思主义信念，有共产主义信念。”[⑤] 还说：“我们这些人的脑子里是有共产主义理想和信念的。”[⑥] 可见，这里是明确地把“理想”和“信念”并提连用的。值得注意的是，同年 8 月邓小平在《改革是发展生产力的必由之路》的谈话中，首次明确使用了一个新的综合概念——“信念理想”。这是他明确地将“信念”与“理想”整合在一起而形成的。他说：“马克思主义的另一个名词就是共产主义。我们多年奋斗就是为了共产主义，我们的信念理想就是要搞共产主义。”[⑦] 这里的“信念理想”虽然是邓小平在不经意间组合形成的，而且他此后也没有再次这样使用，但是却预示了后来两个概念的融合。

①《邓小平文选》（第 1 卷），北京：人民出版社 1994 年版，第 300 页。
② 同上书，第 301 页。
③《邓小平文集》（下卷），北京：人民出版社 2014 年版，第 124 页。
④《邓小平文选》（第 2 卷），北京：人民出版社 1994 年版，第 367 页。
⑤《邓小平文选》（第 3 卷），北京：人民出版社 1993 年版，第 110 页。
⑥ 同上书，第 111 页。
⑦ 同上书，第 137 页。

1986年9月，邓小平在回答美国记者提问时说：“我是个马克思主义者。我一直遵循马克思主义的基本原则。马克思主义，另一个词叫共产主义。我们过去干革命，打天下，建立中华人民共和国，就因为有这个信念，有这个理想。”①同年11月，他在会见日本首相中曾根康弘时说：“我认为，最重要的是人的团结，要团结就要有共同的理想和坚定的信念。”②

江泽民也较多地采用了这种并提连用的方式。他说：“帮助人们树立社会主义的理想、信念和道德风尚，这是一个重大的历史课题。”③而且，他在提出“理想信念”概念之后，仍然多次使用这种并提连用的提法。也就是说，二者的并提连用并没有因为“理想信念”概念的出现而消失，但此后只起着补充和细化的作用。后来，从胡锦涛到习近平，也都在使用“理想信念”作为核心概念的同时，继续沿用将“理想”和“信念”并列的用法。

（五）第五阶段：“理想”和“信念”融合，“理想信念”概念形成

“理想”和“信念”两个术语的并提连用是一种过渡状态，是二者发生融合而形成“理想信念”概念的前阶。在并提连用的过程中，逐渐出现了二者融合为“理想信念”的情况，开始是偶然地出现的，后来就逐渐使用起来并得以流行。

这两个术语相融合而形成“理想信念”一词，大致发生在20世纪90年代后期。最早出现是在1996年1月24日江泽民在全国宣传部长会议上的讲话中。他在谈到“以科学的理论武装人”时，要求“全党同志必须在改造客观世界的同时努力改造主观世界，坚定社会主义、共产主义的理想信念，坚持全心全意为人民服务的宗旨，发扬为人民利益甘于奉献的精神”④。值得注意的是，在这篇强调并大量论述思想理论的讲话

①《邓小平文选》(第3卷)，北京：人民出版社1993年版，第173页。
② 同上书，第190页。
③《江泽民文选》(第1卷)，北京：人民出版社2006年版，第497页。
④ 同上书，第500—501页。

中，只出现了这一次“理想信念”字眼，而同时出现的是另外的表述，如“树立社会主义的理想、信念和道德风尚”①，树立“党的崇高理想和信念、优良传统和作风”②。这表明，“理想信念”的第一次出现，带有偶发性质。

1996年10月，中国共产党十四届六中全会通过了《中共中央关于加强社会主义精神文明建设若干重要问题的决议》，其中写道：“教育要联系思想实际和工作实际，着重解决理想信念和思想作风方面存在的突出问题。”③同样，该文件中“理想信念”一词也只出现了一次，而且不是在文件主体内容部分，是在临近结尾部分谈到加强党性党风教育的时候才使用的。在精神文明建设基本内容部分，“理想”“信念”的表述依然是分开的。在社会主义精神文明建设主要目标的表述中，要求“在全民族牢固树立建设有中国特色社会主义的共同理想，牢固树立坚持党的基本路线不动摇的坚定信念”④。而在谈到提高全民族思想道德素质的主体部分，表述是：“引导人们树立建设有中国特色社会主义的共同理想和正确的世界观、人生观、价值观。”⑤值得注意的是，从该文件的表述还可以看到，“理想信念”一词并不是完全以单立身份出现，而是与“思想作风”连在一起使用的。在全会闭幕式江泽民的讲话中也没有出现“理想信念”术语。他在谈到相关内容时，强调的还是引导广大干部群众“树立崇高的理想和正确的世界观、人生观、价值观”⑥。因此，“理想信念”在中央文件中的出现也还是带有一定的偶发性质。

1996年10月22日，江泽民在纪念红军长征胜利六十周年大会上的讲话中再次使用了“理想信念”一词。他指出：“我们要把长征精神作为加强社会主义精神文明建设的重要动力，作为在全体人民特别是青少年中进行理想信念和思想道德教育的重要内容。”⑦1997年12月22日江

①《江泽民文选》（第1卷），北京：人民出版社2006年版，第497页。
② 同上书，第503页。
③《十四大以来重要文献选编》（下），北京：人民出版社1999年版，第2068页。
④ 同上书，第2052页。
⑤ 同上书，第2054页。
⑥ 同上书，第2073页。
⑦《江泽民文选》（第1卷），北京：人民出版社2006年版，第592页。

泽民在全国组织工作会议上指出:“党的干部不但要有坚定正确的理想信念,有贯彻执行党的路线和方针政策的能力,而且要有良好的思想作风。”[①] 从这两次讲话来看,“理想信念”接连使用,而且衍生出“正确理想信念”这样的表述,表明“理想信念”概念已经扎下了根,并生发出新的枝叶。

但是,“理想信念”的使用毕竟还没有占据中心和主流位置,因而虽然这一概念已经出现并在一定范围内使用,但“理想”“信念”的并提连用,仍占居主导地位。1997 年 4 月,作为中央领导集体重要成员的胡锦涛在听取出席全国机关党建工作座谈会代表汇报后的讲话中,使用的表述还是“坚定共产党人的理想和信念”[②]。1997 年 7 月,江泽民在庆祝中国人民解放军建军七十周年大会上的讲话中,要求广大官兵“具有崇高的理想、坚定的信念、高尚的情操和严明的纪律”[③]。1997 年 12 月,胡锦涛在全国组织工作会议上的报告中,提出要“帮助党员树立远大的理想和坚定的信念”[④]。

从 1999 年到 2000 年是“理想信念”这一表述成为核心概念,并得到确认和流行的关键期。1999 年 6 月 28 日,江泽民在庆祝中国共产党成立七十八周年座谈会上的讲话中,集中论述了理想信念问题。他论述了“讲政治”的问题,而强调的第一点就是“要坚定正确的理想信念”。他对此作了展开论述,指出:“我们共产党人的根本政治信仰是社会主义和共产主义,世界观是马克思主义的辩证唯物主义和历史唯物主义,这是任何时候都丝毫不能动摇的。一个党员特别是领导干部,如果在思想上动摇了这些根本的东西,也就动摇了共产党人的根本政治立场,就必然会偏离正确的政治方向。中央要求‘三讲’教育把坚定理想信念作为必须解决的第一个问题,是有针对性的。”[⑤] 接着他还列举分析了一些党员干部丧失理想信念的情况,提出:“我们必须不断对党员、干部加强理想教育和信念教育,加强辩证唯物主义和历史唯物主义教育,推动全党

①《十五大以来重要文献选编》(上),北京:人民出版社 2000 年版,第 149 页。

②《十四大以来重要文献选编》(下),北京:人民出版社 1999 年版,第 2483 页。

③ 同上书,第 2590 页。

④《十五大以来重要文献选编》(上),北京:人民出版社 2000 年版,第 142 页。

⑤《江泽民文选》(第 2 卷),北京:人民出版社 2006 年版,第 361 页。

同志真正把理想信念牢固地建立在马克思主义的科学基础上。"[①] 2000 年 6 月 28 日，他在中央思想政治工作会议上的讲话中再次明确使用了"理想信念"概念，多次提到"正确理想信念"和"理想信念教育"，并指出："人民群众的理想信念、精神状态和人心所向，最终决定建设有中国特色社会主义事业的成败。"[②] 这两次重要讲话，分别在 20 世纪末和 21 世纪初，集中体现了"理想""信念"相融合的积极成果，并打开了新世纪理想信念教育的大门，在"理想信念"概念形成史上具有重要的意义。

（六）结语：原因和意义

那么，为什么在改革开放过程中会发生两个概念的融合并形成新的核心性概念呢？

首先，这是由改革开放特别是发展社会主义市场经济条件下加强理想信念建设和教育的重要性所决定和要求的。在新的历史条件下，理想信念的问题更加突出，理想信念教育也更加重要。而为了进行理想信念教育，必须有相应的概念表达，特别是需要有一个大家公认而通行的核心性概念。"理想信念"一词的形成和流行，就是适应这种需要的结果。

其次，这也是因为我们此前缺少一个能够完整表达共产党人理想信念的一般性概念，因而才需要形成一个新概念。本来"信仰"一词可以用作这一目的，在革命战争年代我们党的领导人就曾使用这一概念来指称共产党人的理想信念。但是在新中国成立后，在新的社会氛围和文化语境下，"信仰"一词使用得少而谨慎了，它似乎成为一个落后于时代的概念，甚至是一个与宗教迷信有瓜葛的概念。而马克思主义是科学的世界观，讲求科学精神，如果将马克思主义称作"信仰"，似乎也不符合马克思主义理想信念的科学性质。正是因为许多人有这样的顾虑，才使"信仰"概念无法真正通行起来。在这样的情况下，就需要形成一个新概念，这个新概念至少在意象上是能够体现出一种科学性的正面价值的，"理想信念"恰好就是如此。

①《江泽民文选》（第 2 卷），北京：人民出版社 2006 年版，第 362 页。
②《江泽民文选》（第 3 卷），北京：人民出版社 2006 年版，第 74 页。

再次，这是由“理想”和“信念”两个术语的亲缘关系所决定的。“理想”一词不足以单独地完整表述共产党人的信仰，它需要得到一定的补充。这种补充最好能够固定在一个特定的术语上，而这个术语应该既在性质上与理想相同，同时在侧重点上又有所区别。这个术语就是“信念”，它完美地具有这样的特点，并最终与“理想”融合在一起。而且，因为前期人们已经分别对“理想”和“信念”有认同的基础，因而对于“理想信念”这个新词并不觉得唐突，而是自然而然地接受和使用。

最后，这也是人们在语言使用中自然发生的简便化的结果。“理想”和“信念”融合为“理想信念”是一种语言现象，自然就遵循着语言学所揭示的某些规律。从人类语言史上看，一些新术语新概念的形成，往往并不是事先设计好的，也不是有意识安排的，而是自然而然、约定俗成的。其中，简约方便的原则起了很大的作用。而“理想信念”的形成，也可以说是这种简约方便原则的体现。在“理想”和“信念”并提连用的时候，它们之间往往是用顿号或连词隔开的，但在多次反复的大量使用中，每次都加顿号或连词显得麻烦，于是自然而然就省略掉了，结果是这两个概念直接连在一起，并融合成为“理想信念”。而这个新概念的形成和使用，并没有取消“理想”“信念”“信仰”这些概念的存在，而是与其并存，因而也不会带来新的不便。

“理想信念”是一个合理的概念，它的形成具有重要意义。首先，它是一个完整而综合的概念，具有很大的概括性，能够全面表达人的思想信仰。其次，它是一个正面概念，不像“信仰”那样有某些消极性历史痕迹，因而可以大大方方地表达正确的信仰，表述共产党人的信奉。如果说“理想信念”在一定情况下也可以有所泛化，指称其他的甚至不正确的信仰，那么至少在我们党的主流话语系统中，它是特定地用于表述共产党人信仰的。最后，这个概念的形成和成为核心性概念，有利于我们对理想信念的研究和宣传教育。如果没有这个核心概念，我国学界就难以对这一问题进行广泛深入的研究，而且也难以想象我们怎样开展大规模的理想信念教育了。

（原文发表于《山东大学学报（哲学社会科学版）》2021 年第 1 期）

七

论中国共产党人的信仰表述

中国共产党人是否有信仰？具有怎样的信仰？应该怎样来称呼、表达、形容这种信仰？这些问题不仅共产党人自己十分重视，社会各界甚至国外人士也很关注。在庆祝建党百年的历史时刻，全面梳理和阐释百年来中国共产党人、特别是党的领导人对于党的信仰或理想信念的各种表述，并以此作出对于上述问题的解答，无疑是十分必要的。

（一）明确共产党人信仰的名称

共产党人是否有信仰？对此，中国共产党人作了肯定的回答。毛泽东认为，中国共产党作为政治团体应该有共同遵循的主义，并要求党员“信仰党的主义”[①]，强调不仅要组织上入党，而且要思想上入党。邓小平强调：“如果我们不是马克思主义者，没有对马克思主义的充分信仰……中国革命就搞不成功。”[②]江泽民指出：“我们党是有自己优良作风的党……具有坚定的信念、旺盛的生命力和坚强的战斗力。”[③]胡锦涛指出：“作为一个真正的共产党员，就要牢固树立正确的理想信念和人生观。”[④]习近平进一步指出：“坚定理想信念，坚守共产党人精神追求，始终是共产党人安身立命的根本。”[⑤]“马克思主义政党不是因利益而结成的政党，而是以共同理想信念而组织起来的政党。”[⑥]他还明确提出，共产

①《毛泽东选集》（第2卷），北京：人民出版社1991年版，第523页。

②《邓小平文选》（第3卷），北京：人民出版社1993年版，第63页。

③《江泽民文选》（第1卷），北京：人民出版社2006年版，第345页。

④《胡锦涛文选》（第1卷），北京：人民出版社2016年版，第86页。

⑤《习近平谈治国理政》（第1卷），北京：外文出版社2018年版，第15页。

⑥《习近平关于“不忘初心、牢记使命”论述摘编》，北京：党建读物出版社、中央文献出版社2019年版，第86—87页。

党人要做“坚定信仰者”，筑牢“信仰之基”，忠诚于“党的信仰”。

那么，应该怎样称呼中国共产党人的信仰呢？从党的历史上看，中国共产党人的信仰主要有两个名称：“共产主义信仰”和“马克思主义信仰”。

1.“共产主义信仰”

早在1925年11月，毛泽东在填写《少年中国学会改组委员会调查表》时就明确写道：“本人信仰共产主义，主张无产阶级的社会革命。”① 1937年3月，毛泽东在谈到大革命时期共产党人以私人身份加入国民党时指出，“孙中山先生在世时曾经同意我们同时信仰共产主义”②。1943年春，周恩来在揭露蒋介石的政治手腕时说：“他用人的方法是制造矛盾、利用矛盾、操纵矛盾，拿一个反动的看住一个进步的，叫一个反左派的牵制一个左派的，用反共的牵制相信共产主义的。”③ 1955年4月，周恩来在出席亚非会议时表明了自己的信仰态度：“我们共产党人从不讳言我们相信共产主义和认为社会主义制度是好的。”④ 陈云在革命年代多次谈到共产党人“信仰共产主义”。他在宣传红军长征的文章中说，刘伯承、彭德怀等红军将领是“坚信共产主义的分子”⑤。在抗战时期，他要求共产党人落入敌手后也要“坚持信仰共产主义”⑥。在发展党员问题上，他认为，尽管有些人背景复杂，但“只要他们真正信仰共产主义”⑦，加上其他条件合格也可以入党；而“宗教职业家——牧师、和尚、道士，非真正彻底反对了宗教思想而完全信仰共产主义者不吸收入党”⑧。他还谈到抗日根据地内国民党员加入共产党的问题，提出要“考察那些要求加入共产党的国民党员，是否确实信仰共产主义，及真正要求加入共产党”⑨。

①《毛泽东文集》(第1卷)，北京：人民出版社1993年版，第18页。
② 同上书，第492页。
③《周恩来选集》(上卷)，北京：人民出版社1980年版，第116页。
④《周恩来选集》(下卷)，北京：人民出版社1984年版，第153页。
⑤《陈云文选》(第1卷)，北京：人民出版社1995年版，第88页。
⑥《陈云文集》(第1卷)，北京：中央文献出版社2005年版，第255页。
⑦《陈云文选》(第1卷)，北京：人民出版社1995年版，第111页。
⑧《陈云文集》(第1卷)，北京：中央文献出版社2005年版，第115页。
⑨ 同上书，第345页。

新中国成立后，特别是改革开放以来，党和国家领导人多次表明共产党人信仰共产主义。邓小平指出：“我们这些人的脑子里是有共产主义理想和信念的。”“我们多年奋斗就是为了共产主义，我们的信念理想就是要搞共产主义。”[①]江泽民要求各级领导干部“坚定共产主义信念，牢记党的全心全意为人民服务的宗旨”[②]。胡锦涛强调：“每一个共产党员和党的干部在考验面前必须坚定共产主义信念，执行党的路线，遵守党的纪律，维护党的原则。”[③]习近平强调：“中国共产党之所以叫共产党，就是因为从成立之日起我们党就把共产主义确立为远大理想。我们党之所以能够经受一次次挫折而又一次次奋起，归根到底是因为我们党有远大理想和崇高追求。”[④]“党员、干部要坚定马克思主义、共产主义信仰。”[⑤]

2.“马克思主义信仰”

毛泽东在延安时期曾向美国记者斯诺谈到自身信仰的确立，说有三本书建立起他“对马克思主义的信仰”，并说“我一旦接受了马克思主义是对历史的正确解释以后，我对马克思主义的信仰就没有动摇过”[⑥]。他强调信仰必须表现在行动上：“有些青年，仅仅在嘴上大讲其信仰三民主义，或者信仰马克思主义，这是不算数的。”[⑦]在《整顿党的作风》一文中，他批评一些同志“自以为相信马克思主义”[⑧]，却不努力宣传唯物主义。新中国成立后，他在谈到党的工商业政策时说：“我们信仰马列主义，把马列主义普遍真理同我们中国实际情况相结合，不是硬搬苏联的经验。”[⑨]特别是在知识分子思想改造过程中，毛泽东多次谈到“相信马克思主义”的问题。他说：“学习是自愿的，不能强制。对马列主义有的人信得多，有的人信得少，比如有的政协常委他只爱国，不愿学习马列

①《邓小平文选》(第3卷)，北京：人民出版社1993年版，第111、137页。
②《江泽民文选》(第3卷)，北京：人民出版社2006年版，第4页。
③《胡锦涛文选》(第1卷)，北京：人民出版社2016年版，第36页。
④《习近平关于“不忘初心、牢记使命”论述摘编》，北京：党建读物出版社、中央文献出版社2019年版，第80页。
⑤《习近平谈治国理政》(第1卷)，北京：外文出版社2018年版，第153页。
⑥《毛泽东年谱(1893—1949)》(上)，北京：中央文献出版社1993年版，第56页。
⑦《毛泽东选集》(第2卷)，北京：人民出版社1991年版，第566页。
⑧《毛泽东选集》(第3卷)，北京：人民出版社1991年版，第827页。
⑨《毛泽东文集》(第7卷)，北京：人民出版社1999年版，第176页。

主义，也没有办法。”①“不能强制人们放弃唯心主义，也不能强制人们相信马克思主义。”“他们中间，大多数人是拥护社会主义制度的，但不一定相信马克思主义，用它来指导创作的就更少了。”“假如经过三个或者四个五年计划，有三分之一的人相信马克思主义世界观，又不是教条主义，不是机会主义，那就好了。”②

改革开放以来，关于“马克思主义信仰”的表述更多、更直接了。邓小平指出：“如果我们不是马克思主义者，没有对马克思主义的充分信仰，或者不是把马克思主义同中国自己的实际相结合，走自己的道路，中国革命就搞不成功……对马克思主义的信仰，是中国革命胜利的一种精神动力。”③江泽民指出：“我们共产党人坚信马克思主义一定会取得最后胜利，资本主义制度最终要被社会主义制度取代。这是历史发展的必然规律。”④胡锦涛指出：“对马克思主义的信仰，对社会主义和共产主义的信念，是共产党人的政治灵魂，是共产党人经受住任何考验的精神支柱。”⑤习近平指出：“我们党是用马克思主义武装起来的政党，马克思主义是我们共产党人理想信念的灵魂。”⑥他多次论及“马克思主义信仰”。在“不忘初心、牢记使命”主题教育工作会议上的讲话中，他指出：“我们党一路走来，无论是处于顺境还是逆境，从未动摇对马克思主义的坚定信仰。”⑦在全国党校工作会议上的讲话中，他指出：“我们共产党人的本，就是对马克思主义的信仰，对中国特色社会主义和共产主义的信念，对党和人民的忠诚。”⑧在纪念朱德同志诞辰130周年座谈会上的讲话中，他指出：“对马克思主义的信仰，对社会主义和共产主义的信念，是共产党人的政治灵魂，是共产党人经受住各种考验的精神支柱。”⑨

①《毛泽东文集》（第6卷），北京：人民出版社1999年版，第387页。

②《毛泽东文集》（第7卷），北京：人民出版社1999年版，第209、251、253页。

③《邓小平文选》（第3卷），北京：人民出版社1993年版，第63页。

④《江泽民文选》（第1卷），北京：人民出版社2006年版，第337页。

⑤《胡锦涛文选》（第3卷），北京：人民出版社2016年版，第654页。

⑥《习近平谈治国理政》（第2卷），北京：外文出版社2017年版，第65页。

⑦《习近平关于“不忘初心、牢记使命”论述摘编》，北京：党建读物出版社、中央文献出版社2019年版，第69页。

⑧ 同上书，第78页。

⑨ 同上书，第83页。

需要指出的是，“共产主义信仰”与“马克思主义信仰”其实是一回事，是可以通用和互换的。前者主要是以党的奋斗目标来命名，后者主要是以党的指导思想来命名。正因为如此，党和国家领导人经常将二者作为同位语并列使用。邓小平说过，马克思主义的另一个名词就是共产主义，中国共产党人之所以能战胜千难万险使革命胜利，就是因为“有马克思主义信念，有共产主义信念”[①]。习近平也经常把二者放在一起表述，强调“坚定‘四个自信’，最终要坚信共产主义、坚信马克思主义”[②]，并要求党校“姓‘马’姓‘共’”[③]。

（二）彰显共产党人信仰的特质

中国共产党人的信仰是一种怎样的信仰？应该怎样形容这种信仰？用什么样的词汇来界定它的性质和凸显它的特质呢？从历史上看，表述不尽相同，大致有“革命”“正确”“科学”“真理”“崇高”等。这些词汇是中国共产党人对自身信仰的性质界定和特质彰显。

1.“革命的理想信念”

“革命”是共产党人改造世界的首要使命，也是共产党人思想信仰和精神气质的突出标识。中国共产党人正是将“革命”作为自己的旗帜、理想和信念。毛泽东指出，在中国革命的大浪淘沙中，“仅仅共产党继续高举革命的旗帜，保持革命的传统”[④]。邓小平强调：“革命的理想，共产主义的品德，要从小开始培养。”[⑤]他还强调，现代化建设的创业者，要“有革命理想和科学态度、有高尚情操和创造能力、有宽阔眼界和求实精神”[⑥]。江泽民指出，“全党全军要永远铭记红军将士艰苦创业的历史，坚定革命的理想和信念”[⑦]，并将“坚定革命的理想和信念，坚信正义事

①《邓小平文选》（第3卷），北京：人民出版社1993年版，第110页。

②《习近平关于“不忘初心、牢记使命”论述摘编》，北京：党建读物出版社、中央文献出版社2019年版，第88页。

③《习近平谈治国理政》（第2卷），北京：外文出版社2017年版，第327页。

④《毛泽东选集》（第1卷），北京：人民出版社1991年版，第260页。

⑤《邓小平文选》（第2卷），北京：人民出版社1994年版，第105页。

⑥ 同上书，第210页。

⑦《江泽民论社会主义精神文明建设》，北京：中央文献出版社1999年版，第186页。

业必然胜利的精神”[①]确认为长征精神的一个重要内容。胡锦涛高度赞扬“广大红军指战员树立了远大的共产主义理想和坚定的革命信念，认清了自己肩负的光荣使命”，强调“要向红军前辈学习，牢固树立和坚持革命的理想信念”[②]。习近平多次强调“革命理想高于天”，强调继续发挥“革命精神”。他指出：“我们不能忘记党的初心和使命，不能忘记革命理想和革命宗旨，要继续高举革命的旗帜，弘扬伟大的长征精神，朝着中华民族伟大复兴的目标奋勇前进。”[③]用“革命”来界定和形容中国共产党人的信仰，凸显了这种信仰的实践品格和斗争精神，体现了这种信仰的生命力和战斗力。不论党的事业进展到什么阶段，共产党人的信仰始终是革命的信仰。

2.“正确的理想信念”

信仰有正确与错误之分，中国共产党人的信仰是正确的信仰。毛泽东强调共产党人要有正确的世界观，并说“不论古代的也好，现代的也好，正确的就信，不正确的就不信，不仅不信而且还要批评”[④]。在改革开放过程中，邓小平一方面强调要坚定理想和信念，另一方面强调要正确理解和把握社会主义的本质，搞清楚什么是社会主义、如何建设社会主义。江泽民明确提出要“树立正确的理想、信念和价值观”[⑤]，“使广大党员、干部懂得，在社会主义市场经济条件下，坚持正确的理想、信念和价值观，坚持廉洁自律极为重要”[⑥]。“只有在全党同志和全体人民中牢固树立正确的理想信念，才能不断增强凝聚力和战斗力，我们的事业才能不断取得成功。”[⑦]胡锦涛多次强调要树立和坚定“正确的理想信念”，认为“没有坚定正确的理想信念就没有凝聚力”[⑧]。习近平指出：“坚定的理想信念，必须建立在对马克思主义的深刻理解之上，建立在对历史规

①《江泽民文选》（第1卷），北京：人民出版社2006年版，第590页。

②《胡锦涛文选》（第1卷），北京：人民出版社2016年版，第218页。

③《习近平关于“不忘初心、牢记使命”论述摘编》，北京：党建读物出版社、中央文献出版社2019年版，第90页。

④《毛泽东文集》（第6卷），北京：人民出版社1999年版，第330页。

⑤《江泽民文选》（第1卷），北京：人民出版社2006年版，第238页。

⑥ 同上书，第359页。

⑦《江泽民文选》（第3卷），北京：人民出版社2006年版，第89页。

⑧《胡锦涛文选》（第1卷），北京：人民出版社2016年版，第392页。

律的深刻把握之上……不断提高马克思主义思想觉悟和理论水平，保持对远大理想和奋斗目标的清醒认知和执着追求。”①

3.“科学的理想信念”

中国共产党人的信仰之所以正确，是因为它科学。“科学”一词在中国现代话语中具有特殊意义。它既是科学研究工作的指称，也是思想信仰正确性的标识。早在革命战争年代，毛泽东就提出：“共产主义者的思想和行动总要稍为科学一点才好，而一部分同志则恰恰与科学正相反对。”②新中国成立后，他又说：“我们除了科学以外，什么都不要相信，就是说，不要迷信。”③ 1979 年 9 月 29 日，时任中央副主席的叶剑英在《庆祝中华人民共和国成立三十周年大会上的讲话》中，明确将社会主义追求表述为“科学信念”。他指出：“我们的社会主义制度一定能够继续战胜一切困难而向前发展……我们过去遭到过的挫折，现在工作中仍然存在的缺点，今后还会遇到的困难，都丝毫动摇不了我们的钢铁一般的科学信念。”④邓小平在南方谈话中明确指出：“我坚信，世界上赞成马克思主义的人会多起来的，因为马克思主义是科学。”⑤胡锦涛在共青团十四大上的祝词中，要求青年“高举伟大旗帜、坚定科学信念”⑥。特别值得注意的是，习近平在强调共产党人信仰的科学性时提出了“真理信仰”这一概念。他指出：“认识真理，掌握真理，信仰真理，捍卫真理，是坚定理想信念的精神前提。”“坚定理想信念，就要……让真理武装我们的头脑，让真理指引我们的理想，让真理坚定我们的信仰。”⑦“中国共产党的理想信念，就是马克思主义真理信仰，共产主义远大理想，中国特色社会主义共同理想。”⑧

①《习近平谈治国理政》（第 2 卷），北京：外文出版社 2017 年版，第 35 页。
②《毛泽东文集》（第 1 卷），北京：人民出版社 1993 年版，第 70 页。
③《毛泽东文集》（第 6 卷），北京：人民出版社 1999 年版，第 330 页。
④《三中全会以来重要文献选编》（上），北京：人民出版社 1982 年版，第 212 页。
⑤《邓小平文选》（第 3 卷），北京：人民出版社 1993 年版，第 382 页。
⑥《胡锦涛文选》（第 1 卷），北京：人民出版社 2016 年版，第 323 页。
⑦《习近平谈治国理政》（第 2 卷），北京：外文出版社 2017 年版，第 50 页。
⑧《习近平谈治国理政》（第 3 卷），北京：外文出版社 2020 年版，第 505 页。

4.“崇高的理想信念”

中国共产党人的信仰不仅是正确的、科学的，而且是崇高的、美好的。毛泽东指出：“我们共产党人从来不隐瞒自己的政治主张。我们的将来纲领或最高纲领，是要将中国推进到社会主义社会和共产主义社会去的，这是确定的和毫无疑义的。我们党的名称和我们的马克思主义的宇宙观，明确地指明了这个将来的、无限光明的、无限美妙的最高理想。”① 邓小平指出：“我们马克思主义者过去闹革命，就是为社会主义、共产主义崇高理想而奋斗。”② 江泽民不仅强调崇高理想，而且强调崇高信念。他指出：“我们说的高尚精神，就是指我们党的崇高理想和信念、优良传统和作风。”③ 宣传思想工作要“引导人们树立崇高的理想和信念”④，“引导广大干部群众树立崇高的理想和正确的世界观、人生观、价值观”⑤。胡锦涛强调要“牢固树立崇高理想、坚定信念、高尚情操”⑥，并指出：“只有牢固树立了这样的崇高理想和坚定信念，才能自觉把自己的人生追求同祖国和民族前途命运联系起来，在服务祖国、服务人民的实践中充分发挥自己的聪明才智。”⑦ 习近平明确提出“崇高理想信念”这一表述，指出：“没有牢不可破的理想信念，没有崇高理想信念的有力支撑，要取得长征胜利是不可想象的。”走好今天的长征路，也必须“为崇高理想信念而矢志奋斗”⑧。

（三）标明共产党人信仰的类型

人类的信仰现象十分繁杂，呈现出许多不同的类型或形态，有政治信仰、道德信仰、宗教信仰、法律信仰以及民间信仰等。那么，中国共产党人的信仰属于什么类型呢？从党和国家领导人的一些提法，我们可以看出中国共产党人信仰的类型、性质和特征。

①《毛泽东选集》（第3卷），北京：人民出版社1991年版，第1059页。
②《邓小平文选》（第3卷），北京：人民出版社1993年版，第116页。
③《江泽民文选》（第1卷），北京：人民出版社2006年版，第503页。
④《江泽民论社会主义精神文明建设》，北京：中央文献出版社1999年版，第151页。
⑤《江泽民文选》（第1卷），北京：人民出版社2006年版，第571页。
⑥《胡锦涛文选》（第1卷），北京：人民出版社2016年版，第280页。
⑦ 同上书，第367页。
⑧《习近平谈治国理政》（第2卷），北京：外文出版社2017年版，第49页。

1.“主义信仰”

近现代中国人的信仰，除传统的宗教信仰外，大多是对某种主义的信仰，特别是对三民主义和共产主义的信仰。“主义信仰”明显不同于传统的宗教信仰，可以说是人类信仰的一种新形态。在革命战争年代，中国共产党人有过一些类似的表述，认为自己的信仰属于这种类型。毛泽东要求共产党要向着“信仰党的主义”[①]的广大工人、农民和青年积极分子开门，使党成为一个伟大的群众性的党。周恩来明确使用“主义的信仰”这一概念，指出：“我们党的组织是统一的，是基于主义的信仰、阶级的觉悟和革命的锻炼的，并有自觉的纪律来巩固他，决不同于国民党可以派别分歧，毫不统一。”[②]方志敏在狱中坚守信仰并明确使用“主义信仰”这一概念。他认为，敌人之所以把他从普通号搬到优待号，是因为“要迅速改变他原来的主义信仰”[③]。他写道：“敌人只能砍下我们的头颅，决不能动摇我们的信仰！因为我们信仰的主义，乃是宇宙的真理！”[④]他表示决不会“抛弃自己原来的主义信仰，撕毁自己从前的斗争历史”[⑤]。

2.“政治信仰”

中国共产党人的信仰具有强烈的政治属性，可以说是一种政治信仰，党的领导人多次确认了这一点。在抗日战争时期，毛泽东使用过“政治信仰”概念，但主要是指党的威信，认为这是实现党对抗日战争领导的重要条件。他指出：“党……凭借着党在全国人民中间的很高的政治信仰……不但建立了抗日民族统一战线，而且进行了伟大的抗日战争。”[⑥]在解放战争时期，邓小平认为，人民解放军的必胜信心“不单是建立在政治的信念上，而且是建立在实际的准备上”[⑦]。改革开放以来，党和国家领导人一再强调“政治信仰”的重要性。江泽民指出：“我们

①《毛泽东选集》(第2卷)，北京：人民出版社1991年版，第523页。
②《周恩来选集》(上卷)，北京：人民出版社1980年版，第140页。
③《方志敏全集》，北京：人民出版社2012年版，第117页。
④ 同上书，第141页。
⑤ 同上书，第142页。
⑥《毛泽东选集》(第2卷)，北京：人民出版社1991年版，第612页。
⑦《邓小平文选》(第1卷)，北京：人民出版社1994年版，第137页。

共产党人的根本政治信仰是社会主义和共产主义。”① 胡锦涛指出：“政治方向问题，首先是一个政治理想和政治信念问题。”高级干部特别是省部级以上党政主要领导干部“应该具有坚定政治信念，始终保持清醒头脑”②。习近平指出：“对马克思主义的信仰，对社会主义和共产主义的信念，是共产党人的政治灵魂。”③ 他强调，全面从严治党首先要从政治上看，特别是要“坚定政治信仰、增强四个意识”④。各级党组织和广大党员要“做到坚守政治信仰、站稳政治立场、把准政治方向”⑤。

3.“思想政治信仰”

像“政治”一样，“思想”是中国共产党人常用的一个概念。作为一种理性认识和意识观念，思想既是认识论概念，也是信仰论概念。在许多情况下，思想包含着理想信念，有时甚至专指理想信念。因此，中国共产党人在谈到自己的信仰时，往往使用“思想”一词，并与“信仰”结合从而形成“思想信仰”这样的提法。这一提法通常体现着中国共产党人信仰的社会性及其与其他群体信仰的关系。1957 年 8 月，周恩来在《关于我国民族政策的几个问题》中指出：“现在我们只把宗教信仰肯定为人民的思想信仰问题，而不涉及政治问题。”⑥ 此后，我们党在涉及民族宗教政策时经常使用“思想信仰”这一概念。江泽民指出：“我们共产党人坚持马克思主义的无神论，但不能简单地把无神论和有神论的区别等同于政治上的对立。无神论者和有神论者思想信仰虽然不同，但在爱国、维护祖国统一、拥护社会主义等涉及政治立场和政治方向的原则问题上是可以一致的。”⑦ 他还明确提出：“马克思主义是科学，是我们的思想政治信仰。”⑧ 这一论断凸显了中国共产党人信仰的科学性、思想性和政治性。

①《江泽民文选》（第 2 卷），北京：人民出版社 2006 年版，第 361 页。
②《胡锦涛文选》（第 1 卷），北京：人民出版社 2016 年版，第 168 页。
③《习近平关于“不忘初心、牢记使命”论述摘编》，北京：党建读物出版社、中央文献出版社 2019 年版，第 73 页。
④ 同上书，第 121 页。
⑤《习近平谈治国理政》（第 2 卷），北京：外文出版社 2017 年版，第 181 页。
⑥《周恩来选集》（下卷），北京：人民出版社 1984 年版，第 267 页。
⑦《江泽民文选》（第 3 卷），北京：人民出版社 2006 年版，第 384 页。
⑧ 同上书，第 49 页。

4.“理论信仰”

中国共产党人的信仰是以马克思主义理论为基础的，具有突出的理论属性。党和国家领导人历来强调共产党员要学习马克思主义理论，用马克思主义武装头脑并指导实践。习近平将“理论”与“信仰”联系起来，指出：“中国共产党是用马克思主义武装起来的政党，马克思主义是中国共产党人理想信念的灵魂。”① 他要求共产党员学习马克思主义理论，“做到真学真懂真信真用”②。他还明确提出“理论信仰”这一概念，指出：“理想信念的确立，是一种理性的选择，而不是一时的冲动，光有朴素的感情是远远不够的，还必须有深厚的理论信仰作支撑，否则一有风吹草动就会发生动摇。”③

（四）展示共产党人信仰的内容

对于共产党人的信仰来说，名称和特征固然重要，但更重要的是内容和结构。由于这一信仰包含的内容十分丰富，长期以来中国共产党人对它的基本结构一直没有形成共同的表达，因而在提到它的主要内容时，会有不同的提法，形成了一系列文字组合。

1. 二项式展开

“信仰—信念”组合。将“信仰”和“信念”在层次上加以区别，前者主要指理论信仰，后者主要指政治信仰，并形成较为固定的组合，以此表达共产党人信仰的核心内容。习近平指出：“对马克思主义的信仰，对社会主义和共产主义的信念，是共产党人的政治灵魂，是共产党人经受住任何考验的精神支柱。”④“世界社会主义实践的曲折历程告诉我们，马克思主义政党一旦放弃马克思主义信仰、社会主义和共产主义信念，就会土崩瓦解。”⑤“国内外各种敌对势力，总是企图让我们党改旗易帜、改名换姓，其要害就是企图让我们丢掉对马克思主义的信仰，丢掉

①《习近平谈治国理政》（第 3 卷），北京：外文出版社 2020 年版，第 74 页。

②《习近平谈治国理政》（第 2 卷），北京：外文出版社 2017 年版，第 35 页。

③ 习近平：《论党的宣传思想工作》，北京：中央文献出版社 2020 年版，第 312 页。

④《习近平谈治国理政》（第 1 卷），北京：外文出版社 2018 年版，第 15 页。

⑤《习近平关于“不忘初心、牢记使命”论述摘编》，北京：党建读物出版社、中央文献出版社 2019 年版，第 78—79 页。

对社会主义、共产主义的信念。”[①] 因此，要“教育引导广大党员干部坚定对马克思主义的信仰、对中国特色社会主义的信念”[②]。

“信仰—理想”组合。在中国共产党人的信仰话语中，对马克思主义的信奉通常用“信仰”一词，而对共产主义的追求往往用“理想”一词。当它们单独使用时，都是独立完整地表达共产党人的信仰。当二者并列使用时，则各有侧重，共同表达完整的共产党人信仰。前者主要从理论性和真理性上体现信仰，后者则主要从政治性和实践性上体现信仰。习近平强调：“没有马克思主义信仰、共产主义理想，就没有中国共产党，就没有中国特色社会主义。”“共产党人如果没有信仰、没有理想，或信仰、理想不坚定，精神上就会‘缺钙’，就会得‘软骨病’，就必然导致政治上变质、经济上贪婪、道德上堕落、生活上腐化。”[③] 因此，共产党人必须“不断坚定马克思主义信仰和共产主义理想”[④]。

“理想—信念”组合。“理想”和“信念”是中国共产党人经常并列使用的概念。通常情况下，前者指共产主义理想，后者指社会主义信念。江泽民要求“全党同志特别是党的高级干部必须始终坚持共产主义理想和社会主义信念”[⑤]，并批评了“一些党员、干部共产主义理想和社会主义信念模糊甚至动摇”[⑥] 的现象。他指出：“共产党员必须发挥先锋模范作用，牢固树立共产主义远大理想和中国特色社会主义坚定信念，脚踏实地地为实现党在现阶段的基本纲领而奋斗。”[⑦] 胡锦涛指出：“党的各级领导干部必须具有共产主义远大理想和中国特色社会主义坚定信念。”[⑧] 习近平在纪念邓小平同志诞辰110周年座谈会上强调：“我们纪念邓小平同志，就要学习他对共产主义远大理想和中国特色社会主义信念无比坚定的崇高品格。”[⑨]

①《习近平谈治国理政》（第2卷），北京：外文出版社2017年版，第327页。
②《习近平谈治国理政》（第3卷），北京：外文出版社2020年版，第525页。
③《习近平谈治国理政》（第2卷），北京：外文出版社2017年版，第326页。
④《习近平谈治国理政》（第3卷），北京：外文出版社2020年版，第75页。
⑤《江泽民文选》（第2卷），北京：人民出版社2006年版，第553页。
⑥ 同上书，第566页。
⑦《江泽民文选》（第3卷），北京：人民出版社2006年版，第572页。
⑧《十六大以来重要文献选编》（下），北京：中央文献出版社2008年版，第176页。
⑨《习近平谈治国理政》（第2卷），北京：外文出版社2017年版，第3页。

“远大理想—共同理想”组合。中国共产党人历来强调共产主义远大理想，同时也强调将远大理想与现阶段目标结合起来。在改革开放过程中，由于形成了中国特色社会主义共同理想，中国共产党人就将远大理想和共同理想结合起来，形成了比较固定的组合。胡锦涛要求教育引导广大党员、干部“做共产主义远大理想和中国特色社会主义共同理想的坚定信仰者和忠实践行者”①。习近平强调：“共产主义远大理想和中国特色社会主义共同理想，是中国共产党人的精神支柱和政治灵魂，也是保持党的团结统一的思想基础。”② 中国共产党人坚持不忘初心、继续前进，就要“坚定共产主义远大理想和中国特色社会主义共同理想，不断把为崇高理想奋斗的伟大实践推向前进”③。

2. 三项式展开

“信仰—信念—信心”组合。这是改革开放以来比较通行的一种组合，当然在具体表述上也是与时俱进的。江泽民在庆祝中国共产党成立80周年大会的讲话中明确提出：“坚定对马克思主义的信仰、坚定对社会主义的信念、增强对改革开放和现代化建设的信心、增强对党和政府的信任。”④ 胡锦涛指出，广大共产党员尤其是党员领导干部要“始终保持对马克思主义的坚定信仰、对中国特色社会主义的坚定信念、对改革开放和社会主义现代化建设的坚定信心”⑤。习近平强调“信仰、信念、信心”的重要意义，并赋予其新的内涵表述：“信仰、信念、信心，任何时候都至关重要。小到一个人、一个集体，大到一个政党、一个民族、一个国家，只要有信仰、信念、信心，就会愈挫愈奋、愈战愈勇，否则就会不战自败、不打自垮。无论过去、现在还是将来，对马克思主义的信仰，对中国特色社会主义的信念，对实现中华民族伟大复兴中国梦的信心，都是指引和支撑中国人民站起来、富起来、强起来的强大精神力量。”⑥

①《胡锦涛文选》(第3卷)，北京：人民出版社2016年版，第579页。

②《习近平关于“不忘初心、牢记使命”论述摘编》，北京：党建读物出版社、中央文献出版社2019年版，第85页。

③ 同上书，第7页。

④《江泽民文选》(第3卷)，北京：人民出版社2006年版，第277页。

⑤《十六大以来重要文献选编》(下)，北京：中央文献出版社2008年版，第731页。

⑥《习近平关于“不忘初心、牢记使命”论述摘编》，北京：党建读物出版社、中央文献出版社2019年版，第89页。

“信仰—信念—忠诚”组合。理想信念总是与忠诚联系在一起。习近平十分强调党员干部的政治“忠诚”，并把它纳入中国共产党人的理想信念体系。他指出：“我们共产党人的本，就是对马克思主义的信仰，对中国特色社会主义和共产主义的信念，对党和人民的忠诚。我们要固的本，就是坚定这份信仰、坚定这份信念、坚定这份忠诚。”[①]他还指出：“对我们共产党人来讲，能不能解决好作风问题，是衡量对马克思主义信仰、对社会主义和共产主义信念、对党和人民忠诚的一把十分重要的尺子。”[②]这些论述使“忠诚”成为一个重要的信仰论概念，深化了我们对理想信念的理解。

“信仰—信念—自信”组合。自信是无产阶级政党的重要品格，也体现着其理想信念的精神气质。但长期以来，我国贫穷落后的状况导致包括党员在内的中国人缺乏充分的自信，这在一定程度上也弱化了共产党人的理想信念。改革开放取得举世瞩目的伟大成就，特别是中国特色社会主义进入新时代，中华民族迎来了从站起来、富起来到强起来的伟大飞跃，在这样的情况下自信就有了坚实的基础。习近平在论述中国共产党人的理想信念时强调中国特色社会主义的“四个自信”：“重中之重是要以坚定的理想信念筑牢精神之基，坚定对马克思主义的信仰，对社会主义和共产主义的信念，对中国特色社会主义道路、理论、制度、文化的自信。”[③]将“自信”与理想信念联系起来，并纳入其中，这丰富了共产党人信仰的内容，使之更接地气、更具新时代气息。

总之，中国共产党人有自己的信仰，并形成了一系列关于自己信仰的表述。多样化的表述表明中国共产党人信仰的丰富内容和多重面相。同时，我们也看到，这些多样化的表述有一些基本的东西是共同的，而且表述得越来越规范，这表明中国共产党人的信仰及其表述正在走向明朗化、规范化、系统化，我们对此抱有强烈期待并且应该为此作出积极努力。

（原文发表于《马克思主义研究》2021 年第 3 期）

①《习近平谈治国理政》（第 2 卷），北京：外文出版社 2017 年版，第 326 页。

② 同上书，第 165 页。

③《习近平谈治国理政》（第 3 卷），北京：外文出版社 2020 年版，第 313 页。

第四编

思想政治教育基本理论研究

一

思想政治教育主客体难题的哲学求解

在思想政治教育研究中，主客体问题的争论已持续多年。各种不同的观点纷然杂陈并相互碰撞，呈现出一片混乱的学术景观。思想政治教育主客体问题似乎成了一个说不清道不明也解不开的理论难题和学术死结，成为该学科学者们的心头之痛。为了有效推进争论的逻辑进程，以尽快结束这场旷日持久的争论，下一步的探讨应该抛开各种枝节问题，紧紧抓住理论争议的症结，并从哲学上即从马克思主义哲学一般原理层面和思想政治教育哲学层面加以深入分析，以求凝聚理论共识。本文拟就此做一尝试性探讨。

（一）如何安顿受教育者的能动性？

思想政治教育主客体争论的起因和实质并不复杂，无非是如何在思想政治教育基本理论中确认和安顿受教育者的能动性。而受教育者在思想政治教育过程中具有能动性，即具有自主性和主动性，是改革开放新时期我国思想政治教育实践所得出的重要结论。

改革开放以来，我国社会主义建设事业进入新的历史时期，通过确立解放思想、实事求是的思想路线，通过建立和发展社会主义市场经济体制，通过在各个领域中深化改革和全方位对外开放，人们的思想得到极大解放，全社会的创造活力得以迸发。人民群众的积极性、主动性和创造性的发挥，是我国经济社会发展取得举世瞩目伟大成就的根本原因。尤其值得注意的是，人民群众的这种能动性的出现，不是像以往那样主要出于外部的政治动员，而是以群众对自身合法利益特别是物质利益的追求为基础的，因而它不是一时的，而是持久的。

思想政治教育工作在新时期遇到的新挑战，集中体现在教育对象的新变化上。受教育者再也不像以前那样听话顺从和容易教育了，传统的简单灌输的方式不灵了。在新的历史条件下，教育对象自主性增强，他们不再消极被动地接受教育，而是对来自教育者的灌输表现出很大的逆反和抵触心理，对教育的内容表现出很大的选择性，因而在教育方式没有发生重大改变的情况下，教育效果大大降低了。特别是互联网的兴起，使受教育者在信息掌握方面达到甚至超过了教育者的程度，侵蚀了教育者的权威性。这种新的挑战具有积极的意义：它说明人民群众自主性、主动性、能动性的增强，也有助于促进思想政治教育在新的历史条件下的转型升级。经过多年探索，新时期思想政治教育逐步接受了思想政治教育对象新变化的事实，并以此作为开展工作的前提。教育对象不是消极被动的，而是具有能动性，这一点已成为思想政治教育工作者的共识，没有人会有疑问了。

从实践中得出的新结论应该体现在理论上，并由此促进理论的更新发展。因此，接下来的任务就是在思想政治教育基本理论中确认这一点，特别是在《思想政治教育学原理》教科书中得到体现，这是大家共同的要求和期盼。但是，在如何将受教育者的能动性作为原理写入教材的问题上，理论争议出现了。

之所以出现理论争议，是因为遇到了“主体”“客体”这对概念。可以说，真正的困难是由这对概念引起的。如果我们在原理教材编写中不使用主客体概念，不把教育者和受教育者称之为思想政治教育的主体和客体，而是就事论事地谈论受教育者的特性，那我们就可以很容易地把受教育者的能动性加进去。我们只需说“受教育者具有能动性”就可以了，而且也不会引起逻辑上的矛盾和争议。但是，我们已经普遍地使用了“主客体”的概念，并只能在主客体关系上来确认受教育者的能动性了。于是，受教育者的能动性问题就在理论上转化为教育客体的能动性问题了。那么，客体具有能动性吗？或者客体性中包含有能动性吗？

在通常的理解中，主体是活动的发起者和承担者，是主动的一方，而客体是承受者和接受者，是受动或被动的一方，因而主体有主体性，即主动性或能动性，而客体则具有客体性，即受动性或被动性。从这样的概念界定出发，客体只能是被动的，在客体身上受动性与能动性难以并存。我们无法合逻辑地讲：客体不具有受动性而只具有主动性，或者客体既具有受动性又具有能动性。于是人们发现，在思想政治教育主客体关系框架内，难以从理论上容纳和安顿受教育者具有能动性这一显而易见的真理性认识。而且，“客体性”似乎成了一个理论陷阱，什么东西落下去，就再也不会有能动性了。

（二）从主体性中找出路

既然从“客体性”中无法逻辑地推导出能动性，那么剩下的办法就是证明受教育者不是客体，而是主体，并从其主体性中寻求确立它的能动性。透过理论界关于思想政治教育主客体争议的不同观点，我们看到了这种共同努力的不同表现。

第一种观点是“主客体转化”说。认为主体和客体并不是固定不变的，尽管在通常情况下教育者是主体，受教育者是客体，但是，在教学相长的过程中，教育者也会受到教育，受教育者也会启发教育者。而且，受教育者还可以自我教育。于是，受教育者转化为主体，而教育者转化为客体。既然受教育者变成了主体，那它当然就具有自主性和能动性了。

这种观点有其合理性，体现了矛盾双方相互转化的辩证原理，而且至少是部分地证明了受教育者具有主动性和能动性。但是，也存在着理论上的困难，即它无法说明在主客体双方没有发生转化的情况下的客体主体性问题。在这样的情况下，客体具有的主体性带有偶然性，不是必然的。我们显然不能说受教育者的主体性和能动性只是偶然情况。

第二种观点是“主客体双角色说”。认为思想政治教育活动包含两个方面的过程，一是施教过程，二是受教过程。从前者来说，教育者是主体，是主动的一方，受教育者是客体，是受动的一方；而从后者来说，受教育者是主体，他们是学习的主体和接受的主体，因而具有自主性和能动性。

这种观点无疑有一定道理，它能够说明受教育者在受教育过程中自始至终都有主体性，而且由于对教育过程进行了更具体的划分，使我们对教育活动本身有了更加深入的认识。但正如有学者所指出的，施教过程和受教过程并不是两个不同的过程，而是同一个教育过程的两个方面，不能把它们分割开来甚至对立起来。如果说它们在思维抽象中可以分开，但在实际过程中却是不能分开的。而且，在理论上区分这两个过程时，也必须阐明这两个过程的内在关系，这一点也有待于进一步研究。

第三种观点是“双主体说”或“主体际说”。这种观点认为，教育者与受教育者的关系并不是一种对象性的关系，不是主客体之间的关系，而是一种主体间的交往关系。教育者是主体，受教育者也是主体，它们之间的关系是两个主体之间的交往关系。既然都是主体，当然都具有主体性，因而受教育者的主动性和能动性问题也就没有任何问题了。

这种观点来自哈贝马斯的交往理论，是很新颖的思想，给人以深刻的启迪。它不仅能够说明受教育者作为主体具有主动性和能动性，而且也可以很好地说明教育者与受教育者之间平等互动的关系，而这正是新时期思想政治教育所着力强调和确认的。但是，如果我们根据这种观点来确认教育者和受教育者双方的名称，也存在一种很不方便的地方：当我们把教育双方都称为“主体”的时候，我们至少在称呼上就无法区分他们了。而在称谓上把教育者和受教育者有所区分，是思想政治教育一切理论和实践活动得以开始和运行的前提。或者是每次称呼时都刻意加以说明，这里说的主体是教育者主体，或这里所说的主体是受教育者主体。可以说麻烦至极，而且易于引起混乱。我们已看到，有的主张“双主体说”的教材中对教育双方的称谓是混乱的。

而且，双主体观点还面临一个问题：在教育活动中是否存在着对象性关系？既然有对象性关系，就一定会有“客体”。没有“客体”，何来“主体”？没有“主体”，何来“双主体”？因此，“客体”还是回避不了。有学者肯定了教育活动中也存在着对象性关系，但认为这不是发生在人与人之间，而是发生在人与物之间。教育者和受教育者都是人，他们是复数的主体，而教育内容或教育资料是教育客体。思想政治教育的主体们都围绕着教育内容和资料进行加工活动。这样的分析也不能说没有一定的道理，它揭示了思想政治教育过程中我们通常所忽视的一个重要维度。因为我们往往把注意力集中在教育双方的关系上，而对教育过程中的中介性因素，包括教育资料或内容等研究不够，特别是对它们与教育者和受教育者的关系研究不够，因而提出这一问题是有意义的。但是，也正如有学者所说，在这种主客体关系中把握不住教育活动的实质，并不能清楚地揭示出思想政治教育的性质和要求。因为思想政治教育毕竟是培养人的活动，它不是人与物的关系，而是人与人的关系。总之，这种双主体观点作为一种新颖的思想观点，在思想政治教育过程中究竟应如何运用或在什么范围内和程度上去应用，还有待我们进一步去研究。

上述三种基本观点依次递进，沿着寻找受教育者的主体性的道路越走越远，并在“双主体说”上达到了逻辑的终点。因此，传统的“主客体说”与新出现的“双主体说”的对立最明显，而且似乎无法弥合。真正的争论就发生在二者之间。“双主体说”的实质，是取消教育者与受教育者之间的对象性关系，回避在双方之间使用主客体概念。那么，这种关系和这对概念能否回避或取消了呢？对此，我们需要回到哲学那里去，考察哲学上形成主客体范畴的初衷和实质。

（三）反思哲学上的主客体范畴

从思想史上看，主客体范畴的明确出现和使用是西方近代哲学的事情。哲学家们的理解和使用情况并不相同，而且也一直有人对这对范畴持有疑义，特别是现代以来人们对这对概念的反思更加广泛。但是，我们不能把它的出现看作偶然的哲学史事件，而应看到其背后有更深层的原因和必然性。

从根本上说，哲学上的主客体范畴，是对人的对象性活动基本要素和结构的最高抽象。人的活动有两类，一是对象性活动，即指涉一定对象的活动，这种活动通常在语言上是用及物动词来表达的；二是非对象性活动，即不指涉一定对象的活动，它通常是用不及物动词来表达的。在这两类活动中，第一类活动即对象性活动是更为重要的。正是这类活动，使人与世界发生作用，并展开人的活动的内在丰富性。不研究和了解这种活动，就不能对人及其在世界上的地位有真正的了解。而主客体范畴恰恰就是表征这类活动的，这对范畴的重要性就体现在这里。

凡是人类的对象性活动，其中就一定包含有主客体及其关系。也就是说，对于人类的对象性活动来说，主客体范畴是无法回避的。如果思想政治教育活动也是一种对象性活动，教育双方就无法避免教育主客体的关系。

那么，教育特别是思想政治教育是一种对象性活动吗？教育，是一定社会共同体内培养社会成员的活动，是传递经验和知识、培育人的精神和品格的活动。这种活动肯定不是非对象性活动，肯定不是没有对象的活动。而且，“教育”作为动词，是及物动词。也就是说，这种活动中总有教育者，也总会有受教育者或教育对象。无疑，教育是一种对象性活动。可见，教育的主客体的称呼是无法回避的，即使我们决定不采用“主体”“客体”字眼，而只使用“教育者”和“受教育者”这样的概念，也是一样。仔细看一下就会发现，这已经是初步地把二者称为主体和客体了。“教育者”显然就是主体，“者”体现的就是思想和行为的主体；“教育对象”的称呼本身已经是“教育客体”，“对象”与“客体”是一回事；“受教育者”的“受”就是受动，这是客体的属性。与其含糊地谈论主客体问题，还不如引入这对概念进而明确地讨论这一问题。

因此，尽管有学者出于对主客体烦琐争论的逆反心理，质疑思想政治教育学引入哲学上主客体概念的必要性，而且我也一度有此种质疑，但经过仔细考虑，认为主客体概念进入教育学或思想政治教育学都有一定的必然性，而且大家普遍使用这一对概念也从事实上表明了这一点。

但我并不认为引入这对哲学概念是出于应对思想政治教育动态过程中的复杂性关系的需要，而是为了进一步探索这些复杂关系而奠定一个最简单的框架和起点，就像编筐者一开始需要编一个十字花一样。主客体关系是一对简单的关系，它并不能被用来解决高端而复杂的问题，而毋宁说这些复杂关系的解决应该用主客体关系之外的道理来解决，用更复杂而先进的理念和技术来解决。我们不能赋予主客体概念和关系过多的含义，也不能指望依赖这对概念来解决体系末端的复杂性问题。主客体关系不能解决所有的问题，而且它本身有自己的局限性，在一些新的时代性话题面前，简单地套用主客体关系是不能真正得到解决的。这也正是这些年来哲学界对主客体范畴进行反思的一些内容。但是，主客体概念自有其真实的起源，在人类思维和理论建构中有其不可移易的位置和特定的功用，是不能随意取消的。

当然，考虑到思想政治教育教学和研究的具体需要，我认为应有差别地对待这对概念。对于普及版或简明版《思想政治教育学原理》教材，可以不使用主客体概念，而直接讲教育者和受教育者的属性和特点。这样，在受教育者的能动性确认问题上，就不至于引起不必要的麻烦和争论，利于教学的开展。对于具有研究性质的教材，特别是个人专著性教材，则可以引入主客体概念并作理论上的探讨。这可以为人们提供不同的观点及分析，便于接触研究前沿。而对于思想政治教育元理论研究，或思想政治教育哲学这一分支领域而言，主客体概念不可少，是必需的。热心于主客体争论的学者们可以在这个领域中大展身手。

引入这对哲学范畴时，我们应该心中有数。为了在思想政治教育领域中合理地运用它，我们应该把握其作为哲学范畴的特点：

第一，高度的抽象性。作为哲学范畴，主体和客体都是极度抽象的，它是只有骨架而没有血肉的。它抽象掉了人和对象各自多方面的内容和特征。比如，主体自身的多样性，主体在不同时期的差异性以及不同主体间的关系等；客体自身的多样性，客体在不同历史时期的差异性，以及不同客体间的关系等等，都被抽象掉了。而且，主客体之间的中介性要素，以及对主客体发生各种影响的环境等等，也在思维蒸馏的过程中被抽象掉了。正是由于这种高度抽象性，使它具有广泛的适用性，可以运用于人类不同领域中的对象性活动中。但是，必须注意：主客体概念在这些领域中的运用不应该是照搬硬套的，而必须与这个特定领域中的实际内容结合起来，用这个领域中的丰富内容来充实概念内涵，使其成为这个领域中自己的概念。不能脱离思想政治教育本身的实际去热衷于哲学概念的思辨。

第二，时代的变动性。主客体作为最一般的哲学概念，从理论上讲似乎是摆脱了特定领域和特定时代的影响，而具有不增不减的永恒性。但是，人毕竟是处于不同的时代中，人们对哲学概念的使用也是如此。因此，人们对抽象概念的理解，或多或少、有意无意地受到人们自身所处时代的影响。因此，人们对主客体范畴的理解、把握和运用，必然打着时代的印记。在主客体概念上，我们习以为常的一些理解方式其实是前一时代人类活动状态的体现，是以往时代的哲学家们的理解，它并不是绝对真理，我们应该随着时代的变迁和发展而作出新的理解和把握。

第三，价值的附着性。本来，一些哲学概念只是对事物或人类活动的抽象，是一种认识活动的结果，并不体现价值的评价。但是，由于人类的认识活动和价值活动是紧密联系的，因而在认识过程中往往掺杂有价值的因素在内。这些价值因素附着在哲学概念上，并不知不觉地影响着人们对概念的认知和使用。哲学上的主客体概念和主客体关系也是如此。我们在使用来自哲学的概念表达特定事物时，无意识中可能有原先附着在哲学概念中的价值因素影响着我们，使我们不自觉地发生认识上的偏差。比如，我们无意中总是认为，作为主体就有尊严，而作为客体则没有尊严。事实并非如此。因此，为了不受这种无意识中的价值因素的影响，就必须有意识地去观察和体察这个问题，将其中附着的以往价值倾向性剥离出来，不要使它们左右我们的理论判断。

（四）剖析主客体角色的内涵

主体和客体这对范畴反映了人的对象性活动的两项基本要素及其相互间形成的基本结构。人是活动者，是活动的发动者和实施者，这就是主体。人活动的对象是客体，它是人的活动指向的对象和这种活动的承受者。于是，主体和客体成为两种不同的角色。我们现在发生的许多争论，都涉及对这两个不同角色的理解。

那么，“主体”和“客体”这两种不同的角色究竟意味着什么呢？从哲学上加以分析，可以发现这两种角色的含义十分丰富，大体上可以划分为七个层面：

第一，主客之名。“名”即“名称”。“主体”和“客体”首先是两个不同的称谓，是两个相互区别的名称。至于这两个相互区别的名称本身指称的是什么，意味着什么，那是另一个问题。在这里，它们仅仅是作为两个不同的名字而存在。就像我们常说的“甲方”和“乙方”的区别，以及“群众演员甲”和“群众演员乙”的区别。在这里，“主体”和“客体”的区别仅仅是名称上的，并不具有另外的意义，但名称上的区别又是必需的，不能混同，也不能取消。

第二，主客之位。“主体”和“客体”不仅是两个名称，还是两个名位。双方处于不同的位置上。从“位置”本身分析，它可以仅仅是两种不同的方位而并不具有特殊的意义。比如，网球运动员抽签决定场地，后来到一定时候还要交换场地。排除风向等外在条件，这两种场地并不具有主次之别，以及胜负之分。但是，“位置”又并不仅仅是一个自然空间的概念，还是一个社会空间的概念，它是一种社会地位，一种名分，体现了价值上的重要等级。“位”在中国文化话语中是很重要的概念，它对于人及其活动的命运具有决定性影响。孔子说：“不在其位，不谋其政。”有了“位”，就有了合法性，就有了舞台，就有了发挥作用的前提条件。从此意义上讲，主客之位，可以在意义和性质上有很大区别，是不能混淆的。“名”和“位”应该是统一的，前者是后者的正式称谓和社会语言确认，而后者是前者的实际内容和社会空间体现，因此，人们通常合称其为“名位”。但在特殊情况下，二者也会产生分离。比如，流亡他乡的国王，虽有“名”而已无“位”。从思想政治教育领域看，“主体”和“客体”不仅是两个名称，还是两种地位。而“地位”，就其作为思想政治教育活动的两个环节而言，只具有技术性区别；而就其作为社会角色的地位而言，这两个位子又有一定社会所赋予的价值性意义，包括对双方的价值评价。

第三，主客之体。“位”是指一种岗位和职位，它是一种社会分工的角色，而至于谁人处在这种职位上，又是另一个问题。这就是扮演主客体角色的实体是谁的问题。“主席”是名和位，而“毛泽东”是名位承担者即实体，“毛主席”则是二者的合称。在名和位的层面上，我们只能在形式上和概念上谈问题，但到主客之实体加进来的时候，我们也必须同时在概念所反映的实际事物的层次上谈问题了。离开“实”而空谈“名”，离开“体”而空谈“位”是没有多大意义的。在哲学主客体关系问题上，马克思主义哲学和西方哲学的重大区别就在于此。西方学者只从形式上谈问题，主张主体和客体“原则同格”即相互依赖，特别是客体依赖于主体而存在，没有主体就没有客体。辩证唯物主义则不仅从二者的概念关系上看问题，还同时从概念所反映的内容上看问题，从而不但看到双方在形式上的相互依赖，同时还看到人与自然的真实关系，承认自然作为客体不依赖人而存在，而且人作为自然的产物，倒要依赖客体而存在。这是对待概念的两种不同的态度，我们在分析主客体问题时必须坚持辩证唯物主义的基本立场。在特定的领域实际运用主客体概念时，必须联系概念在该领域所反映的真实内容。

从思想政治教育领域看，承担“主体”名位的是人，承担“客体”名位的也是人。从名位上讲二者有很大不同，而从实体上讲二者没有什么根本不同。因此，将主客体范畴引入思想政治教育理论时，我们要明白：必须把它与思想政治教育活动的实际内容联系起来考察，不能仅仅从概念的规定性上，比如仅仅从客体的“名位”规定上，去界定思想政治教育对象的属性和特征，以及功能和作用。从这个意义上说，即使“客体”概念只承认被动性，我们也完全可以根据“客体”承担者即人的能动性，特别是根据新时期思想政治教育客体自主性增强的实际情况，而确认思想政治教育客体具有能动性。

第四，主客之性。“性”即属性和性质。主体有主体性，客体也有客体性。主体作为活动的发动者，它具有自主性、主动性。而客体作为人的活动所指向的对象，作为承接和承受来自主体的物质、信息和能量的一方，具有承受性、受动性。这是哲学概念对双方特性的一般抽象。这里的主体性和客体性都是从主体和客体的概念上引申出来的，具有逻辑上的必然性，但这里并没有讲概念所反映的事物本身。哲学主客体概念在思想政治教育领域中的运用是形式和内容的统一。从形式上讲，即从概念上讲，主体性必然是主动的，而客体性必然是受动的。但是从内容上看，即从实体上讲，主体可能是主动的，也可能是被动的，而客体可以是被动的，也可以是主动的。在这里，不是一个抽象可能性的问题，而是从实际出发加以确认的问题。从思想政治教育的实际来看，受教育者作为客体不是消极被动的，而是具有自主性、选择性、能动性。如果忽视这一事实，就不能真正地把握新时期思想政治教育客体的属性和特点，而只能是空洞地套用和玩弄哲学概念而已。而且，通过思想政治教育客体的能动性的确立，我们还可以反观哲学上的客体概念，特别是对客体概念的理解，使之更加完善。作为客体，它有受动性，这是毫无疑义的，但受动性是否就等于被动性呢？人们通常把二者看作一回事，外文中也是同一个词，但情况并不这么简单。受动指的是“位”的属性，它与表现客体状态的被动性并不完全等同。每个人在社会上所处的岗位并不是完全相同的，有的处于上游，有的处于下游，有的要求活跃，有的要求安静，但一个人不论处在什么岗位上，都可以主动作为，成为成功者。足球场上，前锋队员要主动带球进攻，而守门员则要守候球门，等待对方球的到来。我们不能说只有前锋是积极主动的，而守门员就是消极被动的。守门员要真正发挥好自己的作用，也必须要有极大的主动性。因此，我认为最好把“受动”和“被动”这两个概念有所区别，不要完全等同。同时，也不要把“被动”和“消极被动”画等号。

第五，主客之用。这指主体和客体各自的功能和作用。功能是由事物的结构决定的，同时又体现着事物的性质。主体具有发动和掌握行动的功能，有影响甚至决定客体的功能。功能的发挥即是作用，但这一发挥的过程受到多种因素影响。功能要变成实际的作用，要考虑主客观条件。客体也有自己的功能和作用。吸收和接受的功能，或抵制和反抗的功能，都是如此。这些功能的发挥，同样也会受到各种因素的影响。不能认为只有主体有作用而客体就没有作用。其实，只有把主体的作用和客体的作用配合起来，才能发挥好的效果。

第六，主客之势。主体和客体在实际过程中因为其实际能量和影响力的原因，而产生不同的势力或势能。通常情况下，主体一方更有威势，是强势的一方，因为它作为主体是主动的一方，因而具有更大的势能，而客体则通常作为受动的一方，其势能和势力较小，是弱势方。但这并不是绝对的，在不同的情况下，主体和客体各自的势是变化消长的。主体并非始终处于优势的一方。思想政治教育主体在不同层次上的势是不同的。党和国家作为思想政治教育的总体上的主体，处于高势位，具有强大势能；而思想政治教育工作者作为工作过程的主体，其势能就小得多，而且目前正在逐步弱化，甚至在某种局部和程度上成为弱势群体。在实际生活中我们可以看到，一些从事思想政治教育工作的人处于边缘和弱势地位，开展工作有时非常困难。因此，不顾这种变化，而一味地批评指责教育者“居高临下”，是脱离实际的。

第七，主客之价。即对主客体的价值评价。本来，主客体仅仅是对人的对象性活动的一种抽象，本身并不带有价值评价的属性。但是，哲学概念在运用中并不能完全脱离社会和时代的影响。近代以来，人们越来越多地在主客体关系上附加上了价值评价的因素。“主体”就意味着“好”，“客体”就意味着“坏”；主体性就是好，客体性就是坏；施动就是好，受动就是坏；主动就是好，被动就是坏；活跃就是好，安静就是坏，如此等等。这是以往时代的印记。由于近代以来人们征服自然的力量的发展，由于各国利益的争夺以及频繁发生战争，所以，人们往往用“征服”“战胜”来想象人的对象性活动。但是，这种带有征服性特征的对象性活动并不是人的对象性活动的全部。还有一些活动带有贡奉性特征，比如，在宗教信仰活动中，人是主体，神是客体，谁都知道客体是厉害的一方。特别是在服务性活动中，作为客体的一方是享受服务者，他们通常更有尊严。随着现代社会进步和发展，服务业作为第三产业在社会产业结构中地位不断上升，服务活动成为一种越来越重要的实践活动。而且在人与自然的关系中，也由征服变成了保护。在这样的时代条件下，我们也应该从“服务”“招待”“保护”这类活动上去理解人的对象性活动。在这类活动中，作为对象和客体的一方是接受服务的，顾客成了“上帝”。客人到主人家做客，是尊贵的客人，而主人则要对客人热情接待。在这些活动中，“客体”处于价值的上位。我们常讲“为人民服务”，人民就是服务的对象和客体，难道这是对人民的侮辱吗？

（五）简单的解决方案

经过上面的一些辨析，我们可以提出尝试性解决方案：

第一，从总体指称和描述思想政治教育活动的意义上，我们只能称教育者一方为思想政治教育主体，而受教育者一方则是思想政治教育的客体。虽然主客体概念可以指称思想政治教育过程中各种具有对象性关系特点的要素，但只有教育者与受教育者这一对要素最具有代表性，最能体现思想政治教育活动的最基本要素、结构和特点。在编写思想政治教育学原理教材时，应该明确这一点。在此基础上，当我们在具体考察思想政治教育过程中的多种因素的相互影响和复杂关系时，也可以用主客体关系来分析其中的一些现象和关系。比如，教育者与教育手段的关系、受教育者与教育内容的关系等，但这种研究是为了说明思想政治教育的具体过程和局部机理，而不是对思想政治教育活动结构和性质作总体的指称和标志，因而不应以此来推翻教育者主体和受教育者客体的基本定位。

第二，双主体分析方法的运用也是建立在教育双方主客体基本称谓基础上的。由于教育双方既是一种对象性关系，同时也是人际交往关系，而揭示后一方面对于我们正确认识和处理双方的关系也是重要的，因而我们可以并有必要运用双主体关系的范式来分析教育者与受教育者的关系，揭示双方之间平等交往关系的一面，以便于我们更好地理解思想政治教育主客体的关系，特别是更好地理解思想政治教育客体的属性。但是，它只是在我们需要分析思想政治教育主客体的具体属性和特征时而采用的分析手段，它是为了具体说明受教育者的某种特点，而不是为了从总体上来界定和指称思想政治教育。因此，采用双主体或主体际的理念和分析方法，并不是要推翻思想政治教育主客体的基本地位和基本结构。

第三，受教育者作为思想政治教育客体，有其自身的能动性。作为客体有其受动性的一面，但其作为人的主体资质并不因此而消失，因此，在其受动性之内和之外仍有主动性存在。一方面，受动性内部可以包容能动性，即能动地扮演好受动的角色。以主动的态度，以能动的状态，积极参与思想政治教育过程，成为名副其实的好学生，享受到接受教育的利益和快乐。另一方面，在客体的受动性之外，还同时允许存在着能动性，因为受动性并不是客体唯一的属性。受教育者是人，而且是主动性特征非常突出的现代人，他自然而然地把自身的主动性、能动性带入思想政治教育客体角色中。总之，经过我们重新理解过的“客体”概念中能够容纳能动属性。受教育者的能动性能够在这里得到接纳和安顿，而且不是勉强的接纳和安顿，而是成为本质性要求。可以说，在现代社会中，在我国改革开放的新时期，缺少能动性的受教育者，就不能成为真正合格的思想政治教育客体。

在人类活动中，主客体关系始终存在，但人们对它的理解应该与时俱进。现在，我们不仅不能以战争模式来想象主客体关系，而且也不能简单地以工业革命时期人与自然的关系模式来理解，更不能简单地以如此理解的哲学主客体范畴来套用于思想政治教育的主客体关系。而要根据时代的发展，根据人与自然关系上的新变化，根据人与人关系上的新特点，来重新理解哲学上的主客体关系，使之摆脱那种片面的、绝对化的理解，而使自己的思维和理解具有弹性。这并不是取消和根本推翻主客体关系，而是使这种关系呈现出更丰富更真实的内涵。在思想政治教育主客体问题上，我们还要进一步根据思想政治教育活动本身的特点，充实主客体关系的内容，使之带有自己鲜明特色和时代特征。

第四，确认教育者和受教育者是思想政治教育的主体和客体，并不否认“主客体转化说”“主客体双角色说”和“双主体说”等的理论价值和应用价值，而是为这些学说在思想政治教育研究中的运用限定了范围。确认教育者和受教育者分别是思想政治教育的主体和客体，这是我们明确表述和称呼思想政治教育活动双方的需要，是确定思想政治教育活动基本结构的需要，因而是思想政治教育原理得以展开的理论前提，它同时也是上述几种主客体关系理论得到运用的基础。在确认了双方主客体定位后，我们就获得了运用上述观点的坚定基地，从而可以发挥这些理论的分析作用。我们完全可以运用“主客体转化说”来分析思想政治教育主客体双方的相互依存和相互转化的关系，论证“教学相长”的原则。可以运用“主客体双角色说”来分析思想政治教育过程的内在丰富性，以避免人们对思想政治教育过程和主客体关系的单向性理解。可以运用“双主体说”或“主体际说”来考察思想政治教育过程中主客体双方之间的具体关系和状态，揭示主客体之间的交往维度，论证主客体双方的平等互动的关系。通过这些分析，我们对思想政治教育的主客体及其关系有了更准确、更丰富、更具体的理解，有了更符合时代精神的理解。至此，关于思想政治教育主客体问题上的各种不同观点都有了自己应用的位置，都能够发挥各自的分析效力，这样大家可以共同一致地、更好地揭示思想政治教育的奥秘，提高思想政治教育的实效性。

（原文发表于《教学与研究》2016 年第 2 期）

二

思想政治教育学原理建构中哲学思维的运用

在思想政治教育学科建设全面铺开并不断取得新进展的今天，思想政治教育学原理的进一步建构成为学术研究的重要任务。而这一任务的完成，离不开哲学思维的运用。在思想政治教育学原理的进一步建构和完善中，特别是在《思想政治教育学原理》教材编写中，哲学思维的运用有没有必要的原则和限度，怎样才能把握好运用的度并取得有益的效果呢？据我观察，在这方面还存在着一定的问题，需要从理论上加以总结。

（一）思想政治教育学原理建构中哲学思维运用的必要性

思想政治教育学原理的建构是思想政治教育学科建设与发展的基础工程，思想政治教育学科群中的其他诸学科的建设有赖于这样一个基础。但是，这项基础性工作并不像通常以为的那样，是初步的、简单的、容易的，相反，是困难的或最困难的。原理（或基本原理）看似平常，却往往最难研究。一方面，它必须是从众多的思想政治教育现象中找出的规律性的东西，并具有理论的规范性，因而需要艰难的理论提升和概括；另一方面，它又是成体系的，各项原理间要有严谨的逻辑联系，形成严密自洽的体系。显然，原理体系的建构是一个长期的过程，需要共同努力才能完成。面对思想政治教育学原理建构的上述困难，哲学思维是很好的工具。可以说，哲学思维的合理运用是思想政治教育学原理得以合理建构的重要条件。

概念的辨析和澄清离不开哲学思维的运用。要建设宏伟壮观的思想政治教育学原理大厦，首要的是要有好的砖石即思想政治教育的相关概念。这些概念的形成，特别是那些基本概念或核心概念（人们通常称之为范畴）的形成，须经过哲学思维之火的煅烧。哲学分析的方法，特别是西方分析哲学所运用的逻辑分析和概念语义分析的方法，对于精纯思想政治教育学的基本概念是很有帮助的。学界关于思想政治教育学范畴的研究，从一定意义上说是一种哲学性研究。只要看一下学界那些影响较大的论文，就可以知道。学者们先是分别考察思想政治教育的若干基本概念，然后又逐步建构了思想政治教育基本范畴的体系。这就为思想政治教育学原理的进一步构建提供了一种基础条件。当然，思想政治教育学基本范畴的体系，并不等于思想政治教育学原理的体系。构建思想政治教育基本范畴体系对于构建思想政治教育学原理体系究竟具有何种作用和意义，还有待于进一步研究和确证。

观点的概括和提炼离不开哲学思维的运用。原理的体系总是由一系列观点或定理构成，而提炼和概括这诸多的观点，使之具有规范的表达形式，这是原理体系建构的另一项基础性工作。在这方面，同样离不开哲学思维的运用，离不开哲学思维强大的抽象概括能力。在这个抽象概括过程中，有一个从简单到复杂，又从复杂到简单的过程。对于表面看起来是十分简单的事情，哲学的眼光就可以透过这种简单的外观而看到内部的复杂性，看到该事物与他事物相互联系和影响的复杂网络。从这方面说，是把简单问题复杂化。同样，哲学也透过纷繁复杂的现象及其相互作用的网络，尖锐地找出其中最关键的东西，把握住事物的实质。而当抓住了事物的根本时，事物看来就变得简单了，就能达到以简驭繁的效果。应该说，观点的提炼包括这两个思维的过程，而特别是突出地表现为第二个过程，即从复杂的关系中概括出简单的结论。对于思想政治教育学原理中的每一个基本观点，每一条结论和每一个定理等，都可以用哲学的眼光加以审视，使之进一步提纯。当然，这不只是哲学思维的问题，还有其他方面的能力，比如驾驭文字的素养等。

体系的构建和论证离不开哲学思维的运用。将既有的概念和定理变成理论的大厦，需要有整体性思维和总揽全局的眼光，需要有谋篇布局的战略性学术能力。在这方面，哲学有其独到之处，特别是马克思主义哲学，它不是仅仅考究琐细事物的哲学流派，而是具有宏大的眼光和战略性思维的世界观。在这方面，马克思主义哲学与政治战略有相通之处。马克思主义是讲政治的，这个政治不是政客的小算盘小手腕，而是无产阶级和人类解放的大战略。这样，政治家学一些哲学，正如哲学家学一些政治一样，都能起到扩展心胸，开阔视野的作用。研究思想政治教育，不仅要懂得教育，还要懂得一些政治和哲学，这对于全面把握思想政治教育的性质特点，特别是对于建构得体的思想政治教育学原理体系，是很必要的。同时，体系的建构不仅需要大眼光，而且需要严密的逻辑思维。如果原理之间以及概念的使用上，缺乏严密的持续的逻辑性，那么原理的体系就还没有达到比较完善的地步。绝对的完善当然是没有的，但在相对的程度上，就一定时期所能达到的程度而言，它应该是尽可能在逻辑上是严密而自洽的。在这方面，当然离不开哲学的推理和逻辑的探究。

对体系的反思与调整需要运用哲学思维。体系不是封闭的，而是具有开放性。任何体系都是不完全的，也都会随着内容的变化而出现相应的调整和改变。研究者应该时时地对原理的体系进行反观和反思，检查和发现其中所存在的问题，并适时作出调整。在一定时期和条件下，现实中的思想政治教育会出现新的重大变化，这些会对原理以及原理的理解产生影响。在现有原理及其理解不能合情合理地解释新的思想政治教育现象和趋势时，就有必要对原理及其理解作出相应的调整或修改。基本原理虽然是稳定的，但不是绝对稳定，更不是一成不变。认识到这一点，就要明白，与其被动地变，不如主动地变。在这方面，哲学的优势在于其“反思”传统，它总是一再回过头来对原有的基础和前提性问题进行新的思考，以求正本清源，强基固本。进一步构建和完善思想政治教育学原理的体系，也特别需要这种反思的态度和能力。

（二）把握好运用哲学思维特别是哲学概念的度

经过 20 多年的建设与发展，思想政治教育学原理在今天已经有了相对成熟的形态。这个成绩的取得，是与哲学思维的运用，特别是恰当地运用分不开的。但是，在思想政治教育学原理的研究和教材编写中，也会不可避免地出现某些在哲学思维的运用上的不足或过度的情况，这两种情况都带来了相应的不良后果。

从哲学思维运用不足的方面看，有下列一些情况和现象：比如，对思想政治教育学领域中存在的诸多相近概念，在学理的界定和辨析方面有所不足。比如标志这门学科的主概念“思想政治教育”就有一系列相近概念，思想教育、思想理论教育、思想道德教育、德育、思想政治工作以及精神文明建设等。它们各自究竟有何含义，边界在哪里，各自的理论定位和出场语境等，不够清晰。

再比如，原理体系中有时把不同层次的逻辑关系搅在一起。这往往与“思想政治教育”概念的广义与狭义搅在一起有关。在原理教材中，广义狭义同时并存，而且甚至还有更广义、更狭义等多种层次。它们在原理中的同时并存有时会是不可避免的，但是它们之间应该有规范的逻辑和语言上的过渡和转换，而不能在不同层次间随意转换。比如在给“思想政治教育”下定义时，言之凿凿地称为这是“一定的阶级和社会集团”所具有的东西，可以包括不同的阶级和社会集团，显而易见是广义的定义。可接下来论述思想政治教育的目标时，不加任何过渡地直接说思想政治教育的目标是“培育社会主义‘四有’新人”，而不顾及其他阶级和社会集团是否同意把这作为他们的培养目标。

诚然，在建构思想政治教育学原理的过程中没有哲学思维是不行的，但哲学思维的运用也应该有其原则性要求和必要的度。还有一种不好的倾向是，不是从思想政治教育实践中，从历史与现实的大量现象中去提炼重要的论题，而是从马克思主义哲学原理的体系中直接地把问题套过来，戴上个“思想政治教育”帽子，作为思想政治教育学原理中的基本论题。诸如，思想政治教育的本质、思想政治教育的价值、思想政治教育的主客体，以及思想政治教育的基本矛盾等等，其出现都具有一定的先验性。这些问题不能说是“假问题”，但它是直接从哲学原理中套过来的，而不是从实践中提升出来的，因而人们对这些问题的研究也很容易从概念出发，从概念到概念，在哲学原理中兜圈子。表面看来是出现了学术繁荣，但事实上许多无谓的争论脱离了思想政治教育本身的实践和需要，成了一种新的经院哲学。不仅没有为思想政治教育原理的建构澄清问题，提供帮助，反而为原理构建以及教材编写造成了很大的麻烦和烦恼。

比如，近年来关于思想政治教育主客体的问题引起了热烈的讨论，其中有些重要看法颇不一致甚至难以调和，俨然成了一个难以啃开的硬核桃。这些讨论和争论从其背景来说，是易于理解的，因为它正好是反映了这个时代对人的重视，体现了思想政治教育在实践上的一个人本化的转向。所有这些讨论所要解决的实际问题只有一个，就是确认一个思想政治教育的新理念，即思想政治教育对象（受教育者）不是消极被动的，而是具有积极性和主动性的。其实对于这个理念，现在没有任何人会不同意，也都主张把这一理念体现在思想政治教育的基本理论中。但是，当这样一个人人都同意的观点体现在思想政治教育学原理中的主客体关系问题上时，却引起了理论上极为复杂的讨论和尖锐的对立。这无论如何是有些奇怪的。

也许，如果不涉及思想政治教育的主体和客体这一对概念，那么在现有的思想政治教育基本理论中，确认思想政治教育对象的积极性主动性，反对把受教育者当作消极被动的硬性灌输的对象，那是十分容易做到的，大概也不会引起这样多的歧义和不同看法。有了这对概念，反而把事情弄复杂了。这体现了这对来自哲学的概念在思想政治教育基本理论中的尴尬处境。

再如，关于思想政治教育的本质，现在争议很大，事实上许多是无谓之争，字眼字面之争，抽象议论之争。不论理论争议多大，透过这些争论可以看到，大家对于什么是思想政治教育的理解基本上并没有多大的区别。比如，大家都承认思想政治教育在性质上是科学性与意识形态性的统一，但上升到哲学高度，就引起了极大争论。在教材中，对“思想政治教育”的定义基本相同，大体上都是说它是一定的社会阶级和集团，为实现自己的政治和经济利益，而对人们进行有意识有计划的思想政治道德教育的实践活动。其实，这样的定义即是本质主义的定义，它已经体现了大家彼此争论中大多数关于思想政治教育本质的看法。在下了这样的本质主义的定义之后，再去另找思想政治教育的“本质”，其实是骑驴找驴、徒增烦恼而已。

关于思想政治教育的价值，也有类似问题。本来，关于思想政治教育的功能和作用，不论是对个人的还是对社会的，大家基本上没有不同意见，学生也很容易理解。但是，只要把这个问题变成“思想政治教育的价值”，那么问题突然就复杂起来了。甚至不用看学术上的讨论文章，只看一下本来应该十分简明的《思想政治教育学原理》教科书的这一章，就可以看出，它把一个简单明白的问题弄得高度复杂化了。先从什么是“价值”讲起，接着是一系列连绵不断的哲学思辨，诸如价值的一般和特殊，价值的主体和客体，价值意识和价值实现等等，当叙述终于转到思想政治教育的价值上，又是一系列的推演和规定。至于思想政治教育究竟具有什么样的价值，学生已入五里云雾，不知所云了。

不仅不应直接从哲学原理中套取思想政治教育的基本论题，而且对哲学概念的运用，也要遵循“少即是好”的原则。哲学思维不等于哲学概念。哲学思维的运用可以通过哲学概念来进行，但也可以尽可能少用哲学概念来进行，它更多地表现为一种看问题的眼光和视野，表现为一种分析问题的能力，一种理论思考和推理的方式等。如果说在专业的哲学研究本身中，大量的哲学概念是不可避免的，那么在哲学运用于其他领域的时候，比如在运用于思想政治教育领域中的时候，就不能完全依赖大量哲学的概念了。而且，过多的哲学概念，表明了哲学思维的笨拙。真正高明的哲学思维，是运用于无形的，是在阐述真正的思想政治教育问题时体现出来的，它是尽可能避免哲学概念的。特别是那些新出现的生涩难懂的哲学概念，更不应随处运用。

（三）必要的分支学科：思想政治教育哲学

思想政治教育学科是一个庞大的学科群，其中包含了若干门学科。我认为，思想政治教育学科群中应该包括一门新的分支学科即思想政治教育哲学。这门分支学科与思想政治教育学原理虽然都是思想政治教育的基础理论学科，但应该有所区别。不能把这两个学科混同起来，而目前原理领域中出现的许多理论混乱，也是与此有关的。不言而喻，思想政治教育哲学具有一定的哲学属性，可以说是哲学与思想政治教育学的交叉学科。

思想政治教育哲学具有更高的理论抽象层次，它某种意义上是思想政治教育的“元理论”，它将集中探讨思想政治教育理论与实践中的哲学问题，特别是带有根本性质的问题，以及前提性质的问题。比如，思想政治教育的本质和依据问题，思想政治教育是否可能和合法性的问题，思想政治教育的道与术的问题，思想政治教育与人和社会的关系问题，思想政治教育的普遍性与特殊性问题，思想政治教育与思想自由原则的关系问题，等等。这里不仅包括马克思主义哲学的传统内容，而且要建立马克思主义的思想政治教育哲学。为此还要借鉴西方和其他国家的教育哲学。西方教育哲学特别是道德教育哲学等，提出了许多有价值的问题和看法，值得我们去研究和借鉴。

不言而喻，新出现的这个分支学科，将是一个不平静的、充满艰难的领域。这不仅是因为我们把大家关于思想政治教育本质、价值、主客体和基本矛盾等问题的烦琐争论移到了这里，而且也是因为，在这个极其抽象的理性王国里，许多问题具有很大的不确定性。特别是在事情的开始，许多论题等等需要从头开始界定。但是，这对于充分地研究思想政治教育学的前提性“元问题”是必要的，只有充分的长期的研究，只有经历了繁杂的争论，许多深层的问题才可以充分地显示出来，并求得逐步解决。同时，由于有了这个新的更开阔的平台，一些爱好哲学思辨的思想政治教育研究者，就有了用武之地，他们可以大展拳脚，而不必顾及是否影响了思想政治教育学原理教材的稳定性。

在抽象争论移出去之后，思想政治教育学原理的研究，特别是教材编写，就清静多了。人们可以就思想政治教育本身来研究和阐述问题，展示思想政治教育自身的内在丰富性，并对思想政治教育的基本道理作出简明而基本稳定的表述了。

当然，思想政治教育学原理与思想政治教育哲学的区别是相对的，并不是完全隔绝的。原理的阐释会涉及相关的“元问题”，会求助于元理论的研究成果。同时，思想政治教育哲学也不能脱离思想政治教育的基本内容。因此，二者之间必然会有一定的联系、沟通和交流。一方面，思想政治教育哲学从思想政治教育学原理中提取问题，另一方面，当其自身的哲学研究取得成果之后，特别是取得了比较成熟的结论之后，那么这些结论就可以自然而然地进入到思想政治教育原理中，甚至进入原理教材之中。这二者的相对分离和互动，将进一步将思想政治教育基本理论的研究引向深入。

（原文发表于《思想教育研究》2012 年第 4 期）

三

论思想政治教育内容的基本形态

改革开放以来，思想政治教育的内容日益丰富，至今已成为一个包罗甚广的系统。对这些丰富多样的内容进行分类归纳，使之呈现为一个有机的结构，这是思想政治教育基础理论研究的重要任务，并经过大家努力取得了可观的成绩。但是，仅仅停留在对现有内容的分层分类和结构组合上是不够的，还需要进一步深入到思想政治教育元理论的层面，对一些基本理论问题作出解答。比如，究竟什么样的信息能够成为思想政治教育的内容？从逻辑层次上看，思想政治教育的内容应该具有怎样的基本形态呢？我认为，思想政治教育的内容构成应该包括以下四种基本形态，而这同时也是一个更加宏大立体的开放性内容框架。

（一）思想观念形态

当人们谈到思想政治教育的内容时，首先想到的是一系列思想观念，比如马克思主义理论及其中国化的理论成果，或者世界观、政治观、道德观、法治观、人生观、价值观等。这说明，思想观念是思想政治教育内容最常见的形态。一定的思想政治教育通常主要向教育对象传递特定的思想观念。这一点在“思想政治教育”和“思想教育”概念本身上也体现出来，人们通常顾名思义地认为教育内容就是一定的思想特别是政治思想。因此，从理论上讲，思想政治教育内容的思想观念形态是我们首先要确认并加以分析的形态。

在这里，“思想观念”作为一个复合性概念应该做广义理解。可以说，它是一种认识，而又不限于认识。就其作为一种认识而言，它不仅包括理性认识，也包括感性认识。对于“思想”或“观念”，人们通常理解为一定的理性认识成果，它是以概念、判断、推理的思维形式来进行的，表达了一定的观点或观念，并凝结为一定的知识。这样的认识，特别是符合实际的真理性认识，必定是属于思想政治教育的内容的，而且应该说是其中最核心的内容。但这并不意味着一定要把感性认识都排除在外。当我们把“思想观念”作为一种基本形态来设定时，不能仅限于理性认识，而应包括感性认识在内。因为在现实生活中，人的认识特别是关于社会和人生的认识，很难完全把感性认识与理性认识区分开，它们往往是结合在一起的。而且，感性认识也并不是没有必要和可能成为教育内容，在特定情况下比如在必需的理性认识还不充足时，就需要向受教育者传递必要的感性认识。事实上，在教育过程中，感性认识特别是与教育主体自身体验相关的感性认识，比理性认识更容易为人们所接受。相比之下，理性的认识，特别是上升到理论高度的理性认识，往往在缺乏感性基础时难以为人们所感知和理解。所以，将感性认识纳入教育内容也有助于受教育者对理性认识内容的理解和把握。

同时，思想观念并不仅仅是认识和知识，而且也是价值立场和价值观念，可以说是二者的结合体。思想政治教育与其他专业知识的教育有所不同，它虽然也必须依据于一定的知识，并向受教育者传递相当的知识，但这本身不是目的，而只是传递价值观念的载体和途径。通过一定的知识传授来传递相应的价值观念和价值取向，或者说传递一定的核心价值观，才是思想政治教育的真正目的和本质所在。在思想政治教育内容的观念形态中，价值观因素始终存在而且无处不在。我们通常所说的世界观、历史观、政治观、道德观、法治观、人生观等之中，本身已经包含着价值观的内涵和成分。可以说，价值观并不在世界观等之外，而是在其之内。我们把世界观、人生观、价值观相并列，只是为了在字面上突出价值观的地位，而并不意味着它在世界观、人生观之外。可以说，所有这些“观”都是认识与价值的统一。

在思想观念形态中，包括有多方面的思想政治教育内容。一是马克思主义基本理论和马克思主义中国化的理论成果；二是共产党人的理想信念，即中国特色社会主义共同理想和共产主义远大理想，以及相应信念；三是党和国家的历史，即中华民族发展史、中国共产党历史、中华人民共和国历史、改革开放的历史；四是正确的政治观、法治观、道德观、人生观等；五是社会主义核心价值观。此外，还有许多其他形态的思想政治教育内容在思想观念上的反映。所有这些，都是我们思想政治教育的基础内容和核心内容。

正因为思想观念形态具有很大的包容性，我们有时用“思想教育”代表思想政治教育的总体，或把思想政治教育大体上归结为思想教育。也正是因为如此，思想观念的内部框架长期以来被当作思想政治教育内容的整体框架。

（二）精神品格形态

在思想观念之外，是否还有其他的教育内容？或者说除了思想观念形态，是否还有另外独立的形态？这个问题我们过去虽然已有所感觉但并没有明确地提出来。因为长期以来，我们只是从思想观念的视野去理解和把握思想政治教育内容的，虽然已感受到思想政治教育内容日益增加的多样性，但仍然是在思想观念范围内去理解这种多样性，甚至把思想观念内部的多样性看作是不同的内容形态。其实，所有这些都是同一种形态，即思想观念形态，或只是这种基本形态内部的具体形态。

但是，思想政治教育内容的不断增加，不仅丰富着其思想观念形态，而且也在突破着这种形态。比如道德教育并不只是进行关于道德的思想观念教育，而是还有另外的内容。法治教育，也并不只是进行关于法治的思想观念教育，而是另有重要的内容。正是由于这种原因，有的学者认为道德教育和法治教育都是思想政治教育之外的教育形态。特别是民族精神和时代精神的教育，或中国精神的教育，作为近些年来思想政治教育十分突出的内容，主要地并不是一种思想观念的教育，而是一种精神品格的教育。这些“精神”并不能被涵盖在思想观念之中，也不能直接地归属于某个“观”，而是有其自身独立的存在形态。因此，应该在思想政治教育内容中另辟出一片领地给“中国精神”，以及其他精神。这是一种重大改变，是对思想政治教育内容传统结构的突破和拓展，意味着在思想观念形态之外新增加了思想政治教育内容的精神品格形态。

精神品格形态是在思想观念基础上的升华形态，它体现为一种精神面貌、人格特质、作风风格。尽管这些品格和风格可以表述为一定的思想观念，但它的实质却并不在于这种表述。对应于精神品格形态的教育不是简单的知识教育甚至思想教育，而是品格教育。它不是一种知识和思想的灌输，而是一种人格特质的传递和塑造。

改革开放以来的思想政治教育发展中，特别是在新时代思想政治教育的创新发展中，有一个趋势就是精神品格性的内容所占成分越来越多，也越来越凸显。当我们研究精神品格形态的时候，就会发现它具有极为丰富的内容，是思想政治教育在新时代拓展内容空间的重要方向和领域。

大体说来，精神品格形态的教育内容包括：一是中华民族精神。中华民族在五千多年的奋斗史和文明史中，形成了自身突出的精神品质。它具有极为丰富的内容，我们可以对其作出简明概括以适应宣传教育的需要，但并不意味着已经穷尽了其内涵的丰富性。二是中国革命精神。中国共产党领导人民进行新民主主义革命和社会主义革命，所形成的革命文化中包含着极为丰富的精神遗产，即中国革命精神，这些精神在新中国成立以来得到进一步丰富和发展。三是当今时代精神，即以改革创新为核心的时代精神。四是社会主义建设精神，特别是改革开放精神。在我国轰轰烈烈的大规模社会主义建设中，涌现出无数英雄模范，形成了社会主义建设精神。而改革开放以来，我们又形成了具有时代特色的改革开放精神。所有这些都展现出了中华民族和中国人民的精神品格，是新时代思想政治教育的重要内容。

（三）行为规范形态

思想政治教育内容的行为规范形态，是指它所传递的教育信息是一种对行为的指导性、规范性、约束性信息，是一种告诉我们什么应该做和什么不应该做，什么能做和什么不能做的信息。这部分内容也是建立在一定的思想观念基础上的，但它与精神品格不同，而是一些社会性的行为规范。这种形态可以说是思想政治教育内容的落脚点，因为思想政治教育就是要使教育内容内化于心、外化于行。思想政治教育内容中的行为规范主要包括道德规范、法律规范、纪律规范、制度规范，以及方法规范等。宗教规范虽然在国外是十分普遍而重要的行为规范和教育内容，在我国信教群众的宗教生活中也起着规约作用，是宗教团体内部的教育内容，但从党和国家思想政治教育的基本内容来说，不包括宗教教育内容，从而也不包括宗教的行为规范。

道德教育是思想政治教育的重要内容，而道德本身也是复合的，其中非常重要的是道德规范和道德约束。这是日常生活中最常见的行为规范，主要靠个人自觉和社会舆论来维系。道德规范既包括私德领域中的规范，即个人道德修养方面的规范，也包括公德领域中即公共场合的行为规范，即我们通常所说的遵守公共秩序和讲究文明礼貌等。2019 年 10 月中共中央、国务院印发的《新时代公民道德建设实施纲要》中对新时代公民的道德规范作了明确规定，包括以文明礼貌、助人为乐、爱护公物、保护环境、遵纪守法为主要内容的社会公德，以爱岗敬业、诚实守信、办事公道、热情服务、奉献社会为主要内容的职业道德，以尊老爱幼、男女平等、夫妻和睦、勤俭持家、邻里互助为主要内容的家庭美德，以爱国奉献、明礼遵规、勤劳善良、宽厚正直、自强自律为主要内容的个人品德。这些规范无疑是思想政治教育的基础内容。

法治教育也是思想政治教育的新内容和重要内容，法律规范是其中的核心内容。在现代社会中，任何一个国家和社会都有大量的法律规定，为人们的行为提供了基本约束。我国也建立了以宪法为统帅的中国特色社会主义法律体系，形成了全面而系统的法律规范。法律是强制性行为规范，违法犯罪行为必然受到法律制裁，但法律并不是坐等人们违法而实行制裁，而是需要事先通过宣传教育，使人们了解法律、相信法律并自觉地遵循法律。思想政治教育就承担着这样的责任，它通过宣传教育把法律规范传递给受教育者，使他们接受和遵循。

纪律也是一种重要规范。邓小平高度强调纪律教育，认为一靠理想、二靠纪律才能团结起来。习近平对纪律和纪律教育也有全面论述。如果说法律规范是面向全社会的，那么纪律则主要是面向不同社会领域和人群的。在党内，特别是在党的干部中有政治纪律，党的章程和干部守则都有明确规定。特别是新时代以来，我们党制定了严格的党内法规，对党员干部有着更强约束力。在国家机关中，公务人员也有严格的政治纪律。在军队中，军人必须遵守严明的纪律。在社会各行业中，除了职业道德和职业技术要求外，还有为该职业所要求的纪律规范。

从广泛的意义上讲，党和国家的制度、路线、方针、政策也是一种社会规范，是对个人和组织行为的约束。制度是背景性的公共性规范，我国的经济制度、政治制度、文化制度，以及其他各方面的制度，都具有根本性规范的意义。开展制度教育，让人们了解和认同我国的基本制度并接受制度的规约和引导，是思想政治教育的重要内容和任务。党的路线、方针、政策作为思想政治教育的重要内容，不仅具有政治观属性，也具有行为规范的属性。此外，还有工作方法方面的规范，对人的行为起着一定的指导和规约作用，也是思想政治教育的内容。当然，所有这些方面的内容，作为行为规范来说具有间接性，与更加直接的道德规范、纪律规范，特别是法律规范有所不同。

（四）心理情感形态

思想观念形态、精神品格形态和行为规范形态已经大体上形成了一个比较完整的内容体系。但如果我们更仔细地思考就会发现，在思想观念形态之前，还需要补上一种更为基础的形态，即心理情感形态。应该说，这也是思想政治教育内容的一种不可缺少的重要形态，尽管我们通常忽略了它的存在和意义。

根据我们通常的理解，思想政治教育主要是一种思想教育，它的起点就是思想观念，因而是一种高起点的教育。但思想观念不是凭空出现的，它是在个体心理特别是社会心理的基础上形成起来的。现在，人们越来越认识到，人的思想观念往往都有其心理基础，许多思想问题其实来源于心理问题，或与心理问题有关。因此，思想政治教育不能对人的心理层次上的现象视而不见。其实，在我们的思想政治教育中包含很强的情感属性，比如爱国主义教育就是一种很突出的情感教育，而情感当然是属于人的心理层面的。因此，不仅思想观念和精神品格、行为规范能够成为思想政治教育的内容，而且人的心理现象特别是情感情操，也应该和能够成为思想政治教育的重要内容。大体说来，我国的思想政治教育内容在心理情感形态上主要包括个体心理、社会心态、仁爱情怀、爱国情感等。

心理问题是现代社会中普遍存在的问题，已经严重影响到人们的生活和工作，影响到了人的思想观点和价值观。面对普遍的心理问题，世界各国都在兴起和加强心理咨询和心理治疗。我国也是如此，特别是高校中面向大学生开设了心理咨询。这些心理咨询是在思想政治教育之外出现和发展起来的，它具有自身特有的科学基础和工作方法。但仅靠这些是不够的，还必须从更广泛的角度提出心理健康教育问题。事实上，教育部已多次正式提出要求加强心理健康教育。对此，思想政治教育不能置身事外，而要为解决人们的心理困扰以及由此带来的“三观”问题提供解决方案。这样，心理健康教育也至少部分地纳入了思想政治教育的工作范围，从而心理健康教育也就成为思想政治教育内容的组成部分。

健康心理不只是个体的健康心理，也是社会的健康心理。良好的社会心理或社会心态，本身是思想政治教育的重要内容。将这些内容传递给社会公众，使公众展现出健康向上的社会风貌，是思想政治教育的重要任务。改革开放以来，党和国家的重要文件中也多次提出社会心态及其培育的要求。党的十九大报告提出：“加强社会心理服务体系建设，培育自尊自信、理性平和、积极向上的社会心态。”[①] 这是全面地提出问题，并作出工作部署。显然，思想政治教育应该是“社会心理服务体系建设”的重要方面，承担着阐述、传递和塑造良好社会心态的责任。这样，这种心态及其相关要求就应该成为思想政治教育的重要内容。

爱国情感是心理情感形态中的重要内容，并占有十分突出的地位。爱国教育在我国有悠久的历史传统，我们党和国家一直十分重视爱国主义教育。中华人民共和国成立以来，特别是改革开放以来，爱国主义教育始终是思想政治教育的基础性和核心性内容。新时代，习近平就爱国主义和爱国主义教育作出一系列重要论述，一再强调爱国主义的重要意义，把爱国主义教育提到前所未有的高度。爱国主义教育具有突出的情感特征，尽管其中也包含爱国思想、精神品格、行为规范的教育，但尤

① 习近平：《决胜全面建成小康社会　夺取新时代中国特色社会主义伟大胜利——在中国共产党第十九次全国代表大会上的报告》，北京：人民出版社2017年版，第49页。

为重要的是爱国情感的教育。从这个意义上说，爱国主义教育的过程是一个爱国情感的传递、培育和激发的过程。在这个过程中，爱国情感就成为不可缺少的教育内容。

（五）四种基本形态的关系

上述四种基本形态依次递进、环环相扣，形成一个有机的整体。它们从低到高的顺序应该是心理情感形态、思想观念形态、精神品格形态、行为规范形态。由此可以看到，这四个基本方面实际上是人的思想行为的形成和展开过程的四个阶段或环节。这就意味着，四种内容形态的划分所依据的原则是以人为中心的。它展现的是人这个主体从内化于心到外化于行的全过程。这并不奇怪，因为一方面，人类所逐步形成和积累起来的文化成果本身就是以人为主体的；另一方面，思想政治教育的对象是人，特别是人的思想和行为。因此，思想政治教育的内容结构，也要符合于受教育者的主体结构。只有这样，教育内容才能更容易地被传递到受教育者并为其所吸收，最终成为自身建构的一部分。

思想政治教育内容的四种基本形态的划分并不是绝对的，它们之间也没有不可逾越的鸿沟。事实上，这四种内容并没有特别清晰的界限，往往是相互渗透的，而且具有一些过渡性的中间状态。思想政治教育中任何一种内容的教育，本身都包含心理、观念、精神、行为四个层次。比如，爱国主义教育，不仅包括了爱国情感，而且也包含着关于爱国思想和爱国精神的教育，以及关于报国行为养成的教育。再如社会主义道德教育中，既包含道德情感的教育，也包括道德观念、道德品格、道德行为的教育。同样，法律或法治教育也是如此，它不只是一种行为规范的教育，也包含着法律信仰、法治意识等方面的教育。

而且，思想政治教育内容各个形态间是可以相互转化的，其中最重要也最常见的一种转化，是其他三种形态向思想观念形态的转化。思想观念具有反映功能，它能够反映世界上所有的事物和现象，当然也能反映人的心理、品格和规范。因而，通过这种反映，心理、道德、法律、制度、行为等都可以被表述为一定的思想认识，并用知识的形态呈现出来。从一定意义上可以说，思想观念形态是各种形态中的“货币形态”，它能够打通各种形态，并在一定条件下成为其他形态的共同形态。

正因为其他形态的内容也可以转化为思想观念形态，那么我们在进行思想观念教育的过程中，要注意把思想观念形态的教育内容再还原为它的本有形态。这里包括两个方面的还原性转换：一是教育者在教育过程中，有意识地跳出思想观念教育的局限性，通过开辟其他的教育途径，特别是通过实践教育，把思想观念之外的信息带进来。比如在进行法律教育时，不仅要讲授关于法律的知识，让学生确立关于依法治国和遵纪守法的思想观念，而且还要通过安排学生去法庭旁听，甚至组织学生到法庭实习来进行法律体验教育，使他们真正体会到法律的规范作用。二是在受教育者一方，他们在接受了思想观念的教育之后，要在自己身上实现形态还原。比如，受教育者接受的是道德知识的教育，但通过这种教育不仅增强了道德认识，而且也提升了道德品质并养成了道德行为。

四种基本形态所形成的体系具有整体性意义，它实质上构成了思想政治教育内容系统的新构架，或至少是这种新构架的主体部分。从而极大地突破了原来只是从思想观念形态上把握思想政治教育内容的局限性。由于这种眼界的限制，思想政治教育很容易变成某种单一的思想观念教育，甚至知识教育，而忽视或轻视情感教育、品格教育、行为养成教育等。而如果仅仅用观念论的甚至知识论的眼界去看待思想政治教育内容，就会导致思想政治教育生命力的萎缩。因此，我们要从根本上改变思想政治教育内容的框架，跳出思想观念形态的限制，形成更加宏大立体的思想政治教育内容框架，让新时代思想政治教育内容更加全面、更加富有活力。

（原文发表于《思想理论教育导刊》2020 年第 9 期）

四

论思想政治教育规律研究的基本任务

思想政治教育的规律问题是思想政治教育学中的重大理论问题。从一定意义上说，揭示和把握思想政治教育的规律是思想政治教育学的根本任务。思想政治教育学以人类社会中存在的思想政治教育为研究对象。在这一研究对象中，既包含了现象又包含了本质，既包含了外部联系也包括了内部联系即规律。研究者的任务就是从思想政治教育现象入手，透过现象抓住本质，透过外部联系抓住内在联系，找到思想政治教育的规律。本质和规律是同等程度的概念，前者是从静态上讲的，后者是从动态上讲的。它们并不是一种简单的并列关系，事实上是相互包含的。当我们讲本质的时候，事实上就已经包括了规律；而当我们讲规律的时候，事实上也包含了本质。因为所谓规律并不在本质之外，它不过是事物本质中的必然的联系而已。思想政治教育学要完成揭示思想政治教育规律的根本任务，就需要对这个任务进行分解。它可以分解为以下四个方面的主要任务和步骤。

（一）确认思想政治教育规律的客观存在和基本属性

承认思想政治教育本身有其客观的规律性并且可以认识，这是思想政治教育研究的前提，也是思想政治教育学作为一门科学存在的合法性依据。任何对规律的研究必须从这一点开始。当然，这个任务并不难解决，因为作为思想政治教育学理论基础的马克思主义已经把这个问题从原则上解决了。在马克思主义看来，物质世界本身就是有规律的，不论是自然界还是人类社会以及人类社会中的事物，都有其自身的规律性。而思想政治教育作为人类社会中产生和存在的社会现象和事物，必然也是有规律的。我们作为马克思主义的唯物主义者，世界的规律性是我们的基本信念。我们从唯物主义的科学立场出发，很容易认定这一原则立场。当然，思想政治教育规律的客观存在不仅要原则性地从哲学上得到解决，而且也需要具体地通过研究和揭示思想政治教育的规律来进一步确认这一点。于是，我们还需要对思想政治教育规律的基本特征和属性作出考察，这在一定意义上讲也是对思想政治教育规律客观性的进一步证明和完善。那么，思想政治教育的规律是怎样的规律呢？它具有什么样的性质和特点呢？这是需要我们去确定的。

首先，思想政治教育的规律属于社会规律，与自然界的规律是不同的。虽然不论自然规律还是社会规律都是客观规律，但它们又由于所处的领域和对象的不同，其发生方式和内在机制是不同的。自然界的规律是自发形成的，并不依据于人的活动，而社会规律则是人的社会活动的规律。思想政治教育是发生在人类社会之中的认识和实践活动，它的规律属于人们社会活动的规律。这些规律是在人们的思想政治教育活动中形成的，没有思想政治教育活动就不会存在这些规律。但这并不是说这些规律是以人的主观意志为转移的，尽管每个人的活动都出于其意愿和意志。

其次，思想政治教育的规律既是人们认识的规律也是实践的规律，尤其是人们改造人和社会的实践性活动的规律。人们的社会活动是多方面的，大体可以分为认识活动和实践活动。思想政治教育活动既是一种认识活动，也是一种实践活动，而且实际上是把认识和实践统一于之中。甚至可以说，思想政治教育活动是通过认识活动而实现的一种实践活动。作为认识活动，它注重的不是人的身体存在和物质生活，而是人的精神生活和主观世界；而作为实践活动，它的目的不在于反映人的精神生活和主观世界，而在于帮助人们改造主观世界和发展完善自己的精神生活。而且，思想政治教育活动需要有物质载体，它不只是在封闭的主观王国中自我运行，而是外化为客观的社会化活动，体现在多种多样的社会现实中。

再次，思想政治教育的规律与政治活动的规律密切相关。在思想政治教育中，“政治”是中心项和核心内容，规定着活动的社会性质，离开了“政治”它的社会性质就发生了改变。因此，政治属性也是内在于思想政治教育规律之中的。从一定意义上讲，思想政治教育活动应该遵循政治的规律，或至少是不能违背政治的规律。但是，也并不能把思想政治教育的规律直接等同于政治规律，或认为政治规律是思想政治教育规律中唯一重要的因素。拿政治教育本身来说，它既是政治，也是教育，是二者的结合。而在这种结合中，政治无疑起着自己的重要作用，但也并不能脱离教育而存在和发挥作用，也就是说受教育规律的制约和影响。更何况，在思想政治教育中政治教育只是其中的重要内容或核心内容，而不是全部内容。

最后，从一定意义上讲，思想政治教育的规律属于教育规律的范畴。思想政治教育是一种教育，它应该遵循教育的规律，因而思想政治教育的规律也属于教育规律。但它是一种特殊的教育规律，是与思想政治相关联的那种教育的规律，与知识性技术性的教育不同。思想政治教育属于价值教育，具有鲜明的价值立场，而知识与技术教育则基本上是价值中性的教育。二者有着较大的差异，这种差异在各自的规律性上也体现出来。同时，还应该注意一点就是思想政治教育也不仅仅是一种教育，事实上它还是一种宣传，即宣传教育。“宣传”与“教育”经常混用，说明它们之间有相近或相似的地方或者相交叉的地方。它们都是向人们传播一定的观念信息，这是共同之点。但就二者的核心特征来说，它们其实并不相同。我觉得这主要是它们各自面向的对象或对象的范围不同。教育通常是面向自己人的，是一定社会群体或团体内部的教育，是向自己内部成员传递思想观点和价值观，目的是培养人；而宣传则往往是面向外人的，通常是对一定社会或社会群体之外的人进行宣传，向他们传播或传递一定的思想和价值观信息，其直接目的并不是培养人，而往往是出于社会或群体的其他目的。正因为如此，历史上人们对“教育”没有质疑，但对“宣传”则质疑多多，有的甚至把“宣传”当作是“欺骗”和“忽悠”的代名词。特别是在国外，“宣传”一般是一个负面的概念。不论怎样说，宣传更多是面向外部的，它比教育的范围更向外一些。而在我们的思想政治教育中，除了教育之外，实际上还包括宣传，至少是部分的宣传成分。我们党的思想政治教育它不仅是对党内成员的教育，也是对党外人员的宣传，对群众的宣传。当然由于我们党是人民利益的代表者，这种对社会公众的宣传也具有教育的性质。总之，思想政治教育中的“教育”是广义的教育，是包括一定的宣传在内的大教育，因此并不能在我们通常所理解的比较狭义的“教育”中得到完全的理解，它的规律也不能完全归结为教育规律，而是还必须结合宣传的规律来认识。

（二）划分思想政治教育规律的基本领域和主要方面

思想政治教育学第二方面的任务，就是划分思想政治教育规律的领域，即列出规律域。因为，思想政治教育的规律，正像任何其他活动的规律一样，并不是单一的，而是复合的，是一个规律的系统。其中既有基本的规律，也有具体的规律。不同层次上有不同的规律，不同的局部和环节也会有不同的规律。因此，为了全面地把握思想政治教育规律，特别是提纲挈领地掌握思想政治教育规律的全局，需要对其规律存在的领域进行划分，找出几个基本的方面。我们以往的思想政治教育教材中，通常讲两个规律：一是人的思想品德形成发展的规律，二是对人们进行思想政治教育的规律。这两个规律的表述只是指出了规律所在的方面或领域，而并没有具体表达出这两个规律的内容。也就是说这里讲的其实不是两个规律本身，而只是划分了两个基本的规律域。这种划分并不是没有意义的，相反它的意义很大。因为它为思想政治教育学对规律的研究划出了具体领域，定出了具体目标和任务，为在下一步研究中正面揭示规律的内容奠定了基础。当然，这两个规律域是否全面那是另一个问题，而且事实上是不够全面的，因而还应该做进一步的补充。

传统的看法认为思想政治教育有两个方面的规律，一个是人的思想品德形态发展的规律，一个是对人们进行思想政治教育的规律。这个看法有其合理性和理论上的启发性：它突破了那种认为思想政治教育只有一个规律或只能有一个规律的狭隘观点，为我们进一步探索思想政治教育的其他规律敞开了大门。当然，两个规律的说法也有不足之处：一方面，它没有区分思想政治教育的规律和思想政治教育的基本规律。事实上，大家所讲的两个规律，应该是“基本规律”，是概括程度很高的规律。此外，在思想政治教育的其他层次上，甚至在思想政治教育的某些局部以及环节上，也会存在着相应的规律。因此，正如有的学者所指出的那样，思想政治教育的规律是一个系统或一个规律群。当然，既然思想政治教育的规律不是单一的，而是一个由不同层次规律构成的规律系统，那么要把握这个系统，首先和主要的是找出其中始终存在并起主导作用的基本规律。另一方面，仅仅指出这两个基本规律还是很不够的，事实上即使就基本规律而言，也应该不只是两个而已。比如，思想政治教育形成发展的规律就没有包括在内，而且也有专家指出过关于社会意识形态运行的规律也没有包括在内。因此，进一步补充和划分思想政治教育的基本规律领域，是很必要的。

思想政治教育的基本规律域可以划分为五个方面，或者说思想政治教育有五个方面的基本规律，即思想政治教育产生发展的规律、社会意识形态形成发展的规律、个体思想品德形成发展的规律、思想政治教育过程运行的规律、有效开展思想政治教育的规律。这五个规律之间有着有机的联系，它们各自处在不同的位置上，共同构成思想政治教育规律的基本结构。上述五大规律，可以根据其性质和功能划分为四种类型，即总体规律、基础规律、过程规律和工作规律。

思想政治教育的第一个基本规律即思想政治教育产生发展的规律，从其地位、特征和作用来说，属于总体规律或总体性规律。这个规律所表达的并不是思想政治教育某一部分、某一层次或局部的规律，而是思想政治教育总体呈现的规律。可以说，它是思想政治教育全体规律的代表者。因此，当我们简单界定思想政治教育学的时候，可以说它是研究思想政治教育产生发展规律的科学。相比之下，其他几个规律虽然也都很重要，但都不具有总体上的概括性和代表性。

思想政治教育产生发展的规律具有自身特定的内涵和特点。这个规律首先是一个历史性规律，它是把思想政治教育作为一种特定的社会现象和社会事实，将其放在人类历史的过程中，考察其产生的根源和条件，以及它在社会中的发展和演化过程，最后还要考察其在人类社会未来的命运。唯物辩证法认为，一个事物的性质、特点和社会影响等，不是从其抽象本质中推论出来的，而是在其实际的历史过程中形成和展现出来的，因而都需要从其自身产生发展的全过程中来考察。我们对思想政治教育的研究也正是如此。同时，这个规律也是一个思想政治教育与社会环境互动的规律。它处理的是思想政治教育与其所于其中的社会之间的关系，而这个关系具有双方互动的性质，而且是一个复杂的过程。

思想政治教育的第二个和第三个基本规律，即社会意识形态形成发展的规律和个体思想品德形成发展的规律具有相同的地位和作用，属于基础规律或基础性规律。这两个规律对思想政治教育过程的运行，对思想政治教育工作的开展和取得成果，起着重要的支撑作用。可以说，它们是思想政治教育的两大支柱，正是它们支撑着思想政治教育的大厦。以往我们只承认这里有一个规律起支撑作用，即个体思想品德形成发展的规律，现在我们进一步认识到，仅有这个规律是不完全的，还不能起到比较完全的支撑和基础作用。个体思想品德形成发展的规律讲的是个人，它是微观领域的；社会意识形态形成发展的规律讲的是社会，特别是社会的主流意识形态，它是宏观领域的。只有把宏观和微观领域结合起来，才能对思想政治教育的完善与发展起到全面的支撑作用。

思想政治教育的第四个基本规律即思想政治教育过程运行规律，是过程规律或过程性规律。思想政治教育作为一种社会实践活动，有其自身的运行和展开过程。这个过程可以划分为几个不同的阶段，比如谋划、准备、实施、调控、收尾、评估等。这些阶段依次更替，共同构成思想政治教育的完整过程。尽管在现实生活中并不是每一个思想政治教育过程都是如此典型和完整，可能会因为主客观条件等而略去一个或几个阶段，但是对于揭示思想政治教育运行的规律而言，则应该找到思想政治教育展开的完整过程和典型过程。在每一个阶段中，从而在各个阶段的推移中，都有若干个构成要素协同发挥作用，有若干个环节相互交替。把这些揭示出来，找到它们的规律性，就是揭示了思想政治教育过程的规律。思想政治教育的过程规律是思想政治教育规律中的一部分，一个类型或层次，因而不能把思想政治教育规律与思想政治教育过程规律混同起来。

思想政治教育的第五个基本规律即有效开展思想政治教育的规律，是工作规律或工作性规律。这是规律体系的落脚点和归宿地。我们建立思想政治教育学的目的不只是在于科学建构和推进人类学术事业，而更重要的是为了能够更好地开展思想政治教育活动，收获思想政治教育工作的更好成效。在这里，必须把思想政治教育主体考虑进去，并从这个角度来认识和归纳思想政治教育的规律。离开了工作主体，就不会有工作性规律。那么思想政治教育主体如何才能做好这项工作呢？怎样才能提高工作的实效性呢？这里面是有经验、有窍门的，而其背后就是规律。这里的规律与思想政治教育过程规律密切关联，甚至有某些内容和方面的交叉重叠，但是不应该把这二者混同或等同起来，因为它们毕竟处在不同层次上，是从不同角度来考察问题的。思想政治教育过程的规律是一个客观化过程中的规律，是我们把思想政治教育当作一个自行展开的客观事物来看待的；而在思想政治教育的工作规律这里，则是把思想政治教育主体的工作作为重心。在这里，主体的立场和价值观也包含在内，甚至工作主体的个体化特点及风格也应该在这个规律的空间有所包含。这里的规律不只是共同的规律，不只是基本的规律，而且包括更具体和更微观方面的规律，体现在不同的工作者的工作风格和个性当中。通过这种具体性的工作规律的考察，我们可以理解，不同的工作者正是因为有着不同的个性和风格而取得了同样有效的成绩。

（三）形成思想政治教育规律的理论内容和经典概括

思想政治教育学的第三个任务，是对思想政治教育的规律本身作出研究和概括。仅仅划分出几个方面的规律领域当然是必要的，但也是远远不够的。思想政治教育学者们还需要对每一个领域或方面的规律进行具体的研究，揭示出这方面规律的内容并作出相应的概括。比如，思想政治教育产生发展的规律究竟内容是什么，社会意识形态形成发展的规律究竟是什么，个体思想品德形成发展的规律究竟如何概括，思想政治教育过程运行规律包括哪些内容，有效开展思想政治教育的规律的具体内容和要求是什么，等等。

这里包括两个方面的具体任务，一是通过研究来弄清规律本身的内容，二是对这些内容作出简明的概括。就第一个方面的任务来说，要弄清某一个领域或层次上的规律的真实内容，必须进行大量的广泛而深入的研究，真正把事物产生发展的过程弄清楚，把事物起作用的条件弄清楚，把一事物与他事物的相互关系弄清楚。从一定意义上讲，这些研究其实就是科学研究的几乎全部内容。这个过程，既是弄清问题和发现真理的过程，当然也是形成理论的过程。既然形成理论，当然就包括一定的概括。那么，这是否就意味着第二个方面的任务是多余的呢？并不是。我们所说的对规律内容的概括，特别是经典性的简明的概括，是更进一步的任务，是把规律的表述提炼出来，形成一种易于表达的规律形态，即形成类似自然科学中的公式或定理的那种表达。在自然科学中，只是清楚了事物的道理，理解了内部的联系，但是如果还没有形成一定的定理或公式，那么研究就还没有完成。在哲学社会科学中也应该如此，其中也包括我们所从事的马克思主义理论研究、思想政治教育理论研究在内。但是，如果用这样的标准来审视和衡量当下的理论研究时就会发现，我们的许多研究虽然可以说揭示了事物的规律，但是并没有进一步概括出规律，使之成为一种简单而经典的命题。比如我们在编写理论课教材时，里面经常说马克思主义揭示了物质世界的规律、认识发展的规律、社会发展的规律、资本主义产生发展的规律、社会主义产生发展的规律等，但我们虽然可以在教材里看到各相关领域中的理论原理，但如果要找每一个规律的具体内容和表述是什么，则通常是找不到的。只能找到个别的明确表述，比如“生产关系一定要适应生产力发展状况的规律”“上层建筑一定要适应经济基础状况的规律”等。而且这种表述是否算作是对规律的最全面准确的表述，还是值得研究的。

我们由此进一步思考这个问题。规律被揭示出来后，究竟应该怎样来表达？是用全面的理论来表达，还是用简单的定理来表达？对此，我们不能把两个方面截然分离开来并对立起来。而应该结合起来理解，看到各自的必要性和不足之处。在每一门科学中，大多数的规律都包括在理论中，包括在理论体系中，包括在理论的各个原理及其相互关系中。当讲完这些原理之后，规律就算是说明白了。而并不一定必须说：这个表述就是规律，那个表述不是规律等。假如有学生问：规律究竟在哪儿呢？你们不是说发现了规律吗？那就把那个规律拿给我看吧！我们大体上可以回答说：书中的道理和原理，其实都是规律，只是我们没有这样表述而已。只要你把这些原理都掌握了，就算掌握了这些规律了。我们虽然也可以概括出几句话或几个定理来直接地表达规律，但这些表达并不能真正全面地体现理论的内容。也并不能说除了这几条规律之外，其他内容就不是规律或不包含规律了。所以，对于“规律”应该有合理的理解。

教材中所说的“规律”既可以是泛指，也可以是特指。前者泛指一个理论中的原理和内容，后者是特指某一个或几个规律。当我们说，马克思主义揭示了世界发展的客观规律时，这里是泛指，因为我们并不能简单地讲清楚究竟是哪个或哪几个规律；但当我们说唯物辩证法的规律时，通常是特指，指对立统一规律、量变质变规律和否定之否定规律。泛指和特指都有其合理性，而且二者可以并存。关键在于我们要理解好。仅仅有泛指而没有特指，就往往不够具体和明晰，特别是在教学中不易为人们所掌握。人们往往比较喜欢那种把什么都概括为“一、二、三、四”的教学方式。这样人们就易于掌握住基本的要点。但是如果只是掌握了特指的规律，而不理解其背后其实还有泛指的规律，那么就可能使原理内容狭隘化。比如，如果认为唯物辩证法的规律只有那三个，此外再没有辩证法的规律了，那就是狭隘的，甚至是错误的。三大规律只是唯物辩证法中的基本内容，但并不是全部内容，更不能说这三个规律已经穷尽了自然、社会、人类思维三大领域中事物辩证关系和辩证发展的全部内容。所以，一方面有泛指，另一方面又有特指，二者结合才是最好的状态。

那么，联系到我们思想政治教育教材的编写以及教学，就有一个问题：我们要不要单列一章讲思想政治教育的规律呢？有人会想：既然全书讲的其实都是规律，或者思想政治教育的规律既然已经包括在我们教材的各个原理中，为什么还要单列一章来专讲规律呢？如果讲的话，讲哪几个规律呢？而这正是我们现在所感到困难而不好处理的问题。我们的《思想政治教育学原理》教材中，其中讲规律的那一章大家讲的并不一致，而且事实上并没有得到公认。这说明，我们已经在泛指的基础上想进一步发展到特指，但还处在尝试阶段。我们现在的理论研究和教材编写基本停留在这个阶段上。以后，我们还是要进一步深化研究和概括提炼，努力形成基本规律更加经典和简明的表达。这样，既有全书的理论内容所包含的多方面的规律，又有单独一章所专门概括的基本规律，就更易于学生对思想政治教育规律的学习和掌握。

（四）明确思想政治教育规律运用的规则和限制

在发现规律之后其实还有一个问题，就是对规律的评价和运用问题。这个问题表面上看来似乎是多余的，人们可能会认为，既然规律已经揭示出来了，甚至都有了经典性的表述，那么科学研究的任务就算完成了，至于怎样看待和运用规律，那是实践中的事情了。对于思想政治教育学来说，人们也许会认为：揭示了规律就算达到了目的，至于掌握和运用那就不是问题了，因为任何人都能够重视和运用规律。在我看来事情没有这么简单。特别是涉及思想政治教育这一特殊的领域，其规律也具有特殊性。特别是考虑到在现实生活中存在着某些实际上是滥用相关规律的问题，因而能否合理看待和运用思想政治教育的规律，还是一个不能不考虑的问题。这可以看作是思想政治教育对规律研究的第四项任务或步骤。

我们都知道，规律是客观的，它本身无所谓价值上的立场和倾向性。但我们通常有意无意地把规律作为正面的东西，而且“规律”一词是我们所喜爱的概念，是我们认识的目标，也是我们人类实践的支持者和应手的工具。认为真理和正义天然相联系，任何规律的发现和运用都有益的；认为只要找到了规律，则规律就是合乎我们的目的的。因而，对规律的运用就是天经地义的，就是合理的。其实，这里还有一个问题需要认真考虑：把规律运用来做什么？运用规律来帮助人解放人呢，还是利用规律来压迫人、损害人呢？好人做好事当然要符合规律，可是坏人做坏事为了成功也要符合规律。小偷作案时也要符合规律才能成功，小偷们交流经验时，其中就包括一些规律性的认识。所以，这里本身就有一个利用规律的价值取向问题。从我们的立场讲，我们只能站在人民的立场上，站在帮助受教育者成长发展的立场上来运用规律，而不是站在相反的立场上利用规律。

还有一个问题是：是否所有的规律都可以利用？是否存在着某些带有危险性的、为了人的尊严和利益而不能运用的规律？比如某些心理学领域中的规律。现代心理学揭示了一些规律，表现了人性的弱点和脆弱，比如可以通过催眠或其他无意识手段来改变人的信念，通过制造恐惧使人意志崩溃来使人改变态度和信念，通过无限度重复灌输而给人“洗脑”等。黑社会、邪教组织、传销组织等都会采取类似的做法。不可否认，这些做法中包含有许多心理学的规律。而揭示这些规律让人害怕。显然，这些规律的运用触及人性的底线，触及人格的核心，是对人格的侵犯，早已越出合理的范围，越出了思想政治教育的范围。这些显然是不合理不合法的，而这些规律也是令人不安的。由此，我们也可以设想，在任何一门科学中，也会有出于人类伦理的考察而设置的至少是暂时性的禁区。科学的目的是帮助人，而不是毁灭人。在现在的人类尚不能承受某些研究可能揭示的规律时，就需要调整研究的方向。因此，研究方向的选择，不仅是一个技术性问题，也是一个伦理问题、价值观问题，关系到规律的危险运用的问题。因此，我们的思想政治教育学，虽然在研究思想政治教育的规律时通常不会有什么禁区，但我们应该是站在帮助受教育者成长发展的立场上来选择研究方向，应该重点研究那些有利于这些目的的规律，而不能去研究对人进行思想控制和心理控制的规律，更不能研究对人进行思想奴役的规律。而且，不仅如此，还要抵制和大力反对一些人出于不良的目的去研究和运用这类规律，去达到他们不可告人的目的。总之，我们的思想政治教育是堂堂正正的，应该是有益于社会进步和个人发展的，我们应该旗帜鲜明地反对那种运用某种规律来损害社会和个人的丑恶行为。

（原文发表于《马克思主义理论学科研究》2016 年第 4 期）

五

试析思想政治教育过程中的重复施教

考察一下我们的思想政治教育过程就会发现，其中存在着大量的重复施教现象，并对思想政治教育效果产生了不容忽视的影响。一些不必要的重复施教不但未能产生积极作用，反而带来了许多消极影响，降低了思想政治教育的实效性。为了优化思想政治教育过程，增强思想政治教育实效性，同时也为了从理论上全面描述和阐释思想政治教育过程，我们需要对重复施教现象进行分析。

（一）思想政治教育过程中存在着较多的重复施教现象

所谓“重复施教”，指思想政治教育过程中教育者对受教育者实施的多次重复的教育活动。尽管它也可以指称对不同受教育者的施教活动，但主要指对同一受教育者（个体或群体）进行的施教活动。

重复施教比较大量地存在于实际的思想政治教育过程中。对此，不论是施教者还是受教者都会有所感受。只是相比而言受教者的感受更为强烈。因为施教者主要是从技术层面考虑这种重复的问题，而受教者则是在亲身感受甚至承受这种重复性施教。事实上，思想政治教育过程中减少重复施教的要求，也主要是由受教者从自身感受出发提出来的。

重复施教有多种表现。目前，我们的思政课中常见的一个现象，就是同一个内容在不同的学段、不同的课目中重复出现，教师重复讲解。有的内容，初中思想品德课中讲，高中思想政治课中还讲，大学思政课中又要讲。即使同在大学阶段，四门思政课内容上也有一定交叉重复。比如“中国近现代史纲要”课和“毛泽东思想和中国特色社会主义理论体系概论”课就有些内容上的重复。另外，本科层面的思政课与研究生层次的思政课，博士生层次与硕士生层次的思政课，也是如此。以上这些，带有一定的结构性，是课程设置和内容安排等方面的问题。不仅普通高校，军队院校也存在类似情况，甚至更为突出，这也许与军队院校更讲服从与纪律有关。

思政课具有一定时效性，必须体现党的重要会议和文件的最新精神。为此，就要有中央新精神“进教材、进课堂、进头脑”的任务。在这个过程中，不同课程在贯彻体现相同的文件精神时，也会出现一定的交叉重复。

还有一些重复带有主观性和随意性，通常是由教育者及其教育教学方式所带来的。比如有的教师表达比较啰唆，反复论述等。

以上主要是从学校特别是高校的角度来谈的，其实类似重复施教的现象并不仅仅存在于学校德育之中，在面向社会公众的宣传教育中也存在着大量的重复宣传的现象。所有这些，都属于思想政治教育过程中的问题，都需要我们从理论上加以考察。

（二）一定的重复施教是必要的

那么，这些重复施教为什么会存在呢？我们如何看待和评价这些重复施教的现象？

我们首先从教育本身来进行考察，因为思想政治教育也是一种教育。简单地说，教育是人类传递经验和知识的活动。其中当然也包括做人方面的经验和知识。这个传递主要是代际传递，是上一代传递给下一代。这是人类文明得以形成发展的重要条件。如果没有这种传递，每一代人从头开始，就不可能积累起社会的文明。当然，具体到教育过程，则不仅有代际的传递，也会有同代人之间的传递。而不论怎样的传递，都有一个传授、学习和掌握的过程。而这个过程中就包括“重复”这个因素。可以说，一定的重复施教是教育活动本身的一个内在要素。没有一定的重复传授，教育就难以完全开展，教育事业就无法继续。

受教育者学习和接受的过程中包含着记忆和理解，这二者都需要一定的重复。对知识的记忆需要一定的重复识记。虽然一次性的不经重复的事情人们也能记住，特别是那些比较特殊的具有很强刺激性的事情，但是对多数人的多数情况来说，一定的重复能增加记忆。“重复是记忆之母”就是这一经验的总结。同时，对知识的理解也需要一定的重复性引导，这不仅是因为理解也需要以一定的记忆为基础，而且也是因为理解本身需要在重复试探中达成。理解不是一次完成的，它往往需要多次推进才能达到。“书读百遍，其义自见”说的就是这一现象。当然，记忆和理解所需要的重复可以由受教者的自主性重复学习来实现，但也需要由教育者通过重复施教来实现。

重复能带来一种节奏感，而节奏感是生命的一种要素。人的呼吸的重复进行，心脏的重复跳动，就是如此。其实，世界上无数的事物和过程，都包含着一定的重复性。日夜的交替，四季的往复，都是世界的持续和运行所不可缺少的。教育事业也有自己的社会性的生命，它的生存、运行和发展中也包含着某些带有重复性特征的活动。从一定意义上可以说，某些重复施教现象是教育事业生命体征的重要体现，是教育事业的一个生命要素。

同时，我们还应该从宣传本身加以考察，因为我们的思想政治教育在一定意义上也是一种宣传。这是由思想政治教育的意识形态属性所决定的。思想政治教育是一种教育，但它是一种特殊的教育。特殊之处在于：它主要不是一种知识性技术性的教育，不是一种“做事”的教育，而是一种思想品德方面的教育，是“做人”的教育。而且还不是一般意义上的“思想品德”，而是包含着“政治”的、以“政治”为核心的思想品德，即思想政治品德或思想政治素质的教育。这就使它不同于一般的“教育”和一般的“德育”。思想政治教育不是单纯的学校德育，它不只是面向学校学生的，也是面向社会公众的；它不只是具有教育属性，而且具有政治属性和意识形态属性。意识形态的传播离不开宣传，社会主义意识形态的传播也是如此。党的意识形态工作的主管部门就是宣传部，而且宣传部是一个系统，包括从中央宣传部一直到最基层支部的宣传委员。如果说思想政治教育在学校中具有较多的教育特征，那么它在社会公众面前则具有较多的宣传特征。

在意识形态的宣传活动中，重复就更是不可缺少了。因为宣传所面对的往往是众多且不固定的对象，并不是每一次宣传活动都能普及到第一个成员。因此，即使只是为了扩大宣传的覆盖面，只是为了使更多的人在无意中得到所宣传的信息，就需要有较多的重复宣传。而且，由于宣传在育人化人的力度上总是弱于教育，因而也造成宣传总是需要更多的重复。宣传与教育，虽然都是在传递一定的知识、态度和价值观，但教育对受教育者及其受教效果有明确要求，比如还要以考试来加以衡量和督促，而对宣传来说则不可能提出和实现这样的要求。向社会公众的宣传活动，虽然也应讲究效果，但并不能要求公众通过考试。所以，宣传的效果也在很大程度上靠大量重复来实现。

由此，也可以理解宣传性文章与学术论文之间的区别。学术论文要求有创新，只要有一个人已经讲过，那么下一个人就不能再重复。重复性的研究成果是没有学术价值的。但是宣传文章则不同，它可以允许而且也需要有许多同类同观点的文章发表。对于同一个观点，即使已经有十个人写过文章，还是可以写第十一篇，因为这是宣传的需要。当然，实际生活中没有这样绝对，宣传性和学术性往往是结合在一起的。多数的思想政治教育文章既具有学术性，又具有一定的宣传性。所不同的只是各自的占比而已。

行文至此，就不能不谈到“灌输”。大家基本上同意，思想政治教育是一种意识形态的灌输，或主流意识形态的灌输。在这个“灌输”中，就包含有一定的重复施教在内。因为我们所说的“灌输”，是一种正面的、系统的理论教育过程。这样一种过程是不可能不存在一定的重复施教的。当然，重复到什么程度，那是另一个问题。而过多的重复则成为“灌输”方法的一个弱点。

（三）必要的重复与多余的重复

尽管思想政治教育本身需要有重复施教，因而有些重复施教是必要的合理的，但这并不是说，在思想政治教育过程中实际存在的重复施教都是必要的和合理的。事实上，不论是在现在还是以前，在实际的思想政治教育过程中，都或多或少地存在一些不必要的重复施教。

这是为什么呢？为什么会出现一些并不必要的重复？

首先，这是由教育过程的惯性所带来的。如前所述，教育过程本身需要有重复施教，但在实际工作中，重复施教的合理与不合理、必要与不必要的界限却并不清楚。虽然重复不足的问题也可能存在，但相比而言，应该是重复过度的情况更常见一些。因为重复施教比较容易做到，而且教育者的职业责任心也往往体现在重复施教上。教育者出于自己可贵的教育信念和责任感，会有较多的工作投入，因而施教活动往往宁多勿少，于是自然而然出现更多的重复施教。应该说，有些不必要的重复施教的存在，其实是教育者责任心和责任感的一种表现。这种责任心和责任感当然是值得称扬的，但由此带来的过多的重复施教则并非好事。

其次，这也是因为过于强调教育内容的重要性而造成的。通常，越是重要的事情就越需要突出强调，而为了突出强调就需要反复申说。因此，重复就成为重要事情的自然后果。思想政治教育的内容当然非常重要，它是属于“德”的方面，与属于“才”的方面相比，应该放在首位。特别是一些政治性的内容，一些关系党和国家前途命运的重大问题，更是特别重要。因为重要而强调，因为强调而重复，这是可以理解的，也具有必要性。但这种重复发展下去，就有可能越过必要的限度，而成为多余的重复。

再次，这也与教育者对受教育者缺少了解和信心有一定关系。从教育者角度说，当然是希望自己的教育活动得到好的成效，为人们所理解、掌握、接受、认同。但如果教育者对受教育者的真实情况缺少了解，特别是如果对受教育者的接受程度没有信心，就会加剧重复施教。所谓“苦口婆心”也往往是这种情况的反映。担心学生理解不了，就多说几遍；理解了，但又担心没有记住，就又说几遍；即使已能记住了，但又担心认同不足，于是又多讲几遍。如此等等，就讲得越来越多了。

当前，思想政治教育的效果不够理想。这种不理想的情况固然也可能使部分意志薄弱的教育者丧失信心，并因而放松甚至放弃自己的教育责任；但也可能存在另一种情况，就是教育者由于觉得效果不够理想，就想加倍努力，结果是强化了重复施教的动机。

最后，这也与教育方式的简单单一有关。教育的方式方法应该是多种多样且生动活泼的，在这样的情况下，即使需要强化教育，也不一定导致重复施教。甚至即使是重复施教，也会由于教育方式的多样化和生动性而使受教育者不觉其为重复。但是如果工作方式简单，教育方式单一，那么教育者的责任心和辛苦劳动就可能只是体现为教育活动的简单重复。近些年来，教育教学方式上的改革和创新已经受到大家的关注，涌现出许多新的方式方法，其中的一些探索已经积累起初步的成功经验。但是，教育教学方式单一的问题仍然存在，并仍在产生着一些不必要的重复施教。

（四）过多的重复会影响教育的实效性

大家都知道，过多的重复不是好事。但它究竟导致什么后果呢？这当然需要以后有一系列实证研究来说明。本文在此只是从理论上，并结合经验观察讲几个方面。

首先，不必要的重复施教收不到相应的教育效果。超过必要的限度，重复的增多并不带来效果的相应增加。事实上它的效果是递减的，与付出不成比例。这就意味着教育者的大量劳动付之东流，以及相应的教育资源的浪费流失。思想政治教育不能只是一味地加大投入，也要讲究投入与产出的比例。因此，思想政治教育不能仅仅停留在“大力加强”的思路上，更不能把“大力加强”变成“反复强调”。否则就是拳头打在棉花上，没有动静。

其次，过多的重复施教对教育者也产生不良影响。他们要付出大量额外的劳动，对他们的时间、体力和精力都造成损失和损害。如果这些多余的付出能够在效果上得到回报，他们至少可以得到安慰和鼓励，但由于这些过多的重复并不能带来预想的效果，因而会给教育者带来失望，又是一种精神上的打击。而且，过多的重复施教，特别是简单化的单一形式的重复活动，会消磨教育者的工作激情和创造精神，时间长了会造成职业倦怠。本文虽然主要考察重复施教对受教育者的影响，但过度的重复施教对教育者本身的消极影响也不容忽视。这是加强思想政治教育队伍建设迫切需要关注和解决的课题。在全国高校中，很普遍地存在着思政课教师担负过量的重复课堂教学的问题。这种同一门课程的大量重复讲授不仅难以保证教学的新鲜感和课堂效果，而且使教师疲于应付、疲惫不堪。同时也不利于教师教学水平的提高，只能加剧他们教学的简单重复和低水平重复。因此，按照教育部文件所规定的师生比来配备足够的甚至略有富余的思政课教师，是十分必要的。

再次，重复会降低教学内容的新鲜感和新奇感，降低教育教学的效率和效果。毋庸置疑，人类在认识世界时有好新好奇的心理。这种好奇心是人们认识事物、探求真理的强大内源性动力。设法保护认识者的好奇心，是成功的教育的重要条件。“温故”可以“知新”，一定的重复没有问题，但过多的重复教育则会逐步削弱甚至毁灭这种好奇心，使思想和知识的接受过程变得平淡无奇甚至枯燥乏味。这是可怕的事情。应该提供探究式的教学，并减少重复施教。

最后，过多的重复施教还会给受教育者造成心理上的痛苦和反感。除非受教育者自己出于强烈的兴趣而一再重复享受某一学习过程，否则，对于来自外部的重复教育不会觉得是一种享受。“说教”历来不受欢迎，不仅由于它居高临下的姿态，更由于它的“没完没了”的重复。特别是简单的重复或低水平重复，就更使人厌烦，而当这种厌烦无法摆脱的时候，就升级为逆反。这种逆反心理不仅使正在进行的教育无法继续，而且为后续的教育堵死了通道。这种不快的记忆使受教育者对所有的受教过程产生巨大而不易克服的抗拒心理，这种心理甚至可能伴随他的一生。

（五）努力减少重复施教带来的弊端

克服重复施教造成的弊端，是当前优化思想政治教育过程，提高思想政治教育效果的迫切要求和重要任务。对此，不仅要充分认识和高度重视，而且要探求克服弊端的思路和措施。

首先，要尽力减少教育过程中不必要的重复。只有大幅度地减少不必要的重复，才能有效地减少由过多重复带来的弊端。

为了减少不必要的重复施教，需要对大量存在的重复施教现象进行审查和鉴别，区分出哪些是必要的重复，哪些是不必要的重复。而这又需要有严谨的研究和可操作性的标准。需要教育主管部门做系统的调查研究，并以此为根据设计出相应的政策措施。在这方面，有关部门已经开始关注和重视，并采取初步的措施。教育部几年前已启动关于大中小学德育衔接问题的重大课题，它的一项重要任务，就是研究确定在大中小学德育内容上是否存在以及多大程度上存在着内容重复的问题。教育部高度重视，部长亲自主持启动会议。这是一个信号，表明这一问题的研究解决已经提上日程。而且在十八大以后思政课教材的修订中，《毛泽东思想和中国特色社会主义理论体系概论》教材就做了大幅度的删减和压缩，其目的之一就在于减少不必要的重复。

而从学校和教育者角度说，在教育主管部门出台系统解决问题的政策举措之前，完全可以从自己做起，在一定的范围内减少过多的重复。事实上，不论是受教育者还是教育者，对于思想政治教育过程中的重复施教是有亲身感受和认知的，他们完全可以凭借自己的观察和体验而在政策允许的范围内采取一些必要的措施来减少重复。至少，先从重复最多的问题开始，总是不会出现偏差的。

其次，要尽可能避免简单重复和低水平重复。过多的重复本来就易于使人厌烦，而当这些重复采取简单重复和低水平重复的时候，就更加剧了受教者的心理痛苦。因此，教育者应努力避免简单化的重复施教，避免低水平的重复说教。换句话说，就是要避免“唠叨式教育”。众所周知，我国的家庭教育中存在着大量的“唠叨式教育”。尽管这些“唠叨”都是出于爱心，而且有些内容还是正确的，但却得不到孩子们的认可。事实上，大多数孩子都讨厌“唠叨式教育”。甚至有的孩子说，当父母唠叨起来没有完的时候，他“跳楼的心都有”。我相信这是实话。作为教育者，我们要警醒。

教育者要善于与受教育者换位思考。教育者从自身的使命感出发，出于职业上的惯性，在教育过程中容易说得多些，容易重复强调，“苦口婆心”地教诲。对于受教育者的心理感受怎样，教育者体验不够。其实只要来一次换位思考，就会感受到问题所在。现代的青少年生活在信息技术高度发达的条件下，他们所接触到的信息非常之多，学习方式也发生了变化，不再能够忍耐简单乏味的重复学习。这种情况教育者应时刻注意。

再次，要坚持必要的重复施教，但要力避枯燥乏味的说教。减少重复施教并不是取消所有的重复施教。必要的重复施教还是要坚持，这是思想政治教育本身的要求。在这方面我们要保持清醒。尽管有一些必要的重复施教也并不受到欢迎，但我们知道这是必须有的，因而必须坚持而不动摇。对于以前讲过的正面的道理，只要需要，还是要接着讲，而且也要理直气壮。从一定意义上讲，坚持必要的重复施教，也是坚持马克思主义灌输理论的要求。

同时，在坚持必要的重复施教的时候，要努力把重复施教变成有亲和力和吸引力的过程，避免简单单一的说教。这样就向教育者提出了更高的要求。为此，他们就要在多方面下功夫，比如：要对工作富有激情，使重复教育的过程充满着感情，这样就会有效地避免形式主义的重复；要注重工作细节，在细节处体现出差异。世界上没有绝对一样的重复，正如没有两片完全相同的树叶一样。表面看起来只是重复进行的过程，但只要关注细节就会发现可以有许多差异，使每一次重复具有自己的个性；要注意方式方法的多样化，使重复施教具有多样化的和生动活泼的外表形式，使重复变成生动的重复；更重要的是要有创新，把普通的重复施教变成发展性、创新性的重复施教。这是螺旋式上升，表面上看来是重复，但它是走向更高认识发展阶段的过程。在任何时候，创新都是使人保持新鲜、好奇和热情的最佳选择。

（原文发表于《思想理论教育导刊》2014 年第 8 期）

六

论思想政治教育的主渠道与微循环

本文要探讨的问题，属于思想政治教育途径的范畴。所谓思想政治教育的途径，是指为了达成思想政治教育的目标而采取的路径通道。正像思想政治教育领域中的许多概念一样，思想政治教育途径一词也在不同的层次上使用，从而具有广狭不同的含义。从广义上讲，思想政治教育途径泛指在思想政治教育的主体与客体之间、起点与目标之间的中介系统，主要包括思想政治教育的方法、载体和渠道。在次广的含义上，则概指思想政治教育的载体和渠道[①]，而与方法相并列。我们通常用的“思想政治教育途径与方法”，就是如此。而在狭义上，思想政治教育途径指的只是思想政治教育的渠道。本文主要谈的就是思想政治教育的渠道问题，或更具体地说是思想政治教育渠道的格局或布局的问题，这个问题对思想政治教育的效果有直接的影响。

（一）思想政治教育的渠道与渠道网络

“渠道”是一个很形象的概念，它在思想政治教育的中介系统中，与“道路”“途径”“路径”等同属一种类型，但又具有突出的个性特征。如果说“道路”“途径”“路径”等带给人们的往往是“旱路”的意象，那么“渠道”一词凸显的则是“水路”的特征。它更生动形象地表现了思想政治教育运行的状态，特别是思想政治教育信息流动和传递的状态。思想政治教育是一种软实力，它具有“软性”或“柔性”的特征。它面对的是现实生活中活生生的人们，是人们柔软的内心世界，所要处理的是人们的思想感情方面的问题，因而不能把思想政治教育活动想象

① 孙其昂:《思想政治教育学基本原理》，南京：河海大学出版社 2004 年版，第 159 页。

成机械的甚至刚性的方式。特别是从现代信息传播的角度来说，思想政治教育无非是向对象传达和传递相应的思想政治信息，而这种信息的传递状态也不是生硬和强制的，而是更像水波水流的样态。

“渠道”也是一个很中国化的概念。中国长期是农业国，水利是农业的命脉，用于农业灌溉的水渠水道随处可见。从这样的视觉印象中而来的“渠道”一词，具有中国特色并易为中国人所理解。尽管它来自经验，保留了感性的意蕴，但它完全可以成为一个思想政治教育的科学概念。事实上，哲学社会科学中许多重要的概念都是来自现实观察并带有感性的印象特征。另外，“渠道”不是一条两条，而是若干条，而且组合成为渠道的网络。这就能够从总体上表现思想政治教育的状态。

从这样的角度来思考我们的思想政治教育，就会发现，它是一个庞大的信息流通和循环的系统。我们可以根据生活中的经验，从两个方面来描绘这种状态，并从中得到有益的启发。一是人体的血液循环，一是城市的交通运输。我们知道血液循环对人体的重要意义，它把营养输送到全身各个器官和部位，维护着人体的生命。如果血液循环中断，就会导致人体的瘫痪。同样，城市的交通运输对于维持城市生活的正常运转也具有同样的意义。思想政治教育对社会的作用可以由此得到理解。社会是个有机体，它的血液循环系统是非常重要的。如果说交通运输是物质营养的血液循环，那么思想政治教育则是思想营养的血液循环。党中央好比是人体的心脏，而思想政治教育的渠道则把党的声音传送到全国各地，传送给人民群众。如果没有思想政治教育，我们国家的精神生命就会瘫痪。

（二）思想政治教育的主渠道与微循环及其关系

在思想政治教育渠道的网络中，可以区分出主渠道和微循环。所谓主渠道，就是主干性渠道，它不论是在自身构造上还是在所起作用上，都具有主干性。主渠道更为宽大，信息流量更大，在思想政治教育信息的传递中扮演着主要角色。除了主渠道，还有微渠道。如果说主渠道相当于人体的大动脉，那么微渠道则是毛细血管。如果说主渠道相当于城市的主干大道，那么微渠道则是城市的小道里巷。它们当然在体量上小得多，但它们构成生命体的微循环，也是不可缺少的重要部分。

在思想政治教育过程中，主渠道起着主要的作用。它是思想政治信息传送的主要通道，集中承担着最大量的工作，不仅体现着思想政治信息传递的高效率，而且在社会中的分布具有导向性的作用。从思想政治教育的领导和管理角度来说，主渠道也具有自觉性强和易于掌控的特点。

思想政治教育的微循环对主渠道起着配合、辅助的重要作用。微渠道虽然微小，但也有其不可或缺的价值，有其比主渠道更为有利的地方。首先，它的数量极大。尽管每一条很细微，但它具有庞大的数量，这些细微的渠道构成了微循环。相比之下，主渠道虽然体量大，但数量少得多。其次，它分布极广。主渠道的分布虽然有一定的广度，但它不可能到达每一个细微的地方。而毛细血管以及由其构成的微循环则无处不在，随时随地发挥着作用。再次，它四通八达，具有自我修复能力。主渠道很强大，不易破裂，但一旦堵塞就不易救治，具有大的危险性。而毛细血管尽管容易破裂，但局部问题危险不大，而且它能通过四通八达的网络实现通路的自我修复。正是由于具有这种功能和优势，它能够承担起协助和配合主渠道的作用，维护主渠道的安全，分担主渠道的压力。

在我国思想政治教育的格局中，主渠道和微循环的划分是很清楚的。比如，在大学生思想政治教育中，思想政治理论课教学是主渠道，而师生交往、专业课学习、学生社团、校园文化活动等则构成微循环。而就全国思想政治教育来说，党政系统特别是党的系统是思想政治教育的主渠道，而一些民间个体和组织所从事的社会化生活化的活动则是微循环。无疑，思想政治教育主渠道在宣传党的路线、方针、政策方面起着直接的、主要的和导向性的作用。作为社会主义国家的执政党，我们党首先要建设好思想政治教育的主渠道，并充分发挥主渠道的作用，同时，也要重视思想政治教育的微循环，调动民间社会化力量来共同做好思想政治教育工作。

（三）当前的主要问题：主渠道超载，微循环闲置

思想政治教育是在自我调整中不断发展的。每一个时期的思想政治

教育，都需要自我反省，总结经验，克服缺点，以提高实效性。特别是在社会发生重大转折的历史时期，在思想政治教育因此而出现不适甚至危机的时期，更要注意自我省察，总结提高。当代中国社会所发生的变化，特别是就这种变化的幅度和急剧程度而言，是中国历史乃至人类历史上少见的。在这样的时期，思想政治教育必然要遇到许多困难，受到巨大冲击。这些年来，我们面临着思想政治教育效果不够好的情况，始终在进行自我反省。大家从不同的角度和方面去观察思想政治教育遇到的问题和困难，提出了不同的意见和建议。有的意见已经涉及或接近于我们谈论问题的角度，但尚未以明确的思路和语言把问题揭示出来。当前思想政治教育效果不够理想的一个重要原因，是在思想政治教育渠道的分布和利用上出现了失衡，即主渠道过于繁忙而拥堵，微循环则闲置而无力。

这些年来，我们一直在加强和拓宽主渠道，依靠主渠道来发挥思想政治教育的作用。这当然是对的，也起到了较好的效果。但是，主渠道是单一的，它必须要有微循环的密切配合才能更好地发挥作用。如果不重视微循环的利用，只依靠主渠道，搞“单打一”，那就难以实现思想政治教育的全覆盖，形不成满盘皆活的气象。而且当主渠道过于繁忙时，还可能出现拥堵甚至瘫痪，导致思想政治教育效率的极大降低。

这其实与我们现在常谈论的城市交通状况是一样的。以北京和上海为例，北京的大马路比上海要宽得多，但交通拥堵反而更厉害。这究竟是为什么呢？原因当然有多个方面，但其中很重要的一个方面是：北京交通的微循环死掉了，大家都走主干道，结果是主干道拥堵不堪。北京市大机关和大院很多，包括大量的高校，它们占地动辄就是百亩上千亩，里面不通市政马路。一些胡同只能单行，而且许多连单行也不能保证。大家一出门就上主干道，结果造成拥堵。多年来北京一直在加宽主干道，提高主干道质量，但是，当这样庞大的巨型城市只剩下主干道时，拥堵和瘫痪是必然的。相比之下，上海的大马路虽然不太宽，但由于普通道路和小路较多，大家还是不至于完全堵死。

现在思想政治教育面临着几乎完全一样的困境。虽然思想政治教育的主渠道很宽阔有力，但由于微循环不畅，当极其庞大的思想政治教育工作量都靠主渠道来进行时，也造成了主渠道的拥挤和低效率。我们屡屡听到党委宣传部门的同志抱怨“累得要死”，并说现在中央提出新思想新举措之快之多，一些单位的党委宣传部门已经忙不过来甚至要跟不上了。党报党刊及主流媒体压力很大，付出极多，但效果有时并不相配。

就大学生思想政治教育来说，重视发挥思想政治理论课教学这一主渠道的作用，无疑是十分正确的。近年来思想政治理论课在改革中不断得到加强，效果也在不断提高。但是，大学生思想政治教育是一个系统工程，不能完全把宝押在思想政治理论课上，也不能把效果不佳的板子都打在思想政治理论课教师的身上。现在思想政治理论课教师压力极大，上上下下施加的压力都在这里累积，使他们难以从容地进行教学科研活动，时时处在紧张状态。这对实际教育目标恰恰是不利的。他们期盼着主渠道能够有所舒缓，有一种正常的工作状态，而且也期望大家对于这一主渠道的工作有一份平常之心。

（四）破解之道：激活微循环，舒缓主渠道

既然弄清了思想政治教育渠道方面存在的问题，就要加以调整和解决。调整的思路，就是“激活微循环，舒缓主渠道”。在这里，“舒缓”主渠道，其实就是“疏通”主渠道。也就是说，从激活微循环入手，以减轻主渠道的压力，从而恢复和提高主渠道的效率，实现主渠道和微循环的互补和结合。

要激活思想政治教育的微循环，就必须在高度重视主渠道作用的同时，全面充分地调动全社会各个方面的积极性，以社会的、民间的、群众的力量来做思想政治教育工作。从党和国家的关系上来讲，在坚持党委系统的主渠道作用的同时，发挥国家政府部门在思想政治教育方面的作用；在国家和社会的关系上，在发挥国家机构主导作用的同时，也要发挥各行各业和社会各界的作用。简言之，就是实行思想政治教育的社会化。这里的“社会化”不是相对于“自然化”或“个人化”而言的，而是相对于“党化”和“国家化”而言的。党、国家、社会既相区别，又相联系。党领导着国家，并通过国家管理着社会，党是领导的

力量。思想政治教育本来就是党的工作，从这个意义上说它当然是“党化”的。但党又是执政党，掌握着国家政权，并将自己的意志上升为法律。这样，党的思想政治教育工作又要通过国家来进行，表现为国家的思想政治教育，这就是思想政治教育的“国家化”。但是，国家只是社会的公共领域，并不是社会的全部。思想政治教育也不能停留在国家的层面上，不能只是表现为各级国家机关和政府部门的工作，而是要走向全社会，成为社会生活的一部分。而这就是思想政治教育的“社会化”。

近年来，学术界已有人提出“思想政治教育社会化”的问题，并进行了初步的研究。他们研究这一命题的含义，并从思想政治教育的内容、方式、方法等方面去探索如何实现思想政治教育的社会化。确实，“思想政治教育的社会化”是一个比较宽泛的命题，它涉及思想政治教育的方方面面，而其中非常重要的，还是途径和方法层面，特别是渠道层面的问题。要在坚持党和政府的主渠道的同时，让社会民间力量（个人和组织）承担部分思想政治教育的任务。这些社会的力量虽然细小，但它们数量很大，综合起来就能发挥相当的作用。

我们没有太注意到，在社会民间蕴含着巨大的思想政治教育工作的积极性。很多普通人都愿意扮演思想政治工作者的角色。他们意识到这项工作的重要性，并觉得自己也应承担部分义务，而且在承担这样的工作时又具有一种自豪感。从骑着三轮车长途跋涉宣传党的好政策的农民，到义务为厂矿做理论宣讲的退休干部；从民营企业家搞的公益性思想文化类慈善活动，到老公务员在网上发表《写给公务员的一封信》；更不用说，还有网络意见领袖和草根代言人的影响力；等等。所有这些都表明民间有着这方面的巨大热情。这种情况颠覆了多年来人们对思想政治工作者的偏见和想象，改变了人们心目中思想政治工作者不受欢迎甚至避之唯恐不及的印象。而且，在有许多从事思想政治工作的同志对自己的工作产生倦怠感，甚至想放弃自己的职责而转行他业的时候，社会上涌现出这么多主动的义务宣传员，是令人深思的。

其实，思想政治教育的社会化已经是实践在先，而理论上的探讨不过是对现实中已经出现的趋势的概括。只要我们带着这样的眼光去观察近年来社会中出现的一些现象，就可以看到许多事情具有这方面的因素。比如，毛泽东的家乡韶山搞“红色婚礼”，口号是“让毛主席见证我们的爱情”，吸引了100多对新人申请50个名额。新人们在毛主席铜像前宣誓：“从今天开始，拒绝婚姻物质化，拒绝婚姻自私化，拒绝婚姻随意化，用诚挚注解婚姻，直到永远！”谁能说这不是一种婚姻观的教育呢？还有河北沧县“90后”青年带领村民连办三年“村晚”，既满足了村民娱乐的需要，又弘扬了社会主义新农村风尚。

当然，社会上零星的思想政治教育现象还是自发出现的，没有纳入思想政治教育系统中来考虑，还没有得到党和政府以及社会足够的理解和支持。我们现在要做的，就是要承认这些现象及其价值，并给予高度的重视和评价；要给予鼓励和支持，使之得到更大发展；当然还要注意引导，使其从自发向自觉迈进。只要社会各界更多地承担起思想政治教育的职责，那么思想政治教育的主渠道就可以相对地减轻压力，这将有助于使全社会的思想政治教育格局更为均衡合理。当然，充分发挥微循环的作用，并不是忽视或轻视主渠道的作用，更不是弱化主渠道的职责和使命，而是调整主渠道的工作状态，使主渠道能够更加从容、高质高效地发挥好自己的主导作用。

思想政治教育社会化当然也不只是发挥微循环的作用，也包括主渠道自身的改变，使其工作方式更加公众化和社会化。这就不赘述了。

（原文发表于《思想理论教育》2014年第9期）

七

思想政治教育话语转换的三重基础

在当代中国思想理论界，话语问题成为一个热门话题，受到了从党和国家领导人到广大学者和教育工作者的高度关注，并由此展开了热烈的学术讨论。在这个问题上，大体有三个基本方面的话题：一是争夺话语权，主要指在国际舞台上发出中国的声音，争取中国的话语权；二是构建话语体系，主要指建构有中国特色的哲学社会科学话语体系，而不是照搬西方的话语体系；三是实现话语转换，主要指宣传教育要通过话语方式的更新而提高实效性。应该说，这三个问题都与思想政治教育有关，但是最直接相关的还是第三个问题，即实现思想政治教育的话语转换问题。本文无意对思想政治教育话语转换作全面阐述，而只是探讨这种转换的基础，从而为阐明和实现思想政治教育的话语转换作前提性铺垫。

（一）话语转换具有深刻的基础

话语问题是思想政治教育的重要问题。思想政治教育活动本身离不开话语，思想政治教育的创新发展离不开话语的转换和更新。现在，思想政治教育的话语转换已成为思想政治教育学领域中的热门话题，大家正在探讨这种转换的含义和要求。思想政治教育的话语转换有广狭二义：从广义上讲，指思想政治教育现代转型的一个侧面，包括思想政治教育在学术研究、专业教学以及宣教工作各方面的话语转换；从狭义上讲，它仅指思想政治教育实践过程中教育者的话语转换，而不涉及学术研究话语和专业教学的话语问题。本文主要从狭义上来讨论话语转换问题。在本文的语境中，又以高校思想政治理论课教师在教学中的话语转换作为现实中的典型形态或案例平台。

在这里，所谓思想政治教育的话语转换，主要指思想政治教育过程中，教育者用受教育者更喜欢听、更容易懂，从而更能够接受的话语，来表达思想政治教育的内容，以提高受教育者的兴趣和积极性，从而增强思想政治教育实效性。通过说话方式来引起受教育者的兴趣，这是人人都懂的道理。在党的思想政治教育的历史上也早就有相近的要求，也涌现出许多受欢迎的宣传教育工作者。但是，把它上升到话语自觉的层面，上升到话语转换的高度来看待，还是现在才出现的。

当前，通过实现话语的转换来增进思想政治教育的效果，已经成为大家的共识和努力的方向。一方面，思想政治教育工作者已经在教育实践中进行探索，尝试用新的语言和话语方式来改进宣传教育，不断积累话语转换的实践经验；另一方面，思想政治教育学者们也在进行学术上的相关研究，力求为实现话语转换提供学理的支撑。这都是非常好的现象，已经取得了初步的成果，它的前景是值得期待的。

但是，我们也要看到，思想政治教育的话语转换不是一个简单的问题，而是充满着深刻性和复杂性。它不仅涉及话语和语言表达，而且涉及不同话语系统之间的关系，涉及话语与思想的关系，涉及话语转换与思想方式转换的问题。因而，它是有难度的，并不是轻而易举就能实现的。从高校思想政治理论课教师在教学中尝试话语转换的实际中，大家也能感受到它的难度。显然，并不是只要认识到它的重要性就能马上实现转换。事实上，顺利地实现话语的转换，尤其是实现好这种转换，是需要相应的前提条件的。只有在具备了相应的前提条件的基础上，转换才能顺利实现并取得好的效果。

这些前提条件其实就是实现话语转换的基础。而且这一基础不是单一的，而是多重的；有理论纵深的，既有表层的基础，又有深层的基础，还有更深层的基础。为此必须分别地加以考察和阐述。

（二）话语娴熟：话语转换的表层基础

要实现话语转换就必须娴熟地掌握话语，这是显而易见的。人无法以陌生的语言来说话，特别是不能以自己所不熟悉的话语来表达复杂和深刻的思想。要运用好一种话语就必须熟悉掌握这种话语，必须能够娴熟自如地运用这种话语。而且，从话语的转换上说，不但要掌握原有的话语，而且尤其要熟练掌握作为转向对象的那种话语。由于社会生活的多样性，在人们的社会交往和文化活动中通常存在着多种不同的话语系统。每一种话语系统都有其特定的常用语汇，有其特定的表情达意的方式，并形成特定的语境和效果。只有熟练掌握两种以上的话语，才能实现在这些话语之间的自如转换。显然，这是实现话语转换最直接的基础。

首先，要熟练掌握思想政治教育的主流话语。主流话语就是当前起主导作用的、大多数人所采取的话语。思想政治教育的主流话语就是马克思主义的和中国共产党的话语。作为思想政治教育工作者，作为思想政治理论课教师，要掌握并熟练运用马克思主义的话语和党的话语。这是一个前提和基础，没有这一点就谈不上话语转换。因为所谓话语转换，就是将马克思主义的话语和党的话语转换为特定受教育者更容易接受的话语。如果一开始就没有马克思主义的话语，没有中国共产党的话题，那么话语转换就无从谈起。

实现话语转换，并不是完全不要主流话语，也不是要削弱主流话语。主流话语的形成有其历史和现实的原因，有其存在的合法性。主流话语曾经是很有效的，现在也并不是没有效用，虽然它在新的条件下遇到了一些挑战，但它并没有过时和失效。因而在宣传教育的过程中，也不是完全不用主流话语，否则就不能把事情说明白。在很多情况下，往往是主流话语和其他话语交织使用，并在不同话语中转换。因此，话语转换并不是完全不要原来的话语，更不是盲目崇拜和完全照搬西方话语。现在，有的学者只会用西方话语来说话，而一旦当需要用马克思主义的和我们党的话语来说话时，就立即陷入一种尴尬失语的境地。这绝不是我们所希望的那种话语转换。

其次，要熟练掌握哲学社会科学的相关学术话语。虽然我们讲的是马克思主义的道理，是中国共产党的道理，但这并不意味着只能用马克思主义的和中国共产党的纯而又纯的话语系统来说话。现实经验告诉我们，只用纯正的马克思主义语言，只用中央文件语言来进行宣传教育，效果并不好。原因很简单，这些语言虽然没有问题，但在当下的中国并不被多样化的受众所了解和熟悉。我们所面对的对象并不都是马克思主义者，也并不都是共产党员，而是极其多样化的社会公众。在这样的情况下，除了使用马克思主义的和党的语言，并使他们尽可能地了解这种话语之外，还要采用一些其他相关知识和学科的概念和语言，这样才能使自己的语言系统更加丰富和多样。也许有的概念术语并不一定那么准确，不一定符合马克思主义的要求，但是它们对于宣传教育往往能起到好的作用。列宁在谈到唯物主义和无神论宣传教育的时候，就批评了那种只用单一的马克思主义语言来进行宣传的观点，提出要充分利用历史上的无神论资源，比如18世纪唯物主义者的无神论著作。其实，现在的人们在生活中也经常接触到一些来自不同学科的概念，社会学的，心理学的，政治学的，管理学的等，而且有些概念已经进入人们的日常生活，并成为普通公众能够理解的理论语言。思想政治教育者在进行宣传教育的时候，适当借鉴和采用一些这样的术语，符合人们的需要，有助于人们的理解。

最后，要能熟练运用生活化的话语，特别是青年人的时尚性话语。生活化的语言接近于人们的日常生活经验，因而便于人们理解。学术性理论话语虽然也是来自生活，但经过了学术加工和长期的学术界积累，与当下生动鲜活的现实生活有了一定距离。从学术发展来说，这种距离也许并不是坏事，它可以保证学术活动的正常进行并达到学术的高度，但从宣传教育的角度看，毕竟不利于与人们进行思想沟通。因此，用纯学术语言讲述的道理，人们不容易听懂，就需要实现话语方式的转换，使学术语言生活化。在日常生活中使用生活化语言并不困难，因为本来就是如此，但是在思想政治教育的场合，在高校思想政治理论课教学中，能够运用生活化话语来表达思想理论内容，那就是相当困难的。为此，就要熟悉人民群众实际生活中常用的话语，特别是面对青年受众时，更要了解他们的时尚性的话语。有时只要增加几个这样的词汇，就起到很好的点缀作用，拉近与青年受众的心理距离。因此，作为思想理论工作者，要熟悉人民群众的日常语言，特别是要熟悉广大青年的常用语言。

（三）思想透彻：话语转换的内层基础

对于实现思想政治教育的话语转换来说，各种话语的熟练掌握当然重要，但不是最重要和唯一重要的基础。因为还有比这更加重要，也更加基本的基础，那就是对思想政治教育内容的熟练掌握，特别是对要表达和传递的思想理论的透彻理解和自由处理。也就是说，比掌握话语更重要的是掌握思想，比话语娴熟更重要的是思想的融通。

对于思想政治教育来说，话语本身不是目的，通过话语来表达和传递思想才是目的所在。话语是思想的形式，是思想传播的途径，它的意义不在自身，而在其背后的思想。话语的转换不是出于话语本身的需要，也不是为了转换而转换。美好的语言可以是文学追求的目的，但不是思想政治教育的目的。说到底，话语转换只是为了更好地表达思想，更有利地传递思想，从而更有助于受教育者理解和接受这种思想。因此，重要的是把马克思主义理论搞通，把我们党的大政方针的精神搞透。只要先把主流思想搞明白了，想透彻了，才能用不同的话语来表达它。而且，只有这样，才可以避免思想在另外的话语中发生变异和失真。

对于马克思主义的基本观点，不仅要一般性地知道和理解，而且必须有更深入更透彻的理解。这是非常重要的。简单地掌握一个基本原理是容易的，但真正吃透它的深刻内涵和精神实质，则很不容易。为此还必须了解这一思想产生的背景和经历的过程，了解这一思想相应的支撑条件。还要把一个原理与另一个原理，与整个的理论体系联系起来，打通进行思考。马克思主义的哲学、政治经济学和科学社会主义是三个基本组成部分，但不是彼此隔离的，而必须打通理解，一体化地掌握。只有把思想吃透了，才能把它变成自己的思想，才能真正自如地来处理这一思想，用不同的语言来表达这一思想。

思想的通透、理论的会通不只是发生在主流理论内部，而且还涉及主流理论与非主流理论的关系。它实际上意味着一个学者的思想能够随意进出不同的理论体系，并把不同的理论体系贯通起来理解。特别是我们不仅要打通马克思主义理论内部的不同部分，而且还要能打通马克思主义理论与马克思主义之外的一些理论体系的关系，打通马克思主义理论与社会现实的联系。真正做到用马克思主义的真精神，用马克思主义的思想高度和科学方法，去评判其他的理论体系，去看待社会生活中的各种问题，找到说服人的道理所在。这是非常高的要求，我们大多都达不到这一高度，但可以将其作为我们长远追求的目标。我们并不是要求必须先要达到这样的理想境界，才能有资格来用不同的话语传播马克思主义，而是说：如果我们在思想力上有更多的努力和更高的境界，那么我们在话语表达与转换上也一定会有相应的更好表现和效果。

（四）思维圆融：话语转换的深层基础

话语的转换不仅涉及它背后的思想，而且还涉及思想背后的思维方式。话语系统的背后是思想系统，而思想系统的背后是思维方式。因此，思维方式上的灵活性和圆融性，不同思维方式上的互通性，又是话语转换更深层的基础。

当然，思维方式是一个很大的概念，也是一个很严肃的概念。如果我们很轻率地谈论思维方式的不同，可能会导致绝对化和误解，因此我们应该慎谈思维方式不同。但是，我们从实际生活中又确实能够感受到，不同行业和领域的人，特别是不同文化母体中的人，各自在思考问题的方式上确实是有差异的。凡是学过外语的人都有体会，中文与英文的区别不只是词汇和语法上的，更是思维方式上的差异。虽然我们不能由此断言东西方人思维方式完全不同，但在思维方式的某个层面上，确有其不同之处。

也许我们可以用另一个生活化的概念来表达这种思维方式上的差异，即我们常说的“思维的频道”。我们知道，一台电视往往有多个频道，不同的频道里播放着不同的节目。而看电视的人往往会在不同的频道间切换，以便找到自己当下最喜欢的电视节目。同样，话语和思维也有不同的频道，在不同的场合说的话不一样，想问题的方式也不会一样。比如，在日常生活中说的是一种话语，通行的是一种思维规则；而在正式的工作场合，说的又是另一种话语，用的是另外的思考方式。这种生活场景的切换对我们有所启发。其实，在思想政治教育过程中，在思想政治教育课教育教学中，话语转换的背后就是思维频道的切换。当我们用另一套话语系统来表达思想的时候，在我们的大脑中实际上在发生着一种变化，即从一种思维频道转到了另一种思维频道上。

在这里，重要的是思维的灵活性和圆融性，表现在人们能够多角度多方向地思考问题和阐述问题，尤其是能够在不同的角度和方向之间自由地进行切换。这种转换的能力是最重要的。也许人脑和人的精神世界中从来都不缺少频道，而人们缺少的往往是在不同的思维频道间转换的能力。这种能力表面看来是话语转换的能力，是语言表达上的功夫，但实际上是思维转换的能力，是思维圆融的体现。从一个电视频道跳到另一个频道是容易的，只需要按一下面板就可以了，但是对一个人来说，从一种思维频道转到另一种思维频道，从一种话语频道转到另一种话语频道，则是困难的，需要有意识地训练和调控。

那么，怎样来训练和实现这种思维上的圆融性呢？这是一个系统的工作，需要有多方面的训练和努力，其中有些方面我们还不太清楚，还有待进一步研究。但从当前我们能想到的来说，有两个方面是非常重要的：

一是要用心掌握辩证法，使自己的思维更加辩证，更加灵活，更加自由。辩证法是训练思维灵活性的有力工具，因为它体现的就是世界的流动性，注重的就是人的认识和思维的变化性。辩证法打破非此即彼、非黑即白的两极对立式的思维，在不同的两极之间找到中介，找到相互转化的通道。学习辩证法，对于养成圆融的思维方式是非常有好处的。当然，学习辩证法不用采用死记硬背式的机械方法，不是把辩证法当作知识和教条去背诵，而是用心去领会和感悟，吃透辩证法的精神。只有这样才能得到辩证法的精髓和妙用。

二是要去了解和体悟不同的生活方式。不同的思维方式的形成，是由于不同的生活方式决定的。现代社会中人们的生活方式多样化了，在这种多样化中就包括话语的多样化，背后也是思维方式的多样化。为了了解和掌握不同话语和不同思维的特点，就需要了解和体验不同的生活。在这一点上，现代社会比传统社会中有很多的机会和可能。职业、岗位、住地等都不再像以前那样固化，人们可以比较自由地在不同部门和领域中工作，也可以到不同的国家去生活。这些都极大地丰富着人们的生活体验。而且我们看到，在现代社会中，旅游成为人们很强烈的需要，而旅游的本质其实就是对异地生活的体验。这说明，现代人也都有着对体验和了解另样生活的需要。思想政治教育工作者，完全可以利用一切可能的机会，了解多样化的社会，体会多样性的生活。当然，我们不必要也不可能事事都去亲历亲验，但只要我们有这样的自觉意识，有包容多样化生活的宽大胸怀，善于将直接经验与间接经验结合起来，就一定能够熟悉不同的生活领域和对象群体，就能够不断提高自己思维转换和话语转换的能力，提高思想政治教育的针对性和实效性。

（原文发表于《思想理论教育导刊》2016 年第 5 期）

八

思想政治教育的话语转换及其路径

话语问题是思想政治教育的内生性问题，这个问题处理得好不好，直接影响着思想政治教育的效果。[①] 为了更加贴近受教育者的需要和特点，教育者要自觉地对自己的话语方式进行调适和转换，以实现与受教育者的话语对接。

（一）思想政治教育话语转换的特殊重要性

思想政治教育在通常情况下是用话语来进行的，而个别情况下的非话语的运用也必须与话语相联系。话语的运用是一个复杂的工程，其中重要的一个问题是话语的转换。思想政治教育的话语转换，就是教育者根据时代背景和教育情景的特点和要求，根据受教育者的需要和习惯，调适和改变自己原有的话语方式，用受教育者更愿意和能够接受的话语来表达和传递教育内容，以增强思想政治教育的吸引力和实效性。

话语转换是思想政治教育话语运用中的应有之义。因为，思想政治教育者用话语来表达和传递思想时，它的表达已是属于思想的“第二次”表达，即经过了转换的表达。思想理论观点的形成需要话语表达，这个表达属于“第一次”表达，它的唯一要求是清晰准确地表达出这个思想观点本身。它所面对的是思想本身，它要处理的是特定思想与其语言表达的对应关系。而思想政治教育的话语是在此基础上的第二次表达，即将已经形成的思想理论经过话语的转换，来向教育对象进行传播或传递，因此它所面对的主要不是思想本身，而是教育对象，它所要处理的是思想内容、受教育者的需要和话语表达三者之间的关系。好的教

① 刘建军:《论思想政治工作的十八个转变》,《思想政治教育研究》2008 年第 4 期，第 13—19 页。

育者不能简单地照本宣科，而是必须根据受教育者的情况和需要，调整表达思想的方式，实现从第一次表达的原初话语向第二次表达的新话语转换。

思想政治教育的原初话语是作为其教育内容的思想理论本身的话语，比如理论著述的话语，政治文献的话语，学科体系的话语等。在宣传教育过程中，这种话语需要根据教育教学的需要作出调整和改变，改变后的就是教学话语或转换后的新话语。沈壮海提出过思想政治教育的“内容Ⅰ”和“内容Ⅱ”，以及从前者向后者的转换。[①] 他认为，学科内容有其内在的逻辑结构，据此逻辑而呈现的内容是原有内容即“内容Ⅰ”，出于教育教学需要而编写的讲义内容则是转换后的内容即“内容Ⅱ”。将这样的提法运用到思想政治教育的话语及其转换中来，就可以将思想政治教育的原初话语称为“话语Ⅰ”，将面向教育对象而转换过的话语称为“话语Ⅱ”。其实，从思想政治教育的“内容Ⅰ”向“内容Ⅱ”的转换本身就包含有从“话语Ⅰ”向“话语Ⅱ”的转换，而且某种意义上可以归结为这种话语的转换，因而内容本身必然是更稳定的。

从理论上讲，思想政治教育的话语转换有两种：一种是由于内容本身的转变而引起的话语转换。如果思想政治教育的内容发生了重大的转变，特别是内容体系发生了重大转变，那么话语当然也随之改变。这种话语的转换本身就是内容转换的一部分。恩格斯曾经说过，科学上的每一次划时代的发明和发现，都伴随着术语上的革命。这其实就是话语上的转换。这种转换往往具有根本性。另一种是在内容本身没有发生大的改变的情况下，出于教育教学的需要而实行的话语转换。这种转换实质上是教育者所施行的话语调整，以使其更加适应于当下教育的需要。

在这两种情形中，对我们来说更重要的是第二种，即调适性转换。因为，我们这里所讲的话语转换有一个前提，那就是话语所要表达的思想内容本身的稳定性，是在共同的思想内容的基础上如何选择更好的话语表达的问题。因此，在这里话语转换并不意味着抛弃原有的话语。这里有一种程度上的区别和伸缩空间。而程度上的大小是与宣传教育的

① 沈壮海:《思想政治教育有效性研究》，武汉：武汉大学出版社2008年版，第81页。

直接与间接有关的。在直接教育的场合，完全可以适用第一种话语。比如，对于党内的教育特别是干部教育来说，原原本本地学习马克思主义，学习党的领袖有关论述，这里基本不存在话语转换的问题。因为本身的目标就是让党员干部原原本本地掌握马克思主义的基本话语和我们党的基本话语，并用这套话语来表达思想和认识。但如果是对党外普通民众的宣传教育，特别是对那些不熟悉和不习惯马克思主义和党的语言系统，甚至对这些话语有一定逆反心理或偏见的群众，只能进行间接的甚至渗透式的教育。在这样的情况下，思想政治教育者就不能照搬原有话语，而必须加以转换，使之成为更容易为人们所接受的话语。

但是，不论是直接宣传还是间接宣传，不论是在怎样程度上需要话语转换，对于思想政治教育者来说，首先必须熟悉掌握原有的话语系统，在此基础上才能谈得到话语的转换，也才有可能实现从这种话语向另外话语的转换。

（二）思想政治教育话语转换的基本路径

谈到话语转换，必须涉及从什么话语向什么话语转换的问题。这个问题应该属于话语转换的路径问题。转换的路径是多种多样的，并不是只有一种路径。对于不同的路径大家可以有不同的概括，我认为基本的路径主要有以下三个方面：

1. 政治话语学理化

思想政治教育是一种以政治思想为核心的宣传教育活动。不论思想政治教育的内容有多么广泛，政治内容都在其中居于核心地位。政治内容当然是由政治话语来表达的，因而在思想政治教育话语中，政治性话语是不可缺少的，也是不能回避的。

政治话语本身也有自身的存在价值和独有魅力。政治话语表达政治话题和政治内容是恰当的，并无不妥之处。这种表达最直接，最明确，也是自然而然就形成的。对于关注政治特别是热心政治的人们来说，使用政治话语是理所当然的，他们并不排斥。我们党有自己的一套政治话语，它是我们党的性质、宗旨、纲领、路线、方针、政策的直接表达。这套话语系统十分严谨讲究，只要看一下我们党的文件，看一下领导人的讲话，就会发现这种政治话语有其自身的逻辑和艺术，具有自身的魅力。文件中每一句话，每一个表达，都经过反复推敲和打磨，力求得到最准确而又最恰当的表达。可以说，党的文献在文字表达上所下的功夫，远远超过普通人的写作和学者的著述。因此，党的政治话语并不是粗糙而没有魅力的东西。只要去翻看一下就会发现，其中还有一些十分精彩的表达。因此，轻视甚至轻薄党的文件语言是完全没有道理的。

那么，为什么又要对政治话语进行转换呢？

首先，并不是所有的群众对政治都密切关注，事实上多数群众对政治不太关注，不太敏感。对于那些并不关注政治，与政治保持着相当距离的人来说，只用政治话语开展教育就很不够了，而且存在着一定的话语错位。他们认为政治与己无关，因而对于政治话语提不起兴趣。政治是社会公共生活的领域，政治话语与日常话语有所不同，对许多人来说有相当的距离感。很多人只是生活在日常生活中，用日常话语来表达思想愿望，而对于政治化的说法难以准确地理解。

其次，政治话语相对于日常生活而言确实有其枯燥的一面。这是因为，党的文件虽然都有其重点所在和实际工作目标，但在话语表述上则讲究全面性，以避免在实际工作中的片面性。因此，它不仅要讲一些新话，而且也要讲许多旧话，讲一些经常需要讲而讲过许多遍的话。有同志总结文件的起草工作说，文件的构成是三分之一的老套话，三分之一的新套话，加上三分之一的新话和连接词。这种说法未必十分准确，但它出自经验者之手也确实反映了一定的实际情况。这样，新老套话一起说，四平八稳，当然不会太生动。而且，政治话语尤其讲究准确，没有权威出处的话不能随便说，以避免误解和误会。因此，在政治话语上，准确性是第一位的，生动形象始终是第二位的。在许多情况下，为了确保表达的准确，只能牺牲表达上的生动。

最后，政治宣传重复得多了，人们会失去新鲜感和兴趣，甚至导致有些厌烦和逆反。[①] 任何宣传，包括政治宣传，都不可避免地会有一定的重复。这种重复有两种目的和作用，一是重复能够加深受众的印象，

① 刘建军、杨巧：《创新思想政治工作的四个思路》，《思想政治教育研究》2012 年第 4 期，第 14—19 页。

使其有更多的了解和接受；二是重复有助于扩大受众覆盖面。因为对于一件事情的宣传工作，不论进行得多么广泛，通常也总会有一些没有宣传到的人。而为了让更多的人接收到政治信息，有时就需要多讲几遍。这样，在许多情况下政治宣传往往偏多。特别是在我们这样人口众多而又层次多样的国家，更是如此。经常有这样的情况：某种程度的宣传对有些人来说是合适的，但对另一些人来说已经过多了。对于这后一部分人来说，没有必要再次重复政治话语，而最好是实行话语转换。

另外，也有些人对政治宣传往往有某种戒备心理甚至偏见，认为出于政治需要进行的宣传教育往往有一定的水分，并不完全可靠。对于一些政治观点完全不同的人来说，更可能对政治话语有直接的抵触。

那么，政治话语应该向什么方向去转换呢？我们首先想到的是向日常生活转换，即实现政治话语的生活化。也就是说，打通公共生活与私人生活两个领域。这样当然是对的，对许多人来说是适宜的。公共领域并不是与私人生活无关的领域，政治问题并不是与每个人的个人利益无关的，而是有着十分密切的关系。我们说政治是经济的集中体现，并不是虚言。它与个人的经济利益及其实现密切相关。孙中山说过，政治是众人之事。只要把政治加以生活化的还原，就会发现它就是人群中实实在在的生活问题。由于有这种内在的联系，在这个基础之上，只要把政治话语加以生活化的表述，就易于让受众了解政治。

但我们这里重点强调的还不是这个方面，而是政治话语的学理化或学术化。之所以如此，一方面是因为政治话语的生活化已经是大家的共识，不必多讲了；另一方面，是考虑到现在的受众已经有较高的文化水平，特别是对大学生和知识者来说，政治与生活的联系不成问题，仅仅从生活上去讲政治，他们会觉得不满足。因此，政治问题要上升到学理的高度，从学术上去把握和讲解，就更有说服力。大学生和知识分子重视学术，服膺学理，这是他们的长处。对他们来说，党中央说的话，党的领导人说的话当然是有政治权威，大学生也会承认这个权威。但他们会从学理上去思考更深一层的东西，想弄清为什么。因此，政治话题如果是让专家来发表意见，从学理上解说，用学术语言来阐释，就会收到好的效果。其实，对社会公众来说，让专家出场来解释，工作效果也都比较好。这一方面是由于专家是内行，他们是讲道理的，另一方面则是人们相信专家更为公正和客观。他们站在利益的局外，秉持学者的立场，具有客观性的追求，因而是值得信赖的。因此，近年来，电视节目中经常有专家出现，讲解人们所关心的问题。特别是当有重大政策推出的时候，或者发生突发性的事件而人们感到困惑的时候，就会请相关方面的专家做讲解。而不是像从前那样只由政治人物或思想政治工作者来讲解。这也可以说是新时期思想政治教育的一个新现象和新特点。

专家的解说中总会出现一定的学术名词和学术表述，这是不可避免的，也正是专家话语的重要特征。人们通过这些术语明白了事情本身的道理，就自然而然地信服了。当然可能似懂非懂，但这并不妨碍听众的信赖。而且有时正好相反，正是这样的术语在某种程度上的费解体现的学术权威性使人们对专家充满了信心。当然，必须注意一个程度和限度的问题。就是说，专家的学术术语不能太多，而是只占一少部分，起某种点缀性作用。因为毕竟专家不是在向同行说话，而是向公众说话。如果专家的话语完全是听众所不懂的学术话语，那就妨碍了受众的理解，也进而影响人们对专家的信任。

2. 学理话语通俗化

学术话语或学理话语在说理上具有优势，但是这种话语本身也具有两面性，有些情况下它本身也需要做一定的话语调适，甚至向其他话语转换，特别是向通俗化话语转换。

在思想政治教育中通常会包括一定的学理性的内容和话语。思想政治教育是讲道理的，而道理不仅是普通人在生活中得到的那种经验性质的道理，也有由思想理论家提出并经专家学者研究过的更深刻的道理。这样的道理就具有学术的形式和理论的形式，呈现为学理性话语。我们党的思想政治教育，不只是有一些政治思想和政治话语，而且也具有理论话语和哲学话语，体现出很强的学理性。这主要就是马克思主义的理论话语。具有理论性和学术性话语的教育内容，这是我们党的思想政治教育的一大优势。这是马克思主义创始人理论水平的体现，也是后世马克思主义者长期以来学术成就的结晶。并不是任何一个社会或社会群体的思想政治教育都能够具有如此高层次的理论水平和学术化程度。思想政治教育内容以这样的学理性为基础，为我们增强思想政治教育自信提供了重要的支撑。而对于受教育者来说，他们能够学会一定的学术话语，并用以分析和解决问题，这也是他们学习乐趣和成就感的重要来源。

但是，学理性话语在面向大众时，也有其局限性。一是不够通俗，不易为人们所理解。有些术语过于抽象，习惯于日常思维的群众不易掌握。特别是现在微观经济学大行其道，其中有些术语远离日常语言，令人不知所云。而一旦被生活点破，又令人啼笑皆非。比如所谓“流动性”，其实就是“活钱”；所谓“量化宽松”，其实就是“印钱”。二是不够生动，有一定的枯燥性。学术话语首先讲究的是严谨，它的术语要有一定的概括性，要超越于具体现象之上；它的表达要尽可能完整严密而没有漏洞；等等。这样，它的生动性和形象性就必然受到影响。尽管它会有一种严谨的美或逻辑的魅力，但只有少数搞专业的人才能享受得到，而多数非专业人士特别是普通群众是感受不到的。三是不够亲和，它是冷静的，但又是冷漠的，感性和情感不足，有时甚至还有一种高高在上的傲慢。特别是长篇大论的学术话语，似乎有一种要拒人于千里之外的味道。四是不够透明，它有时候会被个别所谓专家用来蒙蔽群众。有的人出于私人目的，故意把本来比较明了的问题弄得云山雾罩，以达到欺骗和愚弄群众的目的。由于这些方面的原因，学术话语对思想政治教育又有不利的影响。

学理性话语最初也是来源于实际生活，但它经过了学术共同体的加工和提炼，与生活语言拉开了一定的距离。而当这种距离不断拉大时，就可能使这些术语成为学院小圈子中的语言，而与生活之间形成一道鸿沟。比如哲学语言，特别是西方哲学派别的哲学语言，已经成为普通人根本无法看懂得的行话和黑话。马克思当年就尖锐批判过德国古典哲学的唯心主义思辨语言。马克思说：“哲学，尤其是德国的哲学，喜欢幽静孤寂、闭关自守并醉心于淡漠的自我直观……从哲学的整个发展来看，它不是超然通俗易懂的；它那玄妙的自我深化在门外汉看来正像脱离现实的活动一样稀奇古怪；它被当做一个魔术师，若有其事地念着咒语，因为谁也不懂得他在念些什么。”[①] 这样的学理话语就成为隔绝学术与生活的高墙。

学理性话语有必要向通俗化方向转换。这种转换有两种情况：一是对这种话语作出通俗性的解释和说明，以便于人们学习和掌握这种学理话语。比如马克思主义唯物辩证法中有些术语，在教育教学过程中需要老师作出一定的解释，以使人们有更好的理解。显然，这种转换是一种局部性的转换。二是直接用通俗性话语替代学术话语，将学术话语消解于无形。这是一种全面性的话语转换。不论是哪种情况，都需要将学理话语通俗化。

通俗化就是将深奥晦涩的学术语言转换为受教育者所熟悉的简单明了的语言，使人们明白和掌握其中的道理。这种转换主要是将学术语言转换为非学术语言，特别是转换为生活化的日常语言。用人们日常生活中所熟悉的道理和语言来解说理论和学术的话语。当然，并不是所有的学术术语都同样难懂，也并不是要避免所有的学术术语。有些必要的和无法避免的学术术语，也可以为人们所接受，并成为人们日常话语的一部分。在这样的情况下，它就完成了自身的一种转换。

通俗化不是一个简单的语言替换问题，而是一个对学术成果进行重新表述的问题。这首先就需要对学术成果有透彻的整体性的理解，只有在此基础上才能真正实现通俗化，同时又避免庸俗化。在这种转换中，思想的本质没有改变，思想的品格也没有变异，但它的形态改变了。而思想依赖于表达，当表达改变了的时候，思想本身也很容易一起跟着改变。因此，通俗化本身随时伴着一种危险性，即庸俗化的危险性。通俗化与庸俗化虽只有一字之差，但具有性质上的不同。其基本区别在于，在对学术成果进行生活化和简单化的重新表述的时候，是否因此而降低了思想理论的品格，是否矮化和歪曲了原有的理论观点。通俗化的结果虽然降低了表述的复杂性和难度，但没有降低理论应有的品格和品质；而庸俗化则是将高级思想变成低级思想，将高水平的东西变为低水平的东西，将高价值的东西变成低价值的。经过庸俗化的转换，正面的价值

①《马克思恩格斯全集》（第1卷），北京：人民出版社1956年版，第120页。

可能变成了负面的，崇高理想的变成了低俗的东西。现在有人很善于这样的“恶搞”，故意使通俗变成庸俗，以此嘲弄崇高、亵渎神圣，是值得注意的。因此，真正把理论通俗化，把学术话语转换为通俗话语，是一种创造性的劳动，是一种创新性的转换。

3. 通俗话语趣味化

通俗性话语自然是有益的，它特别有助于人们的理解和接受。但正像任何一种话语类型都有其优点和不足一样，通俗性话语也是如此。它一方面可能缺少一定的权威性。平常的东西，简单的道理，往往不容易引起人们的注意。过于容易而没有难度，对人的思维没有高一点的要求，没有一定的问题刺激，也会减少人们的兴趣。另一方面可能的不足之处，就是淡而无味。像白开水一样，虽然也能解渴，但总是没有大的味道。通俗的一般是比较平常和平淡的，平淡并不都是坏事，特别是高境界的平淡是很不易达到的。但是平淡也往往缺乏味道，而不易引起人们的兴趣。有的人讲话固然是很通俗，但是像一篇流水账，没有什么吸引力。这两种情况都需要对通俗化话语实现再转换，特别是实现通俗话语的趣味化。

我们看到，有些著名的演讲家和具有高超思想教育艺术的人，他们的通俗话语都不是平淡无味的，而是具有很强的趣味性。比如毛泽东，他的讲话和文章一般都是通俗易懂的，但同时也很有趣味，让人爱听爱看，具有很强的吸引力。

那么，这种通俗语言的趣味性来自哪里呢？其中包括着什么要素呢？大致说来，一是思想性，有一定的思想内涵，这样思想的魅力就会体现在话语上。语言是思想的表达，离开了思想本身，话语就没有了灵魂。而只要是有灵魂的话语，即使再平凡和平淡，也是淡而有味的，是不平凡的。我们传统文化中很讲究写文章，特别是追求一种隽永的风格，就是淡而有味。当然这里的味不是思想，而是意境。二是幽默感，使人发出会心微笑。幽默感是什么不容易说得清，但它不是一种小的语言技巧，不是玩世不恭，而是热爱生活的，是生活智慧的体现。林语堂说过，智慧不足的人没有幽默，而只有滑稽；智慧刚好够用而没有富余的人也没有幽默，而只有一本正经；只有智慧足够而有盈余的人，才有幽默，因为幽默是智慧的自然流淌。这种说法具有启发性。三是形象化表达，运用形象思维来配合抽象思维，把抽象道理形象化。其中包括故事性叙述，有一定情节，说明一定道理。比如运用历史上或文化艺术中的典故。比喻也是一种生动形象的表达方式。古代的思想家们善用比喻来讲述哲理，留下很多名篇名言。同样，毛泽东也善用比喻，他的著述和讲话中有着大量的精彩比喻，给人以深刻启迪和教育。

不论是思想性、幽默感还是形象化，都是既可学又不可学的。一方面它们具有不可学的一面，带有一定的天生素质和智力特征的性质。并不是所有的人都具有思想家的潜质，或都具有比较深刻的思想能力；并不是所有的人都具有幽默感，即使是许多很有才华的人，其实也并不幽默；也并不是所有的人都能够做到语言形象化，因为有的人并不擅长形象思维。所有这些方面都具有不可学或不容易学的一面。但这并不是说，我们只能望洋兴叹，而没有学习进步的余地。多学理论多思考，自然有助于提高思维能力和思想水平。更加开阔胸怀，更深刻地体验生活，多接触幽默好玩的作品，自然也能增强自己的幽默感。至于形象化思维和表达的能力，也可以经过提高自己的文学艺术修养而有所提高。

（三）思想政治教育话语转换的其他路径

以上所述是话语转换的一些基本路径。除了基本的路径之外，还有一些非基本的路径，也是需要注意的。比如书面话语的口语化、刚性话语的柔性化、熟悉话语的陌生化等。

1. 书面话语口语化

书面话语与口头话语有明显的区别。书面话语是写在书上或文章上的话语，尽管也有人用口语化语言来写作，特别是文学作品，但作为正式的论著，通常其语言有规范性的要求，是与日常口语明显不同的。它要求用规范的术语和语式来表达，它讲究表达的专业性、逻辑性和严谨性等。教材虽然不是论著，但它的编写通常也是规范性的，使用的是书面化语言。可以说，它是一种特殊的书面化语言，主要是用大家公认的语言来严谨地表达理论知识，并顾及教学思路上的需要。有人称这种语言为“教材语言”或“教材话语”。这种教材式语言可以用于教材的备课，也可以用于学生的研读，但是不可以直接适用于课堂讲授。如果照本宣科，把教材语言在课堂上重复一遍，是不会有好的教学效果的。为此还必须转换为口语化的表达，化为课堂话语。这里面就有一种转换，是从书面语向口语的转换。

这种转换当然不仅限于课堂上。在其他场合的宣传教育中，特别是面对面的宣传教育中，包括利用媒体的宣讲中，都不能照搬书面化语言，而必须转换为口语表达。口语化表达具有多方面的优点：一是简明通俗。书面语通常比较冗长，话语构造比较复杂，而口语通常句式简短，能够有效减轻人接受难度和理解负担。二是生动活泼。书面语通常是比较严肃的，而口语则相对灵活，又带着语气，现场感强，便于与对象互动，能够活跃气氛。三是具有个性化风格。如果说书面语往往是统一的规范的，那么口头语则往往是多样化的。不同的人说话风格不一样，这些自然地都反映在口语表达中。而这些多样化的风格中，肯定会有一些特别受人欢迎的风格。另外，在用于宣传教育的书面材料的写作上，也可以采用口语化的方式。比如理论读物、辅导材料、报纸文章等，都可以口语化表达。当然在这种表达中，也要注意一定的规范性要求和艺术性。

2. 刚性话语柔性化

话语的属性中还有刚与柔的区别。我们也许不容易从理论上去界定和划分这两类话语，但人们通常在实际生活中能够感受到二者的区别。这两种话语并无好坏之分，不能说某种绝对好，另一种绝对不好。可以说各有其优点和不足，而且二者也可以相互补充、相辅相成。问题是把握好各自的度。刚性话语比较严谨严肃，比较正规，比较理智，也比较有力量，但如果用得多了，人们就会觉得不够温暖，缺少亲和力。同样，柔性话语给人以心灵的慰藉，感情上的温暖，能够抚慰人的心理，但如果用得太多了，也会让人觉得缺少阳刚之气，缺少穿透力。在实际的思想政治教育过程中，究竟用什么样的话语更合适，取决于当时当地的情况，取决于所面对的对象的特征和需要，并不能先验地加以确定和固守。

从通常的情况看，我们的教育内容表达还是刚性话语较多。因为我们在思想上是社会本位，不是个人本位，那么关于社会的方方面面的理论观点的论述，特别是那些追求理论严谨和严肃性的内容，往往显得刚性十足，给人以生硬的感觉。党的文件是思想政治教育内容的重要来源和文本体现，由于其自身的属性，往往也是严肃性有余，个性化不足的。特别是其中结论性和要求性话语较多，而论证性和说明性的话语较少。更不用说国家的法律条文了，那更是严肃严谨。因此，为了有效地开展这些相关内容的宣传教育，就需要对刚性话语做适当调适和处理，实现从刚性话语向柔性话语的转换。这并不是说所有的刚性话语都要不得，都要转换成柔性的。这既没有必要，也没有可能，而且事实上也是有害无益的。而是说，对某些表述进行适当程度的柔性化，使理性和感性、阳刚之气和温柔体贴之间有一个平衡。现在我们已经可以看到，党的一些文件中已经开始出现某些柔性的话语，虽然不多，但很突出亮眼，给人一种温暖感。比如在培育和践行社会主义核心价值观的文件中，就有一个很好的柔性词汇“涵养”。当我们说“打造核心价值观”时，就显得过于生硬，而当我们说“涵养核心价值观”时，就感觉舒适多了。

3. 熟悉话语陌生化

话语的熟悉和陌生也是一对矛盾。一般来说，思想政治教育需要讲人们所熟悉的话语。这一方面是教育者熟练表达自己思想观点的需要，因为只有用自己最熟悉的语言才能达到最好的表达效果。另一方面，这也是受教育者所需要的。只有用受教育者所熟悉的语言和话语，才能更容易地为他们所了解和理解。因而，要尽可能避免一些大家觉得陌生的话语。

但是，这并不是绝对的。过于熟悉的话语往往使人缺少新鲜感，缺少话语上的刺激，不容易引起人们的关注。而在熟悉话语中适当地增加一点陌生词语，就会起到很好的提醒和醒目的作用。对一些为人们所熟悉的说法加以改变，用另一种说法来表达，也能起到这样的效果。值得注意的是，陌生化有一种效果，就是能够拉开认识主客体之间的一定距离，使主体能以新的眼光重新审视那些司空见惯的东西。在太熟悉的环境中，人们往往物我合一、物我两忘，对许多事情习焉不察。而适度的陌生化则能使人们从中警醒过来，恢复判断力。

因此，有些情况下，当我们所进行的教育已经很多，甚至受教育者已经听得厌烦的时候，就应该更换表达形式，其中重要的一条就是由熟悉话语向陌生话语转换。用一些并不太常用的新语汇、新说法，来表达已有的思想观点，这样至少从语言上能起到令人耳目一新的感觉。有的同志认为，只要我们的观点没有改变，就没有必要用不同的话语来表达同样的东西。这当然并非完全没有道理，因为更重要的是思想更新，而不是人为地变换新名词，但道理还有另一方面，就是我们不能总是用相同的话语来表达相同的意思，而是要适当地注意话语更新，用话语的陌生化来激起人们的新鲜感和好奇心，从而提高人们的兴趣。

（原文发表于《安徽师范大学学报（人文社会科学版）》2016 年第 4 期）

九

社会主义核心价值观对思想政治教育的话语启示

培育和践行社会主义核心价值观，是当前我国思想政治教育的首要任务。社会主义核心价值观是思想政治教育的核心内容，并为当前和以后的思想政治教育提供了方向性的引导。同时，社会主义核心价值观还有另一个方面的重要意义，那就是对思想政治教育的话语启示意义。可以说，社会主义核心价值观及其培育和践行，为当前思想政治教育提供了一种新的话语，对正处于话语创新探索中的思想政治教育产生了直接而有益的启示。

（一）社会主义核心价值观：一种新的话语类型

培育和践行社会主义核心价值观这一战略举措，主要包含三个方面的内涵：一是观念体系，二是话语体系，三是活动体系。其中，作为活动体系，主要指的是社会主义核心价值观的培育和践行，它是一种宣传、教育和实施的社会活动系统；而作为观念体系和话语体系，则是社会主义核心价值观本身具有的两方面含义。一方面，社会主义核心价值观为我们提供了一套思想观念，这就是以“三个倡导”为主要内容的价值观念，它不仅丰富和充实了思想政治教育的内容，而且由于其具有先进性和前沿性，还为思想政治教育的内容创新提供了指引；另一方面，社会主义核心价值观又为我们提供了一套话语系统，从而对思想政治教育的话语创新具有重要的启示意义。

对于社会主义核心价值观本身的话语意义，对于它作为一种新的话语类型所具有的思想政治教育价值，学界注意得不够。虽然已有一些学者和宣传工作者提出并探讨了社会主义核心价值观的话语问题，但其角度主要是对社会主义核心价值观的培育和践行进行话语创新，如何以更加贴近受教育者的话语来宣传、培育社会主义核心价值观，并促进人们付诸实践。这当然也是重要的，因为培育和践行社会主义核心价值观作为当前最重大的思想政治教育任务，正像思想政治教育的其他任务一样，也需要进行话语转换和话语创新，以增强其传播力和吸引力。但是，在这样做的时候可能无意中忽视了一个很重要的角度，即社会主义核心价值观本身就是一种新的话语系统，它本身就是思想政治教育的一种话语创新。如果我们没有认识到这个问题，而是略过这个问题去考虑社会主义核心价值观的话语问题，那就不仅是骑驴找驴，而且是把培育和践行社会主义核心价值观这样一个崭新的话题当成一个传统的旧话题来处理了。

今天，我们要有一种自觉的话语意识，从话语角度去观察和分析社会主义核心价值观及其培育和践行，找出它作为一种新的话语系统的因素构成和主要特点，并进一步把它放到我国意识形态工作话语系统中去考察，放到党的思想政治教育话语系统中去考察，确定其方位和意义。这样，我们不仅能够以更加自觉有力的话语方式去培育和践行社会主义核心价值观，而且能够以此为契机，对党的思想政治教育工作和国家意识形态工作的话语创新和探索提供启示。

社会主义核心价值观作为一种新的话语系统，主要由三个部分构成：一是它的形式话语，它是由“价值”“价值观”“核心价值观”“社会主义核心价值观”“社会主义核心价值体系”“核心价值观教育”等概念所组成的一组概念话语。二是它的内容话语，是由“富强、民主、文明、和谐，自由、平等、公正、法治，爱国、敬业、诚信、友善”的十二个核心价值理念，以及与之相类似或相关联的其他价值理念所构成的话语。三是它的教育话语，是由“培育”“涵养”“弘扬”“践行”等构成的一组行为性话语。这三个方面的话语构成了社会主义核心价值观的话语系统，使其形成了一种不同于传统意识形态话语的新话语。这种话语可以简称为“价值观话语”。

在社会主义核心价值观话语的三个层面或部分中，第一个部分具有总体的首要的意义。我们对社会主义核心价值观话语的分析，就是从这个层面上开始的。从形式上看，社会主义核心价值观作为一套新话语，首先是以哲学价值论的概念术语来称谓和表达的。在这里，最基本的概念是“价值”。“价值”这个概念，在我们以往的思想政治话语中并不常用。在马克思主义理论研究中，“价值”通常只是作为政治经济学的一个概念来使用，指的是商品的价值，或商品交换价值的实体。“价值”作为一个马克思主义哲学的概念，还是在改革开放新时期的研究进展中逐步确立起来的。我们曾经对西方学者的价值哲学长期持抵制态度，把“价值”看作唯心主义的哲学概念而拒绝使用。改革开放以来，经过这些年的研究，现在“价值”已经成为马克思主义哲学的重要概念，并形成了马克思主义哲学价值论，从而为价值观话语的出现奠定了理论基础。

“价值观”概念，以及“核心价值观”概念，是社会主义核心价值观话语的基本词汇和核心词汇。它表达了人们对于与自身有关的事物的意义和价值的基本看法。价值观无疑是一种认识，但它是从一定主体立场上得出的带有评价性质的认识，具有主体的倾向性，体现了主体的利益和愿望。所谓“核心价值观”，顾名思义当然是一定社会或社会群体中占主导地位的价值观。价值观问题涉及广泛的领域，并由此演化出一系列与“价值”或“价值观”相关的概念术语。比如，价值立场、价值取向、价值观念、价值理念、价值体系、价值观、核心价值观、共同价值观，传统价值观、现代价值观、西方价值观、中国价值观，等等。这样一些术语已经进行人们的日常生活语言和某些社会科学语言，在思想政治教育领域中流行起来，并带来一种新的话语气象。

总之，由于价值观问题的普遍性和重要性，“价值观”和“核心价值观”已经成为世界通行的概念。从一定意义上讲，“价值观”和“核心价值观”正在成为“意识形态”和“主流意识形态”概念的替代品。尽管我们现在仍然使用“意识形态”这样的话语，但在有些情况下我们也用“价值观”来表达。特别是当我们不是在党内语境中，尤其是党的宣传工作语境中谈问题，而是面向广大社会公众的时候，我们往往会做这种替换。当我们想说“西方意识形态”时，我们就用“西方价值观”；当我们想强调“社会主义意识形态”时，我们就说“弘扬社会主义核心价值观”。

（二）用价值观话语来表述思想政治教育话题

话语问题是思想政治教育的重要问题，近年来引起了人们的关注和探讨。大家越来越清醒地认识到，话语的运用对教育的效果具有重大的影响。同一个道理用不同的话语来表达，在受教育者那里就会产生不同的感受和效果。因此，当前思想政治教育创新的一个很重要的方面，就是在话语上做文章，进行话语转换或话语创新。社会主义核心价值观所带来的价值观话语，为我们探索思想政治教育的话语创新，实现思想政治教育的话语转换提供了新的启示。

话语问题当然是一个复杂的问题。既有新话语与旧话语的关系问题，又有不同类型的话语之间的关系问题。价值观话语既是思想政治教育领域中的一种话语类型，又是一种思想政治教育新话语，具有现实的适用性。我们可以在必要的时候用价值话语来表达思想政治教育的传统话题，甚至可以用价值观话语来对“什么是思想政治教育”进行界定和解说。

“究竟什么是思想政治教育呢？”这是我们在面对社会公众时经常遇到的问题。对这个问题的回答，往往会影响到人们对思想政治教育的印象和态度。而这种回答除了思想内容方面的界定外，还有一个话语方式的问题。即用什么话语来界定思想政治教育，也是一个值得我们考虑的问题。我们可以从这两个方面来看一下传统的定义：“思想政治教育是指一定的阶级、政党、社会群体，用一定的思想观念、政治观点、道德规范，对其成员施加有目的、有计划、有组织的影响，使他们形成符合一定社会、一定阶级所需要的思想品德的社会实践活动。”从思想内容上讲，从思想政治教育本质规定上讲，这样的定义是没有问题的。它真实地反映了思想政治教育的社会性本质，也符合我们长期以来从事思想政治教育工作的经验性感知。但是，从话语角度来看，特别是从当今中国的社会心理和语境来看，它的话语表述值得进一步推敲。

显然，上述定义用的是传统的社会政治性话语，特别是以“阶级”概念为核心的话语。这样的话语本身当然也没有问题，因为它是马克思主义基本理论和我们党的文献中常用的语言，现在也不能说已经过时，但是这样的话语表述在当前的中国，不容易引起普通的社会公众对思想政治教育的认同。首先，上述定义所用的社会政治类话语已经是人们习以为常的传统话语，不易引起人们的新鲜感受；其次，在社会政治类话语中由于突出了阶级性话语，也不易引起人们的亲切感和共鸣。因为现在毕竟不是阶级斗争为中心的时代了，虽然阶级和阶级斗争也在一定范围内继续存在，因而党必须对此有清醒的认识，但是在社会公众面前，毕竟这不是流行的话语。因而当我们用阶级话语表述什么是思想政治教育时，会引起人们的隔膜，甚至逆反心理。再次，上述定义中所说的“施加有目的、有计划、有组织的影响”这样的说法，也体现着计划经济时代的话语特征，给人一种整齐划一而又颇为强势的印象，甚至可能被现在的一些人们误解和扭曲为强制性的“洗脑”。这些当然都不利于社会公众对思想政治教育的正确感知和认同。

如果用价值观话语来表达，我们大致可以说：思想政治教育就是一定社会或社会群体传播其主流价值观的活动。这样一种定义虽然未必全面和系统，但是对于当前人们正确地把握思想政治教育是有帮助的。这种话语表述有许多优点。

首先，这种话语上具有新鲜感，它不是简单地重复以前的用语和表述方式，而是作出了新的尝试。使用这种话语表现出一种新的姿态和面貌，易于引起人们的关注和兴致。这至少迈出了理解和认同思想政治教育的第一步。

其次，这种话语正是目前流行的话语，比较易于为人们所理解和接受。现在，不论是研究者还是普通群众，都会或多或少地关注和谈论价值观问题。人们都能理解，一个社会应该有其主流的价值观。这几乎是不用论证就能接受的观点。但是如果我们用另外的话语来表述，说“每个社会都有其占有统治地位的意识形态”，虽然意思也对，但有些人可能就会感到隔膜甚至不以为然。而且，价值观不只是一种公共性话语，而且也是一种个人性话语，在私人性交流中也是经常使用的。人们大多都能很好地理解：一个人应该有正确的价值观，一个社会应该有核心的价值观，而二者之间也有对应关系。

再次，这种话语便于进行国际交流和沟通。今天，价值观话语具有国际性，是不同的国家都采用的一种话语。这样，就可以形成一种交流的平台，从而有利于国际交流的开展，有利于思想政治教育学科的国际化发展。与“思想政治”和“思想政治教育”这两个概念相比，“价值观”和“价值观教育”在国际上更为通行。而且，对于有些国家来说，“思想政治教育”概念还可能引起误解。因此，我国思想政治教育学界召开的为数不多的国际学术会议，通常用“价值观教育”或“道德教育”，而不直接说“思想政治教育”。相比之下，“价值观教育”比“道德教育”更恰当些，因为后者内容过窄。

最后，这种话语并没有回避意识形态的性质。“价值观”话语可以是通行的，但不同社会的人们所赋予的含义则可以不同。正像西方国家用价值观话语来表述资本主义意识形态一样，我们完全可以用价值观话语来鲜明地表达我们的社会主义意识形态。可以说，“价值观”概念具有两个优点：一是它在形式上全世界通用，体现了共性的要求；二是它能够容纳不同性质的内容，体现不同国家的价值观性质。我们的核心价值观与西方国家有很大差异，这并不妨碍我们也使用价值观概念。我们不会因为使用国际通用的概念就淡化了政治，或放弃了自己的立场。现在我们大力培育和践行社会主义核心价值观，就是一个明证。

（三）思想政治教育应掌握自由、平等的话语权

社会主义核心价值观作为一套话语系统，不仅是形式上的，更是内容上的。从内容上看，“三个倡导”所包含的十二个概念构成了一系列话语词汇，形成一种思想政治教育的特定话语。富强、民主、文明、和谐，自由、平等、公正、法治，爱国、敬业、诚信、友善，这些概念不仅充实了思想政治教育的内容，而且也是一些具有新鲜感的话语词汇。

在“三个倡导”的内容中，最引人注目的是其中明确出现的“自由”“平等”“民主”“公正”等字眼。这是因为，长期以来“自由”“民主”“平等”等是西方社会常讲的话语，这些话语无疑具有西方社会和文化的特定内涵，而且体现出一种很强势的传播力量。西方国家利用这些话语对我们进行意识形态的渗透，引起了我们的警觉。正因为如此，我们对这种话语有一种拒斥感，缺少认同，因而很少使用这样的概念。这

是可以理解的，但是对我们的思想政治教育十分不利。似乎“自由”“民主”“平等”等，都只是西方社会和文化的专利，而我们不讲这些东西，不承认这些东西，也不追求它。这就等于自己将这些好词拱手相让，让自己处于被动地位。

难道我们就真的不认同“自由”“民主”“平等”和“人权”这些理念吗？其实并不是。因为“自由”“民主”“平等”并不是西方专利，它是人类文明的共同成果。只是它们为西方所采用和强调，并赋予了特定的含义而已。对此，我们要有辩证的态度。既要肯定其中所包含的人类共同价值观的成分，又要注意到其中所反映的西方价值观的特定局限。如果只是简单地套用这些概念，有可能落入西方话语圈套，但如果我们完全回避这些概念，甚至反对这些概念，则带来的负面效果更大。

总之，以“三个倡导”为基本内容的社会主义核心价值观，明确地把“自由”“民主”“平等”“公正”这些西方常用的价值观术语纳入其中，是一个很大的举动，具有重要的意义。不仅对我们有思想解放的作用，而且具有话语解放的作用。从这个方面来讲，社会主义核心价值观对思想政治教育有一个很重要的话语启示，那就是通过解禁使用自由、平等的话语，来争夺国际话语权。我们完全可以大胆地使用这些概念，理直气壮地坚持和弘扬自己的价值观，不卑不亢地与西方学者进行交流和探讨。这反映了我们的价值观自信，也是真正能够抵御西方价值观渗透的重要策略。当然，对于这些概念我们要作出符合我们价值观的阐释，使之成为我们自己的价值观概念。

（四）思想政治教育应发挥柔性话语的亲和力量

在党中央提出了以“三个倡导”为基本内容的社会主义核心价值观并作出战略部署后，全国兴起了培育和践行的热潮。这个过程与以往我们对许多重大战略思想的宣传有共同之点，但值得注意的是，这次它显示出一种柔性话语的特征。也许这种特征还不是特别明显和突出，还只是作为一颗小苗存在于其中，在有的情况下被一些传统式的“大力宣传”遮蔽着，但它确确实实是存在的，只要我们去仔细体察，就会发现这种非常值得关注的新趋势。它反映了我国思想政治教育近些年来在话语方式方面正在逐步发生着新的变化。

党的十八大报告首先提出社会主义核心价值观。值得注意的是：它的提出方式是温和的，是提倡性的，协商性的，用语也是温和的。其中说：“倡导富强、民主、文明、和谐，倡导自由、平等、公正、法治，倡导爱国、敬业、诚信、友善，积极培育和践行社会主义核心价值观。”这里提出了社会主义核心价值观的内容，但并没有确定这一定就是社会主义核心价值观的明确表述。这是留有余地，带有与大家协商的意味。一年后，在中办颁发的《关于培育和践行社会主义核心价值观的意见》中，才正式确认这 24 字表述。“倡导”一词也值得注意，它带有提倡和引导的意思，但并不是一个强势的要求。因此，大家至今还常说“三个倡导”，感受很亲切自然。

在社会主义核心价值观的培育和践行过程中，还有一个引人注目的新词集中体现出柔性话语的特点。这就是“涵养”一词，它作为一个动词是一个很柔性的词。习近平总书记在谈到传统文化与核心价值观的关系时说：“使中华优秀传统文化成为涵养社会主义核心价值观的重要源泉。”中办印发的《关于培育和践行社会主义核心价值观的意见》中，也有一部分专门讲“开展涵养社会主义核心价值观的实践活动”。可见，“涵养”一词不是偶然出现的，而是党和国家领导人和党的重要文献中的正式用语。那么，“涵养”究竟是什么意思呢？词典上说是“蓄积并保持（水分）”。前些年我们搞退耕还林还草，讲“涵养水源”，就是这个意思。总之，它是一个水性的、比较温润的用语，给人以自然体贴的感受。从学理上分析，“涵养”具有“充实”“滋养”，使之发育成长的意思，它具有以下的特点：第一，它是一种正向的有益的作用，是有益于而不是有害于对象的作用力；第二，这种正向有益的作用表现出有机性的特征，是根据对象的特性和需要而提供的有益帮助，是一种“养护”；第三，这种养护力是以温柔的方式传递给对象的，具有间接的、渗透性的特点，而不是依靠强势甚至粗暴的方式。总之，通过“涵养”，可以使社会主义核心价值观更加充实丰满，更加成长壮大，更加完善完美。

习近平总书记有许多关于社会主义核心价值观的讲话，其中有些固然是规范的文件话语，这是必要的和重要的，但更有许多是贴近对象的亲切话语。比如2014年5月4日他与北京大学师生座谈，发表《青年要自觉践行社会主义核心价值观》的讲话，其中的话语都是和蔼而亲切的。比如为了让大家更容易地理解核心价值观，他从“德”上加以阐释:“核心价值观，其实就是一种德，既是个人的德，也是一种大德，就是国家的德、社会的德。国无德不兴，人无德不立。”他还解释说，社会主义核心价值观的概括，是“经过反复征求意见，综合各方面认识”而提出来的，是全国各族人民共同认识的“最大公约数”。在谈到对青年学生的要求时，也是用“扣好人生的第一粒扣子”的说法，使人感到亲切温暖。

思想政治教育应该注意这一柔性话语出现的新苗头，并从中得到深刻启示。以此为起点，在话语转换上迈出新的一步。所谓柔性话语，顾名思义无非是话语比较亲切温柔，不那么生硬，是在温柔中包含着力量。在其背后是一种商量、建议、沟通、劝慰的理念。它是相对于刚性话语而言的，刚性话语作为一种比较客观、强硬、有力的话语方式，它的背后往往体现出一种下命令、提要求、出重手的理念。这种话语方式当然也有其自身的价值和合理性，但如果一味强硬，过于生硬，就缺少亲和力，不仅不能发挥劝导作用，有时甚至适得其反，引起人的逆反心理和反抗情绪。这种刚性话语通常来自行政领域，体现着行政工作雷厉风行、讲求效率，发布规定、提出要求的强势特点。思想政治教育本身不是一种行政行为，而是一种说服教育行动。二者有着明显差异。对说服教育来说，柔性的力量更能发挥作用。有一则关于风和太阳的寓言很生动地说明了这一点:风和太阳打赌，看谁能更快地让路上的行人把外衣脱下来。风先开始，它一阵阵刮起强风，但行人不仅未脱外衣，反而把外衣裹得更紧了。太阳不急不躁，柔柔地发出温暖的阳光，过了一会儿，行人就把外衣脱下来拿在手上了。

那么，为什么温和柔性的话语能起到更好的教育作用呢?

首先，柔性话语体现出一种态度和立场，就是对受教育者的尊重，是与受教育者站在一边的，至少是愿意考虑他们的意愿和诉求的。这样，一开始就建立起与受教育者的沟通平台和信任关系，这种信任关系是一切有效的说服教育工作的基本前提。这种立场和态度似乎是无言的，似乎是在教育内容之外的，但是它却对宣传教育能否成功起着决定性的作用。

其次，柔性话语具有亲和力，能拉近双方距离，而不易导致逆反和抗拒。行政性话语通常比较客观化、外在化，一副公事公办的派头，容易使个人产生一定的距离感。特别是行政化话语往往比较强势，给人一种压力和压迫感，有时还易于引起逆反心理。而温柔的话语则比较亲切入耳，润物无声。当然，柔性话语也不能过度或无度，否则也会走向反面。母亲无休止的唠叨虽然也是温柔的，但也会让孩子厌烦。思想政治教育柔性话语当然也是如此。

最后，柔性话语具有渗透力，更能深入人的内心世界。从表现看来，柔性话语似乎力量不大，作用的发生也往往不是立竿见影，但它是一种渗透性的力量，它能够穿透人的外在防护而打开人的心扉，为人的内心世界所接纳。思想政治教育无疑要增强效率，提高实效性，但绝不能一味地讲究直接效力和现场效果，而要着眼于内心世界，着眼于长远效果。

总之，思想政治教育话语的运用要刚柔相济，达成一种平衡。在刚性话语过多的地方和时候，就要增加一些柔性话语；而如果柔性话语过多了，就要济之以刚性话语。

（原文发表于《当代中国价值观研究》2016年第2期）

第五编

思想政治教育现实问题研究

新时代思想政治工作的十大原则

论“时代新人”的科学内涵

论经济全球化时代的爱国主义

中国语境下爱国主义的信仰意蕴

厚植爱国主义情怀的理论阐释

全面把握爱国主义教育的情感向度

论爱国主义与社会主义在当代中国的内在关联

论加强中国革命精神的研究

伟大建党精神的理论解读

伟大奋斗精神：科学内涵、社会价值与人生启示

工匠精神及其当代价值

一

新时代思想政治工作的十大原则

在中国特色社会主义新时代，面对新环境和新任务，思想政治工作应该怎么做？应该遵循什么样的原则？这是新时代思想政治工作面临的现实课题。习近平总书记对此高度重视并多次作出论述，提出了许多明确的原则性指示，并对一些工作原则作了经典性表述，形成了新时代思想政治工作原则的体系。其中主要包括以下十个方面的原则。

（一）“只能加强、不能削弱”的原则

这一原则是习近平总书记在 2015 年 7 月中央召开的党的群团工作会议上提出来的。他指出：“新形势下，党的群团工作只能加强、不能削弱，只能改进提高、不能停滞不前。”[①] 这里虽然是就党的群团工作来说的，但其实也是对党的群众工作或思想政治工作来说的。因为“党的群团工作是党通过群团组织开展的群众工作，是党组织动员广大人民群众为完成党的中心任务而奋斗的重要工作”[②]。

我们党历来重视群团工作，特别是以习近平同志为核心的党中央更加重视这一工作。2015 年 7 月，由中共中央组织召开党的群团工作会议，这在党的历史上是第一次。习近平总书记在会议上发表了长篇重要讲话，讲话内容丰富而精彩，是党的思想政治工作的一篇重要文献。提出了多项原则性指示，其中“只能加强、不能削弱”就是首要的一条。

“只能加强、不能削弱”的原则，是对思想政治工作的战略地位和重大意义的科学把握，具有丰富的思想内容和深刻的思想内涵。

①《习近平关于社会主义政治建设论述摘编》，北京：中央文献出版社 2017 年版，第 186—187 页。

②《习近平谈治国理政》（第 2 卷），北京：外文出版社 2017 年版，第 306—307 页。

首先，它表明我们党对于思想政治工作的高度重视，表明这项工作在党和国家的全部工作中的极端重要性。思想政治工作是我们党的优良传统和政治优势，是我们党和人民事业不断发展的重要保证。通过群团组织在人民群众中开展思想政治工作，“这是我们党的一大创举，也是我们党的一大优势。在革命、建设、改革各个历史时期，在党的领导下，工会、共青团、妇联等群团组织积极发挥作用，组织动员广大人民群众坚定不移跟党走，为党和人民事业发展作出了重大贡献”[①]。在新时代的历史条件下，党的思想政治工作面临着新的环境和条件，也承担着新的使命和任务，这项工作“只能加强、不能削弱”。

其次，它体现了我们党在关于思想政治工作地位和作用问题上的规律性认识，具有坚实的科学依据。从历史上看，党的思想政治工作的运行和发挥作用具有这样的规律性特点，即它并不是那种只需要强大的初始动力，然后就可以依靠自身的惯性向前运行，并通过自我扩张而实现发展的活动和事业。这项工作虽然十分重要，党中央也历来高度重视，但在实际的工作过程中，特别是在各种工作形成的格局中，思想政治工作毕竟是偏于弱势的。它是为中心工作服务的工作，而且就本身性质而言属于一种“软实力”，在中心工作和各种“硬实力”的工作面前，总是会不知不觉中减弱自己的力量，甚至被边缘化。特别是改革开放以来，在以经济建设为中心和发展市场经济条件下，思想政治工作在实际过程中不同程度地受到削弱。而且这些工作在具体实施过程中，本身会遇到微观领域的自发阻力，并在这种散点式阻力中不断减弱自身的力量。如果没有来自党和国家的强有力的一次次有意识的推动，思想政治工作最终就会自动停摆。而且，仅仅在形式上维持思想政治工作的运行是远远不够的，还必须真正能够发挥应有的作用。因此，党的思想政治工作必须时时追加动力，通过不断地强化和推进，来对抗它自发出现的衰减倾向，并更好地发挥其应有的作用。

再次，它具有突出的现实的针对性，向各级领导部门提出了坚持和加强思想政治工作的要求。在中国特色社会主义新时代，国内外形势

①《习近平谈治国理政》（第2卷），北京：外文出版社2017年版，第307页。

发生了巨大变化，我们面临着更加繁重的改革与发展任务，这就更加需要发挥好思想政治工作的作用，更加需要进一步加强和改进思想政治工作。但在实际过程中，许多领导干部仍然没有真正意识到思想政治工作的重要性，未能把抓好经济工作与思想政治工作有机结合起来。这是需要迫切予以改变的。而且，在新时代条件下，有许多新的领域需要我们去开拓性地开展思想政治工作，以改革创新的精神不断推动工作发展。这些都需要有新的更强大的推动力，需要各级党委和政府更加重视思想政治工作。因此，习近平总书记明确提出和一再强调思想政治工作“只能加强、不能削弱”，具有重大指导意义。

（二）“高举旗帜、引领导向”的原则

这一原则是习近平总书记在2016年2月党的新闻舆论工作座谈会上提出来的。他论述了党的新闻舆论工作的职责和使命，其中第一条就是“高举旗帜、引领导向”[①]。很显然这是一条思想政治工作的重要原则，因为新闻舆论工作是党的思想政治工作的重要方面。

“高举旗帜、引领导向”的原则具有丰富的思想内涵和重要意义：

首先，它体现了党的思想政治工作的鲜明政治属性和政治立场。任何党派和国家的思想政治工作或类似的活动都有其政治属性和立场，我们党和国家的思想政治教育也不例外，而且更加鲜明。共产党人不屑于隐瞒自己的立场和观点，党的思想政治工作更是如此。思想政治工作的政治立场就是人民的立场，是党和国家的立场，只有明确地站在这一立场上，只有始终站稳了这样的立场，才能理直气壮地做好思想政治工作。尽管我们在工作方法和策略的层面上可以根据实际需要而有时候抹淡一些政治色彩，以减少阻力并提高效果，但从性质上讲我们的政治属性和立场是丝毫不能动摇和放弃的。

其次，它表明思想政治工作必须高举马克思主义的旗帜，以党的创新理论为指导。这里的“高举旗帜”不仅体现了鲜明的政治性，而且也体现了突出的理论性，深刻地表明我们党的思想政治工作有着深厚的

①《习近平关于社会主义文化建设论述摘编》，北京：中央文献出版社2017年版，第40页。

理论基础，有着明确的指导思想。在世界上所有的政党中，共产党是最注重理论指导和理论建设的政党，特别是中国共产党，从建党之日起就把马克思主义写在自己的旗帜上，并随着历史的发展而在自己的旗帜上增添马克思主义中国化的理论成果，在马克思主义指导下不断加强和推进党的理论建设和理论教育。改革开放以来，我们党高举中国特色社会主义伟大旗帜，带领人民取得了改革开放的伟大成就。在新时代，以习近平同志为核心的党中央把马克思主义基本原理与当代中国改革发展的新实际相结合，形成了习近平新时代中国特色社会主义思想，实现了党的指导思想的又一次与时俱进。在新时代，党的思想政治工作必须以这一科学思想为指导，为坚持和发展中国特色社会主义提供精神动力和智力支持。

再次，它表明思想政治工作的基本任务和职责就是引领社会导向。任何一个社会，在思想文化方面都会有其导向，都需要维护这样的导向。我国是中国共产党领导的社会主义国家，就更应当有明确的导向。我们党作为执政党，作为全国人民根本利益和愿望的代表者，也有责任为社会提供导向性引领。而这就是思想政治工作的职责和任务。这种导向和引领作用，与现代社会的多元多样性并不矛盾，而且正是因为社会生活的多元多样，人们才更需要社会主流的引领。这种引领一方面以尊重差异、包容多样为基础，另一方面又避免和减少了差异的极化现象，减少了由此导致的社会分裂和冲突。可以说，思想政治工作的导向性原则是一种“中道”原则，它既不是过分单一性的一元化，也不是杂乱无章的多元化。

（三）“统一思想、凝聚共识”的原则

这一原则是习近平总书记在2013年11月12日中共十八届三中全会第二次全体会议上提出来的。他指出：“要做好统一思想、凝聚共识的工作，加强对改革的正面宣传和舆论引导，及时回答干部群众关心的重大思想认识问题，为顺利推进改革营造良好社会环境。”[①] 2014年9月21

①《习近平关于全面深化改革论述摘编》，北京：中央文献出版社2014年版，第45页。

日，习近平总书记在庆祝中国人民政治协商会议成立65周年大会上的讲话中再次指出：“在人民内部各方面广泛商量的过程，就是发扬民主、集思广益的过程，就是统一思想、凝聚共识的过程，就是科学决策、民主决策的过程，就是实现人民当家作主的过程。”①

这条原则重点讲“统一思想”，但它是在改革开放的历史条件下，特别是在新时代全面深化改革和全面推进开放的条件下的“统一思想”，即通过“凝聚共识”而实现的“统一思想”。我们党致力于领导人民干大事，既然是大事就是由许许多多人共同参与的事业，而要推进和完成好这样的大事业就必须在广大干部群众中统一思想、统一意志、统一行动。因此，统一思想的工作在任何时期都是需要的。但是，统一思想的方式方法和难易程度会因不同时间和条件而有所不同。在战争年代的革命队伍中，统一思想是容易的，可以通过军队的政治系统和指挥系统来实现，而且军队中本来就有“服从命令”的军人文化。从新中国成立初期一直到改革开放之前，我们党作为执政党需要统一思想的范围和难度增大了，但相对来说统一思想也是比较容易的，可以通过党中央和毛泽东同志的崇高威望以及计划经济体制的力量来实现。但是，在改革开放的过程中，社会处于变动和分化之中，人们的利益和观念逐步形成多元多样的态势，统一思想难度空前地加大了。特别是在改革开放的后期，当改革进入深水区并需要“啃硬骨头”的时候，当外部形势发生不利变化的时候，当国内阶层和利益分化更加深刻的情况下，统一思想的工作就更难了。在这种情况下，统一思想就需要通过凝聚社会共识来逐步实现。习近平总书记在谈到全面深化改革时指出：“凝聚共识很重要，没有广泛共识，改革就难以顺利推进，也难以取得全面成功。现在，社会结构深刻变动，利益格局深刻调整，思想观念深刻变化，凝聚改革共识难度加大，统筹兼顾各方面利益任务艰巨。这就更需要我们下功夫去凝聚共识。”②

虽然凝聚共识有很大难度，但并非不可能。“只要加强思想引导，把党内外一切可以团结的力量广泛团结起来，把国内外一切可以调动的

①《习近平谈治国理政》(第2卷)，北京：外文出版社2017年版，第293页。

②《习近平关于全面深化改革论述摘编》，北京：中央文献出版社2014年版，第45页。

积极因素充分调动起来，是完全可以形成共识的。要说中国特色社会主义的优势，这应该算一个方面，而且是很重要的一个方面。”[①] 这表明，在重大事项上能够通过思想政治工作而凝聚共识和统一思想，是中国特色社会主义的重要优势，是社会主义优越性的重要体现。

总的来看，统一思想可以有两种基本途径：一是自上而下地倡导，由党中央提出一种共同的思想要求，然后通过宣传教育途径在全社会广泛传播，最终实现大家在重大思想认识上的统一；二是自下而上地凝聚，在社会公众的多样化意愿和观念中，寻找和发现共同之点，然后逐步放大和扩大，在意见综合的过程中形成比较广泛的共识，最终达到统一思想的目的。这两种途径都是必要的，而且应该结合起来。但在不同的时期和条件下，它们各自的作用是有所不同的。如果说以往我们更多地依靠第一种方式来做统一思想的工作，那么在新时代的历史条件下，就应该在此基础上更加关注和运用第二种方式来统一思想。通过二者相辅相成，共同发挥作用，最终实现统一思想的目标。

（四）“团结人民、鼓舞士气”的原则

这一原则是习近平总书记 2016 年 2 月在党的新闻舆论工作座谈会上提出来的，他强调新闻舆论工作的重要职责和使命之一，就是“团结人民、鼓舞士气”[②]。

这条原则其实就是正面宣传为主的原则，习近平多次谈到这一问题。2013 年 8 月 19 日，他在全国宣传工作会议上指出：“坚持团结稳定鼓劲、正面宣传为主，是宣传思想工作必须遵循的重要方针。……必须坚持巩固壮大主流思想舆论，弘扬主旋律，传播正能量，激发全社会团结奋斗的强大力量。”[③] 2013 年 12 月 30 日，他在十八届中央政治局第十二次集体学习时指出：“对中国人民和中华民族的优秀文化和光荣历史，要加大正面宣传力度，而且要经常讲、反复讲。”[④] 2016 年 10 月 27

①《习近平关于全面深化改革论述摘编》，北京：中央文献出版社 2014 年版，第 46 页。
②《习近平关于全面建成小康社会论述摘编》，北京：中央文献出版社 2016 年版，第 124 页。
③《习近平关于社会主义文化建设论述摘编》，北京：中央文献出版社 2017 年版，第 27 页。
④ 同上书，第 34 页。

日，在党的十八届六中全会第五次全体会议上他再次强调："要加强正面宣传，强化正面引导，壮大主流声音，唱响主旋律。"[①]

正面宣传为主，不是为了粉饰太平，更不是要隐瞒社会阴暗面，而是有其深刻的社会基础和理论依据。首先，正面宣传为主符合我国社会的整体实际。我国社会尽管有许多不尽如人意的地方，但任何不戴有色眼镜的人都会承认，社会的主流是好的，是在不断地发展和进步的。其次，正面宣传为主也符合人性的实际。要相信人性的善良，尽管有些人在做人方面突破底线甚至丧尽天良，但也不能否认大多数人是善良本分的。而且我们社会中不断涌现出好人好事，许多道德模范产生了很好的社会影响。如果全盘否定一个充满生命力并处在不断发展进步中伟大民族的善良，那本身就是极不科学和极不公正的。再次，坚持正面宣传为主，着力激发和传递正能量，是有利于社会的稳定与发展的，并使社会越来越好。如果舆论宣传中充满了负信息和负能量，否定了社会的主流的积极面，不仅人们在这种氛围中感觉压抑而没有好的心情，而且由于缺少主流导向和引领而对社会的文明进步产生消极影响。

正面宣传主要体现在两个方面：一是团结，二是鼓劲。思想政治教育要围绕这两个方面和目标来开展工作。"团结"历来是我们党所强调的，是我们党的核心话语和价值理念。党和国家的思想政治工作，要把"团结"作为自己的核心价值，从团结的目的出发，本着"团结"的态度去做工作，把"团结"精神传播到全社会，使之成为强大的精神纽带。"鼓劲"也是我们党的思想政治工作历来的着力点。共产党不是消极避世的党，而是为了人民解放和幸福而勇猛奋进的党。党的精神状态从来就不是消极退让，不是"放下执着"自我解脱，而是以顽强的革命斗志去夺取胜利。因此，党的思想政治工作历来是鼓舞人们前进的号角。不仅在革命战争年代要"鼓舞士气"，在和平建设时期也要"鼓舞士气"，在改革开放新的社会革命中更要继续"鼓舞士气"。这样才符合新时代的奋进精神。

最后需要说明的是，正面宣传为主，并不是只讲正面消息，或只从

①《习近平关于社会主义文化建设论述摘编》，北京：中央文献出版社2017年版，第53页。

正面讲道理，也包括从反面进行宣传教育并涉及有关负面信息，只是控制在一定限度而已。“报喜不报忧”式的宣传并不能起到好的效果，最大的问题是因为它过于单一而显得不够真实。因为真实的世界中总是复杂的，既有光明面也有阴暗面，而且正是在阴暗面的衬托下光明面才显得更为可贵。在正面宣传教育为主的前提下，适当曝光和揭露社会中的负面现象，引起人们的警觉和反思，对于推进社会进步也是非常必要的。思想政治工作坚持正面宣传为主，本身就包括了正面与反面的辩证关系，并不是“报喜不报忧”。

（五）“重点人群、关键少数”的原则

这个原则是由习近平经常强调的“重点人群”和“关键少数”两个提法结合在一起而形成的。2014 年 5 月下旬，习近平在上海考察时阐述了培育和践行社会主义核心价值观的问题，指出：“要面向全社会做好这项工作，特别是抓好领导干部、公众人物、青少年、先进模范等重点人群。”① 2014 年 10 月 23 日，习近平在论述社会主义法治国家建设时又一次指出：“必须抓住领导干部这个‘关键少数’，首先解决好思想观念问题。”② 2015 年 3 月 5 日，习近平在参加十二届全国人大三次会议上海代表团审议时再次指出：“从严治党，关键是要抓住领导干部这个‘关键少数’，从严管好各级领导干部。从严管理干部，要坚持思想建党和制度治党紧密结合，既从思想教育上严起来，又从制度上严起来。”③

这条原则涉及的是思想政治工作的对象问题，实际上是关于思想政治工作对象的重点性和针对性原则。

首先，思想政治工作的对象既应该是全覆盖的，又应该是有重点的。思想政治教育有一个覆盖面的问题，在这个问题上要体现广泛性和重点性的统一。一方面，思想政治教育的对象应该是广泛的，不能放弃对任何人群的思想政治工作，而是要不断扩大覆盖面，实现党和国家思

①《习近平关于全面建成小康社会论述摘编》，北京：中央文献出版社 2016 年版，第 116 页。

②《习近平关于全面从严治党论述摘编》，北京：中央文献出版社 2016 年版，第 113 页。

③ 同上书，第 138 页。

想政治工作的全覆盖；另一方面，在全面性和广泛性中又应该有重点性和针对性，在特定的时期和条件下，应该有重点地面向特定人群，以期实现突破，达到以点带面的效果。

其次，要根据实际情况来确定思想政治工作的重点对象，有重点地开展思想政治工作。这里既有始终都是十分重要的对象人群，也有最新出现而在当前特别重要的人群。习近平提出的重点教育对象主要有四个人群：领导干部、公众人物、青少年、先进模范。其中，领导干部因其所处的地位和具有的影响，是首先应该受教育并且应该体现出教育效果的。作为领导干部，当然是经过党的组织考察而有较高思想水平和工作能力的，他们在许多情况下是思想政治工作的实施者和领导者，是教育主体，但是正因为如此才更应该首先是教育对象，并对他们应该有更高的要求。公众人物往往是各个方面的名人和成功人士，并由于其成功而备受关注，有着较大的影响力。做好他们的思想政治工作，使其发挥正面的影响作用，是社会的需要，也是思想政治工作的重要任务。青少年是祖国的未来，他们处在世界观、人生观、价值观形成的关键时期，对他们倍加关心爱护和培养教育，是党和国家的一贯要求，也是思想政治工作的重要职责。先进模范本来就是社会上公认具有先进性的人群，他们在各个方面作出优异成绩，党和国家给他们以崇高的荣誉，他们也自然而然地受到人们的普遍尊敬，并具有巨大的社会影响力。对于他们，仍然需要开展思想政治工作，使其不忘初心，始终走在前列，起到模范带头作用。

再次，针对不同的重点教育对象，开展有针对性的思想政治工作。“重点人群、关键少数”的原则，既是一项重点性原则，同时也是一项针对性原则。对于领导干部、公众人物、青少年、先进模范等特定群体，既要更加重视，加大教育力度，克服更大的困难去强化思想政治工作，同时又必须结合他们的不同特点而采取不同的方式方法，有针对性地做好思想政治工作。为此，就要对每一个重点群体进行更具体更深入的研究，探索和掌握面向他们进行思想政治工作的特殊规律，并按规律办事。比如对于青年群体，就要随时关注到他们中的新现象并找出背后的新的规律性。习近平就很敏锐地关注到一部分特殊的青年人，并要求重点做好他们的工作。他指出："现在很多青年人在新经济组织、新社会组织、社区里，在网络空间里，在农民工、个体工商户、网民、'北漂'、'蚁族'里，尤其是那些自由职业者、网络意见领袖、网络作家、签约作家、自由撰稿人、独立演员歌手、流浪艺人等种类繁多的新兴群体，里面有很多有本事的人，有的甚至可以一呼百应。对他们的工作做不好，他们可能成为负能量；对他们的工作做好了，他们就可以成为正能量。"①

（六）"将心比心、以心换心"的原则

这一原则是习近平在2014年9月28日中央民族工作会议上提出来的，他指出："人心是最大的政治。人心在我，各族人民就能众志成城。民族团结说到底是人与人的团结。船的力量在帆上，人的力量在心上。做民族团结工作重在交心，要将心比心、以心换心。"②这是总书记从民族工作的角度，特别是从做好民族团结工作的角度提出的重要原则。民族工作是一个系统工程，思想政治工作在其中起着不可替代的重要作用，而争取民心、增强团结的工作，本身就是典型的思想政治工作。因此，这一原则不仅适用于民族工作领域，而且是面向所有领域广大群众的思想政治工作原则。

"将心比心、以心换心"的原则，具有深刻的内涵和特定的要求：

首先，党和人民是心心相通的，党心和民心不能有隔阂。人心向背，决定着党的生命，也决定着事业的成败。我们党能否发展壮大并发挥领导作用，关键看民心；党和国家的事业能否得到顺利推进并最终取得成功，关键也在民心。我们党来自人民，代表着人民的根本利益，与人民心心相通。正因为如此，我们党在将近百年的历史上带领人民取得了一个又一个伟大胜利。但不能回避的是，在改革开放和发展社会主义市场经济的过程中，有各种复杂因素对党和人民的关系产生了冲击，造成在一些时候和地方党心和民心之间有了某种隔阂。这是十分危险的。

①《习近平关于社会主义政治建设论述摘编》，北京：中央文献出版社2017年版，第198页。

② 同上书，第153页。

必须从党的建设的高度，从全面从严治党的高度，来认识和处理这个问题，始终保持党的先进性和纯洁性，保持党同人民的血肉联系。这是党的各项事业取得成功的前提，也是党的思想政治工作得以有效开展的前提。

其次，党的思想政治工作是一项民心工程和民心事业，必须致力于打通党心民心，达到心心相印。应该从这样的高度来认识思想政治工作的职责，评价思想政治工作的价值。不可否认，在实际工作和生活中，许多人不重视甚至看不起思想政治工作，认为只是“嘴上功夫”和“万金油”，起不了什么作用。他们没能从“人心”的深度和“民心”的高度来认识这个问题。而有些思想政治工作者本人也对此认识不足。因此，应该不断提高对自己工作重要价值的认识，真正能够以赢得民心的政治责任心和历史责任感去从事这项事业。其实想一想就可以知道，还有什么是比争取人心和民心的工作更重要，更具有神圣感的呢？

再次，思想政治工作是一项真诚“交心”的工作，而不是一种简单的宣传工作，不是某种双方谈判的工作，更不是忽悠人的工作。这是党的思想政治工作应有的性质，也是思想政治工作者应有的品格。虽然思想政治工作有其特殊的规律，需要一定的技巧和艺术，但从根本上说，党的思想政治工作的真正力量不在于技巧，也不在于遵循心理和思想活动的规律，而在于真诚，在于“交心”。尽管在严峻复杂的现实面前，真诚有时是脆弱的，有时甚至看起来是幼稚的，但是在人心公道的世界里，真诚是最有力量的。真诚是一切思想工作的基础。在人民面前，党没有秘密，没有特殊的目的。党的领导干部和思想政治工作者如果能够坚持不懈地真诚面对群众，就一定能收到更好的思想政治工作效果。

最后，思想政治工作要能够“将心比心”、换位思考，同时又要敢于和善于交心，实现“以心换心”。在具体的思想政治工作过程中，为了拉近彼此的心理距离，需要“将心比心”地换位思考，设身处地体会受教育者的感受，增强对受教育者的理解。同时，要有决心，敢于向受教育者敞开心扉，以自己真实的面貌来面对受教育者。思想政治工作者也是普通人，他们与受教育者在生活中可能面临着共同的问题，有些问题自己也没有想通，又不得不去做别人的工作。打开心扉，就可能让人看到自己内心的阴影，暴露出自己的弱点。这当然有一定的冒险性，但是我们要相信受教育者，相信双方通过真诚交流一定会有收获。另外，也要善于“交心”，为了能更好地交心有时需要准备和具备一定的条件，以及创设一定的情景和氛围，并把握好谈心的过程和节奏。

（七）“敢抓敢管、敢于亮剑”的原则

这一原则是习近平在 2013 年 8 月 19 日的全国宣传思想工作会议上提出来的。他明确指出：“要敢抓敢管，敢于亮剑，着眼于团结和争取大多数，有理有利有节开展舆论斗争，帮助干部群众划清是非界限、澄清模糊认识。”① 2016 年 10 月 27 日，习近平在党的十八届六中全会第二次全体会议上发表重要讲话，再次强调和论述了这一原则。他指出：“各级党委要把做好意识形态工作摆在重要位置，加强组织领导，及时掌握意识形态形势和动态，对各种政治性、原则性、导向性问题要敢抓敢管，对各种错误思想必须敢于亮剑，帮助人们明辨是非，牢牢掌握意识形态工作主动权。”② 2016 年 12 月 7 日，习近平在全国高校思想政治工作会议上又一次强调：高校领导要“认真落实意识形态工作责任制，敢抓敢管、敢于亮剑，做到守土有责、守土负责、守土尽责”③。

思想政治工作在大多数情况下是面向广大干部群众以及青年等人群的以理服人、以情感人的教育性工作，以及疏通和引导的工作，但是这并不排除一定范围和条件下对错误倾向和敌对势力影响的管制甚至斗争。因为思想政治工作其实也就是意识形态工作，而在意识形态领域中是始终存在着冲突和斗争的。特别是对于政治立场和导向问题上的错误倾向，以及敌对势力的渗透和影响，决不能放任自流，而必须敢抓敢管。

遵循“敢抓敢管、敢于亮剑”的原则，首先要“敢”字当头，态度坚定，言语鲜明，行动果敢。从这一原则的表述来看，其中就有三个

①《习近平关于社会主义文化建设论述摘编》，北京：中央文献出版社 2017 年版，第 27—28 页。

② 同上书，第 53 页。

③ 同上书，第 55 页。

“敢”字，这绝不是偶然的。长期以来，在思想政治工作和意识形态工作中，存在着一种偏软偏松的倾向。这有三个方面的原因：一是我们在总结以往“斗争哲学”指导下大批判式思想政治工作的教训时，走向了一味讲和气而规避思想冲突和斗争的另一个极端。大批判式思想政治工作无疑是不妥当的，也带来了巨大的消极后果，总结历史教训，避免这种做法是完全正确的。但这并不意味着思想政治工作不能批评和批判，不能理直气壮地进行思想斗争。二是有的同志错误地认为，“以理服人、以情感人”与“敢抓敢管、敢于亮剑”是相反的，以为正面教育为主就不能有批判和斗争。这是对正面教育原则的误解和扭曲。其实，正面与反面、温柔与严厉是相辅相成辩证统一的关系，正面教育和增进感情当然是重点和主要方面，但在政治是非问题上也不能放弃批判和斗争。三是在有的地方，由于长期以来放任自流，已经造成主流边缘化的局面，非主流的甚至错误的东西更为强势，正面意见和主流意识受到打压，使许多人其中也包括一些思想政治工作者，在强势的错误倾向面前心怯，不敢站出来。因此，必须从态度转变入手，真正做到“敢”字当头。

其次，必须掌控好舆论阵地，特别是新媒体阵地不被利用。习近平指出：“对那些恶意攻击党的领导、攻击社会主义制度、歪曲党史国史、造谣生事的言论，一切报刊图书、讲台论坛、会议会场、电影电视、广播电台、舞台剧场等都不能为之提供空间，一切数字报刊、移动电视、手机媒体、手机短信、微信、博客、微博客、论坛等新兴媒体都不能为之提供方便。”①

再次，要勇于“澄清谬误、明辨是非”。面对错误思潮和观点，不能听之任之，必须旗帜鲜明地表明态度，加以有力批驳，以正本清源、以正视听。要理直气壮地讲正面的道理，理直气壮地批驳错误思潮，决不能在大是大非面前吞吞吐吐、含含糊糊。要“主动发声，澄清是非，更有针对性地做好舆论引导工作”②。当然，要真正做到明辨是非、正本清源，不仅需要有胆量和态度，还需要有学识和学理。为此就要做长期

①《习近平关于社会主义文化建设论述摘编》，北京：中央文献出版社2017年版，第28页。
②《习近平关于全面建成小康社会论述摘编》，北京：中央文献出版社2016年版，第200页。

深入的研究工作，真正在许多重点问题上成为行家里手，成为令人信服的思想者和理论家。

（八）“落细落小、日用不觉”的原则

这一原则是将习近平常讲的“落细落小”和“日用不觉”两个说法结合起来而形成的。关于“落细落小”，习近平2015年9月11日在谈到开展“三严三实”的党员教育实践活动时说：“要落细落小，注重细节小事。……‘三严三实’，必须落细落小，多积尺寸之功，经常防微杜渐。”① 关于“日用不觉”，习近平2014年5月4日在北京大学师生座谈会上指出：“我们生而为中国人，最根本的是我们有中国人的独特精神世界，有百姓日用而不觉的价值观。我们提倡的社会主义核心价值观，就充分体现了对中华优秀传统文化的传承和升华。”② 2014年10月15日，在全国文艺工作座谈会上，习近平再次强调了“日用而不觉”。他指出：“我们要在全社会大力弘扬和践行社会主义核心价值观，使之像空气一样无处不在、无时不有，成为全体人民的共同价值追求，成为我们生而为中国人的独特精神支柱，成为百姓日用而不觉的行为准则。”③

在思想政治工作过程中，特别是在培育和践行社会主义核心价值观的过程中，“落细落小、日用不觉”的原则具有深刻的道理和重要指导意义。这实际上是思想政治工作的渗透性原则，是隐性思想政治工作的原则。它强调的是，对于社会主义核心价值观这样的大道理，不能只是简单化地、照本宣科式地去宣传，不能让大道理只是在空中飘来飘去，而无法与人们的实际生活相融合。应该“落细落小”，使之具体化，进入人们的生活，使其成为人们日用不觉的思想观念和行为准则。正如2014年5月下旬习近平在上海考察时所明确要求的：“培育和践行社会主义核心价值观，贵在坚持知行合一、坚持行胜于言，在落细、落小、落实上下功夫。要注意把社会主义核心价值观日常化、具体化、形象化、生

①《十八大以来重要文献选编》(中)，北京：中央文献出版社2016年版，第677页。

②《习近平谈治国理政》，北京：外文出版社2014年版，第171页。

③《习近平关于社会主义文化建设论述摘编》，北京：中央文献出版社2017年版，第125页。

活化，使每个人都能感知它、领悟它，内化为精神追求，外化为实际行动”。[①]

遵循和体现“落细落小、日用不觉”的原则，思想政治工作需要做到“四化”，即“日常化、具体化、形象化、生活化”。其中“日常化”，就是把工作做在平时，随时随地做人们的思想工作。虽然大规模的集中式的教育实践活动也是必要的，有其不可替代的作用，但就大多数情况来说，还是要更加注重思想政治工作的日常化，让人们在平常日子里不知不觉中受到教育，得到提高。所谓“具体化”，就是把抽象的道理加以具体地解说，并善于从具体的事情说起而逐步地上升到大的道理。要把一般理论与具体事例结合起来，把说理与说事结合起来，做到“就事说理”和“以事说理”，而不是就理论讲理论，在抽象概念王国里转圈子。所谓“形象化”，就是把无形的道理有形化，把看不见摸不着的抽象思想可视化、可感化。调动和运用人们的形象思维，增强思想理论的生动性和鲜活性。所谓“生活化”，就是改变那种理论与生活相脱离的“两张皮”现象，真正把思想政治工作渗透和融入人们的实际生活，特别是日常的工作与生活中，使人们在直接而真实的生活中得到教益，受到教育。

（九）“喜闻乐见、简易方便”的原则

这一原则是习近平在2015年党的群团工作会议上提出来的。他指出：“要以群众喜闻乐见、便于参加的形式和方法开展工作，组织活动请群众一起设计，部署任务请群众一起参与，表彰先进请群众一起评议。”[②]这条原则主要谈的是思想政治工作活动如何开展的问题。从小的方面来说，党团组织或群团组织开展活动时，为了吸引群众踊跃参加，就要采取“喜闻乐见、简易方便”的原则。从大的方面来说，所有的思想政治工作活动和工作，都应该采取这样的原则。

①《习近平关于社会主义文化建设论述摘编》，北京：中央文献出版社2017年版，第118页。

②《习近平关于社会主义政治建设论述摘编》，北京：中央文献出版社2017年版，第200页。

“喜闻乐见、简易方便”的原则主要有三个方面的基本内涵和要求：

首先，它是群众性原则。实际是党的群众路线在思想政治工作上的体现。就是说，党的思想政治工作不是从教育者的愿望出发，而是从受教育者的需要出发，从广大人民群众的实际需要和思想状况出发。思想政治工作不仅是党内的教育工作，更是面向全社会的群众工作。它不仅在根本立场上要坚持为人民服务的宗旨，也不仅在内容的安排和选择上要适应群众的需要，而且在方式和形式上也必须能引起群众的兴趣，为他们所乐于接受。“喜闻乐见”主要是从教育活动的形式上讲的，但它也是以为人民服务的内容为基础的，更是以服务人民的立场为前提的。如果说党忽略了群众的利益就会失去自己的根基，那么党的思想政治工作如果忽略了群众的喜好和接受力，也会失去自己的魅力。

其次，它是吸引力原则。思想政治工作要想增强自身的吸引力和感染力，就应改进方式方法，让群众喜闻乐见。我们中国人历来讲“寓教于乐”，意思就是通过人们喜闻乐见的形式来进行社会教化。我们党的思想政治工作也历来强调要让群众“喜闻乐见”，通过使群众乐于接受的方式来达到教育和引导群众的目的。这里都强调了“乐”的作用。“乐”在这里不只是狭义的娱乐活动，更是指人民群众愉悦的心情。什么时候人民群众心里高兴了，党的群众工作就好做了。趋乐避苦是人之常情，人在心情快乐的时候是开放的，是敞开着心扉的和乐于接受新事物的，而当遇到痛苦和恐惧的时候，就会把自己的心灵紧紧包裹起来。如果想通过那些让群众觉得乏味而痛苦的方式来做思想教育工作，可想而知是难以成功的。在这里，教化是目的，快乐是形式，也是通向成功的通道。

再次，它是简约性原则。对于增强思想政治工作“喜闻乐见”的吸引力，我们一直在强调，但对于思想政治工作的简约性原则我们关注不够。其实，这也是十分重要的原则和要求。这种简约性要求有助于思想政治工作活动避免形式主义，避免劳民伤财，更重要的是可以提高效率，拉近群众关系。这种简约性要求不只是适用于如何组织和开展活动，而且可以具有更广泛的意义。所有的思想政治工作，都应该遵循一种简约性原则，给教育者和受教育者节省时间，提供方便。避免那种把思想政治工作搞得越来越复杂、越来越烦琐的倾向。

（十）"绵绵用力、久久为功"的原则

这个原则是习近平在 2014 年 9 月中央民族工作会议上提出来的，他指出："做好民族工作，最关键的是搞好民族团结，最管用的是争取人心。我们要高举各民族大团结的旗帜，坚持绵绵用力、久久为功，把加强民族团结作为战略性、基础性、长远性工作来做。"① 在此之前，2013 年 12 月 30 日，习近平在十八届中央政治局第十二次集体学习时的讲话中已强调了对外宣传要"坚持不懈、久久为功"。他指出："做这项工作，要大音希声、大象无形，坚持不懈、久久为功，让当代中国形象在世界上不断树立和闪亮起来。"②

从以上两段论述来看，都是针对特殊领域的思想政治工作提出来的，一是开展对国外的宣传，二是对少数民族进行民族团结教育。应该说，这两个领域有其特殊性和敏感性，都需要谨慎从事，避免过分刺激，讲究"绵绵用力、久久为功"。但是，这个原则并不是一个特殊的原则，并不是只适用于个别领域的思想政治工作。事实上，思想政治工作的这一原则并不是由特定教育对象的特点所决定的，而是由思想政治工作本身的性质所决定的，是思想政治工作规律的体现。所谓"原则"就不是个性的东西，而是共性的东西，是规律性的东西。思想政治工作作为一种思想性、精神性的教育活动，目的在于影响和改变人们的思想、态度和价值，使之更加有益于社会进步和自身发展。对于思想性的事情，决不能靠外在强制的力量来硬性地要求或灌输，这些已为多年来的实践所证明，而且党和国家领导人也多次批评那种僵硬的做法。"绵绵用力、久久为功"，这是由思想政治工作的思想性所决定的，同时也是由其教育性所决定的。

"绵绵用力、久久为功"的原则主要包括以下几个方面的内涵和

①《习近平关于社会主义政治建设论述摘编》，北京：中央文献出版社 2017 年版，第 152 页。

②《习近平关于社会主义文化建设论述摘编》，北京：中央文献出版社 2017 年版，第 202 页。

要求：

首先，要谨慎对待教育对象，特别是某些比较特殊的教育对象，不能以大大咧咧、满不在乎的态度去对待。少数民族的问题具有相当的敏感性，面向少数民族群众开展思想政治工作，应该以谨慎的态度去开展。同样，向外国人做思想工作，在外国人中树立中国形象，也应该小心谨慎。而且，不仅对这样的特殊群体是如此，对所有的群体也都应如此。这并不是说都一律要谨小慎微，而是说对于人民群众中任何受教育者，都要心存敬畏。

其次，在做思想政治工作时，不要急躁冒进，不要用力过猛，而要悠着点劲，掌握好力度。动作过激，要求过高，急功近利，就难以达到教育目的。思想的事情，心理和感情的事情，都不能急，否则就会欲速而不达。思想政治工作一定要耐心细致，不能粗枝大叶。不能贪多图快，而是在必要的时候讲究一点“慢”的功夫。做到慢工出细活，久久见成效。当然，“绵绵用力”，也是在“用力”，它实际上是一种“温柔的坚定”。温柔的坚定也是一种坚定，而且是一种更易于接受的坚定；温柔的力量也是一种力量，而且是一种更深厚的力量。

再次，做思想政治工作要坚持不懈，持之以恒，不能半途而废，更不能功亏一篑。思想的转变是一个根本的转变，是一个长期的过程。尽管突发性的转变，思想上的顿悟也是存在的，但总是个别情况，不是普遍现实。而且一时的突然转化也是建立在长期绵绵用力的基础上的。长期的思想工作是量变，而量变达到一定阶段和程度才会发生质变。在这里，“绵绵用力”不仅指方式上的绵软和温柔，而且是指“绵绵不断”，指锲而不舍地做好思想工作。

最后，对思想政治工作效果的评价不能急功近利，不能只求立竿见影的效果，而是应遵循思想素质养成的规律和思想觉悟提高的规律，着眼于长远效果来作出合理评价。只有这样，才能真正看到思想政治工作的价值，也一定能够看到思想政治工作的重要价值。在现实生活中，有的领导往往急于见到思想政治工作的效果，甚至期望某种戏剧性的神奇效果。如果一时见不到这种效果，就对思想政治工作持批评态度，似乎是这项工作没有效果。这是不切实际的，不符合规律的，而且对于广大思想政治工作者来说是不公正的。

以上所述是习近平关于思想政治工作原则的主要提法和思想，具有相当的丰富性和系统性，但这并不是全部。其实，在习近平关于思想政治工作的相关论述中，还有一些完全可以纳入思想政治工作原则范围的表述和思想。比如“为党分忧、为民谋利”的原则，“以文化人、以文育人”的原则，“春风化雨、润物无声”的原则，“从易到难、循序渐进”的原则，“加强教育、启发自觉”的原则等，因限于篇幅就不展开阐述了。

（原文发表于《学术界》2018 年第 9 期）

二

论“时代新人”的科学内涵

党的十九大报告提出了“培养担当民族复兴大任的时代新人”的战略任务。这是我们党在新时代提出的育人目标，对于我国新时代教育事业发展，特别是思想政治教育的发展具有重要意义。学界对“时代新人”问题高度关注，进行了诸多研究，形成了一些共识，但对于究竟什么是“时代新人”，如何把握“时代新人”的科学内涵，仍没有形成公认的理论界说。因此，进一步从学理上加以考察是十分必要的。

（一）“时代新人”的提出及其意义

“时代新人”概念是在党的十九大报告中提出来的。在报告第七部分“坚定文化自信，推动社会主义文化繁荣兴盛”中，在谈到“培育和践行社会主义核心价值观”问题时，习近平总书记指出:“社会主义核心价值观是当代中国精神的集中体现，凝结着全体人民共同的价值追求。要以培养担当民族复兴大任的时代新人为着眼点，强化教育引导、实践养成、制度保障，发挥社会主义核心价值观对国民教育、精神文明创建、精神文化产品创作生产传播的引领作用，把社会主义核心价值观融入社会发展各方面，转化为人们的情感认同和行为习惯。”[①] 在这里，首次明确提出了“担当民族复兴大任的时代新人”的表述，从而也提出了“时代新人”这一概念。

尽管“时代新人”的提法被包含在关于社会主义核心价值观的论述中，并不是十分显眼，但它一出现就立即引起了人们的高度关注和重视。它不仅为原有的育人目标提供了一个新提法，而且实际上提出了一

① 习近平:《决胜全面建成小康社会　夺取新时代中国特色社会主义伟大胜利——在中国共产党第十九次全国代表大会上的报告》，北京：人民出版社 2017 年版，第 42 页。

个新的育人目标，因此“时代新人”的提法很快被写入教育主管部门的相关文件中，进入2018年新修订的思想政治理论课教材中。

“时代新人”概念的提出具有重要意义。正像“时代新人”的提法来自“新时代”一样，“时代新人”的重要性也来自“新时代”的重要性。如果说“新时代”是我国发展新的历史方位，是中国特色社会主义发展新的时代空间，那么“时代新人”则是我国发展新历史阶段的新力量，是中国特色社会主义事业的新主体。具体来说，党的十九大报告提出“时代新人”概念的现实意义主要有以下几个方面：

首先，它为党和国家在新的时代条件下进一步推进培育和践行社会主义核心价值观的工作提供了着眼点和总抓手。社会主义核心价值观的培育和践行是党的十八大以来我国意识形态建设的“一号工程”。党的十九大再次部署了这项极端重要的工作，并在部署这一工作时明确提出了“时代新人”的目标。就具体语境来说，它是作为培育和践行社会主义核心价值观的“着眼点”而提出来的。这里的“着眼点”有双重含义：一是指培育和践行社会主义核心价值观的工作目标，二是指培育和践行社会主义核心价值观的总抓手。由于有了这个着眼点和总抓手，培育和践行社会主义核心价值观的工作，就有了落地的新平台。这项工作不仅仅是一般性地开展社会宣传，更是要落脚于“育人”这一要求上。这是更实的步骤，又是更高的要求，有利于在新时代进一步推进培育和践行社会主义核心价值观的任务。

其次，它根据新时代的需要形成了育人目标的新表述和新要求。提出“时代新人”的重要性，并不仅限于培育和践行社会主义核心价值观这一范围。因而，它在提出之后，逐步超出社会主义核心价值观培育和践行工作的范围而得到更广泛的理解和认同。特别是在教育界，普遍认为这一提法对于新时代的育人工作具有重要的指导和引领意义。不仅对于教育事业的育人工作，而且对全社会的育人工作，都具有指导意义。随着“时代新人”育人目标内涵的进一步明晰，随着全面“育新人”工作的铺开，“时代新人”这一概念的重要性还将得到进一步体现。

再次，“时代新人”一词具有突出的宣传价值。它切合新时代氛围，是一种新时代话语，具有宣传上的时效性。它表述新颖，令人眼前一亮，具有宣传上的时尚性。它简明上口，容易传播，具有宣传上的简易性。一年多来的宣传和传播过程充分地表明了这一点。而且它内涵开放，面向未来，具有宣传上的持久性。

最后，“时代新人”概念具有重要的研究价值。它的出现，很快成为一个宣传与研究的热点，从而为思想政治教育研究提供了一个新的生长点。新时代的育人问题，或立德树人问题，是当前思想政治教育研究中最重大的理论与实践问题。这一研究应围绕“时代新人”的培育来进行和展开。通过对“时代新人”的研究，我们不仅可以更加明了新时代的育人目标及要求，也可以更加清楚我们应该采取怎样的育人途径和方法。

而且，值得注意的是，“时代新人”这一概念具有理论扩展和深化的潜质，很可能会经历一个从狭义到广义、从特殊到一般的概念演化过程。因为概念就像它所反映的思想一样有自己的命运，它一经提出并进入公众领域，就会走上自我演进和扩展的道路，特别是当这个概念具有一般性理论价值的时候。“时代新人”概念就是如此，它具有更大的扩容性和更广的适用性。虽然从它的提出看是特指眼前的新时代，但从它的字面上看，则可以一般性地指我们党和国家事业所经历的每一个新时代或新时期。从这样的意义上可以说，我们党所经历的每一个新时代都有与这个时代相适应的“时代新人”。这样，我们就可以对不同历史时代的育人目标进行研究，大大拓展我们的研究视野。而“时代新人”也就可以从特殊概念变成一般概念，从狭义拓展为广义。当然，我们现在主要侧重于它的狭义，而它的广义用法的价值则会在未来的研究中得到更多体现。

（二）习近平总书记关于“时代新人”的若干种表述

为了弄清“时代新人”的所指，就必须仔细研究习近平总书记关于育人目标和要求的相关论述。通过仔细考察党的十九大报告，以及此前和此后习近平总书记的许多重要讲话，我们至少可以找到以下几种不同的表述。从这些表述中，我们可以看到“时代新人”内涵逐渐丰富和明朗化的过程，也可以逐步弄清“时代新人”的含义。

1. 中华民族复兴大任的担当者

党的十九大报告不仅提出了“时代新人”概念，而且也对这一概念做了最早和最直接的界定。因为“担当民族复兴大任的时代新人”的提法本身就是对“时代新人”内涵的一种阐述，实际上是用“担当民族复兴大任”来界定“时代新人”。这可以说是对“时代新人”最直接、最切近的界定。其他的一些界定，则是比较间接的，或是从别的方面的表述中转移过来的。如果我们将“担当民族复兴大任的时代新人”的表述做一下语序调整，它就可以转化成这样一种表述：时代新人是民族复兴大任的担当者。

从党的十九大报告的表述看，“时代新人”与“民族复兴大任的担当者”可以说是同位语，是可以直接等同的。因为离开了担当民族复兴大任，就谈不上“时代新人”。并不是说“时代新人”既可以担当民族复兴大任，又可以不担当民族复兴大任，而最好还是要担当民族复兴大任。而是从一开始就明确：只有担当民族复兴大任，才能算是“时代新人”。

当然，中华民族伟大复兴是一个长期的历史过程，在这个过程的不同时代或时期，都需要也都必然有“担当民族复兴大任”的人或团体。中国共产党就是一个担当民族复兴大任的政党，中国共产党人就是一群担当民族复兴大任的热血儿女。在中国革命时期有担当民族复兴大任的革命者，在建设时代有担当民族复兴大任的建设者，在改革开放新时期有担当民族复兴大任的改革者和建设者。而在中国特色社会主义新时代，在担当民族复兴大任方面又有新的特点和重大意义。因而我们现在所说的“担当民族复兴大任”的“时代新人”，主要是就中国特色社会主义新时代而言的。

新时代是距离实现中华民族伟大复兴目标最近的一个时代，这个时代的人们不仅最有信心和能力实现这个目标，而且将能够亲眼见证这个历史目标的实现。特别是新时代的青年人，他们在奋斗中将亲手把民族复兴梦想变为现实。就好比在数代人的接力奋斗中，经过一棒接一棒的传递和奔跑，现在已经到达了最后冲刺的阶段。现在的年轻一代，将是接过前人的接力棒而一直跑到终点的人。因此，他们肩上的担子更重，压力更大，不允许有丝毫的闪失，否则民族复兴就可能功亏一篑。因此，对于“新时代”的“新人”，当提出更高的要求。他们应该是更加自觉更加成熟的，不仅能意识到自己肩负的历史使命，而且能够为担当重任和实现使命而披荆斩棘。他们不仅要勇于担当大任，而且能够担当大任。

另外，从担当大任的角度来表述“时代新人”，体现了中华优秀传统文化的元素，并富有新意和启发性。孟子曾对担当大任者做过经典表述，强调“天降大任”的使命感，强调“苦其心志，劳其筋骨”的磨砺。习近平总书记借鉴这一传统思想并用于对“时代新人”的要求，可以说是实现中华优秀传统文化创造性转化和创新性发展的一个精彩个案。将“担当大任”与“民族复兴”紧密联系在一起，使“新时代”和“时代新人”具有深厚的中国元素。

2. 走在时代前列的奋进者、开拓者、奉献者

这是党的十九大之前习近平总书记多次使用过的一种提法，这已经是从“时代”角度来谈青年人的角色担当了，因而可以看作是“时代新人”提法的先声。这表明“时代新人”的提出有一个酝酿的过程，是习近平总书记长期思考的结晶。

2013 年 5 月 2 日，习近平总书记在给北京大学考古文博学院 2009 级本科团支部全体同学的回信中写道：“希望你们珍惜韶华、奋发有为，勇做走在时代前面的奋进者、开拓者、奉献者，努力使自己成为祖国建设的有用之才、栋梁之材，为实现中国梦奉献智慧和力量。”① 在这里，不仅提出了“奋进者、开拓者、奉献者”的表述，而且把它与“时代”联系在一起，要求“走在时代前面”。但这里的“时代”还是泛指，而到党的十九大时“时代”才特指“新时代”。2014 年 5 月 4 日，习近平总书记在北京大学师生座谈会上重申了这一表述：“广大青年对五四运动的最好纪念，就是在党的领导下，勇做走在时代前列的奋进者、开拓者、奉献者，以执着的信念、优良的品德、丰富的知识、过硬的本领，同全国各族人民一道，担负起历史重任，让五四精神放射出更加夺目的

①《习近平关于青少年和共青团工作论述摘编》，北京：中央文献出版社 2017 年版，第 45 页。

时代光芒。”[①] 在这一表述中，“时代前面”改为“时代前列”，表达更为精准。一些关键词也出现了，如“时代前列”、“担负历史重任”、“时代光芒”等。2016 年 7 月 1 日，习近平总书记在庆祝中国共产党成立九十五周年大会上的讲话中再次强调：“勇做走在时代前列的奋进者、开拓者、奉献者，让青春在为祖国、为人民、为民族的奉献中焕发出绚丽光彩！”[②]

“走在时代前列的奋进者、开拓者、奉献者”这一表述，不仅是“时代新人”提法的先声，而且可以说是“时代新人”的重要内涵。这两种提法有一个共同点，都是着眼于“时代”，着眼于育人目标与时代要求的关系，着眼于使青年人走在时代前列。只要我们把“时代”明晰为“新时代”，那么这一表述就意味着：“时代新人”，就是“走在新时代前列的奋进者、开拓者、奉献者”。

3. 有理想、有本领、有担当的青年一代

党的十九大报告指出：“青年兴则国家兴，青年强则国家强。青年一代有理想、有本领、有担当，国家就有前途，民族就有希望。”这句话只要顺序对调一下，就形成了“有理想、有本领、有担当的青年一代”的表述。这段表述十分重要。党的十九大以来，关于“时代新人”，大家自然而然地形成了“有理想、有本领、有担当的时代新人”的提法。而且这种提法出现在教育部的一些文件中，成为关于“时代新人”的比较规范性的表述。

大家之所以把“有理想、有本领、有担当”与“时代新人”联系起来，是因为这两种提法都是出现在党的十九大报告中。虽然是出现在不同的部分和不同的主题中，即“时代新人”出现在文化建设部分，从属于培育和践行社会主义核心价值观的主题，而“有理想、有本领、有担当”则出现在报告最后部分，从属于关于青年的主题中，但是它们都体现了新时代的精神和要求，并共处于党的十九大报告中。因而，在寻找“时代新人”的内涵表述时人们首先想到这“三有”，是有一定合理

①《十八大以来重要文献选编》(中)，北京：中央文献出版社 2016 年版，第 2 页。

②《习近平关于青少年和共青团工作论述摘编》，北京：中央文献出版社 2017 年版，第 54 页。

性的。

其实，“有理想、有本领、有担当”的提法并不只是出现在党的十九大报告中，党的十八大以来习近平总书记已多次提出过一些相近表述。可以说，在党的十九大之前它已经历了一个逐步形成的过程。早在2013年5月4日，习近平总书记在同各界优秀青年代表座谈时就讲过：“青年一代有理想、有担当，国家就有前途，民族就有希望，实现我们的发展目标就有源源不断的强大力量。”[①] 而且在这次讲话中也强调了担当大任的思想，要求青年“在改革开放和社会主义现代化建设的大熔炉中，在社会的大学校里，掌握真才实学，增益其所不能，努力成为可堪大用、能担重任的栋梁之材”[②]。接着，在2015年10月26日，习近平主席在联合国教科文组织第九届青年论坛开幕式上的贺词中说：“全球青年有理想、有担当，人类就有希望，推进人类和平与发展的崇高事业就有源源不断的强大力量。”[③] 再后来，2017年8月15日，习近平总书记在给第三届中国“互联网+”大学生创新创业大赛“青年红色筑梦之旅”的大学生回信中提出：“祖国的青年一代有理想、有追求、有担当，实现中华民族伟大复兴就有源源不断的青春力量。”[④]

可见，要求青年一代“有理想、有本领、有担当”是习近平总书记的一贯思想，它出现在党的十九大报告中绝不是偶然的。因而把它与“时代新人”联结起来，从“有理想、有本领、有担当的青年一代”去把握“时代新人”的内涵，也是顺理成章的。

4. 顺应时代潮流的坚定者、奋进者、搏击者

只要大家认真研究党的十九大报告就会发现，除了上面的“三有”之外，还有一些相似的提法，都可以成为“时代新人”的注解。比如，党的十九大报告最后一部分开头写道：“历史车轮滚滚向前，时代潮流浩浩荡荡。历史只会眷顾坚定者、奋进者、搏击者，而不会等待犹豫

①《十八大以来重要文献选编》(上)，北京：中央文献出版社2014年版，第277页。

② 同上书，第279页。

③《习近平关于青少年和共青团工作论述摘编》，北京：中央文献出版社2017年版，第7页。

④ 习近平：《扎根中国大地了解国情民情　用青春书写无愧于时代无愧于历史的华彩篇章》，《人民日报》2017年8月16日，第1版。

者、懈怠者、畏难者。”① 这里包含着要做“顺应时代潮流的坚定者、奋进者、搏击者”的思想，强调了育人目标与时代潮流的关系，也完全可以看作是对“时代新人”的注解。再如，党的十九大报告中还有这样的论述：“广大青年要坚定理想信念，志存高远，脚踏实地，勇做时代的弄潮儿。”② 从这个意义上也可以说，“时代新人”就是“志存高远、脚踏实地的时代弄潮儿”。

5. 德智体美劳全面发展的社会主义建设者和接班人

党的十九大后，习近平总书记对育人目标还有一些重要论述。我们在研究“时代新人”的科学内涵时，绝不能忽视这些最新的论述。应该梳理这些论述并把它与“时代新人”联系起来，并看作是把握“时代新人”科学内涵的重要依据。值得注意的是，习近平总书记在谈到育人目标时，突出强调了“培养社会主义建设者和接班人”。

在2018年与北京大学师生的座谈会上，习近平总书记一开始就明确提出：“我们的教育要培养德智体美全面发展的社会主义建设者和接班人。”③ 而且接下来又七次提到“社会主义建设者和接班人”。足见他对这一表述的高度重视。2018年9月在全国教育大会上，习近平总书记明确提出了“培养德智体美劳全面发展的社会主义建设和接班人”的历史任务，指出：“在党的坚强领导下，全面贯彻党的教育方针，坚持马克思主义指导地位，坚持中国特色社会主义教育发展道路，坚持社会主义办学方向，立足基本国情，遵循教育规律，坚持改革创新，以凝聚人心、完善人格、开发人力、培育人才、造福人民为工作目标，培养德智体美劳全面发展的社会主义建设者和接班人，加快推进教育现代化、建设教育强国、办好人民满意的教育。”并指出：“培养什么人，是教育的首要问题。我国是中国共产党领导的社会主义国家，这就决定了我们的教育必须把培养社会主义建设者和接班人作为根本任务，培养一代又一代拥护中国共产党领导和我国社会主义制度、立志为中国特色社会主义奋斗

① 习近平：《决胜全面建成小康社会 夺取新时代中国特色社会主义伟大胜利——在中国共产党第十九次全国代表大会上的报告》，北京：人民出版社2017年版，第69页。

② 同上书，第70页。

③ 习近平：《在北京大学师生座谈会上的讲话》，《人民日报》2018年5月3日，第1版。

终身的有用人才。这是教育工作的根本任务，也是教育现代化的方向目标。”[①] 在这两段论述中，“培养一代又一代拥护中国共产党领导和我国社会主义制度、立志为中国特色社会主义奋斗终身的有用人才”，可以看作是对“培养德智体美劳全面发展的社会主义建设者和接班人”这一表述的具体化阐释。

“德智体美劳全面发展的社会主义建设者和接班人”的提出，深刻揭示了“时代新人”的政治内涵和政治要求，既体现了新时代育人目标与以往我们党和国家育人目标的一致性，又体现了新时代育人目标的新特点。可以说，它标志着“时代新人”内涵展现的基本完成，是“时代新人”落地定型的标志。它说明，尽管关于“时代新人”可以有多种表述方式，它们分别从不同角度和层次展现“时代新人”的丰富内涵，但是万变不离其宗，从根本上讲，“时代新人”归根到底还是“社会主义事业建设者和接班人”，是这一建设者和接班人在新时代的体现。因此，也只有在全国教育大会之后，我们才能来比较完整地概括“时代新人”的科学内涵。

（三）“时代新人”的理论内涵

上述几种表述，已经从不同的角度表明了“时代新人”的基本内涵，但我们对“时代新人”科学内涵的把握不能满足于一些不同的表述，而需要做理论上的概括和提炼。对“时代新人”内涵的把握，不仅要着眼于它的内容的丰富性，更要着眼于其所包含的丰富内涵的不同维度或向度。只有分清不同的维度，并把不同的维度结合起来，才能实现对“时代新人”丰富内涵的全面而立体的把握。大体说来，“时代新人”的内涵有三个维度，即素质构成、精神状态、使命作用。

首先，要从素质构成上去把握“时代新人”的内涵。育人目标和培育“新人”并不是新时代才有的，而是我们党长期以来的优良传统。在历史上，我们党就提出过多种育人目标，如“又红又专的无产阶级革命事业接班人”、“有社会主义觉悟的有文化的劳动者”、“有理想、有道德、

① 习近平:《坚持中国特色社会主义教育发展道路　培养德智体美劳全面发展的社会主义建设者和接班人》,《人民日报》2018 年 9 月 11 日，第 1 版。

有文化、有纪律”的“四有”新人等。以往这些育人目标的表述，基本都是从素质构成的维度进行的。“又红又专”是讲素质，“有社会主义觉悟、有文化”也是讲素质，“有理想、有道德、有文化、有纪律”也是在讲素质构成。这是我们传统的做法，也是最基本的做法。我们今天把握“时代新人”的内涵，也依然可以从这个角度去把握。比如，“有理想、有本领、有担当”就是从素质构成上讲的，“德智体美劳”也是从素质构成上讲的，都是要全面提高受教育者的素质。在我们党的文献中也经常讲到素质的全面性和素质的提高。至于“时代新人”应具有哪些具体的素质，这些当然可以而且也需要继续研究，特别是结合新时代的实际需要来提出其应具备的素质。习近平总书记在全国教育大会上的讲话中讲到理想信念、爱国情怀、道德品质、知识见识、奋斗精神和综合素质等问题，并提到身心健康素质、劳动素质、审美素质等。这些都有助于我们把握“时代新人”的素质构成。

其次，要从精神状态上去把握“时代新人”的内涵。“时代新人”的提出，并不只是在素质结构上作调整，它的新颖和创新之处以及独特意义，在于它实际上是提出和强调了一个新的维度，即精神状态的维度。这是以往我们在提出和把握育人目标时所相对忽视的一个方面。从一定意义上说，“时代新人”的提出，重点不在于调整素质构成，而在于调整人们的精神状态。因此，我们更应该从精神状态这个维度去理解和把握“时代新人”的内涵和要求。只要看一下习近平总书记的一些讲话，看一下他所强调的重点，就会发现，他更强调“时代新人”的精神状态。习近平总书记一直十分重视人的精神状态问题，特别是青年一代的精神状态。他明确提出：“青年一代的理想信念、精神状态、综合素质，是一个国家发展活力的重要体现，也是一个国家核心竞争力的重要因素。”[①] 他所强调的“理想信念”“勇于担当”“四个自信”，以及“坚定者”“奋进者”“开拓者”“奉献者”“时代弄潮儿”等，讲的都是精神状态。特别是他十分强调“奋斗精神”，指出中华民族具有伟大奋斗精神，新时代中国人特别是青年一代更要有奋斗精神；指出中国改革开放和现

①《习近平关于青少年和共青团工作论述摘编》，北京：中央文献出版社2017年版，第9页。

代化建设的伟大成就，是奋斗出来，中国人民的幸福生活也是奋斗出来的。这些精神状态上的要求，与新时代的精神是紧密相连的。新时代是中华民族伟大复兴冲刺的时代，是一个奋斗和奋进的时代。坚定、自信、奋进、担当，可以说是新时代精神的核心内容，也应该是“时代新人”最基本的精神状态。

再次，要从使命和作用上去理解把握“时代新人”的内涵。新时代育人的素质和精神上的要求都必须外化和表现为它的使命责任和功能作用。人的素质和精神具有内在性，它只有在实践中得到运用，才能得到完全地展现。党的十九大报告中“担当民族复兴大任”就是从这个使命与作用的角度讲的，并直接用这一表述来界定“时代新人”。正是在实现中华民族伟大复兴的实践中，人们的思想道德素质和科学文化素质才能得到充分体现，人们的自信、奋进、担当的精神状态才能得到充分展现。因此，把握“时代新人”，还是要聚焦于实现中华民族伟大复兴的中国梦这一目标。能否在实现中国梦的实践中奋勇前进，能否为实现民族复兴贡献自己最大的力量，是衡量一个人是不是“时代新人”的根本标准。需要注意的是，不应只是从民族振兴和发展的角度去理解“时代新人”的使命和要求，而是要看到实现中华民族伟大复兴的过程也恰恰是我们推进中国特色社会主义事业发展的过程。“时代新人”无疑是民族复兴大任的担当者和实现者，但同时也是社会主义事业的“建设者”和“接班人”。习近平总书记所强调的“社会主义建设者和接班人”也是我们从使命和作用的维度去理解和把握“时代新人”的重要方面。

综上，可以概括地说，所谓“时代新人”，是“社会主义建设者和接班人”在新时代的体现和要求，指走在中国特色社会主义新时代的前列，具有坚定、自信、奋进、担当的精神状态，具有理想信念、爱国情怀、道德品质、知识见识、奋斗精神和综合素质，能够担当中华民族伟大复兴历史重任的奋进者、开拓者、奉献者。

（原文发表于《思想理论教育》2019 年第 2 期）

三

论经济全球化时代的爱国主义

肇始于16世纪的经济全球化进程，经过几百年的酝酿、积聚和潜行，在20世纪的80年代中期特别是90年代以来，获得了空前迅猛的发展。短短的二十多年间，经济全球化的影响从经贸领域扩展到社会生活的方方面面，从敏锐思想家的理论著述扩展到普通老百姓的日常意识。可以说，以经济全球化为标志的全球化时代已经到来。那么，在这个全球化的时代，爱国主义和爱国主义教育的命运将会如何，是近年来人们普遍关注也多有困惑的问题。对此，学界已有许多研究，本文在此基础上试做总体性归纳与进一步探讨。

（一）经济全球化对爱国主义的冲击

经济全球化是一种复杂的现象，它对爱国主义的影响也是复杂的。为了从总体上更清晰地考察这一问题，有必要区分三个层次：其一是经济全球化的一般性质及其影响的层次。在这个层次上我们看到，经济全球化具有全球普遍交往深化和世界历史形成的特征，它的发展必然会对各民族国家及其爱国主义产生冲击和削弱性影响。其二是经济全球化的特殊性质及其影响的层次。在这个层次上我们看到，现实中的经济全球化是以西方发达资本主义国家为主导的，它是一个充满矛盾冲突的过程，而这些矛盾和冲突又会刺激一些国家特别是第三世界国家的爱国主义发展。其三是经济全球化具体进程及其影响的层次。在这个层次上我们看到，经济全球化是一个正在进行的实际过程。在这个过程的不同阶段上，经济全球化及其影响可能会有不同的特点，而且由于许多偶然性因素参与相互作用，从而使爱国主义现象呈现更为复杂的情况。

1. 经济全球化必然会冲击和削弱民族国家的爱国主义

如果我们对经济全球化现象进行最一般的理论抽象，就会看到：不论这个过程具有怎样复杂的内容，它总是体现出一种人类走向联合与统一的趋势。而这种趋势在性质上显然是与民族国家及其爱国主义相反的，它的最终指向是要打破国界甚至破坏民族国家，当然也会否定与民族国家相联系的爱国主义。把结论说得这样决绝，似乎是有些简单化和绝对化，但不要忘记，我们在这里讲的恰恰就是绝对性的一面，是对二者关系的最一般本质的抽象。尽管这种抽象不能脱离经济全球化的实际过程而独立存在，我们对经济全球化的把握也不能仅仅停留在这种最一般的抽象上，但作为唯物主义者，我们一定要直面矛盾，直面经济全球化与爱国主义的深刻矛盾和对立，直面经济全球化冲击和削弱爱国主义的逻辑必然性。看不到或不承认这种矛盾和对立，不是实事求是的精神和态度。事实上，我们已经在现实生活中亲眼看到并亲身感受到了这种影响和冲击。

那么，我们应该如何来看待这种冲击的必然性呢？如果说“经济全球化会冲击和削弱爱国主义”是一个逻辑和事实判断，那么我们如何作出自己的价值评判呢？价值判断以价值立场为基础，不同的立场可以导致不同的结论。许多西方学者歌颂这种趋势，因为他们的国家在经济全球化中处于有利和强势的地位，经济全球化更多地体现和实现了他们的国家利益，所以他们对这种趋势大唱赞歌，有些人甚至预言民族国家“即将消亡”。相比之下，第三世界国家的学者往往对此抱有怀疑和消极的态度，甚至否定这种趋势的客观性。这是因为这些国家在经济全球化中处于不利和弱势地位，他们需要在经济全球化过程中捍卫国家利益，从而需要爱国主义。我国是一个发展中国家，我们像其他第三世界国家那样需要爱国主义，反对全球化对爱国主义的侵蚀，但同时我们又是一个特殊的发展中国家，从而又有更为复杂的态度和认识。

作为一个发展中的大国，特别是作为一个已经成为世界第二大经济体的国家，我们虽然没有改变自己第三世界国家的定位，但在某些方面已具备某些特有的优势，能够在全球化过程中不断发展自己，因而我们以积极的姿态加入世界贸易组织，参与全球经济的搏击，反对贸易保护主义。这样，我们就没有把经济全球化直接而明确地看做是对国家利益和爱国主义的削弱和冲击，我们也没有参与一些国家的反全球化运动。同时，我们还是一个社会主义国家，我们能够以马克思主义历史观的宏大视野和长远眼光观察纷繁的时事，从中看到经济全球化的必然性和不可阻拦的趋势，看到经济全球化在矛盾和冲突中所包含的积极意义。

尽管现在的经济全球化进程距离它的终点还远，距离使国家消亡还很遥远，但如果我们把话说透，那么可以肯定：在遥远的未来，国家是要消亡的，爱国主义也是要消亡的。人类走向统一，实现世界大同，这不是什么坏事，而是一切先进思想家的梦想。马克思揭示了人类社会发展的基本规律，特别是揭示了资本主义产生发展以及最终向共产主义转变的历史必然性，而这其中就包含有从民族历史向世界历史的转变和全球一体的观念。只要看一下马克思的相关论著，特别是《共产党宣言》，就可以看到马克思有相当明确的全球化思想。当然，在马克思看来，经济全球化开始和发展于资本主义社会，但它的真正实现，特别是它最终所导向的世界一体的结果，是出现在共产主义社会。对于资本主义的全球化，马克思深刻揭示了它的矛盾性和二重性：一方面，它体现了人类普遍交往的发展，是生产力发展和技术进步的结果，具有积极的历史意义；另一方面，它又给世界许多国家，特别是这些国家的劳动人民带来巨大苦难。我们现在所面对的就是资本主义的经济全球化及其对爱国主义的冲击，我们也要像马克思那样做二重性的分析。

2. 经济全球化对爱国主义的冲击表现在经济、政治、文化、心理感情等不同方面

经济全球化对爱国主义的经济基础产生了冲击和影响。尽管每个民族国家的经济利益仍然存在，但各国的经济活动和经济利益采取了更具国际性的形态。一个国家的经济利益并不局限于自己国家之内。国家间的经济联系和利益攸关性增强，在许多方面是你中有我，我中有你，难以进行清晰界分。在许多国家，大工业中的资本具有多重国籍，而美国联邦储备系统的主要股东来自欧美许多国家的银行。跨国公司不断壮大，其科技和经济实力甚至超过了一些国家，对所在国家的经济产生重大影响，甚至决定性地影响着所在国政府的经济决策。世界银行、国际货币基金组织、关税及贸易总协定（世界贸易组织）等国际经济组织的作用日益加强，它们左右着国际社会的经济治理。经济全球化的发展也会产生一种结果，就是使一国国民自身的经济利益与其国家经济利益的直接联系发生松动和疏离，许多人为了追求个人的经济利益而更愿意在跨国公司工作。

经济全球化冲击和削弱着爱国主义的政治基础。民族国家，特别是民族国家的主权是爱国主义的政治基础。这一基础在经济全球化冲击下出现了某种弱化的迹象。随着全球性问题凸显、国家间组织的发展以及区域一体化进程的加快，民族国家的主权受到一定削弱，而国界也时常被突破。全球问题，如人口、生态、资源、贫困、犯罪、毒品、核武器等，需要跨国性国际合作。经济上一体化的推进，产生了超国界的国际组织。这些国际组织分享了一部分国家职能，而国家某些方面的主权职能让渡给了国际组织。它们越来越广泛地影响和制约着特定国家对内外部事务的处理。比如欧盟，它从 6 个成员国组成的欧共体发展而来，现已扩展为 27 个成员国。根据 1992 年通过的《马斯特里赫特条约》，欧洲中央银行负责管理主导利率、货币储备和发行，以及制定欧洲货币政策。从新近形势看，原来作为各国主权的财政政策也会有所让渡。在法律方面，尽管各国在地理条件、人口状况、经济发展和法律传统方面有很大差异，但欧盟的法律体制是统一的。在某些领域中，欧盟能够直接制定法律，并且许多条款对成员国本身及其国民有直接效力。在西欧诸国，申根协定的国家间免予签证，以致人们在西欧旅行到达国境线的时候，除了可以看到一个普通的牌子或界碑外，没有任何别的感受。看不到国境线在哪里，也没有一个士兵。联合国虽然以“所有会员国主权平等”为原则，但它派驻在一些国家的机构所掌握的权力早已凌驾于当地政府和各派力量之上。此外，其他一些国家间非政府组织，如宗教团体、政党联盟和工会组织等，也会对国家主权施加影响。所有这些，不能不对与民族国家紧密结合在一起的爱国主义产生影响。埃及学者巴哈丁尖锐地指出：“全球化体系具有一种将人类从土壤中连根拔起的离心力，社会组织因此而动摇松散。全球化体系不能容忍一切由地理界线、民族界线，甚至伦理界线所构成的屏障和限制，因为新体系中的市场不能容忍边界。”[1]

经济全球化也冲击着爱国主义的文化基础。民族文化是爱国主义的文化基础，热爱和发展本民族的文化是爱国主义的重要内容。而且，从一定意义上讲，爱国主义对民族文化的依赖甚至超过对国家地理边界的依赖。有些民族在失去原来的土地后之所以能够继续存在，就是因为他们拥有自己独特的文化。这种独特的民族文化，正是爱国主义的寄托和发育之所在。但在经济全球化过程中，除了西方国家的文化得到迅速的传播和扩展外，世界多数国家的民族文化受到了冲击，有的甚至处于灭绝的危险中。以美国为代表的西方发达国家，他们制作的体现着西方文化特点的文化产品占据了世界文化产品的绝大多数，并具有不可抗御的传播冲力。第三世界国家即使对本民族文化进行有意识的保护，也并不能根本改变这种冲击的影响。而且，民族文化如果不能在全球化时代实现创造性转换，焕发出文化的生命力和活力，那么当它处于受保护状态中的时候，其性质和功能也会发生变化，往往只是一种无奈的文化象征和宣示，难以再起到原来作为生活灵魂的那种作用。

经济全球化对人们的国家身份和归属感也产生了冲击。跨国公司大量涌现，劳动力跨国流动，人员交流更加频繁，使一个国家的公民很可能工作和生活在另一个或另一些国家。在这个过程中，国籍的意义淡化了。出于工作和生活的需要，一些人放弃了原有国籍和加入新的国籍，也有一些人持有双重或多重国籍。跨国婚姻松动了家庭与国家的坚强纽带，动摇着“家国同构”的传统。这就使人们的国家身份和归属感产生困惑并受到削弱。

经济全球化冲击和淡化着人们对自己国家的专一之爱和“极其深厚”的爱国感情。对于一些生活于几个国家之间的人来说，专一之爱难以维系。他们很可能同时爱着几个国家。特别是国家间交往的频繁，打破了长期以来的隔离和隔阂，从而淡化了那种由于国家间的隔离和隔阂而得到强化的爱国感情。从历史上看，人们的爱国情感不是单一的，其中可能包含着一些很不相同的部分。比如，有对自己故土家园和亲人的

①［埃及］侯赛因·卡米勒·巴哈丁:《无身份世界中的爱国主义——全球化的挑战》，朱威烈、王有勇译，上海：上海外语教育出版社 2001 年版，第 39 页。

天然感情，对自身社会共同体的归属感等。其中，也会有由于与其他国家的隔阂和对其他国家的人民缺乏了解而得到强化的感情，以及由于与相关国家发生冲突而得到强化的感情等等。列宁的一个很重要的理论贡献，就在于指出了爱国主义感情中的这个部分，并暗示了这个部分在全球化时代的命运。列宁说："爱国主义是由于千百年来各自的祖国彼此隔离而形成的一种极其深厚的感情。"[①]这是新版列宁著作的译文，补足了从前的版本有意或无意地略去了的一句话，即"由于各自的祖国彼此隔离"这一句。列宁在这里不是强调爱国主义的崇高性一面，而是指出了爱国主义局限性的一面，由于各自的祖国千百年来彼此隔离，从而形成了人们"极其深厚"的爱国感情。但是，当全球化兴起并日益发展的时候，这种千百年来的情况发生了改变。各自的祖国不再是相互隔离了，那么原有的被隔阂所固定起来的"极其深厚"的感情不会有一定的淡化吗？

现在，对于一些从传统看来显然是不爱国的现象，人们有了更宽容的心态。人们也不再像从前那样动辄以是否爱国来画线和对人作出评判了。在我国，在相对封闭的年代，具有国外背景的人会被看作"里通外国"；在开放初期，学成不归，也当作不爱国；后来，到海外打球的"海外军团"，也曾被当作不够爱国。从代表外国队打球的前中国队员的脸上的僵硬表情，就可以看出他们自身也有感情的纠结。但是，当中国卷入全球化过程后，当我国各行业国际化程度不断提高时，我们对于这些现象越来越能够理解了。一些影视明星改换国籍，成为"外国人"，曾引起非议，但慢慢人们也见怪不怪了。嫁给外国人、移民国外等等，也不再与是否爱国有直接联系。曾经是中国女排代表符号的郎平，当了美国队教练，并带着美国队与中国队比赛。开始人们不习惯，慢慢也能够理解了。我们的体育解说员甚至以自豪的口吻说："郎平带着自己的美国学生来中国打球了！"

①《列宁选集》（第3卷），北京：人民出版社1995年版，第579—580页。

（二）经济全球化时代爱国主义的合法性

在经济全球化背景下，爱国主义受到了很大冲击。但它并没有消失，而且在某些领域和方面得到了强化，变得更加显眼了。这也不是偶然的，它说明爱国主义在经济全球化时代仍有其存在的理由和合法性。

1. 经济全球化进程在一定范围内刺激和强化了人们的爱国主义感情

从逻辑上讲，经济全球化必然会淡化和弱化爱国主义，而且沿着这一逻辑推下去，其最终结论是导致爱国主义的消失。但是，经济全球化不是一个纯逻辑的过程，而是一个现实的复杂的过程。全球化在现在以及相当长的一段历史时期内具有资本主义市场经济的性质。由于资本主义的利润追逐具有剥削和掠夺的属性，由于资本主义经济政治发展的不平衡性，经济全球化进程必然充满着激烈的矛盾、冲突和斗争，从而使单个的国家面临着巨大的利益风险。而正是这个原因，刺激和强化了一些国家特别是第三世界国家的爱国主义。从某种意义上说，经济全球化对爱国主义最终的弱化作用，是以某些局部上对爱国主义强化的形式表现出来并得到实现的。这看起来是一种矛盾，但却是合乎规律的。

首先，经济全球化的强烈经济取向，使国家间的经济利害关系更加突出和敏感了，从而牵动着人们的爱国神经。经济或经济利益，不仅在社会结构中具有决定性作用，而且在人性结构中也是决定性因素。马克思讲："人们为之奋斗的一切，都同他们的利益有关。"[①] 这种利益尤其是经济利益。如果说在资本主义以前，经济利益常常被帝国荣誉、王族血统以及仁义道德等所掩盖，那么资本主义登上历史舞台后，就揭掉了这些意识形态的面纱，让经济利益显露出来。在经济全球化的过程中，经济利益往往成为国家间关系旋转的轴心，而且不加任何掩饰。这样，国家间的经济利益差别和冲突，会为国民的爱国情感提供源源不断的能量。

其次，经济全球化扩大了国家间竞争的空间，加剧了竞争的烈度，从而也为爱国主义提供了动力源泉。经济全球化把几乎所有的国家都拉

①《马克思恩格斯全集》（第1卷），北京：人民出版社1995年版，第187页。

到激烈的国际竞争中来了。不但是经济和科技上的竞争，而且是综合国力的全面竞争。特别是经济全球化是由发达资本主义国家所主导的，他们制定和掌控着竞争游戏的规则，加剧了竞争的激烈程度以及不平衡和不公平。可以说，经济全球化增大了各国经济运行的风险，尤其是处于弱势地位的发展中国家的经济主权和经济安全面临新的挑战。而这些竞争和挑战必然会强化各国自身的凝聚力，强化这些国家的爱国主义。

再次，全球化拉近了国家间的距离，从而在某种程度上刺激了各自安全感的顾虑甚至焦虑，从而也在一定程度上强化着各自国家的爱国主义。各国之为利益主体，是一个个巨人。在国际社会这个巨人的世界里，彼此之间应保持一定的安全距离。在地理大发现和资本主义全球扩张之前，国家间的巨大空间距离使彼此保持着天然的安全感，至少对并不直接相邻的国家间来说是如此。但是，当全球化进程把远隔大洋的两国甚至多国之间的距离突然拉近的时候，彼此都会产生不安和焦虑。特别是经济全球化过程处处充满着风险，国家安全的领域更加广泛化了。除了传统的主权、领土和军事安全外，还有经济安全、信息安全、生态安全、文化安全，以及人才安全，等等。这不仅使危险面扩大，而且使危险更加隐蔽，也加深了各国特别是弱国小国的安全焦虑。因此，对一个国家来说，当降低金融风险和经济依赖性、保障战略资源储备、保护战略人才、弘扬民族文化、维护生态平衡和保证物种安全等都具有维护国家安全和爱国主义的含义时，爱国主义当然会得到扩展。国家安全教育，新的安全形势和安全观的教育，成为爱国主义教育的题中应有之义。

2. 民族国家继续存在并仍然是大多数人认同和归属的主要共同体

尽管在经济全球化时代民族国家受到了冲击，但它仍然存在，并依然是国际关系的主体。在现在，以及在未来可预见的时期内，民族国家尚不会退出历史舞台，这是目前大多数学者的共识。当今世界上的国家都是民族国家，这种国家不仅有地域属性，而且有民族属性。这两种属性的结合就构成了“祖国”。从地域和民族这两个方面看，以现有的经济全球化水平尚不能分离国家与特定民族的结合，也不能改变民族原有的地域基础，摧毁国家与民族结合的纽带。[①]

事实上，在经济全球化加速发展的当代世界，民族国家不是在减少，而是在增加。特别是第三世界的民族国家数量大增，形成了另一种趋势。“西方资本主义上升时期形成的民族国家经历几百年，称得上发达国家的也就是十几二十几个。众多的亚非拉国家特别是第二次世界大战后新建立的一百多个独立国家，其历史使命是维护民族独立和国家主权，并大力发展本国的经济和文化。冷战结束后，原来受两霸控制或影响的国家中，民族国家利益和国家主权意识迅速上升；美国霸权主义和强权政治又对民族主义起了火上浇油的作用，以致90年代以后新增国家已达二十多个。至于今天各国之间综合国力竞争的加剧，贸易保护主义的增长，所有主权国家都把国家利益和国家安全摆在第一位，更是不争的事实。”[②]

至少就目前的经济全球化来说，它并不是一种超越于各国之外的一种独立自主的力量，而是更多地存在于各国间的关系之中，体现在各国的联系和互动中。经济全球化是通过各个国家，特别是通过国家间的贸易往来等来体现和实现的。经济全球化并不仅仅属于跨国公司，而且跨国公司也并非与任何国家无关。可以说，经济全球化不是存在于各国经济之外，而是存在于各国经济之中。

国家主权虽然受到了冲击，绝对主权受到一定削弱，但国家主权仍然存在并将长期存在。从理论上讲，每个国家的主权都是既有绝对性又有相对性。由于历史的原因，以往国家主权的绝对性更为突出。但即使是绝对主权，也有一定的相对性。真正完全不受任何内外部制约的绝对主权在现实中是很难存在的。随着经济全球化的加速推进，国家主权的绝对性遇到了挑战和削弱，而相对性的一面凸显出来了。这种现象是正常的，并不意味着国家主权本身以及主权绝对性的消失。绝对性存在于相对性之中，任何相对主权本身也都具有一定的绝对性。当国家主权以

① 阿迪力·买买提:《论全球化背景下的民族身份认同和爱国主义——对爱国主义情感的民族学解读》,《黑龙江民族丛刊》2011年第5期。

② 钟哲明:《马克思主义与我们的时代——兼谈“全球化”问题》,《马克思主义研究》1998年第3期。

绝对性和相对性相统一的新形式表现出来时，当它找到自己更合理的形式时，就为国家主权更长久的存在打下了基础。

经济全球化虽然对政治有重大影响，但是并未真正形成政治全球化，至少到目前来说是这样。事实上，与经济全球化加速发展相伴随的是政治的多极化。从多极化的内容上说，它也反映了全球化的趋势。特别是表现为区域一体化进程的推进。几个大的国家各自构成一极，而若干区域性的小国经过联合也能够成为一极。同时，这种多极化又体现了国家主权，以及地区主权。拉美和加勒比国家之所以成立把美国和加拿大排除在外的新共同体，目的也是要维护地区的主权，以及各自国家的主权。

全球化是一个漫长的历史过程，经济全球化是其初级阶段。尽管经济在社会中有着基础性和决定性作用，从而经济全球化对社会的政治和文化有巨大的决定性影响，但从经济的全球化引出政治和文化上的全球化，还需要相当长的历史时期。现在，对于经济全球化的存在，多数学者达成共识，但对于是否存在着政治全球化和文化全球化，则存在很大争议。尽管在现实生活中也可以看到经济全球化对于世界各国政治和文化的影响，但由于这种影响还有程度上的差异，以及政治和文化本身与经济相比有更大的复杂性，因而还不能作出明确的断言说有了政治全球化和文化全球化。从我们国家使用的概念上看，我们与经济全球化相并用的是“政治多极化”以及“文化多元化”，这两个“化”显然与全球化并不是同一个方向的。这就说明在全球化的过程中，世界的政治和文化的变化是更为复杂的过程。

全球化作为一个过程，应该是有急有缓的。当我们谈论经济全球化的巨大冲击时，说的是它急剧的一面。从现实中来看，全球化确实来势迅猛，对缺乏心理准备的普通民众有很大冲击力。但是，经济全球化是否会一直这样急剧地扩展下去？我看并不一定。民谚说：“飘雨不终朝，骤雨不终日”，意思是过于急猛的大雨通常不能持久。虽然说的是自然现象，但里面也包含了历史的智慧。它说明，在人类社会和历史的总体中，其中一种势力或趋向的过于急猛的发展是很难一直持续下去的，因为它总会受到社会系统中其他方面的制约。在战争与革命的年代，当我们的革命事业势如破竹的时候，我们也曾以为这种趋势会一直持续下去，甚至会加速度推进，从而很快就会看到社会主义全球胜利的终点。但后来的事实证明，我们只是一厢情愿。现在，我们又处于经济全球化的急风暴雨中，很多人也会产生这样的想象：这种趋势一直持续下去，甚至会随着科技的进展而加速推进，以致我们很快就会见到国家消亡的终点。但我可以肯定，这也是一种幻想，是把人类社会和历史进程看得过于简单了。

3. 民族文化能够继续存在并且依然是民族认同所系

关于经济全球化对民族文化的影响，马克思在《共产党宣言》中写道："过去那种地方的和民族的自给自足和闭关自守状态，被各民族的各方面的互相往来和各方面的互相依赖所代替了。物质的生产是如此，精神的生产也是如此。各民族的精神产品成了公共的财产。民族的片面性和局限性日益成为不可能，于是由许多种民族的和地方的文学形成了一种世界的文学。"① 在这里，马克思所说的"文学"一词德文是"Literatur"，泛指科学、艺术、哲学、政治等方面的著作，大体相当于我们今天所说的文化或文化产品。在马克思看来，经济全球化会打破各民族和地区的分离状态，促进民族间的互相往来和互相依赖，从而促进各地区各民族文化的交流和交融，增强文化产品的公共性，最终形成一种世界的文化。

显然，这里是就经济全球化的一般趋势和最终结论来讲的。从逻辑上来看的最终结论，可以一眼望到头，但这个结论要在具体的历史的过程中得以实现，则是一个非常漫长的历史过程。即使撇开这一点不谈，单从最终趋势上来谈问题，那么共同的世界文化的形成，是否就以消灭民族文化为前提或为代价呢？也并非完全如此。简单地说，在世界文化的形成过程中，民族文化的片面性和局限性会被消除，或用马克思的话说"日益成为不可能"，但各民族文化的特色或多样性则应该予以保留。不是以一种文化取代所有的其他文化，而是各民族的文化在相互交融中共同形成统一的具有内部多样性的世界文化。消失了民族文化多样性的

①《马克思恩格斯选集》(第1卷)，北京：人民出版社1995年版，第276页。

世界文化，是一种灾难。

这里涉及衡量文化的两种尺度的问题。一种是文化的先进与落后的问题，另一种是文化的单一性与多样性的问题。从前者来说，文化有先进与落后之分，而文化的进步和发展就在于发展先进文化，淘汰落后文化，或者说用先进文化代替落后文化。从后者来说，文化又有单一性和多样性的问题，文化的进步和发展应该是文化更加繁荣和多样。但是，这两个方面是有一定矛盾的。如果只讲先进文化取代落后文化，就可能走到否定不同民族文化的价值和取消人类文化的多样性上去。可是，如果只讲文化的多样性，就会走到否认文化具有先进与落后之分，而认为所有的文化都具有同样的价值的结论。正是由于有这双重的复杂关系，人们在文化的发展前途方面，产生了很大困惑。

其实，在这个问题上斯大林有过很好的论述。他巧妙地处理了文化的阶级性与民族性的关系，既肯定了先进文化的前进方向，又强调了保留民族文化多样性的意义。斯大林论述过文化的融合问题，认为在苏联这样多民族的社会主义国家，虽然会在将来出现统一的社会主义文化，但他认为这种社会主义文化并不是取消苏联各民族的文化特点，而是包含着民族文化的多样性。他写道："我们在建设无产阶级文化。这是完全对的。但是社会主义内容的无产阶级文化，在卷入社会主义建设的各个不同的民族当中，依照不同的语言、生活方式等等，而采取各种不同的表现形式和方法，这同样也是对的。内容是无产阶级的，形式是民族的，——这就是社会主义所要达到的全人类的文化。无产阶级文化并不取消民族文化，而是赋予它内容。相反，民族文化也不取消无产阶级文化，而是赋予它形式。"[①] 这就启示我们，在文化的内容上坚持文化的先进性，在文化的形式上保留和发扬民族文化的多样性。正是从这个意义上说，"越是民族的，就越是世界的"。

西方文化在当今世界上的广泛而强势的传播，并不是它的先进性的证明，也不是其先进性的结果。虽然西方文化与前资本主义时代的文化相比有其先进性的一面，但它在当今世界的强势地位并不完全是由于

①《斯大林全集》(第 7 卷)，北京：人民出版社 1958 年版，第 117 页。

它的先进性，而是由于其所依据的经济和传播技术的强大。因此，为了在经济全球化时代既促进人类文化的发展进步，又保持人类文化的多样性，就需要保持和发展各国各民族的文化。各个国家都要像发展自己的经济那样，去发展自己的文化。而只要自己民族的文化得到发展，那么人们的爱国主义就会有自己的寄托和载体。

（三）经济全球化时代的爱国主义教育

爱国主义与爱国主义教育是联系在一起的。那么，在经济全球化条件下爱国主义教育是否必要？它的特点和使命是什么呢？

1. 爱国主义教育依然十分重要

首先，爱国主义教育的必要性在于爱国主义存在的合法性。有爱国主义就会有爱国主义教育，后者以前者为基础和存在的依据。既然在经济全球化的时代爱国主义继续存在，那么在这样的情况下爱国主义教育也会继续存在并发挥它的作用。事实上，爱国主义与爱国主义教育并不是彼此分离的两回事，而是一回事。爱国主义教育并不在爱国主义之外，而是爱国主义现象的一部分。爱国主义教育是爱国主义延续和发展的结果和必然要求。

其次，爱国主义教育有助于爱国主义从自发向自觉发展。爱国主义的产生具有一定的自发性，它体现出一种天然的情感倾向。这种自发性是爱国主义具有深远渊源和深厚根基的体现和证明，是爱国主义天然合理性的表现。但爱国主义的存在不能满足于自发状态，而要向更加自觉的方向发展，以更好地体现合理的思想和崇高的精神。爱国主义作为一种历史性的现象，在长期的历史延续中曾以不同形式存在着，一方面要适应特定历史阶段的社会要求，另一方面自身也在成长和发展。在经济全球化时代，爱国主义的存在和发展遇到新的挑战，具有空前的复杂性，因而更需要对爱国主义进行必要的引导和规范，而爱国主义教育就起着这样的作用。爱国主义教育的作用不仅仅在于甚至主要不在于鼓动人们的爱国情感，而更在于引领人们的爱国感情和言行，使爱国主义的存在和发展更加自觉，更加合理和美好。这也将有助于避免和减少狭隘民族主义、殖民主义、帝国主义、军国主义、沙文主义等对爱国主义的干扰、绑架和误导。

再次，爱国主义教育有助于减弱经济全球化对爱国主义的过度冲击。经济全球化对爱国主义的冲击既是巨大的，又带有一定的盲目性。一方面，我们承认这种冲击具有一定的历史必然性，甚至也具有一定的历史合理性，因为它有助于不同国家和民族间的沟通和联结，有助于人类最终实现天下大同。但另一方面，我们又不能不看到，这种冲击也具有很大的盲目性以及破坏性。这种冲击的程度和某些后果，超过了合理的限度，破坏性地打击了仍然具有十分必要的存在价值的爱国主义精神。而且，由于千百年来不同民族和国家的人们把许多美好的心愿、感情和精神价值都与爱国主义结合在一起，因而当经济全球化对爱国主义产生巨大冲击的时候，也一同冲击和削弱了人们许多其他方面美好的东西。从一定意义上说，爱国主义教育具有抵御经济全球化对爱国主义过度和盲目冲击的作用，可以在一定程度上守护人类各种爱国主义遗产，传承爱国主义崇高精神。

最后，从当今世界来看，各国都在进行甚至加强爱国主义教育。广大的发展中国家都在加强爱国主义教育，以图在经济全球化过程中维护自身的独立、主权和国家利益。这一点，在经济全球化扩张的过程中体现得比较明显。特别是一些处于高速发展中的新兴经济体，比如金砖国家等，都明确地意识到爱国主义教育在全球化条件下的重要性。一些西方发达国家，尽管经常批评和指责发展中国家的爱国主义为“民族主义”，但他们自己也在有意识地凸显其国家意识和国家认同。二战以后，德国在清理法西斯主义影响的过程中，曾经历了一个与“爱国主义”决裂的过程，甚至把“爱国主义”变成了一个或多或少是负面和贬义的词汇。但在半个世纪之后，在全球化时代迅猛到来的时候，德国人的国家意识和爱国情怀在逐步回归，爱国主义教育悄然出现。至于美国，就更典型了。在“9·11”事件以后，美国人的爱国主义热情高涨，而国家领导人也一再强调爱国主义。从小布什到奥巴马，尽管方针政策有所不同，但在强调爱国主义方面一脉相承。布什以爱国的名义要求国人支持他发动一场又一场的反恐战争。而奥巴马那些充满激情和变革精神的演说，也始终贯穿着一根爱国主义的红线。他甚至为了打消一些白人选民对他作为一个黑人是否足够热爱美国的顾虑，而在演说中一再表白自己的爱国信念，强调爱国主义教育的重要性，他指出："爱国思想必须永驻你我心中，根植于我们的文化之中，培育于我们孩子幼小的心灵之中。"[①]鉴于"有许多年轻人根本不了解我们先辈的光荣事迹"，因此，"身为美国人，身为父母，在家里，在学校，向我们的孩子灌输历史知识是我们的神圣职责"[②]。

中国作为一个发展中国家，作为一个具有悠久爱国主义传统的东方大国，作为一个把爱国主义与社会主义结合起来的社会主义国家，我们在经济全球化的过程中，面临着前所未有的机遇和挑战，我们当然要进行爱国主义教育，并根据新的形势加强和改进爱国主义教育。

2. 把爱国主义教育纳入核心价值观教育之中

当今时代，世界各国的爱国主义教育逐渐体现出一个新的特点，就是把爱国主义教育与价值观教育结合起来，并将爱国主义教育纳入核心价值观教育中。

价值观教育源远流长，不同国家和民族也在自己的文化传承中始终进行着价值观教育。但是，以往的那些教育不是以直接明了的"价值观教育"的面貌出现的，而往往以其他形式表现出来。在现代社会中，"价值观"的问题日益凸显，而且随着思想学术领域中"价值哲学"等的发展成熟，价值观教育也日益具有明确而自觉的形式，它的重要性也日益为人们所关注。如果说以往人们所关注的主要是思想体系和意识形态体系，那么，现在人们所关注的则是这些体系中的价值观或核心价值观，关注的是其中最根本的价值理念。从当今世界来看，不同思想文化之间的冲突，突出地表现为不同价值观或不同核心价值观的冲突。一些发达国家要把自己的价值观强加于发展中国家，而发展中国家也开始确立和维护自己的价值观。在这方面值得注意的是，当今各国的价值观教育也把爱国主义纳入其中，并把爱国主义提升到价值观或核心价值观的层次。

从美国的情况看，爱国主义成为美国价值观教育的一部分，并把天

① 刘永生:《奥巴马演讲集》，沈阳：辽海出版社2010年版，第56页。
② 同上书，第57页。

然的自发的爱国之情升华为对美国理想和美国精神的忠诚，上升到理想信念的高度。这一点在美国总统奥巴马的演说中表现得尤为明显。强调价值观，强调爱国，并把二者结合起来，这可以说是奥巴马演说的突出特点，也是其具有巨大影响力的重要原因。他在演说《我们所热爱的美国》中表白了自己的爱国深情，并概括了爱国主义的精神内涵。他说："对我来说，爱国的含义并不局限在对地图上某处地方或某类人表示忠诚，而有其更深刻的含义，即对美国的理想表示忠诚——那些所有美国人都会为之牺牲生命、都会为之献出一切的理想。我认为，正是这样的爱国忠诚促成了一个多种族、多宗教、多习俗的美利坚合众国。"① 他在就职演讲中说："我们面临着前所未有的挑战。我们迎接挑战的方式也是前所未有的。但我们取得成功所依赖的价值观——勤劳、诚实、勇气、公正、宽容、好奇、忠诚和爱国——却由来已久。这些价值观都是真实的。它们是我们整个历史发展过程中的一股无声力量。现在要做的就是回归这些真理。"②

在我国，构建社会主义核心价值体系，进行社会主义核心价值体系教育，是当前意识形态工作和思想政治教育的根本任务。爱国主义是社会主义核心价值体系的重要内容。在社会主义核心价值体系的四个基本组成部分中，爱国主义不仅集中体现于第三个部分即以"爱国主义为核心的民族精神和以改革创新为核心的时代精神"中，而且在其他的几个部分中都有渗透性体现，比如在第四个部分"社会主义荣辱观"（"八荣八耻"）中，第一条就是"以热爱祖国为荣，以危害祖国为耻"。这些都提示我们：爱国主义及其教育已超出了单纯感情和感情影响的范畴，而进一步上升到理念和价值观的层面；进行爱国主义教育，要与社会主义核心价值观教育相结合，并作为其中的一个组成部分。

3. 爱国主义教育要倡导情理结合和理性爱国

爱国主义发端于一种天然的感情，但它不只是一种感情，还是一种思想观念和社会行为。在经济全球化的条件下，在爱国变得不那么容易的情况下，爱国主义教育要倡导感情和理性的结合，倡导理性爱国，善

① 刘永生：《奥巴马演讲集》，沈阳：辽海出版社 2010 年版，第 52 页。
② 同上书，第 84—85 页。

于把人们爱国的思想感情和行为有机地统一起来，以更好地发挥爱国主义的积极作用。

在经济全球化猛烈推进的过程中，在各国间利益摩擦甚至冲突明显增多的情况下，不可避免地会伴随着各个国家中人们对外的强烈感情。这些感情很可能表现为爱国感情或民族感情，从而使爱国主义具有强烈的感情化或情绪化倾向。对于这些感情，我们当然不能简单地加以指责，因为毕竟有其历史和现实的根源，而且这些感情中有真正爱国的内涵。人不是理性的机器，而是有血有肉有感情的人，当遇到重要事件的刺激时，就会在感情上表现出来。这是自然而然的过程，也不是可以人为地完全避免的。但是，在各国间利益关系十分复杂的情况下，对于这种强烈感情又不能简单地加以鼓动甚至纵容。爱国主义教育要积极地倡导理性爱国，使人们认识到爱国不仅是感情的事，也是理性的事，更是国家利益得失的事。

近年来，伴随着中国的崛起，我国国际环境更加复杂，国外“中国威胁论”的鼓噪，对中国的妖魔化宣传，对中国崛起的阻挠和打压，以及因历史和现实原因而出现的中日、中美等摩擦事件等，牵动着人们的心。人们关心世情国事，表现出强烈的爱国主义情怀。特别是年青一代，他们能够在关键时刻仗义执言、挺身而出，捍卫民族的尊严和国家的利益，表现出是爱国的一代，具有社会责任感的一代。而在他们表达自己的爱国之情的过程中，也出现了个别不够冷静甚至不够理智的言行，这些已经引起了社会的关注和思考。有的爱国主义教育工作者发出了“理性爱国”的倡议，明确提出:“我们当然要关心国事，关注世情。但在关心和关注的时候，在表达爱国的意向和热情的时候，一定要遵守法纪和道义，讲求理性、有序和有理、有利、有节，有利于维护大局，维护稳定，维护国家的整体利益和核心利益。这是对以往和日后的一切反华逆流的从容应对和有力回击，也是澄清与消除对我国和平发展的一切误读、疑虑的有效举措和明智选择。反之，如果不讲理性或失去理性，到头来就可能有违自己爱国初衷，正中他人下怀。”①

① 庞士让:《理性爱国更有力、理性爱国国更强》,《中国教育报》2008 年 4 月 28 日。

4. 爱国主义教育要更加开放，并与国际主义教育相结合

如果说从前的爱国主义是在国家间相互隔离的情况下产生、维系并得到体现的，那么在经济全球化的时代，爱国主义则是在高度开放的环境中存在的。因此，新的历史条件下的爱国主义本身，就应该包含着对外开放的内涵在内。正如江泽民指出："我们坚持的爱国主义同狭隘的民族主义是有本质区别的。要使我们的人民懂得，坚持对外开放，认真学习世界各民族的长处，积极引进先进的科学技术和经营管理经验，增强我们自力更生的能力，加快祖国的发展，这本身就是爱国主义的重要内容。"① 埃及思想家巴哈丁也认为："爱国主义不是监狱的围墙，堑壕的边缘和流放地的屏障，而是与全人类交融的通道。……爱国主义是一种属性和目标，是对价值观和原则的忠诚，是保护人类的篱笆，不过是透明的、透气的，它不遮挡光线，不妨碍清新空气的进入，不掩盖思想，不阻止对话，也不拦阻与各地人们的交流。"②

经济全球化时代的爱国主义不仅具有开放的属性，而且还应该与国际主义联系在一起。我们以前是讲国际主义的，当然有特定的内涵，指世界共产主义和世界无产阶级革命。后来由于世界社会主义运动处于低潮，而我国又处在社会主义初级阶段，面临着建设中国特色社会主义的任务，于是我们的意识形态策略就发生了一个变化，即只讲爱国主义，不大讲国际主义了。但在当代全球化条件下，只讲爱国主义，不讲国际主义，不把爱国主义放在国际化的视野下来考察，就不能得到合情合理的结论。事实上，我国的宪法中一直有进行"国际主义教育"的要求，而现在我国有关部门的领导同志已经提出，既要做爱国主义者，也要做国际主义者。国务委员戴秉国 2010 年 12 月发表的长篇文章《坚持走和平发展道路》，全面系统论述了中国共产党关于"坚持走和平发展道路、推进建设和谐世界"的基本主张，其中提出："坚持和平发展道路是推动建设和谐世界的基础和前提；推动建设和谐世界是坚持和平发展道路的必然要求。中国坚持两者的有机统一，既做爱国主义者，也做国际主义

①《十四大以来重要文献选编》（下），北京：人民出版社 1999 年版，第 2084 页。

②［埃及］侯赛因·卡米勒·巴哈丁：《无身份世界中的爱国主义——全球化的挑战》，朱威烈、王有勇译，上海：上海外语教育出版社 2001 年版，第 59—60 页。

者。”[①]因此，我们今天应该把爱国主义与国际主义联系起来。当然，对于“国际主义”概念，我们要根据时代的变化加以新的充实和发展。

（原文发表于《教学与研究》2012年第4期）

①戴秉国:《坚持走和平发展道路》,《当代世界》2010年第12期。

四

中国语境下爱国主义的信仰意蕴

我们通常并不把爱国主义作为理想信念来谈论，这当然是有道理的。但仔细思考也会发现，爱国主义在我们的语境中实际上具有一定的信仰意蕴。揭示出这一点，有助于我们对爱国主义有一个更全面、更综合的理解，也有助于我们将爱国主义和社会主义打通理解，从而有助于我们对社会主义意识形态的整体性把握。

（一）问题的提出：爱国主义话语中透露出信仰讯息

在通常的话语中，我们并不把爱国主义看作一种理想信念或信仰，也不用理想信念的话语来谈论它。不论是日常话题还是理论话语，都是如此。我们在谈论理想信念的时候，通常指的是社会主义、共产主义、马克思主义。而在谈论爱国主义的时候，不论怎样强调它的重要性，一般也都不会出现“爱国主义信念”或“爱国主义信仰”的说法。假如有人这样来称呼爱国主义，人们一定会觉得奇怪的。而且，与之相关的是，在谈到理想信念教育的时候，也往往把它与爱国主义教育区分开来。

之所以如此，当然是有原因的。主要是人们觉得爱国主义是一种情感或一些感性的东西，并不是一种层次很高的精神观念，没有达到理想信念的高度。在我国意识形态中，爱国主义处在更为基础的层次上，而马克思主义、社会主义、共产主义理想信念则是一种更高层次的东西。或者说，爱国主义是一种大众化的普遍性的层面，而理想信念则往往是一部分人才具有和达到的层面。

尽管如此，我们还是可以找到一些迹象，表明爱国主义并不只是一种朴素感情和感性意识，而是一种丰富而综合的文化现象，其中包含有更为深刻的精神层次。我们可以通过对我国爱国主义话语的考察来寻找这些迹象。虽然爱国主义是一种国际现象，所有国家都有爱国主义，很多国家也大力提倡爱国主义，但相比之下，中国人谈论爱国主义的方式和话语毕竟还是有比较明显的特征，体现着一种更为浓厚的爱国主义社会氛围，并透露出一种更明显的爱国主义精神价值。

首先，中国人普遍地对爱国主义持肯定态度。对中国人而言，爱国主义是一种正面价值，这是不言而喻的。对此很少有人提出质疑，即使有个别人有所质疑，也不影响中国人的整体态度和共识。甚至在全球化条件下，在西方文化强势影响下，国内有人表现出某种“恨国主义”，但他们毕竟只是极少数。而且，这些人也是把自己标榜为“真正的爱国者”，并表示他们质疑的不是爱国这件事本身，而是中国的体制。这样一种想当然的爱国意识，可以说是自古传承下来的传统，因为中国悠久历史上一直对爱国持普遍的正面态度。从历史到现在，这一点并没有改变。

其次，中国社会特别是党和国家非常重视爱国主义及其教育。党和国家历来大力倡导爱国主义，把爱国主义教育放在非常重要的地位。从毛泽东到习近平，党和国家领导人都十分重视爱国主义教育。特别是党的十八大以来，习近平总书记在一系列讲话中都谈到爱国主义，强调弘扬爱国主义精神的重要性。2015 年 12 月，十八届中央政治局专门以弘扬爱国主义精神为主题进行集体学习，习近平总书记主持学习并发表重要讲话，对大力弘扬爱国主义精神进行了全面论述。他强调，伟大的事业需要伟大的精神，要大力弘扬伟大爱国主义精神，为实现中华民族伟大复兴的中国梦提供共同精神支柱和强大精神动力。2019 年 11 月，中共中央、国务院印发了《新时代爱国主义教育实施纲要》，对新时代条件下开展爱国主义教育作出了全面部署。

再次，中国在表述爱国现象时所使用的核心概念往往都是大词，而且有一种不断提炼和升华的趋势。这里涉及三个概念：爱国、爱国主义、爱国主义精神。其中，“爱国”一词是现实生活中最常用的词汇，它既可以作为小词来使用，表达个体的爱国感受和情怀，又可以作为大词来使用，表达一种社会价值观。从我们正式的语用情况看，更多是把“爱国”作为一个大词来使用的，把它作为我们的一个核心价值理念。在社会主义核心价值观中，公民层面价值理念的第一个就是“爱国”，而且在各种行业规范和乡规民约中，打头的第一个词也往往是“爱国”。但是，在政治和意识形态语境中我们较少简单使用“爱国”一词，而是更多地使用“爱国主义”这样有高度的理论词汇，人们在谈论这一问题时也是这样用词。当“爱国”成为一种“主义”的时候，它已经带有很强的系统性、理论性和精神性了，已经是某种带有信仰意味的表达了。因为“主义”正是现代社会中非宗教信仰、特别是政治信仰的常见表现形式。而且，在党和国家领导人的话语中，也并不满足于“爱国主义”表述，还进一步提出“爱国主义精神”这样更高级的表述，这就更加突出和聚焦爱国的精神层面了。

最后，中国的爱国主义话语表现为一种宏大叙事，具有一种神圣性话语特征。我们党和国家的爱国主义语言表达往往都十分宏观，具有一种宏大气势和庄严情感，架构起一种宏大叙事的风格，给人以心灵的震撼和冲击。有些表述反复出现，具有雄壮的节奏感，并形成一种话语旋律。习近平总书记指出：“爱国主义精神深深植根于中华民族心中，是中华民族的精神基因，维系着华夏大地上各个民族的团结统一，激励着一代又一代中华儿女为祖国发展繁荣而不懈奋斗。”① 习近平总书记在纪念五四运动 100 周年大会上再次指出：“爱国主义自古以来就流淌在中华民族血脉之中，去不掉，打不破，灭不了，是中国人民和中华民族维护民族独立和民族尊严的强大精神动力，只要高举爱国主义的伟大旗帜，中国人民和中华民族就能在改造中国、改造世界的拼搏中迸发出排山倒海的历史伟力！”② 在谈到爱国主义在社会主义核心价值观中的地位时，他指出：“在社会主义核心价值观中，最深层、最根本、最永恒的是爱国主义。”③ 这种“三个最”的表述，表明爱国主义的地位是非同寻常的。

中国的爱国话题为什么会有这些特点呢？原因是多方面的，如中国

① 习近平：《大力弘扬伟大爱国主义精神　为实现中国梦提供精神支柱》，《人民日报》2015 年 12 月 31 日，第 1 版。

② 习近平：《在纪念五四运动 100 周年大会上的讲话》，《人民日报》2019 年 5 月 1 日，第 1 版。

③《十八大以来重要文献选编》(中)，北京：中央文献出版社 2016 年版，第 134 页。

传统文化十分强调家国情怀，爱国主义本身就是中国的一种主流文化，而且中国意识形态话语擅长宏大叙事，喜欢使用宏大的词汇并作有高度的概括和论述，等等。但是，还有一个易被人们忽略的原因，即爱国主义之所以得到如此神圣化的表述，是因为在中国人精神世界中的位置，并不仅仅是一种朴素感情而已，还或多或少地成为一种理想信念了。

这一点在党和国家的正式文献中已有一些体现。尽管我国官方文件中通常并不把爱国主义作为理想信念来表述，但这并不排除在个别的时候也会出现这样的情况。1994 年 8 月，中共中央印发的《爱国主义教育实施纲要》指出："要把培养广大青少年的爱国主义感情，提高他们的爱国主义觉悟，引导他们树立正确的理想、信念和人生观、价值观作为思想政治教育的重要内容。这是在爱国主义语境下明确提到了"理想、信念"，体现了爱国主义的信仰意蕴。这里的"正确的理想、信念"，不仅包括社会主义和共产主义，也包括爱国主义。2015 年 12 月，习近平总书记提出："唱响爱国主义主旋律，让爱国主义成为每一个中国人的坚定信念和精神依靠。"① 在这里，表述已经很清楚了。2019 年 11 月，中共中央、国务院印发的《新时代爱国主义教育实施纲要》再次指出："始终高扬爱国主义旗帜，着力培养爱国之情、砥砺强国之志、实践报国之行，使爱国主义成为全体中国人民的坚定信念、精神力量和自觉行动。"② 在这里，"让爱国主义成为每一个中国人的坚定信念"的表述已经非常清楚地表明了爱国主义的信仰内涵，但囿于长期以来的话语习惯，还是配上别的词如"精神依靠""精神力量"等，以避免出现对爱国主义信念的单独表述。

（二）爱国主义心态中包含有信仰的因素

我们的爱国主义话语所透露出的信仰讯息还是外在的，实际上它有着更为深刻的来源，是爱国主义信仰属性的一种内在表达。当我们转向现实中爱国者的内心和行为状态的时候，就会发现许多信仰元素。

①《习近平关于社会主义文化建设论述摘编》，北京：中央文献出版社 2017 年版，第 128 页。

②《新时代爱国主义教育实施纲要》，《人民日报》2019 年 11 月 13 日，第 6 版。

在爱国主体的“心理—行为”结构中，本身就包含着理想和信念的因素。一定主体的爱国状态本身包括从内心情感到外部行为的全过程，这个过程有若干环节，信念即是其中之一。综观学界对心理过程和要素的划分，从简到繁有三种方式。最基本的是三要素划分，即将人的心理现象分为“认知、情感、意志”三个方面，这是普通心理学中的基本原理。在此基础上，有人进一步扩充为四要素，即“认知、情感、意志、行为”，还有人更进一步扩充为五个元素，即“认知、情感、意志、信念、行为”。这三种划分只有详略的区别，而没有性质上的不同。如果说前两种划分还不容易看出爱国心理中的“信念”元素的话，那么到第三种划分就很清楚了。

在心理学和文化学的意义上把“爱国信念”独立出来，使它具有与“爱国认知”“爱国情感”“爱国意志”“爱国行为”相并列的地位，是非常有意义的。首先，它表明在爱国心理或心态中包含着信念的成分，这种成分是不可缺少的，否则就不是完整的爱国心态。其次，它表明这种爱国信念并不能简单地归结为其他成分，或为其他成分所替代。再次，它表明“爱国信念”在爱国者心理和行为结构中具有重要地位，是“爱国认知”“爱国情感”“爱国意志”向“爱国行为”转化的中介环节。爱国不仅是一种精神状态，还是一种实践行为，而从前者向后者的过渡和转变，有一个不可缺少的中介因素，就是“信念”。最后，它也能够表明，“爱国信念”是一个很大的心理和精神空间，具有内在的丰富性。“信念”可以是一种一般层次的心理现象，而且正因为如此，人们在哲学上通常把它归之于“社会心理”范畴。但“信念”同时也可以是一种高级的理念，它由理性观念转化而来，并与抽象观念结合在一起。“信念”还可以是一种更加高级的精神状态和境界，甚至可以进一步升华到“信仰”的高度，并成为一种“信仰”。

如果我们进一步深入爱国心理的具体过程，特别是深入爱国信念与认知、情感、意志、行为的相互关系，就会发现：在爱国心理或心态中，“信念”的存在并不只是作为一种孤立的元素而与其他元素相并列，而是渗透性地存在于知国之明、爱国之情、强国之志、报国之行中。“信念”的心理形式是“相信”，而“相信”是一切心理现象的底色。“相信”

是一种趋向肯定的心理倾向和态度，是形成其他各种心理因素的前提和基础，因为所有心理元素都是一种真实的心理现象，都有意或无意地体现着主体的肯定态度。如果没有这种潜在的“相信”和“信念”，知国之明、爱国之情、强国之志、报国之行就成了虚假的东西，因而它们实际上就不能存在了。

“信念”在爱国心理或心态中的地位，并不只是心理学意义上的，而且也是社会文化意义上的。只要我们考察一下中国人的爱国心态，就会发现其中所包含和体现的理想信念成分。

从爱国认知来看，我们对爱国重要性的认识达到了最高的程度，已经形成了关于爱国主义的理论体系，并在话语方式上体现出来。而且，这种认知正在一步步地揭示出爱国的信仰内涵。

从爱国情感来说，其中已经包含有理想信念的成分。其中一些情感样态，如对国家的尊崇感、神圣感、依赖感、归属感以及感恩报效的情感等，都具有信仰的意蕴。至少对一些爱国者来说，自己的国家不仅是一种热爱的对象，也是一种信仰的对象。特别是对于体现国家存在感和形象的代表性符号，爱国者是以一种神圣而敬拜的心理来对待的，绝不允许任何亵渎。比如，国旗、国徽、国歌等，我国宪法和法律对此有明确的规定，特别是国歌的奏唱、国旗的升降有严格规范，决不能马虎和随意。《爱国主义教育实施纲要》明确要求：“唱国歌是公民表达爱国情感的一种神圣行为，在升国旗仪式和大型集会等活动中，要奏国歌，而且要齐唱国歌。奏唱国歌时应庄严肃立。”显然，这里的神圣感和崇敬感等，都表明爱国主义的信仰内涵。

从爱国意志或“强国之志”来看，其中包含着更为明显的理想信念成分。一方面，“强国”体现的是理想及其追求，即希望中国成为一个强国，并为此而奋斗。在社会主义核心价值观中，“富强、民主、文明、和谐”本身就是我们建设社会主义现代化国家的目标表述，体现了我们共同的社会理想。而“志”本身则不只是一种意志，更是一种信念，可以说是“信念”一词在中文中的表达。“信念”一词是近代以来才出现在中文中的词汇，在古代是没有的。中国古人通常是用“志”来表达一个人的“志向”和“信念”的。可见，“强国之志”本身就是一种为实现国家强盛而奋斗的理想信念。

从爱国行为来看，其中也有理想信念的意蕴。首先，这里的爱国行为是一种自觉自愿的行为，它不是受外界强迫而产生。这样的行为必定有其主体的动机和内在信念。其次，这里的爱国行为是一种惯性的行为，而不是偶一为之的行为。这种稳定而持久的行为，就需要有稳定的情感和内心信念作为支撑。再次，这里的行为是能够达到献出生命的层次的那种牺牲行为。回顾历史我们可以看到，不论中国还是外国，都有许多坚定的爱国者，他们自觉自愿地为了自己所爱的国家而作出奉献，有的甚至牺牲了自己最宝贵的生命。当他们这样做的时候，并没有什么遗憾，而是认为这样的牺牲恰恰体现和实现了自己的人生价值，达到了自己的人生目的。这种情况显然只能是出自信仰。

（三）爱国主义是中国人理想信念的重要内容

在当代中国，我们大力提倡的理想信念是一个体系，大体说来包括四个层次：一是对马克思主义或共产主义的信仰；二是对中国特色社会主义的信念；三是对我国现代化建设和中华民族伟大复兴的信心；四是对中国共产党及其领导作用的信赖。在这“四信”系统中，中国特色社会主义理想信念居于关键地位。而在这四个层次上，特别是在中国特色社会主义理想信念这个层面上，内在地包含有爱国主义的成分。

首先，中国人的马克思主义信仰或共产主义信仰具有中国印记和中国色彩。马克思主义信仰当然是全人类的，不限于中国，但是在中国语境下，马克思主义是与马克思主义中国化联系在一起的。我们所讲的马克思主义是包括马克思主义中国化理论成果在内的。而且我们在讲学习马克思主义的时候，最主要的是马克思主义中国化的最新理论成果，如当下就是习近平新时代中国特色社会主义思想，它是当代中国马克思主义、21世纪马克思主义。因此，中国人的马克思主义信仰，也带有中国色彩，它与爱国主义也是并不矛盾的。

从历史上看，中国共产党人是从爱国主义升华到共产主义的。当他们实现了这个升华而成为共产主义信仰者的时候，并不是放弃或摒弃了爱国主义，而是同时也升华了爱国主义，把爱国主义作为共产主义信仰的一个方面而包含在自己的信仰中。所以，在延安时期，当有人采访毛泽东，问他首先是中国人还是共产党人时，毛泽东毫不犹豫地做了回答。因为他们的共产主义信仰是包含着中国元素和底色的共产主义信仰，是中国人的共产主义信仰，是具有爱国主义意蕴的共产主义信仰。

其次，中国特色社会主义理想信念中包含有爱国主义的成分。中国特色社会主义是我们所从事的事业，是中国人民的共同理想和信念，是马克思主义在当代中国的体现，也是共产主义远大理想在当代中国的体现。因此，马克思主义信仰和共产主义远大理想都集中体现在中国特色社会主义上面。中国特色社会主义理想信念本身就包含着爱国主义的内涵在内，这一点在“中国特色”四个字上就直观地体现出来。“中国特色”不只是“特色”而已，它还是理论立场和实践落脚点。中国特色社会主义共同理想与中华民族伟大复兴的中国梦大体是重合的，“共同理想”与“中国梦”是一回事，只是角度不同。从实践上说，建设中国特色社会主义本身既是一种社会主义理想追求，也是一种爱国主义的理想追求。

习近平总书记深刻阐述了爱国主义与社会主义的内在统一，明确指出：“弘扬爱国主义精神，必须坚持爱国主义和社会主义相统一。我国爱国主义始终围绕着实现民族富强、人民幸福而发展，最终汇流于中国特色社会主义。祖国的命运和党的命运、社会主义的命运是密不可分的。只有坚持爱国和爱党、爱社会主义相统一，爱国主义才是鲜活的、真实的，这是当代中国爱国主义精神最重要的体现。”[①] 可以说，不包含爱党和爱社会主义在内的爱国主义，在当代中国不是真实的爱国主义；同样，不包含爱国主义的爱党和爱社会主义，也不是真实的。

再次，在对我国社会主义现代化建设和实现中华民族伟大复兴的信心中，也包含爱国主义的成分。对未来的希望特别是信心，是理想信念的重要内容。我们不仅提出了把我国建设成为富强民主文明和谐美丽的社会主义现代化强国的目标，提出了实现中华民族伟大复兴的梦想，不仅对这个伟大目标和梦想有着强烈的实现渴望和意愿，而且有着对于这

①《习近平关于社会主义文化建设论述摘编》，北京：中央文献出版社 2017 年版，第 129 页。

一目标和梦想一定能够实现的坚定信心。而这种对未来的信心，是当代中国人爱国主义的应有之义。我们爱这个国家，对这个国家的发展有信心，这是当代中国人爱国心态的核心内容。爱国不只是依托朴素的感情，更需要有坚定信心的支撑。如果对自己热爱的国家的未来没有信心，那么他的爱国之心就会逐渐冷却，甚至走向反面。有些人之所以表现出“恨国主义”，并不见得是因为他们本身缺少朴素的爱国之情，而更大程度上是因为对中国的发展进步缺少信心。

最后，在对中国共产党及其领导的信赖中，也包含着爱国主义的成分。中国共产党是执政党，是中国特色社会主义事业和中华民族伟大复兴的领导核心，对党的领导的认同和信任是理想信念中不可缺少的重要内容。正是由于党的存在和坚强领导，才使中国人的理想信念有了着落和靠山。而在对中国共产党的信任和信赖中，也包含着浓厚的爱国情怀。中国共产党是真正的爱国者，不仅是中国工人阶级根本利益的代表者，也是整个中华民族和中国人民根本利益的代表者。爱国与爱党在当代中国是紧密联系在一起的。对有的人来说，他们对党的性质、宗旨可能并没有深刻的认识，对党领导的社会主义事业和制度也可能缺少深刻的理解，但他们之所以仍然能够对党有高度的信赖，对习近平总书记有高度的信赖和敬仰，就是因为他们知道中国的发展和民族的伟大复兴离不开党的领导，特别是中国在“世界处于百年未有之大变局”的时期离不开习近平总书记的英明领导。

（四）爱国主义作为一种信仰

在我国语境中，爱国主义不仅具有某种朦胧的信仰意蕴或信仰色彩，而且能够在一定条件下达到信仰的高度，甚至成为一种独立的信仰。

虽然在一般的爱国心理中本来就包含着理想信念的成分在内，存在着进一步升华为理想信念高度的可能，但这并不意味着每一个人都达到了这样的高度；并不意味着对所有的人来说，或对所有的爱国者来说，爱国都是一种信仰。事实上，爱国主义是一个广阔的精神空间，具有不同的境界层次，表现为不同的主体状态。对有的人来说，爱国只是一种朴素的感情；对有的人来说，爱国是一种明确的思想；对有的人来说，爱国是一种坚定的信念；对有的人来说，爱国是一种崇高的信仰。当我们说爱国主义是一种信仰的时候，指的就是它的最高境界和最高表现。也就是说，爱国主义的最高境界是一种信仰。

当有的爱国者达到这一信仰境界的时候，他的爱国信仰是与另外的信仰合在一起，还是成为一种独立的信仰？应该说这两种情况都是存在的。对有的人来说，他有自己明确的信仰，如共产党人信仰马克思主义。在这种情况下，他们并不是放弃自己的共产主义信仰去标榜自己的爱国主义信仰，而是在自己的马克思主义信仰中同时体现自己的爱国主义信仰。正如前文所说，建设中国特色社会主义的中国共产党人，他们的马克思主义信仰本身包含着爱国主义的成分。还有的人有明确的宗教信仰，他们也通常不会放弃自己的宗教信仰而标榜爱国主义信仰，而是把爱国主义作为自己宗教信仰的一部分，并在其中得到体现。对于上述这些人来说，爱国主义信仰并不是他们的一种独立的信仰。社会生活中也有很多人并没有明确的政治信仰或宗教信仰，而在这样的情况下如果他们的爱国达到了信仰的高度，那么爱国主义就能够成为他们的独立的信仰。对于这些人来说，他们完全可以并应该从信仰的角度和高度来审视自己的爱国状态，自觉地以信仰的要求来规范自己的爱国表现。

显然，并不是所有的人都能够达到这一境界。从历史和现实来看，尽管真正的爱国者代不乏人，而且出现过许多为国献身的爱国者群体，但是真正能够达到这一境界，把爱国主义作为自己崇高信仰的毕竟还是少数。正因为多数人并没有达到这样的境界，因而爱国主义在社会公众层面并不是作为一种信仰体系或信仰文化而存在的。我们通常谈论爱国主义的时候，都不在理想信念的层面上谈论，而且尽力避免明确地谈论爱国主义信仰。

在这样的情况下，我们一方面要通过爱国主义教育，使人们的爱国主义情感向着信仰层面前进，不断提高爱国主义的境界，努力使之逐步达到信仰的高度。另一方面，要避免脱离大多数人的实际而空谈爱国主义信仰。当我们说爱国主义具有理想信念的意蕴，甚至说爱国主义是一种理想信念的时候，并不是在任何时候和情况下都把爱国主义当作理想信念来看待和处理的。揭示出爱国主义的信仰意蕴并强调弘扬这种信仰层次的爱国主义是一回事，但盲目提升爱国主义，把理想信念看作爱国主义唯一的存在形态和层次，那是另一回事。要避免那种一味拔苗助长的做法，避免把爱国主义当作一种悬在半空中的信仰，使之变成空洞口号的做法。否则，就违背了我们揭示爱国主义信仰意蕴的初衷。

（原文发表于《思想理论教育》2020 年第 4 期）

五

厚植爱国主义情怀的理论阐释

习近平总书记高度重视爱国主义教育，突出强调爱国主义情怀的培育。特别是在全国教育大会上明确提出，培育社会主义建设者和接班人必须“在厚植爱国主义情怀上下功夫”。这一论述表达新颖、内容丰富，对于我们深化爱国主义理解和开展爱国主义教育具有重要指导意义。对这一论断进行学理分析，揭示其科学内涵和重要价值是十分必要的。

（一）爱国主义情怀的提出及其意义

“爱国主义情怀”的提出有一个长期的过程。党的十八大以来，习近平总书记在多个场合的讲话中都曾提到和强调了爱国主义情怀。

早在2013年3月1日，在中央党校建校80周年庆祝大会上，习近平总书记在谈到中华民族精神时，提到了“‘位卑未敢忘忧国’、‘苟利国家生死以，岂因祸福避趋之’的报国情怀”。6月6日，他在会见第七届世界华侨华人社团联谊大会代表时，赞扬了“广大海外侨胞有着赤忱的爱国情怀”。7月17日，在中国科学院考察工作时强调：“具有强烈的爱国情怀，是对我国科技人员第一位的要求。”2014年1月16日，给全体在德留学人员回信，肯定了他们“心系祖国、报国为民的爱国情怀”，勉励他们早日用所学所得报效祖国和人民。6月9日，在中国科学院第十七次院士大会、中国工程院第十二次院士大会上，赞扬了“院士们忧国忧民的情怀、求真务实的精神”。9月3日，在纪念中国人民抗日战争暨世界反法西斯战争胜利69周年座谈会上，强调中国人民伟大的抗战精神向世界展示了“天下兴亡、匹夫有责的爱国情怀”。10月15日，在文艺工作座谈会上提出：“拥有家国情怀的作品，最能感召中华儿女团结奋斗。”12月20日，在庆祝澳门回归祖国十五周年大会暨澳门特别行政区第四届政府就职典礼上的讲话中，强调要加深民族自豪感和“爱国爱澳情怀”。

2018 年 9 月 10 日，习近平总书记在全国教育大会上发表了重要讲话，对教育工作作了全面论述。在谈到如何培养社会主义建设者和接班人时，提出了六个“下功夫”，即“在坚定理想信念上下功夫”“在厚植爱国主义情怀上下功夫”“在加强品德修养上下功夫”“在增长知识见识上下功夫”“在培养奋斗精神上下功夫”“在增强综合素质上下功夫”。这就不仅明确提出了“厚植爱国主义情怀”的要求，而且讲明了它在育人目标中的地位，明确了爱国主义教育在立德树人过程中的方位。它表明，“厚植爱国主义情怀”上承理想信念、下接品德修养，在思想品德培养中起着承上启下的作用。

2019 年 3 月 18 日，习近平总书记主持召开了学校思想政治理论课教师座谈会并发表重要讲话，对思想政治理论课教师提出了六个方面的要求，即“政治要强”“情怀要深”“思维要新”“视野要广”“自律要严”“人格要正”。在阐释“情怀要深”时，强调了三个方面的情怀，即仁爱情怀、传道情怀、家国情怀。这就再一次强调了爱国主义情怀的重要性。

2019 年 4 月 30 日，习近平总书记在纪念五四运动 100 周年大会上发表重要讲话，强调了伟大五四精神的核心是爱国主义精神，并对新时代爱国主义和青年的使命作了全面论述。特别值得注意的是，习近平总书记在讲话中使用了“爱国情怀”“家国情怀”“爱国主义情怀”三个概念。

习近平总书记关于“爱国主义情怀”特别是“厚植爱国主义情怀”的论述具有重要意义。

首先，重申了爱国主义和爱国主义教育的重要性，对于我们在新时代坚持和加强爱国主义教育具有重要指导意义。党的十八大以来，习近平总书记一再强调要发扬爱国主义精神，并对爱国主义教育作过多次论述。特别是 2015 年 12 月 30 日，他主持了中共中央政治局第二十九次集体学习，对弘扬中华民族爱国主义精神作了全面论述。他对“爱国主义情怀”的多次论述，是他关于爱国主义论述的重要组成部分，是对爱国主义及其教育的重申和强调。这就启示我们：在经济全球化时代，爱国主义并没有过时，爱国主义教育仍然是十分必要的。

其次，凸显了爱国主义和爱国主义教育的“情怀”维度与话语，对于我们新时代爱国主义教育的话语创新具有启示意义。在习近平总书记关于爱国主义和爱国主义教育的论述中，“情怀”一词十分醒目。不论“爱国主义情怀”，还是“家国情怀”，都是从“情怀”角度来讲爱国的。而且，在全国教育大会上的讲话中，他除了强调爱国主义情怀之外，在谈到“加强品德修养”时还希望学生能够成为“有大爱大德大情怀的人”。总之，在习近平总书记的爱国主义用语中，“情怀”的使用相当频繁，这一方面体现了他独特的话语风格，另一方面也体现了他对爱国主义和爱国主义教育的独特理解。

“情怀”一词，在日常用语及文艺用语中比较常见，但通常较少出现在政治话语中，特别是党和国家领导人的权威论述中。因此，习近平总书记频繁谈爱国情怀，就是一种值得注意的话语现象。深入思考这一现象，可以认为它体现了爱国主义话语的一种新变化。这种变化表现在两个方面：一方面，“情怀”是一种内蕴丰富的主体状态。以往“爱国主义热情”或“爱国激情”的表述，内蕴相对单一，而相比之下，“爱国主义情怀”更具有内在的丰富性。另一方面，相比于“爱国主义精神”这一“高大上”的表述，“爱国主义情怀”的表述更加贴近人情，因而更有亲和力。这种变化虽然细微，但非常值得我们关注。

再次，强调了注重“厚植”的爱国主义教育理念和方式，对于我们在新的时代条件下改进和完善爱国主义教育方式具有重要启示。“厚植”这个词过去也不常用，特别是很少用在爱国主义教育方面。这次突出强调“厚植”爱国主义情怀，颇为新颖并具有突出的意义。从学理上看，“厚植”一词具有一些新的特点：一是温柔性。它是一种柔性的工作方式，反对简单粗暴。这对于爱国主义情怀的培育来讲是十分重要的。二是和缓性。思想感情的事情不能操之过急，而要有耐心，一定的和缓性是需要的。爱国主义教育是一个过程，在这个过程中有暴风骤雨和惊涛拍岸，但更需要春风化雨和润物无声。这种和缓性表面看来似乎效率不高，但它适应心理要求，反而能真正深入人心，是一种更高的实效性。三是累积性或增益性。这是一种不断增加的、积累性的工作方式，它讲究持之以恒、久久为功，而不是强调一次性解决问题。总之，这种“厚植”式思想教育是十分有效的。

（二）爱国主义情怀的基本内容及其表述

什么是“情怀”？从《现代汉语词典》看，是指“含有某种感情的心境”。这一界定偏于简单，内涵也不是很明了。其实，在日常生活中，特别是从近年来人们使用这一名词的语境看，“情怀”主要与“诗和远方”有关，体现了对狭隘自我和凡俗生活的超越。目前“情怀”已经进入我们的官方政治术语，特别是成为思想政治教育的重要概念，那么我们完全可以从思想政治教育学的角度去加以描述和界定。从思想政治教育视野来看，所谓“情怀”，是指超出个人利益之外的情感关切、社会担当和精神追求。所谓有情怀，是指一个人有精神内涵、有宽广胸襟、有更高追求。

在“情怀”问题上，首先是有无的问题。有的人有情怀，有的人没有情怀，这是一种清晰的划分，体现着做人的不同境界。有情怀的人，能够超越自己的个人利益，特别是物质利益，而体现出精神上的关切和追求，因而是一种更高的境界。而没有情怀的人则往往陷入个人利益特别是物质利益的纠葛不能自拔，甚至把个人利益当作唯一关切和目标，因而是一种低级的境界。需要注意的是，“情怀”是一种内在的精神需要和趋向，它虽然受物质条件制约，但并非由物质完全决定。我们不能简单地断言，似乎普通群众整日忙碌于日常生活，因而就没有情怀。普通群众虽然忙碌于日常生活，没有条件谈“诗和远方”，但他们有对他人的关心，有对社会的责任，这都是情怀。

对于“情怀”，也有程度的问题。同样都是“有情怀”，但其程度上可以有较大的差别。衡量“情怀”的程度可以有三个维度：一是深，二是广，三是高。“深”主要是就人的情感强度而言，指的是人的美好感情的深厚、深沉的程度。“广”主要是就人的心胸宽度而言，指的是人的胸襟开阔而宽广。“高”则是指目标追求的高度，特别是指精神追求的高度。深、广、高这三种维度不是完全分离的，而是融为一体的，它们体现了情怀的复合性和立体性。显然，这样的情怀就不是小情调和小情趣，而是大情怀。习近平总书记在对思想政治理论课教师提出要求时，并不是简单地要求他们“有情怀”，而是更进一步，要求他们“情怀要深”。可见，即使是有情怀的人，也还有一个进一步深化和提升自己情怀的问题。

“爱国主义情怀”具有丰富的内容，它包括爱国情感，但又不仅仅是爱国情感，而是有着更为丰富的主体性内容。大体说来，它包括认知、情感、意志、行为四个方面的内涵。认知方面我们平时不常讲，而只是把它当作一个不言自明的基础和前提。因为爱国的感情、意志和行为，都必须以对祖国的一定认知为基础。如果对自己的祖国毫无所知，甚至都不知道自己的祖国是哪一个，就不可能形成对祖国深厚的热爱之情。可以说，“知之深，才能爱之切”。可是，既然爱国认知如此重要，那就应该把它明确地说出来，而不是只把它当作不言自明的基础。因为如果不谈论爱国认知，就可能造成人们的误解，以为爱国认知不存在或者不重要。事实上，已经有一些类似的误解了，而且有些人在爱国情感的表达方面不够理性，也与这种误解有一定关系。除认知因素之外，情感的方面、意志的方面，以及行为的方面，都是大家熟知且常讲的，其作用是显然的。这里不再赘述。但需要强调的是，在爱国主义情怀中这些因素是相互联结、融为一体的，它们共同构成完整而丰满的主体情怀。

那么，对于爱国主义情怀中的认知、情感、意志和行为因素，应该如何来表述和表达呢？比如，我们可以称之为：爱国之知、爱国之情、爱国之志、爱国之行。这样的表述十分清楚，也很一致，因而是我们常用的。但这种表述方式也显得比较单一，缺少用词上的变化，因而不够精彩。习近平总书记曾谈到这个问题，他将之表述为“爱国之情、强国之志、报国之行”，这样的表达更加多彩而有力。当然，这里还有一个小小的技术问题，即认知的方面如何表述？在这方面一直没有一个恰当的用语。经过反复思索，我觉得可以用“知国之明”来表述。这样就可以形成一个系列性表述：知国之明、爱国之情、强国之志、报国之行。而这四个方面之中的每一个，又都有一个程度问题，都可以从深、广、高三个维度加以考察，也都可以从这三个维度加以培养。

（三）爱国主义情怀的厚植及其路径

厚植爱国主义情怀是一个系统工程，既有国家的发展，也有个人的体验，还有从家庭到学校的爱国主义教育。开展爱国主义教育活动可以有多重路径，这些路径是与其自身中的知情意行相联系和相对应的。

首先，要彰显知国之明。在爱国主义教育中，不能缺少对国家认知的教育，它是国家认同的前提和基础。这种认知的教育既是情感和意志教育的前提与基础，同时又渗透在情感教育和意志教育之中。离开了这种认知性、知识性教育，爱国主义教育就失去了载体。在爱国认知教育中，知识传播和知识学习是非常重要的，而这也正是学校爱国主义教育的优势所在。因为学校是传播知识的场所，围绕知识传授形成了一整套课程和教学体系，并且在长期的教育教学过程中不断探索并积累了丰富的教学经验，探索到多方面的教育教学规律。学校的爱国主义教育要利用好知识传授的优势，向学生传递关于祖国和爱国的知识与理论，使他们了解自己的祖国，并明白应该爱国的道理。

爱国认知和爱国主义知识传递的教育主要包括两个方面的内容：一是进行国情教育，让受教育者了解自己的祖国；二是进行爱国主义内涵和意义的教育，使受教育者懂得爱国主义的道理。前者多是具体的知识，主要是向学生展现我国的基本情况，特别是让他们了解我国的地理位置和壮丽山河，了解我们民族悠久的历史和灿烂的文化，了解我国人民在党的领导下的奋斗历程，特别是新中国 70 年的不平凡历程，了解我国的社会主义制度，了解我国在改革开放和社会主义现代化建设中取得的伟大成绩，以及新时代我国发展的新目标和新征程。这样的教育过程伴随着学生对国家和社会的认知，伴随着自身生活的体验，能够使学生不断加深对祖国的认识，并形成深厚的爱国之情。后者则多是比较抽象的理论知识，包括对什么是爱国，爱的是什么国，国家和祖国的区别与联系，为什么要爱国，特别是为什么要爱中华人民共和国，当代中国爱国主义的内涵和要求，以及如何践行爱国主义的问题。这种理论性的教育，一方面要注意通俗化，把道理讲明白；另一方面也要注意联系实际，特别是联系当代中国的实际，以更加生动地加以阐释。总之，要通过上述的教育，使受教育者懂国家之事、明爱国之理，使自己内心的知国之明更加彰显。

其次，要涵养爱国之情。爱国虽然离不开认知，但不能归结为认知。确切地说，它主要是在认知基础上的一种对祖国无比热爱的感情。爱国感情的产生是一个长期的过程，也是接受爱国主义教育的过程。爱国感情的培养要注重“涵养”二字，注意感情培养的渐进性和长期性，使学生自然而然地形成深厚的爱国之情。为此，要从娃娃抓起，从小进行爱国教育。家庭是孩子的第一所学校，家长是孩子的第一任老师，因此最早的爱国感情的教育是从家庭开始的。家长要多带孩子观察和体验，在孩子心灵中埋下爱国的种子。随着年龄的增长，进入小学阶段，开始学习有关爱国的简单道理，但也是通过讲故事的形式来进行。越是低年级的学生，越要注意讲故事的形式，通过讲故事来讲道理。而到中学阶段，特别是高中阶段，孩子的理性思维飞速发展，这时的爱国主义教育就要增加思想性、政治性的内容，使处于身体、心理和精神快速发展阶段的学生得到足够的精神营养。而到大学阶段，爱国主义教育的理论性更强了，因而我们需要通过学理性讲授，使学生从更深层次上去理解和把握爱国主义的道理，使他们的爱国之情建立在理性认知和认同的基础上，并从自发的爱国之情向着自觉的爱国之情转变。

爱国感情应该是健全的，爱国感情的培育也应该是健全的。我们所提倡的爱国感情是与理智相伴随和相协调的，是与文明进步相一致的。它更多的是一种正面正向的感情，是一种建设性的感情，而且是一种与宽广的胸怀和世界性视野相联系的感情。因此，新时代的爱国主义教育，要更加注重塑造这种健全的爱国主义感情。同时，不仅要关注爱国感情的培育环节，而且要关注爱国感情的抒发环节，使人们的爱国热情以合理的方式得到抒发，避免那种非理性的甚至带有破坏性的感情宣泄。

再次，要砥砺强国之志。爱国不只是一种内在热爱的情感，而且是一种由该情感所引发的坚定意志和远大志向。意志和志向是人能够不怕困难、追求目标的坚守力量，是一种强大的爱国力量。爱国之心需要转化为强国之志，也就是为了使自己的国家兴旺发达、繁荣富强而树立起坚定信念。中国传统文化历来强调人格修养，特别是强调人要有远大志向，而这种志向不在于自身利益的实现，而在于为家国天下贡献自己的力量。这种强国之志，从一定意义上讲就是一种爱国信念。爱国是一种感情，但也不仅仅是一种感情，还是一种坚定信念。虽然我们平时很少从信念的角度去界定爱国或爱国主义，但不可否认，爱国主义本身就是一种理念和主义，是一种理想信念。这可以说是一种最高的爱国境界。并不是所有人的爱国都能达到理想信念的高度，事实上可能多数人还都达不到这种高度，而这也正是我们很少从理想信念上谈爱国主义的原因。尽管如此，还是可以肯定会有许许多多的爱国者，他们的爱国已经进一步成长和提升为一种理想信念。

培养和增强人们的强国之志，要注重“砥砺”二字。也就是说，爱国志向和爱国意志的培养需要磨炼。坚强的意志是磨炼出来的，强国之志是在苦难和奋斗中形成的。这里有国家的磨难和奋斗，也有个人的磨炼和奋斗。从国家方面来说，“强国之梦”本身是在磨难中形成和提出来的。虽然我国有过悠久辉煌的古代史，但在近代以来长期处于内忧外患的血泪困苦之中。正是在这种苦难和为摆脱苦难而进行的斗争中，萌发和形成了仁人志士的“爱国之志”。虽然新中国成立以来我们已经站起来了，并通过建设和改革逐步实现了国家富强之梦，我们正在迎来强起来的时代，但新时代的青少年不能只是躺在前辈奋斗成功的安乐窝里享受生活，而是要继承前辈艰苦奋斗的精神，在新时代新征程中迎难而上，做坚强的奋斗者。

最后，要实践报国之行。爱国情怀不仅是内在的精神，也是外部的行为。报国之行是爱国情怀的外化，也是归宿。不论人的思想，还是感情，最后都要落实在行动上。凡是真正的爱国者，总是以实际行动来体现和证明自己是爱国的。因此，爱国主义不仅要内化于心，而且要外化于行。当然，这是就一般情形而言。内化于心与外化于行之间可能有一定的时间间隔，有一个逐步外化的过程。如果一个人因为某种客观的原因而一时未能实现自己的行为外化，那也是可以理解的。有些生活和工作在外国的中国人，他们有着深沉的爱国之心，但由于客观条件的限制，也不是总能有机会在行动上为国家作贡献。对此我们当然应该加以包容。更不用说少年儿童的情况了，对他们来说当然更主要是内化于心，逐步地培养爱国感情，至于他们爱国感情的外化于行，特别是为国家作出贡献，则是长大以后的事情了。

高校的爱国主义教育，要始终把内化与外化、精神与行为统一起来。作为教育者，首先要内外兼修、言行一致，而且要更多地用实际行为来说话，以这样的形象出现在学生面前，并成为他们的榜样。同时，要引导学生把知与行、言与行统一起来，以实际行动实践报国之行。特别是由于“报国之行”在当今时代的条件下变得更加复杂，人们并不是天然地或很容易地就能辨识清楚什么样的行为才是真正的或更好的爱国行为。报国之行的引导是爱国主义教育的重要环节和任务，缺少这个环节，爱国主义教育就是不全面不完整的。要教育引导学生，让他们明白什么样的行为才为国家所需要，怎样的行为才能真正起到报国的效果。

报国行为可以是多种多样的，它并不神秘，也并不总是面临血与火的考验。如果说有些行为是特别直接明了地体现出报国属性，如军人的行为、政治家和外交官的行为、尖端科学家的行为等，那么对大多数职业的工作者和高校学生来说，他们的行为往往具有间接性。把本职工作做好，把学习任务完成好，都具有爱国行为的意义。要避免把报国之行简单化，而让人们能够在实际的工作和生活中，结合自身的情况和能力，选择报国的多样路径，实现报国目的。而在特定时期和情况下，如果需要他们挺身而出，以更直接的形式或更大的力度来为国奉献，那也是很容易实现从间接到直接的转换的。

（原文发表于《思想理论教育》2019 年第 9 期）

六

全面把握爱国主义教育的情感向度

近些年来，伴随着我国的崛起，也由于我国在东海和南海遇到他国挑战的刺激，我国社会特别是青年中的爱国热情不断高涨。这是值得充分肯定的。这些爱国热情有力地支持了我国在事关国家核心利益问题上的重大对外政策，也为整个社会风尚带来了一股强劲的正能量。同时也要看到，在这一主旋律中也有不和谐的音符，即有的人在表达自己爱国激情的时候，有一些出格的非理性的甚至犯罪的行为。这就损害了爱国主义的声誉，也为某些站在西方立场上反对中国爱国主义的人提供了口实和把柄。显然，克服某些非理性的“爱国”行为，是目前我国爱国主义和爱国主义教育的重要课题。本文主要从情感角度对爱国主义教育做一个反思。

（一）情感教育固然重要，但并不是唯一重要

说到“爱国”或“爱国主义”，人们首先想到的是情感。因为所谓“爱国”，顾名思义就是对国家的爱。这显然是一种情感。而且，人们通常对于爱国主义，也大多从情感角度去界定，认为它是对祖国的一种深厚感情。相应地，爱国主义教育主要的是一种情感教育，其根本任务就是培育和增强人们的爱国感情。这些看法本身并没有什么错，但如果过于执着于这些看法，并从而将爱国主义教育归结为以增强人们爱国感情为目标的教育活动，那就是片面的，就是把本来很全面的爱国主义教育变得狭隘了。在实践中就有可能导致或助长非理性的爱国冲动，或在非理性爱国现象面前束手无策。

从理论上讲，爱国特别是爱国主义本身当然包含着情感，但它不仅仅是一种情感，因而不能把它归结为某种情感。特别是我们常说的“爱

国主义”，它更加强调了爱国内涵的系统性，尤其是突出了爱国的思想性、实践性和社会性。从社会性上来讲，不论是“爱国”还是“爱国主义”，都不只是个体的事情，而更是群体的甚至全社会的事情。因此，我们不仅要从个体心理的角度，即从认知、情感、意志、行为诸因素的综合中去全面地把握其内涵；而且要从社会的角度，即从政治的、法律的、历史文化等诸原则的综合中去全面地予以把握。正是爱国或爱国主义的全面性决定了爱国主义教育的全面性，因为这种教育就是以爱国主义为内容和目标的教育。正如不能把爱国和爱国主义仅仅归结于情感一样，也不能把爱国教育或爱国主义教育简单地归结为一种情感教育。

爱国主义教育是面向全面的人的，是促进爱国者全面发展和健康成长的教育，它不只是面向人的情感这一个方面的教育。爱国主义教育面向的是活生生的人，是具有全面属性和多种规定性的社会人。特别是青少年作为爱国主义教育的重点对象，正处在世界观、人生观、价值观形成的关键时期，处在学习科学知识和社会技能的关键时期，应该促进他们德智体美等方面全面发展和健康成长。爱国主义教育既是青少年教育的一个方面，同时自身又是一种全面的教育。我们面对的教育对象是具有多种规定性的人，培育的目标也是全面含义上的爱国者。只把爱国特别是爱国主义定义为一种感情，并只从感情角度去看待爱国主义，显然是不全面的。爱国主义教育不只是一种情感教育，更不是一种只以增强或鼓动情感为目的的教育。它还是一种知识教育和理性教育、文明素养教育和价值观教育、意志锤炼和行为养成的教育。

（二）既要培育爱国情感，又要引导爱国情感

情感是一种强大的力量，如果运用得当，就能对个人的工作和社会的事业起到巨大的推动作用；但如果运用不当，也会对个人和社会造成损害或破坏。可见，关键在于掌握和运用。事实证明，并不是每一个人都能够做到很好地摆正和运用自己的感情力量。当然，人的情感有正面与负面之分。正面的情感更能够起到正面的作用，而负面的情感更可能起到负面的作用。但是，这并不是说凡是正面的情感都一定能起到好的作用，或者正面的情感就不需要理性的引导和约束。事实也证明，即使

是一种正向和正面的感情、一种积极和正能量的感情，如果运用不好，也可能发生坏的结果和影响。爱国感情无疑是一种正面的感情，是人们对自己祖国的热情和奉献的感情，是一种堂堂正正的爱，但如果在言论和行动上把握不好，也可能带来不好的结果。一些非理性的爱国冲动，既对自己不利，也对国家不利。如果只是一味地讲感情而不设界限，不用理性加以引导和约束，就具有一定的危险性。因此，为了运用和发挥好爱国感情，一方面需要爱国者自身提高修养，另一方面也需要外部的教育引导甚至约束。爱国主义教育应起到这种教育引导的作用。

近年来，中国社会中的爱国情感在涌动，但在这种爱国能量的释放方面，在人们的爱国方式的选择方面，出现了一些问题。特别是一些不理智的现象，甚至以爱国的名义打砸的现象，引起人们的关注和忧虑。有人因此而全盘否定爱国主义的价值，把爱国主义完全当成一种负面的东西来看。面对这些现象，人们在反省反思，也在批评和批判。这种反省和反思应该反映到爱国主义教育中，并从爱国主义教育的高度来总结经验和吸取教训。现在，克服爱国情感的非理性表达，消除爱国主义可能带来的弊端，已成为当前爱国主义教育重要的任务。

要认识到，在对爱国情感的培育中，本身就包含着引导的要求。爱国主义教育的重要任务是培育人们的爱国情感，这是没有问题的，但我们以往对这一任务的认识和理解还是有一定片面性的，主要在于只是把培育单向度地理解为使爱国情感从无到有、从小到大的过程，就是不断地使这种情感更大更深的过程。这其实只是一种量的增长和膨胀，而没有注意到，爱国情感的培育有一个方向问题，需要把握好正确的方向。其实，爱国情感本身是一种综合性存在，它有自身的内容和结构。不仅每一个构成爱国情感的内在要素本身有一个健康成长和自我完善的问题，而且这些不同要素共同构成爱国情感时也有一个结构完善的问题。正因为如此，每个人的爱国情感的程度、成分、样态和构成结构都不会完全相同，而且在这种多样性中本身也包含有好与不够好之分。这些都需要在培育人们的爱国情感的过程中加以引导和解决。

更重要的是，爱国主义教育不仅要重视助推爱国情感的产生与发展，而且也要高度重视引导爱国情感的安顿与抒发。从情感过程的角度来看，以往的爱国主义教育只注重了前半段，而相对忽视了后半段，是不完整的。人的爱国感情从产生到抒发有一个完整的过程，大体可以分为前后两个阶段，前一个阶段是爱国感情的形成和发展，具体地说包括爱国感情的孕育、产生、形成、增强、激发等等各个环节；后一个阶段是这种感情的寄放、安顿、抒发、发挥和运用。我们以往只是把爱国主义教育的重点力量放在第一个阶段上，目标是使人们形成爱国感情，而且是尽可能强烈的爱国感情。那么，爱国感情形成之后又怎样呢？这是我们以前没有考虑到和考虑过的。认为只要帮助人们形成了强烈的爱国感情，那就是教育工作的成功，而且是教育的最终结果，就万事大吉了。似乎这种感情自然而然就会发挥自己的动力作用，爱国者自然而然会运用和发挥好自己的爱国感情，别人没有什么可担心的了。这只是完成了一半的任务，还有后半截呢。这后一个阶段的任务，就是要教育和引导受教育者，正确地对待和保持自己的爱国感情，合理地抒发自己的爱国感情，更好地发挥好自己爱国感情的社会作用。

中共中央早在1994年印发的《爱国主义教育实施纲要》中就提出了引导爱国情感的要求。《纲要》在“爱国主义教育基本原则”部分提出：“把人民群众的爱国热情引导和凝聚到建设有中国特色的社会主义伟大事业上来，做有理想、有道德、有文化、有纪律的社会主义公民，为实现四化、振兴中华的共同理想团结奋斗。”这里“引导和凝聚”已经把要求说明白了。所谓引导，其实就是给人们的爱国热情的发挥提供一个正确的方向和通道；所谓凝聚，就是把人们分散的热情集中起来，使之投射到正确的目标上。很显然，这里的正确方向和目标就是中国特色社会主义建设事业。只要遵循了这一要求，完成了这个任务，就可以在很大程度上消除爱国主义言行中的非理性现象。遗憾的是，长期以来我们对这个指示重视和遵循不够，既缺少理论上的阐释，也缺少充分的实践探索。今天我们反思爱国主义教育，就应该把这一块短板补起来。

（三）既要重视爱国激情，也要珍视爱国温情

人的感情，比如爱的感情，可以呈现为不同的温度。有热情，有激情，也有温情，这都是正常的。可奇怪的是：当人们谈到爱国情感的

时候，马上就说是“爱国热情”或“爱国激情”，而从来不说“爱国温情”。这是怎么回事呢？

原因可能是多方面的。其中之一，是人们习惯于从青年的角度来谈爱国感情。由于长期以来的习惯，一谈到爱国主体时，人们马上就想到“爱国青年”；一谈到爱国感情，马上就想到青年人的爱国感情。而青年，当然是处在感情比较浓烈或激烈的人生阶段的，他们比较易于呈现出激情的状态。相比之下，如果是老年人的爱国感情，则可能就温和得多了。但是，我们通常习惯于把爱国看作是年轻人的事业，把爱国感情仅仅看作是年轻人的感情状态，很显然这是不准确和不全面的。无疑，青少年是爱国主义教育的重点，用符合他们年龄阶段的话语来表述问题是很自然的，但是不能因此而无意中把他们看作爱国的唯一人群。事实上爱国是人人之责任，包括老年人在内，因此不能都用同一种感情状态来要求所有的人。另一个原因，可能与人们的一种传统观念有关，即认为凡爱国，都必须是具有高度的热情。在人们的心目中，只要是爱国，就必须是激情燃烧，必须是爱得非同寻常，而且最好有浓烈和激烈的感情和外为表现，否则，心平气和，就谈不上爱国。这也是不正确的。

人们的爱国感情的状态，通常是与他们的祖国的生存状态密切相关的。如果自己的祖国的生存和发展都比较顺利，没有遇到大的波折，那么人们的爱国感情状态可能就比较多样化，温情类型的状态也比较常见。但是，如果自己的祖国一直处在危亡的状态，处在外敌入侵和亡国灭种的紧急关头，那么其国民的爱国感情就会表现得比较激烈。近代以来，我们国家一直处在衰弱和屈辱状态，拯救国家于危亡成为爱国主义主题。在这种情况下，崇尚爱国激情是必然的。不仅需要有激情，而且在必要时还要激发这种激情，使之发挥出最大的行动力量。在国家危难需要爱国者挺身而出的时候，如果没有爱国激情，就不可能作出救国救民的英勇行为。在和平年代，尽管也并不是不需要激情了，献身事业总需要一定的激情的。但从总体来说，国家情况发生了很大变化，爱国的方式也应发生一定改变。那种一直在强调爱国激情，一直在激发这种激情的做法，是有其弊端的，不再适用于现代社会和当前社会的需要。

在人的情感世界里，要允许温情的存在，也要承认爱国温情的价值。对很多人来说，甚至对大多数人来说，爱国更主要是一种温情，而不是激情。对于一个人的大多数时间来说，也是这样。激情只是一种特殊的状态，它是难以持久的。人不可能永远处在激情状态。因此，不要一说“爱国”，马上就是“激情”，似乎这种爱国之情如果不“激”，就不正常似的。不错，以温情的形式表现出来的爱国之情似乎不够浓烈，也不易为他人所看到和赞叹，但是不能以是否能引起他人赞叹为标准来衡量爱国之情。以温情形态表现的爱国感情，也并不意味着爱的程度较低或爱得不够充分。事实上，爱国感情应该是一种很深沉的感情，是在心灵深处萌发和涌动的感情。这样的感情，表现为持久的温情是很正常的。那种剧烈而又肤浅的破坏性行动不可能是这种深沉感情的表达，更不是恰当的表达。

（四）既要赞成情感奔放，也要提倡情感内敛

激情本身并不是坏事，激情迸发也是人生的一种正常状态。只是这种激情的迸发，要以自身理性和社会规范为条件。当然，激情到来的时候，有点小小的出格，并不奇怪，也无可厚非，只要无伤大雅、无关大局，就不必过多地求全责备。但是，这并不是说只要有爱国激情，就可以任性而为，即使伤害到他人和国家也在所不惜。激情不发会很难受，人为压抑也难以奏效，但激情的发泄要有正当的出口。应该预先为激情预备道路和通道，而不是事情到了眼前，一味呼吁人们“冷静”。激情的表达和释放，应该放在建设性事业方面，而不应放在破坏性方面。爱国激情本来是一种正面的感情，是建设性力量。大多数爱国者能够把爱国热情投入到自己的本职工作中，投入到国家建设的各个方面的工作中，从而产生了很好的效果。但不可否认，有人把爱国热情变成了一种破坏性力量。有人可能会认为，爱是一种正面的力量，不可能运用在破坏性事情上。其实不然，人的感情都是两端的，有爱就有恨，而且可以从一端转变到另一端。从发泄感情能量方面来说，破坏性的行动似乎最痛快淋漓，但却有很严重的后遗症。在打砸事件中，无疑许多人只是借爱国之名而已，但也不可否认会有人具有爱国感情，但这种感情却扭曲而变成一种破坏力量。

爱国主义教育并不是一味地鼓动和激发人们的爱国感情，而是还包括要求人们约束和克制自己的情感。爱国是一种爱，爱当然是一种美好的感情，没有人会真正否定爱对人和社会的价值和意义。而且，爱的感情也应该有所表达，要把自己的爱说出来，用行动表达出来。过去我们中国人不善于表达自己的爱，而往往是把爱压在心底。对伴侣的爱，对父母的爱，都不太容易说出口。现在我们改变了，大家正在越来越敢于表达自己的爱。但是，我们要明白，这并不意味着含蓄和克制就过时了，成为多余的了。爱国的爱，有时也需要一点含蓄，爱的表达有时也需要一点克制。我认为这是爱国问题上的一种美德，是有涵养的一种表现。事实上人只要有某种感情，他总是有意无意地以某种方式表达出来。另外，即使那种埋在心底得不到任何外部表达的对祖国的爱，是否就完全没有用处呢？也并非如此。评价爱国情感的意义时不能只从外在的功利方面去衡量，还要考虑到它对人内在的精神世界的意义。爱国的作用并不只是有利于国家建设与发展，同时也有益于人心灵世界的滋养和成长。它是内心深处的东西，只要有这种爱，就对心灵起着滋养作用，使人们的心灵世界更加丰富和美好。这难道不是爱国感情的一种很高的价值吗？这难道不是爱国主义教育的一个很重要成果吗？

（原文发表于《高校辅导员》2016 年第 5 期）

七

论爱国主义与社会主义在当代中国的内在关联

爱国主义与社会主义是两种重要的社会现象，尽管它们最初产生的时间不同，但在最近的500年来却是并存于人类社会之中。既然二者出现于同一个舞台上，它们就可能发生相互联系和影响。而且事实上，在某些特定的时空条件下，爱国主义和社会主义必然地发生了实际的联系。在20世纪的中国，爱国主义与社会主义相遇并结成内在的关联，直到今天逐步实现了深度的融合。可以说，在当代中国，爱国主义与社会主义是统一的。

在当代中国，爱国主义与社会主义的内在关联或统一性体现在以下一系列方面：

第一，只有社会主义才能解救中国，这是历史已经作出的结论，这就从历史的起点上揭示和体现了社会主义与爱国主义的内在关联。

中国是一个历史悠久的文明古国，在五千年的历史进程中，只是最近的百年间才与社会主义相遇而结缘。中国与社会主义最初形成的关系，是一种目的与手段的关系，目的是解救苦难的中国，手段是社会主义。我们常说“只有社会主义才能救中国”，这句话是在强调社会主义的重要性，但人们往往并没有注意到这种重要性首先是一种工具和手段层面的重要性。可以说，“只有社会主义才能救中国”这句表达爱国主义和社会主义的最初联系的话包含两层意思：一是目的与手段的关系，社会主义是“手段”和“工具”，救中国是目的；二是原因与结果的关系，这里的“只有”与“才能”体现出一种原因与结果的必然性关系，其中社会主义是原因，救中国是结果。

说社会主义是工具和手段，似乎有损社会主义的身份和尊严，其实不然。首先，这种目的与手段的关系是一种历史的事实。这是不可以因为什么“荣誉”的考虑而加以改变或否认的。其次，苦难中的中国人把马克思主义当作手段，体现了中国对社会主义的需要，也体现了社会主义对中国的实用价值。中国人是讲究实用理性的，虽然有时也会谈玄论虚、坐而论道，但在生死存亡的危急关头，是绝不会热衷于玩弄玄虚的哲理的。马克思主义无疑是很高深的道理，社会主义无疑有深远的旨趣，但是它们对致力于救亡图存的中国人来说，是实实在在的实用工具。马克思主义具有实用价值，社会主义以实际“管用”的角色而登场，这是实力的体现，是荣耀的事情。再次，社会主义对面临亡国灭种危险的中华民族来说，不是一般的实用工具，而是切切实实的“救命”工具。从这个意义上，马克思主义和社会主义是我们民族的救命恩人。也许正因为如此，毛泽东、邓小平才将马克思、恩格斯、列宁这些无产阶级的社会主义领袖人物，称为我们的“老祖宗”。对于讲究血缘关系的中华民族来说，没有比“老祖宗”更高的地位了。最后，社会主义不仅是中华民族“救命”的工具，而且是唯一正确有效的“救命”工具。这种唯一性就使社会主义超出了一般意义上“手段”“工具”层面的意义，而具有不可替代的重大价值。

手段当然不能脱离目的，但在目的确定以后，手段就是最重要的。同样，在目标确定以后，通向目标的道路就是最重要的。可以说，找到正确的手段和道路，跟确定正当的目的和目标同样重要，有时甚至更为重要。特别是在目的和目标的实现遇到极大困难的情况下，在经过若干尝试而均遭失败的情况下，谁能找到正确的道路和手段，谁就是最大的功臣。毛泽东同志之所以伟大，主要不在于他为人们确定了革命的目标，而在于只有他才找到了革命胜利的正确道路。

第二，社会主义制度是新中国的社会存在不可分离的重要方面，这就从国家与其社会制度的关系上揭示了爱国主义与社会主义的内在关联。

中国革命取得胜利后建立了新中国，并经过社会主义改造，确立了社会主义的基本制度。至此，社会主义作为制度因素而进入中国社会有机体中，成为社会结构的重要部分。一个国家或祖国，当然不只是社会制度构成的，而且在人们关于祖国的想象中，社会制度也不是首要的象征，有时甚至被人们所忽视。比如，在漫长的中国封建社会中，尽管爱国主义很兴盛，但人们在爱国时想不到“封建制度”的问题，还不能从社会中抽象出“制度”的层面和因素，人们心中只有皇帝而已。但不论怎样，一个社会的基本制度，是这个国家和社会的重要内容和方面。它不是可以随时脱下或换上的外衣，而是社会肌体的血肉和皮肤。一个社会不能从自己的社会制度中脱离出来，正像一个人不能从自己的皮肤中钻出来一样。一个没有社会制度的国家和社会，是不存在也不能存在的。新中国作为一个完整的社会存在体，离不开它的社会主义制度。否则就不再是新中国，也更不是完整的新中国了。

社会主义制度对于新中国来说，既是“硬件”又是“软件”。作为硬件，它作为社会的基本经济制度和政治制度，对社会肌体和大厦起着支撑的作用。特别是社会主义基本经济制度，是社会各项具体制度的根基。而基本政治制度则支撑着国家的政权机构。我国法律具有社会主义性质，它的产生和发挥作用，受着社会主义制度的制约。可以说，社会主义制度也属于新中国社会肌体的“骨骼系统”。失去了“骨骼”，肌体就会瘫软下来。同时，社会主义制度也是“软件系统”，因为它不仅是经济政治制度，还是思想文化的制度和原则。马克思主义在意识形态领域的指导地位，载入国家大法。社会主义意识形态是社会的主流思想文化，它像空气一样无处不在，不仅笼罩着我们的社会，而且渗透在社会生活的方方面面。

第三，社会主义与当代中国形成了一个一损俱损、一荣俱荣的命运共同体，这就从现实利害上揭示了社会主义与爱国主义的内在关联。

正是由于我国是社会主义国家，由于社会主义制度的作用和影响遍及社会生活各个方面，所以爱国主义与社会主义在当代中国实现了深度的融合。在许多问题上，我们已经很难分清哪些属于爱国主义，哪些属于社会主义。有人以为他爱国但不爱社会主义，但他可能没有想到，在他的爱国中已经包含着社会主义的成分。从这个意义上说，他可能已经不自觉地或至少部分地爱社会主义了。要想在社会生活中随时随地分清爱国主义和社会主义，不仅不可能，而且没有必要。

由于现实的中国是爱国主义和社会主义的有机融合体，它们就是一个命运共同体。伤害其中的一个，就必然会伤及另一个。在苏联解体的过程中，有些自称爱国而又反社会主义的人，他们中有人后来发现了一个冷酷的事实：他们瞄准的是社会主义，但击中的却是俄罗斯。他们在头脑中把俄国与俄国的社会主义分开，然后对准社会主义制度开枪，结果发现应声倒下的是自己的祖国俄罗斯。而亲手杀死自己的祖国母亲的人，是没有资格再称自己为“爱国者”的。他们没有想到，在头脑中能分开的事情，在现实中却是分不开的。因而有人后悔当初自己的所为。在中国同样也是如此，如果瞄准中国的社会主义制度开枪，击中的也是中华民族。当然，从程度上讲，“瞄准”是一回事，“开枪”又是另一回事。对于某些人来说，如果说他们在不喜欢或不满于社会主义制度的时候，甚至只是在“瞄准”社会主义制度的时候，也许在一定意义上还可以算是“爱国者”，但只要一开枪射击，化为对抗社会主义的行动，那么他们不仅触犯法律，而且在道义上也不能再自称“爱国者”了。

第四，中国特色社会主义是发展中国的必由之路，这就不仅从现实的角度而且从未来的角度揭示了社会主义与爱国主义的内在关联。

“只有社会主义才能救中国”是历史对社会主义与中国内在关联的证明，这种证明是非常有力的，但又是未完成的。我们并不能从这里推导出社会主义在此后中国的进一步发展中所具有的根本价值。也就是说，“只有社会主义才能发展中国”，也需要有新的历史来作出证明。在新中国成立65年、改革开放走过36年历程的今天，我们已经可以说：新时期的历史已经作出了这种新的证明。它证明了中国的未来发展是与社会主义连在一起的，只有中国特色社会主义才能不断发展中国，实现中国全面进步和中华民族伟大复兴。

新中国成立特别是社会主义改造基本完成后，我国开展了大规模的社会主义建设，在一穷二白的基础上建立了独立的相对完整的工业体系和国民经济体系，社会主义建设取得了巨大成就。但由于我们党在复杂的国内外形势下发生误判，工作指导上发生严重失误，导致了像“文化大革命”那样大的社会动荡，这使刚刚在祖国建设事业中得到发挥的社会主义优势失去了它的光辉。当“文化大革命”结束后，有人对社会主义能够发展中国的作用提出质疑，甚至对社会主义中国的前途失去了信心。有人甚至提出让美国人来给我们当主席，提出我们要做资本主义国家三百年殖民地才能走向繁荣富强，等等。但在改革开放取得举世瞩目成就的今天，在中国已经成为世界第二大经济体的今天，决不会再有人作如此之想了。中国特色社会主义道路能够使我们走向繁荣，已经无法再凭空否认了。

中国的发展包括两个方面：一是经济发展，二是社会全面进步。就经济建设来说，社会主义在中国显示了强大的优势。经济的基础作用，生产力的决定作用，科技是第一生产力，集中力量办大事，以及劳动创造财富等等，都来自社会主义理念。在这些思想里蕴含着强大的能量，一旦焕发出来就会成为巨大的现实力量。同时，社会主义又以极大的包含性将市场因素纳入自身体系之中，让市场发挥资源配置的基础性甚至决定性作用，并以体制的力量驾驭市场经济，减少其消极影响。

而就中国社会的全面进步而言，社会主义也具有独特的优势，或者确切地说，更具有独特的优势。其实，社会主义的长项本不在发展经济，特别是发展市场经济，而在于促进社会全面进步和人的全面发展，建设公平正义和谐的社会。相比之下，资本主义的长项倒是在经济活动方面，因为挣钱和发财是资本的生命。将社会主义运用于发展生产力，这并非不能成功，但却是大材小用。如果说社会主义在被迫承担起发展经济的重任时，特别是在开始的时期，还有些笨拙和不能得心应手，那么当社会迫切呼唤全面进步和社会公平正义的时候，正好撞在社会主义的长项和优势上。可以说，中国未来的发展，特别是社会全面进步和公正正义的实现，以及人的素质的全面提高和发展，正是社会主义可以大显身手的地方。

第五，社会主义完善和提高了爱国主义，使爱国主义具有更广泛的社会基础和更高尚的思想境界，这就从爱国主义的历史发展和现实形态上揭示了它与社会主义的内在关联。

爱国主义产生很早，可以说自从有了国家这个共同体时起，就有了爱国主义。在历史发展的不同时代，国家以及与此相关的爱国主义也是发展变化的。从奴隶社会到封建社会，再到资本主义社会，这是人类社会的历史进步，也是爱国主义随之进步的过程。爱国主义逐步地从封闭走向开放，它的社会基础也在不断地扩大，民主观点逐步融入其中。但是，由于这几个社会都是阶级社会，都有内部的阶级分野或分裂，这就从根本上削弱了爱国主义的社会基础，使其带有深厚的阶级社会的印记。只有到了社会主义历史时期，爱国主义才达到自己历史上的最高形态。

按马克思主义最初的道理来讲，或者从理论的模型上看，社会主义社会是共产主义社会的第一阶段，它不是过渡时期，而是一个具有旧社会痕迹的崭新社会。在这个社会里，作为阶级统治工具的国家正在消亡，或者至少已经不再是完整的国家，而是“半国家”。与之相适应，爱国主义会不断减弱，而国际主义不断增强。直到社会主义发展到共产主义，爱国主义逐步消失。但是，从社会主义的现实来看，则不完全是这样。建立起社会主义制度的国家，并不是地球上所有的或最主要的那些国家，而是东方经济文化比较落后的部分国家。而且社会主义制度的生存面临着极大的外部和内部的压力。在这样的情况下，国家继续存在，而且还得到加强。与此相应，爱国主义不仅没有减弱，反而需要得到弘扬。在这个过程中，爱国主义与社会主义结合在一起，成为一种新的爱国主义。

在社会主义时期，爱国主义得到了完善和提高，它的社会基础空前地更加广泛了。虽然阶级和阶级斗争还在一定范围内存在，在某些特定情况下还有可能激化，但毕竟不是社会的主要矛盾，不再呈现为社会的主要面貌和整体状态了。广大人民群众的根本利益是一致的，这种根本的一致是社会和谐得以实现的基本条件。尽管在我国社会主义的现阶段，还存在着不同阶层的社会分化，但正是由于存在着这种根本利益的一致，也由于共产党的领导集中体现了这种一致，所以我们有了历史上最广泛的爱国统一战线。这就是工人阶级领导的，以工农联盟为基础的，全体社会主义劳动者、社会主义事业的建设者、拥护社会主义的爱国者、拥护祖国统一的爱国者的最广泛联盟。

社会主义时期的爱国主义应该有更高的境界。爱国作为一种基本的感情，它本来并不需要多么高的思想境界，任何人都可以爱国。但是，在爱国或自称爱国的人们当中，还是有着境界的高低和层次的不同。小资产阶级的或小市民的爱国主义，尽管有着真诚的热情，却有着很大的局限性。它往往表现为狂热的非理性的情感的激化，还往往伴随着对其他国家的忽视和敌视。这是与这个阶级阶层的狭小的生活环境和狭隘的眼界分不开的。而现代无产阶级的爱国主义，则是与这个阶级的开阔眼界和广大胸怀联系在一起的。特别是社会主义思想与工人运动的结合，以及由此产生出共产党后，就为爱国主义注入了社会主义内容，使之达到了更高的形态和境界。这样的爱国主义，应能了解世界大势，并与国际意识相结合；应能着眼于国家和民族的根本利益，并将爱国之情建立在理性自觉的基础上；应能体现人民的主体地位，成为人民发自内心的情感和自觉的行为。

第六，中国共产党人既是社会主义者，又是爱国主义者，将爱国和爱社会主义有机融合于一身，这就从主体人格上揭示了爱国主义与社会主义的内在关联。

从历史渊源和理论基点上说，社会主义者首先应该是国际主义者。科学社会主义理论从其产生的时候起，共产主义运动从其兴起的时候起，都是凸显着自己的国际性特征。马克思、恩格斯虽然是德国人，但他们更多的时间是在英国、法国和比利时从事理论工作，他们不仅吸取了德国古典哲学的营养，还吸取了英国古典政治经济学和英法两国的空想社会主义思潮等的营养。世界上第一个无产阶级政党“共产主义者同盟”本身也是国际性的，更不用说后来的国际工人协会（第一国际）了。在这样的历史语境中，共产党人更强调的是自己的无产阶级国际主义立场和精神。正如《共产党宣言》所说：“在无产者不同的民族的斗争中，共产党人强调和坚持整个无产阶级共同的不分民族的利益。”[①] 也正因为如此，马克思甚至还说过“工人没有祖国”这样极而言之的话。在他们的著作中，往往是对爱国主义的狭隘性抱嘲讽甚至批判的态度。恩格斯晚年也说过，鉴于爱国主义一词长期以来的用法，他不想称自己为爱国主义者。到列宁时期也是如此，对外他批判了第二国际后期一些工人政党放弃国际主义立场的爱国沙文主义，对内则批判了小生产者和小市

①《马克思恩格斯文集》（第2卷），北京：人民出版社2009年版，第44页。

民的狭隘爱国主义。只是在十月革命成功之后，特别是建立起社会主义的苏联之后，列宁和斯大林才讲保卫和建设社会主义的祖国。但即使如此，“苏联”（苏维埃社会主义共和国联盟）也不是特定的国名，其中没有任何地域或民族的标志，而且事实上它的本意是一个开放的、面向全世界的社会主义联盟。

可以设想，在国际主义占主导的语境中，假如某个国家的共产党人公然自称为爱国者，并强调在国际共产主义运动中维护本国的利益，那是冒着相当大的压力和风险的。但中国共产党人恰恰就是如此，他们不仅公开声明自己是真正的爱国者，而且甚至强调自己首先是中国人，其次才是共产党员。在延安时期，英国记者斯坦因采访毛泽东，向他提出一个问题：你们是“中国至上”还是“共产党至上”？毛泽东回答说：“没有中华民族，就没有中国共产党。你还不如这样提问题，是先有孩子还是先有父母？这不是一个理论问题而是一个实际问题。”[①]也就是说，中国共产党人作为爱国者是天经地义的。新中国成立后，在与苏联的交往中，毛泽东曾因维护中华民族的利益而被他们批为民族主义者。

中国共产党人是真正的爱国主义者，也是真正的社会主义者。他们大多是从爱国主义者走向社会主义者的，他们满怀救国之情走上斗争舞台，后来逐步认识到只有社会主义才能救中国，于是成为社会主义者。而他们在成为社会主义者之后，并没有放弃爱国主义，而是将二者结合起来。之所以能够如此，就是因为爱国主义与社会主义在现代中国这样的时空中实现了交叉融合。这两种感情和追求在同一个现实目标上得到体现，那就是在中国共产党领导下搞革命，建立社会主义的新中国，实现中华民族的伟大复兴。其实，仔细想一想也可以知道，即使是在马克思、恩格斯的时代，爱国主义和社会主义也并不是完全分离甚至对立的。在无产阶级国际型政党中，党员也还是有民族身份的。特别是在巴黎公社革命失败以后，工人运动经过沉寂期而再次兴起的时候，是以各民族国家的政党的形式出现的。每个政党也主要是在本国开展运动和斗争，在此基础上再加强国际性联合。马克思、恩格斯对德国工人运动

---

①《毛泽东文集》（第3卷），北京：人民出版社1996年版，第191页。

和工人政党格外关心，多加指导，希望并相信他们能够走在国际工人运动的前列。这不能说就没有一点民族情感在里面。这些都说明，在民族国家和民族利益仍然现实存在的情况下，各个国家的共产党人和社会主义者秉持一定的爱国主义情怀也具有历史的合法性。这也进一步说明，爱国主义者和社会主义者可以在同一个主体和人格身上实现结合和得到体现。

第七，人们的爱国主义有一个从不完全向更加完全的发展过程，人们爱国与爱社会主义的结合也是一个过程。

既然中国共产党人能够实现爱国和爱社会主义的统一，就说明了在当代中国任何人都可以实现这样的结合。但毋庸讳言，在这一方面恰恰是许多人所困惑的。难道爱国一定就要爱社会主义吗？我不爱社会主义，难道就是不爱国吗？提出这样的问题并不奇怪，因为尽管爱国主义和社会主义在宏观上实现了统一，从而为人们将爱国与爱社会主义结合起来提供了客观的前提，但这并不等于每一个人都会因此就自然而然地能够在思想感情上实现这种统一。为了能够做到这一点，还需要有一个努力和成长的过程。

爱国主义不是死的，而是不断生长和成长的。人们爱国的思想感情有一个形成和发展的过程，有一个从不太完全到更加完全的发展完善的过程。人们往往是从自己生活的经验中，从具体的事情和感性的了解中，形成自己朴素的爱国情感。乡土、乡亲等往往成为人们感性认识的起点。相比之下，一个国家的社会制度属于比较抽象的事情，应该用理性来认识，这就有赖于后天的学习。因此，人们在对自己祖国的认识中，对社会制度的认识较晚。要求青少年一开始就对社会主义制度有深切的理解和深厚的感情，这是不切实际和违背规律的。因此，如果说一些青少年还没有对社会主义制度有太多了解，也没有培养起深切的感情，这也是可以理解的。对此不能苛求。当然这只是问题的一个方面，问题的另一个方面是：缺少对社会制度的了解和认同的爱国主义还是不完全的、不完善的。在当代中国，完全的爱国主义是应该包括爱社会主义的，即拥护中国的基本制度。在社会主义条件下，如果一个人对自己国家的社会制度缺少了解，也没有什么感情，那么他的爱国主义是不全面的。如果一个人说自己爱中国，但把中国的社会主义剔除在外，把党剔除在外，那么他所爱的国家就是残缺不全的，他的爱国主义也是不完全的。一些尚不能实现爱国与爱社会主义的统一的大学生们，不应停留在自己的现有状态中，而要继续前进，不断增加对社会主义制度的了解，进一步培养对社会主义的感情，使自己的爱国主义更加全面、更加完全，也更加完善。对此，我们是充满期待，也充满信心的。

第八，社会主义有与爱国主义相融合的一面，但也有超越于爱国主义之上的方面，这种超越于爱国之上的世界之情和人类之爱，虽然不能归结于各国爱国主义的综合，但也吸纳了各国爱国主义中那些美好的东西，这就从更广阔的视野揭示了爱国主义与社会主义的内在关联。

以上所说的七条，都是着重强调爱国主义与社会主义的一致和融合，但我们也不要忘记二者的差异，要把握爱国主义与社会主义的适度张力，不要将二者完全混同和等同起来。其实，爱国主义和社会主义是两种社会价值，它们可以在一定条件下有所重合，但也不会完全重合，更不会完全等同。应该说，二者有层次上的不同。爱国主义处于较低的层次，而社会主义则处于较高的层次。从历史渊源看，爱国主义是随着国家的产生而出现的，而社会主义则是人类文明发展到更高的阶段即资本主义阶段的产物，它代表着一种比国家文明、比私有制文明更高级的人类文明。因而从未来前途来看，爱国主义在未来将随着国家的消亡而逐步消亡，而社会主义则代表着人类的未来，它在人类不分国家的时代里将得到更充分的体现。

由此看来，社会主义本身是很有魅力和吸引力的，它并不需要依靠人们自发的爱国情感来维系自身。因此，爱社会主义另有理由，它不需要绑定在爱国主义上。我们固然可以由于爱国而走向社会主义，但我们爱社会主义却不限定于爱国主义的层次和范围。世界上无数的社会主义者，也包括资本主义国家中的许多社会主义者，他们之所以爱社会主义，主要不是因为爱国，而是因为社会主义本身体现了一种更高更美好的价值，体现了一种更高的境界和追求。在社会主义运动高歌猛进的时代，人们更愿意标榜自己是社会主义者，而不大愿意标榜自己是爱国主义者。可是，当社会主义运动出现了前所未有的挫折和失败，当社会主义声望在世界性的资本主义话题中处于弱势和不利地位的时候，人们又更愿意标榜自己是爱国主义者，对社会主义敬而远之。也正是在这样的情况下，我们的一些同志开始采取一种类似“捆绑式销售”的宣传教育策略，将爱社会主义绑定在爱国主义上，试图依靠爱国主义的天然合理性和天然感情来为社会主义找到支持。这当然是好心好意，也不能说没有一点好的效果，但是也确实有它的局限性。它无意中在一定程度上贬低了社会主义，把社会主义放低到爱国主义的水平，甚至把社会主义教育变成了一种类似强迫销售和强买强卖的行径。这是很不妥当的，也很容易引起人们的逆反心理。因此，在强调爱国主义与社会主义的一致性时，我们要实事求是，按照二者在当代中国的实际联系来加以阐明，而不必也不应过度地硬性规定二者的重合。要承认并保持爱国与爱社会主义之间一定的张力，对那些虽尚未实现二者的统一但却正在为此努力的人们，抱以谅解的态度，并以建设性的态度为他们提供帮助。当然，对于个别别有用心地试图将爱国与爱社会主义完全分割和对立起来的人，要保持警觉并坚决反对。

总之，爱国主义与社会主义的关系是一个复杂的问题，它表现于一定个人的思想感情世界时还更为复杂。对此，我们要采取客观而辩证的态度，既要承认二者的差别，又要强调二者的统一。在这方面，邓小平同志为我们作出了榜样，他在改革开放之初就说过：“有人说不爱社会主义不等于不爱国。难道祖国是抽象的吗？不爱共产党领导的社会主义的新中国，爱什么呢？港澳、台湾、海外的爱国同胞，不能要求他们都拥护社会主义，但是至少也不能反对社会主义的新中国，否则怎么叫爱祖国呢？至于对中华人民共和国领导下的每一个公民，每一个青年，我们的要求当然要更高一些。”[①] 这段话说得很好，既说明了爱国与爱社会主义的区别，又突出强调了二者的统一。

（原文发表于《思想理论教育》2014 年第 4 期）

①《邓小平文选》（第 2 卷），北京：人民出版社 1994 年版，第 392 页。

八

论加强中国革命精神的研究

对井冈山精神的研究应该有一个宏观的定位，确立一个研究的总体框架，只有这样才能真正搞清楚井冈山精神的科学内涵，弄清它与其他精神的关系，从而确定其历史的方位。我认为，从宏观定位上讲，井冈山精神属于中国革命精神，对井冈山精神的研究应该放在中国革命精神的大背景和大框架中来进行。但据我的未必完全的观察，我国学界关于中国革命精神的系统研究还很不够。因此，当务之急，不只是强调某一个精神比如井冈山精神研究的重要，而是更要从总体上，从全国范围上，提出要加强中国革命精神的研究。

（一）“中国精神”概念的提出为开展“中国革命精神”研究敞开了大门

特别值得注意的是，习近平总书记提出过一个重要概念“中国精神”，并用它来涵盖和统领“民族精神”和“时代精神”。这是一个重要的理论创新，具有巨大的启示意义。我认为，“中国精神”这个概念提出的意义，绝不只是将业已存在的两个概念整合在一起，使之更加简洁而已，它实际上为我们从学理上研究和发掘中国历史特别是中国现代史上的精神资源打开了大门，极大地开阔了我们的视野。

我们知道，在中国共产党领导各族人民为实现中国梦而奋斗的不平凡的历程中，形成和积累了极为丰富的精神资源。这些精神资源不仅全面地弥漫在中国革命、建设和改革的历史进程中，而且在历史进程的某些节点上已经形成为一些相对独立和完整的具体形态。比如，在革命时期有南湖红船精神、井冈山精神、长征精神、延安精神、西柏坡精神、三大战役精神等；在建设时期有抗美援朝精神、大庆精神、大寨精神、

“两弹一星”精神等；在改革时期有深圳精神、小岗村精神、航天精神、抗洪精神等。这些都是宏观层面的，是人们最为耳熟能详的。其实从中观层面看，就会看到还有许许多多人们可能有所耳闻并说不上熟悉的各种精神。而从微观层面看，各种精神就更多得不可胜数了，几乎每一个英雄模范人物都是一种精神。

这些精神资源是非常值得认真研究的，应该是我们的学术研究的重点对象和重要课题。研究历史的，应该把这些精神资源作为重要的历史事实来研究，而不要觉得这些东西过于抽象而予以忽视。研究理论的更应该重视这些精神资源的研究价值，从理论上去发掘和揭示这些精神资源的内容和意义。特别是对马克思主义理论学科来说，就有特殊的责任去研究和阐发这些极其丰富而又极为宝贵的精神资源。马克思主义中国化的研究、中国近现代史纲要的研究以及思想政治教育学的研究都应该高度重视这个课题。

但是很遗憾，对于如此丰富的精神资源我们研究得很不够。原因可能很多，但其中很重要的一个方面，就是缺少一个总体的概念和统一的视野。虽然在一些地方都有一些对于产生于本地的某种精神的研究，比如在井冈山这里就有关于井冈山精神的研究，在延安也有对延安精神的研究，在重庆会有关于红岩精神的研究，在山东沂蒙会有关于沂蒙精神的研究，在河南林州有关于红旗渠精神的研究，等等。这些研究无疑是十分重要的，值得肯定的，但是它们还只是作为一种地方文化而存在，而没有变成一种全国范围的统一的学术事业。如果把井冈山精神定位为地方文化或地域文化，那是非常不正确的，是极大地贬低了井冈山精神的地位和价值。因此，单个精神形态的研究是必要的，但是总体上的研究、国家高度的研究更重要。还要将这些具体的精神形态上升到中国共产党人精神的高度，上升到“中华民族精神”的高度，上升到“时代精神”的高度去认识和把握。

然而，只靠“民族精神”和“时代精神”这两个概念还是远远不够的。这两个概念虽然比一些具体的精神形态层次更高，更有概括性，但是如果没有“中国精神”这样更高的概念，它们还是不够完全的。而且这两个基本概念由于其产生的角度不同，它们各自的内涵特别是二者之间究竟是怎样一种关系，学界至今仍在争论不休，特别是二者的关系问题成为一个研究的难点。存在学术争论是正常的，也是有益的，存在理论难点也并不可怕。但是，至少从目前人们关于“民族精神”和“时代精神”的认识来看，其造成的思维纠葛很大程度地限制了人们对此的认识和研究。这说明，仅靠这两个概念是不够的，还应该有更高层次的概念出现，还应该有更广泛的视野来观察和把握。而习近平总书记提出的“中国精神”这个响亮的概念，使我们一下子摆脱了概念之争，为我们打开了进一步研究的视野。

这样，我们就可以在“中国精神”的框架内解放思想，大胆提出新的概念，开展多方面的研究。比如我们可以提出“现代中国精神”概念，其中涵盖“中国革命精神”“中国建设精神”和“中国改革精神”，它们分别是革命时期、建设时期、改革时期的精神。这样，我们就能够对中国共产党领导全国人民团结奋斗全过程中出现的精神资源进行系统的研究了。

（二）“中国革命精神”具有重要的历史意义和现实价值

按照历史的顺序，我们首先需要好好研究“中国革命精神”。这不仅是历史的起点，更是逻辑的起点。因为如果不研究“中国革命精神”，就不能真正弄清楚“中国建设精神”和“中国改革精神”。

中国革命精神有其特殊的重要性，具有独一无二的丰富内涵和崇高地位。中国共产党领导的中国革命，在世界各国的革命中是非常突出和罕见的。世界上的革命千千万万，但闹革命闹到中国革命这个份上的，如果不是绝无仅有，也是凤毛麟角的。试想，如果把革命波及的范围之广、持续的时间之长、卷入的人口之众以及革命斗争的环境之严酷、革命最终取得的胜利之辉煌，所有这些指标加在一起，有哪个国家或民族的革命能够相比呢？

那么，在这样的革命中孕育、形成的精神具有怎样的容量、水平和意义，也就不言而喻了。因此，对于中国革命精神绝不可等闲视之。在这方面，我们还都是小学生。而开展对“中国革命精神”的全面研究又是我们学界特别是思想政治教育学者的重大责任。

什么是“中国革命精神”呢？就是在中国新民主主义革命时期，在中国共产党领导的人民革命的实践中产生的，反映革命的性质、体现革命者品格的精神。它的内容是十分丰富的，可以从多方面去研究概括。大体说来，包括坚定正确的政治方向、艰苦奋斗的工作作风、灵活机动的战略战术，还应加上英雄主义的献身精神、百折不挠的革命意志、军民一致的鱼水之情等。

可能有人会说，革命精神再好也是以前的事，现在是和平年代，是改革开放时期，应该以当前时代的精神为支撑。那么，中国革命精神有无当代价值？如何看待中国革命精神在今天继续存在并发挥作用的依据？

这里首先要明确一个前提，就是我们讲加强中国革命精神的研究，并不仅仅是因为它具有当代的价值，对于当前具有实际的意义。即使中国革命精神对于我们当前并不具有实际的价值，我们也需要加强这种研究，因为学术研究的价值并不只是为了当前，它具有多方面的广泛得多的意义。中国革命精神是我们的一个精神源头。如果没有源头，也就没有后来的水流。它的意义首先就在于它是这个源头。只要这个地位没有改变，对它的研究的意义和价值就始终存在着。当然，这并不是说它就真的没有当代价值。其实，只要我们仔细想一下，就会发现中国革命精神与当代中国人的精神需要是相通的，中国革命精神在当前有其重要的现实意义。

首先，中国革命精神作为中国革命事业的精神遗产和文化传承，将随着这一事业的发展而不断延伸。中国革命精神是中国革命事业的一部分，只要这个事业在继续发展，这个精神就会继续存在并发挥自己的作用。新民主主义革命时期是结束了，社会主义改造也结束了，但中国革命事业并没有终结。中国革命事业的实质是中国特色社会主义事业，这个事业正在大力推进之中，向着中华民族伟大复兴的目标前进，向着共产主义远大理想前进。现在不论国内外形势如何变化，我们仍然是共产党领导的社会主义国家，仍然是在为推进社会主义事业而奋斗。这样，中国革命精神始终是我们的力量源头与源泉。虽然时代条件和具体任务变了，我们的政策措施变了，但我们党的性质没有改变，我们绝不会背叛自己的革命历史，背叛革命的精神遗产。可见，从中国革命精神的政治性质来看，与我们当前并无区别，因而也就不存在放弃和过时的问题。

其次，中国革命精神的核心内容作为当时革命实践的升华，不仅直接适用于革命时期，而且间接适用于建设和改革时期。“中国革命精神”作为一种精神形态具有一定的超越性，可以超越一时一地的具体条件，与新任务新条件相结合，发挥自己的巨大的作用。中国革命精神中的基本内容，不论是坚定正确的政治方向，还是艰苦奋斗的工作作风，都是当前需要继续弘扬的。即使是一些明显带有军队和战争属性的内容，也能够在一定范围找到自己的用武之地，比如在当前的军队和国防建设方面就必须继续保持革命的战斗精神。特别是改革过程中，也需要发挥革命精神。因为正如邓小平同志所说，改革也是一场革命，是一场深刻改变中国社会面貌的革命。在这样的改革中，当然要发扬革命精神了。当然，革命精神在今天的运用必须与当今的具体条件和要求相结合，并找到自己在今天的形式。

再次，中国革命精神的总体中也会包含某些有关建设和改革的精神内容，对于今天的社会主义建设和改革具有积极意义。中国革命精神产生于中国革命时期，是对这个时期共产党人和广大革命人民精神的整体性概括。我们知道，在革命时期，生活的主题和核心内容当然是革命，很多事情都是围绕革命来进行的。但是，这并不等于说这个时期党领导的革命根据地和革命斗争的所有活动就没有“建设”或“改革”方面的内容。其中，根据地建设就是很重要的一个方面内容，其中既有经济建设，又有政治建设，还有文化建设和其他方面的建设。在延安时期，朱德总司令还谈到过革命的“家务建设”。特别是我们还建立了苏维埃共和国，有地盘、有民众、有政权，有各种经济和政治文化活动。既有国，既有根据地，就必须有建设。而且在根据地建设中还包括某些方面的改革，比如政治上的三三制、精兵简政、乡村民主选举等以及一些经济工作方面的措施，都具有改革的性质。所以，在革命时期不只有“革命”，也有一定的“建设”和“改革”，只是后二者都必须服从和服务于前者罢了。因此，在革命精神中，也包括一定的有关“建设”精神和

“改革”精神的内容，它们在革命精神的框架中具有革命属性，但同时也具有各自的特点。因此，中国革命精神中所包含的某种建设精神和改革精神在今天可以直接发挥其作用。

最后，革命精神体现了人性的升华，是人性中崇高精神的集中体现，这样的革命精神作为人性在特定时期所迸发出来的崇高精神，具有永恒的价值。马克思说过，革命能将人的庸人情绪一扫而光。这种说法具有很大的启示意义。它说明，人本身是复杂的，人所具有的属性是多方面的，它的体现和展开以及进一步发展具有多方面的可能。同一个人，在不同的情况下，可能向不同的方向发展，成为完全不同的人。在不同的社会背景和环境下，外在的条件既可能诱发人的贪图享乐的物质欲望，也可能激发人崇尚高贵的精神追求；既可能凸显强大压力下人性的软弱，也可能磨炼艰难困苦中意志的坚强。在这方面，富裕舒适的和平生活与流血斗争的革命生涯就有着很大的区别。我们当然都希望在和平中生活，希望有富足的物质财富，能够充分满足人的物质欲望，这都没有问题，但是从对人性的影响角度来说，这种生活比较容易诱发人的物欲，产生享乐主义情绪。相比之下，在革命战争中，虽然有流血牺牲和各种痛苦，但对于革命者来说则能够激发他们的革命斗争和崇高精神。中国革命斗争的严酷环境考验着人们的意志，虽然不可否认有些人经不过严酷的考验而背叛革命，但真正的革命者则在严酷的环境中成长起来，成为真正体现革命大丈夫精神的人格。这样的革命人格和革命精神的形成，是与革命的特殊环境相联系的。在这样环境中形成的革命人格体现着高度的人性美和善，体现了人性的高贵。这样的精神虽然产生于特殊的时期和条件，而且只能产生于这样的条件，但它具有永恒的价值。而且不仅是对于中国人和中华民族，而且对于世界上一切追求进步和崇高精神的人，都具有启示的意义。

（三）开展“中国革命精神”研究的几点设想

中国革命精神的研究是我国思想理论研究的重要领域。这是一项重大课题，也是一项长期的任务。对这项研究应该有宏观的眼光，应该有自觉的引导和把握。

首先，要重视研究的统一性和系统性，并注重从理论上进行总体性建构。中国革命历史上涌现出来的各种精神虽然各有其具体特点，但它们无疑具有本质上的共同性，都是中国共产党人带领革命群众所创造出来的。所有这些精神，都是同一类精神现象，都可以也应该放在一个统一的视野中，用一个统一的总体框架来研究。以往我们只看到了一个又一个具体的革命精神形态，但是没有能够从总体上去把握它们，当作同一类现象去认识它们。因此，大多数已有的研究都是关于具体精神形态的，因而具有一定的局限性。为了在研究的高度和广度上进一步提升，需要做两个方面的事情：一是要求现在从事各种具体革命精神研究的学者们在研究过程中进一步开阔视野，扩大研究范围，同时提升自己的研究层次。不是孤立地研究某一种革命精神，而是把这种精神放到大的历史中去，在与其他精神的关系中去研究。在具体研究过程中，在适当的时候也可以作出一些层次更高的概括。二是需要一些从事理论研究的专家学者，比如从事马克思主义理论特别是思想政治教育的专家学者，积极投身到中国精神特别是中国革命精神的研究中来，侧重从总体上去把握中国革命精神，对这种精神作出总体性阐释和理论建构，为人们提供一种总体架构和思路。

其次，调动多方面的力量，对中国革命中每一个具体精神形态进行深入细致的研究。在“中国革命精神”中，包含着极为丰富的内容，包括多种具体的革命精神的形态。对于这些精神形态，其中的每一种都有一批守望者、守护者，他们一直默默无闻地进行着研究和传承。对于一个中国革命精神的研究者来说，他不能只停留于一般性的理论概括，而最好是结合某些或某一个特定的革命精神形态进行研究，从而把一般与个别结合起来。而这个过程中，他有可能出于某些特定的理由，而与某一种革命精神结缘。特别是一些本省本地的学者，他们把研究其所在地区的某种革命精神当作自己的使命，这是非常可贵的。可能还有的学者，由于其对某一段历史感兴趣或有更多的了解，或者感情上受到感动，而对某一种具体的革命精神情有独钟。这都有利于每一种革命精神的研究。

其中“井冈山精神”就是“中国革命精神”的一个非常重要的具体

形态。它与“长征精神”“延安精神”“西柏坡精神”等精神一起，构成了“中国革命精神”的多彩内容。我们需要对“井冈山精神”进行单独的研究，全面发掘、系统阐发、精准概括、大力弘扬“井冈山精神”，为传承和发展“中国革命精神”，为将“中国革命精神”的资源运用于大学生思想政治教育作出贡献。

再次，将研究与宣传做适度区分，将广泛深入的发掘与简明扼要的概括做适度区分。简明的文字概括是必要的，但不要将注意力都集中到对革命精神的文字概括上，更不是把这种概括变成一种文字游戏。形成一种比较成熟的得到大家公认的文字概括是研究的重要成果，但它并不是研究的结束。研究永远没有终结，它的意义并不是几句简明概括所能穷尽的。对于“井冈山精神”也是如此。为了宣传和弘扬井冈山精神，必须有一个稳定而简明的概括，不然工作就没有抓手。但是我们要明白，任何概括都只具有有限的意义，它没有也不可能穷尽“井冈山精神”的全部内涵。因此，概括不能代替研究，必须有人从不同角度和方面长期进行研究，不断发掘和阐发井冈山精神的丰富内涵和重大意义。

最后，要研究中国革命精神教育的相关问题，特别是对策思路，特别要研究如何把包括井冈山精神在内的中国革命精神纳入大学生思想政治教育的具体路径。中国革命精神具有当代的价值，同时又具有特殊的魅力，一定能够受到当代大学生的喜爱，为他们所接受。关键是如何进行中国革命精神的教育，如何把这种教育融入高校思想政治教育课教育教学，融入校园文化以及各种学生活动。在进行中国革命精神教育过程中，一定要结合历史的真实，特别是结合真实的历史细节来做。这样不仅能够体现它的真实性，而且能更好地体现它诱人的魅力。当然还必须结合当今实际，结合建设精神和改革精神的教育，结合以爱国主义为核心的民族精神和以改革创新为核心的时代精神教育来进行。

（原文发表于《红色文化资源研究》2016 年第 2 期）

九

伟大建党精神的理论解读

习近平总书记在庆祝中国共产党成立100周年大会上的重要讲话（以下简称“七一”讲话）立意高远、内容丰富、思想深邃，是一篇纲领性的马克思主义光辉文献。其中首次明确提出并论述了伟大建党精神，指出:“一百年前，中国共产党的先驱们创建了中国共产党，形成了坚持真理、坚守理想，践行初心、担当使命，不怕牺牲、英勇斗争，对党忠诚、不负人民的伟大建党精神，这是中国共产党的精神之源。”[①] 这是一个重大的政治宣示和思想创新，具有极为重要的理论与实践意义。从学理上深入解读伟大建党精神，阐明其重要意义和丰富内涵，以及与中国共产党人精神谱系的关系，是一项重要的研究任务。

（一）“伟大建党精神”提出的重大意义

在中国共产党百年诞辰的特殊历史时刻，在党中央举行的盛大庆祝大会上，由党的总书记在重要讲话中郑重提出、明确论述并突出强调伟大建党精神，这是非同寻常的，表明伟大建党精神具有重大理论与实践意义。对此，我们要深刻领会，不断深化认识。

首先，伟大建党精神的提出是中国共产党百年华诞庆祝活动的一个标志性政治宣示和理论创新。在党的发展历程中，举办庆祝建党的活动是比较频繁的。通常每过五年，特别是十年，就会有一次重要的庆祝活动。改革开放40多年来，也举办过几次重大的逢十庆祝活动，党和国家领导人都发表了重要讲话，在这些讲话中也都提出过一些重大的思想理论观点。但是，中国共产党成立100周年纪念日具有特殊重要的意义，

① 习近平:《在庆祝中国共产党成立100周年大会上的讲话》,《人民日报》2021年7月2日，第1版。

是一个最重要和最具有标志性意义的日子。因而庆祝中国共产党成立100周年大会，也必然是党的历史上最盛大的庆祝大会。在这次庆祝大会上，习近平总书记发表重要讲话，明确提出伟大建党精神的概念，对伟大建党精神的科学内涵作了精辟概括，并强调它是中国共产党的精神之源。这是一个重大政治宣示和理论创新。只有这样才能匹配党的百年庆典，才能代表中国共产党人对百年奋斗历程的全面总结和初心使命的深刻铭记。而且这一理论创新成果，将与“七一”讲话中的其他理论创新一起，成为习近平新时代中国特色社会主义思想的重要组成部分，成为党的建设的重要遵循。

其次，伟大建党精神的提出明确了中国共产党人精神谱系的源头，为全面学习、研究和宣传中国共产党人的精神谱系提供了前提和基础。“七一”讲话明确提出，伟大建党精神是中国共产党的精神之源，从而不仅明确提出了中国共产党人精神谱系的源头问题，而且对此作了明确解答。这本身就是一个重要的理论问题和理论创新。中国共产党的诞生和百年奋斗，不仅深刻改变了近代以来中华民族发展的方向和进程，深刻改变了中华民族和中国人民的前途和命运，深刻改变了世界发展的趋势和格局，因而具有巨大的历史效能和历史影响，而且也深刻改变了中华民族和中国人民的精神状态与思想面貌，在百年奋斗和牺牲中留下了一系列极为宝贵的精神遗产，形成了中国共产党人的精神谱系。如果说中国共产党在把马克思主义中国化过程中形成的一系列创新性的理论成果是中国共产党百年奋斗的最大理论成就和理论遗产，是指导党和人民事业继续前行的理论指针，那么，中国共产党人在百年奋斗中展现的崇高精神和意志品格及其凝结成的中国共产党人的精神谱系，则是我们党的最大的精神创造和精神遗产，是鼓舞中国共产党人和人民群众在新时代新征程继续奋斗的精神动力。因此，全面挖掘和梳理中国共产党人的精神遗产，系统构建、不断完善和广泛宣传中国共产党人的精神谱系，是一项重大的理论研究和宣传任务。而在这项研究和宣传中，如果不能明确地提出和科学地解答中国共产党人精神谱系的直接来源问题，不能明确中国共产党人精神谱系的源头是什么，那么中国共产党人精神谱系的构成就缺乏前提和基础。习近平总书记对伟大建党精神的论述明确而科学地解决了这一问题，对深化中国共产党人精神谱系的研究和宣传具有极为重要的指导意义。

再次，伟大建党精神的提出充分肯定了中国共产党的先驱们对建党的贡献，为我们深化对中国共产党先驱者的研究提供了理论遵循。中国共产党的创建有其历史必然性，是中华民族和中国人民觉醒的必然要求，是马克思主义在中国传播和与中国工人运动紧密结合的必然产物，但这个必然性的实现，是中国共产党先驱者探索、奋斗和牺牲的结果，他们为中国共产党的创建作出了历史性贡献。这种从无到有的贡献是不可替代的，是必须永远铭记的伟大历史功勋。在对党的先驱者的研究和宣传方面，我们虽然已经做了许多工作，取得了很好的效果，但客观地讲，与他们在建党过程中所起的历史作用相比，还是远远不够的。我们常说，毛泽东同志是我们党的缔造者，这是完全正确的。但这样的表述有其特定的语境和含义，是一种最高程度的理论概括和政治表述，是我们党的主要代表人物的历史作用在建党问题上的表达。这一表述高度肯定了毛泽东同志在早期建党活动中的作用，但并没有因此而否定其他早期中国共产党人在建党中的贡献。特别是像李大钊、陈独秀等先驱，作为成立全国性共产党的主要组织者，在中国共产党的创建中起到了独特而不可替代的重要作用。毛泽东同志一再肯定他们的这种历史作用，以及对自己的积极影响。通过对党的先驱者创建中国共产党的活动的全面研究再现中国共产党成立的宏伟而复杂的历史情景，能够更好地说明中国共产党的诞生是开天辟地的大事变。

最后，伟大建党精神的提出是新时代中国共产党人“不忘初心、牢记使命”的新号角，对于我们党在新时代新征程进一步加强党的建设，更好发挥坚强领导作用具有重要指导意义。我们党已经走过了一个世纪的历程，百年来虽然历经风雨和险恶，也有过挫折和教训，但从根本上说党的历史是一部辉煌的历史，是从胜利走向新的更大胜利的历史。然而，站在今天的历史节点上看，往昔的辉煌都正在成为历史，我们不能躺在历史的成绩单上自我满足，而是要把目光转向未来，谋划怎样走好以后的长征路和新征途。当前，百年不遇的国际大变局正在加速演化，我们实现中华民族伟大复兴的大局正处于关键时期。在全面建成小康社会、实现第一个百年奋斗目标之后，我们乘势而上开启了全面建设社会主义现代化国家新征程。面向未来，尽管中华民族伟大复兴进入了不可逆转的历史进程，但我们决不会忽视前进道路上可能出现和正在出现的困难和挑战。为了使民族复兴的大船成功驶向胜利彼岸，我们党必须进一步保持先进性和纯洁性，增强战斗性和领导力，为此就必须在“不忘初心、牢记使命”上常抓不懈。党的十九大以来在全党进行的“不忘初心、牢记使命”主题教育取得了重大成果，达到了预期目的，但以初心使命为主题的党内教育绝不是一时一地的，而必须常态化制度化，发挥长效功能。而欲达到这一目标，弘扬和践行伟大建党精神是最好的途径。

（二）伟大建党精神的科学内涵

“七一”讲话对伟大建党精神作了明确概括，科学揭示了伟大建党精神的科学内涵。根据习近平总书记的概括，伟大建党精神主要包括四个方面的基本内容，而每一个基本方面又有其内在的丰富性。

坚持真理、坚守理想。这是伟大建党精神的首要内容，也可以说是立足点和基础。这里主要讲党的指导思想或理想信念。“坚持真理”，指的是坚持马克思主义指导思想。马克思主义刚刚传入中国的时候当然并不是指导思想，它只是一种思想理论或思潮，但它以其真理性为自己赢得了信奉者和传播的力量。在中国共产党成立之前，就先有了一批坚定的马克思主义者，正是他们成为中国共产党人的先驱者，正是他们钻研和接受了马克思主义的真理，并在旧社会旧势力的压迫中坚持马克思主义真理，并不断传播马克思主义真理，才能出现马克思主义与中国工人运动的结合，也才有作为这种结合产物的中国共产党的诞生。因此，伟大建党精神一开始就是“坚持真理”，体现的是历史事实和历史逻辑。而“坚守理想”，是“坚持真理”的应有之义，但同时又更进一步，鲜明地体现了中国共产党人的理想追求，彰显了中国共产党人理想信念的科学性和真理性。这种理想追求，即对社会主义、共产主义理想的追求，不仅是一种理论上的信仰，更是一种力求在中华大地上实现这一理想的实践活动。总起来讲，“坚持真理、坚守理想”表明了马克思主义是中国共产党的指导思想，也是中国共产党人的理想信念。

践行初心、担当使命。这一方面直接承接前面，主要讲的是党的初心使命。初心使命与理想信念是内在统一的，它们在一定条件下甚至可以互换使用。我们党一经诞生，就把为中国人民谋幸福、为中华民族谋复兴确立为自己的初心使命。“党的初心和使命是党的性质宗旨、理想信念、奋斗目标的集中体现，激励着我们党永远坚守，砥砺着我们党坚毅前行。”[①] 同时，如果将理想信念与初心使命分开来说，讲清各自的侧重点，也是有道理的。通过初心使命的表述，可以更鲜明更深入地体现我们党全心全意为人民服务的根本宗旨和以人民为中心的政治立场。我们党是扎根中国大地的无产阶级政党，是中国工人阶级的先锋队，同时是中国人民和中华民族的先锋队。伟大建党精神中关于“践行初心、担当使命”的表述本身表明，这一初心和使命从建党的时候起就已经奠定了，它并不是我们党后来才意识到或补充上去的。

不怕牺牲、英勇斗争。这里主要讲的是党的斗争精神和牺牲精神。中国共产党是有使命的党，是在革命斗争中践行初心使命的党。斗争是共产党人的宿命，也是共产党人的使命。有斗争就会有牺牲，不仅是个人利益和家庭利益的牺牲，而且还可能是个人生命或家人生命的牺牲。这样的牺牲不可谓不大，做出这样的牺牲不可谓不难，但正因为如此，才真正体现出共产党人的坚强意志和崇高品格。共产党人只有先有了不怕牺牲的意志和精神，才能开展英勇不屈的斗争。正因为如此，在这里的表述中把“不怕牺牲”放在了“英勇斗争”的前面。在伟大建党精神中列入斗争精神和牺牲精神，表明这样的精神是中国共产党人一以贯之的精神和品格。虽然建党前后主要是在做传播马克思主义和发动工农运动的工作，以武装的革命反抗武装的反革命的最严酷斗争还未开始，但共产党人的斗争精神和牺牲精神在中国共产党的先驱者和早期中国共产党人那里已经得到了鲜明的体现。李大钊作为中国共产党人先驱的代表，英勇无畏地献出了自己的生命。至于在后来的武装斗争中，为革命献身的烈士就更多了。

① 习近平：《在“不忘初心、牢记使命”主题教育总结大会上的讲话》，《人民日报》2020年1月9日，第1版。

对党忠诚、不负人民。这是伟大建党精神的归宿和落脚点。“忠诚”是共产党人理想信念和初心使命的集中体现，是共产党人斗争精神和牺牲精神的应有之义，是共产党人的优秀品质。忠诚不是盲目的愚忠，而是建立在坚持真理的基础之上的，是共产党人科学世界观和理想信念的体现。忠诚的对象包括两个方面：一是对党的忠诚；二是对人民的忠诚，即“不负人民”。作为中国共产党党员，当然必须对党忠诚，这是最基本和起码的要求。入党誓词中就有“对党忠诚”的明确要求。如果对党没有这种忠诚，而是离心离德，那就不可能在困难面前英勇斗争和牺牲奋斗，那么参加革命就成了投机，甚至在危险时刻背叛党。对党的忠诚与对人民的忠诚是完全一致的。党忠诚地代表着人民利益，并为谋求人民的解放和幸福而奋斗牺牲，那么相应地，党员也就应该忠诚于党。入党誓词中也明确要求“随时准备为党和人民牺牲一切，永不叛党”。

以上四个方面是伟大建党精神的主要内容，它们紧密联系、内在贯通，形成一个有机整体。对于其中每一个方面的丰富内容，以及各个方面之间的具体联结，还需要深化研究，特别是联系建党的具体历史而加以深入挖掘和阐释。

（三）伟大建党精神与中国共产党人精神谱系的关系

“七一”讲话明确了伟大建党精神是“中国共产党的精神之源”。这就为我们把握伟大建党精神与中国共产党人精神谱系的关系提供了理论依据。

首先，伟大建党精神是中国共产党人精神谱系的活水源头。中国共产党人的精神谱系本身是一个逻辑与历史的统一体。一方面，它是一个具有内在逻辑关联的系统和体系；另一方面，这个体系又是在历史中形成、展开和呈现出来的。也就是说，中国共产党人的精神谱系是历史地形成和建构起来的。它不是一个先验的逻辑体系，而是有自己真实的来源和起源，有自身直接的源头。这个源头就是伟大建党精神。它就像一粒种子，看起来很简单，但它本身包含着未来发展的一切可能和萌芽。可以说，当它作为一粒种子时，它就是“源头”，而当它长成一棵枝繁叶茂的参天大树时，它就成了一个“谱系”。但是，这个比喻还有一个不确切的地方，就是当种子生长成为一棵大树时，它本身就消失了，就完成了自己的使命。但是，伟大建党精神并没有因为后来形成的精神谱系而归于消失，而是始终作为一个“活水源头”立在那里，因为它的精神之水是永远流不尽的。

对于伟大建党精神的源头意义我们要有充分的认识。源头当然不等于河流的全程，或者说它只是全流域的一个部分或环节，但是它并不是一个普通的环节，而是一个极为重要而不可替代的环节。一般来说，中国共产党产生、发展和革命斗争的每一个环节都是非常重要的，都有其独有的价值，是不能随便舍弃的。但是，作为源头的环节与后来的环节有一个很大的不同，就是前者是从无到有，而后者是从小到大。对于中国共产党及其奋斗历程来说，从无到有是前提，是最为重要的，而后来的由小到大都是建立在从无到有跨越的基础上的。

其次，伟大建党精神是贯穿中国共产党人精神谱系的一根红线。伟大建党精神不仅是中国共产党人精神谱系的直接源头，而且是始终贯穿于中国共产党人精神谱系形成和展开全过程中的精神红线。源头的所在，从空间上说只是某一个特定的地点，但是源头所流出的水则是贯穿于河流全程的。正是由于源头的水流所冲刷出的河道，才能吸收和汇聚后来诸多支流而形成长江大河。可以说，正是伟大建党精神的传承和弘扬，才形成了中国共产党人庞大的精神谱系。习近平总书记指出：“一百年来，中国共产党弘扬伟大建党精神，在长期奋斗中构建起中国共产党人的精神谱系，锤炼出鲜明的政治品格。历史川流不息，精神代代相传。”[①] 中国共产党人在百年奋斗中形成的诸多精神形态之所以一脉相承，能够形成一个有机联结的谱系，非常重要的一个原因是其中共同贯穿着伟大建党精神。尽管党的历史还在不断发展之中，但现在也完全可以断言：伟大建党精神将贯彻于未来党的历史发展之中。因此，“我们要继续弘扬光荣传统、赓续红色血脉，永远把伟大建党精神继承下去、发扬光大”[②]。

① 习近平：《在庆祝中国共产党成立100周年大会上的讲话》，《人民日报》2021年7月2日，第1版。

② 同上。

再次，伟大建党精神是中国共产党人精神谱系的鲜亮底色。在中国共产党人百年奋斗中形成的精神谱系表现为一系列具有相对独立性的精神形态，如井冈山精神、长征精神、延安精神、西柏坡精神、抗美援朝精神、大庆精神、雷锋精神、“两弹一星”精神、脱贫攻坚精神、伟大抗疫精神等。其中，每一种精神形态都有其产生的特定时空和条件，都有自己内容和风格上的特点，都有自身独特的价值。但是，所有的精神形态又都有共同的底色，伟大建党精神就是这种底色或底色的一部分。共同的底色使所有的精神形态形成一个系列，构成有机的精神谱系，同时也正是这样的鲜亮底色，使每一种精神都更能凸显自己独有的特色。这种共性与个性的统一是伟大建党精神的重要特征。

（四）伟大建党精神与红船精神的关系

伟大建党精神的提出带来一个理论问题，即伟大建党精神与红船精神的关系问题。在中国共产党人的精神谱系中已经有一个红船精神，现在又提出伟大建党精神并作了新的概括表述，那么我们应该如果认识和把握二者的关系呢？

首先，要看到二者的差异性和一致性。伟大建党精神和红船精神是中国共产党人精神的两种表述，当然是有一定差异的。从时间提出来看是有先后的，先提出红船精神而后提出伟大建党精神。从命名方式上看，红船精神是一种形象性表达，取象于具体物象即一艘游船，而且是固定地点的一艘游船，即浙江嘉兴南湖上的一艘游船，其名称本身并没有标明它是建党精神；而伟大建党精神直接表明自己是建党精神，但它在这里没有任何具体形象，只是一种理论性表达。从内容来看，红船精神虽然名称上没有表明它是建党精神，但其内容则十分明显地表明是建党精神。它的内容包括三个方面：开天辟地、敢为人先的首创精神；坚定理想、百折不挠的奋斗精神；立党为公、忠诚为民的奉献精神。其中第一方面和第三方面的精神都十分明显地体现着建党精神的特征。相比之下，伟大建党精神虽然名称上十分清楚地表明自己是建党精神，但其内容则具有普遍性，并没有十分明显地体现“建党”活动的特殊内容。虽然有差异，但二者更具有一致性，本质上是相同和统一的，因为它们归根到底都是中国共产党的建党精神。

其次，要看到二者共存的必然性和必要性。伟大建党精神的提出，是必然的和必要的。伟大建党精神的形成和提出有一个过程，而红船精神就是其中的一个起始环节。红船精神的提出，并不是堵住了进一步提出伟大建党精神的道路，而是为提出伟大建党精神打开了大门。它表明，我们党已经注意到应该有一种建党精神，并初步地提出了建党精神。但是，红船精神作为中国共产党人的建党精神，还是有所不足的。它具有明确而具体的地域色彩，而且这个明确的地点并不是党的创建活动最活跃的地方。“南陈北李，相约建党”，或北京或上海，都不在浙江嘉兴。而且那时还有各地共产主义小组活动地点。即使不谈这点，至少它在体现建党活动的全面性和广泛性上是不尽全面的。因此，红船精神只是个开头，并不是终点。既然开了头，就会继续下去，不断扩大和提升，并在建党百年的时候最终形成总体性的建党精神。而且，从建党百年这样的历史跨度和历史节点来说，都是极具标志意义的。可以说，伟大建党精神的提出，对百年庆祝大会讲话来说具有必然性。

伟大建党精神提出后，红船精神作为伟大建党精神提出过程中的起始环节是否可以取消，只保留伟大建党精神就行了？这样的理解显然是不合适的，因为红船精神有其不可取代的价值：第一，红船精神有其历史事实作为依据。因为不论怎样“偶然”，党的一大毕竟是在嘉兴南湖的红船上开完的。而党的一大的结束，就标志着中国共产党的成立。第二，红船精神概念是习近平总书记在浙江工作期间首先提出的，并作了经典性的科学概括。红船精神的提出和保留，具有重要意义，不宜简单取消。第三，红船精神有一个突出的优点或优势，就是它具有“红船”这样具体而鲜明的形象性，特别是具有扬帆起航的标志性，能够特别贴切地体现出中国共产党的航船由此出发、驶向胜利彼岸的意义。这一点是理论性表述所无法替代的，甚至也不是任何其他形象和象征能够取代的。第四，经过多年的宣传教育，红船精神已经为人们普遍接受，可以说做到了家喻户晓，并取得了很好的党史教育效果，而且嘉兴南湖以后还需要继续发挥党性教育基地的重要作用。因而，简单取消红船精神，是不妥当的。

因此，我们要看到二者性质上是一致的，而不是矛盾的；要认识到二者同时存在的必要性，而不是二者必居其一，用一个取消或取代另一个。正确的做法是妥善处理二者的关系，而不是物理性地取消二者的关系。

再次，要摆正二者的关系。要看到伟大建党精神是更高地位和更高程度的表述，同时要注意发挥红船精神的体现和象征作用。既然两种名称和表述同时存在，那就要处理二者的关系。有一种抽象的可能，是两种精神互不相干，不发生任何联系。这其实是不可能的，二者必然会发生联系，并必须处理二者的关系。而处理二者的关系又有两个方面：一是从地位高低上摆正二者的关系；二是从概念大小上摆正二者的关系。从二者的政治地位上看，伟大建党精神高于红船精神。红船精神和伟大建党精神都是习近平同志提出来的，前者是他担任浙江省委书记时首次提出来的，而后者则是作为党的总书记代表全党提出来的，而且是在中国共产党成立100周年这个特殊历史节点提出来的，并强调了它的伟大性，因而二者在政治排序上毕竟有所不同。从内容范围和概括程度上看，伟大建党精神应该是大概念，而红船精神相对来说是小概念。伟大建党精神是对党的全部创建活动所形成的建党精神的综合表述，它不局限于某一特定地域或地点的特定活动，而又包括所有建党活动及其精神内涵。红船精神是伟大建党精神的一部分，它是从党的创建活动的一个特定环节上生发出来的，是相对来说更为具体的精神形态。可以说，红船精神是伟大建党精神的重要体现甚至集中体现。同时，由于红船精神的独特象征性优势，它在一定条件下可以作为伟大建党精神的象征性表达。

另外，通过这件事我们也需要思考正确把握党的有关表述的思维方式问题，并逐步实现思维方式上的完善。长期以来，我们习惯于这样的思维定式，即党的某种重要观点只能有一种表述，而不能有两种及以上的正式表述，否则就是陷入自我纠结甚至矛盾之中。其实，这样的思维方式虽有其形成的原因，但并不完全符合思想理论和语言表达的实际。思想理论问题具有多面性，在许多情况下并不是只能有一种正式表述，而是可能出现两种甚至多种表述，这是党的思想理论丰富性的表现。比如，以往党和国家领导人经常到大学与师生见面并发表讲话，对青年学生提出几点希望。不同时期的领导人，或同一位领导人在不同场合对青年学生提出的希望，在表述上并不会完全一样，否则就是重复了。但这些不同的表述都是正确的，都对青年学生的成长具有指导作用。再如，在中华民族精神的内涵上，就有“以爱国主义为核心的团结统一、爱好和平、勤劳勇敢、自强不息”和“伟大创造精神、伟大团结精神、伟大奋斗精神、伟大梦想精神”两种正式表述，它们曾让学者们陷入选择的困扰之中。现在又遇到了伟大建党精神与红船精神的不同表述问题。为了避免再次陷入那样的理论困扰之中，我们要打破以往简单化、绝对化的思维定式，而要以一种更加丰富多样的辩证思维方式面对这类问题。党的思想理论工作者，特别是思想政治理论课教师，不要做思想的懒汉，而是要以更深入细致的理论研究，在宣传教育中解决好此类问题。

（原文发表于《思想理论教育》2021 年第 8 期）

十

伟大奋斗精神：科学内涵、社会价值与人生启示

2018年3月20日，习近平总书记在十三届全国人大一次会议闭幕会上发表重要讲话，对中华民族精神作了崭新概括和精辟阐述，深刻揭示了中华民族精神由伟大创造精神、伟大奋斗精神、伟大团结精神、伟大梦想精神所构成的有机整体。其中，关于伟大奋斗精神，习近平总书记指出：“中国人民是具有伟大奋斗精神的人民。在几千年历史长河中，中国人民始终革故鼎新、自强不息。中国人民自古就明白，世界上没有坐享其成的好事，要幸福就要奋斗。今天，中国人民拥有的一切，凝聚着中国人的聪明才智，浸透着中国人的辛勤汗水，蕴涵着中国人的巨大牺牲。我相信，只要13亿多中国人民始终发扬这种伟大奋斗精神，我们就一定能够达到创造人民更加美好生活的宏伟目标！”这一论述内涵十分丰富，深刻揭示了伟大奋斗精神的科学内涵和重大意义，对新时代青年的成长和发展具有重要启示意义，值得我们认真学习和领会，并作出学理上的阐释。

（一）伟大奋斗精神的科学内涵

伟大奋斗精神是一种振作精神。人是一种具有精神生活和精神世界的存在，他的精神处在什么样的状态，或者说他的精神面貌是怎样的，对他的人生来说是一个十分重要的问题。一个人，他在精神上是处在振作振奋的积极状态，还是处在萎靡颓废的消极状态，是有天壤之别的。在积极的心理和精神状态下，他就会觉得人生是美好的、有意义的，从而也是乐于关注他人和社会的，并善待自我和他人。而当一个人处于消极的心理和精神状态时，则通常不容易觉得生活的美好，甚至会觉得人

生缺乏意义，而且也易于陷入封闭，不关注他人和社会。他不容易发现社会生活的美好一面，而是只看到社会消极面和阴暗面，从而又反过来加剧自己的消极状态。积极的精神状态不仅具有人生体验的意义，更具有行动导向的意义。人的行动是受心理和精神支配的，因而积极的精神状态将导向主动的行动，消极而不振作的状态则难以引起积极主动的行动。因此，不论是一个人还是一个国家和民族，首先要在精神上振奋和振作起来，这是投身和实现伟大事业的精神前提。

伟大奋斗精神是一种实践精神。奋斗精神当然首先是一种振奋的精神状态，但这种振奋的精神状态必须表现在实际行动上，表现在实践活动中，而不能是仅仅停留在心理状态上，体现在思想观念上，或停留在口头表态上。从这个意义上讲，奋斗精神是一种实践精神，是一种诉诸行动的精神，是在实践活动中体现出来的一种振奋和振作的精神。强调知与行的统一，是中华民族的优秀传统；强调认识世界与改造世界的统一，是马克思主义的基本立场。马克思指出：“哲学家们只是以不同的方式解释世界，而问题在于改变世界。”这句镌刻在马克思墓碑上的名言，鲜明地体现了马克思主义的实践精神，体现了共产党人致力改造世界的入世品格。这就启示我们，不仅要振作起来，而且要行动起来。

伟大奋斗精神是一种拼搏精神。在改造世界的实践活动中，应该有顽强拼搏的精神。因为改造世界并不是轻而易举的，总是会遇到各种困难和考验。不论是自然环境的险恶，还是反动势力的迫害，以及自己队伍中的分歧等，都会给我们改造世界的实践活动造成巨大的困难。在这样的情况下，只有迎难而上、顽强拼搏，才能战胜困难，取得成功。因此，作为实践主体，必须具有不懈奋斗、顽强拼搏的精神。我们党历来所强调的艰苦奋斗精神，其实就是这样一种拼搏精神。因为在艰苦的环境中，以艰苦的努力来追求目标的达成，就是一种拼搏精神。这种精神在不同时期和不同条件下有着不同的表现和要求。在革命年代面临巨大压迫时，拼搏精神就表现为抗争精神和反抗精神，尤其表现为革命精神和斗争精神；在和平环境里和建设事业中就表现为勤劳精神和勤奋精神，尤其表现为创业精神和攻关精神。

伟大奋斗精神是一种牺牲精神。有奋斗就会有牺牲，因而奋斗精神是与牺牲精神联系在一起的，甚至可以说它本身就是一种牺牲精神。当然，这里的牺牲是从广义上讲的，不是单指牺牲生命。奋斗总是会付出代价的，有时是付出时间和精力，有时是付出感情和心力，有时付出的是辛勤劳动和聪明才智，有时付出的是个人名利，有时付出的是青春和生命。当我们决定要奋斗的时候，当我们具备奋斗精神的时候，就已经内在地包含了会接受这种付出和牺牲。特别是对于将面临的重大牺牲，已经有了思想准备。也正因为如此，这种奋斗精神才充分体现出它的伟大。在革命战争年代，牺牲生命的情况十分常见。在和平建设时期，直接献出生命的牺牲比较少了，而其他各种方式的牺牲则还很多。并不是说只有革命战争中才需要牺牲精神，在和平建设中同样需要牺牲精神。这种牺牲精神不是为了自己，而是为了他人，为了共同的事业，因而它又可以称为奉献精神。

伟大奋斗精神是一种愉悦精神。奋斗的过程是艰辛的，奋斗中的付出甚至牺牲时常是令人痛苦的。从这个意义上讲，奋斗精神带有一定的悲壮色彩。但是，我们面对困难、付出和牺牲，不是愁眉苦脸，不是哀怨悲伤，而是带着一种喜悦和愉悦的心情，去奋斗、去追求。共产党人不惧危难，不怕牺牲，把为了崇高理想而奋斗和牺牲看作是人生的幸福。习近平总书记把奋斗与幸福联系在一起，认为幸福是奋斗出来的，奋斗者的人生才是幸福的人生。确实，奋斗者是幸福的，因为它是有目标的，它带给人以精神的充实；奋斗者是幸福的，因为奋斗是一个发展自己和施展才华的过程；奋斗者是幸福的，因为只有奋斗才能创新出幸福生活的条件。奋斗不仅能够带来幸福的结果，而且奋斗的过程本身就是幸福。

（二）伟大奋斗精神的社会价值

中华民族和中国人民的伟大奋斗精神具有重大的历史意义和现实价值。从历史到现在，它在不同的历史时期中得到传承与发展，发挥着改造世界和创造美好生活的巨大作用。它既具有重要的历史意义，又具有突出的当代价值。

伟大奋斗精神是中华民族的优秀遗产。中华民族具有悠久的历史和灿烂的文明，而悠久的历史是奋斗的历史，灿烂的文明是奋斗的结晶。一个民族能够历经风雨而坚持下来，并不断发展壮大，那就不是偶然的，必定是不息奋斗的结果。中华民族就是在与大自然的奋斗中，在与艰难环境的奋斗中形成和发展起来的，具有自强不息的奋斗精神。从最早的神话传说，到后来的历史记载，都突出地体现着这种传统。有国外学者把中华民族的神话故事与其他民族的神话作过对比研究，很惊讶地发现中华民族的神话中体现的不是向神灵的屈服和顺从，而是向自然力的抗争和奋斗。从夸父追日到羿射九日，从愚公移山到精卫填海，从盘古开天地到大禹治水等等，莫不如此。这种奋斗精神融入了中华民族的血液，成为民族精神的基因，从上古一直传承到今天。作为中华民族优秀品格的勤劳勇敢，也正是这种伟大的奋斗精神。勤劳是伟大奋斗精神在劳动中的体现；勇敢是伟大奋斗精神在战斗中的体现。中华民族的这种伟大奋斗精神，是我们永恒的精神遗产，在任何时候和任何情况下都应坚持和传承下去。

作为中华民族精神的重要内容，伟大奋斗精神与伟大创造精神、伟大团结精神和伟大梦想精神是相互贯通的。创造精神也是一种奋斗精神，因为创造也是一种奋斗，而且是一种层次更高的奋斗。团结精神也是一种奋斗精神，因为我们讲的奋斗并不是以自我为中心的个人奋斗，而是以人民为中心的集体奋斗，是党和人民的“团结奋斗”。奋斗精神也可以说是一种梦想精神，因为我们讲的奋斗，是有理想有梦想的奋斗，正是中华民族伟大复兴的中国梦成为一代又一代共产党人和先进分子不懈奋斗的强大动力。

伟大奋斗精神是共产党人的优良传统。中国共产党人是中华民族伟大奋斗精神的继承者、实践者、弘扬者和创新者。中国共产党是在中华民族面临危亡的紧要关头诞生并登上历史舞台的，肩负着领导人民革命和民族解放、实现中华民族伟大复兴的历史重任，带领中国人民进行了伟大的斗争。在战火纷飞的革命年代，共产党人凭借坚定的理想信念和伟大奋斗精神，进行了长达 28 年艰苦卓绝的斗争，取得了新民主主义革命的胜利，建立了人民当家作主的新中国。新中国成立后，又带领人民开始社会主义革命和建设的伟大斗争，以伟大的奋斗精神和创新精神，走出一条中国特色的社会主义改造的成功之路，建立起社会主义基本经济制度。接着，又带领人民以极大的奋斗热情，投身轰轰烈烈的国家建设事业，在一穷二白的基础上建立起独立的工业体系和国民经济体系，为国家现代化奠定了坚定的基础，并在这个过程中涌现出一大批具有伟大奋斗精神的英雄模范，形成了昂扬向上的社会新风尚。特别是在严峻的国内外形势下，我们党以极大的胆识和勇气，彻底纠正“左”的错误，开创了中国的改革开放事业，走出了一条中国特色的社会主义的成功之路。这种改革创新精神是中华民族伟大奋斗精神的当代展现，是共产党人奋斗精神的集中体现。总之，不论是革命、建设还是改革，都体现了中国共产党人不懈奋斗的优良传统。

之所以如此，不仅因为中国共产党人是中华民族的优秀儿女，身上流淌着中华民族的血液，心中保持着民族文化的基因，肩上担负着民族振兴的责任，而且也是因为中国共产党人以马克思主义为指导思想，体现着马克思主义的奋斗精神。马克思主义是一种崇尚实践、致力改造世界的学说，它反映着无产阶级的彻底的革命性和斗争精神，以推翻存在着剥削和压迫的旧世界、创建人人平等幸福的新世界为己任，具有强烈的奋斗精神。中国共产党人把中华民族的伟大奋斗精神与马克思主义的实践精神和革命精神结合起来，使中华民族的伟大奋斗精神不仅得到了传承和弘扬，而且得到了创新和发展。

伟大奋斗精神是改革开放的宝贵经验。中华民族的伟大奋斗精神，在当代中国改革开放的伟大实践和伟大成就中得到了辉煌展现。中国共产党领导的改革开放和社会主义现代化建设事业，取得了举世瞩目的历史性成功。短短四十年间，我们从一个比较贫穷落后的国家，一跃而成为世界第二大经济体，不仅经济得到极大发展，而且社会各项事业都有长足进步，并日益走近世界中心舞台。发展速度之快，前进势头之猛，令人叹为观止。那么，这一切是怎么来的呢？如果我们回过头来总结历史的经验，那么什么是最值得我们珍视和骄傲的东西？成功经验可能很多，不同的人可以有不同的概括。但不论怎样总结和概括，总有一条值得我们特别关注：中国的发展不是外人施舍和恩赐来的，而是中国共产党带领中国人民自己奋斗出来的！在波澜壮阔的改革开放和现代化建设的伟大实践中，大力弘扬中华民族的伟大奋斗精神，我们党以极大的勇气自我革新、开拓新路，亿万人民把改革开放的正确决策转化为勤劳致富、勤奋工作的实际行动，这是我们取得如此惊人成就的最可宝贵的经验。

伟大奋斗精神是时代精神的崭新风貌。党的十九大庄严宣告：经过长期努力，中国特色社会主义进入了新时代。新时代必有新风貌，必有新的时代精神。伟大奋斗精神是新的时代精神的核心内容和突出气质。习近平总书记一再强调“奋斗”“奋进”和“担当”，讲的都是奋斗精神。尽管我们的改革开放和建设事业取得了巨大的成就，但我们决不能躺在过去的成就上沾沾自喜，而要在新的发展阶段和新的条件下开启奋斗和奋进的新征程。蓝图已经绘就，航向已经明确，我们将在 2020 年全面建成小康社会，在 2035 年基本实现社会主义现代化，最终在 2050 年把我国建设成为富强民主文明和谐美丽的社会主义现代化强国，实现中华民族伟大复兴。把这样宏伟壮丽的蓝图变成现实，不是敲锣打鼓就能够实现的，而是必须付出加倍的努力和奋斗。新时代的中国人特别是青年一代，要在新的时代条件下继承和弘扬中华民族的伟大奋斗精神，以开拓奋进的姿态，担当起不断推进中国特色社会主义建设事业、实现中华民族伟大复兴的历史大任。

（三）伟大奋斗精神的人生启示

中华民族的伟大奋斗精神，特别是习近平总书记对这一伟大奋斗精神的科学论述，对于当代青年具有重大的人生指导和启示意义。青年一代要想成为担当中华民族复兴大任的时代新人，就必须继承和弘扬中华民族的伟大奋斗精神，以勇于担当的精神，做中国特色社会主义新时代的奋斗者。

做新时代的奋斗者，是青年一代传承和弘扬中华民族精神的需要。伟大奋斗精神是中华民族的精神，是每一个中华儿女都必须继承和拥有的精神。青年是祖国的未来，民族的希望。“中国的未来属于青年，中华民族的未来也属于青年。青年一代的理想信念、精神状态、综合素质，是一个国家发展活力的重要体现，也是一个国家核心竞争力的重要因素。”[①] 当今青年一代是中华民族的新鲜血液，他们作为中华民族的一员，担负着民族传承发展的重任，无疑应该继承和弘扬中华民族的伟大奋斗精神。青年一代要有民族的担当意识，要学习祖先创造和留下的思想文化遗产，牢记革命前辈的嘱托，自觉接过前人的接力棒，奋力跑出这一棒的最好成绩。

做新时代的奋斗者，是新时代新使命对青年一代的迫切要求。新时代有新的使命和任务，也有新的精神和风貌。新时代的使命和任务，就是在党的领导下，为奋力实现2020年全面建成小康社会而努力，为奋力实现2035年基本实现现代化而努力，为最终于2050年实现中华民族伟大复兴而努力。“实现中华民族伟大复兴的中国梦，需要一代又一代有志青年接续奋斗。”[②] 党的十九大指明了奋斗的目标，而这些宏伟目标的实现不是轻而易举的，而必须为之而奋斗。青年一代作为改革和建设的生力军将在新时代完成新使命新任务的过程中担当大任。同时，新时代也有新精神，而奋斗的精神是新时代精神的突出内容和特征。习近平总书记在谈到新时代时，特别是在谈到新时代的青年时，总是在号召和要求他们“奋斗”，告诉他们幸福是奋斗出来的，只有奋斗的人生才是充实和有意义的人生。习近平总书记在给北京大学部分同学的回信中勉励他们“希望你们珍惜韶华、奋发有为，勇做走在时代前面的奋进者、开拓者、奉献者，努力使自己成为祖国建设的有用之才、栋梁之材，为实现中国梦奉献智慧和力量”[③]。

做新时代的奋进者，是青年一代放飞青春梦想、实现人生幸福的必然要求。青年时期是人生的特殊时期，在这个时期精力充沛，充满想象，具有理想的热情。所有这些属于青年人的品格，正好与“奋斗”相联系，具有突出的“奋斗”特质。正如习近平总书记指出：“青年人朝气蓬勃，是全社会最富有活力、最具有创造性的群体。”[④] 其实，即使没有民族和时代的要求，作为血气方刚的青年人，也应该体现一种奋斗

①《习近平关于青少年和共青团工作论述摘编》，北京：中央文献出版社2017年版，第9页。
② 同上书，第8页。
③ 同上书，第45页。
④ 同上书，第8页。

精神，呈现一种奋斗姿态。奋斗是属于一切人的，但更是属于青年人的。青春不是用来享受的，而是用来奋斗的。奋斗的人生才是幸福的人生，因为只有通过奋斗，才能创造出幸福的物质条件；也只有经历过艰苦奋斗的过程，才能对自己奋斗和劳动的成果产生极大的满足感和幸福感；而且奋斗不是幸福的外在要素和条件，更是幸福本身的内在规定性，因而在人生的奋斗中，甚至在人生的艰苦的奋斗中，都体现着人生的幸福，体验到奋斗和追求的乐趣。

“时间之河川流不息，每一代青年都有自己的际遇和机缘，都要在自己所处的时代条件下谋划人生、创造历史。”[①] 当今青年一代，处于中华民族伟大复兴的前夜，无数仁人志士的百年梦想，将在他们手中变成现实。这是多么幸运的历史机遇。当代青年一代不能辜负历史的重担，党和人民的重托，一定要用奋斗去交上自己圆满的青春答卷。

（原文发表于《中共杭州市委党校学报》2019 年第 2 期）

①《习近平关于青少年和共青团工作论述摘编》，北京：中央文献出版社 2017 年版，第 4 页。

十一

工匠精神及其当代价值

“工匠精神”是近年来出现的新词，而且迅速成为一个年度热词。2016 年 3 月 12 日，李克强总理在《政府工作报告》中明确使用了“工匠精神”一词，并提出了“培育精益求精的工匠精神”的重大任务。这一新概念和新任务的提出，既在人们的意料之外，又在社会的情理之中，并由此引起了全社会的高度关注和热烈反响。那么，究竟什么是工匠精神呢？它是怎样产生和形成的呢？它的基本含义和主要内容是什么？它在当代世界特别是当代中国有什么现实意义呢？本文从理论上做一尝试性探讨。

（一）工匠精神是人类手工业发展的精神遗产

要考察工匠精神的产生和形成，就必须对其有一个宏观的定位，把它放在人类生产劳动发展史中去考察。具体地说，就是把工匠精神及其产生定位在手工业范畴中，从手工业时代去考察工匠产生的社会条件，从手工业者群体中进一步确认工匠的身份特征。匠人并不特殊，它们不过是一些手工业者，是手工业技术工人而已。不能脱离手工业这个大的背景和领域去考察工匠和工匠精神，不能把他们抽象地看作有特殊才能的人，有特殊爱好或专注于此种爱好的人，或者是有些类似于艺术家的怪人。如果这样，就会把工匠和工匠精神神秘化。

可以说，工匠精神产生于机器工业产生之前的手工业中，是手工业发展的精神凝聚和体现，是手工劳动者的精神遗产。

说到手工业，人们通常对其不以为然，甚至不屑一顾。因为我们现在生活在工业和后工业时代，产品均来自机器制造，觉得这是天经地义。甚至在手工业算不算工业的问题上，也存在着争论。有人认为，手工业不算工业，它只是一种技艺。这种无端地轻视甚至鄙视手工业的态度是错误的，没有真正意识到或认识到手工业具有的价值。

其实，手工业有漫长的历史，在人类历史发展中有着极其重要的作用。早在原始社会，手工业就产生了。原始人打制合用的石块时，就是手工业的萌芽。新石器时代的陶器制作，就是原始手工业的代表。后来，手工业从农业之中分化出来，这是一次大的社会分工。此后，手工业就作为一种行业和职业得到不断发展，而且随着社会生活方式的多样化而细分为各种手工业活动和行业，出现了各种不同的手工业匠人。在工业革命之前，他们是人类工业生产的主力，在机器大工业登上历史舞台之后，他们也没有完全消失。

手工业是现代工业产生的基础和源头。机器工业来自工场手工业，而工场手工业来自家庭手工业。家庭手工业技艺的传承经历了漫长的时期，到资本主义产生之初，才发展为工场手工业。它把手工工人聚集在同一个工场里，依据一种简单协作的形式，就产生了更大的生产能力。后来，机器被发明出来了。最初的机器当然是用手工制作出来的，而后来则是用机器生产机器，只有在这时才真正是机器大工业时代来临。可以说，手工业为机器工业奠定了基础，没有手工业的发展作为基础，就不可能产生现代大工业。

手工业分化出来而成为专门的行业后，劳动者就可以更加专一地提升自己的工作能力和水平，产品当然也就越来越精致。当手工业还处在农业的怀抱中的时候，人们通常是在农闲时节才从事手工业制造，因而不可避免地带有非专业的性质，而独立出来之后，就出现了专门化的、职业化的匠人，而且，匠人有非常多的细致分工，这种手工业内部的进一步分工有助于形成某一方面的高水平匠人。

可能有人会问：为什么偏偏是“工”匠精神，而不是其他什么“匠”的精神？难道打猎时的瞄准不需要精确吗？难道农业种植不需要精耕细作吗？无疑，从事任何一种工作，若想真正做好，都需要一种精益求精的精神。这是没有问题的，但是我们不能不承认，在人类漫长的历史活动中，手工业制造更典型更集中地体现着劳动者的主体能动性和精神。这一点不论是与农业相比，还是与机器工业相比，都是如此。

与农业相比，手工业更突出了人本身的智慧和力量。农业是人力和自然力相结合，而其中自然力起决定性作用。在很长历史时期内，农业生产都是“靠天吃饭”。植物的种植当然靠农民，但生长靠自己，靠气候等条件。相比之下，手工业当然也需要一定的自然材料作为加工对象，但在加工过程中人力起着决定性作用。

同时，与机器生产相比，手工业也更多体现了人的智慧和能力。简单地说，手工业靠人的双手来完成作品，而机器工业靠机器来完成。当然，手工业也靠工具，但都是简单的工具，那些工具本身也是人手直接制作出来的，它不过是人手的简单延伸和功能强化，因而，从根本上讲，手工业者还是靠自己的双手，来直接地生产产品。相比之下，机器当然也是人制造出来的，也靠人来操作，但在机器生产过程中则是见物不见人。人们感受到的是机器力的强大和人力的渺小。人的智慧和能力是通过机器间接地体现出来的，人自己则隐藏在机器的背后。

与机器生产相比，手工生产当然效率要低得多，但正因为如此，手工产品中包含着更多的人性成分和劳动凝结。与机器工业相比，手工业需要劳动者全身心地投入，产品是由劳动者亲手打造出来的，而且每一道工序都是同一主体劳动的成果，因而手工业更能直接体现人本身的能力和风采，而没有通过机器的中介来体现。越是需要人亲自去做、直接去做的事情，就越能体现人本身的力量和精神。手工业产品中凝结了更多的人类劳动，更多的劳动者的思想感情。手工业者的工作是专注的，对于产品往往是感情专一的，而不像机器生产那样，把那点人类感情分散在几乎是无数相同的产品当中，其中的每一个产品所能分享到的人性投入和感情投入，都是非常少的。这正如马克思所分析的，同一时间生产的产品越多，每一个产品的价值就越少，因而价格也就越低。

工匠的精神性特征在其自身活动中始终是存在的，但并不是在任何情况下都能够得到彰显。工匠精神通常在两种情况下更加明显：一是在工匠的劳动达到更高境界而产品也产生更大影响的时候，也就是说在工匠劳动最为出色和出彩的时候，工匠精神得到彰显；二是在工匠劳动变得更加艰难的时候，也就是说当工匠劳动不再是社会的主流劳动形态，而是日益被更强大的机器所排挤而边缘化的时候，工匠的坚守精神和劳动特征就更加明显，更受到社会的关注。在手工业时期，人们可能更注意工匠劳动的物质属性和世俗功用，而在机器工业时代，当其世俗功用不再那么明显的时候，工匠劳动的精神属性就显得更加突出。当工匠变得越来越稀少的时候，“工匠精神”反而更加可贵。

（二）工匠精神是一种精益求精的职业精神

工匠精神的基本内涵和突出特征是精益求精。李克强总理在政府工作报告中提到的就是“精益求精的工匠精神”。这是有理由的。只要抓住了这一点，就抓住了重点和核心，也就可以比较容易地理解和把握工匠精神的其他相关内涵和意蕴。但我们从理论上分析问题，当然不能只满足于“精益求精”四个字，而是要对其丰富的内容逐一进行分析和阐述。

首先，工匠精神是一种高度认同、敬业乐业的精神。只有对自身职业和工作有高度认同，才能终身从事并达到至高的境界。从历史上看，工匠对自己的职业都有高度的认同，将之作为安身立命的根本。这其中自然有生活本身需要的原因。依靠自己的一技之长以立足于社会，养家糊口，这当然是第一位的事情。这是认同的基础。同时，他的认同更在于工匠对自身特长和技能的自豪感。工匠的技艺在社会中可能算不上显赫的资本，甚至还可能受到许多人的鄙视，但工匠本人对自己的技能是有自豪感的。旧社会某理发馆有一副对联很能说明这一点：“虽是毫末技艺，却是顶上功夫”。这里“毫末”和“顶上”当然是双关语，直接意指头发和头顶，但也另外有价值评价的含义，是对自身技能的肯定和自豪之感。工匠的技艺往往是家族传承的，是一种“祖传”，因而这在具有家族意识和祖先崇拜传统的中国，又具有了另一种更深刻的社会意义，成为工匠对自身技艺和职业认同的更深刻原因。最后，工匠在通过自己的劳动为他人服务的过程中，也得到一种自豪感和心理的满足，对职业认同起着支持作用。总之，不仅把工作当作挣钱养家的途径，而且当作一种事业，一种文化来传承，这就是一种高度的认同。

在这样的职业认同基础上，就能做到敬业和乐业。敬业是指对自身职业和工作有一种敬畏之心，甚至有一种使命感和神圣感。不是把职业当作工具，而是当作目的本身。坚信自己的职业和工作具有不平凡的价值，并以恭敬的态度来对待它。这里就不仅是职业态度问题，而且包含着职业理想和信念的成分。乐业则是以职业和工作为快乐的源泉，不以工作为苦为累，而是从平凡的工作中得到生活和创作的乐趣。孔子说过，好之者不如乐之者。说明以此为乐的人，比单纯爱好的人境界还要高些。

其次，工匠精神是一种专注专一、全情投入的精神。工匠在打造自己的产品时，特别是在制造精品力作时，是高度专注、心无旁骛的，表现出一种全身心投入的工作状态。这不仅是一个人的工作态度和个性修养问题，而且与其工作方式有关。比如，可能与工匠及其工作对象的相对单一有关。工作者和工作对象构成一种简单的二项式，二者直接相关，面面相对，没有复杂的中介体系处于二者之间。这种情况便于工匠集中精力，聚精会神地投入工作。另外，一般地讲，在工匠与物品的对峙中，工匠一方并不强大，这反映了手工业时代人与自然关系的一个侧面。自然是强大的一方，而人力是渺小的一方，因此，工匠以一己之力去把握对象、改变对象，就必须全身心地投入其中，使出自己的全部力量，以驾驭神秘的自然力。大工业时代则不是这样，人是强大的一方，人们随心所欲地对待自然物，因而不再有敬畏之心和全情投入。

在劳动过程中，某些特定的时刻，工匠会与加工对象处于一种融合的状态，达到主客体的内在统一。工匠的心灵全部寄托于工作上面，感情也会投入其中，发生某种移情作用。尽管通常情况下作为工作对象的物件不过是些死的材料，但工匠却会像对待有生命的东西那样去对待它。工匠不仅将自己的精神和生命投射于工作对象之中，而且在他们眼中工作对象本身也是有生命的。木料有自己的脾气，石料有自己的秉性，金属也有自己的意志，工匠的加工是先要掌握对象的脾气秉性，尊重和顺应它们的特性，最后才能成就最好的作品。正是因为这样，我国古代的一些传说，总是谈到为了打造出惊人的神品，就必须把工匠的血洒进去。

最后，工匠精神还是一种精益求精、追求卓越的精神。工匠在制造自己作品时是追求完美的，有一种精益求精的精神追求。他总是要打造精品，而且精而又精。他不断地打磨，使之更加完美。注重细节，而且在细节处理上不怕费大的工夫，这是工匠精神的一个突出特点。一件物品之能否成为精品，很大程度上是由细节决定的。大致的方面不出偏差是容易的，但在每一个细节，不厌其烦地精益求精，没有瑕疵，则是很不容易的。这不仅需要有责任心，而且需要一颗平静的心，以及细腻敏感的心。只有这样才能处理好细微之处，并达到极致的境界。

精益求精不仅是一种量的概念，不仅是在数量上的打磨和完善，而且是一种质量层次上的提升，是一种对卓越的追求。在追求极致和完美的过程中，必然包含着创新在内，因而，创新也应该是工匠精神的一个重要因素。不能把工匠精神只是与保守甚至守旧相联系，还应该与创新创造相联系。在家族代代相传的技艺中，通常每一代传人都不仅是继承上一辈积累起来的经验，而且总是加进自己的某种创新和突破。只有这样，一门技艺才能日益臻于完善，也才能得到更好的传承。手工匠人的创新通常不是以节省劳力为目的，而是以作品完美为目的，这也是值得肯定的。在谈到工匠精神中包含的创新因素的时候，我们要明白，它与我们改革开放时代所讲的“创新”是有所不同的。也就是说，在工匠精神中，创新并不是最重要和最突出的因素，它是从属于“精益求精”的，它是在坚守初心的基础上的有限度的创新。当今时代的创新则是起统领作用的，创新的广度和深度都是手工业时代的劳动者不可能想到和做到的。在现代工业生产中，创新则往往是以降低成本、节省劳力为目的的，这样的创新目的虽然似乎不及工匠的高尚，却因此而有更广泛的可能性。

工匠精神中还有一个方面，那就是工匠自身的精神境界和自我修养问题。这个问题并不在工匠精神之外，而是一个非常内在而深刻的因素。工匠的精神境界有时决定着产品质量的高度。产品所能达到的质量，是与作者自身的境界相联系的。这也是它区别于现代工业的突出特点之一。

（三）工匠精神在当代具有存在的条件和重要价值

可能有人会问：既然工匠精神是人类手工业时代的精神遗产，而手工业时代早已成为遥远的过去，那么工匠精神在当代还有存在的可能吗？它在当代得以存在的基础和支撑条件是什么呢？古人云：皮之不存，毛将焉附。如果当代世界早已失去了工匠和工匠劳动，那么即使工匠精神十分可贵，也无法继续存在，而且，如果它在当代不能存在，那么又如何能说它具有当代价值呢？虽然手工业时代早已过去，但工匠和工匠劳动，以及工匠式劳动，仍然存在并将长久存在，而这些就构成了工匠精神在当代存在的最基础的依据和条件。

首先，机器大工业并没有也不可能完全消灭手工劳动，从事手工劳动的匠人仍然可以在现代和当代社会的生产与生活的夹缝中生存。工业革命的出现和机器工业的形成和发展，终结了人类漫长的手工业时代。机器生产的强大力量使原有的手工业成为过时的生产方式，并使大量手工业者破产。这是人类生产力进步和发展的标志，具有历史的必然性和历史的合理性。但是，机器工业能否完全彻底地消灭手工业和手工劳动者呢？并不能。这是由社会生产的丰富性和多样性所决定的，也是由手工劳动的基础性所决定的。就前一个方面来说，人类社会生活的多样性能够容纳人类历史上曾经出现过的许许多多的事物，尽管这些事物已经大量消失，但总会以某些个别的方式在社会的某些领域中遗存下来。可以说，凡是在人类历史上产生并长期存在过的事物，即使它已经被历史时代所扬弃，退出了历史的舞台，但其某些因素总是以这样那样的方式在后来的社会中存在着。虽然奴隶社会早已成为历史，但在现实生活中仍存在着这样那样的奴役现象。古代的砖瓦早已失去其建筑价值，但它却作为珍贵的文物存在于博物馆中，并得到人们高度的评价。就生产方式而言，不论是手工劳动，还是个体劳动，都是不再符合时代需要的非主流劳动形态，但它们仍然在一定范围内存在着。即使在许多发达国家里，其农业生产仍然是以个体经营为主。小生产可以跨越几个不同的社会形态，而始终存在。当代中国手工劳动的生产和经营价值在缩小，但它仍在某些领域和小的范围内存在着。日本是工业发达国家，但日本还有许多家族传承下来的手工作坊仍然在经营着，比如手工打制菜刀的技艺就是很有名的。瑞士手表行业也是手工劳动，长期以来保持了自己的特点，反而成为一种很昂贵的产品和品牌。更不用说在一些日常生活的领域中，特别是普通百姓的日常生活领域，长期以来一直存在着为他们服务的民间匠人，诸如磨刀师傅等。他们无疑不会成为社会的主流，而且有时连次流也算不上，但他们仍很顽强地生存着。有时候似乎是在某地消失了，但在另一个时期和地方又重新复活了。之所以如此，是因为这种劳动是人类劳动的初始形态，具有某种本源性。当发达的经济突遇自然灾害而受到强大打击时，手工劳动就会出来挽救人的生存。可以说，只要人手存在着，只要人手仍然是人的劳动器官，那么手工劳动就不会完全彻底地从社会中消失，而且，不论是操作石块，操作铁锤，还是操作电脑，都离不开人手，一定意义上都是“手工劳动”。

其次，传统的手工技艺发生了文化转向，因而在当代世界能够以文化传承和文化创造的形态继续存在并得到发展。中国素来手工业发达，形成了有地方和家庭特色的手工技艺，它们历经数代人，成为一种家族文化和地区文化的传承。其传人不以经济收入为主要目的，而主要以文化传承为目的。同样，日本的一些传统的手工技艺在当代的存在也具有两重性：一方面它是一种生产和经营，是一种经济活动；另一方面又是一种文化活动，承担着家族文化传承的使命。这两个方面在不同时代所起的作用是不同的，如果说从前的时候主要是一种经济活动的话，那么在现代社会中则主要是一种文化传承，因此，虽然它也追求市场的成功，但它的成功并不以经营利润为目的，而是以传承文化为目的。

其实，文化活动与经营活动并不总是对立的，它们有时可以相互促进和融合。许多有民间和地方特点的经营活动之所以搞得有声有色，取得很大成功并成为一种品牌，就是因为它具有文化的内涵，因此，有些本来在传统行业中日渐衰微的手工技艺，由于旅游业的发展而作为一种旅游文化产品和文化活动而受到顾客青睐。传统工艺从简单的实用领域日益进入工艺美术的领域，展现了新的发展空间和前景。随着人们生活水平的提高，在满足生活的温饱需要之外，对文化和精神生活方面的产品需求增多；而且，由于机器工业以极大的优势占领了人们的日常生活用品市场，也迫使传统工艺向文化领域和艺术欣赏与把玩的领域开拓发展。这样，手工技艺的存在和发展已经不是在夹缝中生存，而是有了更大的发展空间。

再次，手工劳动进入机器工业体系，成为其中的一个必不可少的辅助环节。机器工业无疑是机器为主，但也不可能完全没有手工的协助。有些主要的车间和生产环节上，可以完全由机器做主，但总是有些细节之处和衔接之处需要人手的协助。这种手工劳动起到一种润滑或转接的作用，同样也是不可缺少的。比如机器可以生产各种部件，但部件的衔接则是需要电焊工来完成的，没有电焊工的劳动就不可能完成各种机件的成体系转接。而电焊效果的好坏取决于电焊工的经验和个人能力。曾在中央电视台《新闻联播》中介绍过的大国工匠，有的就直接服务于我国高铁的建设。以前我们并不知道，如此高科技的事情却原来也缺少不了工匠的作用，而且是极为关键的作用。这些情况说明，手工劳动虽然失去了它独立的形态和外观，但却在现代工业体系中找到了自己的位置，并发挥着不可替代的重要作用。

最后，现代工业的进一步发展日益表现出人性化和个性化的新趋势，这在一定程度上重复了手工劳动的某些特点，并为工匠精神提供了更为广阔的发展前景。流水线式的大批量生产有其优势，那就是生产效率高，产品数量大，能够为社会提供更丰富的产品。这在社会发展的一定阶段，在人们为解决生活温饱问题而努力的阶段上是非常重要的，但是批量生产也有其不足，就是人性化和个性化不足，不容易满足人们日益多样化和个性化的需要，而且过于机械式的生产过程也使人们觉得单调乏味。这样，机器化生产在达到一定阶段的时候，在社会提出新的多样化需要的时候，就要发生一定的转型，就是加强私人订制式的生产，增加人性化和个性化的成分，而这一点恰恰是传统的手工劳动的特点。历史的辩证法是神奇的，它让后现代的智能化生产登场，把机器生产引向手工劳动时代的某些理念。李克强总理在政府工作报告中提到“工匠精神”时，就是在这个意义上讲的。他提出:“鼓励企业开展个性化定制、柔性化生产，培育精益求精的工匠精神，增品种、提品质、创品牌。”从这种意义上讲，工匠精神不仅能够在现代继续存在，而且某种意义还代表着工业发展的未来。

今天，我们倡导工匠精神，不仅有助于我国制造业的转型升级，有利于我国企业“增品种、提品质、创品牌”，而且还具有重要的精神价值，是一种新的思想政治教育任务，它与弘扬社会主义核心价值观是完全一致的。工匠精神是一种劳动精神，是一种劳动者的精神，它体现了劳动者，特别是普通劳动者的价值，对于纠正当前一定范围内存在的轻视劳动特别是轻视普通劳动者的不良风气具有重要的意义。现代的大国工匠不再是传统的手工匠人，而是现代大工业中的技术工人，是产业工人的一部分，他们身上体现出来的现代工匠精神，是工人阶级新面貌的体现，因此，培育和倡导工匠精神，可以使全社会认识到工人阶级的先进性，认识到工人创造的精神价值。最后，倡导工匠精神，对于我们克服社会中弥漫的浮躁心理，形成理性平和的社会心态，也不无裨益。

（原文发表于《思想教育研究》2016 年第 10 期）

第六编

高校思想政治教育研究

论高校思想政治工作的育人格局

习近平对高校思想政治工作解惑功能的全面阐述

论高校思想政治理论课教育教学的“八个统一”

全面把握思想政治理论课建设的基本规律

进一步重视科研在高校育人中的地位和作用

论师德师风建设的“四个统一”

论海外留学生在场对大学生思想政治教育语境的影响

一

论高校思想政治工作的育人格局

习近平总书记在全国高校思想政治工作会议上指出:“要坚持把立德树人作为中心环节,把思想政治工作贯穿教育教学全过程,实现全程育人、全方位育人。”① 这一论述对于我们开展高校思想政治工作具有十分重要的指导意义。那么,怎样才算是将思想政治工作“贯穿教育教学全过程”?怎样来把握和实现“全程育人、全方位育人”呢?这就需要从学理上加以分析和把握。

(一)育人战略与育人格局

习近平总书记在高校思想政治工作会议上的重要讲话内容十分丰富,包含着不同层次的内容和要求,有的属于战略思想层面,有的属于工作原则层面,有的属于具体要求层面,由此构成一个完整的高校思想政治工作育人思想。其中,战略思想层面的论述更为重要,它处在最高的层次,属于党中央的顶层设计,对全国高校思想政治工作具有全面和长远的指导意义。在这方面,学界的解读似乎还关注不够,往往是更多地在工作原则层面和具体要求层面谈问题,相对而言忽视了战略层次的分析。

习近平总书记指出:“高校思想政治工作关系高校培养什么样的人、如何培养人以及为谁培养人这个根本问题。要坚持把立德树人作为中心环节,把思想政治工作贯穿教育教学全过程,实现全程育人、全方位育人,努力开创我国高等教育事业发展新局面。”② 习近平总书记这一段高

① 习近平:《把思想政治工作贯穿教育教学全过程 开创我国高等教育事业发展新局面》,《人民日报》2016 年 12 月 9 日,第 1 版。

② 同上。

屋建瓴的论述，就集中体现了一种战略思想，它包括两个方面的内容，一是为什么要开展高校思想政治工作，二是怎样开展高校思想政治工作。在怎样开展高校思想政治工作这个方面，并不是讲具体工作如何开展，而是指党中央对全国高校思想政治工作开展的顶层设计，这一设计可以概括为以立德树人为中心的“一个贯穿，两个育人”，即“把思想政治工作贯穿教育教学全过程，实现全程育人、全方位育人”。

其中，“一个贯穿”是总体要求，指全国高校要全面开展思想政治工作，把这项工作贯穿于学校全部工作之中。这里的“全过程”并不仅仅是时间维度，而是一种“全面性”的要求和表述。“两个育人”则是分别从时间维度和空间维度对“一个贯穿”全面性要求的解释和展开。这样一个顶层设计的战略思想可以简称为“全面立德树人”战略思想，因为它是对“立德树人”这个高校工作“中心环节”的全面展开。对于“中心环节”这样的提法，我们也要正确地理解，不能仅仅从“环节”上去把握，更要从“中心”上去把握。我们通常所说的“环节”是指具体工作中的一个节点，是属于工作机制方面的小概念。但习近平总书记说“坚持把立德树人作为中心环节”时，讲的不是工作节点，而是高校工作的总枢纽。在更高的层面上，这一“全面立德树人”的战略思想，可以说是党中央“四个全面”战略布局思想在高等教育事业中的体现，也可以说是习近平总书记全面治国理政理论与实践的一个重要方面。

讲到这个地方，需要澄清一个提法上的疑问。以往我们在谈到高校育人工作全面性时，通常是说“全员育人、全程育人、全方位育人”。可以说，这一“三全育人”的说法已经为大家所熟知，中央领导同志也曾这样用过。而习近平总书记在这次全国高校思想政治工作会议上却只讲了“两个育人”，即“全程育人”和“全方位育人”，没有讲“全员育人”。这是怎么回事呢？是无意疏漏呢，还是有意识地说“全员育人”不对，或者不需要呢？从讲话上分析，不应引起此类误解。这只是一个行文考虑而已，并无特殊深意。“全员育人”是从育人主体上讲的，是说不仅德育工作者有育人责任，而且全校员工甚至全社会都有这样的责任。这种思想是我们党一贯的思想，党的领导人多有这样的论述，这是没有问题的。但是，在习近平总书记这次论述的语境中，工作主体已经暗含在其中，而不必单独强调了。当他说“要坚持把立德树人作为中心环节，把思想政治工作贯穿教育教学全过程”的时候，已经包含着所有人都要如此的意思。而且从具体行文语气上讲，贯穿全过程与实现全程育人是自然衔接的，中间不宜再插入另外的叙述词句。总之，不论习近平总书记讲话中有无“全员育人”这四个字，都不影响其全面立德树人战略思想的正确表达。

战略思想是总体理念和视野，它需要在工作布局上体现出来，这就是工作格局问题。全面立德树人的战略思想，在高校思想政治工作中就体现和落实为全面性的育人格局。所谓“育人格局”，简单地说就是育人渠道的合称，是由多条工作途径构成的工作布局。在我国高校，育人渠道是多方面的，它们分别代表着高校育人工作的不同方面。大体说来，主要包括教书育人、管理育人、服务育人、实践育人、科研育人、文化育人、网络育人、心理育人、组织育人、自我育人等方面。下面分别加以简要考察。

（二）教书育人、管理育人、服务育人

这是关于高校育人格局最早的说法，也是大家以往常用的一种说法。其实，要说最早，恐怕要数“教书育人”的说法。如果用一句最简单的说法来代表学校的育人途径或渠道，那么通常是用“教书育人”来代表。这是有道理的，因为教师的教书活动能够最集中最典型地体现教育工作的特点。但是，仅仅有一个“教书育人”还不能构成一种“育人格局”。大凡“格局”，总是包括几个不同的方面的，只有一个方面当然算不上格局。这样，从格局上说，大家讲得最早的就是包括教书育人、管理育人、服务育人在内的“三育人”格局。在这“三育人”中，教书育人是最主要的，而管理育人和服务育人是对前者的补充和配合。

所谓“教书育人”，就是通过教学活动来育人，或在教学活动中育人。学校的主要工作是教学，而教学的主体是教师，教学的对象是学生。教学实际上是课程教学，课程是教和学的平台和场所，因此教书育人又称为“课程育人”，即通过学校的课程设置、通过教师的课程教学及相关活动来达到育人的目的。这里的“育人”当然是指培育学生，尽

管在教学过程中也存在着教学相长，教师自身也会受到教育，但“育人”中的“人”主要是指受教育者，即学生。学校的课程及其教学是一个包括多个方面的体系，大体可以分为三个部分：一是思想政治理论课，二是专业课，三是其他公共课和素质课程。在这三类课程中，思想政治理论课是主渠道，是学校德育的主要承担者，以培养学生的世界观、人生观、价值观作为直接任务。其课程的设计、教材的编写、教学目标的规定、教学内容的确定、教学方法的要求等，都具有明确的育德导向和要求。专业课程的直接目的是培养学生的专业素养和技能，因而具有与思想政治理论课不同的教学目标，但这并不是说专业课与育德没有关系。事实上是有很重要很密切的关系的。在专业课程的内容和教学中，都应该渗透性地体现出育德的功能。特别是哲学社会科学类专业课程，其思想政治内涵是很明显的，它应该能够发挥出很好的育德作用。其他的公共课程和素质课程也承担着这方面的责任。习近平总书记明确指出：“其他各门课都要守好一段渠、种好责任田，使各类课程与思想政治理论课同向同行，形成协同效应。”[①] 因此，不论是思想政治理论课教师还是其他各类课程的教师，都应该在育人育德方面具有高度的使命感和责任心。

所谓“管理育人”，就是通过学校管理工作，在学校管理的过程中达到育人育德的目标。高校作为独立的事业单位，有其必要的管理系统。特别是我国高校都具有较大的办学规模，需要与之相应的管理系统。这里的管理系统又包括两个方面，一是行政系统，二是党的系统，合称党政系统。行政系统主要负责业务领导和行政管理，而党的系统则负责学校的政治领导和党务管理。不论是行政系统还是党务系统，都要为保证高校的办学方向、保证学校的建设与发展负有全面的责任。从组织的人员主体方面来说，又可以分为领导者和工作人员。在领导者中，学校和院系的两级领导又负有大部分的责任。日常工作人员则负责贯彻和实施，以及日常事务的处理。从学校管理系统的直接目标来说，当然是对学校各项事务的管理，它并不是直接地实施育德育人。但是，学校

① 习近平：《把思想政治工作贯穿教育教学全过程　开创我国高等教育事业发展新局面》，《人民日报》2016年12月9日，第1版。

管理的目的又是什么呢？显然还是育人。事实上，学校的管理工作起着很重要的育德育人的作用：首先，领导者本人是否重视德育工作和思想政治工作，会导致很不一样的结果。其次，领导者本人以身作则，可以为教师特别是学生树立起很好的德育榜样。再次，学校的各项管理制度和规章规定，应该体现社会主义核心价值观，体现对学生的爱护，使学生在接受日常管理的过程中受到思想品德方面的熏陶。最后，思想教育需要相应的管理措施来配合和保障。思想教育主要作用于思想觉悟，但不是只靠人的自觉性，还需要有相应的外在约束。将思想教育融入管理工作之中，是当代思想政治教育学的重要观点。

所谓“服务育人”，主要是指通过学校的后勤服务和其他工作中的服务环节，特别是通过增强对学生的服务意识来达到育德育人的目标。我国高校有相对独立而成规模的后勤服务系统，这是我们区别于国外高校的一个重要特点。有这样一个后勤服务系统，对于维护学校的正常运转，特别是对于保障学生的日常生活需要，是非常重要的。仅仅以学校食堂而言，我国高校都有充足的一日三餐的供应，这对节省学生精力，特别是保障学生身体健康具有重要意义。其他方面的后勤服务也为教师和学生提供了工作、学习和生活的便利。所有这些后勤服务，不仅对学校的教书育人起着物质和人力条件支撑的作用，而且也间接地起着育人育德的作用。而且通过服务工作来达到育德育人的目标，反而是一条十分有利的途径。一方面，服务是一种付出和给予，而不是索取和要求，因而一开始就便于为学生所接受。服务态度是一种友爱情感的表达，真正的服务总是包含和体现着一种爱护的情感在内。只要有这种因素，学生总能感知和意识到这一点。这样一种爱护的态度，本身就是一种正能量的教育。而通过这种方式来接近学生，走进学生的心灵世界，是比较容易做到的。另一方面，服务与人的日常生活相伴随，渗透在学生学习和生活的方方面面，这样就使服务中包含的价值观和态度因素随时对学生产生正面的影响。因此，学生的后勤服务系统首先要有爱护学生的态度和情感，要有育人育德的自觉意识。另外，对学生的服务并不限于后勤系统，学校的其他部门和系统，如行政领导和管理系统、业务工作系统、学生工作系统、教师教学系统等，都要增强服务意识，通过自己的工作来服务学生，并在工作之外尽可能为学生提供必要的服务。这无疑是一个有意义的育人过程。

（三）实践育人、科研育人、文化育人

在学校的育人格局上，仅仅有教书育人、管理育人和服务育人是远远不够的。而且事实上，学校的育人格局一直处在不断延展和扩大的过程中。2015 年 1 月，中共中央办公厅、国务院办公厅印发的《关于进一步加强和改进新形势下高校宣传思想工作的意见》，在原有“三育人”基础上，又提出了“实践育人”和“科研育人”。在全国高校思想政治工作会议上，习近平总书记又提出了“以文化人、以文育人”的要求，实际上是进一步提出了“文化育人”的要求。这样“三育人”就发展为“六育人”格局。

所谓“实践育人”，就是通过组织学生开展社会实践活动，来达到育人育德的目标。学生在校期间的任务主要是学习，但学习并不等于课堂上的学习，还有课堂之外的学习，这其中很重要的一个方面就是社会实践活动。这种活动具有重要的教育功能，它不仅可以促进专业知识的学习和掌握，而且也有利于学生思想品德的成长和进步。学校组织的社会实践活动有多种类型，主要包括专业实习、参观考察、社会服务、勤工俭学等方面。专业实习主要是专业课程的课外延伸，特别是对于一些理工农医类专业来说，只从课本和课堂上学习知识是远远不够的，还必须有一定的时间参加专业实习，去相应的实习单位和基地从事实际操作。只有这样才能更好地掌握科学知识，并形成相应的操作技能。参观考察主要是由学校相关部门或院系教师组织，去一定的社会地点参观考察，增长见识。社会服务是师生利用自己掌握的知识和技能，开展社会服务活动，为经济社会发展与社会和谐贡献力量。勤工俭学是学生利用课余时间从事一定的有报酬的工作，以补贴学习和生活费用。所有这些社会实践活动，大多有其直接目的，但它们都可以承担重要的育人育德功能，而且也具有其他渠道不具备的独特育人优势。从哲学上讲，实践是人的存在方式，人在实践中感到自在和欢乐，特别是对长期集中学习知识的生活来说，实践活动为学生带来巨大的快乐。而且多种多样的社

会实践活动，具有巨大的思想政治容量，包含着多方面的育人信息。因此，高校思想政治工作一定要自觉地利用好社会实践活动这种形式，促进学生思想品德和整体素质的提升。

所谓“科研育人”，就是通过让学生参与科研活动，并在这种活动过程中达到育人育德的目标。在现代大学体制中，开展科学研究和知识生产，以服务于经济社会发展，是大学的一项重要任务。特别是对重点大学和综合性大学来说更是如此。从教师方面讲，教学与科研是他们的日常工作。从学生方面讲，也不只是简单地接受知识灌输和技能培训，而是要开展研究性学习，以掌握科学研究的必要技能。对于研究生层次的学生来说，就更是如此。现在有些高校里，研究生与本科生的数量已大体持平。可以说，包括硕士和博士两个层次的研究生已经是一个相当庞大的大学生群体。但是人们在讲“大学生”的时候，无意中排除了这个群体，而只是就本科生来谈大学生，这显然是不合适的。事实上，如何做研究生的思想政治工作，如何对研究生群体开展育人工作，是我们必须面对和解决的新课题。而“科研育人”的提出，则是适应了这一现实的需要，并展现出一片广阔的思想政治工作园地。学生能够参与的科学研究活动，在育人育德方面具有自身独特的优势：科研活动对学生来说有很大的吸引力，他们有很高的参与科研的热情，这就有助于他们在科研过程中接受教育。首先，科研活动可以直接地给予学生科学精神的熏陶，有助于培养他们科学的世界观和辨别是非的能力。其次，在科研活动中学生也可以直接地受到科研伦理和科研道德的熏陶，通过学习和遵守科研伦理增强自己的道德修养。再次，科研活动也总是或多或少地包括有价值观的因素及其影响，特别是哲学社会科学领域中的科研，本身就有其鲜明的价值性。在这种科研活动中，学生可以增进对科学理论的理解和认同。最后，科研活动是学生自主探索的活动，在这个过程中形成的信念是最坚定的，从而也有利于坚定他们科学的理想信念。高校领导者和广大教师，都应该高度重视科研的育人育德功能，并发挥好这一功能。

所谓“文化育人”，就是指通过校园文化活动来使学生受到熏陶和教育。“文化”是一个极为广泛的概念，它不仅有观念层面，而且还有制度层面和器物层面。所有这方方面面的文化，都具有育人化人的功能。而且“文化育人”不限于校园之内，在全社会都存在文化育人的问题。这在理论上是没有问题的。但是从高校思想政治工作育人渠道来说，则主要是指校园文化。校园文化其实也是十分丰富多样的，大体说来包括校园环境（自然环境和硬件设施）、校园社团活动、校园媒体、校园风气以及师生开展的各种文化娱乐活动等。校园的硬件环境不仅是一个生活环境和生活条件问题，而且也具有很好的育人功能。优美的校园环境给人以美的感受和陶冶，令人心境平和、情绪正面，这就为正面思想信息的接受打下了良好的心理基础。校园社团是大学生自发组织的团体，其中有专业学习方面的，也有社会服务方面的，还有很大一部分是兴趣爱好性质的。所有这些活动，对于丰富和调节学生的学习生活，陶冶他们的性情，增长知识和才干，是很有帮助的，同时这些活动也能起到育人育德的作用。校园媒体，包括广播、电视、报纸、网络等，也对学生有着很大影响。校园风气也是校园文化中十分重要的方面，一个学校长期形成的特有风气和精神，对师生都有着十分强烈的塑造作用。而平安健康的校园风气，对学生成长成才也是十分重要的。还有各种各样的校园文化娱乐活动，不仅丰富着学生的生活，而且给人以真善美的启示。

（四）网络育人、心理育人、组织育人、自我育人

所谓“网络育人”，就是通过网络平台来育人，使学生在网络生活中受到教育，即发挥网络在育人育德方面的积极作用。互联网经过这些年来的发展，已经成为贯穿现代社会各个领域的重要现象，成为现代人的生活方式。特别是对当代大学生来说，不论学习还是生活都离不开网络。因此，本来是渗透性地存在于校园文化和网上课程中的网络育人，现在应该单独列出来，作为高校育人的重要方面。但网络是一个特殊的领域，在这个领域中实现育人目标，首先要从反面做起，就是首先要减少和防止网络对高校育人的冲击和破坏作用。网络是一个高度开放的言论空间，不仅有国内的信息，也有国外的信息；不仅有真实的信息，也有虚假的信息；不仅有正面的信息，也有负面的甚至反动的信息。由于网络空间的这种特点，它不仅成为浏览消息、学习知识的工具，而且成

为意识形态角逐的战场，其中既充斥着各种自发出现的杂乱信息，也有敌对势力的有意识的甚至是高度组织化的渗透和攻击。因此，说到网络对我国高校育人的影响，首先是一种负面的影响。我们必须改变这种局面。“网络育人”的提出和实施，就是要把网络的负面影响减到最小，同时逐步发挥网络在育人方面的正面影响。为此，高校就必须高度重视占领网络阵地，建设更多正面的网站，传播更多的正面信息。现在国家对此非常重视，各高校也有很多举措。在课程建设和教学方法方面，也要利用网络课程和多媒体技术改进教学，扩大课程影响力。在校园文化建设方面，要建设校园网络，形成大学生在其中生活和学习的校园社区。当然，在充实和发布正面信息的同时，也不应忽略问题，应以网络上出现的问题为契机，有针对性地开展思想政治工作，发挥网络的育人功能。

所谓“心理育人”，就是通过校内心理咨询的途径，对大学生进行心理层面的积极影响，以达到育人育德的目的。心理咨询是现代社会中随着生活的剧烈变化和人们心理疾患的增加而形成起来的，在国外已经有多年的发展。将心理咨询引入校园，是十分必要的。因为大学生群体处在高压力的学习阶段，生理心理都发生着剧烈变化，认知和情感等方面都易产生问题。这些问题轻则影响他们的学习和生活，重则对他们的健康和生命造成威胁。近年来，心理咨询在高校得到很大发展，逐步走向正规化专业化，在帮助学生解决心理困扰方面起到了重要作用。心理咨询本身自有其工作目标和技术目的，但我们完全可以在高校育人方面对其进行功能定位。事实上，心理咨询承担着基础性的育人职责，是高校思想政治工作育人格局中不可缺少的重要一环。它面对的是学生的心理层面，主要任务是对大学生进行心理健康教育。心理是思想的基础，心理健康也是思想健康的重要基础。心理正常，心态平和，就能对外来信息做出客观正向的反应，就不易扭曲地表达态度和歪曲地反映现实。心理咨询师从学生的心理问题入手，完全应该和可以开展与心理健康教育相关的人生观价值观教育。从这个意义上讲，校园的心理咨询师也是高校思想政治工作队伍中的重要一员。

所谓“组织育人”，就是学校党团组织通过发展学生党团员和对学生党团员进行教育培养，来培育大学生先进分子并发挥其带动作用，从而实现育人目标。“组织育人”是一条非常重要的育人渠道。表面看来，似乎它只是面对一部分学生，特别是政治意识较强的学生，因而它的覆盖面不够大。其实不完全是这样，学生党员固然是少数，但学生团员是很多的，团组织所面对的学生相当广泛。而且，组织育人的优势不是在数量方面，而是在质量方面。它培养的是学生中的先进分子，特别是学生党员，是当代大学生中思想先进的佼佼者。他们在学生中具有很大的影响力和带动作用。对学生党团员特别是党员的培养教育，有不同于一般学生的突出特点。那就是他们在思想政治素质方面基础较好，起点较高，因而教育内容和目标上也有更高的要求，特别是在马克思主义和共产主义理想信念上的要求。理想信念教育是最为重要，同时也是难度最大的教育。在学生党员教育中进行马克思主义信仰教育，进行共产主义远大理想和中国特色社会主义共同理想的教育，可以说是当代大学生理想信念教育的最好的试验田和样板田。在其中取得的经验和效果，可以逐步推广和辐射到全体学生中。与党团员发展和培养相联系，现在有不少高校相继实施“青马工程”，着眼吸收学生中的先进者，着力培育“青年马克思主义者”，取得了很好的成效。特别是在对当代大学生进行马克思主义理论教育，进行共产主义崇高理想教育方面，也积累了有益的经验。

最后是“自我育人”，指的是学生的自我教育。以上九个方面的育人，虽然都是面向学生的，但主要讲的是学校教育者对学生的教育，强调教育者的作用和主导性。但是，教育者的主导性不能离开学生的主体性，否则就不能实现。特别是在现代高等教育中，以学生为中心，充分肯定和发挥学生的自主性和主动性，已经成为一种共识和现实。而“自我育人”恰恰是体现学生主体性的集中表达。学生的主要任务是学习，而学习本身就是一种自我教育。而学习，不仅是学习做事，更是学习做人。不仅是专业知识和技能方面的学习，也是思想政治道德方面的知识学习和情操涵养。前者属于工具性的手段层面，后者属于价值性的目的层面。以往学生只认识到掌握知识技能的意义，而对品德涵养的价值重视不够，这当然也是与我国社会一定时期的现实相联系的。但是，从我国社会的发展趋势来说，思想品德素质的重要性正在不断地提高，人们日益意识到价值观和道德品质的极端重要性。这不仅为高校思想政治工作的实施提供了很大的机遇，同时也要求思想政治工作转换思路，从一味地在外面努力向学生做工作，转向调动和尊重学生自我教育的积极性，为他们的自我修养和自我塑造提供帮助。总之，既然学生是育人对象，学生的成长是育人目标，那么我们就要充分地尊重学生、信任学生，把落脚点放在他们的自觉性和主动性上，在自教与他教的结合中实现学生的成长成才。

综上所述，高校思想政治工作的育人渠道主要有十个方面，它们共同构成了高校“育人格局”。其中的每一条育人渠道都有自身相对的独立性，也就是说有相对独立的主体和工作方式，它们能够相对独立地在自身基础上不断总结经验，走向更加完善。但是，它们之间又是相互关联的，并不是彼此处于一种各不相关的孤立状态。在实际的大学校园中，这十个方面是大体上按照生活与工作本身的需要而实现分布的，也就是说它们形成了一种多维立体的关系。它们相互影响和贯通，在这个育人网络中传递着工作的海量信息，从而形成一个有机的整体。这样一个有机关联的网络是难以用线性关系来展示的。但是，出于文章写作的需要，我们又必须按照某种先后的顺序把这十个方面加以排序。对此，我们只能暂时根据一种综合性的感受和想法，排列出如下的序列：教书育人、科研育人、管理育人、服务育人、心理育人、文化育人、实践育人、网络育人、组织育人、自我育人。

（原文发表于《思想理论教育》2017 年第 3 期）

二

习近平对高校思想政治工作解惑功能的全面阐述

在全国高校思想政治工作会议上，习近平总书记对高校思想政治工作的解惑功能作了集中阐述，指出："高校思想政治工作实际上是一个解疑释惑的过程，宏观上是回答为谁培养人、培养什么样的人、怎样培养人的问题，微观上是为学生解答人生应该在哪用力、对谁用情、如何用心、做什么样的人的过程，要及时回应学生在学习生活社会实践乃至影视剧作品、社会舆论热议中所遇到的真实困惑。"[①] 这段话内涵丰富、思想完整，值得我们认真领会、深入挖掘，并作出理论上的阐释。

（一）用"解疑释惑"来界定高校思想政治工作的功能和职责

"高校思想政治工作实际上是一个解疑释惑的过程"，习近平总书记的这句话分量很重，实际上是用"解疑释惑"来界定高校思想政治工作的内在过程，将解惑作为思想政治工作的基本功能和职责。作为党和国家领导人，特别是作为党中央领导核心，习近平总书记明确作出这样的表述是非同寻常的，需要我们充分注意。尤其是，习近平总书记在这里使用了"实际上是……"这样的表述，更值得我们深思。"实际上"是相对于"表面上"而言的，通常用来表达一种更为深刻的判断。也就是说：从更深刻的意义上讲，思想政治工作是一项解疑释惑的工作。这样，就从前所未有的高度突出强调了思想政治工作的解惑功能和职责。

从解疑释惑的角度来界定高校思想政治工作的功能和职责，要求在

①《习近平首次点评"95后"大学生》，《人民日报》2017年1月3日，第2版。

开展思想政治教育的过程中更加注重解疑释惑，这不是空穴来风，而是具有理论上的合理性、实践上的必要性和迫切性。

首先，正面引导与解疑释惑是同一个教育过程的两个不可分割的方面，如果缺少了解疑释惑，教育过程就是不完整的。从一般意义上讲，教育过程当然可以说是一个正面灌输和正向传播的过程，是教育者把一定的思想政治品德和知识技能传授给受教育者的过程，是对受教育者的成长成才进行引导的过程。但是，这个过程不是一种简单灌输的过程，而是一个解疑释惑的过程。在教育过程中，受教育者不可能没有一定的疑问和困惑，而解答这些困惑是教育过程中非常重要的方面和任务。比如，在我们日常教学活动中，除了“讲授”之外，总是需要有“答疑”环节。如果只是一味正面传授，而不注意解疑释惑，那至少是不全面和不完整的，而且也是缺少深刻性和针对性的。

“解惑”总是与“传道”“授业”联系在一起的。唐代韩愈《师说》中提出：“师者，传道、授业、解惑也。”这实际上是从教师职责的角度提出了正面传授与解疑释惑的关系问题，并作了深刻的回答。传道、授业指的是正面传授，而解惑则是从反面即从问题视角加以补充和强调。按通常的理解，如果要谈论教育或教师，似乎只讲“传道、授业”就够了，因为这两条已经把品德培育和业务传授、做人和做事都讲完了，不必再作另外的补充。但韩愈显然觉得只从正面讲“传道”“授业”还意犹未尽，于是再加上“解惑”这一项，与前二者并列，以突出这个方面的相对独立性和重要性。这是一种十分深刻的教育思想。

其次，在坚持正面传授的基础上更加注重解疑释惑，是增强思想政治工作问题意识和提高教育教学针对性的迫切要求。坚持正面教育和引导，是党在新时期思想政治工作的重要原则，从邓小平到习近平对此都有所论述，但他们同时也强调要增强针对性，解答人民群众中产生的思想困惑。特别是党的十八大以来，习近平总书记多次强调宣传思想工作要“解疑释惑”。2013 年 11 月 19 日，习近平总书记对学习贯彻十八届三中全会精神中央宣讲团动员会作出重要批示，指出：“宣讲的关键是要联系实际、研机析理、解疑释惑。”11 月 24 日至 28 日，习近平总书记在山东考察时再次强调，宣讲三中全会精神，“要联系实际、研机析理、解疑释惑”。2015 年 12 月 25 日，习近平总书记在视察解放军报社时指出：“要坚持问题导向，抓住涉及强军兴军的战略问题、制约部队发展的瓶颈问题、官兵关心关注的现实问题，做好正面引导、解疑释惑工作。”从这一论述中可以看到，习近平总书记谈到了“正面引导”和“解疑释惑”两个方面，将两个方面结合起来加以论述，并根据时代需要强调“问题导向”和“解疑释惑”，给我们以深刻启示。

再次，之所以强调解疑释惑，是由当代社会中人们的思想状况决定的。人是会思考有理性的动物，面对着生活和社会中的各种问题，总会产生一定的困惑。特别是在开放多样的社会环境中，在急剧转变的社会现实里，人们的思想困惑就更多，也更加深刻复杂。从党的思想政治工作历史上看，以前的各个时期也都有那时的思想困惑和解疑释惑的工作，但相对来说都不如我们在改革开放新时期所遇到的思想困惑那样多而复杂。改革开放，从一定意义上说它是路线方针政策上的重大转变和调整，必然会触动人们的利益格局，改变人们的工作方式、生活方式和思想观念，从而在人们头脑中引发各种各样的疑问。不仅有个人生活层面的困惑，也有社会现实层面的困惑；不仅有政策层面的困惑，也有理论层面的困惑。为了增加思想政治工作的针对性和实效性，就必须积极面对和及时回应人们的思想困惑，更加注重解疑释惑的工作。

最后，突出强调解疑释惑，也是由高校思想政治工作的特点所决定的。高校是知识分子成堆的地方，而知识分子总是对问题有更多的思考，从而有更多的困惑，也有解脱困惑的更强烈的需要。这里不仅聚集着不同年龄、不同学科和不同工作岗位的大批教育工作者，而且汇聚着大量青年学生，他们正处在人生发展的关键阶段，思想敏感独立，接触信息多，因而必然会遇到许多思想认识上的困惑。特别是在信息技术高度发展的今天，大学生们通过网络了解世界、表达自我，而网络本身又会把问题加以放大。另外，不仅学生有困惑，教师也会有困惑，而且这两个方面的困惑相互影响。在师生的思想互动过程中，一方面可以自然地消解某些思想困惑，但另一方面也可能使困惑增长。学生中的思想困惑可以带给老师，老师的困惑也会感染到学生。因此，对高校师生来说，解疑释惑更为重要。高校思想政治工作，不仅要面向大学生解疑释惑，而且要面向青年教师解疑释惑，并且把二者结合起来，共同发挥作用。

（二）从宏观和微观双重视角阐述高校思想政治工作的解惑功能

习近平总书记对高校思想政治工作解惑功能的论述，不是像人们通常所想的那样，首先和主要地是从教育对象即学生的角度，从人生的微观上去谈困惑和解惑，而是先从宏观讲起。他说，思想政治工作宏观上是回答为谁培养人、培养什么样的人、怎样培养人的问题。这显然不是面向学生讲的，而是面向高校领导和教师讲的。这一提法不仅出人意料，而且寓意深远；不仅是面向学校领导和教师来讲困惑和解惑，而且让高校思想政治工作来为他们解答“为谁培养人、培养什么样的人、怎样培养人”这样重大而根本的问题。也就是说，高校思想政治工作首先要在宏观上从办学方向和育人理念的战略高度来解疑释惑。这就明显提升了高校思想政治工作的站位，赋予高校思想政治工作为我国高等教育事业的办学育人把定方向的历史重任。

首先，高校思想政治工作要解答“为谁培养人”的问题。习近平总书记在高校思想政治工作会议上谈到我国高等教育的根本问题时，首次在“培养什么样的人”和“怎样培养人”之外新增加了“为谁培养人”这一表述。其实，这并不是新问题，它原来是包含在“培养什么样的人”的表述中的，但这次把它单列出来，表明了它的极端重要性。“为谁培养人”的问题是办好社会主义高校首先需要明确和解决的重大问题。我们的高校是社会主义的大学，就是要为党和人民事业培养人才，为中国特色社会主义事业培养合格建设者和可靠接班人。这是育人目的问题，标志着社会主义大学的政治立场和办学方向。高校领导和教师首先要在思想上明确这一点，不能有丝毫困惑、含糊和动摇。只有在此基础上才能去解决“培养什么样的人”和“怎样培养人”的问题。

其次，高校思想政治工作还要解答“培养什么样的人”的问题。如果说“为谁培养人”是指育人目的，那么“培养什么样的人”则是指育人目标。目标是目的的体现和要求，来源于和奠基于育人目的，但又不完全等同于育人目的，而是更加具体化。简单地说，我们的育人目标就是要培养有理想、有道德、有文化、有纪律的人，培养德、智、体、美各方面全面发展的人。对于这样的育人目标，人们一般来说是没有大的疑问的，但这并不是说在此问题上没有丝毫的困惑。比如在大学生素养构成上，德与智的关系问题，德本身所包括的内容问题，特别是德育的地位和作用问题，都有人存在着认识上的困惑和不足。高校思想政治工作也应该在这个问题上为某些教育者解疑释惑。

最后，高校思想政治工作还要解答“怎样培养人”的问题。这是育人的方法论问题，特别是具体操作问题。它涉及方方面面的教育方法和途径，难以简单地或单一地加以回答和规定。特别是许多业务方面的方法问题，是需要广大教育工作者根据教育教学的规律和要求来设计和安排的。但这并不意味着“怎样培养人”的问题与思想政治工作无关，或思想政治工作不能在这个问题上起到解疑释惑的作用。事实上，思想政治工作在此问题上是能起到重要作用的。因为“怎样培养人”的问题，并不仅仅属于操作技术方面的问题，也包括怎样育人的理念和原则问题。而这正是高校思想政治工作需要关注的问题。比如德育工作的加强与改进，育人过程中理论与实践的统一，教书与育人的统一，思想政治理论课与专业课的同向同行等，都是这方面的重要理念和原则。这些问题的解答，对于高校领导者和教育工作者做好自己的工作是十分有益的。

习近平总书记在论述了宏观层面的解惑功能后，转向微观层次，论述了面向大学生来解答他们人生困惑的问题。他明确指出，思想政治工作，“在微观上是为学生解答人生应该在哪用力、对谁用情、如何用心、做什么样的人的过程”。这一论述可以概括为“三用一做”，它明确了为“学生”解惑的基本任务。“三用一做”是关于大学生做人的总体概括，包括“做什么样的人”和“怎样做人”两个基本方面。其中，前面的“三用”问题，即“在哪用力、对谁用情、如何用心”的问题，讲的是怎样做人，而后面的“一做”就是“做什么样的人”。

对于习近平总书记关于“三用”的提法，要从整体上去理解。可以说，它是分别从认知、情感和意志三个方面对大学生的人生困惑作了概括。其中，“用力”指的是意志和行为，“用情”是情感，“用心”是认知。这三个方面正是涵盖了心理学上讲的认知、情感、意志的三个领域。因此，如果借鉴心理学上的顺序，那么“三用”也可以倒序表达，即“用心”“用情”和“用力”。这三者涉及人生领域的基本方面，全面触及当今大学生的人生困惑，包括思想认识上的困惑、情感投入上的困惑、行为追求上的困惑等。另外需要注意的是，这里的“用心”不应只是理解为认知领域的知识学习，还应该进一步理解为“心灵世界”和“心灵生活”，即理想信念。它深入人的内心世界的深处，涉及人的人生价值观和理想信念。从一定意义上说，大学生的人生困惑，其中最深刻最重要的还是在理想信念方面的困惑。

除了对“三用”做整体把握，还可以对其分别作更具体的分析。“在哪用力”的问题，实际上是人生目标和人生奋斗的着力点问题。高校思想政治工作应该帮助大学生认清自我，找到奋斗的方向和目标。“对谁用情”的问题，实际上是人生价值趋向与情感取向的问题，是情感对象的问题。这里既包括在爱情追求方面产生的情感困扰，也包括对父母、朋友、同学的用情问题，还包括对于社会、国家的用情问题。这些方面的情感生活是当代大学生人生中很重要的方面，许多难以解脱的困扰往往是在这些领域中出现的。思想政治工作应该关注他们的情感生活，帮助解决他们的情感困扰。“如何用心”的问题，则是一个正确对待学习生活和心灵生活的方法论问题。在这方面，思想政治工作同样也可以向大学生们提供相应的建议和帮助。

总之，习近平总书记提出的“三用一做”具有重要的理论指导意义。“三用一做”全面涵盖了知情意信行五个方面，并形成了完整的表述。它虽然是从人生困惑的角度首次提出来的，但它事实上是揭示了人生的基本领域和基本问题；它虽然是从大学生的角度讲的，但它不限于大学生，而是适用于所有的人。

（三）全面分析当代大学生思想困惑的多重起因

思想困惑的产生都是有原因的，如果不能找出产生困惑或加深困惑的特定原因，就难以真正弄清大学生思想困惑的真相和实质，也就难以帮助他们解除困惑。习近平总书记不仅提出了高校思想政治工作的解惑任务，分析了大学生人生困惑的主要方面，而且进一步揭示了大学生思想困惑的多重起因。他指出，要及时回应“学生在学习生活社会实践乃至影视剧作品、社会舆论热议中所遇到的真实困惑”。这是对当代大学生思想困惑产生原因和条件的深刻揭示。

习近平总书记对当代大学生思想困惑起因的分析，主要包括以下五个方面：

一是在学习中遇到的困惑。学习是大学生的主要任务，也是一项十分繁重的任务。它既包括思想品德方面的学习，也包括专业知识方面的学习；既包括书本知识的学习，也包括实践能力的学习；等等。在这些方面的学习中，不可避免会产生一定的认识困惑。比如，学习态度方面的困惑，学习内容方面的困惑，以及学习方法方面的困惑等。如果这些困惑不能得到及时有效的解决，就必然会对学生的学习产生不利的影响。高校思想政治工作应该帮助学生去解决这些问题。

二是在生活中遇到的困惑。学生在日常生活中也会产生和遇到许许多多的困惑和困扰。比如家庭经济条件的问题，生活自理能力的问题，交往与情感方面的问题等。特别是刚刚入学不久的新生，由于是初次离开父母而独立生活，因而在生活自理和适应大学校园生活方面会遇到一定的困难，从而影响到情绪和思想，产生一定的困惑。而且，这里所说的“生活”并不限于大学生在校园中的日常生活，也包括他们对社会生活的感知和参与。大学校园不是封闭的，社会生活中的许多问题也会反映到校园中，从而把社会上人们的困惑带进校园，引起学生们的困惑。对于这些问题和困惑，高校思想政治工作不能掉以轻心。

三是在社会实践中遇到的困惑。大学阶段的学习不仅是书本和课堂上的学习，还包括参加一定的社会实践活动。比如课外实践教学活动和实习活动，勤工俭学活动，参观考察活动和社会服务活动，等等。适当参与社会实践活动对于进一步印证和掌握所学知识，对于锻炼工作能力是十分必要的。而且组织良好的社会实践活动也有助于解答学生的思想困惑。但是，社会实践本身也是庞大而复杂的，它包含着不同方面的社会内容，可能会对参与者产生不同的影响。因而学生在社会实践活动中也会遇到和产生相应的困惑。这其中就包括书本知识与实际操作不相一致、理论答案与实践需要不相符合的情况，以及在社会实践中遇到的新情况新问题，都会引起一定的思想认识困惑。高校思想政治工作在组织社会实践活动时，要精心组织和安排，并加以思想认识上的引导。

四是在影视作品中遇到的困惑。青年学生都喜欢影视作品，这不仅是一种娱乐和休息，也是文化学习和社会学习的重要方式。影视作品是社会生活的反映和反思，其中必然包含着人们在社会生活中的困惑、矛盾以及冲突。正是这些矛盾和困惑推动着故事情节的展开。而且学生所接触到的影视作品是十分庞杂的，其中包括许多来自国外的大片之类。由于国情的不同，特别是价值体系的不同，国外的影视作品包含的国外价值观念有可能引发学生思想中的价值观冲突。尤其是有的国家以影视作品作为价值观渗透和输出的重要工具，更应该引起我们的警觉。高校思想政治工作也应该在这方面对大学生给以必要的引导。

五是在社会舆论热议中遇到的困惑。当今大学生是关心社会现实的，他们会自发地关注社会热点问题。因而，社会舆论热议也成为影响学生思想情绪的重要来源和途径。特别是由于网络的发达，在全国各地甚至世界各地所发生的事情都会瞬时呈现出来，其中有些事件正好触动社会敏感问题和人们的神经，从而形成舆论热议。这些热议由于其中既有真实事件，又有夸大渲染，再加上五花八门的议论，可能会误导社会舆论，对学生产生不良影响，带来某些思想困惑。因此，引导学生正确看待和对待社会热点，也是高校思想政治工作的重要任务。

通过对上述困惑来源的考察，我们大体上可以了解当今大学生思想困惑的基本情况，包括来源、类别、特点和影响等，这无疑将有助于高校思想政治工作有针对性地做好解疑释惑工作。

（四）明确提出“及时回应”大学生“真实困惑”的工作要求

习近平总书记在对大学生的困惑作了比较全面的分析后，对高校思想政治工作者提出了工作要求。要求他们“及时回应”大学生在各方面遇到的“真实困惑”，以提升思想政治工作的亲和力和针对性。贯彻落实习近平总书记的这一要求，我们需要做好以下方面的工作：

首先，要坦然面对学生的思想困惑。要认识到，任何一个人在学习、生活和工作中都会产生一定的思想困惑。世界本身充满着矛盾，而矛盾本身反映到人的头脑中就会导致困惑。特别是由于社会生活的丰富性和多样性，由于人生际遇的偶发性和复杂性，也由于个人与社会、理论与实践、理想与现实之间的张力等，当今大学生产生一定的思想困惑是很自然、很正常的。相反，如果在复杂的社会生活面前什么困惑和疑问都没有，那反倒不正常。因此，我们要坦然地承认这一点，冷静地面对这一问题，既不否认它，也不回避它，而是把它当作思想政治工作的起点。而且还以更加积极的态度来从事解惑工作，认识到学生有困惑并不是坏事，说明学生已经有了自己的思考，而当解除了困惑之后就是更高层次的认同。可以说，困惑就是矛盾，它是促进大学生进一步思考的动力，也是促进高校思想政治工作转型升级的推动力。

其次，要全面把握学生的思想困惑。思想困惑人人都有，但不同的人思想困惑可能是不一样的，而且即使是同一个人，在不同的时间和情况下，其思想困惑也会有所不同。因此，重要的是首先必须掌握学生真实存在的思想困惑，而不是教育者自己想当然地去寻找和认定其困惑。习近平总书记强调解惑时说的是学生的“真实困惑”，这是十分重要的。要通过访谈、调查，特别是与学生的密切交往，来了解和掌握学生实际存在的各种困惑。包括困惑的来源，困惑的内容，困惑的多少，困惑的程度，以及困惑的影响等，对其做全面的了解和把握。只有这样，才能为下一步的解惑做好准备，避免无的放矢。

再次，要及时回应学生的思想困惑。发现学生有了困惑，就要及时地做出反应和回应。这种回应不一定就是立马求得解决，因为有些困惑的产生很复杂，也有相当的难度，并不是一下子就能找到正确的或最优解答的，因而有效的解答往往需要一定的时间。但是，我们在对待学生困惑的态度上则是要体现出回应的及时性。这种回应首先是一种态度上的回应，就是即时关注到学生的思想困惑，关注到学生在学习和生活中遇到的困难和问题，对他们表现出关心和厚爱，同时包括对某些困惑的试探性或尝试性解决。特别要注意的是，对于学生一时的困惑和疑问，不要轻易地或急于指责和批评，而是给他们以一定的同理心，站在学生立场上设身处地体会学生的感受，寻找产生困惑的真实原因。在此基础上再尽快地帮助他们分析问题和解决问题。

最后，要科学解答学生的思想困惑。学生有些日常生活中的困惑是比较容易得到解答的，只要澄清了基本的认识，提供了相关的知识，找到了解决问题的适当办法，一般来说思想困惑就会随之消失。但也会有一些思想困惑是比较深刻的，具有一定的理论性，解决起来难度较大。这就要求思想政治教育者不断提高自己的理论水平，真正担当起为学生解疑释惑的任务。特别是作为教师，要为别人解除困惑，自己首先要消除困惑。在当今社会，不仅学生会有思想困惑，领导和教师也并不是就一定没有困惑。因而，领导和教师首先要深入学习理论，在理论与实践的融通结合上下功夫，从深层次上真正解决自己的思想认识困惑，最终帮助学生有效解决思想困惑。总之，高校思想政治工作要以解惑为契机，促进学生思想进步和健康成长，也提升自身的亲和力、针对性和实效性。

（原文发表于《思想理论教育导刊》2017 年第 10 期）

三

论高校思想政治理论课教育教学的“八个统一”

2019年3月18日，习近平总书记主持召开学校思想政治理论课教师座谈会并发表重要讲话，对思想政治理论课（以下简称“思政课”）建设作了全面论述和部署，特别是对如何办好新时代思政课做了集中阐述。他指出，推动思想政治理论课改革创新，要不断增强思政课的思想性、理论性和亲和力、针对性，坚持政治性和学理性相统一，坚持价值性和知识性相统一，坚持建设性和批判性相统一，坚持理论性和实践性相统一，坚持统一性和多样性相统一，坚持主导性和主体性相统一，坚持灌输性和启发性相统一，坚持显性教育和隐性教育相统一。[①]这“八个统一”表述完整、内涵丰富、意义重大，需要我们从理论上加以全面分析和把握。

（一）“八个统一”的定位与意义

“八个统一”的提出，具有深厚的文化底蕴和坚实的实践基础，具有突出的理论创新价值和重要的现实指导意义。

首先，“八个统一”是思政课教育教学实践经验的系统总结。“八个统一”具有形式上的完整性，是一种比较完美的理论建构，但它不是一种纯理论的推演和建构，而是来源于思政课教育教学的实践经验，因而具有坚实的实践基础。思政课教育教学是一种重要的实践活动，它在我国高校的存在已经有一个长期的历史过程，积累了丰富的实践经验。新中国成立以来，特别是经过高等教育的改造，我们高校就设立了相应的

① 习近平:《在学校思想政治理论课教师座谈会上的讲话》,《人民日报》2019年3月19日，第1版。

思政课。特别是改革开放以来，我国高校逐步形成了完整的思政课课程体系和教学体系。1998 年形成了“98”课程方案，到 2005 年又在思政课改革中形成了“05”方案。“05”方案的实施是一个大规模推进的过程，从领导机关和领导同志到广大思政课教师，以巨大的热情推进思政课建设各项工作。从那时以来已经过去了十几年，这是思政课建设特别是教育教学经验形成、积累的黄金时期。到今天，可以说在思政课建设特别是教学中，已经积累起十分丰富的经验。这些经验来源于实践，是十分宝贵的资源。但它还是零散的东西，许多带有教育者个人的主观成分。因此，对这些形成和积累起来的实践经验，还需要进行梳理和总结，找出共同的东西，形成基本经验。“八个统一”是对思政课教育教学实践经验的系统性概括，可以说是思政课教育教学的基本经验。

其次，“八个统一”是思政课教育教学规律的集中表述。“八个统一”不仅是思政课教育教学的基本经验，而且是这些经验的理论升华，它揭示了思政课教育教学的规律性，是一种系统的规律性认识，某种意义上甚至可以看作是思政课教育教学的基本规律。不论自然规律还是社会规律，都具有客观性、必然性和重复性，是事物本质层面的内在联系。“八个统一”体现的是思政课教育教学中的八对重大关系，它们不是现象层面的关系，而是本质层面的关系；它们是客观存在的关系，不是主观臆造的关系；它们是具有必然性的关系，而不是偶然性的关系；它们在思政课教育教学中是反复出现的关系，而不是偶尔遇到的关系。找出这八对关系，并揭示每一对关系的内在联系，就是找到并揭示了思政课教育教学的规律。可以说，“八个统一”的提出，具有思想政治教育理论的创新价值，是思政课教育教学研究的重大创新。值得注意的是，如果说在自然科学领域中规律往往表述为一定的公式，那么在人的活动领域中规律则往往表述为两个矛盾方面的辩证统一。这表明，在人文社会领域中，规律更具有复杂性。它并不是单一单向的，而往往是包括矛盾的两个方面，并体现矛盾双方的对立统一。这可以说是对立统一规律在思政课教育教学中的体现。

再次，“八个统一”是新时代思政课创新发展的科学指针。党的十八大以来，中国特色社会主义进入新时代。随着新时代的到来，高校马克思主义学院建设、马克思主义理论学科建设、思想政治理论课建设的速度和节奏都明显加快了。特别是党的十九大的召开，使党和国家各项事业站在了新的历史起点上。在这样的历史时刻，高校思政课建设不能满足于以往取得的成就，而是必须面对新时代的实际和要求，把教育教学提到更高水平。习近平总书记在学校思想政治理论课教师座谈会上的重要讲话，特别是关于“八个统一”的论述，为我们抓好思政课建设和搞好思政课教学，提供了理论遵循和实践指导。可以说，“八个统一”是我们在新时代推进思政课建设和教育教学的科学指针和基本原则。其中蕴含着强大的精神能量，具有直接而管用的指导价值。我们要深刻认识“八个统一”的理论意义和实践价值，把它运用于我们实际的教育教学活动，充分发挥其理论和实践的指导作用，把思政课办得越来越好。

最后，“八个统一”不仅适用于思政课教育教学，而且适用于党的全部思想政治教育和意识形态工作。“八个统一”虽然是针对思政课提出来的，但它的内容和意义并不限于思政课。从其产生来源和过程看，它并不仅仅是在思政课教育教学经验的基础上，而且是在我们党和国家意识形态工作长期以来所积累的经验和规律性认识基础上形成起来的。比如，理论与实践的统一是我们党思想理论方面的重要原则，是历来就十分强调的。统一性和多样性的统一，是我国思想文化领域和意识形态建设中的一个重要原则。坚持教师的主导性和学生主体性，是教育学领域中的重要观点。显性教育和隐性教育相统一，则是思想政治教育领域中近年来取得的成果。所有这些经验和成果，在思政课领域中得到汇聚并形成完整的“八个统一”。这“八个统一”不仅仅是适用于思政课教育教学，而且是适用于党和国家全部的思想政治教育和意识形态工作，可以说是党和国家思想政治教育和意识形态工作的指导方针和重要原则。

（二）把握“八个统一”的视角与方法

“八个统一”言简意赅，具有丰富的内涵。那么，我们怎样才能更好地理解和把握其科学内涵呢？这里有一个观察视角和认识方法的问题。

首先，要从整体上把握。习近平总书记提出的“八个统一”具有系统性，是一个完整的整体。一方面，它的内容十分丰富，分别表现为八个不同的方面；另一方面，这八个方面又构成一个有机整体。整体性，是“八个统一”的题中应有之义，因为当我们讲“八个统一”的时候，已经是把习近平总书记分别讲的八个方面当作一个整体了。当其作为一个整体的时候，就具有了一种整体的特质，它不是各个具体统一的简单相加，而是具有自身的整体性存在。从具体内容上看，“八个统一”并不都是全新的东西，其中的一些具体的统一，比如，“理论和实践的统一”“统一和多样的统一”等都是早就提出过的，但是它们还没有被汇总到一起并构成一个整体。现在，它们从零散到整体，体现了认识前进的过程。而且，八个方面的统一在实践中是共同起作用的，具有整体性的功能和作用。如果我们认识不到它的整体性，不能作为一个整体来把握它的性质和功能，而是满足于把它们都打散而分别地加以考察，那就是认识上的倒退，也不可能取得实践上的全面进步。因此，我们要用整体性的方法去观察和研究“八个统一”。

其次，要从结构上把握。“八个统一”作为一个整体，并不是一个笼统的整体，而是有其自身内在结构的整体。只有认识了它的结构性，才能更好地把握住其整体性。因此，在把握了“八个统一”的整体性后，还必须努力把握它的结构性。八个方面的统一，并不是一个简单的罗列，它们相互之间也并不是一种外在的关系。正因为它是有合理的内在结构的，它才是完整的存在和有机的整体。对于“八个统一”的结构性，既可以从宏观上去把握，也可以从中观和微观上去把握。从宏观上看，八个方面的统一本身是一个逻辑结构，而且从第一个统一到最后一个统一，有一个逻辑推进的连续过程。从中观来看，前四个统一与后四个统一有比较显明的差异，因而可以看作是构成“八个统一”有机整体的两个大的部分，探讨这两个部分的关系，就是很重要的课题。同时，从微观上看，每一个“统一”都有其内在的结构，需要我们深入到内部去加以考察。不论是哪个层次，都需要我们用结构与功能的方法去加以深入的考察，不能囫囵吞枣，大而化之。

再次，要从矛盾上把握。“八个统一”实际上是“八对矛盾”，因为每一个“统一”都呈现为一对矛盾。政治性和学理性是一对矛盾，价值性和知识性是一对矛盾，建设性和批判性是一对矛盾，理论性和实践性是一对矛盾，统一性和多样性、主导性和主体性、灌输性和启发性、显性教育和隐性教育都是典型的矛盾关系。思政课教育教学是一个系统工程，是一个矛盾的集合体，它里面不只有一个方面的矛盾，而是具有多个方面的矛盾。至少可以说，思政课教育教学中的矛盾是一个八对矛盾组成的矛盾群。掌握了思政课教育教学中的矛盾，才能解决这些矛盾。因此，要用矛盾分析的方法来辩证地把握每一对矛盾的关系。在这里就用得上许多辩证法术语，比如，矛盾的统一性与斗争性，矛盾的主要方面与次要方面，坚持两点论、反对一点论等。这就表明，我们要用唯物辩证法的方法论来把握“八个统一”，特别是用矛盾分析的方法。

最后，要从属性上把握。从习近平总书记所列举的“八个统一”中可以看到，它们都是谈的性质问题，比如，“政治性”“学理性”等。它们不是简单地讲“政治与学理”的关系，而是谈“政治性与学理性的关系”。这就涉及“实体与属性”的关系问题。如果一般地讲“政治与学理”的关系，那么“政治”和“学理”就是实体，是主体；但如果是讲“政治性与学理性”的关系，那么实体或主体就不是“政治”和“学理”，而是“思政课”，即讲的是思政课的政治性与学理性的关系。在这里“思政课”或“思政课教育教学”是实体，只是它在这里被简略掉了。因此，“理论性和实践性的统一”，也不能一般地从“理论与实践”的关系上去套用理解，而是必须围绕思政课的理论性与实践性来理解。我们要明白，任何一对矛盾方面的统一，讲的都是思政课教育教学自身的属性，都是为了让我们更好地认识和把握思政课的性质，因而都必须紧扣思政课来理解这八对关系和“八个统一”。因此，我们要运用实体和属性关系范畴，通过属性把握实体，用更注重具体性和针对性的方法来观察和研究“八个统一”。

（三）“八个统一”的内涵与要求

“八个统一”具有丰富的思想内涵。这不仅因为它由八个方面的关系所构成，而且因为其中每一个方面的统一都具有特定的内涵。而把握每一个“统一”的内涵，是全面把握“八个统一”的整体内容的基础。

因此，需要分别对每一个“统一”进行仔细的考察和分析。

在把握每一个“统一”的内涵时，要紧扣习近平本人的原有表述，全面而精准地予以把握。这种分析，要注意三个不同的层次和侧重点：一是侧重于客观地讲述前者与后者的统一性，比如政治性和学理性，从哲学上讲它们作为矛盾的双方既是对立的，又是统一的。二是侧重“相统一”，“相”不是多余的，而是表明我们有意识地去实现双方的统一。因为从理论上讲政治性和学理性是有统一性，但在实际生活中切实实现二者的统一，则是需要我们努力去实现的。三是侧重于“坚持”，强调我们要始终如一地努力去实现二者的统一。只有将这三个方面结合在一起，才能真正对每一个“统一”有全面的把握。

坚持政治性和学理性相统一。思政课具有鲜明的政治属性，它致力于培养社会主义建设者和接班人，是落实立德树人根本任务的关键课程。这是它的本质属性，如果失去了这个属性，它就不成其为思政课了。因此，必须坚持思政课教育教学的政治性，不能有丝毫的动摇和含糊。但是，讲政治也要讲道理，要以理服人，而不能以力服人，更不能以势压人。要以透彻的学理分析回应学生，以彻底的思想理论说服学生，用真理的强大力量引导学生。这既是由我们的政治本身所要求的，也是由我们的大学和大学生的特点所要求的。从政治本身来说，我们的政治体现的是人民的利益，是正义的道理。同时，大学是知识分子汇聚的地方，是讲理性和学理的地方。我们面对的大学生虽然还处在学习阶段，但已经有很强的理性思维能力，并注重学理的把握。因此，要坚持政治性，注重学理性，以政治来统领学理，以学理来阐释政治。

坚持价值性和知识性相统一。思政课像任何课程一样，具有知识性。其教育内容主要以知识的形态呈现，同时其教学方式也往往表现为向学生的知识传授。知识是人类认识世界取得的成果，是支撑文明的基石。知识本身具有价值，即求真的价值，科学性价值。因此，知识传授本身是有一定价值意义的，有助于培养人们的科学精神和社会成员对知识的尊重。思政课中有大量的知识，在教学过程中向学生传授这些知识是完全必要的。但是，思政课与其他课程特别是专业课程有着重大区别，它主要不在于传授知识，而在于通过知识的传授来培养学生的价值观，在于帮助学生形成正确的世界观、人生观和价值观，树立科学的理想信念。如果说思政课既具有知识性又具有价值性，那么在这里知识是载体，价值是目的。价值性是更为重要的，它集中体现着思政课的性质。要寓价值引导于知识传授之中，通过发挥大学教育中知识传授的优势，实现当代大学生的正确价值观塑造。

坚持建设性和批判性相统一。思政课既具有建设性，又具有批判性。所谓建设性，是指正面教育，站在党和国家立场上传导社会主义主流意识形态。改革开放以来，我们党鉴于“文化大革命”中所谓“大批判开路”的弊端，而形成了“以正面宣传”为主的方针，着眼于主流意识形态的建设和发展，着眼于对广大人民群众的正面宣传和引领，而不再搞以往的那种急风暴雨式的大批判斗争，是完全正确的。这对于引导社会舆论，维护社会稳定，营造宽松的干事创业的氛围，发挥了重要的作用。但是，“正面宣传为主”和注重建设性并不是放弃意识形态斗争，并不是只讲建设而不讲批判。正面宣传如果不与反面批判相结合，就不能真正发挥正面宣传的主导性作用。其实，批判性是马克思主义的理论品格，是以马克思主义为指导的社会主义意识形态的本质属性，也是高校思想政治理论课的题中应有之义。必须直面各种错误观点和思潮，开展有理有据的理论批判，揭露其政治本质和理论错误。只有这样，才能更好地保障思政课正面教育的作用。

坚持理论性和实践性相统一。理论与实践的统一是马克思主义的基本原理。这一原理贯彻和体现于党的思想理论和宣传教育工作之中，也体现在高校思想政治理论课教育教学之中。高校思政课既有理论性，又有实践性。所谓“理论性”，是指思政课内容具有很强的理性属性，特别是马克思主义理论及其中国化理论成果作为思政课教学的核心内容有着突出的理论性。因此，思政课教育在一定意义上是一种理论教育。但这并不是说思政课只能单纯地讲理论，更不是空洞地就理论讲理论，而是必须贯彻党的理论联系实际的原则，高度重视教学内容和方式方法的实践性。一方面，要注重理论与实践的对接，从理论与实际的统一中去讲授理论内容；另一方面，要注重实践教学的方式方法，让学生走向社会，把思政小课堂同社会大课堂结合起来，教育引导学生立鸿鹄志，做奋斗者。

坚持统一性和多样性相统一。在意识形态工作和思想政治教育中，我们长期以来坚持价值导向的一元性与价值取向的多样性相结合，注重统一思想与包容多样相统一。高校思政课同样具有统一性和多样性，这不仅体现在教学内容上，而且体现于教育教学的多个环节上。习近平总书记指出，既要落实教学目标、课程设置、教材使用、教学管理等方面的统一要求，又要因地制宜、因时制宜、因材施教。[①] 一方面，思政课是国家统一设置的课程，具有鲜明的政治性和主导性，因而必须坚持思政课课程设置的规范性，教学目标与要求上的规定性，教材编写的权威性，以及教学管理上的统一要求，这是保证思政课性质和要求的基本前提和保障。另一方面，要充分考虑教育教学实施过程和方式方法的多样性。根据学生各个方面的特点和要求，以多样化的方式来实施教育教学，这是提高思政课教学针对性和实际效果的现实要求。思政课的重大难点之一，就是它以最大的统一性来面对最大的多样性，因此，如果不能把统一性和多样性有效结合起来，就很可能陷入众口难调的困境。因此，要允许并提倡广大教师对教育教学方式进行多样化的探索和创新，以满足不同学生的不同需要，切实提高教学实效性。

坚持主导性和主体性相统一。思政课既具有教师的主导性，又具有学生的主体性。思政课是教师与学生互动的教学过程，教师是教学过程主导者，在教育教学中起着引导的作用，学生是教学过程的对象和意义所在。其目的是提高学生的思想政治和道德素质，因而必须尊重学生的主体性。实际上，这里讲的是教育主客体的关系，即教育者与受教育者的关系。但并没有停留在传统的主客二分的认识上，而是吸取了双主体理念的合理因素，体现了教育主客体关系处理上的时代性。不论是教师的主导性，还是学生的主体性，都是主体性。同时，又没有陷入不分主次、没有区别的双主体陷阱，而是强调了教师的主导性。习近平总书记指出："思政课教学离不开教师的主导，同时要加大对学生的认知规律和

① 习近平：《在学校思想政治理论课教师座谈会上的讲话》，《人民日报》2019 年 3 月 19 日，第 1 版。

接受特点的研究，发挥学生主体性作用。”[①] 意思很清楚，就是要尊重学生的主体性，研究并遵循学生的认知规律和接受特点，更好地发挥教师的主导作用，提高教学实效性。

坚持灌输性和启发性相统一。所谓灌输性，是指思政课教育教学要有正面而系统的理论传授，向学生传授马克思主义基本理论和党的理论创新成果；而启发性，是指教师在教学过程中，要善于启发学生的思考，调动学生的学习积极性，使学生通过自己的思考得出正确的结论。这是“学”与“思”的关系，两个方面都是必要的，缺一不可。首先要肯定灌输的必要性，学生头脑中不可能自发地形成系统的科学理论，而必须经过系统的学习。马克思主义理论博大精深，如果没有系统的传授，学生是难以在短时期内有所掌握的。不仅思政课如此，其他课程也莫不如此。当然，在教学与学习过程中，较大信息量的传授和学习，毕竟不是轻而易举的，会给学生带来很大压力。如果有的老师不懂教学艺术，搞死记硬背和“填鸭式”硬灌，就会使学生感觉痛苦。所以，思政课教学要注重启发性教育，引导学生发现问题、分析问题、思考问题，在不断启发中让学生水到渠成得出结论。这样一方面调动起他们的积极性，减轻了他们在知识学习上的压力，同时也有利于提高教育效果。

坚持显性教育和隐性教育相统一。我建议将“坚持显性教育和隐性教育相统一”调整为“坚持显教性和隐教性相统一”。这样，一方面形式上与前面的七个统一更加一致，使“八个统一”在表述上更加完满；另一方面又没有改变原意和文字风格。思政课教育教学长期以来主要是一种显性教育，因为它本身是公开的正式的课程，它的教学方式也是比较正规的课堂教学方式，既具有实践教学等方式，也具有明确的思政教育特点。对思政课来说，显性教育无疑是重要的，不能否认的，这是与我们党思想政治教育的“旗帜鲜明”的原则相适应的。我们讲思政课理直气壮，没有必要躲躲闪闪，更不能吞吞吐吐。这是问题的一方面。另一方面是，我们要认识到，思政课教育教学也具有一定的隐教性，要高度重视隐性教育的作用，并使其与显性教育相配合。隐性教育有其独特

① 习近平:《在学校思想政治理论课教师座谈会上的讲话》,《人民日报》2019 年 3 月 19 日，第 1 版。

的长处，它可以减少学生的逆反心理，使学生在不知不觉中受到教育。为此，就要挖掘其他课程和教学方式中蕴含的思想政治教育资源，实现全员全程全方位育人。特别是要发挥其他专业课程在育人中的作用，将思想品德教育渗透在各门课程中，体现于校园文化以及其他教育环节中，最终形成高校育人的合力。

上述八个方面的统一，每一个都具有十分丰富的内容，都可以进行更加系统的深入的发掘和阐释。同时，“八个统一”排列在一起，形成一个完整的论述和理论，考察“八个统一”之间的联系，也是把握“八个统一”科学内涵的需要。

（四）“八个统一”的关联与结构

习近平总书记讲的八个方面的统一，并不是随意的排列，而是有其固定的顺序。这种顺序体现着一种基本的逻辑结构，并在动态上呈现出一种大致的逻辑演进。我们既可以从宏观和微观两个层次的结合中来把握“八个统一”的内在结构或内在联系，也可以从静态与动态两种状态的结合中来把握“八个统一”的内在关系。而且，还应该把层次考察与状态考察结合起来。

首先，“八个统一”从宏观上可以划分为两组。前四条一组，后四条一组。前一组，即坚持政治性和学理性相统一、坚持价值性和知识性相统一、坚持建设性和批判性相统一、坚持理论性和实践性相统一，总体上说更为基本和宏观，带有定性的特点，更多的是围绕思政课的基本性质来展开的；后一组，即坚持统一性和多样性相统一、坚持主导性和主体性相统一、坚持灌输性和启发性相统一、坚持显教性和隐教性相统一，总体上说更为具体和微观，带有过程性特点，更多的是围绕教育教学的途径方法来展开的。简单地说，前者更侧重于是什么，后者更侧重于怎样做。由此可见，“八个统一”既有性质上的规定性，也有过程上的操作性。当然，这一划分只具有相对的意义，不应过分夸大。

其次，“八个统一”从中观上可以划分为四组。每两个统一为一组。“政治性和学理性相统一”“价值性和知识性相统一”是第一组，它们紧密承接，因为“政治性”与“价值性”，“学理性”与“知识性”，都是紧密联系的。这两个统一主要是围绕思政课的性质或本质而展开的。不论是“政治性”还是“价值性”，都是在强调性质或本质。接下来的一组包括两个统一，即“建设性和批判性相统一”“理论性和实践性相统一”，强调的是思政课的特征或品格。第三组是“统一性和多样性相统一”和“主导性和主体性相统一”，着重讲的是思政课教育教学的过程或途径。第四组是“灌输性和启发性相统一”和“显教性和隐教性相统一”，都是强调思政课教育教学的方式或方法。这样，从性质到特征，再到途径，最后到方法，是一个比较清晰的逻辑演进历程。

最后，“八个统一”从微观上可以区分为八对矛盾。从微观上说，每一个“统一”内部都有其结构，即前项与后项之间的关系。用矛盾的观点来说，就是矛盾的两个方面之间的关系。矛盾双方既对立又统一，共存于一个统一体中。它们相互依存，又相互转化。这都可以说是一种结构关系，也可以说是一种动态变化。把握这种关系或结构，看似容易，其实困难。因为当微观结构展开的时候，我们就会发现它可能比宏观结构更为复杂，而且甚至深不见底。我们当然不必想得那么复杂，但至少也要关注到两个问题：一是在双方的一般关系中，前者是矛盾的主要方面，是教育教学工作必须始终坚持的工作重点。比如，在第一对矛盾中，政治性是矛盾主要方面；在第二对矛盾中，价值性是矛盾主要方面；在第三对矛盾中，建设性是矛盾主要方面；在第四对矛盾中，理论性是矛盾主要方面；在第五对矛盾中，统一性是矛盾主要方面；在第六对矛盾中，主导性是矛盾主要方面；在第七对矛盾中，灌输性是矛盾主要方面；在第八对矛盾中，显性教育是矛盾主要方面。主要方面都排在第一位，它决定着矛盾的性质和方向。因此，我们不能将二者的位置加以颠倒，或随意地变动。这是需要注意的第一个问题。第二个问题是：在双方一般关系的基础上，在当下的现实关系中，也就是说从实际的教育教学工作所面临的问题来说，那么后者又成为矛盾的主要方面。就是说，鉴于我们长期以来一直注重前一个矛盾方面，而对后一方面关注不够充分，那么为了提升学生的学习兴趣和教学效果，就要把后一个方面作为工作重点，通过增强思政课教育教学的“学理性”“知识性”“批判性”“实践性”“多样性”“主体性”“启发性”和“隐教性”，来增强教学亲和力和吸引力。这样看来，似乎前项是重点，后项也是重点，是相互矛盾的。其实不然，前项作为重点是战略层面的，后项作为重点则是战术层面的。正如毛泽东所阐述的社会主义建设十大关系一样，要求在以重工业为战略重点的前提下，按照“农业、轻工业、重工业”的顺序来发展经济一样。也就是说，首先是重工业优先，在此基础上是农业和轻工业优先。

总之，“八个统一”是一个内涵丰富、操作复杂的指导原则。把握它的丰富内涵，掌握它的运用技巧，都不是轻而易举的事情。因此，我们一方面要从理论上和学理上深入地分析和把握其科学内涵，另一方面要结合自己的教育教学实践，在工作中掌握运用的技能。这里既有理论，又有实践；既有科学，又有艺术；既有遵循，又有创造。因此，我们要从现在开始，要为真正掌握和运用好“八个统一”而不懈地长期努力。

（原文发表于《教学与研究》2019年第7期）

四

全面把握思想政治理论课建设的基本规律

习近平总书记在全国高校思想政治工作会议上，突出强调了遵循规律的重要性，明确提出：要遵循思想政治工作规律，遵循教书育人规律，遵循学生成长规律，不断提高工作能力和水平。思想政治理论课（以下简称“思政课”）作为高校思想政治工作的主渠道，它的建设和实施，特别是教育教学的过程，也必须遵循规律，并以此作为不断提升实效性的根本依据。为此，我们就需要认真研究思政课自身的规律，特别是基本规律。

（一）思政课具有自身的客观规律

当前，进一步搞好思政课建设是高校思想政治工作的重大任务，作为思政课教师，我们正在全力以赴地努力去完成这项任务。那么，我们能否顺利地完成好这项任务呢？在这个问题上，既有我们的主观愿望，又有课程自身的客观本性。从前者来说，思政课是我们有意识地设立和实施的课程，体现了我们的意愿和要求，特别是在思政课教育教学过程中，广大思政课教师都是带着强烈的意愿并发挥自己的主观能动性来开展各种教学活动的，期望学生们从中受益；从后者来说，思政课本身有其自身特点，它的运行过程有其自发性，而其实际效果也往往不以我们的意愿为转移。于是我们发现：有时候，课堂气氛很热烈，学生学习效果也很好，我们的意愿得到了实现，并感到内心的欣慰；但有时我们又面对着冷漠的学生，没有好的教学效果，我们的意愿没有得到实现，内心感到疑惑和郁闷。不论是否达到了我们预期的效果，我们都需要冷静下来想一想这究竟是为什么。

其实很简单，就是我们的主观意愿撞上了思政课的客观规律。当我们的意愿和做法符合客观规律的时候，我们的努力就得到了好的效果；而当我们的意愿和做法并不符合课程的客观规律的时候，我们的意愿就没有也不可能得到良好的实现。这就是说，思政课有其自身的规律性，它的课程设置、教育理念、教材建设、教学实施以及实际效果等都受其固有规律的支配。尽管思政课的规律在其表现形态上与自然界的规律有很大的不同，而且也与社会领域中其他方面的规律（比如经济建设的规律等）有所不同，但它本身也像其他领域的规律一样，都是客观存在的，是不以人的主观意愿为转移的。

思政课体现了党和国家的意志，体现了社会的需要，也是广大思政课教师的事业，因而我们当然必须满腔热忱地去做这项工作，而不能抱淡漠的应付态度，并努力发挥自己在教育教学上的主观能动性。但是，我们也必须充分意识到思政课自身有其客观规律性。我们要想建设好思政课，提高思政课的实效性，就必须遵循思政课本身的规律。从这个意义上讲，思政课本身的规律，也就是我们进行思政课建设的规律。

遵循规律的前提是探索和揭示规律，认识和掌握规律。那么，思政课具有什么样的规律呢？这正是我们要研究的，而且是一个相当艰难的研究任务。因为思政课是一种特殊的宣传教育现象，它有其自身的特殊复杂性。我们并不能简单地把它归结为教育现象，并用教育规律来穷尽它；也不能简单地把它纳入政治宣传，并用政治意识形态运作的规律来穷尽它。它是一种复合的现象，它的规律也不是单一的，而是一个规律群。研究和揭示这个规律群，当然是一项长期的工作。但在目前，我们可以大体上从政治、学术、教育三个方面来认识和把握思政课的规律性。

（二）思政课建设必须遵循三个基本规律

思政课具有多重属性，从大的方面讲主要有三重属性，即政治属性、科学属性、教育属性，相应地它的规律也表现为政治运作规律、学术研究规律、教育教学规律。

1. 思政课具有政治属性，思政课建设必须遵循政治运作的规律

思政课具有鲜明的政治属性。它虽然是高校里的一种课程，并与其

他课程一样，呈现为相应的知识体系和教学过程，但是它与其他的专业课程和人文素质课程不同的是，它具有鲜明的政治属性。这一点从“思政课”这种称呼上就可以直观地看出来。而且，从这一课程的设立来说，它一开始就具有政治意识形态的属性。我国是社会主义国家，我们的大学教育也是社会主义的高等教育事业，大学的办学事务和人才培养具有政治方向上的基本要求，这就是培养社会主义事业的建设者和接班人。高校设立思政课，是党中央的决定，是国家的意志，集中体现了我国大学的社会主义政治属性。

思政课的政治属性在其课程设置和教学内容等方面得到进一步体现。课程体系的设置，从根本上说是党中央从政治的和战略的高度作出的决定。就四门本身必修课程来说，由于马克思主义是我们党和国家的指导思想，是我们认识和改造世界的科学世界观和方法论，社会主义国家的大学生应该掌握马克思主义的立场、观点和方法，于是才设立“马克思主义的基本原理概论”课程。由于毛泽东思想和中国特色社会主义理论体系是马克思主义与中国实际相结合的两大理论成果，是我们党在马克思主义中国化进程中的创新理论，是我们革命、建设和改革事业的指导思想，所以才设立“毛泽东思想和中国特色社会主义理论体系概论”课程。由于中国近现代历史是中华民族救亡图存和为实现中华民族伟大复兴中国梦而奋斗的历史，是历史和人民选择马克思主义、选择中国共产党和选择中国社会主义道路的历史，是对青少年进行爱国主义教育的历史基础，于是才设立“中国近现代史纲要”课程。由于需要结合大学生的人生实际来促进大学生的思想道德修养，需要结合当代大学生法律素质的提高来落实和实现依法治国，因而才设立“思想道德修养与法律基础”课程。其他的本科选修课程，专科课程以及研究生层次的课程设置都是如此，由此决定了思政课教材的编写，特别是教材内容的确定和审核，不只是专家个人的事情，而是党和国家的事情。

思政课既然内在地具有突出的政治属性，因而它本身也必然遵循和体现政治运作的规律。政治运作规律，体现的是思政课作为社会政治生活和主流意识形态一部分的运动特点。思政课既然是政治生活的一部分，既然具有鲜明的政治属性，因而它就必然在一定程度或范围内遵循政治运作的规律。政治运作规律与学术研究规律和教育教学规律不同的地方在于，它不是站在学者的或教师的角度来看问题，而是从国家的战略上，从社会的根本利害上考虑问题。只有从这样的高度，才能真正把握社会主义国家在高校开设思政课的意义，才能理解思政课的性质和功能。这就要求思政课教师具有政治眼光和政治敏锐性，具有把握政治事务及其运动规律的思维方式即政治思维。他们应该向政治家学习，特别是向马克思主义政治家学习，并从社会政治运行和发展中总结经验，克服自身具有的某种书生气和学校知识分子在政治上的幼稚性。特别重要的是，要能够站在国家民族的高度，放眼世界形势的变化，从战略上思考问题，把握社会问题的实质。

2. 思政课具有科学属性，思政课建设必须遵循学术研究的规律

思政课也具有科学属性和学术内涵，并需要学术研究的支撑。它虽然具有鲜明的政治属性，但其讲授的不是政治口号和政策解读，而是科学理论，它有自己特有的学术内涵。马克思主义不只是一种价值学说和政党意识形态，而是科学性与价值性相统一的学说，它的价值性集中体现在它的政治属性和意识形态属性中，而它的科学属性则集中体现在它的学理性和学术性上。党的理论创新成果无疑也具有突出的政治属性，是党治国理政的经验总结、理论概括和行动指南，但是这些理论也不是凭空产生的，不是个别领袖人物主观愿望和看法的产物，它是集体智慧的结晶，是中国历史发展和现实事业进展的理论概括，它反映了革命、建设和改革的规律，反映了党治国理政的规律，而且经过学者的加工阐发，形成了比较严整的理论体系，具有了比较严格的科学性。其他课程的内容也无不如此。

思政课既然具有科学性和学术性，因而也就必须遵循学术研究的规律。我们说马克思主义是一门科学，说思政课向学生传授的是科学的真理，这就意味着这门课要遵循科学研究和科学发展的规律。学术研究的规律着眼于学理层面，着力于揭示思政课内容的学理内涵。这也就要求思政课教师，在自己的学科范围内，从事相应的科学研究工作，以自己科学研究的成果为上好思政课提供学术支撑。

思政课教师要具有学术研究的思维。在高校特别是研究性大学里，教学与科研紧密相联。没有坚实的学术研究作基础，教学工作很难达到高的水平。不仅各门专业课如此，思政课也是如此。这里所说的学术研究的思维，主要不是指教育或教学方面的研究，因为这方面的研究属于教育教学规律的范围。它是指比较正规的具有专业性的学术思维。思政课从整体上讲与专业课有区别，但它本身在一定层面上也具有专业性，也需要专业知识，需要专业化的学术研究。从现实中看，许多思政课教师往往只进行一定的教育教学方面的研究，而缺乏专业学者那样的学术思维，这不能不说是他们的一种不足。

3. 思政课具有教育属性，思政课建设必须遵循教育教学的规律

思政课还具有教育属性，以立德树人作为自身的目标追求和存在依据。思政课是我国高等教育事业的一部分，是每个普通高校都开设的、面向所有大学生的公共课程，在高校思想政治工作育人总格局中具有十分重要的地位和作用。它的教育属性是它更为直接更为根本的属性，是其政治属性和学术属性的载体和落脚点。思政课的价值和效果如何，主要地和直接地体现于它的教育教学效果之中。既然具有教育属性，当然必须遵循教育教学的规律。这一规律产生于教育者与受教育者的相互关系和相互作用中，存在于教育教学的各个阶段和环节中，左右着教育教学过程的进行并决定着教育教学的最终效果。这个规律在思政课建设中具有更为内在和直接的意义。因为思政课效果好坏，很大程度上直接取决于教师讲授是否得法，是否符合教育教学的规律。

具体来说，教育教学的规律又由两个方面的具体规律构成，一是教书育人的规律，二是学生成长的规律。它们分别是从教师和学生两个角度来讲的规律性。习近平总书记提出高校思想政治工作必须遵循三个规律，即思想政治工作规律、教书育人规律、学生成长规律，其中第一个规律是从总体上讲的，后两个规律分别是从教师和学生角度来讲的，两者合起来就是教育教学的规律。在教育教学规律中，大学生成长规律是基础。它揭示了大学生身心发展和成长成才的规律性，是我们开展教育教学活动的基础。教育教学的规律是建立在遵循学生成长规律基础上的，不能脱离这个基础而独立运行。在此基础上，思政课教师要努力探索和掌握教书育人的规律，特别是课堂教学的规律，不断提高自己的教

学水平。思政课教师要形成符合规律的教育教学思维。对于马克思主义理论，对于现实中的理论和实践问题，善于从教育的角度，从讲授的角度去思考和把握。要研究学生的接受特点，研究教学过程的规律，按教学规律办事，把科学的理论变成学生们易于接受的道理，帮助他们树立正确的世界观、人生观和价值观。掌握和运用思政课教育教学的规律，是需要一定功夫的。有些政治水平很高的领导干部和学术研究很强的教师，由于不懂得教育教学的规律，同样也教不好思政课程。

（三）必须辩证把握和妥善处理三大规律的关系

都说思政课“难”，究竟难在什么地方？我认为，从根本上讲，难就难在同一个事情上有三个不同的规律同时在起作用。同时遵循这三个规律是思政课的特殊性所在。三个规律中如果缺少一个，就不是思政课。正是由于三个不同的规律同时起作用，也正是由于需要同时处理三个规律的关系，因而思政课具有复杂性。就专业课来说，它是两个规律起作用，一是学术研究规律，二是教育教学规律。教师当然也要处理好教学与科研的关系，这二者之间的关系虽然也不是那么简单，但毕竟是二项式，其复杂度是有限的。但三项式就不一样了。老子讲，道生一，一生二,二生三,三生万物。换句话说，到了“三”，就该生万物了，标志着进入复杂性阶段。三角关系之所以理不清，“三国演义”之所以智谋迭出,《三体》小说之所以扣人心弦，就是因为是三项式，是三个不同主体之间的几乎是无解的纠结和博弈关系。复杂就意味着困难。

思政课的三个规律之间，由于各自的领域、作用以及起作用的方式不同，就有一个相互配合、相互协调的问题。如果协调得好，三个积极性合在一起就是一个极为强大的合力；而如果对此缺乏应有的认识，如果不能很好地协调三个规律及其作用，就很可能造成不同规律起作用时相互冲突，从而削弱思政课的整体效果。当然，把握规律，把握规律之间的关系，特别是协调不同规律作用的关系，是一个长期的过程，需要高校思政课教师、教育主管部门以及党的有关领导部门相互配合。

从思政课新方案的制定和实施过程来看，存在着不同规律之间自发冲撞的情况，特别是政治运作规律和教育教学规律之间处于一种互动和磨合之中，迫切需要清醒认识和正确处理它们的关系。政治运作规律是首先起作用的规律，它在课程的设立、主教材的编写以及教育教学工作总体布局方面起主导作用。新方案的设立，教材的编写过程，充分体现了这一点。在这里，首先要考虑政治上和战略上的要求，教育教学上的要求暂时退位。在课程改革的大调研过程中，很多老师都提出，对于思政课培养目标的要求和规格要适当降低，提得太高做不到，而且也不是只靠上政治课就能解决的。这样提出问题，当然是有一定道理的，但这只是教育教学方面的道理。它在政治的根本利害面前就是小道理。大道理管着小道理。所以，尽管有很多人提出这一意见，但在中央关于大学生思想政治教育的 16 号文件和中宣部、教育部关于思政课程设置的 5 号文件中，都没有采纳这样的建议。这不是对调研结果不重视，而是两个规律发生冲突时的必然结果。

总之，在思政课方面，中央的直接介入显示了强大的政治力量。那么，这好不好呢？我想，从战略上说，是无与伦比的好事；而从战术上讲，从某些环节和细节上说，有一些问题需要逐步解决。从积极的方面说，中央的直接介入为思政课建设与发展解决了大问题。一是大幅度调整课程设置，形成一个门数较少，时数也较少，比较合理，便于以后稳定的方案；二是设立马克思主义理论一级学科，批准一大批博士点；三是以中央工程的形式支持教材建设；四是以中央文件的形式推动改善思政课教师的工作和生活条件。这些大问题，如果没有中央的强力介入，没有政治威力的作用，单靠学术研究规律，单靠教育教学规律，都很难得到解决。所以，可以说，政治运作规律的强大作用，为学术研究规律和教育教学规律发挥作用提供了一个更大的平台。从此，我们就可以在学科建设和课程建设方面，更多地发挥学术研究和教育教学规律的作用了。

但从战术的角度讲，由于中央是从政治战略上考虑问题，所以在直接介入课程设置和课程建设时，在某些环节或细节方面，会存在一些不周到的地方，这是不可避免的。比如，忽视了搞教学大纲或教学要点的阶段，而直接编写教材；在组建教材编写组，并部署教材编写的过程中，也有某种过强的行政特点。而且，政治运作规律起作用的某些方式，也会对教育教学规律有所冲击。因为政治手段特别是政治上的大举动，威力极大，就像大风暴和核武器，它可以摧枯拉朽，解决大问题，但在这个过程中也可能会火烧花草树木。因此我们在这个问题上要辩证地看，不能对领导部门求全责备。

当然，这并不是说对于在新方案实施过程中由于政治运作规律与教育教学规律不协调带来的问题闭眼不看，不去解决，而是要多做细致的工作，使某些环节和细节方面的不足得到弥补。如果说，在前一个阶段，即在课程设置和主教材编写阶段上，主要是政治运作规律起作用，是领导部门和主管部门起作用，是马克思主义工程专家起作用的话，那么在以后的阶段上，在具体落实和实施思政课教育教学改革的过程中，学术研究规律和教育教学规律的作用就会日益突出起来，教师的作用也必然会更加突出。我们思政课教师，在前一阶段也可能感到有些被动，但在下一步的阶段中就应该也能够发挥更多的作用。我们不能做旁观者，而应以真正的责任感，积极地投身到落实新方案的实践中去，着力把课程体系和教材体系创造性地转化为教学体系，逐步地收到新方案的成效。

协调遵循学术研究规律与教育教学规律的关系，也是当前重要的问题。现在高校普遍重视科学研究，特别是重点高校和综合性高校都把科研放在非常高的地位上。不仅专业院系是这样，马克思主义学院也有这样的倾向。辩证地看待这个问题就会发现，在思政课建设中高度重视科研的支撑作用，这是题中应有之义。既然思政课具有科学属性，既然课程建设要遵循学术研究规律，那么就要允许并提倡教师开展学术研究活动，鼓励他们在学术研究中取得成果。如果缺少学术含量和学术支撑，思政课就不会真正有好的效果。但在这个过程中，如果处理不当，比如搞科研第一，那就可能影响思政课的教育教学。因此，科研是要为思政课服务的，要为教育教学提供有利学术支撑。

另外，还有正确协调政治运作规律与学术研究规律两种遵循的关系问题。在正确处理政治性和学术性的关系问题上真正把两者有机统一起来。一方面坚持学术研究的正确方向，另一方面又能够通过学术水平来体现政治属性。

总之，思政课的三个规律各有其不同的作用和要求，广大思政课教师要努力形成将政治思维、学术思维和教学思维融为一体的综合思维方式，形成同时把握三个规律并在实践中妥善处理三种遵循的关系的能力。

（原文发表于《思想教育研究》2017年第4期）

五

进一步重视科研在高校育人中的地位和作用

中共中央办公厅、国务院办公厅颁发的《关于加强和改进新形势下高校宣传思想工作的意见》(以下简称《意见》)，是当前和今后很长一个时期高校宣传思想政治工作和大学生思想政治教育的指导性文件。《意见》不仅在实践上全面部署了高校的宣传思想工作，而且在理论上有许多新的亮点，提出了一些新的概念和理念。比如在高校育人途径和育人格局问题上,《意见》在原来“三育人”即教书育人、管理育人、服务育人的基础上，新增加了“实践育人”和“科研育人”，使之发展成为“五育人”格局。本文不拟对“五育人”格局做全面考察，而只是就“科研育人”这一新的提法做初步的理论解读。

(一)科研育人:通过科研活动培育学生的健全人格和思想品德

所谓科研育人，简单地说就是通过科研来育人，或在科研过程中来育人。它指的是在我国高等教育中，通过让学生参加科学研究活动，并在指导他们开展科学研究的过程中，培养和提高学生的思想品德和科研能力，以实现高校育人的目标。

科研育人的含义在不同的学科视野下会有所不同。在教育学或高等教育学的视野下，科研育人是指通过组织指导学生开展科学研究活动，培养他们的以科研能力为核心的全面素质，与教学育人等方面相配合，共同完成全面的育人目标。也就是说，这里的“育人”目标是全面的，既包括思想品德和人格方面的培育，也包括知识的学习方面，以及技能的培养等方面。总之，凡是学生成长所需要的学习和培育，凡是高等教育所要求的培育，只要是通过科研来进行的，就可以算作为科研育人。

而从宣传思想工作的角度来说，或在思想政治教育学的视野之下，科研育人的含义则主要指的是，通过科研活动或在科研活动中来培育学生的健全人格和思想品德。《意见》本身是关于宣传思想工作的文件，其中所讲的“科研育人”虽然也可以从总体上去理解，但它是有侧重点的，指的主要是思想政治品德方面的培育和培养工作。也就是说，在组织、带领和指导学生开展科学研究的过程中，不但要培养他们的科研能力，而且培养他们的科学精神；不仅培养他们的科学精神，而且培养他们的科研道德；不仅培育他们的科研道德，而且培养他们做人的一般道理；不但培养他们做人的一般道理，而且培养他们正确的世界观、人生观和价值观。

科研育人与教书育人、实践育人、管理育人、服务育人等既有区别又有联系。教书育人主要是通过教师的教学活动，特别是课堂教学来培养学生的。科研育人则主要通过教师对学生科研活动的指导来培养学生的。区别是明显的，但二者又有紧密的联系和交叉渗透。因为教书要以研究为基础，并体现科研上最新的进展和成就，而且在教学过程中有时也包括对治学知识和技能的传授，这种教学本身就是科研指导。科研育人与实践育人也是既有区别又有渗透的。实践育人主要是通过组织带领学生参与一定的实践活动，包括教学实践、社会实习、社会考察、社会调查、社会服务等实践活动，来培养学生的思想品德和知识技能。它与科研活动和教学活动会有一定交叉。因为有的实践本来具有科研性质，而某些科研活动也具有社会实践和社会服务的性质。同样，管理育人、服务育人也是如此，因为科研活动的开展离不开一定的管理和服务，因而这个过程既是科研育人的过程，也可以看作是管理育人和服务育人的过程。

（二）科研育人是一种更高级有效的育人方式

科研育人是高等教育发展的时代呼唤。现代大学的一个重要特征，就是它具有一定的研究属性，承担着科学研究的任务和使命。而且研究与教学紧密结合在一起，共同完成高等教育的育人的目标，并为国家的科技发展和社会进步作出贡献。在当代世界，科研活动在高校各项工作中占的比重有一种不断增大的趋势。从我国高校来看，科研在高校中占有日益重要的地位。科研活动越来越成为教育教学本身的内在要求，成为大学生培养的场合和途径。

科研育人是在研究生教育不断扩展的背景下，做好研究生思想政治教育工作的需要。当我们说“加强和改进大学生思想政治教育”的时候，实际上是一种泛指。它既包括本科和专科学生，也包括硕士和博士研究生。当然，本科生是大学生的主体和基本人群。正因为如此，我国高校的思想政治理论课改革主要是从面向本科生的四门必修课程开始的。但值得注意的是，研究生群体也在兴起和壮大，特别是我国的“211 大学”和“985 大学”，有的学校中研究生所占的比例达到甚至超过了本科生，其中有的院系只有研究生，没有本科生。在这样的情况下，研究生思想政治教育的问题就突出起来了，并日益引起社会的关注。现在，全国高校研究生层次的思想政治理论课改革和建设正在加力推进，与本科阶段的相关课程形成衔接。但是，仅靠思想政治理论课是远远不够的，更重要的其实就是科研育人。可以说，对已经十分庞大而且继续发展的研究生群体的思想政治教育来说，科研育人是其最突出的特征，也是最根本的途径。

科研育人在高校中具有很广泛的适用性，并不局限于研究生群体。本科生、博士后流动人员、访问学者、进修生、青年教师等，都有或多或少的科研需要。尽管本科阶段特别是低年级本科学习阶段的任务主要不是科研，但他们也有一定的科研需求，平时要写课堂论文，最后还要有毕业论文。现在许多大学都有博士后流动站，有一批人员在做博士后研究。这种研究不是完全独立地进行的，而是有合作导师的指导。而且，目前来看，访问学者和进修性的工作正加快推进，这个群体也在不断扩大。合作导师如何指导访问学者和进修生独立开展科研工作，也是一个很重要的问题。从实际情况看，访问学者和进修生存在很强的科研需求和科研动机，他们来高校交流进修的直接目地也主要在于提高科研能力和水平。因此，科研育人对他们来说，也是同样适用的。另外，科研育人的对象也应该包括本校的青年教师。他们刚刚留校工作不久，正处在独立科研的初期，需要有人给予一定的指导和建议。如果本校本院系德高望重的教授或有实力的中年教授给他们做一些方方面面的指导，对他们的成长也是十分有利的。这其中也包括思想政治方面的进步。

科研育人不仅具有必要性，而且具有可能性和现实性。人的思想品德的形成和发展受多种因素的影响和制约，其中很重要的是受到人们参与其中的各种活动的影响。科研活动是一种特殊的认识和实践活动，它对于正在学习从事这一活动的人来说，具有培育良好的思想品德的特殊功能。科研活动作为一种搜集信息、加工信息和创造信息的认识活动，对人的思想观念无疑具有很直接的影响。而且，经过自己的艰苦认知和探索而得到的思想认识，给人的印象最深，最容易成为他们的信念。科研活动同时也是一种实践性活动，因而具有实践活动对人的思想品德影响和塑造的作用。不论是理工科的实验操作，还是人文学科的论文写作，都是一种亲身实践和探索的过程。这种过程对学生也有着多方面的潜在的影响。

事实上，科研育人是一种更高级有效的育人方式。它与传统的思想政治教育方式和途径相比，有一个很重要的新特点，就是在思想政治教育过程中增添了科学性和信息量，也增加了自主探索的特点。我们知道，在现代社会条件下，在思想政治教育中增加科学性的因素，增加专业知识性，是提高思想政治教育效果的重要方面。而且，思想政治教育要诉诸受教育的积极性和主动性，诉诸他们的自主探索和自我选择。单向地灌输，直接告诉他们结论，往往不易受到他们的欢迎。相反，允许和提倡受教育者发挥自己的主动性积极性，自主地去对事情的原委和答案进行独立思考和探索，由此得到的结论他们就自然而然地接受了。科研育人的方式为思想政治教育增加了“探究”属性和因素，有助于提高实效性。

（三）在“五育人”大格局下进一步重视科研育人的作用

教育者要充分认识科研育人的重要性，认清它在高校思想政治教育中特殊重要的地位和作用。特别是要转变那种只重视教书育人而不重视科研育人的旧观念。充分认识科研活动特别是师生共同进行的科研活动对学生思想品格成长的意义和功能。在胸怀“五育人”大格局的前提下，进一步重视科研在育人中的地位和作用。

高校要建立健全科研育人的体制机制。这个问题既与学校的科研管理体制有关，也与学校的人才培养制度有关。现在各个学校普遍重视科研工作，形成了各种督促和考核教师从事科研的体制和机制。这些体制机制的形成虽然有一定的原因和合理性，但必须承认，它的导向是在于应对学校间的科研竞争，而不在科研育人。学校的科研活动虽然有一定的相对独立性，但它作为高校工作的一项内容，不能脱离“育人”的目标和宗旨。毋庸讳言，现在在激烈的科研竞争压力下，一些高校的科研活动已经脱离了育人的目标，不仅没有对育人这一高校的根本任务提供支撑和辅助，而且实际上是在不断削弱着育人的力量，影响着育人目标的实际。因此，广大教育工作者，从领导者、管理者到普通教师，都应该反思一下科研在高校中的地位和意义，树立正确的科研观，树立科研育人的正确理念，反对为科研而科研，脱离育人谈科研的倾向。还应该从“科研育人”的高度，去重新审视学校的科研管理体制和通常的做法。这套体制机制给老师增加了极大的考核压力，却没有向导师明确提出科研育人的目标，更没有以科研管理体制为育人目标的实现提供保障。同样，在研究生培养中，也要加强相应的体制机制建设，提倡、促进和保障科研育人的实现。

在高校的科研育人中，导师是第一责任人，负有最大的责任。对指导研究生的导师来说，科研育人是他们肩负的最重要的责任。研究生思想政治教育的第一责任人，应该是导师本人。研究生阶段与本科阶段学习的一个明显不同，就是一般来说本科生没有明确的导师，而研究生则有明确的导师作直接的指导。由于这种师生关系，导师对学生有着无可比拟的权威性和影响力。

导师应该做到如下要求：首先，高度珍惜“导师”这个神圣称号，尽到指导学生的责任。“导师”这个名称是十分神圣的，古往今来的名人名家都希望成为人们的“导师”而往往不可得，而我们作为高校的教师，由于具备了指导研究生的资格，就轻而易举地当上了“导师”，这是很大的幸运和幸福，必须倍加珍视，决不能让它蒙尘。其次，导师要以身作则，给学生以直接而自然的影响。导师要好好做学问，不断提高学术水平，提高自己在学生眼中的学术声望。导师自己做得越好，就越能得到学生们的认可和敬仰，从而对学生具有更大的影响力。导师不仅在学术上要立得住，而且更要自觉遵守学术道德，坚定正确的政治立场，这一点也是非常重要的。再次，导师要与学生共同投入科研活动中，形成一种特殊的科研伙伴关系。导师不是站在学生的科研活动之外，而是处于其中。导师一方面要尽可能吸收学生参加自己的研究工作，另一方面，对于学生的论文选题，导师也要加以思考和研究。如果学生所选题目是导师自己不熟悉的，那么导师也应该与学生一起开始研究。在这样的过程中，相互之间才有精神上的呼应和心理上的融洽。最后，导师要加强对学生科研工作的亲身指导。科研活动是很复杂的高级的活动，学生处在学习阶段，因而特别需要导师的亲自指导。还要加强对学这种指导的思想性含量，不仅是指导学生怎样做学术研究和写论文，而且在这个过程中指导他们做人。

导师通过科研对学生思想品德的培育养成，应该紧密结合科研活动本身，由近及远地全面培育。要把科研能力的提高与科研品德的提升结合起来，把科研品德的提升融入科研能力提升的过程当中。首先，要培养学生的科学精神。科学精神不等于科学知识，拥有了科学知识并不意味着具备了科学精神。科学精神是一种实事求是、严谨求实的精神，是相信人的理性，按照事物本身面目去认识事物的精神。这是科学工作者首先应该具备的基本精神，没有这种精神就不可能正常地从事科学研究，更不可能取得科研的重大成就。其次，要培养学生的科研道德。科学研究是一种社会性活动，必须遵循相应的规范和道德要求。从技术层次讲，主要是遵循学术规范的问题。而从思想品德上讲，则是遵循学术伦理和学术道德的问题。科研道德表面看来似乎比较狭窄，它确实也不是道德的全部，但它在人的道德面貌中起着非常大的作用。再次，要培养学生为人处事的基本道德。科研活动并不仅仅是面对研究对象的问题，它是一种由多人参与的复杂的社会活动。既需要处理同学之间的关系，也要处理与导师和其他老师的关系。在这个过程中，有竞争也有合作，有观点一致也有观点辩难，甚至还可能涉及彼此个人利益的差异。因此，做人的基本道理在科研活动中也体现出来，并通过共同的科研活动促进人与人的和谐。最后，要培养学生用马克思主义的立场、观点和方法观察、分析问题和解决问题的能力和自觉性。马克思主义是科学的世界观和方法论，它为科学精神的确立奠定了理论基础，对于科学研究特别是哲学社会科学的研究，具有重要的指导意义。马克思主义关于实事求是的方法，关于辩证分析的方法，矛盾分析的方法，历史分析的方法，理论与实践相统一的方法等，在当代许多问题的研究上仍然具有很强的效力。掌握了这些立场、观点和方法，不仅对于科研工作的开展，而且对于科研工作者的成长，都是非常重要的。

最后，值得特别强调的是，马克思主义理论专业的科研育人应该有更高的要求和标准。因为这个专业所培养的人才，特别是高级的科学与研究人才，将来所从事的工作往往与党和国家的工作机关有关，与高校的马克思主义理论教育和意识形态工作有关，直接关系到国家和民族的政治方向和未来。《意见》明确提出，要培养一批马克思主义的理论家，一批马克思主义的理论教育家，这是高校教育重大的任务和使命。而这些未来人才的培养，很直接的是马克思主义理论专业的导师们科研育人的结果。要让他们认识到，对研究生的科研指导，不仅是一般的育人要求，而且还肩负着培养马克思主义的理论家和教育家的重任，决不能等闲视之。

（原文发表于《中国高等教育》2015年第6期）

六

论师德师风建设的“四个统一”

在2016年12月全国高校思想政治工作会议上，习近平总书记对人民教师的神圣使命担当和师德师风建设作了精辟论述。他指出：“教师是人类灵魂的工程师，承担着神圣使命。传道者自己首先要明道、信道。高校教师要坚持教育者先受教育，努力成为先进思想文化的传播者、党执政的坚定支持者，更好担起学生健康成长指导者和引路人的责任。要加强师德师风建设，坚持教书和育人相统一，坚持言传和身教相统一，坚持潜心问道和关注社会相统一，坚持学术自由和学术规范相统一，引导广大教师以德立身、以德立学、以德施教。”[①] 习近平总书记的这些论述包含十分丰富的思想内涵，特别是其中关于“四个统一”的思想，是我们开展师德师风建设的指导原则，我们要深入学习、悉心领会，认真贯彻落实到立身、立学和施教的全过程。

（一）人民教师的神圣使命与师德师风建设的重大意义

习近平总书记明确提出了人民教师的“神圣使命”，这既是对教师在人类历史上重要贡献的肯定，又是对教师在社会主义中国的崇高职责的强调。教师是古老的职业，它本身就担负着传承文明、培育人才的神圣职责，而在社会主义中国，教师又被尊称为“人民教师”，这就更加突出了其使命和责任的神圣性。因为在社会主义国家，“人民”是最神圣的存在，凡是带有“人民”的称呼，比如人民政府、人民领袖、人民军队、人民警察等等，都具有这种神圣的属性。可见，“人民教师”的叫法本身，就体现了教师来源于人民和服务于人民的崇高职责和神圣

① 习近平：《把思想政治工作贯穿教育教学全过程　开创我国高等教育事业发展新局面》，《人民日报》2016年12月9日，第1版。

使命。

人民教师的神圣使命是通过其角色定位和职责担当体现出来的。因为所谓“使命”不是别的，它乃是承担一定社会角色和职责的社会主体的追求目标和主要任务。因此，为了深入理解人民教师神圣使命的内涵，就必须明确人民教师的角色定位。习近平总书记在讲话中从四个方面界定了人民教师的角色定位，从而阐明了其神圣职责。

首先，人民教师是人类灵魂的工程师。苏联无产阶级革命家、教育家加里宁首次用“人类灵魂工程师”[①]称呼教师。从此，这一说法在社会主义国家流行起来，成为社会给予教师的崇高赞誉。20世纪50年代，周恩来总理在政府工作报告中就提出“学校教师是培养下一代的灵魂工程师”[②]。所谓“人类灵魂工程师”是指教师在塑造人的美好心灵、构建人的精神世界中承担的重要作用。“灵魂”是一种古老说法，本是古代宗教文化中的神秘性概念，后来随着社会进步和科学文化发展而失去宗教含义，成为一种比喻说法，指人们的内心世界或心灵世界。灵魂是人格的核心，也是人的精神家园。人的心灵世界不是先天具有和一成不变的，而是需要在人生实践和社会生活中加以塑造和建构的，而人类的教育活动在这种塑造和建构中起着十分关键而不可替代的作用。教育不仅是传授经验和知识，以及规约人的外在行为，更重要的是塑造人的内在精神世界，培育健康健全的人格。教育者通过对受教育者进行文化熏陶，使他们形成丰富、美好、文明的内心世界。当然，正像“灵魂”是一种比喻说法一样，“工程师”也是一种比喻说法。人不同于物，人是一种高级生命的存在，人的心灵世界和精神家园是无形无象的，它的形成有自身微妙的规律性，比工程师设计和建筑房屋要复杂得多。因此，教师对学生心灵世界的塑造不是简单的，更不是粗暴的，而必须是温柔的亲和的，必须遵循精神活动的规律，遵循大学生成长成才的内在规律。

其次，人民教师是先进思想文化的传播者。这是从人类先进思想文

① [苏]米·伊·加里宁:《论共产主义教育和教学》，陈昌浩、沈颖译，北京：人民教育出版社1957年版，第186页。

② 周恩来:《政府工作报告——1957年6月26日在第一届全国人民代表大会第四次会议上》,《中华人民共和国国务院公报》1957年第27号，第527页。

化的传承传播角度界定的。人是文化的动物，不仅能够创造文化，而且能够传承和发展文化，从而使人类文明不断进步。文化当然是十分广泛的，不仅包括器物层面，而且包括制度层面和观念层面的内容。总之，举凡人类创造的一切，都可以说是“文化”。但是，在文化的总体中，观念层面的文化，即思想文化是更集中地体现着文化性质的部分。因此，通常我们讲到文化传播时主要指思想文化的传播。教师就是思想文化的传播者。同时，作为人民教师，作为社会主义国家的教师，就不仅应当是思想文化的传播者，而且更要做先进思想文化的传播者。因为思想文化本身有先进与落后之分，先进思想文化的传播有利于人的发展和社会进步，而落后甚至腐朽的思想文化则对人生和社会有害无益。高校的人民教师，作为有较高学养的人群更应该具有辨别是非、美丑和善恶的能力，努力传播先进思想文化，抵制和反对落后和腐朽的思想文化，坚持教育教学的正确方向，促进大学生健康成长。

再次，人民教师是党执政的坚定支持者。这是习近平总书记新提出并加以强调的一个角色定位，体现了我国高等教育的政治属性和人民教师在政治上应有的觉悟和要求。习近平总书记在讲话中明确提出高等教育要“为中国共产党治国理政服务”，并要求人民教师要成为党执政的坚定支持者。这是从教师与党的关系来界定人民教师的神圣使命和职责。对此，不能从政党与教师的一般关系抽象地理解，而要站在社会主义中国高等教育的立场上，从党领导我国人民实现中华民族伟大复兴和发展中国特色社会主义事业的高度来把握。我国高校的教师，要有明确的政治立场，坚持中国特色社会主义，坚持党的领导，坚持教育教学的社会主义方向。

最后，人民教师是学生健康成长的指导者和引路人。在人民教师的角色定位中，这一条是落脚点和归宿。不论人民教师承担着怎样高大上的社会职责，最终都是落实在对学生的培养上。这是教师最基本的职责，也是最崇高的使命。学校和教育事业主要由教师和学生构成，师生关系是教育事业中最基本、最核心的关系。教师的职责和使命也应该在师生关系中得到界定和确认。在学校里，教师直接面对学生，对学生的健康成长负有最直接而重要的责任。一方面教师要充分信任学生，相信学生向上向善的本性，相信学生能够成长为对国家有用的人才。同时，教师要真正肩负起指导者和引路人的责任。因为大学生毕竟还处在世界观、人生观、价值观形成过程中，而且现代社会又存在这样那样的风险和诱惑，因此教师的守护人、指导者和引路人的责任十分重大。

既然人民教师承担着如此神圣而崇高的使命和职责，那么师德师风建设的重要性就不言而喻了。如果没有优良的师德师风，就不配“人民教师”的称号，不配“灵魂工程师”的称号，也就不可能成为学生健康成长的指导者和引路人。然而教师既不是神也不是天然的圣人，而是活生生的人，也会像所有人一样具有人性的弱点和这样那样的缺点。但是，教师对自身的定位不能仅限于当一个普通人，而应该有更高的要求。这不仅是“教师”这一特定社会角色所要求的，而且也是“人民教师”的本质所规定的。谁都可以选择做一个普通的人，但如果仅仅这样还不是一个合格的人民教师。人民教师是有神圣使命的，相应地就要有与之相配的崇高人格。因此，必须大力开展师德师风建设，要严格人民教师的门槛，把好入门关；要把良好的师德师风作为一票否决的重要考核指标，把滥竽充数者清除出人民教师队伍；要加强对现有教师的教育和管理，特别是师德师风的教育和管理，不断提高教师自我修养的自觉性，引导广大教师以德立身、以德立学、以德施教。

（二）坚持教书和育人相统一

在师德师风建设的“四个统一”中，处在第一位的就是教书和育人相统一。之所以摆在第一位，当然因为它特别重要，在教育事业中最具有代表性，能够从总体上体现教育事业的特点。“教书”和“育人”代表着教育领域有机统一的两个方面。我们甚至可以说，“教育”正是“教书育人”的简称。因此，如果要从“四个统一”中选出一个作为整体的代表，那么很显然一定就是“教书和育人相统一”。这一点长期以来已经成为人们的共识。

“教书育人”是我们常说的一句话。我们通常把它当作不言而喻的事情，而对其缺少学理上、语义上的深入分析。仔细考察就会发现，这种统一具有丰富的含义。

首先，教书与育人的统一是教育主客体的统一。“教育”是人类社会中一种重要的对象性活动，是主体和客体即教育者和受教育者相互作用的过程和结果。从学校教育来看，教育主体是教师，客体或对象是学生，实际的教育过程就是二者的联结和互动。“教书”指的是教师方面，指教师是实施教育教学行为的主体；“育人”则体现的是学生方面，指的是学生的健康成长。这里的“人”不是泛指，而是特指学生，学生才是老师教书育人的对象。这一点当然不会有人怀疑，之所以要特意指出这一点，是因为在“教书育人”的字面表达中，似乎涉及两个对象或客体，一是“书”，二是“人”。所谓“教书”，当然教的首先是书，是教师与知识的关系。教师当然要与知识打交道，他不仅要掌握知识，而且要传播知识。知识是他打交道的对象，当然可以说是客体。但是，教师与知识的关系并不是教育活动最根本的关系。教育主客体的关系是人与人的关系，而不是人与物的关系。教育的对象和客体，只能是学生。用思想政治教育学的术语来说，“知识”或“书”属于“介体”的范畴，它是为育人即培养学生服务的。

其次，教书与育人的统一是职业与责任的统一。教书是教师的职业行为，是教师的主要工作内容和方式。从前，人们经常将教师称为“教书先生”，教师自己也自称“教书匠”。可见，“教书”这样一种活动最能体现教师的工作类型和性质。“教”在汉语中既是一个动词，又是一个名词。尽管声调有所不同，但其实本身就是同一个字。所谓“教书”，从字面上看，就是把书本上的知识传授给学生。当然在广义上说知识并不局限于书本知识。如果说“教书”是一项职业和工作，那么“育人”则是“教书”的功能和作用，是“教书”所承担的社会责任。“教书”的目的是“育人”，教师教书的职责也是育人。教师当然是千百种职业中的一个普通的职业，但承担着重要的社会责任，这就是“育人”。教书的目的是育人，功能是育人，评价标准是育人。教书的效果怎样，要看育人的效果。教书效果的衡量就是以育人为标准的。作为高校教师，育人又必须是高标准。这就更体现了高校教师的社会责任。

最后，教书与育人的统一是知识传授与人格培育的统一。在这里，“教书”简单地说就是传播知识和技能；而“育人”则指培育学生的人格，特别是培育他们正确的世界观、人生观和价值观。从这个意义上可以说，教书与育人的统一就是教会学生“做事”和“做人”的统一，也就是智育和德育的统一。在教育活动中，一个是思想道德方面，一个是科学文化方面，这两个方面的关系是始终存在的问题。二者的统一则是古往今来一切教育活动的总原则。我国的教育思想自古以来就非常强调二者的统一。甚至从汉字“教”的构成本身都可以看到这一点：它一边是“孝”，体现的是品德素质，因为我们的古人认为“百善孝为先”，这是最根本的道德要求；它另一边是“文”，当然是文化素质。可见，我们祖先在造字时，就已经把二者的统一融入其中。习近平总书记再次强调教书与育人相统一，是对我国传统教育思想的继承和发展。

当然，习近平总书记讲“教书和育人相统一”并不是一般地讲二者的关系，而是在此基础上更加强调教师在教书育人中的责任。因为他是在谈师德师风建设时提出和阐述教书和育人相统一的问题的。因此，人民教师不仅要把书教好，在职业能力上不断提高，而且要从为社会“育人”的高度来认识和从事教书工作，担负起培养学生正确“三观”和健康人格的责任。

（三）坚持言传和身教相统一

教师在教书育人过程中，既要有言传和言教，又要重视身教和行教。所谓“言传”或“言教”，就是通过言语把教育内容和要求传递给受教育者；而身教或行教，就是通过教育者本人的行为表现向学生传递教育内容。从学理上讲，身教不只是行教，它还可以包括身体语言，比如表情、体形、姿态等。在某些类型的教育，比如体育健美和舞蹈的教学中，身体语言比口头语言更为重要。但是，在师德师风建设的语境下，“身教”其实讲的主要是“行教”。讲的就是人民教师的言行关系问题，意思是不仅要说而且要做，不仅要说得好而且要做得到。

在教育教学中，言教与身教都非常重要。但相对于不同的教育教学类型，二者各自的重要性会有所不同。对知识传播来说，言教更为重要，而对人格培养特别是德育活动来说，则身教更为重要。人类的知识积累和传递离不开语言的运用，缺少了语言就无法建构知识，无法领悟知识，无法传递知识。因此，知识的传播更多地依靠老师的言教。当然，这里的语言不仅是言语行为，还包括图画等教学语言。在言传的过程中辅之以身教，可以增加学生对知识的理解和掌握。在德育活动中教师的身教更为重要。在人的品德培育中当然也包括一定的知识，但其本身却不能简单地归结为某种知识。如果仅仅从知识上认识品德、从知识传播上进行品德培养，那就没有把握住品德培养的本质特点，也不可能收到德育的良好成效。因此，从人格培养和思想品德培养来说，身教的意义就更加突出。可以说，教师的身教或行教，是对其言教的验证和强化，如果缺少身教这一环，言教作用就大打折扣。

对教师来说，言传与身教的统一其实就是言行一致的问题。在学校德育和思想政治工作中，教育工作者特别是教师，必须做到言行一致。

首先，言行一致是健全人格的重要体现。对于任何一个人来说，他的言论和行为当然会有一定的差异，这是必然的，也无可厚非。有的人说得多些，做得少些，或者相反，都是常见的。这种言行差异只要在合理的区间内，就不会导致心理学意义上的人格失调，这也算是一种最低限度的言行一致。但是，如果言行之间反差太大，而且始终都不能达成某种一致，或者二者的方向是相反的，那么就会形成双重人格，人格上是不健全的。作为教师，当然一定要心理健康，人格健全。因此，这种心理健康意义上的言行一致是作为教师必须坚持的底线。

其次，言行一致是高尚思想品德的必然要求。不论是思想还是品德，都必然会表现在言论和行动两个方面。他的言论应该反映其真实的思想，而他的行动又要符合自己的言论。这里的言行一致实质上是思想与行为的一致、品德与行为的一致。在言语上表达自己具有高尚的思想道德并不难，难的是真正在行为上体现出高尚的思想道德。没有相应的行为体现，就不能说具有高尚的思想品德。因此，看一个人的思想品德如何，主要不是看他说了什么，而是看他做了什么。特别是当一个人在言辞上说得特别好的时候，我们就要用他的行动加以比较，看其做得是否同样好。我们要求的言行一致，是指好的言与好的行相符合。教师在课堂上讲的当然都是好的言语，他们要求学生的也是好的思想品德，他们的这些言论要与自己的行为相一致，他们所传授和倡导的思想品德应该得到他们自己行为上的佐证。这说明，言行一致是教师职业的应有之义。

最后，言行一致是德育过程的内在要求。教师能否做到言行一致，他的行为是否符合他讲的道理，这是高校德育过程和思想政治教育过程的内在因素，它们直接影响学生对教学内容的接受，影响学生思想品德的形成。如果教师在课堂上讲的或要求学生的，他们自己首先做到，那就会对学生的思想品德形成正面的积极影响，学生也乐于接受教师所教的内容；相反，如果教师课堂上讲的和要求学生的是一套，在课下生活中自己做的又是另一套，那么学生对教师讲的就会失去信任并难以接受教师所提出的要求。因此，从德育过程看，也要求教师做到言语与行为一致、言传与身教相符合。

可以看到，这里的德育过程是一种扩大了的教育教学过程。它不限于教师在课堂上的教学，而且也把他课后的工作甚至纯粹的个人生活都包括进来。这是德育过程与专业课教学过程的重大区别，也是德育教师与其他专业课教师在生存境遇上的重大区别。一般来说，专业课教师在课堂上传播的知识与其在课后的个人生活没有直接而密切的关联，学生也不会拿一位专业课教师的个人生活表现与他传播的科学知识进行比对，并由此决定自己对科学知识的态度。但是，对于思想道德教育和思想政治工作来说则完全不同，他们的教育教学过程几乎扩展到了工作和生活的一切方面。德育教师的言行统一是课堂表现与课后表现的统一，是工作与生活的打通。“言”主要体现的是教学活动，是课堂和工作场合的表现，而“行”则通常是指教师本身在直接的教学活动之外的生活空间。如果教师在个人生活中的表现违背了他在课堂上讲授的内容，那么他在课堂上教学的效果就会大打折扣，甚至其教师形象也全然崩塌。

从教学内容与教师行为规范的关系上看，一般来说教学内容有其相对独立性，它并不是对教师行为的直接要求。因为教师传播的知识并不是教师私人的东西，而是社会积累起来的文明成果，教师不过是承担把社会需要传递给学生的知识和要求传递给学生的客观职责。传递教学内容并不是教师的私人意志，它代表的是国家和社会。从这个意义上说，教师本身与教学内容是有分界的，并不能一开始就混为一谈。有的教师在生活上一团糟，但在教学业务上很强。这样的情况是存在的。但是，从更高的层面来说，教师由于受社会委托而承担着人类先进思想文化传递者的责任，那么他就应该成为文明的守护者和践行者，他与教育内容就有了一种比普通人更直接也更内在的联系。传递给学生的知识，教师自己必须懂得并认同；要求学生的思想品德，教师自己必须认同并在行为上体现出来。

（四）坚持潜心问道和关注社会相统一

在习近平总书记所说的“四个统一”中，如果说前两个统一主要是指高校教师的教学方面，那么后两个统一则主要是从科研角度讲的。“潜心问道”指的是专心从事学术研究，探索规律和真理。对高校教师来说，他们不但承担着教学任务，也承担着科学研究的任务。教学与科研犹如车之两轮、鸟之两翼，缺一不可。

对于高校教师，特别是综合性研究性大学的教师来说，科学研究工作是十分重要的。这一方面是由现代社会对大学的要求所决定的。在现代社会中，大学不仅承担着培养专门人才的任务，也承担着知识生产和学术发展的任务。一个国家的科学研究队伍很大一部分来自高校系统，一个国家的知识创新很大一部分来自高校科研成果的创新。正是这种需要造成了现代大学区别于以往大学的特点，也决定了大学之区别于中小学的特点。中小学教师为了做好教学工作当然也会进行一定的研究，但这是直接服务于教育教学的，社会和国家一般不会向中小学教师提出科研的具体要求。但是大学教师却不能回避这样的任务。另一方面，大学教师进行科研工作也是教育教学本身的要求。大学教育具有专业性，不只是向学生传授普通知识，而且要培养学生从事科学研究的能力。这就需要高校教师同时也是学者和科学家，必须具备科学研究的能力。他们不仅能吸取和运用人类已经积累起来的知识，而且还要向未知领域探索，形成新的知识。因此，高校教师不能满足于一般的“闻道在先”，而且要“潜心问道”，从事科研工作。

高校教师的科学研究工作具有两重属性，一方面直接服务于经济发展、国家治理和社会进步，另一方面又直接服务于教育教学，服务于立德树人的教育目标。无疑，这两个方面都十分重要，但是相对来说，服务于教育教学和育人更为重要。不论是从教育的本质和要求来说，还是从思想政治工作角度来说，以科研服务于教育教学和育人是更为根本的。习近平总书记在讲话中强调的也正是这一方面。“潜心问道”是与教师的“传道者”身份和使命联在一起的。习近平总书记在谈到人民教师神圣使命时指出，“传道者自己首先要明道、信道”。而在“明道”“信道”之前首先要“问道”，因为只有经过自己的探索和追问的道理，自己才有更深入的理解，也才能建立起坚定的信奉。因此，习近平总书记要求高校教师“潜心问道”，所问之道正是所明之道、所信之道和所传之道。

从事科学研究，钻研教育教学规律，必须潜心向学、专心一致。这既是学术研究的必然要求，也是当前现实的迫切需要。学术研究要求扎扎实实、老老实实，来不得半点虚伪和骄傲，必须全神贯注、艰苦探索才能有所收获。这本来是十分普通的道理，但在今天对某些教师来说却成了一件很困难的事情。因为社会的急剧发展以及多样性变化，人心容易变得浮躁，可以说这种浮躁甚至成为我们社会中相当普遍的一种社会心理。高校本身似乎好一些，但也不能完全避免。受各种诱惑或压力的影响，一些教师坐不下来、静不下来，无法潜心问学。这是当前教师队伍建设必须解决的重大问题。习近平总书记提出“潜心问道”的问题，具有现实针对性，对于教师和教育管理者都具有指导意义。一方面，教师要在市场经济的躁动面前保持定力，潜心向学，静心求道；另一方面，教育管理部门和学校要为教师“潜心问道”创造条件，使他们免受各种不必要的干扰。

但是，“潜心问道”并不是不关心社会、不关心现实。潜心问道与关注社会是一致的。这首先是由“道”本身的性质所决定的。这里的道不是别的，而是客观世界发展的本质和规律，特别是人类社会发展的规律，当然也包括人生道理。在这些道理之中，关于社会的道理处在核心位置，它将宇宙和人生联系起来。马克思主义致力于揭示物质世界的普遍规律，而其中特别致力于揭示人类社会发展的规律，并由此说明人生发展的规律。可见，研究社会之道是“问道”的根本。研究社会之道当然不能脱离社会，尤其不能脱离当下的社会。社会的发展是一个延续过程，我们不能只从历史上研究社会，也应该从现实中研究社会。因此，关注社会是揭示社会之道的内在要求。

同时，关注社会也是由“问道”的社会责任所决定的。学者治学是一项复杂的事情，其中既有个人兴趣和好奇心的问题，也有社会责任的问题。我们并不否认学者个人兴趣的意义，因为这不仅是客观事实，而且是学术研究的很强的主观动力。但是，作为人民教师，他的学者身份也包含着很强的社会责任。不论教师的治学是直接服务于教育教学，还是服务于社会经济发展，都有很强的社会责任。“立学为民，治学报国”应该成为高校教师的科研信念。

尽管潜心问道和关注社会在本质上是统一的，我们也能够从理论上深刻把握这种统一，但在实际工作中把二者很好地结合起来则并非易事。无论是“潜心”还是“关注”都是一种专注状态，都要求专一。潜心治学，面向文本进行研究，又与关注现实有一定矛盾。为此，还需要广大教师正确处理二者的关系，合理安排时间和分配精力，找到兼顾二者的合适方式。

（五）坚持学术自由和学术规范相统一

从事学术研究，当然就需要有学术自由。所谓学术自由就是学者有自由地从事学术活动的空间，而不受外在的强制。无疑，学术自由是非常重要的。

首先，学术自由是保证学术研究正常开展的前提条件。所谓学术研究，就是通过探索那些没有定论和未知的领域而得到一些人们所预料不到的结论，这需要一个自由的空间。如果没有一定的自由研究空间，学术活动就不可能开展，也不可能正常进行。特别是近现代以来，学术研究日益成为相对独立的行业和职业，并在社会进步和发展中起着越来越重要的作用。对于日益正规化且规模不断扩大的学术领域，应该有其存在的自由空间。

其次，学术自由并不是资本主义的专利，而是人类文明的共同成果。学术自由在历史上的产生与资产阶级反封建有关，但它并不是资本主义特有的东西。不能认为只有资本主义国家的大学可以搞学术自由，而社会主义的大学就不能有学术自由。其实，只要是现代大学，就要有现代的科学精神，而学术自由是其中应有之义。

再次，社会主义应该比资本主义能为学术探索提供更多的自由空间。社会主义社会是比资本主义社会更高级的社会形态，而社会形态所在的历史阶梯越高，就越能为社会个体提供更大的自由度。马克思以人的自由发展衡量社会形态发展的水平，并由此提出社会发展“三大形态”的理论。因此，从理论上讲，社会主义社会的大学应该有更多的自由空间让学者探索世界的秘密。当然，我们看待任何问题都不能只在一般原则和理论可能性上探索，而要联系并结合当时的具体条件具体地加以讨论。谈到我国大学的学术自由，一方面，要充分肯定学术自由的正当性，尽最大可能拓展和保持学术自由的实现，并以此促进我国高校学术的迅速推进和走向世界；另一方面，又要联系我国处于社会主义初级阶段的国情，以及我国目前处于社会转型发展的重大关头的实际，特别是要考察我们在意识形态领域面临的巨大挑战，因而学术自由的实现还是会受到诸多方面的制约。我们既不能因为强调当前的条件限制而人为地过多地限制学术自由，也不能抽象地谈论和追求不受任何限制的学术自由。

最后，在我国以改革创新为核心的时代精神背景下，在大众创业、万众创新的新形势下，我们要推进学术创新，必须大力促进和保证高校和科学机构的学术自由。自由探索正是创新的基本条件，如果没有一定的自由空间，就不可能有学术创新。当前，中国经济社会发展对创新有着更高的期望，而更多的创新是建立在一定的客观条件基础上的。一方面，社会需要加大财力物力投入，对学术事业提供更多的条件支持，尽可能不使学术活动受限于经济条件和物质技术的限制；另一方面，也需要社会给学术更大的活动空间，给学术更大的探索自由度。而且，这里所说的学术，不仅是自然科学和技术方面的学术研究和开发，也包括哲学社会科学和人文学科的研究和探讨。

学术自由是一种原则，我们在充分肯定这一原则的同时，应该深刻地理解这种原则的内涵和实现的条件。正像任何自由都不是无限的一样，学术自由也是如此。现实世界中的自由总会受到一定限制，一方面是客观规律和客观条件的限制，另一方面是主观认识和人为造成的限制。一个国家，一定时期的学术自由所可能受到的限制，无非是这两个方面。客观规律本身对人的活动自由的限制是必然的，从根本上来说是无法避免和打破的，我们应该加以承认和遵循。但是，在不可避免的客观条件的限制面前人并不是完全无能为力的。人们可以改善条件并创造条件拓展自由空间。至于由于人们认识不到位，或者因为利益原因而造成的人为限制，则应该可以通过提高认识和调整利益而不断消除。在当前中国高校学术活动中受到的制约，有的是客观物质条件和技术条件的制约，有的是社会需求不强或社会关注不高的制约，有的是科研体制和科研管理不合理的制约，有的是哲学社会科学研究中意识形态风险的制约，有的是学术规范和学术道德的制约，有的是学者自身物质欲望过强或浮躁心理的制约，等等。所有这些制约，有些是必然的必要的应该遵循的，而有的则需要我们通过提高认识和改革创新加以消除。

习近平总书记强调的坚持学术自由与学术规范相统一具有重要现实意义。学术自由不是不要学术规范。学术研究作为一种规模化的社会行业，应该有自己的规范和准则。这些规范是从活动中产生出来的，同时又保护和保证学术活动的正常开展。学术规范并不是对学术自由的限制，而是有力的保证。只有大家都遵守学术规范，社会的学术活动才能有序地进行。否则，只会造成学术混乱，也影响学者的成长和进步。恩格斯在《反杜林论》中就批评过当时德国大学里随意创造体系的现象："最不起眼的哲学博士，甚至大学生，动辄就要创造一个完整的'体系'。""所谓科学自由，就是人们可以著书立说来谈论自己从未学过的各种东西，而且标榜这是唯一的严格科学的方法。"① 这里随意创造体系的现象显然是对学术自由的扭曲。

遵循学术规范包括两个方面：一是学术伦理和学术道德。这是学术共同体为了正常开展学术活动和促进学术发展而形成的一种社会关系规范。这种规范不仅包括学者之间的人际关系，而且也包括学术与社会的

①《马克思恩格斯文集》(第9卷)，北京：人民出版社2009年版，第8—9页。

关系，包括学术研究的基本价值观。它要求学者的学术活动有利于探索真理，有利于社会的进步和发展，有利于人本身的成长进步。同时，要求每个学者都要尊重彼此的劳动权利和成果，不能剽窃他人劳动成果，侵犯他人学术权益。二是学术各领域的技术性规定。这是根据每一种不同的学术而形成的技术规范和相关要求。本领域中的学者只有遵守这些技术约定，才能形成相互交流的共同语言，减少不必要的精力浪费。在这方面，由于不同领域和学科的学术研究的特殊性，各自的技术规则可能有所不同。特别是不同学科的学术研究的起点和进度不同，各自技术规范的完善程度也不相同。新发展起来的学科，其学术活动应该遵循的技术规范还需要不断地探索、总结和完善。总之，在当前的学术活动中，这两个方面的学术规范都存在不少问题，需要我们高度重视并努力加以改进和解决。

（原文发表于《中国高校社会科学》2017 年第 2 期）

七

论海外留学生在场对大学生思想政治教育语境的影响

国际化是目前我国高等教育发展的一种趋势和重要特征，它正在从根本上改变着我国大学生思想政治教育的直接环境和教学场景。深入思考这种趋势对我国大学生思想政治教育的影响和提出的挑战，是当前十分重要的课题。本文不拟全面地考察这一问题，而只是考察和分析其中的一个很重要而又易被人忽视的方面，即海外留学生（以下简称“留学生”）的在场对大学生思想政治教育语境的影响。

（一）留学生在场已成为我国高等教育的新常态

改革开放特别是新世纪以来，随着我国对外开放的进一步扩大，我国高等教育日益国际化。重点高校，如“211”高校、“985”高校，都已在国际化的道路上迈出了很大的步伐，是我国高等教育国际化的典型代表。其他高校也不甘示弱，在许多方面采取了措施，争先恐后地向这个方向努力。高等教育的国际化表现在许多方面，如大量派教师出国进修，大力引进海外人才来校任教，加强多种方式的国内外学术交流，以及越来越多地互派留学生，等等。其中，留学生大量进入我国高校学习，也是高等教育国际化的重要表现。一所学校的留学生数量成为衡量一所学校国际化程度的重要指标。

高等教育的国际化有其历史的必然性和合理性。首先，在经济全球化深入发展和国际交往日益频繁的时代条件下，高等教育的国际化是一种普遍的世界性现象。不仅中国高校如此，各个国家的高校都是如此。实际上，许多国家特别是西方国家高校的国际化程度比我们高得多，而且这种趋势还在发展。其次，高等教育国际化是我国对外开放的重要表现。我国的发展离不开世界，对外开放是我们的基本国策。对外开放不仅是经济和技术领域的开放，也是文化、教育和学术领域的开放。而高等教育的对外开放或国际化，就是其中很重要的方面。再次，高等教育国际化也是我国高校提高教育教学水平，特别是创建世界一流大学的迫切需要。大学是一个国家中国际化程度相对较高的社区，国际化是高校自身发展的需要和必然结果。为了创建若干所世界一流大学，为了普遍提高我国高校学术研究和教育教学的水平，我们不能关起门来搞发展。当然，高校国际化并不是绝对的，不能因此而否定高校的中国特色和本土化的价值。

大量的留学生出现在我国高校，成为大学校园一道亮丽的风景线。我国高校普遍建有美丽的校园，这在世界上是并不多见的，而且校园建设越来越好，成为学生求学生活的乐园。当然，校园的景致不独在花草树木和设施建筑，更在于来来往往的学者和学生。近些年来，有越来越多的留学生来我国求学，特别是不同肤色的外国学生，使校园展现出斑斓的人文画卷。留学生的大量存在，已成为我国高校特别是重点高校的新常态。

在我国高等教育中，大学生思想政治教育是很重要的一项工作。这项工作既是社会主义大学的办学要求，也是大学生成长成才的客观需要。党中央对此非常重视，多次提出指导性意见，而且近年来正在围绕高校思想政治理论课的改革和建设来加强和改进大学生思想政治教育。值得关注的是，高校大学生思想政治教育的各种场合，都有留学生在场。这里的“在场”，不是哲学上的术语，而是实际的现实生活。在课堂上，甚至是在思想政治理论课的课堂上，有一些留学生与中国学生一起学习；学校学生工作部门开展的一些活动，如社会考察、社会调查、社会服务等，也都有一定的留学生参加；校园生活中，中外学生一起交往，留学生不断融入。可以说，有中国学生的地方一般也都会有留学生。这种情形，也可以说日益成为大学生活的新常态，也因此而成为大学生思想政治教育场景的新常态。

（二）留学生在场对课堂语境有不容忽视的影响

世界上的事物是相互联系、相互影响的。一个事物，只要它存在，就会有影响。留学生在我国高校的存在，是一种客观的事实，而且是一种常态性事实。展望未来，这一学生群体只会扩大，不会缩小。不论我们或他们是否意识到这一点，他们都会对学校的教育教学产生一定的影响。其中，很重要的一个方面，是对大学生思想政治教育的场景、情景和语境产生了影响。

留学生的存在，特别是与中国学生的混处，改变了传统的大学场景。大学生思想政治教育是需要一种场景的，是在一定场景下开展和进行的。一般来说，大学生思想政治教育的场景就是大学校园。在大学校园中，也有一些具体的场景，如课堂、宿舍、餐厅、操场等。对场景来说，重要的不是设施，而是人。人群的变化会对思想政治教育本身产生影响。比如，原来的教育对象是单一的中国学生，现在则是中外学生的混合，而这种混合有着不同的比例，并且这种比例还处在变化之中。

课堂是高校最重要的地方。留学生的出现自然而然地改变着课堂教学特别是思想政治理论课课堂教学的情景和氛围，影响到教师言说的语境。在宣传思想工作方面，也包括在思想政治教育方面，我们历来讲“内外有别”。同一件事情，同一个道理，有时对国内说时与对外国说时有所不同。我们通常所说的思想政治教育工作，主要是面向内部的，是我们国内所进行的思想引导工作，它基本上不面对国外或海外人士。就学校来讲，我们的大学生思想政治教育当然是面对国内大学生的，按道理来说，应该使用我们通常所习惯的方式。但是，如果考虑到有留学生也坐在这里，我们就可能感受到有些说话方式显得异样了，也就是说留学生在场影响到了讲课的语境。这倒并不是说我们的思想政治教育有些什么见不得人的秘密，有什么不能让外国人知道的东西，或者我们的话语与普通的汉语有什么不同，而是说在某些内容和话语的细微方面会有些不太适应并需要调适。只要是在实际上从事着思想政治教育工作的教师，就能感受到这种差异的存在。

以我本人的课堂为例，我长期以来讲授“思想道德修养与法律基础”课。由于学生主要来自学校的国际关系学院，因而将近200人的课堂上就有三分之一左右的留学生，有来自西方国家的，有来自东亚国家的，有来自非洲国家的，也有来自拉美国家的。由于他们来自不同的国家和地区，肤色和发色也不同，在课堂上就很显眼。老师在讲台上一眼望过去，不同肤色和面庞的学生很自然地交错在一起，确实是很国际化的教学场景。当然，并不是每一个课堂都是如此，毕竟国际关系学院的国际化程度更高一些。但也绝不是其他的课堂就没有留学生。从去年开始，我的课堂面对的不再是国际关系学院的学生了，而改为工商管理学院的学生。我本来以为，这样就不会面临以往那种问题了，可是到了课堂上还是发现班上有不少留学生，特别是来自韩国和日本的学生。在这样的课堂上，我亲身感受到语境上的变化。有些通常在面向单一的中国学生时说的话，在面对留学生时，就觉得不是很合适，至少不是最合适。我不得不根据需要调节自己的语言表达。

这种情况不只影响到我自己授课的语境，而且也影响到学生讨论发言的语境。比如，有一次互动课，让一些学生上台来讲一讲“我的英雄”。由于是事先布置的任务，学生准备得很认真很充分，其中有几名留学生也上台做了演讲。一名日本女学生先上台，讲了她崇拜的英雄是日本漫画家宫崎骏。接下来两个韩国学生上台讲。他们事先并不知道班上有日本同学，因而准备的材料都是抗日方面的，是两位他们民族的抗日英雄。他们上台后，略显尴尬，都首先表示了歉意：“我很不好意思，事先并不知道有日本同学在这里。可是既然准备了，那我就简单地讲一下吧。”从他们的演讲效果看，没能充分体现出他们准备时的状态。很显然，日本学生的在场影响到了韩国学生发言的语境。

我相信，肯定有不少教师特别是重点高校的教师已经敏锐地感受到这种语境的细微变化，但他们可能只是当作一种偶然的现象而没有加以深究，以致现在尚未见有理论上的探讨。其实，这不是一种微不足道的偶然现象，是不应被我们忽略的。

（三）适当应对思想政治教育的语境变化

我们要认识到这种现象的必然性，不要再仅仅把它当作偶然的现象而不予理睬。要正视这种现象，并当作一个重要问题去观察和处理。以我本人的初步经验和思考，认为应该注意以下几个方面：

首先，在坚持我国思想政治教育本质要求的前提下，适当顾及留学生的感受。毛泽东说过，射箭要看靶子，弹琴要看听众。同样，教师讲课不能不考虑台下的学生。既然留学生也是台下的听众，我们讲课就要顾及他们的感受。不论他们人数多少，都不能完全视人家为无物。顾及外人的感受，这是一种礼貌，也是一种文明。它不仅体现着我们的大学和教师的文明素养，而且也体现着我们的思想政治教育本身的性质和胸怀。思想政治理论课作为跟人打交道的、做人的工作的课程，更应该顾及不同对象的感受，这里面就包括顾及在场的留学生的感受。这有助于形成良好的交往关系，也体现出我们这门课程应有的胸怀和品质。我们的思想政治教育应该是开放的，而不是封闭的，更不是偏狭的。而且留学生坐在这里听课，与中国学生是完全平等的。他们有求学的权利，教师也有教育的责任，不应冷落他们，把他们当成“外人”，而应关注到他们，使他们也有所收获。在讲课的内容和话语上，应与他们的知识背景有一定的呼应，以便于他们理解，也要尽可能避免无意中伤害到留学生感情的情况。比如，举负面例子的时候，如果没有特别的必要，最好不要针对在座的学生的国家来讲，否则会使留学生难堪。另外，课后也可以询问他们听课和理解的情况，以及有何感受和需要。这些关注和关心本身，就是一种思想政治教育工作。

当然，这里讲顾及留学生的感受，是有一定前提和原则的，那就是坚持我们思想政治教育的本质要求。在一般情况下，在不涉及根本原则性问题的时候，为了顾及留学生的感受，可以在教学的内容和语言方面做一定的调整。但如果事情涉及根本原则，如关于日本侵华战争的侵略性、中国人民抗日战争的正义性，当然该讲的必须讲，而不论课堂是否有日本学生。坚持思想政治教育的本质要求和基本内容，就是不应因为有留学生在场就动摇我们思想政治教育的根本。我们要理直气壮地讲我们的课，并不能因为有留学生在这里，该讲的东西就不讲了。毕竟，中国学生是主体，而我们的思想政治教育主要是面向中国学生的。我们的思想政治教育是有原则的，原则应该坚持。坚持原则也会受到学生的尊重。因此，我们这里所说的顾及留学生的感受，前面有一个限定词“适当”，指适当地顾及，而不是“过度”，更不是“过分”。否则，就是走偏了，动摇和影响了思想政治教育的本质。

其次，在坚持把我国学生作为大学生思想政治教育主体对象的同时，不要人为地把留学生排除在外。教师对学生，要一视同仁。留学生和中国学生共同生活在一个校园中，在同一个课堂上课，而且课后的交往也比较多。我们没有办法，也没有必要把他们人为地分开。这样，至少是一部分留学生自然而然就成为我们教育的对象，就是我们在高校所面对的大学生的一部分，就成为大学生思想政治教育的对象。因此，不能把留学生排除在思想政治教育对象之外，不能把他们排除于我们的视野之外。虽然并没有要求他们一定都要来听思想政治理论课，要求他们接受我们的思想政治教育，但如果他们主动来到课堂听课和学习，那我们就要一样地对待。毕竟不论是从哪个国家和地区来的学生，也不论学生其他背景如何，他们都是我们的学生。在这方面大家是平等的。

从目前一些留学生的选课动机来看，是多样化的。有的并没有什么考虑，不过是跟着共同的培养计划走。中国学生上的课，他们也就来上，并没有对思想政治理论课有特殊的看法。有的是为了以比较容易的方式取得学分，因为在他们看来，与专业课相比，思想政治理论课的学分比较好拿一些。也有的对中国高校的思想政治理论课表现出一定的兴趣，想有所了解和感受，也想有所收获。不论出于怎样的动机，只要他们来到了我们的课堂上，当然就是我们的学生。

再次，可以在话语方式上作出适当调整，以更加客观化和更加简明的话语方式来讲授。无疑，思想政治理论课具有中国意识形态的属性，必然会采用中国主流的意识形态用语。这对我们来说，早已成为习惯。可是，当我们所面对的学生中有一部分是留学生的时候，我们就要考虑其中某些用语的表达问题。我们不能改变授课内容，也不会否定课堂内容的倾向性和中国式话语，但在一定的范围内也还是要适当地顾及留学生的理解和感受，把话讲得更加客观一些，更加国际化一些。同时，为了照顾到留学生对汉语的听力和理解力，也要尽可能把话说得简洁明了。

最后，可以吸引留学生加入我们的思想政治教育过程中来，并发挥他们的积极作用。我们的思想政治理论课内容很丰富，留学生会找到对他们有用的内容。我们也不要抱着某种先入为主的想法，以为留学生对课程比中国学生更没有兴趣。至少从“思想道德修养与法律基础”这门课程来说，留学生的参与还是比较踊跃的。对课堂上的互动，他们都比较积极地参加，做了很认真的准备。不仅他们乐于参与，而且他们的参与也给大家带来了新鲜的感受，并给中国学生带来快乐和启发。比如，在讲到爱国的章节时，我曾让一些来自不同国家的留学生上台介绍他们自己国家的风土人情，讲述他们的爱国情怀。他们兴致勃勃，事先做好了 PPT，带着自豪的神情向大家介绍本国的名胜古迹、美食等，活跃了课堂气氛。可以说，留学生的参与也是课堂教学中很重要的一个有待于开发的资源。总的来说，留学生的存在以及与中国学生的交融，增加了学生之间的差异度和多样性，有助于学生的自我教育以及相互教育。

（四）把留学生带来的影响变成思想政治教育创新的契机

问题的深处潜藏着答案，挑战的背后包含着机遇。我们不但要注意到留学生的存在对大学生思想政治教育的影响，并找到相应的办法和对策，而且要更进一步，把这一新的问题看作大学生思想政治教育创新的契机。这就需要以改革创新的精神来对待这一问题。找到临时性处理办法并不是我们的目的，因为我们不只是为了应付眼前，更重要的是着眼长远。从这方面看，这种现象中蕴含着十分难得的创新契机和启示。

首先，能开阔我们的眼界和视野，使我们把大学生思想政治教育放在国际化的背景下来考察和对待。我们以往对大学生思想政治教育场景的设想偏小了，通常是把它放在大学校园中，而大学校园又在中国的某个城市中，这样，大学校园就是我们国家里很小的一些地方和一些点。这样的话，国家就是大学生思想政治教育的最大背景了。而没有深切地认识到，大学生尽管生活在中国某个城市的某个校园，但实际上却是生活在国际化的处境中，特别是生活在某种程度的国际化教育场景中。我们不能仅限于中国的视野来看待大学生思想政治教育，更不能局限于某个省份或城市来思考大学生思想政治教育的问题，而要有国际眼光和视野。

其次，促使我们对大学生思想政治教育的对象范围作进一步的思考。大学生思想政治教育的对象，当然是大学生。但对大学生的理解和想象，通常是偏窄的。比如，我们往往把大学生等同于本科生。其实，它还应包括专科生和研究生，而研究生中又包括硕士生和博士生。现在，我们又看到，大学生不仅包括中国的学生，而且还应包括留学生。认识到这一点是十分重要的，因为它首先是一个事实。我们必须承认事实，并从事实出发。在我们的思想政治教育过程中，哪些人成为我们教育的对象并不完全取决于我们思想上先验的划分，并不取决于我们的一厢情愿，而取决于当下的事实和状态。一些逻辑上属于我们思想政治教育对象的人，因为某种原因而离开了我们教育的对象域，而另一些逻辑上原来并不属于这个对象域的人，则可能自然而然地走了进来，成为我们的教育对象。留学生的情况就是这样，是很值得我们从理论上去思考的。

当然，接纳一些留学生成为我们思想政治教育的对象，并不意味着要求所有的留学生都必须接受我们的思想政治教育，更不是“一刀切”地要求所有的留学生都要上思想政治理论课。这里有一个自觉自愿或自然而然的原则。如果人家不愿意学，我们也要尊重人家的自由。正是基于这样的考虑，我们的高校并没有从制度上提出让留学生上思想政治理论课的要求。这当然是对的，但如果留学生自然而然出现在我们课堂中的时候，我们也不能人为地把他们分离出去。特别是如果人家是自愿地来到我们的思想政治理论课课堂，遵守课堂纪律并认真听课，那我们有什么理由不让他们听呢？而既然允许他们来听，就要对他们有所顾及，并对他们有所教育和启发。

再次，有助于我们对思想政治教育原则作进一步思考。长期以来，在我们的宣传思想政治工作，也包括思想政治教育工作中，存在着“内外有别”的原则。这个原则的产生是有原因和道理的。毕竟国家之间有不同的利益，有些话可以对内部讲，但不能对外人讲。当初，列宁领导苏维埃俄国对外实施租让制的时候，国内的许多人想不通，认为这是刚赶走本国的资本家，又引来外国的资本家。列宁在一些会议上对大家做了很多工作，为了争得大家对租让制的认同，有时候也把话说成似乎是引诱外国人上当的意思。当报刊把列宁的讲话对外公开发表并引起外国不良反应的时候，列宁就对报社很生气，认为报纸在宣传上应该内外有别。我们国家也有类似的情形，特别是我们相当长的时期内处于一种不利的国际环境中，这就更强化了我们这种内外有别的想法。但是，在全球化深入发展的情况下，我们有必要对这种内外有别的原则的含义和要求进行重新审视。

“内外有别”，在任何条件下也许都是存在的，但它的含义和要求会因不同时期和情形而有所不同。在中外对立的情况下，“内外有别”就具有很鲜明的甚至绝对化的特征。而在中外关系缓和的时候，特别是在经济全球化进一步发展，国家之间的联系日益增多而内外交织难以区别的情况下，“内”与“外”的差异就不再像从前那样具有性质上的绝对性了。现在的情形是，一些中国人在国外学习、生活和工作，而一些外国人在中国学习、生活和工作。在国际化程度比较高的学校或院系里，中外教师在一起工作，中外学生在一起学习，很难把他们完全分开。在这样的场合进行思想政治教育，就很难同时使用两种完全不同的思维和话语了。因此，“融通中外”就成为一个重要的原则，它与“内外有别”起着互补的作用。2013 年 8 月 19 日，习近平总书记在全国宣传思想工作会议上谈到对外宣传时指出，要创新对外宣传的方式，“着力打造融通中外的新概念新范畴新表述”。我认为，这种“融通中外”的要求，既适用于宣传语言，也适用于宣传理念；既适用于对外宣传，也适用于对内教育。因为至少在高校中，对内和对外已经分不那么清楚了。我们的大学生思想政治教育虽然具有中国的性质和特色，但我们宣讲的也都是实实在在的道理，其中并没有什么不能让外国人知道的秘密，更没有什么见不得人的东西。而且，我们还要不断增加时代化和国际化的东西。总之，思想政治教育应该具有开放性，开放性应该成为思想政治教育的一条原则。

留学生的存在有助于我们在思想政治教育过程中为大学生留下更多的自由思考和自主选择的余地。对于成年人来说，特别是对于大学生这样有知识的群体来说，思想政治教育不能搞先入为主的灌输，而要允许他们自由思考和探究，自己做出结论。我们应该给予引导和帮助，而不能越俎代庖。我们以往知道这样的道理，但由于面对的是国内的学生，加上长期以来的惯性，实际上不大注意要自觉地给学生以思考的空间。特别是当我们觉得似乎教育效果不佳的时候，反而更加强化灌输，而无形中更减少了他们的自主探究和选择。现在当我们面对留学生的时候，我们就不能再这样做了，客观情景迫使我们的教师要更客观化地讲授，并留下更多的思考空间。这一点，其实是代表了思想政治教育发展的方向。

最后，有助于我们改进和创新思想政治教育的话语。教育的话语问题似乎是小事，其实是很重要的一件大事，直接关系到大学生思想政治教育的效果。对现在的大学生思想政治教育来说，效果不佳有多种原因，除了内容与现实脱节等原因外，话语方式不符合新生代大学生的需要也是一个很突出的问题。即使我们没有遇到留学生带给我们的问题，话语方式的创新也已经摆在了我们的面前。但值得注意的是，留学生的存在以及带给我们的问题，恰恰为我们改进和创新思想政治教育的话语方式提供了启发。

创新和突破往往一开始只是出现在一个小点上，然后才向大范围推开。当面对外国学生时，我们的话语方式有一些调整，特别是讲到思想政治问题时更是如此。到目前为止这种话语方式上的调整，是自发进行的，我们还没有对此作出系统的研究和总结。我相信，如果我们集中地对这个问题进行分析和思考，就会发现其中包含有许多值得注意的方面。

比如，汉语使用上更加通俗化和简明。从我们所接触的留学生来说，他们的汉语水平已经相当高，普通的交谈和听课都已没有问题。因为他们大多从中小学开始就在中国上学，一直上到大学。但即使如此，他们对汉语的深度理解也还存在着一定的困难。思想政治理论课讲授应该用口语化的、简明通畅的语言来表达，而不应过分理论化和学术化。这不仅有利于留学生的听课和学习，也有利于中国学生的理解。我们一定要牢记，对思想政治教育来说，最重要的是思想和道理，而语言是为思想和道理服务的。思想和道理讲得越透彻越明白越好，语言的运用则是越简单越好。在有留学生的课堂上我们不得不这样做，但时间长了，我们就会自觉地去这样讲。

更重要的是，用语和话语的表达上可以从一种高度意识形态化的话语方式转向一种比较客观的和带有一定国际性的叙述。面对留学生，我们不能只讲我们自己的意识形态语言，因为人家没有这些心理准备，也不见得喜欢。由于认识到这一点，我本人在“思想道德修养与法律基础”课的讲授过程中，有意识地注意讲授语言的调整，大家的反应是比较好的。这样做并不仅仅是在应付外国学生。其实，这里也蕴含着思想政治教育话语方式创新的新契机和生长点。对于过于意识形态化的语言，我们自己的学生实际上也越来越不爱听不想听了。因为这种硬性灌输性的说法带有太强的推销气息，缺乏亲和力。这样的语言不仅不能拉近他们与内容的距离，反而起着一种隔离的作用，使他们望而却步。已有不少学生私下向我反映，他们不喜欢这些过于高大上的意识形态话语方式，他们希望教师能更加客观化地讲授，心平气和地摆事实讲道理，并体现出国际化的视野。可以说，这也是我们当前改进思想政治教育话语方式很重要的一个方面。

（原文发表于《思想理论教育》2015 年第 6 期）